विकास की उड़ान अभी बाकी है...

विकास की उड़ान अभी बाकी है...

भूपेन्द्र सिंह हुड्डा

वाणी प्रकाशन

वाणी प्रकाशन का 'लोगो'
विख्यात चित्रकार मक़बूल फ़िदा हुसेन की
कूची से

ISBN : 978-81-8143-921-5

वाणी प्रकाशन
21-ए, दरियागंज, नयी दिल्ली-110002
द्वारा प्रकाशित

फोन : 0091#11#23273167, 23275710
फैक्स : 0091#11#23275710
ई-मेल: vaniprakashan@gmail.com
vani_prakashan@yahoo.com
वेबसाइट : www.vaniprakashan.com

प्रथम संस्करण : 2011

मूल्य : 750.00

आवरण : वाणी प्रकाशन
शिव शक्ति ऑफसेट, शाहदरा, दिल्ली-110032
द्वारा मुद्रित

VIKAS KI UDAN ABHI BAKI HAI...
by : Bhupinder Singh Hooda

दो शब्द

मैं भूपेन्द्र सिंह हुड्डा की पुस्तक 'विकास की उड़ान अभी बाकी है' पढ़ कर बहुत प्रभावित हुई हूँ। उनके भाषणों के इस संग्रह पर, जिसे वाणी प्रकाशन ने प्रकाशित किया है, उदय भानु 'हंस' ने कविता में एक छोटी-सी भूमिका दी है—

'उद्योग' से ही प्रगति का रथ चलता है,
'कृषिकर्म' से जन-जन का उदर पलता है।
'शिक्षा' से हैं, समाज की आँखें खुलतीं,
'साहित्य' से संस्कृति का दीप जलता है॥

भूपेन्द्र सिंह हुड्डा का परिवार एक उल्लेखनीय और प्रतिष्ठित परिवार है। उनके बड़े भाई महर्षि दयानन्द के अनुयायी और आर्य समाज के नेताओं में से थे। उनके आदरणीय पिता चौधरी रणबीर सिंह हुड्डा स्वतन्त्र भारत की संविधान सभा के एकमात्र जीवित सदस्य हैं।

भाषणों और व्याख्यानों का यह संग्रह इन अर्थों में भी महत्वपूर्ण है कि वह विविध प्रकार के विषयों से सम्बधित है जो सारे-के-सारे राष्ट्रीय हितों से सम्बद्ध हैं। यह पुस्तक सभी शिक्षा संस्थाओं और पुस्तकालयों में रखी जानी चाहिए।

इस पुस्तक को प्रकाशित करने के लिए मैं वाणी प्रकाशन का अभिवादन करती हूँ।

—महाश्वेता देवी

सतुत्य प्रयास !

'देस्सा में देस हरियाणा जित दूध-दही का खाणा' एक ऐसी कहावत है जिसमें हरियाणा का समस्त गौरव समाहित है। कहने की आवश्यकता नहीं है कि हरियाणा का इतिहास और समृद्ध पौराणिक विरासत हमेशा से ही आकर्षण का केन्द्र रहे हैं। हरियाणा के कर्मठ किसान ने देश को खाद्यान्न के मामले में आत्मनिर्भर बनाने में अभूतपूर्व योगदान दिया है तो यहाँ के वीर जवानों ने देश की सीमाओं पर अपना फर्ज निभाया है। बहुधान्यक प्रदेश होने के कारण यहाँ के लोगों का खान-पान भी काफी अच्छा रहा है।

1 नवम्बर, 1966 को अलग राज्य के रूप में अस्तित्व में आने के बाद से हरियाणा की विकास-यात्रा निरन्तर जारी है। मुख्यमन्त्री श्री भूपेन्द्र सिंह हुड्डा ने इस यात्रा को एक नयी गति और दिशा दी है। हरियाणा को नम्बर वन बनाने का नारा देकर उन्होंने प्रदेश-देह में नयी ऊर्जा का संचार किया है। उनके इस नारे का असर आज कृषि, शिक्षा, उद्योग, बिजली और बुनियादी ढांचे जैसे क्षेत्रों में स्पष्ट रूप से महसूस किया जा सकता है।

श्री हुड्डा की दूरगामी सोच और दृढ़ संकल्प विभिन्न अवसरों पर दिए गए उनके अभिभाषणों में भी स्वतः परिलक्षित होते हैं। प्रस्तुत पुस्तक उनके इन्हीं अभिभाषणों को संकलित करने का एक सराहनीय प्रयास है। इससे एक और जहाँ उनकी भावनाओं से सामंजस्य स्थापित होगा तो वहीं दूसरी और उनके सर्जनात्मक विचारों को भी समझने में मदद मिलेगी। मेरा मानना है कि श्री भूपेन्द्र सिंह हुड्डा की यह कृति जहाँ उनके द्वारा प्रदेश को नम्बर वन बनाने के प्रयासों से जनसाधारण को अवगत कराने में मददगार साबित होगी। वहीं विकास कार्यों से जुड़े तन्त्र को भी प्रेरित करने में अहम भूमिका अदा करेगी। मैं इस सतुत्य प्रयास की सफलता की कामना करता हूँ।

—डॉ. कर्ण सिंह
संसद सदस्य

सुनहले भविष्य की ओर......

हरियाणा के निर्माण के पश्चात् इसकी विकास श्रृंखला में 2005 में जब प्रदेश के वर्तमान मुख्यमन्त्री श्री भूपेन्द्र सिंह हुड्डा ने शासन की बागडोर अपने हाथ में ली तो प्रदेश के सभी क्षेत्रों में चहुंमुखी विकास के इन्द्रधनुषी रंगों की बहार छाने लगी। यह सच है कि सफल और महान राजनेता या शासक, चाहे वह विश्व का हो या किसे देश अथवा प्रदेश का, वही कहलाता है, जो युगदृष्टा के साथ युगसृष्टा भी हो।

श्री हुड्डा शिवसंकल्प है हरियाणा को देश का सर्वश्रेष्ठ विकसित देश अर्थात नम्बर वन प्रदेश बनाना चाहता हूँ। मैं समझता हूँ कि श्री भूपेन्द्र सिंह हुड्डा एक प्रगतिशील ही नहीं, कल्पनाशील राजनेता भी हैं। वह यह भी जानते हैं कि भौतिक या आर्थिक उन्नति किसी भी देश या प्रदेश का बाहरी ढांचा तो सुदृढ़ कर सकती है, किन्तु उस देश की आत्मा का विकास तो शिक्षा, लोक संस्कृति, कला, भाषा और साहित्य, प्राचीन परम्पराओं एवं जीवन मूल्यों के संरक्षण से ही संभव है। लोकजीवन, बाहर और भीतर दोनों से समृद्ध होना चाहिए–

'उद्योग' से ही प्रगति का रथ चलता है,
'कृषिकर्म' से जन-जन का उदर पलता है।
'शिक्षा' से हैं, समाज की आँखे खुलती,
'साहित्य' से संस्कृति का दीप जलता है ॥

मुझे प्रसन्नता है कि श्री हुड्डा इस दिशा में भी मनोयोगपूर्वक सर्वथा तत्पर हैं। उनके पूज्य दादा महर्षि दयानन्द के परम भक्त और प्रतिष्ठित आर्यसमाजी नेता थे। पूज्य पिता चौ. रणबीर सिंह जी हुड्डा (स्वतन्त्र भारत की संविधान सभा के एकमात्र जीवित सदस्य) यशस्वी स्वतन्त्रता सेनानी तथा पूर्व कैबिनेट मन्त्री भी रह चुके है, जिनसे उन्हें देशभक्ति, समाजसेवा और नैतिक मूल्यों के साथ-साथ राजनीति के क्षेत्र में भी 'स्वच्छ छवि' जैसा एक दुर्लभ गुण प्राप्त है।

आशा ही नहीं विश्वास है कि श्री हुड्डा के भाषणों का यह संकलन हर देशवासी के लिए लाभकारी सिद्ध होगा।

–उदयभानु हंस
राज्य कवि हरियाणा।

बात कुछ कर-गुजरने की!

मानव प्रकृति की अनूठी देन है। मिथकों की बात यदि छोड़ दें तो समस्त ब्रह्माण्ड में मानव ही एक ऐसा प्राणी है जिसमें सोचने-समझने और भला-बुरा पहचानने की शक्ति है। उसकी यही शक्ति उसे प्रकृति के अन्य जीवों से अलग करती है। प्रकृति का सर्वश्रेष्ठ प्राणी होने के नाते अन्य प्राणियों की बेहतरी के लिए कार्य करना भी उसका एक उत्तरदायित्व है।

विचारवान प्राणी होने स्वरूप प्रत्येक व्यक्ति के मन में हमेशा कुछ न कुछ उधेड़बुन चलती रहती है। उसके मन में कुछ सपने होते हैं जिन्हें साकार करने के लिए उसे किसी उपयुक्त मंच की तलाश होती है। कुछ लोगों की यह तलाश पूरी हो जाती है तो कुछ लोग ऐसे भी होते हैं जिन्हें ऐसा मंच न मिलने के कारण उनके ये विचार अन्दर ही दफन होकर रह जाते हैं। हरियाणा को नम्बर वन बनाना ही मेरा सपना रहा है और चाहत रही है प्रदेश के किसान की बेहतरी की, मजदूरों और पिछड़े वर्गों के कल्याण की, महिलाओं के सशक्तिकरण की, युवाओं के रोजगार की, शिक्षा के ढर्रे में सुधार की, बिजली व्यवस्था को दुरुस्त करने की और बुनियादी ढांचे की मजबूती की।

फिर अन्ततः इस सपने को साकार करने का मौका भी आया। 5 मार्च, 2005 को मुख्यमन्त्री पद की शपथ लेते समय मेरे मन में प्रदेश के कायाकल्प की परिकल्पना ने जन्म लिया। इसका खाका बिल्कुल तैयार था। धीरे-धीरे समय गुजरा और योजनाएँ परवान चढ़ती गयीं। परिणामस्वरूप हरियाणा का उजला चेहरा आपके सामने है। आज प्रगति रूपी रथ का पहिया अपनी पूरी गति के साथ घूम रहा है। हमारी आर्थिक विकास दर इस समय राष्ट्रीय औसत विकास दर से भी अधिक है। हरियाणा का प्रति व्यक्ति निवेश भी देश भर में सर्वाधिक है। प्रति व्यक्ति आय और वित्तीय प्रबन्धन में भी हमारी गिनती देश के अग्रणी राज्यों में होती है। कृषि प्रधान कहा जाने वाला यह प्रदेश आज उद्योग एवं प्रौधोगिकी के एक प्रमुख केन्द्र के रूप में देश-विदेश में अपनी पहचान बना चुका है।

प्रस्तुत पुस्तक विभिन्न अवसरों पर व्यक्त या अव्यक्त विचारों और भावनाओं को ही आपके साथ सांझा करने का प्रयास है। इसके माध्यम से यदि आपके साथ तादात्म्य स्थापित कर पाया तो मुझे अत्यन्त हर्ष होगा। प्रदेशवासियों द्वारा सौंपे गए उत्तरदायित्व का निर्वाह करते हुए जन-सेवा का धर्म निभाना ही इस जीवन की सार्थकता होगी।

—भूपेन्द्र सिंह हुड्डा

मुख्यमन्त्री, हरियाणा

अनुक्रम

राहें नयी : मंज़िलें नयी

बढ़ते क़दम

प्रेरणा के स्रोत

परम्परा

विरासत

मील के पत्थर

राहें नयी : मंज़िलें नयी

विकास की असली उड़ान
अभी बाकी है
हमारे इरादों का इम्तिहान
अभी बाकी है
अभी तो नापी है, मुट्ठी भर
ज़मीन हमने,
आगे सारा आसमाँ
अभी बाकी है।

नये इतिहास की नयी चुनौतियाँ

धन्यवाद रैली के अवसर पर

वो शबे-दराज़ भी कट गयी है, वो सितारे डूबे, वो पौ फटी,*
सरे-राह ग़फ़्लते-ख्वाब से अब उठो कि वक़्ते-सहर' भी है*
—फ़िराक़

आज, समूचे हरियाणा के लिए गौरव का दिन है कि परम आदरणीय श्रीमती सोनिया गाँधी जी जींद की ऐतिहासिक धरा पर पधारी हैं। आपके शुभागमन पर हरियाणा के जन-जन में एक नयी उमंग और उल्लास है। इस महान अवसर पर मैं सबसे पहले अपनी ओर से, हरियाणा सरकार की ओर से और प्रदेशवासियों की ओर से परम आदरणीय श्रीमती सोनिया गाँधी जी का हार्दिक स्वागत और अभिनन्दन करता हूँ। कांग्रेस के महासचिव और हरियाणा के प्रभारी श्री जनार्दन द्विवेदी जी और विशिष्ट नेताओं का हार्दिक स्वागत है। प्रदेश के कोने-कोने से भारी तादाद में आये बुज़र्गों, माताओं, बहनों, भाइयों और नौजवानों का भी मैं अभिवादन करता हूँ।

किसानों, मजदूरों, ग़रीबों और कमजोर वर्गों की सच्ची हितैषी श्रीमती सोनिया गाँधी जी त्याग, सादगी, शालीनता, राष्ट्रीय सद्‌भावना और गरिमा की प्रतीक हैं। आप देश की जनता की सच्ची प्रतिनिधि हैं। आपके दूरदर्शी और कुशल नेतृत्व में गत लोकसभा चुनावों में कांग्रेस ने एक नया इतिहास रचा। केन्द्र में कांग्रेस पार्टी की अगुवाई में संयुक्त प्रगतिशील गठबन्धन (यू.पी.ए.) की सरकार गठित हुई। सारा राष्ट्र आपको प्रधानमन्त्री बनाना चाहता था, लेकिन आपने अपनी अन्तर्रात्मा की आवाज़ पर प्रधानमन्त्री का ताज देश में आर्थिक सुधारों के जनक और महान अर्थशास्त्री डॉ. मनमोहन सिंह जी के सिर पर रखकर त्याग की एक अनुकरणीय मिसाल कायम की है।

आप सभी जानते हैं कि श्रीमती सोनिया गाँधी जी का सम्बन्ध उस महान परिवार से है, जो पीढ़ी-दर-पीढ़ी देश के लिए त्याग, तपस्या, बलिदान और राष्ट्रसेवा के 'प्रेरक आदर्श' स्थापित करता आया है। भारत की आजादी और उसके बाद राष्ट्र के नव-निर्माण के लिए युगपुरुष पण्डित जवाहर लाल नेहरू जी ने एक तपस्वी की तरह साधना की। पण्डित जी ने देश के चहुँमुखी विकास के लिए योजना युग का सूत्रपात किया था।

मान्यवर, राष्ट्र अपने स्वतन्त्रता सेनानियों का सदैव ही ऋणी रहेगा। उनके त्याग, क़ुर्बानी और संघर्ष के परिणामस्वरूप ही हम आजाद भारत में सुख की साँस ले रहे हैं। स्वतन्त्रता सेनानियों और उनके उत्तराधिकारियों की हर सम्भव सहायता करना हमारा पहला कर्त्तव्य है। शासन की बागडोर सम्भालते ही हमने स्वतन्त्रता सेनानियों की पेंशन 1400 रुपये से बढ़ाकर 3500 रुपये प्रतिमास कर दी है।

लोकप्रिय नेता माननीय श्रीमती इन्दिरा गाँधी जी ने भारत को समृद्ध और शक्तिशाली बनाने के लिए कई अनूठे और साहसिक कदम उठाये। इसी तरह से आधुनिक विज्ञान और टेक्नोलॉजी के युग में राष्ट्र को प्रवेश दिलवाने का श्रेय भी श्री राजीव गाँधी जी को जाता है। माननीय श्रीमती इन्दिरा गाँधी जी और आदरणीय श्री राजीव गाँधी जी तो राष्ट्र की एकता तथा अखण्डता के लिए क़ुर्बान तक हो गये।

मान्यवर, आज भारत आपके कुशल मार्गदर्शन और आदरणीय प्रधानमन्त्री श्री मनमोहन सिंह जी के विवेकशील नेतृत्व में प्रगति की नयी मंजिलों को छू रहा है। केन्द्र में यू.पी.ए. सरकार को बने अभी एक वर्ष भी नहीं हुआ है। इस थोड़ी सी अवधि में ही इस सरकार ने बेजोड़ उपलब्धियाँ हासिल की हैं।

यू.पी.ए.सरकार के पहले ही, दूरदर्शी और कल्याणकारी बजट से देश के हर नागरिक में एक नयी आशा का संचार हुआ है। सरकार द्वारा जहाँ कृषि क्षेत्र के लिए नये ठोस कदम उठाये गये हैं, वहीं ग्रामीण विद्युतीकरण और स्वास्थ्य सुविधाओं के सुधार के लिए 'नेशनल रुरल हेल्थ मिशन' जैसे अनूठे कार्यक्रम शुरू किए गये हैं, जिनके बड़े ही दूरगामी प्रभाव होंगे। आज भारत के पाकिस्तान के साथ सम्बन्धों में प्रशंसनीय सुधार हो रहा है, वहीं चीन के साथ आपसी विश्वास की कड़ियाँ और मजबूत हो रही हैं, जिससे अन्तर्राष्ट्रीय क्षितिज पर भारत की गरिमा निरन्तर बढ़ रही है। आज भारत दुनिया में एक प्रमुख राजनीतिक और आर्थिक शक्ति के रूप में उभर रहा है।

हर हरियाणावासी तो माननीय श्रीमती इन्दिरा गाँधी जी का, आदरणीय श्री राजीव गाँधी ज़ी का और आपका सदैव ऋणी रहेगा। इस प्रदेश का गठन भी तत्कालीन प्रधानमन्त्री श्रीमती इन्दिरा गाँधी जी की कलम से पहली नवम्बर, 1966 को हुआ था। उस समय यह प्रदेश सभी क्षेत्रों में पिछड़ा हुआ था। जनता के लिए पेटभर खाने के लिए अनाज और पीने के लिए पानी तक का अभाव था। किसान खेती के लिए बादलों की तरफ़ टकटकी लगाये रहता था।

श्रीमती इन्दिरा गाँधी जी के आशीर्वाद और श्री राजीव गाँधी जी के कुशल और प्रगतिशील मार्गदर्शन में हरियाणा ने कांग्रेस शासन के दौरान अभूतपूर्व प्रगति की थी। लेकिन दुर्भाग्य से ग़ैर-कांग्रेसी सरकारों के दौरान हरियाणा विकास के मामले में पिछड़ता गया।

जींद की यह पावन धरा 'धर्मक्षेत्र कुरुक्षेत्र' की 48 कोस की परिधि में आती है। भगवान श्री कृष्ण ने कुरुक्षेत्र की पवित्र वसुंधरा मानवता को निष्काम कर्मयोग का अमर सन्देश दिया था। अन्याय पर न्याय की विजय के प्रतीक विश्व प्रसिद्ध महाभारत का युद्ध लड़ने से पूर्व पाण्डवों ने जीन्द की इसी भूमि पर ही जयन्ती देवी की आराधना की थी। माननीय श्रीमती सोनिया गाँधी जी के ओजस्वी नेतृत्व में कांग्रेस पार्टी ने गत लोकसभा तथा हाल ही में हुए हरियाणा विधानसभा के चुनावी महाभारत में जो अभूतपूर्व विजय दर्ज की, उसी विजय के लिए प्रदेशवासियों का धन्यवाद करने के लिए आप लोगों के बीच पधारी हैं। इस भीषण गर्मी के बावजूद हरियाणा के कोने-कोने से उमड़ा यह जन-सागर, जन-जन का आपके प्रति बड़े सम्मान और गहरे विश्वास का प्रतीक है। यह उमंग भरा वातावारण और उमड़ती हुई भावनाएँ दिलों को छू रही हैं।

इस अवसर पर मैं पहले लोकसभा चुनाव, फिर विधानसभा चुनाव और अब सम्पन्न पंचायती राज संस्थाओं समेत स्थानीय निकायों के चुनावों में यू.पी.ए. की अध्यक्षा माननीय श्रीमती सोनिया गाँधी जी के नेतृत्व और कांग्रेस की नीतियों में अटूट विश्वास व्यक्त करते हुए अभूतपूर्व जनादेश देने के लिए प्रदेशवासियों का हार्दिक आभार व्यक्त करता हूँ। प्रदेश की जनता ही हमारी शक्ति और साहस है। लोकतन्त्र में जनता के हाथों में ही वह शक्ति है, जिसके बल पर वह जिसे चाहे ताज पहना सकती है। मैं इस जन शक्ति को बार-बार नमन करता हूँ।

मान्यवर, आपने चुनावों के दौरान कोई लोक लुभावने वायदे नहीं किये, बल्क़ि कांग्रेस की नीतियाँ और विकास का अपना विज़न जनता के सामने रखा था। चुनावों के दौरान अपने घोषणा-पत्र में हरियाणा की जनता के सामने एक खुशहाल हरियाणा की तस्वीर प्रस्तुत की थी। इस तस्वीर को कांग्रेस सरकार ने हक़ीकत में बदलने के प्रयास शुरू कर दिए हैं।

हमारी लोकतान्त्रिक मूल्यों में गहरी निष्ठा है। प्रदेश में भय और भ्रष्टाचार को खत्म करके स्वच्छ

और पारदर्शी प्रशासन प्रदान करना हमारा संकल्प है। प्रदेश के सभी वर्गों का कल्याण तथा राज्य का चहुंमुखी विकास करना हमारा ध्येय है। राज्य के हर नागरिक के मान-सम्मान और स्वाभिमान की रक्षा करना हमारा कर्त्तव्य है।

स्वर्गीय श्री राजीव गाँधी जी ने पंचायती राज संस्थाओं और स्थानीय निकायों को और अधिक स्वायत्तता और अधिकार दिलवाने की शुरुआत की थी। हम इन संस्थाओं को सुदृढ़ बनाकर गाँवों और शहरों के विकास में आम आदमी को भागीदार बनाने के उनके सपने को साकार करेंगे। इस अवसर पर मैं गत केवल 70 दिनों में जन कल्याण और विकास के लिए हरियाणा सरकार द्वारा उठाये गये कदमों की थोड़ी चर्चा करना चाहूँगा।

जैसाकि आपको विदित है कि हरियाणा एक कृषि प्रधान राज्य है। इसलिए हम किसानों के हितों को सर्वोच्च प्राथमिकता दे रहे हैं। हमने किसानों के हित के लिए प्राकृतिक प्रकोप से फसलें नष्ट होने पर मुआवजा देने के नार्म्ज़ में वृद्धि की है। गेहूँ की फसल के लिए 50 प्रतिशत की और अन्य फसलों के लिए 25 प्रतिशत की बढ़ोतरी की है। किसानों की कठिनाइयों को देखते हुए राज्य में फसली ऋणों पर ब्याज की दर 11 प्रतिशत से घटाकर 10 प्रतिशत की गयी। हरियाणा राज्य सहकारी कृषि और ग्रामीण विकास बैंक द्वारा दिये जाने वाले 50 हजार रुपये तक के दीर्घावधि ऋणों पर 8 प्रतिशत की दर से ब्याज लगेगा, जो देशभर में सबसे कम है। प्रदेश में ट्रैक्टरों की रजिस्ट्रेशन फ़ीस खत्म कर दी गयी है। खाद और जिप्सम पर कर खत्म कर दिया गया है। डीजल पर कर की दर नहीं बढ़ाई गयी है। ट्रैक्टर के पुर्जो पर कर की दर घटाकर 4 प्रतिशत करने की फ्लोर रेट की पद्धति अपनाई गयी है।

सतलुज-यमुना लिंक नहर हरियाणा की जीवन रेखा है। पंजाब क्षेत्र में इस नहर के निर्माण कार्य का उद्घाटन श्रीमती इन्दिरा गाँधी जी ने 1982 में किया था और इस नहर का अधिकांश निर्माण कार्य कांग्रेस सरकारों के दौरान ही हुआ। हरियाणा में आई ग़ैर-कांग्रेसी सरकारों ने इस मुद्दे की ओर कोई विशेष ध्यान नहीं दिया। श्रीमती इन्दिरा गाँधी जी का सपना था कि हरियाणा की धरती की प्यास एस.वाई. एल. के पानी से बुझे। हरियाणा की जनता को आप पर पूरा विश्वास है कि आप उनके सपने को अवश्य साकार करेंगी।

मान्यवर! श्रमिक अपना पसीना बहाकर, ईंटों का बोझा ढोकर मंजिलें खड़ी करता है, कल-कारखानों में उत्पादन बढ़ाकर राष्ट्र को समृद्धि की ओर ले जाता है और खेत-खलिहान में किसानों के कंधे-से-कंधा मिलाकर राष्ट्र का अन्न से पेट भरता है। हम श्रमिकों के श्रम का पूरा सम्मान करेंगे। हर श्रमिक को न्यूनतम वेतन मिलना सुनिश्चित किया जा रहा है। उदारीकरण और भूमण्डलीकरण के इस दौर में श्रमिकों के हितों की पूर्ण सुरक्षा की जायेगी।

उद्योगों के विकास के लिए विश्व स्तरीय इन्फ्रास्ट्रक्चर विकसित किया जायेगा। प्रदेश सरकार आगामी छः जून को राज्य की नयी उद्योग नीति घोषित करने जा रही है। बिजली उत्पादन बढ़ाने के लिए भी हम नयी-नयी योजनाएँ बना रहे हैं। आज प्रदेश के ग्रामीण क्षेत्रों में सायं 6 बजे से प्रातः 6 बजे तक 12 घण्टे बिजली आपूर्ति की जा रही है। दिन के समय वैकल्पिक आधार पर एक दिन 6 घण्टे और दूसरे दिन 4 घण्टे बिजली दी जाती है। ग्रामीण क्षेत्रों में रात को खाना बनाने, बच्चों को पढ़ने में बिजली न होने से बड़ी दिक्कत आ रही थी और सुबह के समय दूध बिलौने और चारा काटने में भी मुश्किल आ रही थी। इस निर्णय से किसानों तथा ग्रामीण लोगों को काफी राहत मिली है।

हम प्रदेश में समाज कल्याण को सर्वोच्च प्राथमिकता देंगे। कांग्रेस सरकार महिलाओं के सशक्तिकरण के प्रति प्रतिबद्ध है। हमने गत पहली अप्रैल से आंगनवाड़ी कार्यकर्त्ताओं का मानदेय (ऑनरेरियम) 200 रुपये प्रतिमास और सहायक के मानदेय में 100 प्रतिमास की बढ़ोतरी कर दी है।

इससे 13 हजार से अधिक आंगनवाड़ी कार्यकर्त्ता लाभान्वित हुए हैं। राज्य सरकार महिलाओं के घटते लिंग अनुपात के लिए चिन्तित है। इस समस्या के समाधान के लिए राज्य सरकार शीघ्र ही एक महत्वाकांक्षी योजना शुरू कर रही है। इस स्कीम के अन्तर्गत दूसरी कन्या के जन्म पर पाँच साल के लिए प्रतिवर्ष 5 हजार रुपये दिये जायेंगे और यह राशि डाकखाने में छः वर्ष के लिए लड़की और उसके माता-पिता के संयुक्त खाते में जमा करवाई जायेगी। प्रदेश में महिलाओं की शिक्षा पर विशेष ध्यान दिया जायेगा। महिलाओं को आर्थिक रूप से सशक्त बनाने के लिए सामाजिक-आर्थिक कार्यक्रमों को, विशेषकर, ग्रामीण क्षेत्रों में लागू किया जायेगा। कन्या भ्रूण हत्या को रोकने के लिए पी. एन.डी.टी. कानून कठोरता से लागू किया जायेगा।

प्रदेश में अनुसूचित जातियों, पिछड़े वर्गों और अल्पसंख्यकों के सामाजिक और आर्थिक उत्थान की ओर विशेष ध्यान दिया जायेगा। इन वर्गों के लोगों को उनके आरक्षण के अनुसार सरकारी नौकरियाँ उपलब्ध करवाई जायेंगी और नौकरियों में उनके हिस्से के बकाया पदों को भरा जायेगा। इन वर्गों के लोगों को अधिक से अधिक स्व-रोज़गार की सुविधाएँ भी उपलब्ध करवाई जायेंगी।

युवाओं को उच्चकोटि की शिक्षा देने के लिए राज्य में आक्सफोर्ड यूनिवर्सिटी की पद्धति पर 'एजुकेशन सिटी' स्थापित की जायेगी। इसमें हरियाणावासियों के लिए 25 प्रतिशत सीटें आरक्षित होंगी।

मान्यवर, प्रदेश से भ्रष्टाचार को समाप्त करने के लिए रचनात्मक कदम उठाये जा रहे हैं। जो भी भ्रष्टाचार में संलिप्त पाया जायेगा, उसके विरुद्ध कठोर-से-कठोर कार्यवाही की जायेगी। ईमानदार अधिकारियों और कर्मचारियों को पुरस्कृत किया जायेगा।

कर्मचारियों की भलाई के लिए हमने कुछ कदम उठाये हैं। कर्मचारियों को लड़की और बहन की शादी के लिए दिये जाने वाले ऋण की सीमा 30 हजार रुपये से बढ़ाकर एक लाख रुपये तथा लड़के की शादी के लिए यह ऋण सीमा 20 हजार रुपये से बढ़ाकर 60 हजार रुपये कर दी गयी है। यह सुविधा तीसरी और चौथी श्रेणी के कर्मचारियों के साथ-साथ द्वितीय श्रेणी के अधिकारियों को भी मिलेगी। इसके अलावा राज्य सरकार ने अपने कर्मचारियों, पेंशनरों और उनके आश्रितों के लिए एक उदार नयी चिकित्सा खर्च प्रतिपूर्ति नीति बनाई है, जिसके तहत देश के किसी भी सरकारी अस्पताल और सरकार द्वारा अनुमोदित कुछ प्रतिष्ठित प्राइवेट अस्पतालों में इलाज करवाने पर पूरा चिकित्सा खर्च मिलेगा।

मेरा कहने का भाव यह है कि हम अपने चुनावी वायदों को पूरा करके विकास और समृद्धि की दृष्टि से हरियाणा को देश का एक 'आदर्श राज्य' बनायेंगे।

शनिवार, 14 मई 2005, जींद

अपनी केवल धार

एन.डी.टी.वी. को दिये गये इण्टरव्यू पर आधारित

आज हरियाणा देश-विदेश के उद्यमियों की पहली पसन्द बन गया है। हमने सत्ता की बागडोर संभालते पिछली इनेलो सरकार द्वारा उत्पन्न स्थिति को बदलने के लिए कारगर कदम उठाये। प्रशासन को चुस्त-दुरुस्त बना कर लोगों के प्रति जवाबदेह बनाया गया है। प्रदेश की जनता को भय और खौफ के वातावरण से मुक्ति दिलाई गयी है। संवैधानिक संस्थानों की मर्यादा बहाल की गयी है। हमने उद्योगों को बढ़ावा देने के लिए नयी उद्योग नीति-2005 लागू की, जिसका उद्देश्य उद्योगपतियों को कई तरह की रियायतें और सुविधाएँ देना, औद्योगिक इन्फ्रास्ट्रक्चर को मजबूत बनाना तथा 10 वर्षों में दो लाख करोड़ रुपये का

पूँजी निवेश आकर्षित करना और 10 लाख लोगों को रोज़गार उपलब्ध करवाना है।

उद्योगों की स्थापना के लिए प्रक्रियाओं और नियमों का सरलीकरण किया गया है। दिल्ली और चण्डीगढ़ में दो निवेश प्रोत्साहन केन्द्र खोले गये हैं। औद्योगिक इकाइयों की शीघ्र स्थापना की स्वीकृति देने के लिए हरियाणा औद्योगिक प्रोत्साहन अधिनियम-2005 बनाया गया है। हरियाणा देश का पहला राज्य है, जिसने श्रम नीति लागू की है।

हमारी नयी उद्योग नीति के बड़े ही उत्साहजनक नतीजे सामने आ रहे हैं। हमारी नयी उद्योग नीति की सफलता का उदाहरण आपके सामने है। हरियाणा के अलग राज्य के रूप में गठन से लेकर मार्च, 2005 तक की 39 साल की लम्बी अवधि में प्रदेश में केवल 40 हजार करोड़ रुपये का निवेश हुआ था। पिछले केवल डेढ़ साल के थोड़े-से अरसे में ही औद्योगिक क्षेत्र में 41 हजार करोड़ रुपये के निवेश प्रस्ताव प्राप्त हुए हैं, इस में से 10 हजार करोड़ रुपये का निवेश हो चुका है।

जहाँ तक विदेशी पूँजी निवेश का सम्बन्ध है, वर्तमान सरकार के कार्यकाल में 1,380 करोड़ रुपये का सीधा पूँजी निवेश हुआ, जबकि हरियाणा बनने से लेकर वर्तमान सरकार के सत्ता मे आने तक 6,350 करोड़ रुपये का सीधा पूँजी निवेश हुआ है।

हाल ही में विदेशी निवेश आकर्षित करने के लिए एक शिष्टमण्डल के साथ मैं यूरोप के पाँच देशों के दौरे पर गया था। वहाँ के उद्यमी हरियाणा में निवेश करने के लिए बड़े उत्सुक थे। यह दौरा बड़ा ही सफल रहा। लगभग 12 हजार करोड़ रुपये का सीधा विदेशी पूँजी निवेश प्रदेश में होने की आशा है। राज्य सरकार ने दिल्ली में जो निवेश प्रोत्साहन केन्द्र (Investment Promotion Centre) खोला हुआ है, उसमें एक यूरोपीय विभाग (European Desk) खोलने का निर्णय लिया है ताकि इस दौरे के लाभों को जल्दी हासिल किया जा सके।

वर्तमान सरकार के कार्यकाल में 29 नये, बड़े और मध्यम स्तर के तथा 1,356 लघु उद्योग स्थापित हुए हैं। बड़े और मध्यम दर्जे के उद्योगों की स्थापना के लिए औद्योगिक निवेशक प्रस्ताव (Industrial Entrepreneur Memoranda) और आवेदन पत्र (Letter of Intent) के क्रियान्वयन में हरियाणा का देशभर में पहला स्थान है।

हरियाणा को देश में सबसे अधिक एस.ई.जैड के प्रस्ताव प्राप्त हुए हैं। रिलायंस इंडस्ट्रीज द्वारा 25 हजार एकड़ क्षेत्र पर विश्व स्तर का एक विशेष आर्थिक क्षेत्र (Special Economic Zone) स्थापित किया जायेगा। इससे पाँच लाख लोगों को रोज़गार मिलेगा।

हरियाणा राज्य औद्योगिक विकास निगम नयी औद्योगिक सम्पदाओं आदि के विकास के लिए 20,000 एकड़ भूमि का अधिग्रहण कर रही है। आई.एम.टी. मानेसर का विस्तार किया जा रहा है और रोहतक, खरखौदा, फरीदाबाद, यमुनानगर में औद्योगिक मॉडल टाउनशिप विकसित करने की योजना बनाई है।

135 किलोमीटर लम्बा कुण्डली-मानेसर-पलवल 'पैरिफेरियल एक्सप्रेस-वे' बनाने की प्रक्रिया शुरू कर दी है। इसके साथ-साथ आर्थिक हब (Economic Hub)विकसित किये जायेंगे, जिससे आर्थिक गतिविधियों को बढ़ावा मिलेगा और रोज़गार के नये अवसर पैदा होंगे।

हम औद्योगिक इन्फ्रास्ट्रक्चर के विकास में निजी क्षेत्र की भागीदारी को भी बढ़ावा दे रहे हैं। डी. एल.एफ., यूनीटैक, अन्सल, अदानी ग्रुप्ज़ ने हरियाणा में अपने औद्योगिक पार्क स्थापित करने के लिए सरकार से बातचीत की है।

भारतीय तेल निगम हरियाणा राज्य औद्योगिक विकास निगम की भागीदारी से पानीपत में 5,000 एकड़ भूमि पर एक पैट्रो कैमिकल हब विकसित कर रहा है। इससे डाउन स्ट्रीम उद्योगों को बढ़ावा मिलेगा। इस परियोजना में 30,000 करोड़ रुपये का निवेश होगा और 50,000 लोगों को रोज़गार मिलेगा।

आई.टी. और आई.टी से सम्बद्ध उद्योगों को बढ़ावा देने के लिए नयी आई.टी. नीति लागू की गई है। गुड़गाँव आई.टी और आई.टी. से सम्बद्ध उद्योगों की स्थापना के लिए उद्यमियों की पहली पसन्द बन गया है। मानेसर और पंचकूला में आई.टी. कोरिडोर विकसित किये जा रहे हैं। सॉफ्टवेयर का निर्यात 10,700 करोड़ रुपये का हो गया है।

पूँजी निवेश के सन्दर्भ में कृषि आधारित तथा खाद्य प्रसंस्करण उद्योग, इन्फ्रास्ट्रक्चर क्षेत्र, बिजली, हाईवेज़, फार्मास्यूटिकल्स, टैक्सटाइल्स, आई.टी, ऑटोमोबाइल्ज़, हैण्डलूम, हौजरी, टेक्सटाइल तथा निर्यात आधारित उद्योगों की स्थापना को हम प्राथमिकता दे रहे हैं।

एस.ई.जैड के लिए भूमि अधिग्रहण के सम्बन्ध में कहना यही है कि कांग्रेस की किसान हितैषी सोच है और श्रीमती सोनिया गाँधी जी ने भी किसानों और राष्ट्र के हित में ही कहा है कि उपजाऊ भूमि का अधिग्रहण एस.ई.जैड के लिए न किया जाए। रिलायंस इंडस्ट्रीज जिस भूमि पर एस.ई.जैड स्थापित कर रही है, वह उपजाऊ नहीं है और वहाँ सिंचाई सुविधाओं का अभाव है। दूसरे क्षेत्रों में भी एस.ई.जैड ऐसी भूमि पर विकसित किये जायेंगे, जो बंजर हैं, उपजाऊ नहीं हैं या बहुत ही कम उपजाऊ हैं।

केन्द्र सरकार के विशेष आर्थिक क्षेत्र अधिनियम-2005 के अनुरूप ही हरियाणा सरकार ने हरियाणा विशेष आर्थिक क्षेत्र अधिनियम-2005 बनाया है ताकि हरियाणा में विशेष आर्थिक क्षेत्रों के विकास को बढ़ावा दिया जा सके।

स्पेशल इकोनोमिक जोन में ऐसे औद्योगिक मॉडल टाऊन शिप विकसित किये जायेंगे, जिनमें विश्वस्तर की इन्फ्रास्ट्रक्चर सुविधाएँ उपलब्ध होंगी। इस अधिनियम के तहत हरियाणा सरकार ने विशेष आर्थिक क्षेत्र का विकास करने वाले उद्यमियों को कई तरह की वित्तीय सुविधाएँ दी हैं। बिक्री कर, एक्साईज ड्यूटी, बिजली शुल्क तथा स्टॉम्प शुल्क से छूट दी गई है। इनकी स्वीकृति के लिए एकल खिड़की की सुविधा प्रदान की गई है। एस.ई.जैड को स्थापित करने के लिए हरियाणा सरकार एन.सी. आर. में 25 प्रतिशत और एन.सी.आर. से बाहर 50 प्रतिशत तक भूमि का अधिग्रहण करके देगी।

जिस परिवार की सारी जमीन एस.ई.जैड के लिए खरीदी जायेगी, उस परिवार के एक सदस्य को नौकरी दी जायेगी, जिस गाँव की एक चौथाई जमीन एस.ई.जैड के लिए खरीदी जायेगी, उस गाँव में एस. ई.जैड कम्पनी ट्रेनिंग इंस्टीच्यूट खोलेगी। इसके अलावा उस गाँव का विकास करने के लिए मूलभूत सुविधाएँ भी जुटायेगी।

हम किसानों को भूमि अधिग्रहण पर उचित मुआवजा दे रहे हैं तथा इसके लिए हमने फ्लोर रेट निर्धारित किये हैं। आज प्रदेश के किसान को भूमि अधिग्रहण पर 21 लाख रुपये प्रति एकड़ का मुआवजा दिया जा रहा है, जबकि पिछली सरकार के दौरान प्रति एकड़ 2.60 लाख रुपये का मुआवजा दिया जाता था। पिछली सरकार ने कुण्डली-मानसेर-पलवल एक्सप्रेस-वे के लिए भूमि अधिग्रहण की मुआवजा राशि का अनुमान 160 करोड़ रुपये लगाया था। आपकी सरकार द्वारा फ्लोर रेट निर्धारित करने से यह राशि 650 करोड़ रुपये हो गई है। इस तरह से किसानों को लगभग 500 करोड़ रुपये का अतिरिक्त मुआवजा मिलेगा।

आज के युग में बिजली की माँग औद्योगिक क्षेत्र से लेकर घरेलू कामों तक दिन प्रतिदिन बढ़ रही है। बिजली की माँग को पूरा करने के लिए हम अल्पकालिक और दीर्घकालिक कदम उठा रहे हैं। मैं यह भी कहना चाहूँगा कि बिजली की कमी हमें विरासत में मिली। राजनैतिक इच्छा शक्ति और दूरदृष्टि के अभाव में बिजली की निरन्तर बढ़ती हुई माँग को पूरा करने के लिए उत्पादन क्षमता नहीं बढ़ाई गई। लेकिन हम इस समस्या को हल करने के लिए विभिन्न प्रयास कर रहे हैं। अगले साढ़े तीन वर्षों में राज्य की बिजली उत्पादन क्षमता में पाँच हजार मैगावाट की वृद्धि की जायेगी।

हमारा प्रयास है कि पूरे राज्य में चाहे वह ग्रामीण क्षेत्र है या शहरी, सभी में उपभोक्ताओं को अधिक

से अधिक सुचारु ढंग से बिजली उपलब्ध हो। गाँवों में उच्च वोल्टेज की बिजली आपूर्ति देने के लिए शहरी तथा ग्रामीण फीडरों की वितरण व्यवस्था को पृथक करने का कार्य आरम्भ किया गया है। 11वीं पंचवर्षीय योजना के दौरान वितरण प्रणाली (Transmission Infrastructure) को सुदृढ़ बनाने पर 6,230 करोड़ रुपये तथा (Distribution System) को मजबूत बनाने पर 5,682 करोड़ रुपये खर्च किये जायेंगे।

प्रदेश में बढ़ते औद्योगिकीकरण और कृषि क्षेत्र में बिजली की खपत बढ़ने के फलस्वरूप बिजली की माँग में हर वर्ष आठ प्रतिशत से अधिक की वृद्धि हो रही है। इस बढ़ती हुई माँग को पूरा करने के लिए कई ठोस कदम उठाये गये हैं। राज्य में बिजली का उत्पादन बढ़ाने के लिए वर्ष 2007 से 2012 की अवधि में 6,266 करोड़ रुपये का निवेश किया जायेगा।

यमुनानगर में 600 मैगावाट की ताप बिजली परियोजना पर निर्माण कार्य चल रहा है। इसकी 300 मैगावाट की पहली यूनिट नवम्बर, 2007 में तथा दूसरी यूनिट मार्च, 2008 में चालू हो जायेगी।

हिसार में एक हजार मैगावाट का कोयले पर आधारित थर्मल प्लांट लगाया जायेगा। जिला झज्जर के मातनहेल में 1000/1200 मैगावाट का कोयले पर आधारित थर्मल प्लांट लगाया जायेगा। राष्ट्रीय ताप बिजली निगम द्वारा हरियाणा में 1500 मैगावाट का पॉवर प्लांट लगाया जायेगा। इसमें से 750 मैगावाट बिजली लेने के लिए एन.टी.पी.सी. के साथ एक समझौता किया गया है।

राज्य में गत डेढ़ वर्ष में 602 किलोमीटर लम्बी सड़कों का निर्माण किया गया और 6,953 किलोमीटर लम्बी सड़कों का सुधार किया गया तथा 13 पुलों का निर्माण किया गया। राष्ट्रीय राजमार्ग संख्या 1, 2, 8 और 10 को जोड़ने के लिए 135 किलोमीटर लम्बा कुण्डली-मानेसर-पलवल (वैस्टर्न पैरीफेरी) एक्सप्रैस-वे बनाने की प्रक्रिया शुरू की गई है।

गुड़गाँव-फरीदाबाद सड़क को चौड़ा करने और चार मार्गी बनाने का कार्य शुरू किया गया है। फरीदाबाद-दिल्ली के बीच यातायात को सुगम बनाने के लिए राष्ट्रीय राजमार्ग-2 पर बदरपुर में उपरिगामी (एलिवेटिड) 6 लेन हाईवे बनाने के लिए 267.50 करोड़ रुपये लागत की परियोजना पर भी कार्य शुरू है। गुड़गाँव-दिल्ली को जोड़ने वाले राष्ट्रीय राजमार्ग-8 पर 775 करोड़ रुपये लागत से बनने वाले 28 किलोमीटर लम्बे मार्ग को 6/8 लेन करने का कार्य प्रगति पर है।

राष्ट्रीय राजमार्ग-22 के ज़ीरकपुर-पंचकूला-कालका खण्ड को चार मार्गी किए जाने का कार्य शुरू है। रोहतक-झज्जर-रेवाड़ी रेलवे लाइन स्वीकृत हो चुकी है। इस पर शीघ्र ही कार्य शुरू किया जायेगा। दिल्ली-रोहतक रेल मार्ग के विद्युतीकरण की परियोजना पर कार्य शीघ्र शुरू किया जायेगा।

पानीपत में राष्ट्रीय राजमार्ग नं. 1 के 10 कि.मी. लम्बे खण्ड, जिसमें 3.4 कि.मी. लम्बा ऐलिवेटिड हाईवे भी शामिल है, को 6 मार्गी बनाने की परियोजना का कार्य शुरू किया गया है। वर्ष 2006-07 के दौरान भारत निर्माण योजना के अन्तर्गत 200 करोड़ रुपये की लागत से 688 कि.मी. लम्बी ग्रामीण सड़कों का सुधार किया जायेगा।

वर्ष 2006-07 के दौरान राज्य की 6000 कि.मी. से भी अधिक लम्बी सड़कों का सुधार किया जायेगा। 88 रेलवे उपरिगामी पुलों के निर्माण के लिए एक बड़ी योजना तैयार की गई है। 9 पुल निर्माणाधीन है। 9 अन्य पुलों का निर्माण कार्य शीघ्र शुरू किया जा रहा है और 18 पुलों के निर्माण का प्रस्ताव स्वीकृति के लिए भारत सरकार को भेजा गया है। नाबार्ड की 60 करोड़ रुपये की ऋण सहायता से पुराने पुलों की मरम्मत की जा रही है और चौड़ा किया जा रहा है।

सड़कों और पुलों के लिए बजट आवंटन वर्ष 2005-06 में 572 करोड़ रुपये से बढ़ाकर वर्ष 2006-07 के दौरान 872 करोड़ रुपये कर दिया गया है। मैट्रो रेल लिंक को गुड़गाँव तक बढ़ाने की मंज़ूरी मिली है। इसके अलावा मैट्रो रेल लिंक को बहादुरगढ़ तक लाने के लिए सरकार प्रयासरत है।

शिक्षा क्षेत्र में गुण और परिमाण दोनों दृष्टियों से सुधार लाने के लिए हमने जो कदम उठाये हैं, उसके बड़े ही अच्छे परिणाम सामने आ रहे हैं।

कुण्डली में 'राजीव गाँधी एजुकेशन सिटी' स्थापित करने के लिए कार्यवाही शुरू कर दी गई है। यह युवाओं को विश्व स्तर की उच्च शिक्षा सुविधाएँ उपलब्ध करवाने के लिए श्रेष्ठता केन्द्र (Centre of Excellence) होगा। इसमें हरियाणावासियों के लिए 25 प्रतिशत सीटें आरक्षित होंगी। उद्योगों और बहुराष्ट्रीय कम्पनियों की जरूरतों को ध्यान में रखते हुए स्कूलों और कॉलेजों में नये-नये पाठ्यक्रम शुरू किए गये हैं। सर छोटू राम स्टेट कॉलेज ऑफ इंजीनियरिंग, मुरथल का दर्जा बढ़ाकर तकनीकी विश्वविद्यालय करने का निर्णय लिया गया है। महिलाओं की शिक्षा को बढ़ावा देने के लिए खानपुर कलां में 'भगत फूल सिंह महिला विश्वविद्यालय' स्थापित किया गया है तथा अनेक प्रोत्साहन स्कीमें शुरू की गई हैं।

आधुनिक युग की जरूरतों के अनुसार अध्यापकों को प्रशिक्षित करने के लिए समय-समय पर जिला शिक्षा और प्रशिक्षण संस्थानों में प्रशिक्षित किया जाता है। जे.बी.टी. अध्यापकों की शैक्षणिक योग्यता 10+2 की जगह स्नातक कर दी गई है। महाविद्यालयों में शिक्षकों के पद भरे गये तथा स्कूल अध्यापकों के रिक्त पद भरने की प्रक्रिया जारी है। शिक्षा की गुणवत्ता में सुधार लाने के लिए अब हर कक्षा में 60 की बजाय 40 विद्यार्थियों के पीछे एक शिक्षक होगा।

विद्यालयों में सभी उपकरणों से युक्त प्रयोगशालाएँ स्थापित की जा रही हैं। इसके लिए राज्य के प्रत्येक हाई और सीनियर सेकण्डरी स्कूल को 20 हजार रुपये की राशि विशेष रूप से प्रदान की गई है।

स्कूलों में रेमैडियल कोचिंग शुरू की जा रही है। सभी कॉलेजों, स्कूलों और तकनीकी शिक्षा संस्थाओं को 'एजुसैट नैटवर्क' से जोड़ा जा रहा है। इस वर्ष से स्कूलों में सेमैस्टर प्रणाली लागू की गई है और सर्वशिक्षा अभियान की सफलता पर पूरा बल दिया जा रहा है। बच्चों में अधिक से अधिक पढ़ने की रुचि पैदा करने के लिए 'नेहरू पुस्तकालय योजना' बनाई गई है।

'राजीव गाँधी छात्रवृत्ति योजना' तथा 'डॉ. अम्बेडकर मेधावी छात्र योजना' जैसी प्रोत्साहन स्कीमें शुरू की गई हैं। हर जिले में मॉडल स्कूल खोला जा रहा है।

आज गिरता लिंग अनुपात एक चिंता का विषय है। इसका सबसे बड़ा कारण कन्या भ्रूण हत्या है। इसे रोकने के लिए हरियाणा में जहाँ कानून का कठोरता से पालन किया जा रहा है, वहीं कई प्रोत्साहक स्कीमें भी शुरू की गई हैं। 'लाडली' नामक स्कीम बड़ी लोकप्रिय हो रही है। इस स्कीम के तहत परिवार में दूसरी लड़की के जन्म पर पाँच वर्ष की अवधि तक प्रतिवर्ष पाँच हजार रुपये दिये जाते हैं। इस योजना के तहत अब तक 12,084 परिवार लाभान्वित हुए हैं।

जिन माता-पिता की केवल लड़कियाँ हैं, उनके लिए 'लाडली सामाजिक सुरक्षा पेंशन' नामक एक नयी योजना शुरू की गई है। ऐसे माता-पिता को 60 वर्ष की बजाय 55 वर्ष की आयु से ही 300 रुपये प्रतिमाह पेंशन देने का निर्णय लिया हुआ है।

भ्रूण हत्या को रोकने के लिए कानूनों का कड़ाई से पालन किया जा रहा है। हरियाणा देश का पहला राज्य है, जहाँ पर पी.एन.डी.टी. एक्ट के तहत एक डॉक्टर तथा उसके सहायक को लिंग जाँच करने पर दो साल की जेल की सजा मिली है। इसी प्रकार, गुड़गाँव में एक डॉक्टर तथा मरीज दोनों को एम.टी.पी. एक्ट के तहत सजा दी गई है। पी.एन.डी.टी. एक्ट के विभिन्न प्रावधानों की अवहेलना करने वालों के विरुद्ध विभिन्न कचहरियों में 25 मामले दर्ज हैं। इस एक्ट के तहत 124 अल्ट्रासाउंड सेंटर के पंजीकरण को निलम्बित या निरस्त कर दिया गया है।

'इन्दिरा गाँधी प्रियदर्शनी विवाह शगुन योजना' का दायरा बढ़ा दिया गया है। अब ग़रीबी रेखा से

नीचे जीवनयापन करने वाली सभी वर्गों की विधवाओं और अनुसूचित जातियों के परिवारों की लड़कियों के विवाह पर 15 हजार रुपये का शगुन दिया जाता है। इस योजना के तहत 15 करोड़ रुपये से अधिक की राशि शगुन के तौर पर दी जा चुकी है।

लड़कियों के भली-भाँति पालन-पोषण के प्रति माताओं को प्रोत्साहित करने के लिए 'सर्वोत्तम माता पुरस्कार' की योजना शुरू की गई है। गाँवों में महिलाओं को सुरक्षित प्रसव सुविधाएँ उपलब्ध करवाने के लिए प्रसूति गृह स्थापित किये जा रहे हैं। महिलाओं को प्रसूति के समय अस्पताल ले जाने के लिए प्रत्येक ग्राम पंचायत द्वारा वाहन उपलब्ध करवाया जायेगा। शहरी स्लम क्षेत्रों में रहने वाली महिलाओं के लिए 'जननी सुविधा योजना' शुरू की गई है।

अध्यापकों की भर्ती तथा हरियाणा आवास बोर्ड द्वारा बनाये गये मकानों में महिलाओं के लिए 33 प्रतिशत का आरक्षण दिया गया है। बिजली का घरेलू कनैक्शन महिला के नाम होने पर बिल में 10 पैसे प्रति यूनिट की छूट और उसके नाम सम्पत्ति के हस्तान्तरण पर स्टॉम्प शुल्क में भी दो प्रतिशत की छूट दी गई है।

उच्च शिक्षा को बढ़ावा देने के लिए खानपुर कलां में भगत फूल सिंह के नाम से एक अलग महिला विश्वविद्यालय स्थापित किया गया है। यह वर्ष बालिका वर्ष के रूप में मनाया जा रहा है। सभी आई. टी.आई. तथा सभी तकनीकी शिक्षण संस्थाओं में प्रवेश के लिये लड़कियों के लिए 25 प्रतिशत आरक्षण किया गया है। छात्राओं से केवल पाँच एकतरफा टिकटों के बराबर किराया लेकर मासिक पास बनाया जाता है। गाँवों में लड़कियों को शिक्षा के प्रति प्रोत्साहित करने के लिए 'ग्रामीण किशोर बालिकाओं को पुरस्कार' नामक नयी योजना शुरू की गई है।

महिला विकास निगम से स्वःरोज़गार के लिए जो महिला कर्ज़ लेगी, उसे ब्याज पर एक प्रतिशत की छूट दी जायेगी। प्रत्येक महिला मण्डल को 5000 रुपये की वित्तीय सहायता दी जायेगी ताकि वे दूसरे जिलों में जाकर विकास गतिविधियों से स्वयं को परिचित कर सकें। इस निर्णय से लगभग सात हजार महिला मण्डल लाभान्वित होंगे।

हमारे सामाजिक-सांस्कृतिक जीवन में रक्षा बन्धन के त्योहार का विशेष महत्व है। बहनें अपने भाइयों को राखी बाँधने जाती हैं। उनकी भावनाओं का सम्मान करते हुए हरियाणा के इतिहास में पहली बार राज्य सरकार ने फैसला किया कि रक्षा बन्धन के दिन महिलाएँ हरियाणा राज्य परिवहन की बसों में मुफ़्त यात्रा करेंगी। समाज के सभी वर्गों के लोगों ने इस सुविधा का स्वागत किया और भरपूर लाभ उठाया।

आज हरियाणा में महिलाओं के सामाजिक और आर्थिक उत्थान के लिए जो कदम उठाये जा रहे हैं, वह हरियाणा के इतिहास में पहले कभी नहीं उठाये गये।

समाज कल्याण के क्षेत्र में स्वतन्त्रता सेनानियों, सेवारत सैनिकों और भूतपूर्व सैनिकों को रियायतें देने में हरियाणा एक अग्रणी प्रदेश है। स्वतन्त्रता सेनानियों की मासिक पेंशन हमने 1,400 रुपये से बढ़ाकर 5,125 रुपये कर दी है। सेवारत सैनिकों और भूतपूर्व सैनिकों को भी कई प्रकार की सुविधाएँ दी गई हैं। विकलांगों को दी जाने वाली मासिक पेंशन दो गुणा की है तथा बेरोज़गारी भत्ता बढ़ाकर तीन गुणा किया है। केनर के पद पर कार्यरत दृष्टिहीनों की रिटेनरशिप की राशि 1,500 रुपये से बढ़ाकर 2,000 रुपये मासिक की गई। प्रदेश में विधवाओं की पेंशन 300 रुपये से बढ़ाकर 350 रुपये प्रतिमाह कर दी गयी है।

राजीव गाँधी सुरक्षा बीमा योजना लागू की गई है। इसके अन्तर्गत 18 से 60 वर्ष के आयु के हरियाणा निवासी परिवार के किसी सदस्य की दुर्घटना में मृत्यु होने या पूर्ण रूप से विकलांग होने की स्थिति में एक लाख रुपये की राशि प्रदान की जाती है। इस योजना के अन्तर्गत अब तक 958 लाख रुपये की राशि खर्च की जा चुकी है।

हरियाणा शहरी विकास प्राधिकरण द्वारा आर्थिक रूप से कमजोर वर्ग के लोगों के लिये प्लाटों का आरक्षित कोटा 20 प्रतिशत से बढ़ाकर 35 प्रतिशत कर दिया गया है। अनुसूचित जातियों, पिछड़े वर्गों और कमजोर वर्गों के सामाजिक-आर्थिक और शैक्षणिक उत्थान के लिए कई कदम उठायें हैं। लाटरी पर पूर्ण प्रतिबन्ध लगाकर एक सामाजिक बुराई खत्म की है।

अपराधियों पर शिकंजा कसा गया है तथा अपराधी या तो हरियाणा छोड़कर भाग गये हैं या मुख्य धारा में शामिल हो गये हैं। प्रदेश में जहाँ विकास के एक नये युग का सूत्रपात किया है, वहीं भ्रष्टाचार को भी जड़मूल से समाप्त करने के लिए कारगर कदम उठाये हैं। भ्रष्टाचार पर पैनी नजर रखने के लिए लोकायुक्त की नियुक्ति की गयी है।

अपराध की सूचना प्राप्त होते ही पुलिस को तुरन्त प्राथमिकी दायर करने के कड़े निर्देश दिए हैं। पुलिस के आचरण में बदलाव के लिए पुलिस सुधार समिति का गठन किया है। पारिवारिक विवादों, दहेज-प्रताड़ना के मामलों और महिलाओं से सम्बन्धित अन्य शिकायतों के लिए प्रत्येक ज़िले में पुलिस वूमैन सैल की स्थापना की गई है। असामाजिक तत्त्वों पर कड़ी नजर रखने के लिए प्रदेश के सभी बस अड्डों पर क्लोज सर्किट कैमरें लगाने का निर्णय लिया गया है।

वर्तमान प्रदेश सरकार की गत 20 महीनों में सबसे बड़ी उपलब्धि यही रही है कि प्रशासन के प्रति जनता का विश्वास बहाल किया है और पिछली सरकार के दौरान लोगों के दिलों में जो भय और डर था, उसे हम दूर करने में सफल रहे हैं और प्रदेश में अमन-चैन का माहौल कायम किया है।

बृहस्पतिवार, 2 नवम्बर 2006

छोटा जीवन : बड़े काम

श्री राजीव गाँधी की पुण्य-तिथि पर आयोजित कार्यक्रम में

सबसे पहले मैं जन-जन के प्रिय नेता 'भारत रत्न' श्री राजीव गाँधी जी को उनकी पुण्य तिथि पर अपनी ओर से तथा आप सबकी तरफ से श्रद्धासुमन अर्पित करता हूँ। उनके निधन के 15 वर्ष बाद भी जनमानस में उनको छवि एक त्यागमयी राजनेता, मूल्य आधारित राजनीति के पक्षधर तथा दूरदर्शी व्यक्तित्व के रूप में अंकित है।

आप सबको याद होगी 21 मई, 1991 की वह मनहूस रात, जब श्री राजीव गाँधी जी चैन्नई के निकट पैरुम्बुदूर में एक चुनाव सभा को सम्बोधित करते हुए एक अनहोनी का शिकार हो गये थे। श्री राजीव गाँधी जी अपने भौतिक रूप में आज हमारे बीच नहीं हैं। लेकिन दिल नहीं मानता कि वह सचमुच हमारे बीच नहीं हैं। उन्होंने छोटी-सी उम्र में ही जिस महान पद को सुशोभित किया और देश-विदेश में जो ख्याति अर्जित की, वह विरले लोग ही हासिल कर पाते हैं।

उनका जन्म 20 अगस्त, 1944 को हुआ था। उस समय किसको यह पता था कि यह होनहार बालक आने वाले कल में करोड़ों-करोड़ों भारतवासियों के भाग्य का विधाता बनेगा और प्रधानमन्त्री के उसी पद की गरिमा को बढ़ाएगा, जिस पद की गरिमा उनके नाना पण्डित जवाहर लाल नेहरू और उनकी माता श्रीमती इन्दिरा गाँधी जी ने बढ़ाई थी।

अपने जीवन के छोटे से सफर में उन्होंने देश के सामाजिक, आर्थिक, तकनीकी एवं राजनैतिक पटल पर एक ऐसी अनूठी इबारत लिखी, जो युगों-युगों तक मानवता का मार्गदर्शन करती रहेगी। लोकतन्त्र, धर्मनिरपेक्षता और मानव मूल्यों में उनकी गहरी आस्था थी। वे शालीनता और साम्प्रदायिक

सद्भाव की प्रतिमूर्ति थे। उन्होंने अपने प्रधानमन्त्री काल में देश को मजबूत, सशक्त एवं समर्थ बनाने के लिए जो क्रान्तिकारी कदम उठाये, वे हमारे लिए प्रेरणा स्रोत रहेंगे। वे चाहते थे कि युवा शक्ति राष्ट्र निर्माण में पूर्णतः सहभागी बने, इसलिए उन्होंने मताधिकार की आयु 21 वर्ष से घटाकर 18 वर्ष की थी।

देश की गरीबी तथा बेरोज़गारी को समाप्त करने और कमजोर वर्ग के लोगों के उत्थान के लिए उनके दिल में बहुत गहरी तड़प थी। उन्होंने विकास प्रक्रिया में आम आदमी की भागीदारी सुनिश्चित करने तथा विकास के लाभ आम आदमी तक पहुँचाने पर बल दिया। उनकी बड़ी ख्वाहिश थी कि गाँवों में लोकतन्त्र के उसी सपने को साकार किया जाये, जिसे राष्ट्रपिता महात्मा गाँधी जी ने सँजोया था।

किसानों को कृषि की उच्च तकनीक की जानकारी देने के लिए उन्होंने देश के प्रत्येक जिले में कृषि विज्ञान केन्द्र खोलने की योजना बनाई। उन्होंने पंचायती राज संस्थाओं व स्थानीय निकायों को और अधिक स्वायत्तता तथा अधिकार दिलाने की प्रक्रिया शुरू की थी। उन्हीं के प्रयासों का प्रतिफल है कि आज पंचायती राज संस्थाओं एवं स्थानीय निकायों को कई तरह के प्रशासनिक एवं वित्तीय अधिकार मिले हुए हैं।

उन्होंने विज्ञान और टेक्नोलॉजी के प्रयोग पर अधिक जोर दिया था ताकि 21वीं शताब्दी में भारत एक उच्च प्रौद्योगिकी सम्पन्न एवं मजबूत राष्ट्र के रूप में प्रवेश कर सके। उन्होंने देश में 'टेक्नोलॉजी मिशनों' की स्थापना की, जिनका उद्देश्य भारतीय हालातों के अनुकूल ज्ञान-विज्ञान और टेक्नोलॉजी का विकास करना रहा। आज देश में जो कम्प्यूटर क्रान्ति है और जिस उच्च टेक्नोलॉजी का इस्तेमाल हो रहा है, वह उनकी कल्पना और प्रयासों का ही परिणाम है।

अन्तर्राष्ट्रीय स्तर पर भारत का सम्मान बढ़ाने में उनकी महान भूमिका थी। अन्तर्राष्ट्रीय तनाव को कम करने की दिशा में उन्होंने जो योगदान दिया, उसकी सराहना विश्व के महान नेताओं ने की। उनकी सक्रिय भागीदारी से संयुक्त राष्ट्र, गुट निरपेक्ष आन्दोलन और राष्ट्रमण्डल लाभान्वित हुए। श्रीलंका के समर्थन में राष्ट्र के व्यापक हित के लिए उन्होंने कारगर कदम उठाये। हालांकि इसके लिए उन्हें अपना जीवन खतरे में डालना पड़ा और अन्त में अपने जीवन की आहुति तक देनी पड़ी।

श्री राजीव गाँधी जी स्वच्छ और मूल्यों पर आधारित राजनीति के पक्षधर थे। लोकतान्त्रिक मूल्यों में उनकी गहरी आस्था थी। उन्होंने राजनैतिक अनैतिकता को समाप्त करने तथा प्रजातान्त्रिक प्रणाली को सुदृढ़ करने के लिए 'दल-बदल विरोधी अधिनियम' बनाने का एक अनुकरणीय कदम उठाया था। मैं समझता हूँ कि आज देश को इसी तरह के त्याग और निःस्वार्थ भाव की ज़रूरत है ताकि श्री राजीव गाँधी जी के सपनों के नये भारत का निर्माण तेजी से हो सके।

हमारे लिए यह गौरव की बात है कि आज स्वर्गीय श्री राजीव गाँधी जी की धर्मपत्नी एवं यू.पी.ए. की अध्यक्ष माननीय श्रीमती सोनिया गाँधी जी की 'कथनी-करनी' हम सब देशवासियों को इस बात का विश्वास दिलाती है कि श्री राजीव गाँधी जी के 21वीं सदी के भारत निर्माण का सपना साकार होकर रहेगा।

श्रीमती सोनिया गाँधी जी के दूरदर्शी मार्गदर्शन तथा प्रधानमन्त्री डॉ. मनमोहन सिंह जी के कुशल नेतृत्व में केन्द्र में दो वर्ष पूर्व कांग्रेस पार्टी की अगुवाई में संयुक्त प्रगतिशील गठबंधन (यू.पी.ए.) की सरकार गठित हुई। इस सरकार ने गत दो वर्षों में बेजोड़ उपलब्धियाँ हासिल कीं। इस सरकार ने ग्रामीण भारत के लिए नई-नई पहल की। किसानों, मजदूरों, गरीबों और कमजोर वर्गों के लिए नये-नये कदम उठाये। जहाँ राष्ट्र के विकास ने तेज गति पकड़ी है तो वहीं अन्तर्राष्ट्रीय क्षितिज पर भारत की गरिमा बढ़ी है और पड़ोसी देशों के साथ सम्बन्धों में बदलाव का माहौल बना है।

दुख की बात है कि कुछ विपक्षी दल यू.पी.ए. सरकार की लोकप्रियता को पचा नहीं पा रहे थे। उन्होंने 'लाभ के पद' को मुद्दा बनाकर देशवासियों को गुमराह करने की जो कोशिश की थी, उसके दृष्टिगत त्यागमूर्ति श्रीमती सोनिया गाँधी जी ने राष्ट्रीय सलाहकार परिषद् के अध्यक्ष पद और संसद से

अपना त्यागपत्र देकर पुनः इस बात को सिद्ध किया कि वे किसी निजी लाभ के लिए राजनीति में नहीं आयीं बल्कि जनसेवा ही उनका ध्येय है। रायबरेली की जनता ने उन्हें भारी बहुमत से विजयी बनाकर, उन्हें एक बार फिर लोकसभा में भेजकर सत्ता की राजनीति करने वालों को एक करारा जवाब दिया है। श्रीमती सोनिया गाँधी जी की निस्वार्थ सेवा, सार्वजनिक जीवन में उच्च नैतिक मूल्यों के प्रति आस्था और गरीब, कमजोर और आम आदमी के प्रति संवेदनशीलता, नेहरू-गाँधी परिवार की जीवन शैली है तथा भारतीय राष्ट्रीय कांग्रेस का आदर्श है।

जैसाकि आप जानते हैं कि श्रीमती इन्दिरा गाँधी जी की कलम से पहली नवम्बर, 1966 को हरियाणा भारत के मानचित्र पर एक अलग राज्य के रूप में अस्तित्व में आया। उन्होंने इस पिछड़े प्रदेश की नींव को मजबूत बनाने के लिए भरपूर योगदान दिया। उन्हीं की तरह श्री राजीव गाँधी जी का भी हरियाणा से विशेष लगाव था। उन्होंने कई बार इस प्रदेश का दौरा किया। हरियाणा की अन्तिम अनुसूचित जाति की बस्ती में बिजली पहुँचाने के कार्यक्रम का उन्होंने उद्घाटन किया था। पानीपत तेल शोधक कारखाना भी उन्हीं की देन है। जब वर्ष 1987 में हरियाणा में बाढ़ से काफी नुकसान हुआ था तो वे प्रभावित क्षेत्रों का दौरा करने और तुरंत सहायता देने के लिए पहुँचे।

24 जुलाई, 1985 को श्री राजीव गाँधी जी ने प्रधानमन्त्री के तौर पर संत हरचंद सिंह लौंगोवाल के साथ एक ऐतिहासिक समझौता किया, जो 'राजीव-लौंगोवाल समझौते' के नाम से प्रसिद्ध है। इस समझौते पर हस्ताक्षर करते समय यह आशा प्रकट की गई थी कि इस समझौते से पंजाब और हरियाणा के क्षेत्रीय व जल सम्बन्धी मामलों का समाधान सौहार्दपूर्ण ढंग से होगा। माननीय सर्वोच्च न्यायालय ने एस.वाई.एल. के सम्बन्ध में जो निर्णय किया, उसका आधार राजीव-लौंगोवाल समझौता ही है।

यू.पी.ए. की अध्यक्ष श्रीमती सोनिया गाँधी जी और प्रधानमन्त्री डॉ. मनमोहन सिंह जी के कुशल मार्गदर्शन में हरियाणा सरकार ने श्री राजीव गाँधी जी के आदर्शों पर चलते हुए युवाओं के कल्याण के लिए अनेक कदम उठाये हैं। अनुसूचित जाति एवं पिछड़े वर्गों के सामाजिक एवं आर्थिक विकास के लिए नई-नई पहल की हैं। महिला सशक्तिकरण के लिए नई-नई स्कीमें शुरू की हैं। किसानों के कल्याण पर बल दिया गया है। पंचायती राज संस्थाओं को अधिक अधिकार देकर श्री राजीव गाँधी जी के सपने को साकार किया है।

पंचायती राज संस्थाओं को 10 महत्वपूर्ण विभागों के वित्तीय एवं प्रशासनिक अधिकार सौंपे हैं। पंचायती राज संस्थाओं की वित्तीय स्थिति में सुधार लाने के लिए तीसरा राज्य वित्त आयोग गठित किया है। सरपंच को प्रतिमास एक हजार रुपये अतिथि सत्कार के लिए देने तथा जिला परिषद् के अध्यक्ष, उपाध्यक्ष तथा ब्लॉक समिति के अध्यक्ष का मानदेय बढ़ाने का निर्णय लिया है। जिला महेन्द्रगढ़ एवं सिरसा की सभी ग्राम पंचायतों में 'राष्ट्रीय ग्रामीण रोज़गार गारण्टी योजना' लागू की गई है।

महिला सशक्तिकरण के लिए कई कदम उठाये गये हैं। वर्ष 2006 को 'बालिका वर्ष' के रूप में मनाया जा रहा है। लड़के-लड़कियों के बीच कम होते अनुपात के समाधान के लिए कई प्रोत्साहक स्कीमें शुरू की गई हैं। 'लाडली' स्कीम के तहत दूसरी कन्या पैदा होने पर उसे पाँच वर्ष तक प्रतिवर्ष पाँच हजार रुपये दिये जाते हैं। 'लाडली सामाजिक सुरक्षा पेंशन योजना' के अन्तर्गत, ऐसे माता-पिता, जिनकी संतान केवल लड़कियाँ हैं, को 60 वर्ष की बजाय 55 वर्ष की आयु से ही पेंशन दी जाती है। 'इन्दिरा गाँधी प्रियदर्शनी विवाह शगुन योजना' के तहत गरीबी रेखा से नीचे जीवनयापन करने वाले अनुसूचित जातियों के परिवारों की लड़कियों के विवाह पर 15,000 रुपये दिये जाते हैं।

महिलाओं के लिए एक अलग विश्वविद्यालय स्थापित किया जायेगा। राज्य की सभी आई.टी.आई और सभी तकनीकी शिक्षण संस्थाओं में प्रवेश के लिए लड़कियों के लिए 25 प्रतिशत आरक्षण किया गया

है। महिलाओं द्वारा अचल सम्पत्ति की खरीद करने पर स्टॉम्प शुल्क में भी दो प्रतिशत की छूट दी गई है। जिन महिलाओं के नाम बिजली के मीटर हैं, उन्हें बिजली शुल्क में प्रति यूनिट 10 पैसे की छूट है। हरियाणा आवास बोर्ड द्वारा बनाये गये मकानों में महिलाओं के लिए 33 प्रतिशत का आरक्षण किया गया है।

विद्यार्थियों को शिक्षा के लिए प्रोत्साहित करने के लिए 'राजीव गाँधी छात्रवृत्ति' स्कीम के तहत राजकीय स्कूलों के 50 हजार प्रतिभाशाली छात्रों को पुरस्कृत किया जाता है। उच्चकोटि की शिक्षा देने के लिए कुण्डली में 'राजीव गाँधी एजुकेशन सिटी' स्थापित की जायेगी। सामाजिक सुरक्षा प्रदान करने के लिए 'राजीव गाँधी बीमा सुरक्षा योजना' शुरू की गई है।

हम हरियाणा में श्री राजीव गाँधी जी के आदर्शों और सिद्धान्तों का अनुसरण करते हुए आदरणीय श्रीमती सोनिया गाँधी जी के मार्गदर्शन में हरियाणा को विकास और जन कल्याण के मामले में देश का 'नम्बर वन' राज्य बनाने के लिए कटिबद्ध हैं।

श्री राजीव गाँधी जी की प्रगतिशील विचारधारा, उनका चिन्तन और उनकी नीतियाँ हमें सदा प्रेरित करती रहेंगी।

रविवार, 21 मई 2006, अम्बाला

जनता की अदालत में

समर्पित जनसेवा की पहली वर्षगाँठ के अवसर पर हिसार में आयोजित नव-निर्माण रैली में

कहाँ से आ गयी दुनिया कहाँ, मगर देखो,
कहाँ-कहाँ से अभी कारवाँ गुज़रता है।

—फ़िराक़

'नव निर्माण रैली' के माध्यम से जनता की अदालत में, आज आपकी सरकार का एक साल का लेखा-जोखा प्रस्तुत है।

प्रदेश के हर नागरिक को इस बात का सन्तोष है कि पिछले विधान सभा चुनावों में उन्होंने त्यागमूर्ति श्रीमती सोनिया गाँधी जी की नीतियों में विश्वास व्यक्त करके और प्रदेश के शासन की बागडोर कांग्रेस पार्टी को सौंप कर सही निर्णय लिया था।

देश के इतिहास में कांग्रेस ही एक ऐसी पार्टी है, जिसने भारत की आजादी के लिए एक लम्बा संघर्ष किया और आजादी प्राप्त की। आजादी के बाद देश में प्रजातान्त्रिक मूल्य स्थापित किये। राष्ट्र की एकता तथा अखण्डता की रक्षा की और उसे विकास के पथ पर निरन्तर अग्रसर किया। देश में हरित क्रान्ति, श्वेत क्रान्ति और नीली क्रान्तियों के बलबूते पर राष्ट्र केवल आत्मनिर्भर ही नहीं बना बल्कि जन-जन के जीवन में ख़ुशहाली के एक नये दौर का सूत्रपात भी हुआ।

कांग्रेस ने ही देश में ग़रीबी उन्मूलन, ग्रामीण विकास और पंचायती राज संस्थाओं को मजबूत बनाने तथा समाज के दबे, पिछड़े और कमजोर वर्ग के लोगों में एक नयी चेतना जागृत की। इसके साथ-साथ कांग्रेस ने जहाँ विज्ञान और प्रौद्योगिकी के क्षेत्र में दुनिया में भारत को एक अलग पहचान दी, वहीं इसे अन्तरिक्ष विज्ञान तथा परमाणु शक्ति सम्पन्न राष्ट्रों की अग्रिम पंक्ति में ला खड़ा किया। कांग्रेस की ही दूरदर्शी सोच से अर्थव्यवस्था में साहसिक मूलभूत परिवर्तन हुए, जिसके फलस्वरूप भारत ने एक मजबूत राष्ट्र के रूप में 21वीं सदी में प्रवेश किया।

यह गौरव की बात है कि यू.पी.ए. सरकार के नेतृत्व में आज भारत विकसित राष्ट्र बनने के पथ

पर निरन्तर आगे बढ़ रहा है। त्यागमूर्ति श्रीमती सोनिया गाँधी जी के दूरदर्शी मार्गदर्शन और देश में आर्थिक सुधारों के जनक प्रधानमन्त्री डॉ. मनमोहन सिंह जी के कुशल नेतृत्व में यू.पी.ए. सरकार ने जन कल्याण और राष्ट्र के नव निर्माण की कई अनूठी पहल की हैं। राष्ट्रीय ग्रामीण रोज़गार गारण्टी कार्यक्रम, राष्ट्रीय ग्रामीण स्वास्थ्य मिशन, राजीव गाँधी ग्रामीण विद्युतीकरण योजना, राष्ट्रीय बागवानी मिशन जैसे महत्वपूर्ण कार्यक्रम शुरू करके ग्रामीण भारत के उत्थान में एक रचनात्मक भूमिका निभाई है।

यू.पी.ए. सरकार ने आगामी वित्त वर्ष का जो बजट संसद में पेश किया है, वह किसान, ग़रीब और आम आदमी की आशाओं के अनुरूप है। इसमें भारत निर्माण कार्यक्रम के लिए 18 हजार 696 करोड़ रुपये की विशाल धनराशि का प्रावधान करने से देश में आधारभूत संरचना को बढ़ावा मिलेगा।

केन्द्र सरकार ने वर्षों से लम्बित पड़ी रोहतक-झज्जर-रेवाड़ी रेल लाइन बिछाने की अपनी स्वीकृति प्रदान कर दी है। लगभग 215 करोड़ रुपये की लागत से बनने वाली यह लाइन मार्च, 2009 तक पूरी हो जायेगी। इसी प्रकार, हरियाणा राज्य में एक होटल प्रबन्धन संस्थान स्थापित करने के लिए चयन किया है। इसके लिए हम माननीय श्रीमती सोनिया गाँधी जी और भारत सरकार का आभार व्यक्त करते हैं।

हरियाणा का गठन

आप लोग जानते हैं कि हरियाणा का एक अलग राज्य के रूप में गठन भी स्वर्गीय प्रधानमन्त्री श्रीमती इन्दिरा गाँधी जी की कलम से हुआ था और हरियाणा में जो भी विकास हुआ, वह कांग्रेस सरकार की ही देन है।

कांग्रेस पार्टी ने अपने घोषणा-पत्र में प्रदेश की जनता से हरियाणा को खुशहाल बनाने का जो वादा किया था, कांग्रेस सरकार उसे हकीकत में बदलने के लिए प्रयासरत है। थोड़े से समय में ही हमने हरियाणा की जनता से किये वादों को पूरा किया है, कई अनूठी पहल की हैं और साहसिक तथा ऐतिहासिक निर्णय लिये हैं, उनसे हरियाणा की न केवल देश में बल्कि विदेशों में भी एक अलग साख बनी है।

समाज के सभी वर्गों चाहे वह किसान हैं, मजदूर हैं, व्यापारी हैं, कर्मचारी हैं, अनसूचित जातियों और पिछड़े वर्गों के लोग हैं या महिलाएँ हैं, सरकार ने सभी के कल्याण-उत्थान के लिए काम किया है। लोगों के दिलों में सुरक्षा की भावना पैदा हुई है। आज प्रदेश में अमन-चैन का माहौल है। अपराधियों पर शिकंजा कसा जा रहा है। अपराधी प्रदेश छोड़कर भाग रहे हैं, कुछ पकड़े गये हैं तथा कुछ पुलिस मुठभेड़ में मारे गये हैं। हमने संवैधानिक और लोकतान्त्रिक संस्थाओं की विश्वसनीयता बहाल की है। स्वच्छ, पारदर्शी और कुशल प्रशासन देने के लिए ठोस कदम उठाये हैं। उदारीकरण के इस दौर में हमने कल्याणकारी राज्य के आदर्श को पूरा करने के साथ-साथ प्रदेश के इंफ्रास्ट्रक्चर को मजबूत बनाने पर बल दिया है।

विकास की गति को बढ़ावा देने के लिए वर्ष 2005-06 के वार्षिक योजना बजट में कृषि के लिए 62 प्रतिशत, ग्रामीण विकास के लिए 92 प्रतिशत और सामाजिक सेवाओं के लिए 46 प्रतिशत की बढ़ोतरी की गई। इसी तरह, स्वास्थ्य के बजट में 66 प्रतिशत और शिक्षा के बजट में 50 प्रतिशत की बढ़ोतरी की गई। अगले वित्त वर्ष की वार्षिक योजना के लिए योजना आयोग ने 300 करोड़ रुपये की वृद्धि करके 3300 करोड़ रुपये की स्वीकृति दी है। इससे विकास की गति में और तेजी आयेगी।

आप जानते हैं कि बिजली के बकाया बिलों की राशि इतनी अधिक हो गई थी कि जमीन-जायदाद बेचकर भी काफी उपभोक्ता बिलों का भुगतान नहीं कर सकते थे। हमने उपभोक्ताओं की इस समस्या को समझा। हमने किसी राजनैतिक लाभ के लिए नहीं बल्कि दिल की आवाज पर किसानों और ग्रामीण उपभोक्ताओं के 1600 करोड़ रुपये से अधिक के बिजली के बकाया बिल माफ़ करने का ऐतिहासिक

फैसला लिया। जनहित के इस निर्णय का फल यह है कि बिजली उपभोक्ताओं से हर महीने 12.5 करोड़ रुपये का अतिरिक्त राजस्व प्राप्त हो रहा है।

हमने किसानों पर पिछली सरकार द्वारा बनाये गये फर्जी मुकदमे वापिस लेने का भी आश्वासन दिया था। अपने इस वादे को पूरा करते हुए किसानों पर बनाये झूठे मुकदमे वापिस लिये हैं। वर्ष 2002 में जिला जींद में किसान आन्दोलन के दौरान पुलिस फायरिंग में मारे गये किसानों के दस आश्रितों को परिवहन विभाग में नौकरी दी गई है। कादमा और मण्डियाली में किसान आन्दोलन के दौरान मारे गये किसानों के आश्रितों को भी उपयुक्त नौकरी दी जायेगी।

हमने अपना यह भी वादा पूरा किया है कि किसानों को भूमि अधिग्रहण पर उचित मुआवजा मिलेगा। आज प्रदेश में किसानों को स्थान विशेष के आधार पर प्रति एकड़ 15 लाख रुपये, 12 लाख 50 हजार रुपये और पाँच लाख रुपये मुआवजा मिलता है। इस मुआवजे की राशि में अधिग्रहण की अनिवार्य राशि और ब्याज की राशि मिलने से उसमें 60 प्रतिशत तक की और बढ़ोतरी हो जाती है।

यही नहीं, हमने प्राकृतिक प्रकोप से फसलें नष्ट होने पर मुआवजा राशि में भी भारी बढ़ोतरी की है। पहले फसलें नष्ट होने पर नुकसान के आधार पर सभी तरह की फसलों के लिये 1000 रुपये, 1500 रुपये और 2000 रुपये प्रति एकड़ का मुआवजा दिया जाता था। सरकार ने गेहूँ के लिये यह राशि बढ़ाकर 1500 रुपये, 2250 रुपये और 3000 रुपये की है और अन्य फसलों के लिये 1250 रुपये, 1875 रुपये और 2500 रुपये प्रति एकड़ निर्धारित की है। फसल बीमा स्कीम शुरू करके कपास, बाजरा, मक्की, अरहर, चना और सरसों जैसी फसलों के लिए विस्तृत जोखिम प्रबन्धन किया गया है। रासायनिक खाद और जिप्सम को कर-मुक्त किया गया है। ट्रैक्टरों की पंजीकरण फीस माफ़ की गई है। इस वर्ष के अन्त तक पूरे प्रदेश का राजस्व रिकार्ड का कम्प्यूटरीकरण हो जायेगा।

अपने वादे के अनुसार हमने सहकारी फसली ऋणों पर ब्याज की दर 11 प्रतिशत से घटा कर 10 प्रतिशत की है। इसके साथ ही समय पर ऋण अदा करने वाले ऋण धारकों को एक प्रतिशत की अतिरिक्त छूट दी गई है। सहकारी कृषि और ग्रामीण विकास बैंक द्वारा दिये जाने वाले 50 हजार रुपये के दीर्घावधि ऋणों में ब्याज की दर घटाकर 8 प्रतिशत तक की है, जोकि देश में सबसे कम है। नाबार्ड को रियायती ब्याज दरों पर और अधिक Re-financing करने का आग्रह किया गया है, ताकि ब्याज की दरों में कमी की जा सके।

हमने बढ़ती कृषि लागत को देखते हुए किसानों के हित में गन्ने का भाव 135 रुपये प्रति क्विंटल निर्धारित किया है, जोकि देशभर में सबसे अधिक है। गन्ने के भाव में एक ही समय में 18 रुपये प्रति क्विंटल की रिकार्ड बढ़ोतरी पिछली किसी भी सरकार ने नहीं की। इस बढ़ोतरी से किसानों को 90 करोड़ रुपये की अतिरिक्त आमदनी होगी। पिछली सरकार ने पिराई सीजन 1999-2000 में गन्ने का भाव 110 रुपये प्रति क्विंटल निर्धारित किया था। फिर उसके बाद चार वर्ष तक गन्ने के भाव में कोई बढ़ोतरी नहीं की गई। वर्ष 2004-2005 में विधान सभा चुनाव के दृष्टिगत गन्ने के भाव में सात रुपये की मामूली बढ़ोतरी करके 117 रुपये प्रति क्विंटल निर्धारित किया था।

वादे के अनुसार डेरी उद्योग को बढ़ावा देने के लिए एक एक्शन प्लान तैयार की गई है। दुग्ध सहकारी समितियों के सदस्यों के लिए सामूहिक बीमा योजना लागू की गई है। सदस्य को प्रीमीयम के रूप में 10 रुपये देने होंगे। इस योजना के तहत सदस्य की दुर्घटना में मृत्यु होने पर 60 हजार रुपये मुआवजा दिया जाता है।

मैंने प्रधानमन्त्री डॉ. मनमोहन सिंह जी से भेंट करके आग्रह किया कि पाले के कारण फसलें नष्ट होने को प्राकृतिक आपदा की सूची में शामिल किया जाए। हरियाणा ने केन्द्र सरकार से 211 करोड़ 46 लाख रुपये की तत्काल राहत उपलब्ध करवाने का भी आग्रह किया ताकि पाले से नष्ट हुई सरसों की फसल की भरपाई के लिए किसानों को मुआवजा दिया जा सके।

हमने प्रदेश के हर क्षेत्र के लिए नहरी पानी का समान और न्यायोचित बटवारा करने का वादा किया था। इस वादे को अमलीजामा पहनाने के लिए 259 करोड़ रुपये की लागत से बनने वाली 109 किलोमीटर लम्बी भाखड़ा मेन लाइन-हांसी ब्रांच-बुटाना ब्रांच बहु-उद्देशीय नहर के निर्माण का शुभारम्भ हो चुका है। इस नहर के बन जाने से पूरे प्रदेश में ऐसी व्यवस्था हो जायेगी कि कोई भी नहरी पानी के मामले में किसी भी क्षेत्र से कोई भेदभाव नहीं कर सकेगा।

वर्षा के दौरान घग्घर और यमुना नदी के फालतू पानी को इस नहर के माध्यम से सिंचाई के लिए प्रयोग किया जायेगा। जिन ब्लॉकों में से यह नहर जायेगी, उनके भूमिगत जल स्तर में भी सुधार होगा। यह नहर गुहला, चीका, असन्ध, कैथल और राजौंद क्षेत्र को बाढ़ की समस्या से छुटकारा दिलाने में सहायक सिद्ध होगी। इस नहर में से धान की फसल के लिये अस्थाई मौगे दिये जायेंगे। इस नहर के बन जाने से प्रदेश के 16 जिलों को लाभ होगा तथा दक्षिणी हरियाणा में पानी और सिंचाई के लिये पानी की उपलब्धता में भी वृद्धि होगी।

मैं प्रदेश के हर जिले के लोगों को विश्वास दिलाता हूँ कि इस नहर के बन जाने से किसी भी जिले के साथ भेदभाव नहीं होगा। हर जिले को पानी का उसका न्यायोचित हिस्सा मिलेगा। विपक्ष के कुछ नेता समाचारों पत्रों की सुर्खियों में बने रहने के लिए इस नहर के सम्बन्ध में अनाप-शनाप बयान दे रहे हैं। कोई कहता है कि नहर के बन जाने से गृह युद्ध छिड़ जायेगा तो कोई कहता है कि यह नहर हरियाणा के हितों से खिलवाड़ है। राज्य के हितों की रक्षा करने के नकली ठेकेदारों से पूछें कि यदि युद्ध छेड़ना था तो एस.वाई.एल. के लिए क्यों नहीं छेड़ा गया।

उपलब्ध जल संसाधनों का बेहतर प्रबन्धन करके तथा नहरों, रजवाहों और माइनरों की सफाई करके हर खेत को सिंचाई के लिये समुचित मात्रा में पानी उपलब्ध करवाना हमारा लक्ष्य है। खरीफ, 2005 के दौरान खरीफ 2004 की तुलना में 25 प्रतिशत अधिक नहरी पानी उपलब्ध करवाया गया। इसी तरह से नवम्बर, दिसम्बर और जनवरी में हमने पिछली इसी अवधि की तुलना में 59 प्रतिशत अधिक पानी की आपूर्ति की है। सरकार ने नहरों की क्षमता बढ़ाने, पक्का करने और लिफ्ट कैनाल सिस्टम में सुधार के लिये कई स्कीमें शुरू की हैं। नाबार्ड की सहायता से वर्तमान सरकार के कार्यकाल में 13 स्कीमें पूरी की गई हैं और 32 पर काम चल रहा है। नाबार्ड से सहायता प्राप्त करने के लिये एक परियोजना तैयार की जा रही है। इस परियोजना में सिंचाई और बाढ़ नियन्त्रण की 60 स्कीमें होंगी, जिन पर लगभग 220 करोड़ रुपये खर्च होने का अनुमान है।

यमुना के फालतू पानी को सिंचाई के लिए उपयोग में लाने और साथ लगते क्षेत्रों के भूमिगत जल को रिचार्ज करने के लिये 267.72 करोड़ रुपये की लागत से शाहबाद-दादूपुर-नलवी नहर का निर्माण किया जायेगा। इस नहर के पूरा हो जाने पर जिला कुरुक्षेत्र, अम्बाला और यमुनानगर की 92,532 हैक्टेयर उपजाऊ भूमि को सिंचाई सुविधाएँ उपलब्ध होंगी। यमुना नदी के ऊपरी भागों में किशाऊ, लखवर-ब्यास और रेणुका बाँधों का निर्माण करने के लिए केन्द्र सरकार से आग्रह किया गया है। भारत निर्माण कार्यक्रम के तहत सिंचाई क्षमता को बढ़ाने के लिए 1217 करोड़ रुपये की छः परियोजनाएँ भारत सरकार को स्वीकृति के लिए भेजी जा चुकी हैं।

सतलुज-यमुना लिंक नहर हरियाणा की जीवन रेखा है। पंजाब क्षेत्र में इस नहर के निर्माण कार्य का उद्घाटन श्रीमती इन्दिरा गाँधी जी ने 1982 में किया था और इस नहर का अधिकांश निर्माण कार्य कांग्रेस सरकारों के दौरान ही हुआ। 24 जुलाई, 1985 को राजीव-लौंगोवाल समझौता हुआ था। इस समझौते के तहत गठित रावी-ब्यास वाटर ट्रिब्यूनल ने हरियाणा का हिस्सा 3.83 एम.ए.एफ. पानी निर्धारित किया था। यह कांग्रेस की एक बड़ी उपलब्धि थी। यदि राजनीतिक स्वार्थों की पूर्ति के लिए लोकदल राजीव-लौंगोवाल समझौते का विरोध न करता तो पंजाब क्षेत्र में एस.वाई.एल. कब की बन चुकी होती और हरियाणा के खेतों में रावी-व्यास का पानी बह रहा होता।

आज प्रदेश में बिजली की कमी है, परन्तु फिर भी सरकार हर स्रोत से महंगे से महंगे दामों पर बिजली खरीदकर उपभोक्ताओं को उपलब्ध करवाने का भरसक प्रयास कर रही है।

बिजली की कमी का सबसे बड़ा कारण पिछली सरकारों द्वारा बिजली के स्थाई उत्पादन का प्रबन्ध न करना है। उदाहरण के लिए हरियाणा को अलग राज्य बने 40 साल हो चुके हैं। इन चार दशकों में अपने संसाधनों सहित विभिन्न स्रोतों से 4033 मैगावाट बिजली की प्रस्थापित क्षमता ही उपलब्ध है। इसमें से प्रदेश के अपने संसाधनों की प्रस्थापित क्षमता केवल 1587 मैगावाट है। इस बात से आप भली-भाँति अन्दाज़ा लगा सकते हैं कि प्रदेश में बिजली की कमी क्यों है?

हमने इस कमी को पूरा करने के लिए पक्का इरादा कर लिया है और इस दिशा में कदम उठाते हुए आगामी तीन-चार वर्षों में सार्वजनिक और निजी भागीदारी से राज्य की बिजली उत्पादन क्षमता में पाँच हजार मैगावाट की वृद्धि करने का निर्णय लिया है। यमुनानगर में 600 मैगावाट की ताप बिजली परियोजना पर निर्माण कार्य चल रहा है तथा जिला फरीदाबाद में 1065 मैगावाट क्षमता की गैस आधारित बिजली उत्पादन परियोजना की आधारशिला रखी जा चुकी है। झज्जर में एक हजार मैगावाट, हिसार में 1080 मैगावाट तथा पानीपत में 400 मैगावाट और 600 मैगावाट के दो गैस आधारित पावर प्लांट लगाए जायेंगे।

हमने सत्ता की बागडोर सम्भालते ही एक नयी उदार उद्योग नीति लागू की ताकि उद्योगों का प्रसार हो और लोगों को अधिक से अधिक रोज़गार के अवसर उपलब्ध हों। इस नीति के तहत अब तक एक लाख करोड़ रुपये से अधिक के निवेश प्रस्ताव मिल चुके हैं, जो कि एक कीर्तिमान है। प्रदेश में 20 बड़े और मध्यम दर्जे के तथा 662 लघु उद्योग स्थापित हुए हैं, जिनमें 10 हजार लोगों को रोज़गार मिला है। राज्य में 87 हजार करोड़ रुपये की लागत से 20 विशेष आर्थिक जोन स्थापित करने की योजना है, जिनमें से 10 विशेष आर्थिक जोनों को केन्द्र सरकार की सैद्धांतिक मंज़ूरी दे दी है। Reliance Industries 25 हजार करोड़ रुपये के निवेश के साथ एक विशेष आर्थिक क्षेत्र विकसित कर रही है, जिसमें विश्व स्तर की सुविधाएँ होंगी। श्रमिकों के हितों की रक्षा और कल्याण के लिए श्रम नीति लागू करने वाला हरियाणा देश का पहला राज्य है।

महिला सशक्तिकरण, लड़कियों के विकास के लिए विशेष कार्यक्रम तथा लड़का-लड़की में कम होते अनुपात की समस्या का समाधान करने के अपने संकल्पों को पूरा करने के लिए रचनात्मक कदम उठाये गये हैं। यह वर्ष प्रदेशभर में 'बालिका वर्ष' के रूप में मनाया जा रहा है। महिलाओं के लिये एक अलग विश्वविद्यालय स्थापित किया जा रहा है। सभी आई.टी.आई. तथा सभी तकनीकी शिक्षण संस्थाओं में प्रवेश के लिये लड़कियों के लिए 25 प्रतिशत आरक्षण किया गया है। छात्राओं से केवल पाँच एकतरफा टिकटों के बराबर किराया लेकर मासिक पास बनाया जाता है।

'लाडली' स्कीम के तहत जिस परिवार में दूसरी लड़की का जन्म होता है, उस कन्या को पाँच वर्ष की अवधि तक प्रतिवर्ष पाँच हजार रुपये दिये जाते हैं। 'लाडली सामाजिक सुरक्षा पेंशन' स्कीम के तहत

जिस परिवार में केवल लड़कियाँ हैं, उनके माता-पिता को वृद्धावस्था भत्ता 55 वर्ष की आयु पर देने का निर्णय लिया गया है। 'इन्दिरा गाँधी प्रियदर्शनी विवाह शगुन योजना' के तहत ग़रीबी रेखा से नीचे जीवनयापन करने वाले अनुसूचित जाति के परिवारों की लड़कियों के विवाह पर 15 हजार रुपये तथा अन्य सभी वर्गों के परिवारों की लड़कियों के विवाह पर 5100 रुपये का शगुन दिया जाता है। हरियाणा आवास बोर्ड द्वारा बनाये गये मकानों में भी महिलाओं के लिये 33 प्रतिशत का आरक्षण दिया गया है। बिजली का घरेलू कनैक्शन महिला के नाम होने पर बिल में 10 पैसे प्रति यूनिट की छूट और उसके नाम सम्पत्ति के हस्तान्तरण पर स्टॉम्प शुल्क में भी दो प्रतिशत की छूट दी गई है। ये सभी कदम महिला सशक्तिकरण के क्षेत्र में 'मील पत्थर' साबित होंगे।

आज अनुसूचित जातियों, पिछड़े वर्गों और कमजोर वर्ग के लोग प्रदेश में अपना सुखद और उज्ज्वल भविष्य देख रहे हैं। सभी अनुसूचित जातियों तथा पिछड़े वर्ग ब्लाक 'ए' के मेधावी छात्रों को उच्च शिक्षा के लिए प्रोत्साहित करने के लिये 'डॉ. अम्बेदकर मेधावी छात्र योजना' शुरू की गई है। इस स्कीम के तहत 10+1 और 10+2 कक्षा में पढ़ने वाले छात्रों को एक-एक हजार रुपये प्रतिमास की दर से वज़ीफ़ा मिलेगा।

अनुसूचित जाति के व्यक्तियों को दो एकड़ भूमि खरीदने के लिए 5 लाख रुपये तक का ऋण मामूली ब्याज दरों पर देने की नयी योजना शुरू की है। इन वर्गों के लोगों को मकान बनाने के लिये दी जाने वाली अनुदान राशि 10 हजार रुपये से बढ़ाकर 50 हजार रुपये कर दी है। अनुसूचित जाति के व्यक्तियों के लिये 'मकान और शैड' स्कीम के तहत 50 हजार रुपये की अनुदान राशि भी दी जायेगी ताकि ये अपना काम-धंधा भी शुरू कर सकें। हरियाणा शहरी विकास प्राधिकरण द्वारा आर्थिक रूप से कमजोर वर्ग के लोगों के लिये प्लाटों का आरक्षित कोटा 20 प्रतिशत से बढ़ाकर 35 प्रतिशत कर दिया गया है। विकलांगों को दी जाने वाली मासिक पेंशन दो गुणा की है।

कर्मचारी सरकार का एक महत्वपूर्ण अंग होते हैं। हमने उनके हितों की रक्षा के लिए कई कदम उठाये हैं। कर्मचारियों को बेटा-बेटी और बहन की शादी पर दिये जाने वाले कर्ज़ की सीमा को बढ़ाया है। इलाज के लिए चिकित्सा प्रतिपूर्ति की नयी व्यवस्था की है। विकलांग कर्मचारियों की सेवानिवृत्ति आयु 58 वर्ष से बढ़ाकर 60 वर्ष कर दी है। सरकारी तथा सार्वजनिक क्षेत्र के संस्थानों में कार्यरत सफाई कर्मचारियों को 200 रुपये प्रतिमास का विशेष भत्ता दिया है।

उद्योगपतियों के साथ-साथ व्यापारी भाइयों को अपना कारोबार ईमानदारी से करने के लिए अनुकूल माहौल मिला है। कई वस्तुओं पर बिक्री कर कम किया गया है तो अनेक वस्तुओं पर कर खत्म किया गया है। कर प्रणाली का सरलीकरण किया है। हरियाणा में अपना उद्योग चला रहे उद्यमी अब बिना कोई निर्धारित फार्म दिये चार प्रतिशत कर देकर 169 वस्तुएँ खरीद सकते हैं। जो व्यापारी एक वर्ष में एक लाख रुपये से कम कर देते हैं, उन्हें वार्षिक वस्तुकर रिटर्न नहीं भरनी पड़ेगी।

सरकार युवक-युवतियों को रोज़गार के नये-नये अवसर उपलब्ध करवाने के लिए वचनबद्ध है। सरकारी क्षेत्र में नौकरियाँ सीमित हैं इसलिए हम उद्योग और सेवा क्षेत्र में अधिक से अधिक रोज़गार के अवसर पैदा करने के प्रयास कर रहे हैं। नयी उद्योग नीति से अगले 10 वर्षों में 10 लाख लोगों को रोज़गार उपलब्ध करवाने का लक्ष्य रखा गया है। हम युवाओं को स्वःरोज़गार के लिए भी प्रोत्साहित कर रहे हैं। इसके लिए उन्हें आवश्यक प्रशिक्षण भी दिया जाता है तथा ब्याज की रियायती दरों पर ऋण उपलब्ध करवाया जाता है। विदेशों में रोज़गार दिलाने के लिए राज्य में एक Haryana Overseas Placement Assistance Society बनाई गई है। जिला महेन्द्रगढ़ और सिरसा की सभी ग्राम पंचायतों में 'राष्ट्रीय ग्रामीण रोज़गार गारण्टी

योजना' लागू की गई है, जिसके तहत हर परिवार को एक वर्ष में कम से कम 100 दिन के रोज़गार की गारण्टी होगी। पढ़े-लिखे बेरोज़गारों को योग्यता के आधार पर 300 रुपये और 500 रुपये मासिक बेरोज़गारी भत्ता दिया जाता है।

सड़कों और शहरों का सुधार

राज्य में गत एक वर्ष में 449 करोड़ रुपये से अधिक की लागत से 407 किलोमीटर लम्बी सड़कों का निर्माण किया गया और 3540 किलोमीटर लम्बी सड़कों का सुधार किया गया तथा 13 पुलों का निर्माण किया गया। राष्ट्रीय राजधानी क्षेत्र में यातायात को सुचारु बनाने के लिए 135 किलोमीटर लम्बा कुण्डली-मानेसर-पलवल 'पैरिफेरियल एक्सप्रेस-वे' बनाने की प्रक्रिया शुरू कर दी गई है। परिवहन सुविधाओं को बेहतर बनाया जा रहा है।

राज्य में तीन नये शहर : एक बादली-जहाँगीरपुर के बीच, दूसरा सांपला के पास और तीसरा समालखा-गन्नौर के बीच विकसित किये जायेंगे। पिछली सरकार द्वारा भंग की गई छः नगरपालिकाओं को पुनर्गठित करने का निर्णय लिया है। फरीदाबाद के शहरी आधारभूत ढाँचे में सुधार के लिए जवाहर लाल नेहरू राष्ट्रीय शहरी नवीनीकरण मिशन के तहत 2 हजार 64 करोड़ रुपये लागत की एक परियोजना शुरू की है।

स्वास्थ्य सेवाओं को आम आदमी तक पहुँचाने का प्रयास

सरकार स्वास्थ्य सेवाओं को आम आदमी तक पहुंचाने को सर्वोच्च प्राथमिकता दे रही है। गाँवों में माताओं को सुरक्षित प्रसव सेवाएँ उपलब्ध करवाने के लिए 'प्रसूति गृह' बनाये जा रहे हैं। शहरी मलिन बस्तियों में रहने वाली महिलाओं के लिए 'जननी सुविधा योजना' शुरू की गई है। ग़रीबी रेखा से नीचे जीवनयापन कर रहे लोगों को इलाज के लिए वित्तीय सहायता हेतु एक 'आरोग्य कोष' स्थापित किया गया है। सार्वजनिक-निजी भागीदारी से 'विकल्प' नामक स्कीम शुरू की गई है।

शिक्षा और तकनीकी शिक्षा में गुणात्मक सुधार

शिक्षा और तकनीकी शिक्षा में गुणात्मक सुधार के लिए कई कदम उठाये गये हैं। राजकीय स्कूलों के लगभग 50 हजार मेधावी छात्र और छात्राओं को पुरस्कृत करने के लिए 'राजीव गाँधी छात्रवृत्ति योजना' शुरू की गई है। कुण्डली में 'राजीव गाँधी एजुकेशन सिटी' स्थापित करने के लिए कार्यवाही शुरू कर दी गई है। यह युवाओं को विश्व स्तर की उच्च शिक्षा सुविधाएँ उपलब्ध करवाने के लिये Centre of Excellence होगा।

पंचायती राज संस्थाओं को और अधिक अधिकार

स्वर्गीय प्रधानमन्त्री श्री राजीव गाँधी जी के आम आदमी को विकास प्रक्रिया में भागीदार बनाने के सपने को साकार करने के लिये पंचायती राज संस्थाओं को बड़े पैमाने पर वित्तीय और प्रशासनिक अधिकार देने वाला हरियाणा देश का पहला राज्य है। इन संस्थाओं को खाद्य आपूर्ति, स्वास्थ्य, जन स्वास्थ्य, सिंचाई, पशुपालन, शिक्षा, कृषि, महिला और बाल कल्याण जैसे महत्वपूर्ण विभागों की मुख्य-मुख्य गतिविधियों की जिम्मेदारी सौंपी है। हमारे इन प्रयासों की भारत सरकार ने भूरि-भूरि प्रशंसा की है।

स्वतन्त्रता सेनानियों का सम्मान

स्वतन्त्रता सेनानियों, सेवारत सैनिकों और भूतपूर्व सैनिकों की सेवाओं और बलिदान का हम सम्मान करते हैं। हमने स्वतन्त्रता सेनानियों की पेंशन 1400 रुपये से बढ़ाकर 3500 रुपये प्रतिमास की है। सी.एस. डी. कैंटीनों से खरीदे जाने वाले सामान को कर-मुक्त करने तथा अर्द्ध सैनिक बलों के सभी रैंकों को भी सेना के बराबर ही अनुग्रह अनुदान देने के अपने वादे पूरे किये हैं। शौर्य पदकों से सम्मानित सैनिकों की सम्मान राशि में चार गुणा वृद्धि की है। रोहतक, रेवाड़ी, झज्जर और जींद में डिफैंस कॉलोनियाँ स्थापित करने की योजना है।

हमने प्रदेश में जहाँ विकास के एक नये युग का सूत्रपात किया है, वहीं हम भ्रष्टाचार को भी जड़मूल से समाप्त करने के लिए कटिबद्ध हैं। भ्रष्टाचार में संलिप्त चाहे कोई छोटा कर्मचारी है या बड़ा अधिकारी है या प्रभावशाली व्यक्ति है, सभी के विरुद्ध कानून के दायरे में रहते हुए कार्यवाही की जाती है। भ्रष्टाचार को समाप्त करने के लिए हमने लोकायुक्त की नियुक्ति भी की है।

प्रदेश के हर नागरिक के सहयोग, समर्थन और स्नेह से हम यू.पी.ए. की अध्यक्ष माननीय श्रीमती सोनिया गाँधी जी तथा आदरणीय प्रधानमन्त्री डॉ. मनमोहन सिंह जी के कुशल मार्गदर्शन में हरियाणा को विकास और जन कल्याण के मामले में देश का 'नम्बर वन' राज्य बनाने के लक्ष्य की ओर तेजी से आगे बढ़ रहे हैं। इसके लिए मैं प्रदेश के हर नागरिक का आभार व्यक्त करता हूँ और मुझे पूरा विश्वास है कि प्रदेश की जनता का सहयोग, समर्थन और स्नेह इसी प्रकार मिलता रहेगा।

रविवार, 5 मार्च 2006, हिसार

हमारे अन्नदाता

चौधरी चरण सिंह हरियाणा कृषि विश्वविद्यालय में आयोजित 'किसान मेले' में

चौधरी चरण सिंह हरियाणा कृषि विश्वविद्यालय हरियाणा का गौरव है। इस विश्वविद्यालय के कृषि वैज्ञानिकों ने खाद्यान्नों, फलों व सब्जियों के नये-नये बीज विकसित किये हैं, कृषि के क्षेत्र में नये-नये अनुसंधान किये हैं, पशु नस्ल सुधार की दिशा में यहाँ के वैज्ञानिकों का सराहनीय योगदान है। किसानों की मेहनत से व कृषि वैज्ञानिकों के प्रयासों से हरियाणा न केवल अनाज उत्पादन में आत्मनिर्भर हुआ है बल्कि केन्द्रीय भण्डार में खाद्यान्न देने में देशभर में दूसरे स्थान पर है।

कृषि राज्य की अर्थव्यवस्था का मूल आधार है और किसान राष्ट्र का अन्नदाता है। तपती गर्मी, कड़कती सर्दी व बरसात की परवाह न करते हुए कठोर परिश्रम करके देश के करोड़ों-करोड़ों लोगों का पेट भरता है। खुद मुसीबतें झेलता है परन्तु कभी आह तक नहीं करता। एक किसान होने के नाते मैं आपकी समस्याओं से भली-भाँति परिचित हूँ।

आज कृषि क्षेत्र के सामने कई चुनौतियाँ हैं, जिसके कारण हमारा किसान अपने भविष्य को लेकर चिन्तित है। हरियाणा सरकार व हरियाणा कृषि विश्वविद्यालय आपकी चिंताओं, समस्याओं और जरूरतों के प्रति पूर्ण सजग है। पिछले एक दशक से हमारा खाद्यान्न उत्पादन लगभग स्थिर-सा हो गया है। हमें अपनी जमीन, पानी और जैव सम्पदा को ध्यान में रखकर कृषि उत्पादन को न केवल बढ़ाना होगा बल्कि 2020 तक अनाज उत्पादन को दुगुना करने का लक्ष्य भी प्राप्त करना होगा। इसके लिए कृषि तकनीक को प्रयोगशाला से खेतों तक पहुँचाकर दूसरी सदाबहार हरित क्रान्ति लानी होगी।

आज समय की जरूरत है कि खेती की बिजाई से लेकर फसल की बिक्री तक व्यावसायिक दृष्टिकोण अपनाया जाए। मेरा यहाँ उपस्थित कृषि वैज्ञानिकों से आह्वान है कि वे कृषि की ऐसी तकनीक विकसित करें, जिससे छोटे किसानों को ज्यादा लाभ हो क्योंकि हमारे देश में 80 प्रतिशत छोटे और सीमान्त किसान हैं। ऐसे बीज विकसित किये जायें, जिनमें कम पानी और खाद की जरूरत पड़े।

मुझे ख़ुशी है कि इस वर्ष किसान मेले का मुख्य विषय 'कम खर्च व कम संसाधनों के माध्यम से ज्यादा उत्पादन और अधिक आमदनी' रखा गया है, जो कि बहुत ही प्रासंगिक है। मैं चाहूँगा कि हमारे वैज्ञानिक ऐसी तकनीक विकसित करें, जिससे कम पानी में अधिक पैदावार हो व बूंद-बूंद पानी का सदुपयोग किया जा सके। हरियाणा में कई खण्डों में पानी का स्तर काफी नीचे जा चुका है और गिरते जल स्तर को हमें रोकना है। इसके लिए ड्रिप इरीगेशन तथा स्प्रिंकलर इरीगेशन जैसी पद्धतियाँ अपनाएँ। इसके लिए किसानों को कुल लागत का 50 प्रतिशत अनुदान दिया जाता है।

यह गर्व की बात है कि इस विश्वविद्यालय ने कम पानी से पैदावार देने वाली किस्में विकसित करने में सराहनीय कार्य किया है। यही एक प्रदेश है, जिसमें डब्ल्यू.एच-147 गेहूँ की किस्म तथा एच.एच.बी. 67 बाजरे की किस्म कम पानी से भी अधिक उत्पादन देती हैं। मैं चाहूँगा कि हमारे वैज्ञानिक किसानों को 60 दिन में पकने वाली ऐसी फसल दें, जिसमें पानी कम लगे व किसानों को तीसरी फसल मिल सके। पिछले दो सालों के अनुभव से यह देखने में आया है कि ग्रीष्मकालीन मूंग लगाने से किसानों की आय में बढ़ोतरी हुई है। मैं यह भी चाहूँगा कि बी.टी.कॉटन व बॉयो टेक्नोलॉजी शोध पर यह विश्वविद्यालय विशेष ध्यान दें। हरियाणा के किसानों का बी.टी.कॉटन के प्रति रूझान बढ़ा है।

अनुसूचित जाति व जनजाति के लोगों को कृषि आधारित रोज़गारों के लिए निःशुल्क प्रशिक्षण दें। हाल ही में मेवात में एक कृषि विज्ञान केन्द्र के लिए मण्डकोला गाँव में विश्वविद्यालय को 47 एकड़ जमीन उपलब्ध करवाई गई है। इसके विकास के लिए जो भी आर्थिक सहायता की जरूरत होगी, सरकार करेगी।

मेरा किसानों से आग्रह है कि वे भूमि की जाँच करवाकर ही रासायनिक खादों का संतुलित तथा जैविक खादों और जैविक कीटनाशकों का अधिकतम प्रयोग करें। इस मेले में विश्वविद्यालय द्वारा मिट्टी व पानी की मुफ़्त शोध की व्यवस्था की गई है। मेरा किसान भाइयों से अनुरोध है कि आप इसका लाभ उठायें। हम प्रदेश के किसानों को 'सोयल हैल्थ कार्ड' मुफ़्त दे रहे हैं।

जैविक खेती को बढ़ावा देने के लिए किसानों को प्रोत्साहित किया जा रहा है। साठी धान की बिजाई को रोकने के लिए एक व्यापक अभियान चलाया गया, जिसके बड़े उत्साहजनक परिणाम सामने आये हैं। हम अनुबन्ध खेती को बढ़ावा दे रहे हैं। हरियाणा कृषि विपणन उत्पाद अधिनियम में संशोधन करके अनुबन्ध खेती को कानूनी दायरे में लाया गया है।

आज भूमि जोतों का आकार छोटा होता जा रहा है, इसलिए छोटे व सीमान्त किसानों की संख्या बढ़ रही है। इसलिए किसान भाइयों से मेरा अनुरोध है कि आप बागवानी, सब्जियों की काश्त, डेरी फार्मिंग, मधुमक्खी पालन तथा खुम्बी उत्पादन को अपनाकर अपनी आय बढ़ाएँ। इसके लिए सरकार आपको हर तरह की सुविधाएँ व रियायतें देगी।

हरियाणा विश्व प्रसिद्ध मुर्राह नस्ल की भैंसों का घर है। अगर मैं मुर्राह नस्ल की भैंसों को काला सोना कहूँ तो कोई अतिशयोक्ति नहीं होगी। बासमती चावल की तरह यदि भारत पशुधन के विश्व व्यापार में प्रवेश करे तो मुर्राह भैंस हमारी सर्वोत्तम निधि होगी। दुग्ध सहकारी समितियों के लिए सामूहिक बीमा योजना शुरू की गई है। डेरी सहकारिता की 'व्हाईट कार्ड स्कीम' के तहत छोटे और सीमांत दुग्ध उत्पादकों को पशु खरीदने के लिए चयनित बैंकों से एक लाख रुपये तक का ऋण दिया जाता है।

आपको याद होगा कि 14 मई, 2005 को जींद में एक धन्यवाद रैली का आयोजन किया गया था। इस रैली को सम्बोधित करते हुए यूपीए अध्यक्ष श्रीमती सोनिया गाँधी जी ने कहा था 'अपने किसान

भाइयों को ज्यादा से ज्यादा सुविधा और रियायतें देनी हैं। जिन किसानों की मेहनत से इन्दिरा गाँधी जी के नेतृत्व मे हरित और श्वेत क्रान्ति आई, उनके प्रति हमारी खास जिम्मेदारी है।' उनके इस कथन के अनुरूप ही देश के किसान को कर्ज़ की चिंता से छुटकारा दिलाने के लिए कांग्रेसनीत यूपीए सरकार ने किसानों के 60 हजार करोड़ रुपये के कर्ज़ माफ करने का ऐतिहासिक निर्णय लिया है। इसके लिए हम श्रीमती सोनिया गाँधी जी और प्रधानमन्त्री डॉ. मनमोहन सिंह जी का आभार व्यक्त करते हैं। इस फैसले से देश के वे चार करोड़ किसान चैन की नींद ले सकेंगे, जिन्हें ऋण चुकाने की चिंता दिन-रात सताती रहती थी। इस फैसले से हरियाणा के 11 लाख किसानों को लाभ होगा।

किसानों की भूमि का अधिग्रहण किए जाने पर मुआवजा देने के लिए फ्लोर रेट निर्धारित किए हैं। हरियाणा शहरी विकास प्राधिकरण और हरियाणा राज्य औद्योगिक तथा आधारभूत संरचना विकास निगम द्वारा जिन किसानों की भूमि 5 मार्च, 2005 के बाद अधिगृहीत की गई है, उन्हें मुआवज़े के अतिरिक्त प्रति वर्ष प्रति एकड़ 15 हजार रुपये 33 वर्ष तक दिये जायेंगे और इस राशि में प्रति वर्ष 500 रुपये की वृद्धि की जायेगी। इस प्रकार, किसानों को मुआवज़े के अतिरिक्त 33 वर्ष तक प्रति वर्ष प्रति एकड़ 15 हजार रुपये की एक प्रकार से रॉयल्टी मिलेगी। इसके अतिरिक्त, जिन किसानों की भूमि विशेष आर्थिक क्षेत्र के विकास के लिये अधिगृहीत की जायेगी, उन्हें मुआवज़े के अतिरिक्त प्रति वर्ष प्रति एकड़ 30 हजार रुपये की रॉयल्टी 33 वर्ष तक दी जायेगी और इस राशि में प्रतिवर्ष 1000 रुपये की वृद्धि की जायेगी। इस ऐतिहासिक निर्णय से किसानों के साथ-साथ उनकी भावी पीढ़ियों के लिए भी सुरक्षित आय का साधन सुनिश्चित हो गया है।

किसानों को भूमि के मुआवज़े के अतिरिक्त रॉयल्टी देने का निर्णय न केवल ऐतिहासिक है, बल्कि मार्गदर्शी भी है क्योंकि इसने देश के अन्य राज्यों को भी एक नया मार्ग दिखाया है। इतिहास में इस प्रकार की कोई मिसाल नहीं है। इस निर्णय से किसानों को करोड़ों रुपये का फायदा हुआ है।

बिजली के बकाया बिलों की 1600 करोड़ रुपये की राशि माफ करने का ऐतिहासिक निर्णय लेकर किसानों की दशकों पुरानी एक जटिल समस्या का पुख्ता समाधान किया। बिजली के साथ-साथ किसानों के लिए नहरी पानी का बहुत महत्व है। नहरी पानी का न्यायोचित बंटवारा करने और हर खेत को सिंचाई के लिए पर्याप्त पानी उपलब्ध करवाने के लिए लगभग 354 करोड़ रुपये की अनुमानित लागत से भाखड़ा मेन लाइन से हाँसी ब्रांच तक 109 किलोमीटर लम्बी नहर तथा 267.27 करोड़ रुपये की लागत से शाहबाद-दादुपुर-नलवी नहर का निर्माण किया जा रहा है।

गन्ने का भाव 138 रुपये प्रति क्विंटल निर्धारित किया है, जो देश में सर्वाधिक है। यही नहीं, सरकार ने गेहूँ के न्यूनतम समर्थन मूल्य में 250 रुपये प्रति क्विंटल की रिकार्ड वृद्धि करवाते हुये गेहूँ का मूल्य 1000 रुपये प्रति क्विंटल निर्धारित करवाया है। किसानों को धान की खरीद पर भी 100 रुपये प्रति क्विंटल की दर से बोनस दिया गया है।

सरकार ने प्राकृतिक आपदाओं से खड़ी फसलों को नुकसान होने पर किसानों को दिये जाने वाले मुआवज़े की राशि को दुगुना तथा कुछ मामलों में तीन गुणा कर दिया गया है। फसली कर्ज़ों पर ब्याज दर 11 प्रतिशत से घटाकर 7 प्रतिशत कर दी गई है। सरकार ने उस काले कानून को भी समाप्त कर दिया, जिसके तहत सहकारी ऋणों की अदायगी न किए जाने की स्थिति में किसानों को गिरफ़्तार किया जाता था। सरकार ने किसानों, ग्रामीण दस्तकारों और छोटे दुकानदारों के सहकारी ऋणों के ब्याज की राशि माफ करने का भी ऐतिहासिक फैसला लिया है। इस निर्णय से लोगों को 830 करोड़ रुपये का फायदा होने की सम्भावना है।

शनिवार, 8 मार्च 2008, हिसार

MAPSKO
बढ़ते क़दम

ज़िन्दगी की कोख में जनमा
नया इस्पात
दिल के खून में रंगकर
नए इस्पात को पाने।
झुलसते जा रहे हैं आग में
या मुँद रहे हैं धूल-धक्कड़ में
किसी की खोज है उनको।

—मुक्तिबोध

सेवा की बेजोड़ मिसाल

अन्तर्राष्ट्रीय नर्सिंग दिवस के उपलक्ष्य में

जैसा कि आप सभी जानते हैं कि फ़्लोरेंस नाइटिंगेल का जन्म दिवस 12 मई अन्तर्राष्ट्रीय नर्सिंग दिवस के रूप में विश्वभर में मनाया जाता है। इस अवसर पर मैं सर्वप्रथम फ़्लोरेंस नाइटिंगेल के प्रति अपने श्रद्धासुमन अर्पित करता हूँ।

उनका जन्म 12 मई, 1820 को इटली के शहर फ़्लोरेंस में हुआ था, जब उनके माता-पिता भ्रमण पर थे। फ़्लोरेंस नाइटिंगेल निःस्वार्थ सेवा की प्रतिमूर्ति थी। फ़्लोरेंस नाइटिंगेल ने 1837 में 17 वर्ष की अल्पायु में ही मानवता की सेवा का मार्ग अपनाया। वर्ष 1854 में क्राइमियन युद्ध में घायल हुए सैनिकों की फ़्लोरेंस नाइटिंगेल ने जो सेवा की, वह विश्व इतिहास में एक मिसाल है। वे न केवल एक-एक घायल सैनिक के पास जाकर उनके घावों पर मरहम लगाती थी बल्कि उनके सुख-दुख भी बाँटती थी। वे रात को लैम्प हाथ में लेकर घायल सैनिकों का हालचाल जानने उनके पास जाती थी, इसलिए वे लैम्प वाली महिला के नाम से प्रसिद्ध हुईं। उन्होंने वार्डों में सफाई की ओर विशेष ध्यान दिया।

19वीं शताब्दी के मध्य में नर्सिंग के व्यवसाय को शिक्षित महिलाओं के लिए सम्मानजनक नहीं माना जाता था। फ़्लोरेंस नाइटिंगेल की सबसे बड़ी उपलब्धि यह थी कि उन्होंने नर्सिंग के व्यवसाय को सम्मानजनक स्थान दिलाया। उन्हें आधुनिक नर्सिंग के व्यवसाय की जन्मदात्री कहा जाए, तो कोई अतिशयोक्ति नहीं होगी। नर्सिंग उनका व्यवसाय नहीं था, बल्कि उनके लिए मानव सेवा का एक मिशन था। फ़्लोरेंस नाइटिंगेल द्वारा मानवता की सेवा के लिए शुरू किये गये इस पावन यज्ञ की आज के युग में बड़ी महत्ता है।

फ़्लोरेंस नाइटिंगेल द्वारा स्वास्थ्य सेवाओं में किये गये सुधारों से आधुनिक स्वास्थ्य सेवाओं में गुणात्मक परिवर्तन हुआ है। उन्होंने जिस लगन और कठोर मेहनत से मरीजों की सेवा की, वह अपने आप में मानवता की सेवा का एक अनुपम उदाहरण है। उनके आदर्श और सिद्धान्त नर्सों के लिए तथा स्वास्थ्य सेवाओं से जुड़े दूसरे लोगों के लिए हमेशा प्रेरणा स्रोत रहेंगे।

मेरा मानना है कि मरीजों के उपचार में जितनी डाक्टर की अहमियत होती है, नर्स की भूमिका भी उतनी ही महत्वपूर्ण है। नर्सिंग केवल आजीविका कमाने का साधन मात्र नहीं है, बल्कि सेवा और त्याग का एक मिशन है।

हममें से वे सभी लोग जिनका अस्पताल से किसी भी तरह का वास्ता पड़ता है, वे सभी इस बात को समझते हैं कि मरीजों की सेवा में और उनके उपचार में नर्सों की महत्वपूर्ण भूमिका है। डाक्टर मरीज का चैकअप करते हैं, दवाइयाँ लिखते हैं। लेकिन ये नर्स ही हैं, जो यह सुनिश्चित करती हैं कि मरीज को समय पर दवाई दी जाए और डाक्टर ने जो हिदायतें दी हैं, उनका पूर्ण पालन हो। यहाँ तक कि बड़े से बड़े आप्रेशन में भी जहाँ दो या तीन सर्जन होते हैं, वहीं उनकी सहायता के लिए चार-पाँच नर्स भी होती हैं। मैं नर्सों की इस सेवा भावना की भूरि-भूरि प्रशंसा करता हूँ।

आज विश्वभर में नर्सों की बहुत माँग है। हमारे देश की नर्सों की तो अमेरिका, खाड़ी के देशों और इंग्लैण्ड में भी बहुत माँग है। विदेशों में रोज़गार दिलाने के लिए राज्य में एक हरियाणा विदेश नियोजन सहायता समिति बनाई गई है।

आप लोग जानते हैं कि सुखमय जीवन के लिए निरोगी काया पहली जरूरत है। अगर कोई इन्सान स्वस्थ है तो गरीबी में भी मेहनत-मजदूरी करके अपना और अपने परिवार का पालन-पोषण कर सकता है। राष्ट्र की मजबूती भी उसके स्वस्थ नागरिकों में निहित है। इसीलिए जहाँ केन्द्र सरकार द्वारा राष्ट्रीय ग्रामीण स्वास्थ्य मिशन जैसे क्रान्तिकारी कार्यक्रम शुरू किये गये हैं, वहीं आपकी सरकार स्वास्थ्य के बुनियादी ढांचे के विकास पर विशेष बल दे रही है। हमारा इरादा राज्य के सभी चिकित्सा संस्थानों में आधुनिक उपकरण, पर्याप्त मात्रा में दवाइयाँ तथा अन्य बुनियादी सुविधाएँ उपलब्ध करवाने का है।

समाज के आर्थिक रूप से कमजोर वर्ग के लोगों को विशेषज्ञ उपचार सुविधा उपलब्ध करवाने के लिए वित्तीय सहायता हेतु एक 'आरोग्य कोष' स्थापित किया गया है, जिसके लिए एक करोड़ रुपये की धनराशि की स्वीकृति दी जा चुकी है।

समाज के गरीब से गरीब तबके को विश्वसनीय, सस्ती एवं उच्च स्तर की चिकित्सा सेवाएँ उपलब्ध करवाने के लिए सार्वजनिक-निजी भागीदारी से 'विकल्प' नामक स्कीम शुरू करने की पहल की गई है।

गाँवों में माताओं को सुरक्षित प्रसव सुविधाएँ उपलब्ध करवाने के लिए साफ सुथरा, घरेलू तथा महिला प्रिय वातावरण बनाने हेतु प्रसूति गृह स्थापित किए जा रहे हैं। गाँवों में 251 प्रसूति गृह स्थापित किये जा चुके हैं तथा 49 प्रसूति गृहों का कार्य प्रगति पर है।

हम स्वास्थ्य सेवाओं के प्रसार पर विशेष ध्यान दे रहे हैं। आप इस बात से अन्दाज़ा लगा सकते हैं कि जब वर्तमान सरकार ने कार्यभार संभाला था तो उस समय स्वास्थ्य सेवाओं का प्लान बजट 45 करोड़ रुपये था। हमने वर्ष 2005-06 के दौरान उसे बढ़ाकर 75 करोड़ रुपये किया और इस वित्त वर्ष में इसे और बढ़ाकर 80 करोड़ रुपये कर दिया है।

आज समाज में यह चेतना लाए जाने की जरूरत है कि लड़का-लड़की में कोई फर्क न किया जाये। इसलिए हमें लड़के और लड़की के फर्क और उनके पालन-पोषण में किये जाने वाले भेदभाव की मानसिकता को बदलना होगा। इस दिशा में डॉक्टर तथा स्वास्थ्य सेवाओं से जुड़े सभी लोग अपनी ज्यादा से ज्यादा सक्रिय भूमिका निभाएँ।

बुधवार, 10 मई 2006, रोहतक

ईमानदारी और निष्पक्षता

पंजाब और हरियाणा हाईकोर्ट की स्वर्ण जयन्ती

पंजाब और हरियाणा उच्च न्यायालय के स्वर्ण जयन्ती समारोह के अवसर पर इसके गौरवशाली इतिहास पर एक नज़र डालना समीचीन होगा।

प्रारम्भ में यह माननीय उच्च न्यायालय ब्रिटिश शासन के दौरान लाहौर में स्थापित हुआ था। भारत विभाजन के बाद पंजाब उच्च न्यायालय को दो भागों में बाँट दिया गया और इसके भारतीय भाग का मुख्यालय शिमला में रखा गया। उसके पश्चात 50 वर्ष पूर्व आज के ही दिन चण्डीगढ़ में इस माननीय उच्च न्यायालय का उद्घाटन भारत के प्रथम प्रधानमन्त्री पण्डित जवाहरलाल नेहरू जी ने अपने कर-कमलों से किया था।

विगत 50 वर्षों में इस माननीय उच्च न्यायालय ने बेंच और बार दोनों को अनेक कानूनविद् दिये हैं। इनमें से कुछ विभूतियों जैसे कि न्यायाधीश न्यायमूर्ति सीकरी जी और न्यायाधीश न्यायमूर्ति कुलदीप सिंह जी को सर्वोच्च न्यायालय में अपनी सेवाएँ प्रदान करने का गौरव हासिल है। इसके अलावा अन्य विधिवेत्ताओं ने भी विधिक सेवाओं में अपना अमूल्य योगदान दिया है।

यह कहने की जरूरत नहीं कि न्यायपालिका लोकतन्त्र के महत्वपूर्ण स्तम्भों में से एक है। एक स्वतन्त्र और उत्तरदायी न्यायपालिका लोकतन्त्र का एक अभिन्न अंग होती है। यह गर्व की बात है कि हमारी न्यायपालिका ने अपनी ईमानदारी, निष्पक्षता और न्याय के प्रति निष्ठा के लिए पूरी दुनिया में सम्मान हासिल किया है। हमारे लिए यह और भी गौरव का विषय है कि पंजाब और हरियाणा उच्च न्यायालय का आज एक बड़ा नाम है और इसने अनेक ऐतिहासिक निर्णय दिये हैं। विख्यात वास्तुकार ले कारबूज़िये द्वारा डिजाइन किये गये उच्च न्यायालय के भवन की शोभा और सुन्दरता का इसके विशिष्ट स्तर से बड़ा ही अद्भुत सामंजस्य है।

हरियाणा सरकार राज्य में न्यायिक ढाँचे को मजबूत बनाने और सहयोग करने के लिए प्रयासरत है। राज्य के 19 जिलों में से 16 जिलों में न्यायिक परिसरों का निर्माण पूरा हो चुका है और शेष तीन में से एक जिले में शीघ्र ही पूरा कर दिया जायेगा तथा दो जिलों में जिला स्तरीय न्यायिक परिसर बनाने के लिए स्वीकृति दे दी गयी है। जिला पंचकूला, रेवाड़ी, कैथल और फतेहाबाद को अब सेशन डिवीज़नों (Sessions Divisions) के रूप में घोषित किया जा सकता है। इसके अलावा राज्य सरकार ने सभी उपमण्डल मुख्यालयों पर आधुनिक न्यायिक परिसर बनाने का भी निर्णय लिया है।

हरियाणा सरकार ने माननीय न्यायिक अधिकारियों के लिए आवास का निर्माण किया है तथा राज्य में सभी न्यायिक अधिकारियों को बिना किराये के आवास सुविधा उपलब्ध करवाई जाती है। यह सभी कार्य जो किये जा चुके हैं या किये जाने हैं, वे माननीय उच्च न्यायालय से विचार-विमर्श करके और सहमति के बाद किये गये हैं, जो हरियाणा में न्यायिक तन्त्र को सुदृढ़ बनाने में गहरी रुचि ले रहा है। न्यायिक परिसरों में आवश्यक फर्नीचर उपलब्ध करवाने और माननीय उच्च न्यायालय तथा अधीनस्थ न्यायालयों का कम्प्यूटरीकरण करने के प्रयास किये जा रहे हैं। इसके लिए हरियाणा सरकार आवश्यक धनराशि उपलब्ध करवाने के लिए सदैव तत्पर है।

न्यायपालिका में लोगों का बड़ा विश्वास है। न्यायालयों के निर्णयों को हर नागरिक आदर प्रदान करता है। आज सबसे ज्यादा चिन्ता का विषय यह है कि अदालतों में विभिन्न स्तरों पर केसों की संख्या में लगातार बढ़ोतरी हो रही है और लोगों को न्याय पाने के लिए लम्बा इन्तज़ार करना पड़ता है। इसकी मुख्य वजह यह है कि अदालतों में काम का बोझ अधिक है। इस दिशा में लोक अदालतें बड़ी सहायक सिद्ध हुई हैं।

हरियाणा में राज्य विधिक सेवाएँ प्राधिकरण बड़ी कुशलता से कार्य कर रहा है। केसों के शीघ्र निपटान के लिए वर्ष 2001 के बाद अब तक 902 लोक अदालतें आयोजित की जा चुकी हैं। इन अदालतों में आये कुल दो लाख 92 हजार केसों में से एक लाख 80 हजार से अधिक केसों को बड़े ही सुचारु ढंग से निपटा दिया गया है। राज्य में इस समय पाँच स्थायी लोक अदालतें हैं। ऐसी और अधिक लोक अदालतें स्थापित करने की प्रक्रिया जारी है। इसके अतिरिक्त, लम्बी अवधि से अदालतों में लम्बित पड़े केसों के शीघ्र निपटाने के लिए राज्य में 16 'फास्ट ट्रेक कोर्ट्स' (Fast Track Courts) स्थापित किये गये हैं। 13 मार्च, 2005 तक इन न्यायालयों द्वारा 4232 केसों का निपटान किया जा चुका है।

बहुत से केसों में राज्य भी प्रतिवादी है। हरियाणा सरकार प्रदेश में निष्पक्ष और पारदर्शी व्यवस्था स्थापित करने के लिए प्रतिबद्ध है ताकि राज्य के विरुद्ध मुकदमेबाजी कम हो। हम राज्य के विरुद्ध

मुकदमे कम करने के लिए दूसरे विकल्पों की तलाश करेंगे। इस अवसर पर मैं एक स्वतन्त्र न्यायपालिका को सहयोग और मजबूती देने की अपनी वचनबद्धता को दोहराता हूँ।

इस मौके पर, मैं एक बात और कहना चाहता हूँ कि हाल ही में उच्च न्यायालय में माननीय न्यायाधीशों के पदों की संख्या 40 से बढ़ाकर 53 की गयी है। जबकि इस समय केवल 28 माननीय न्यायाधीशों के ही कार्यरत होने से हरियाणा के लोगों की अपेक्षाओं की पूर्ति नहीं हो पा रही है और हरियाणा का प्रतिनिधित्व अक्सर कम ही रहता है। जब तक इस समस्या का हल नहीं किया जायेगा इसके और भी जटिल होने की सम्भावना है।

मेरा इस अवसर पर अनुरोध है कि बेंच के सभी रिक्त पदों को तुरन्त भरा जाना चाहिए और इसमें हरियाणा को पूरा प्रतिनिधित्व मिलना चाहिए। यह कहना उचित होगा कि यदि त्वरित न्याय हमारा लक्ष्य है तो उच्च न्यायालय और अधीनस्थ न्यायालयों में शीघ्र ही न्यायाधीशों के खाली पदों को भरा जाना चाहिए इस दिशा में राज्य सरकार के प्रयास भी रहेंगे।

शनिवार, 19 मार्च 2005, चण्डीगढ़

चुनौतियों का बीड़ा

इंडस्ट्रीज, सीआईआई मीट

भारतीय उद्योग परिसंघ ने हैविएट एसोसिएट के सहयोग से हरियाणा के विकास के प्रेरकों का अध्ययन किया है। उद्योग के पाँच महत्वपूर्ण क्षेत्रों में, ऑटो, सहायक ऑटो, टेक्सटाइल/वस्त्र, आई.टी/कृषि खाद्यान प्रसंस्करण तथा निर्माण/रियल इस्टेट हालाँकि अध्ययन की सम्भावनाएँ बहुत सीमित हैं। हैविएट एसोसिएट के पास पाँच आदर्श प्रेरक कुशलता, पर्यावरण, ढाँचा, समूह और विपणन हैं। मुझे इस बात की आशा है कि अध्ययन में की गयी सिफ़ारिशें इन क्षेत्रों में विकास के लिए लाभदायक होंगी। इस समय इन पर कोई प्रतिक्रिया करना या वादा करना जल्दबाजी होगी। मैं आपको विश्वास दिलाता हूँ कि हमारे काबिल अधिकारी अध्ययन रिपोर्ट की खोजों और सिफ़ारिशों का गहनता से अध्ययन करेंगे तथा इन्हें औद्योगिक नीतियों का हिस्सा बनाने के लिए आपसी विचार-विमर्श करेंगे।

ऐसे बहुत से मुद्दे हैं, जिनको में हरियाणा के विकास और समृद्धि के लिए आपसे साझा करना चाहता हूँ तथा आपकी बहुमूल्य राय लेना चाहता हूँ। आज सभी विकासशील अर्थव्यवस्थाएँ जिस चुनौती का सामना कर रही हैं, वह चुनौती समाज के एक बड़े हिस्से से ग़रीबी का उन्मूलन करने की है। ग़रीबी की समस्या का समाधान करने के लिए हमें निश्चित रूप से आय वृद्धि के संसाधनों को खोजना होगा। ग्रामीण क्षेत्रों में ग़रीबी का एक प्रमुख कारण जीवनयापन के लिए आय की कमी है। अर्थव्यवस्था के सभी क्षेत्रों में अधिक से अधिक रोज़गार उपलब्ध करवाने तथा आय बढ़ाने के लिए हमें नयी नीतियों का विस्तार करके उन्हें अपनाना होगा।

सबसे पहले तो भय मुक्त शासन उपलब्ध करवाकर तथा कानून-व्यवस्था में सुधार करके आम आदमी का विश्वास बहाल करना है। प्रशासन अपने कार्यों के लिए पूर्ण रूप से उत्तरदायी ही नहीं होगा बल्क़ि उनकी कार्यप्रणाली पारदर्शी और निष्पक्ष होगी।

हम ऐसी औद्योगिक नीतियाँ बनायेंगे, जिससे राज्य में विनिवेश लाने में सहायक होंगी तथा जिससे राज्य का औद्योगिक ढाँचा विकसित होगा। इसके लिए हम नियमों और कानूनों का सरलीकरण करेंगे, पर्याप्त बिजली की आपूर्ति को सुनिश्चित करेंगे तथा विशेष रूप से औद्योगिक दृष्टि से पिछड़े क्षेत्र में

वित्तीय तथा राजकोषीय सहायता उपलब्ध करवायेंगे ताकि ग्रामीण लोगों का शहरी क्षेत्रों में पलायन रोका जा सके। इस बात में कोई सन्देह नहीं है कि निर्माण क्षेत्र में बहुत अधिक रोज़गार की सम्भावनाएँ हैं परन्तु सेवा क्षेत्र की भूमिका विशेष रूप से स्वरोज़गार प्रदान करने वाले क्षेत्र को नज़रअन्दाज़ नहीं किया जा सकता। हमारी औद्योगिक नीतियों का उद्देश्य अर्थव्यवस्था के उन सभी क्षेत्रों को विकसित करने का है, जिनमें प्रत्यक्ष या अप्रत्यक्ष रोज़गार की बहुत सम्भावनाएँ हैं। मुझे इस बात की ख़ुशी है कि हमारी अर्थव्यवस्था एक मिश्रित अर्थव्यवस्था है और हमारे राज्य को इसके बहुत लाभ हैं। कृषि अर्थव्यवस्था होने के कारण हमारे विश्वविद्यालयों तथा संस्थाओं को किसानों को शिक्षित करने, फसलों का विकेन्द्रीकरण करने तथा उत्पादों के लिए बाज़ार विकसित करने तथा कीटनाशकों, खादों, उत्तम बीजों तथा जल प्रबन्धन की आधुनिक तकनीक का प्रयोग करने में अपना योगदान देना होगा। इससे हम एक ऐसी अर्थव्यवस्था को विकसित करेंगे, जिसमें उत्पादन लागत कम-से-कम हो। कृषि उत्पादों, फलों, सब्जियों को संवर्धित करके उनकी मूल्य वृद्धि की जायेगी। इससे कृषि की विश्वसनीयता में वृद्धि होगी।

हरियाणा को राष्ट्रीय राजधानी दिल्ली के निकट होने का बहुत लाभ है। यह दिल्ली को तीन ओर से घेरे हुए है। हरियाणा का दो-तिहाई क्षेत्र राष्ट्रीय राजधानी दिल्ली के क्षेत्र में पड़ता है। दिल्ली को भारत की राजधानी होने के कारण बहुत से लाभ हैं तथा यह औद्योगिक विकास और सूचना प्रौद्योगिकी पर आधारित सेवा क्षेत्र को बढ़ावा देने के लिए बाजार उपलब्ध करवाता है। ये सभी सुविधाएँ हरियाणा के लिए पर्याप्त हैं तथा हम बेहतर सुविधाओं वाला ढाँचा उपलब्ध करवाकर इस स्थिति का लाभ उठा सकते हैं। आज राष्ट्रीय राजधानी क्षेत्र में आवास, विशेष अस्पतालों, गुणवत्तापरक शिक्षा, परिवहन और लम्बे समय तक चलने वाले खाद्यान्नों की माँग तेज़ गति से बढ़ रही है तथा हमें इस बढ़ती हुई माँग को गुणवत्तापरक आपूर्ति सुनिश्चित करके पूरा करना है। हरियाणा को सामूहिक विकास का लाभ प्राप्त है। पानीपत हथरकघा उत्पादों का गढ़ माना जाता है। गुड़गाँव ऑटो मोबाइल, रेडीमेड वस्त्र, सूचना प्रौद्योगिकी क्षेत्र के लिए तेज़ी से विकसित हुआ है। यमुनानगर प्लाईवुड तथा धातु उद्योग के लिए प्रसिद्ध है। अम्बाला वैज्ञानिक संयन्त्रों के लिए जाना जाता है। फरीदाबाद हल्के इंजीनियरिंग उत्पादों, ट्रैक्टरों, मोटर साइकिलों, व्हाइट गुड के लिए संसार के औद्योगिक मानचित्र पर अपनी पहचान बना चुका है। हिसार राज्य का इस्पात नगर है। रोहतक की मुर्राह भैंसों के उत्पादन, दुग्ध उत्पादों तथा नट बोल्ट के निर्माण में महत्वपूर्ण भूमिका है। करनाल भारत का बासमती धान का कटोरा है तथा हरियाणा का बासमती निर्यात में पहला स्थान है। रेवाड़ी में धातु के बने बर्तन और हथकरघा प्राचीन समय से ही प्रसिद्ध हैं। ये तो केवल कुछ ही विकसित संघ हैं, हमारे राज्य में और बहुत से विकसित क्षेत्र हैं। हम अपने लाभ के लिए इनकी क्षमताओं का पूरा लाभ उठायेंगे तथा रोज़गार और आय के साधनों को बढ़ाने के लिए इनका पूरा प्रयोग करेंगे।

कुरुक्षेत्र हरियाणा का वह पवित्र स्थल है, जहाँ भगवान कृष्ण ने गीता में 'कर्मयोग' का सन्देश दिया था। इस नगर में अनेक धार्मिक पर्यटन स्थलों को बढ़ावा देकर इसके सौंदर्य को बरकरार रखा जायेगा। शेरशाह सूरी मार्ग जो ग्रांट ट्रंक रोड के नाम से जाना जाता है हरियाणा के कई नगरों से होकर गुजरता है। हमने जी.टी. रोड के दोनों तरफ़ अच्छे रेस्टोरेण्ट/ढाबे खोलकर राजमार्ग पर्यटन को विकसित किया है। ताजा भोजन वाले रीटेल केन्द्रों को बढ़ावा देने की आवश्यकता है तथा इन केन्द्रों के साथ हरियाली बनाये रखने के लिए पार्कों को विकसित किया जायेगा ताकि साफ़ और स्वच्छ वातावरण उपलब्ध करवाया जा सके।

जब हम शिक्षा की बात करते हैं तो हमारा मतलब गुणवत्तापरक शिक्षा से है, चाहे यह कला, स्वास्थ्य और इंजीनियरिंग किसी भी संकाय में हो। हमें हमारे शैक्षणिक क्षेत्रों को आक्सफ़ोर्ड की तर्ज पर विकसित करने की आवश्यकता है। जैसा कि आप जानते हैं कि गुड़गाँव नाम गुरुग्राम शब्द से लिया गया। यह

वही गाँव है, जहाँ महाभारत के प्रसिद्ध गुरु द्रोणाचार्य कौरवों और पाण्डवों को शिक्षा देते थे। हमारे प्रयास इसी तर्ज पर शैक्षणिक क्षेत्रों को विकसित करने की ओर उन्मुख हैं।

सोमवार, 28 मार्च 2005 गुड़गाँव

जनता बदलाव चाहती है

विज़न एण्ड स्ट्रेटेजीज़ फॉर रेपिड इकॉनोमिक डेवलपमेंट ऑफ़ हरियाणा

पी-एंच.डी. चैम्बर ऑफ कॉमर्स एण्ड इण्डस्ट्री ने हरियाणा के तीव्र आर्थिक विकास के लिए साधन और उपायों पर विचार-विमर्श करने के लिए उपयुक्त समय चुना है और इस संगोष्ठी का विषय भी बहुत उपयुक्त है। हाल ही में हरियाणा में नयी सरकार ने कार्यभार सम्भाला है। राज्य की जनता ने हमें स्पष्ट और निर्णायक जनादेश दिया है, जिसका सीधा-सा अर्थ यह है कि राज्य की जनता बदलाव चाहती है। हमारी सरकार जनता को यह बदलाव अगले कुछ महीनों में महसूस कराने के लिए प्रतिबद्ध है।

राज्य के तीव्र आर्थिक विकास को सुनिश्चित करने के लिए हम नयीं-नयी नीतियाँ बना रहे हैं। कानून का शासन बहाल करना, कुशल और पारदर्शी प्रशासन देना तथा लोकतन्त्र के सभी आधारभूत मानदण्डों को स्थापित करना, हमारी प्राथमिकताएँ हैं। हम अच्छी कानून-व्यवस्था उपलब्ध करवायेंगे, लाल फीताशाही को खत्म करेंगे तथा नियमों और प्रक्रियाओं को सरल बनायेंगे। प्रदेश के चहुंमुखी विकास के लिए उद्योग एक महत्वपूर्ण क्षेत्र है। हम नयी उद्योग नीति बनायेंगे। विश्वस्तरीय औद्योगिक ढाँचा उपलब्ध करवायेंगे तथा उद्योगों के अनुकूल वातावरण तैयार करेंगे ताकि राज्य में न केवल नयी इकाइयाँ आयें बल्कि वे इकाइयाँ भी पुनर्स्थापित हों, जो राज्य से पलायन कर गयी थीं। हमारी सरकार का मुख्य उद्देश्य हरियाणा को देश-विदेश के उद्योगपतियों की पहली पसन्द बनाना है।

हमारी नीति दो आयामी है। जहाँ एक तरफ़ हम बेरोज़गारी की समस्या का समाधान करने के प्रयास कर रहे हैं क्योंकि लाभप्रद रोज़गार के अभाव में युवाओं को अपना भविष्य अंधकारमय लग रहा है। वहीं दूसरी ओर तकनीकी शिक्षा के क्षेत्र में बदलाव ला रहे हैं ताकि उद्योगों की आवश्यकता के अनुसार ही कुशल मानव संसाधन तैयार किये जा सकें।

हमारी नीति का मुख्य उद्देश्य बुनियादी संरचना को सुदृढ़ बनाना, नियमों और कानूनों का सरलीकरण तथा हरियाणा के औद्योगिक रूप से पिछड़े सभी क्षेत्र में उद्योगों को वित्तीय सहायता के साथ-साथ कई प्रकार की रियायतें देकर क्षेत्रीय असन्तुलन को दूर करना है। सरकार की घरेलू और प्रत्यक्ष विदेशी निवेश को आमन्त्रित करने की योजना है। हम बिजली संयन्त्रों की कार्य प्रणाली को बेहतर बना रहे हैं ताकि उपभोक्ताओं, विशेषकर, उद्योगों को निर्बाध और उच्च गुणवत्ता की बिजली सप्लाई की जा सके। राज्य के सभी महत्वपूर्ण स्थानों पर निर्माण क्षेत्र में सम्भावनाएँ तलाशने के अतिरिक्त सेवा क्षेत्र, विशेषकर, यातायात, पर्यटन, शिक्षा, मनोरंजन, निर्माण, आवास तथा स्वास्थ्य के क्षेत्रों में भी विकास गतिविधियों को बढ़ावा देने के प्रयास किये जायेंगे। हमारा दृष्टिकोण है कि सभी आर्थिक गतिविधियों में तालमेल स्थापित किया जाय ताकि रोज़गार के अधिक से अधिक अवसर पैदा किये जा सकें।

हरियाणा के आर्थिक विकास के लिए दिये गये आपके सुझावों की मैं सराहना करता हूँ। इस अवसर पर मैं यह कहना चाहता हूँ कि राज्य सरकार ने उद्योगों के अनुकूल वातावरण तैयार करने की दिशा में पहले ही प्रयास आरम्भ कर दिये हैं। उद्योगों का एक संयुक्त कार्य समूह बनाने का निर्णय पहले ही लिया जा

चुका है ताकि उद्योगपतियों के समक्ष आने वाली कठिनाइयों को दूर किया जा सके। सरकार राज्य में औद्योगिकीकरण की गति को तीव्र करने के लिए गुड़गाँव में नोएडा की तर्ज पर गुड़गाँव विकास प्राधिकरण बनाने पर पहले ही विचार कर रही है। हम फरीदाबाद में अन्तर्राष्ट्रीय स्तर का प्रदर्शनी और सम्मेलन कक्ष का निर्माण करने की योजना बना रहे हैं ताकि उद्योगपतियों को साँझा मंच उपलब्ध करवाया जा सके।

हाल ही में एक समाचार-पत्र में प्रकाशित 'मा फोई रोज़गार सर्वेक्षण' (Ma Foi Employment Survey) को मेरे ध्यान में लाया गया, जिसके अनुसार रोज़गार के अवसरों में अन्य राज्यों की तुलना में हरियाणा का प्रथम स्थान है। इस सर्वेक्षण के अनुसार सूचना प्रौद्योगिकी तथा इससे सम्बन्धित सेवा क्षेत्रों, फार्मास्यूटिकल्ज़, टेक्सटाइल और गारमेंट्स निर्माण, ऑटोमोबाइल तथा आटो एग्जलरिज में और अधिक रोज़गार के अवसर पैदा किये जायेंगे। सेवा क्षेत्र में रोज़गार के व्यापक अवसर हैं तथा राज्य के सकल घरेलू उत्पाद में सेवा क्षेत्र का महत्वपूर्ण योगदान है। हमारी आई.टी तथा बी.टी. नीतियों ने सूचना प्रौद्योगिकी तथा बायो टेक्नोलॉजी क्षेत्र में नये अवसर पैदा किये हैं। गुड़गाँव में सूचना प्रौद्योगिकी तथा उससे सम्बन्धित सेवाओं के प्रसार से आई.टी. प्रोफैशनल्ज़ के लिए रोज़गार के सुनहरे अवसर पैदा हुए हैं। वर्ष 2003-2004 में हरियाणा का साफ़्टवेयर निर्यात 6 हजार करोड़ रुपये रहा है।

हरियाणा राज्य औद्योगिक विकास निगम ने बहादुरगढ़ में 734 एकड़ में, मानेसर फेज-5 में 956 एकड़ में, बराही फेज-2 में 330 एकड़ में, स्पेशल इकॉनोमिक जोन, गुड़गाँव तथा यमुनानगर में 345 एकड़ में नयी औद्योगिक सम्पदाएँ स्थापित करने के लिए एक अनूठी योजना तैयार की है। इन परियोजनाओं के लिए 8400 एकड़ भूमि अधिग्रहण करने का कार्य आरम्भ किया जा चुका है।

राज्य सरकार ने एच.एस.आई.डी.सी. को कुण्डली-मानेसर-पलवल एक्सप्रेस मार्ग के निर्माण के लिए क्रियान्वयन एजेंसी नियुक्त किया है। इस एक्सप्रेस मार्ग की लम्बाई 135 किलोमीटर होगी तथा यह राष्ट्रीय राजमार्ग नं. -1 पर स्थित कुण्डली (सोनीपत) से झज्जर, बहादुरगढ़ तथा मानेसर होकर राष्ट्रीय राजमार्ग नं. 2 पर स्थित पलवल (फरीदाबाद) तक जायेगा। यह एक्सप्रेस मार्ग चारमार्गी होगा और यह निर्माण, संचालन तथा हस्तान्तरण (बी.ओ.टी.) के आधार पर बनाया जायेगा और इस निर्माण पर 1200 करोड़ रुपये की लागत आयेगी।

भारत सरकार के वस्त्र मन्त्रालय ने पानीपत में हुड्डा के सैक्टर 29, फेज-2 में टेक्सटाइल ढाँचे के संवर्धन के लिए 20 करोड़ रुपये मंजूर कर दिये हैं। इसके अलावा भारत सरकार ने इस वर्ष के दौरान ए.एस.आई.डी.ई. योजना के तहत राज्य में निर्यात आधारित ढाँचे को मजबूत बनाने के लिए 8.49 करोड़ रुपये उपलब्ध करवाये हैं।

घरेलू उद्योगों को प्रतिस्पर्धा में लाने के उद्देश्य से भारत सरकार के वाणिज्य और उद्योग मन्त्रालय ने औद्योगिक ढाँचे के अपग्रेडेशन की योजना शुरू की है। इस योजना के अन्तर्गत चयनित औद्योगिक क्षेत्रों में ढाँचागत सुधार किया जायेगा। भारत सरकार ने टेक्सटाइल समूह में ढाँचागत सुविधाओं के विकास के लिए 54.33 करोड़ रुपये की एक योजना स्वीकृत की है। इसके अलावा, गुड़गाँव में ऑटोमोबाइल समूह के विकास के लिए तथा फरीदाबाद में हल्के इंजीनियरिंग उद्योग समूह के विकास के लिए दो विभिन्न परियोजनाएँ भारत सरकार के पास स्वीकृति के लिए विचाराधीन हैं।

हरियाणा सरकार निर्यात को बढ़ावा देने के लिए गुड़गाँव के गढ़ी हरसरू में 3000 एकड़ भूमि पर एक स्पेशनल इकॉनोमिक जोन स्थापित कर रही है।

राज्य में कृषि आधारित उद्योगों की स्थापना के लिए डबवाली, नरवाना, राई और साहा में उच्च स्तरीय ढाँचे वाले आधुनिक फूड पार्क विकसित किये जा रहे हैं। इस क्षेत्र को बढ़ावा देने के लिए सरकार कई तरह के प्रोत्साहन दे रही है। ग्रामीण औद्योगकीकरण हमारी सरकार की प्राथमिकता का एक और

क्षेत्र है। हम प्रदेश के सभी क्षेत्रों में लघु और छोटे उद्योग स्थापित करके ग्रामीण औद्योगिकीकरण को बढ़ावा देंगे। हम बड़े-बड़े औद्योगिक घरानों को भी प्रोत्साहित करेंगे ताकि वे ग्रामीण क्षेत्रों में महत्पूर्ण स्थानों पर आधारभूत इकाइयाँ स्थापित करें, जिससे कि साथ लगते क्षेत्रों में इन आधारभूत इकाइयों पर आधारित सहायक यूनिटें पनप सकें। हमारी सोच केवल सभी सुविधाओं से युक्त औद्योगिक पार्क स्थापित करने की ही नहीं है बल्कि उद्यमियों और कर्मचारियों की आवास, वाणिज्यिक और सामाजिक ढाँचे की माँग को भी पूरा करने की है। उन्नत नागरिक सुविधाएँ प्रदान करके सभी नागरिकों के लिए स्वच्छ पर्यावरण उपलब्ध करवाना हमारी सोच है। हम नयी औद्योगिक नीति बना रहे हैं और इस बैठक में आप द्वारा दिये गये अच्छे सुझावों को इस नीति में शामिल किया जायेगा।

जहाँ तक विचार-विमर्श पेपर में उठाये गये मुद्दों का सम्बन्ध है, मैं आपको विश्वास दिलाता हूँ कि सभी सम्बद्ध विभागों द्वारा इस सम्बन्ध में तत्काल कार्यवाही की जायेगी तथा इसमें चैम्बर तथा अन्य औद्योगिक संगठनों को भी विश्वास में लिया जायेगा। मैं समझता हूँ कि यदि उद्योगपतियों द्वारा हरियाणा के पिछड़े क्षेत्रों में नए उद्योग स्थापित किये जाते हैं तो यह वहाँ रहने वाले लोगों के लिए बड़े फायदे की बात होगी क्योंकि उन्हें घरों के नज़दीक ही रोज़गार के नये अवसर उपलब्ध हो जायेंगे। मैं उद्योगपतियों से अपील करता हूँ कि वे विकास के लिए एक-एक गाँव को अपनाएँ ताकि ग्रामीण क्षेत्रों का समग्र विकास सुनिश्चित हो सके। सरकार इसके लिए उद्योगपतियों को हर सम्भव सहायता प्रदान करेगी।

अपनी बात को समाप्त करने से पूर्व मैं न केवल पी.एच.डी. चैम्बर ऑफ़ कॉमर्स एण्ड इण्डस्ट्री और दूसरे औद्योगिक संगठनों बल्क़ि उत्तरी राज्यों की सरकारों से आग्रह करता हूँ कि वे अपनी क्षमताओं का अधिक-से-अधिक दोहन करने के लिए व्यापक दृष्टिकोण अपनाएँ और विकास के विभिन्न क्षेत्रों, विशेषकर, बिजली और कृषि आधारित उद्योगों में साझे प्रयास करें। मेरा दृढ़ मत है कि है कि हमारी नीतियाँ किसी राज्य विशेष से सम्बन्धित नहीं होनी चाहिए अपितु उनमें क्षेत्रीय दृष्टिकोण होना चाहिए। ऐसे दृष्टिकोण से उत्तरी राज्यों को तीव्र गति से विकसित होने का अवसर मिलेगा तथा तीव्र आर्थिक विकास के एक नये युग का सूत्रपात होगा।

मंगलवार, 7 अप्रैल 2005, नयी दिल्ली

गौरवशाली विरासत

खादी कार्यकर्त्ताओं और शिल्पकारों का सम्मेलन

यह गर्व की बात है कि आज खादी कार्यकर्ताओं और शिल्पकारों का यह राज्यस्तरीय सम्मेलन ऐतिहासिक नगर पानीपत में आयोजित किया गया है। महाभारत काल से लेकर आज तक पानीपत का पौराणिक, ऐतिहासिक और औद्योगिक महत्व रहा है। इस नगर की गिनती महाभारत के उन पाँच प्रस्थों में की जाती है, जिन्हें दुर्योधन से पाण्डवों के लिए माँगा गया था। यह धरा 16वीं और 18वीं शताब्दी में हुए तीन ऐतिहासिक महासंग्रामों की साक्षी है। अब पानीपत विश्वभर में 'बुनकरों की नगरी' के नाम से जाना जाता है तथा यहाँ की हथकरघा की वस्तुएँ देश-विदेश में लोकप्रिय हैं।

जैसा कि आप जानते हैं कि लोक कलाएँ, हस्तशिल्प तथा खादी हमारी गौरवशाली प्राचीन सांस्कृतिक विरासत की एक अमूल्य धरोहर हैं। देश के प्रत्येक भाग में हस्तशिल्प की अपनी-अपनी विशेषताएँ हैं और ये हमारी राष्ट्रीय और भावनात्मक एकता की एक मुख्य कड़ी भी हैं।

राष्ट्रपिता महात्मा गाँधी जी पहले महान भारतीय डिज़ाइनर थे, जिन्होंने भारत के लोगों से खादी

के वस्त्र पहनने का आह्वान किया था। उनका यह आह्वान केवल आत्मनिर्भरता के लिए नहीं था, बल्कि ऐसे पहनावे की ओर था, जिसे पहनकर भारतीय होने का गौरव अनुभव हो और जिससे राष्ट्रीय एकता की झलक मिलती हो।

खादी शोषण और अन्याय के विरुद्ध संघर्ष करने का प्रतीक भी है। खादी से हमारा भावनात्मक रिश्ता है। खादी सूत के धागों का एक वस्त्र ही नहीं है बल्कि आजादी के आन्दोलन के दौरान एक शस्त्र भी था। राष्ट्रपिता महात्मा गाँधी जी ने खादी आन्दोलन के माध्यम से जनता को एक सूत्र में पिरोने का काम किया था, जिससे स्वदेशी आन्दोलन को बढ़ावा मिला था और आजादी के आन्दोलन को एक नयी दिशा मिली थी। वर्ष 1921 में गाँधी जी ने अपने वस्त्र स्वयं बुनने का और हाथ से बने कपड़े खरीदने का आन्दोलन चलाया था। इस आन्दोलन से खादी हमारे स्वतन्त्रता आन्दोलन का तानाबाना बन गयी थी।

खादी और ग्रामोद्योग के माध्यम से ग्रामीण भारत की अर्थव्यवस्था को सुदृढ़ करने और बेरोज़गारी की समस्या पर काबू पाने का सपना राष्ट्रपिता महात्मा गाँधी जी ने भारत की आजादी के समय सँजोया था। महात्मा गाँधी जी ने खादी आश्रम खोलने की जो परम्परा शुरू की थी उसे सन्त विनोबा भावे जी ने आगे बढ़ाया।

किसी समय खादी स्वतन्त्रता सेनानियों का पहनावा थी और किसान, मजदूर और ग़रीब लोगों के तन ढकने का साधन थी, वही खादी आज फैशन गारमैंट बन गयी है। आज इसकी माँग दिन-प्रतिदिन बढ़ रही है। आज बड़े-बड़े फैशन डिज़ाइनर खादी वस्त्रों की प्रदर्शनियाँ लगा रहे हैं। इन बदले हुए हालातों में खादी और ग्रामोद्योगों को बढ़ावा देकर गाँवों में ही युवाओं को रोज़गार के व्यापक अवसर उपलब्ध करवाए जा सकते हैं। हरियाणा सरकार इस दिशा में गम्भीरता से विचार कर रही है। खादी जगत से जुड़े लोगों के सामने आ रही समस्याओं का कारगर हल निकालने का प्रयास किया जायेगा।

आज उदारीकरण और भूमण्डलीकरण के दौर में भारतीय हस्तशिल्प के लिए अन्तर्राष्ट्रीय बाजार में खुले अवसर हैं तथा इनकी माँग भी बहुत है। लेकिन जरूरत इस बात की है कि हस्तशिल्प उत्पाद बनाते समय अन्तर्राष्ट्रीय बाजार की जरूरतों को ध्यान में रखा जाये तथा उत्पादों की गुणवत्ता अन्तर्राष्ट्रीय स्तर और डिजाइनिंग नवीनतम होनी चाहिए।

जैसा कि आप जानते हैं कि लघु और मध्यम स्तर के उद्योगों का किसी भी राष्ट्र की अर्थव्यवस्था में महत्वपूर्ण स्थान है। जापान, जर्मनी और इंग्लैण्ड के औद्योगिक विकास में लघु और मध्यम स्तर के उद्योगों का बड़ा योगदान रहा है। हमारे देश में पूँजी की कमी है और जनसंख्या अधिक है। इसीलिए इस प्रकार के लघु उद्योगों के विकास का महत्व और भी बढ़ जाता है।

बुधवार, 27 अप्रैल 2005, पानीपत

नयी उपलब्धियाँ : नये क्षितिज

इरेडियेशन परियोजना का उद्‌घाटन

आज यहाँ पर राष्ट्र के पहले इरेडियेशन परियोजना का लोकार्पण करके मुझे बड़ी ख़ुशी और गौरव का अनुभव हो रहा है। यह बहु-उद्‌देश्यीय इरेडियेशन खाद्य परियोजना निर्यातकों, चिकित्सा और स्वास्थ्य देखभाल से जुड़े पेशेवरों, उपभोक्ताओं और किसानों के लिए एक वरदान साबित होगा।

इस विधि से खाद्य पदार्थ जैसे कि प्याज, आलू, ताजा फल और सब्जियाँ दालें, चावल, गेहूँ, आटा, मीट और मीट प्रोडक्ट्स और इसी तरह के दूसरे खाद्य पदार्थों को इरेडियेशन विधि से संरक्षित किया

जायेगा। इस विधि से खाद्य पदार्थों को संरक्षित करने से उनके मूल पोषक तत्व बने रहते हैं। पुरानी विधि से खाद्य पदार्थों को संरक्षित करने का जो तरीका है, उसमें कई प्रकार के रसायन इस्तेमाल किये जाते हैं, जिसका शरीर पर काफी दुष्प्रभाव पड़ता है। यूरोप के देशों ने चालू वित्तीय वर्ष से रासायनिक विधि से तैयार खाद्य पदार्थों का आयात करने पर प्रतिबन्ध लगाने का निर्णय लिया है। ऐसी परिस्थितियों में खाद्य पदार्थों के निर्यात के लिए संरक्षित करने हेतु इरेडियेशन तकनीक कारगर साबित होगी।

कृषि हमारी अर्थव्यवस्था का मूल आधार है और उद्योगों के लिए कच्चा माल उपलब्ध करवाने वाला एक सबसे बड़ा स्रोत है। इस क्षेत्र का विकास सम्पूर्ण अर्थव्यवस्था के विकास के लिए जरूरी है। हमने पिछले कुछ दशकों में कृषि क्षेत्र में महत्वपूर्ण उपलब्धियाँ प्राप्त की हैं। अब अन्तर्राष्ट्रीय बाजार में कृषि उत्पादों के निर्यात का महत्वपूर्ण स्थान दिलाने की जरूरत है और यह तभी सम्भव हो सकता है यदि अधिक से अधिक फूड प्रोसेसिंग उद्योग लगाये जायें। इससे आर्थिक विकास बढ़ेगा और किसानों के जीवन स्तर में सुधार होगा और रोज़गार के अतिरिक्त साधन उपलब्ध होंगे।

आज भारत का फल और सब्जियों के उत्पादन में विश्वभर में दूसरा स्थान है। परन्तु फलों और सब्जियों की प्रोसेसिंग का मौजूदा स्तर केवल दो फ़ीसदी है जबकि ज्यादातर विकसित देशों में यह 60 से 80 फ़ीसदी है। फूड प्रोसेसिंग उद्योगों के अभाव में हमारे देश में पोस्ट हार्वेस्टिंग लॉस 30 से 40 प्रतिशत है।

हरियाणा पिछले कई वर्षों से फलों, फूलों और सब्जियों के उत्पादन को बढ़ाने की दिशा में प्रयत्नशील रहा है और इस दिशा में आशातीत परिणाम भी मिले हैं। लेकिन हार्वेस्टिंग के बाद उचित भण्डारण के अभाव, निर्यात के लिए ढाँचागत सुविधाओं की कमी तथा प्रोसेसिंग यूनिटों के अभाव के कारण हमारे प्रयासों को गति नहीं मिल पाई।

डब्ल्यू.टी.ओ. के दृष्टिगत यह बात सामने आई है कि भारत की कई वस्तुएँ जैसे कि मसाले, मीट, फल, तम्बाकू, कॉफी इत्यादि को दूसरे देशों द्वारा ग़ैर शुल्क बैरियर लगाकर उनके प्रवेश को रोका जा रहा है, जिसका आधार यह लिया गया है कि उनको सुरक्षित रखने के लिए खतरनाक रसायनों और कीटनाशक दवाइयों का प्रयोग किया गया है। इस प्रवृत्ति को रोकने के लिए जरूरी हो गया है कि हम इन सब चीज़ों के उत्पाद में बॉयो-टेक्नोलॉजी का प्रयोग करें और इन्हें सुरक्षित रखने के लिए केमिकल्स का प्रयोग न करें। इसके लिए हमें अनुसंधान और विकास की तरफ़ विशेष ध्यान देना होगा और अन्तर्राष्ट्रीय स्तर के मानकों के अनुरूप उत्पाद तैयार करने होंगे ताकि हमारे उत्पादों का विदेशी बाजार में उचित स्थान बनाया जा सके।

खाद्य क्षेत्र की बढ़ोतरी के लिए बुनियादी सुविधा और फसल की कटाई के बाद की प्रबन्धन व्यवस्था बहुत महत्व रखती है। इसमें सभी गाँव तक पक्की सड़कें, गाँव में बिजली व्यवस्था, कोल्ड स्टोरेज की व्यवस्था, अनुसंधान और जाँच के लिए प्रयोगशाला की सुविधाएँ, फसल बीमा योजना और बाजार व्यवस्था शामिल हैं। खाद्य प्रसंस्करण उद्योग को और अधिक बढ़ावा देने के लिए हवाई अड्डों के समीप कोल्ड स्टोरेज की व्यवस्था, वातानुकूलित परिवहन सुविधाएँ विकसित करने की आवश्यकता पर बल दिया जाना चाहिए।

हम हरियाणा में फूड प्रोसेसिंग सैक्टर के विकास को सर्वोच्च प्राथमिकता दे रहे हैं। इस उद्योग के विकास के लिए हम प्रदेश में विश्व स्तर का इन्फ्रास्ट्रक्चर विकसित करेंगे। हम नयी उद्योग नीति बनाने जा रहे हैं। उसमें भी इस उद्योग को कई तरह की रियायतें और सुविधाएँ देंगे। जिला सोनीपत के राई और जिला अम्बाला के साहा में फूड पार्क विकसित किये गये हैं तथा जिला जींद के नरवाना

तथा जिला सिरसा के डबवाली में दो फूड पार्क विकसित हो रहे हैं। राई में ही 80 करोड़ रुपये की लागत से एक आधुनिक फल और सब्जी मण्डी विकसित की जा रही है। राई में 200 करोड़ रुपये की लागत से कंटेनर कॉरपोरेशन ऑफ इण्डिया द्वारा कोल्ड चेन काम्प्लेक्स स्थापित किया जा रहा है। दिल्ली के समीप हरियाणा में से गुजरने वाले तीनों राष्ट्रीय राजमार्गों को जोड़ने के लिए एक नया एक्सप्रेस हाइवे बनाने की योजना है।

मैं हरियाणा में कृषि आधारित उद्योग लगाने के लिए उद्यमियों को आमन्त्रित करता हूँ। इसके लिए सरकार की ओर से समुचित सुविधाएँ प्रदान करने का मैं आपको आश्वासन देता हूँ।

रविवार, 1 मई 2005, भालगढ़ (सोनीपत)

विकास का विज़न

राज्य स्तरीय व्यापारी सम्मेलन

आज यहाँ उद्योग और व्यापार-जगत के सच्चे हितैषी श्री ओमप्रकाश जिन्दल जी की बड़ी कमी महसूस हो रही है। लेकिन उनके आदर्श और सिद्धान्त हमारा सदा मार्गदर्शन करते रहेंगे।

उद्योग और व्यापार किसी भी प्रदेश के आर्थिक विकास की धुरी होते हैं। यदि उद्योगों का प्रसार होता है और व्यापार फलता-फूलता है तो रोज़गार के साधनों में भी निरन्तर वृद्धि होती है। यह बड़े दुख की बात है कि पिछली सरकार की गलत नीतियों के कारण प्रदेश से कई उद्योग पलायन कर गये थे। व्यापारी वर्ग पीड़ित और कुंठित था। हरियाणा में कांग्रेस पार्टी का शासन आने से प्रदेश की जनता में एक नये उत्साह का संचार हुआ है।

हर इन्सान के लिए उसका मान-सम्मान और स्वाभिमान उसका सबसे बड़ा गौरव है। इन्सान सब कुछ सह सकता है लेकिन अपने मान-सम्मान और स्वाभिमान पर चोट नहीं सह सकता। पिछली सरकार के शासन के दौरान किसी भी नागरिक का मान-सम्मान और स्वाभिमान सुरक्षित नहीं था। आप व्यापारी भाइयों की उस समय क्या मनोदशा थी? यह आप लोग अच्छी तरह जानते हैं।

हमने चुनावों के दौरान कोई लोक लुभावन वायदे नहीं किये, झूठे नारे नहीं लगाये, बल्कि कांग्रेस की नीतियाँ और श्रीमती सोनिया गाँधी जी का विकास का विज़न जनता के सामने रखा था। हमने चुनावों के दौरान अपने घोषणा-पत्र में हरियाणा की जनता के सामने एक खुशहाल हरियाणा की तस्वीर प्रस्तुत की थी। हर वर्ग और हर समुदाय के मान-सम्मान और स्वाभिमान की सुरक्षा का संकल्प लिया था। हम इन सब बातों को आप लोगों के सहयोग से हक़ीकत में बदलेंगे।

आपकी सरकार राज्य में लोगों को स्वच्छ, पारदर्शी, भय-भ्रष्टाचार मुक्त और संवेदनशील तथा जवाबदेह प्रशासन प्रदान करने के लिए वचनबद्ध हैं। प्रदेश में व्यापारियों और उद्यमियों को ऐसी सुविधाएँ दी जायेंगी जो देशभर में शायद ही किसी दूसरे प्रदेश में मिलती हों।

आज 21वीं सदी में तो उद्योग और व्यापार की महत्ता पहले से ज्यादा हो गयी है। आज भूमण्डलीकरण का युग है। इसलिए इन दोनों क्षेत्रों का विकास हमारी सर्वोच्च प्राथमिकताओं में से है। प्रदेश में उद्योगों के विकास के लिए विश्व स्तरीय इन्फ्रास्ट्रक्चर विकसित किया जायेगा। प्रदेश में औद्योगिक इकाइयाँ लगाने वालों को कई तरह की रियायतें और प्रोत्साहन दिये जायेंगे। इसके लिए हम शीघ्र ही नयी औद्योगिक नीति बनाने जा रहे हैं। पिछली सरकार की ग़लत नीतियों के कारण जो उद्योग प्रदेश से पलायन कर गये थे, उन्हें फिर से यहाँ स्थापित करवाया जायेगा।

हमारी सोच है कि विकास कार्यों के लिए करों की दरों को बढ़ाकर उतना राजस्व अर्जित नहीं किया जा सकता, जितना कि कर ढाँचे को तर्कसंगत बनाकर और करों की दरें कम करके किया जा सकता है। पिछले दो महीनों में हमने व्यापारी भाइयों की भलाई के लिए भी कुछ इस तरह के ही कदम उठाये हैं, जिनकी मैं यहाँ चर्चा करना चाहूँगा।

हमने वैट प्रणाली को जनता, व्यापारी वर्ग और उद्योगपतियों के लिए सरल और तर्कसंगत बनाने का प्रयास किया है। जनहित को ध्यान में रखते हुए दवाइयों पर कर की दर 10 प्रतिशत से घटाकर 4 प्रतिशत कर दी गयी है। इसके अतिरिक्त सार्वजनिक वितरण प्रणाली के माध्यम से बेचा जाने वाला मिट्टी का तेल, तारकोल, कागज़, क्वायर और क्वायर उत्पाद, खेलों का सामान, ट्रैक्टर पार्ट, लैंड लाइन टेलिफोन, सिलाई मशीनें और पत्थर की खुरदरी फर्शी स्लैब पर पहले जो कर 10 प्रतिशत से 12 प्रतिशत था, उसे घटाकर 4 प्रतिशत कर दिया गया है। ईंधन में प्रयोग की जाने वाली लकड़ी पर कर की दर चार प्रतिशत थी, इसे करमुक्त कर दिया गया है। इसी प्रकार, जिन हलवाइयों की वार्षिक बिक्री पाँच लाख रुपये से कम है, उनसे भट्टी कर नहीं लिया जायेगा। रासायनिक खाद को कर से मुक्त रखा गया है। डीज़ल पर कर की दर 12 प्रतिशत ही रखी गयी है। सैनिकों और भूतपूर्व सैनिकों द्वारा सी.एस.डी. से खरीदी जाने वाली वस्तुओं को कर से मुक्त रखा गया है।

अब तक वह निर्यातक जो धान से बनाये चावल का सीधा निर्यात करते थे, धान को बिना कर दिये खरीदते थे। परन्तु यह छूट अप्रत्यक्ष तरीके से चावल का निर्यात करने वाले व्यापारियों को उपलब्ध नहीं थी तथा उन पर चार प्रतिशत कर का अतिरिक्त भार पड़ता था। अब ऐसे निर्यातक धान पर दिये हुए कर का रिफण्ड ले सकेंगे। इससे चावल मिल मालिकों की बहुत समय से लम्बित माँग पूरी हुई है। हरियाणा राज्य में अपना उद्योग चला रहे उद्यमी अब 170 से अधिक वस्तुएँ, जो कि कच्चे माल और बारदाना के रूप में इस्तेमाल की जाती हैं, को बिना किसी निर्धारित फार्म को दिये चार प्रतिशत कर देकर खरीद सकेगा।

आबकारी और कराधान विभाग को निर्देश दिये गये हैं कि कर वापसी सम्बन्धित प्रार्थना-पत्र पर शीघ्र निर्णय लिया जाये तथा फैसला होने के एक माह के अन्दर-अन्दर व्यापारी को उसका रिफण्ड दे दिया जाये। व्यापारियों की समस्याओं के समाधान हेतु एक सलाहकार समिति गठित करने का निर्णय भी लिया गया है। व्यापारियों से सम्बन्धित विभागों के सचिव इस सलाहकार समिति के सदस्य होंगे, वहीं व्यापारी वर्ग के प्रतिनिधि भी इस समिति के सदस्य होंगे। इस समिति के माध्यम से समय-समय पर बैठक करके व्यापारियों की समस्याओं का समाधान करने का प्रयास किया जायेगा। व्यापार के फलने-फूलने के सम्बन्ध में आप लोगों के सुझावों का भी मैं स्वागत करता हूँ।

रविवार, 8 मई 2005, हिसार

बदलाव की बयार

सी.आई.आई. का राष्ट्रीय सम्मेलन

'डबल डिजिट सम्मिलित विकास की ओर' विषय पर सी.आई.आई. के राष्ट्रीय सम्मेलन और वार्षिक अधिवेशन को सम्बोधित करते हुए मुझे बड़े गर्व का अनुभव हो रहा है। यह बड़ी ख़ुशी की बात है कि तेजी से विकसित हो रहे कुछ राज्यों के माननीय मुख्यमन्त्रिगण और प्रतिष्ठित उद्योगपति और व्यापारी इस सम्मेलन में भाग ले रहे हैं। यह विषय सामान्य रूप से भारतीय अर्थव्यवस्था और विशेषकर, उद्योग

और व्यापार की वृद्धि और विकास के लिए बहुत ही महत्वपूर्ण है।

मुझे सीमा रहित आन्तरिक बाजार बनाने, ग्रामीण इन्फ्रास्ट्रक्चर, पर्यटन और साक्षरता जैसे मुख्य विषयों पर अपने विचार व्यक्त करने का अवसर मिला है। वर्तमान परिदृश्य, औद्योगिकीकरण की गति के साथ-साथ भारत सरकार द्वारा निवेश प्रक्रिया के उदारीकरण तथा नियमों के सरलीकरण के माध्यम से किये गये सुधारों को देखते हुए मुझे विश्वास है कि हम दो अंकीय आर्थिक विकास दर को प्राप्त कर सकते हैं।

दो अंकीय विकास

हरियाणा की अर्थव्यवस्था मूलतः कृषि पर आधारित है तथा वर्ष 2003-04 के दौरान इसमें अभूतपूर्व वृद्धि हुई। तुरन्त अनुमानों के अनुसार स्थिर मूल्यों (1993-94) पर हरियाणा का सकल राज्य घरेलू उत्पाद (जी.एस.डी.पी.) में वर्ष 2002-03 के 5 प्रतिशत की तुलना में 8.6 प्रतिशत की वृद्धि दर्ज हुई। इसी तरह प्रचलित मूल्यों पर जी.एस.डी.पी. में 12.8 प्रतिशत की वृद्धि दर्ज हुई। वर्ष 2003-04 के दौरान जी.एस.डी.पी. में 8.6 प्रतिशत की वृद्धि कृषि, निर्माण, व्यापार, यातायात, संचार तथा बैंकिंग और बीमा क्षेत्रों में बेहतरीन प्रदर्शन से हुई है।

हरियाणा की अर्थव्यवस्था में दो अंकीय वृद्धि के लिए राज्य सरकार, प्राथमिक क्षेत्र से ध्यान हटाये बिना, निर्माण और तृतीयक क्षेत्रों में तीव्र विकास पर अत्यधिक निर्भर है। जब से हरियाणा बना है तब से इसके आर्थिक ढाँचे के स्वरूप में महत्वपूर्ण परिवर्तन आये हैं और राज्य की अर्थव्यवस्था में कृषि लगातार विशेष स्थान बनाये हुए है। स्थिर मूल्यों (1993-94) पर जी.एस.डी.पी. की संरचना से पता चलता है कि प्राथमिक क्षेत्र, जिनमें कृषि और सम्बद्ध क्षेत्र भी सम्मिलित हैं, का हिस्सा वर्ष 1993-94 के 42.5 प्रतिशत से घटकर वर्ष 2003-04 में 29.6 प्रतिशत रह गयी। दूसरी ओर, राज्य की अर्थव्यवस्था में निर्माण क्षेत्र का दूसरा महत्वपूर्ण स्थान है, वर्ष 2003-04 के दौरान इसका हिस्सा 20.9 प्रतिशत रहा। यह राज्य में औद्योगिकीकरण के लिए शुभ संकेत है। इसी अवधि में द्वितीय क्षेत्र, जिसमें निर्माण शामिल है, का हिस्सा 26.2 प्रतिशत से बढ़कर 27.8 प्रतिशत हो गया।

तृतीयक क्षेत्र, जिसमें आई.टी. आधारित सेवाएँ, व्यापार, परिवहन, बैंकिंग, लोक प्रशासन, शिक्षा तथा स्वास्थ्य इत्यादि शामिल हैं, में भी महत्वपूर्ण वृद्धि हुई। स्थिर मूल्यों (1993-94) पर जी.एस.डी.पी. वर्ष 1993-94 में 31.3 प्रतिशत था, जो वर्ष 2003-04 के दौरान बढ़कर 42.6 प्रतिशत हो गया। देखा गया है कि प्राथमिक क्षेत्र का हिस्सा लगातार कम हो रहा है, जबकि द्वितीय क्षेत्र के साथ तृतीयक क्षेत्र का हिस्सा बढ़ रहा है। इसका सीधा अर्थ है कि राज्य की अर्थव्यवस्था कृषि से निर्माण और सेवा क्षेत्र की ओर परिवर्तित हो रही है। यह एक शुभ संकेत है तथा राज्य की अर्थव्यवस्था सही दिशा की ओर अग्रसर है।

हरियाणा सरकार लोगों की आशाओं को पूरा करने के लिए प्रतिबद्ध है, जिन्होंने बदलाव की बयार के लिए हमें भारी जनादेश दिया। हम शीघ्र ही एक नयी औद्योगिक नीति लागू करने जा रहे हैं, जिसका उद्देश्य निर्माण तथा सेवा क्षेत्र को प्रोत्साहित करना है। इसमें त्रि-आयामी नीति अपनाई जायेगी। इन्फ्रास्ट्रक्चर उद्योग की रीढ़ होता है। इसलिए पहली नीति उच्च स्तर का इन्फ्रास्ट्रक्चर विकसित करने की है, दूसरी नीति विभिन्न प्रोत्साहन और रियायतें देकर पिछड़े और ग्रामीण क्षेत्रों में उद्योगों को बढ़ावा देना तथा तीसरी नीति नियमों और कानूनों का सरलीकरण करके पारदर्शी व्यवस्था उपलब्ध करवाना है। इसी नीति के अन्तर्गत कृषि आधारित फूड प्रोसेसिंग इण्डस्ट्री को भी उच्च प्राथमिकता दी जायेगी ताकि ग्रामीण क्षेत्रों में अधिक से अधिक रोज़गार के अवसर पैदा किये जा सकें तथा उच्च मूल्य वृद्धि हो। सी.आई.आई., पी.एच.डी. चैम्बर ऑफ कामर्स एण्ड इंडस्ट्री, विभिन्न औद्योगिक एसोसिएशन्ज तथा प्रसिद्ध

चैम्बर और औद्योगिक समूहों द्वारा दिये गये सुझावों को नयी औद्योगिक नीति में सम्मिलित किया गया है। इस बात में कोई संदेह नहीं है कि हरियाणा अपनी कार्य योजना को लागू करके विकास की दर में वृद्धि करेगा ताकि दो अंकीय विकास दर को प्राप्त किया जा सके।

इसके अलावा ई-गवर्नेंस शुरू करके सभी स्तरों पर पारदर्शिता और जवाबदेही लाने पर बल दिया जायेगा। हम इन्फ्रास्ट्रक्चर के विकास तथा मूलभूत सामाजिक सुविधाओं से युक्त औद्योगिक टाउनशिप के विकास में सार्वजनिक-निजी भागीदारी बढ़ाने और छोटे और मध्यम दर्ज़े के उद्यमों को तकनीकों के आधुनिकीकरण तथा उन्नयन और आधुनिक प्रबन्ध तकनीकों को अपनाने में सहायता करने के सभी प्रस्तावों पर विचार कर रहे हैं। हम प्रदेशभर में छोटे और मध्यम दर्ज़े के उद्यमों, विशेष रूप से पिछड़े क्षेत्रों के विकास के लिए विशेष प्रभाव वाले मैगा प्रोज़ेक्ट को प्रोत्साहित करेंगे। हमारा प्रयास है कि तकनीकी संस्थाओं और विश्वविद्यालयों को एक-दूसरे से जोड़कर मानव संसाधन का विकास किया जाये ताकि कुशल मानव संसाधन की माँग को पूरा किया जा सके। हम निर्यात को बढ़ावा देने तथा सार्वजनिक और निजी क्षेत्र में विशेष आर्थिक क्षेत्र के विकास को प्रोत्साहित करने के लिए प्रतिबद्ध हैं।

पूर्ण औद्योगिक विकास के लिए मौजूदा औद्योगिक समूहों को बेहतर ढाँचा उपलब्ध करवाना तथा नये औद्योगिक समूहों का विकास हमारा लक्ष्य है। हमारा प्रयास है कि भारत सरकार के साथ बेहतर तालमेल स्थापित किया जाये ताकि ढाँचागत विकास की परियोजनाओं, विशेषकर, फरीदाबाद-बदरपुर फ्लाईओवर का निर्माण, पश्चिमी एक्सप्रेस-वे, पानीपत फ़्लाईओवर, कुण्डली-मानेसर-पलवल एक्सप्रेस वे आदि परियोजनाओं के तीव्र क्रियान्वयन में आने वाली बाधाओं को दूर किया जा सके।

पर्यटन

पर्यटन तीव्र गति से विकसित हो रहा एक ऐसा क्षेत्र है, जो न केवल अर्थव्यवस्था को बढ़ावा देने में सहायक है, बल्कि इसमें रोज़गार सृजन की व्यापक क्षमता है। हरियाणा एक ऐसा राज्य है, जहाँ पर्यटन विकास के लिए प्राकृतिक स्रोत नहीं है, फिर भी यहाँ 1970 के दशक के दौरान राजमार्ग पर्यटन की अनूठी अवधारणा शुरू की थी और राजमार्गों पर यात्रियों की सुविधा के लिए पर्यटन स्थल विकसित किये थे। तीन दशकों के बाद भी राजमार्ग पर्यटन की इस अवधारणा का कोई सानी नहीं है। हर वर्ष सूरजकुण्ड हस्तशिल्प मेले के आयोजन तथा दिल्ली के निकट लेक रिसोर्ट्स पर लेज़र पर्यटन के रूप में सांस्कृतिक पर्यटन की शुरुआत करके दूसरों द्वारा अनुसरण करने के लिए नये कीर्तिमान स्थापित किए हैं।

हरियाणा ने वर्ष 2003 में फार्म पर्यटन की शुरुआत करके देशभर में पहल की। हम साहसिक पर्यटन और धार्मिक पर्यटन को बढ़ावा देने के साथ-साथ हरियाणा में सभी राष्ट्रीय राजमार्गों और कस्बों में महत्वपूर्ण स्थानों पर खान-पान केन्द्र, रैस्टोरेंट, रिटेल आउटलेट, वाणिज्य केन्द्र आदि विकसित करके पर्यटन को भी बढ़ावा दे रहे हैं।

पर्यटन का मास्टर प्लान तैयार करने के लिए पेशेवरों और सलाहकारों को नियुक्त करने का हमारा इरादा है। राज्य सरकार गतिशील पर्यटन नीति लागू करेगी, जिसमें पर्यटन क्षेत्र में निजी क्षेत्र द्वारा पूँजी निवेश को प्रोत्साहित किया जायेगा। अन्तर्राष्ट्रीय एजेंसियों को भागीदार बनाया जायेगा और पर्यटन के सतत विकास के लिए आधुनिकता और प्राचीनता को समेकित किया जायेगा। हरियाणा की महत्वपूर्ण भौगोलिक स्थिति तथा यहाँ उपलब्ध होटल, लेज़र, मनोरंजन केन्द्रों और खेल सुविधा आधारभूत संरचना जैसी सुविधाओं से यहाँ पर अन्तर्राष्ट्रीय स्तर की पर्यटन सुविधाएँ उपलब्ध हैं। भारत एशियन और अन्तर्राष्ट्रीय पर्यटन का हब बन सकता है। हमारा विज़न है कि हरियाणा भारत को अन्तर्राष्ट्रीय स्तर पर प्रतिष्ठित स्थान दिलवाने में महत्वपूर्ण योगदान करे।

सीमा रहित आंतरिक बाजार

आज भूमण्डलीकरण और उदारीकरण का युग है। विश्व आज सिकुड़ रहा है और एक विश्वग्राम में तबदील हो रहा है। फिर भी भारत में आजादी के 57 वर्ष बाद भी राज्यों के बीच व्यापारिक बाधाएँ हैं। हम अभी भी देश में समान कर प्रणाली लागू करने का प्रयत्न कर रहे हैं। ऐसी स्थिति में सीमा रहित आंतरिक बाजार का सृजन तभी तय किया जा सकता है जब राजनैतिक इच्छा तथा कटिबद्धता के साथ अपनी वित्तीय समस्याओं को सौहार्दपूर्ण रूप से सुलझाने के लिए आम सहमति बनायें।

भारत शुल्क और व्यापार के सामान्य समझौते (गैट) के संस्थापक सदस्यों में एक था और अब विश्व व्यापार संगठन 'WTO' का प्रमुख सदस्य है। इन संगठनों का प्राथमिक उद्देश्य सामान और सेवाओं के अन्तर्राष्ट्रीय व्यापार में शुल्क और ग़ैर शुल्क बाधाओं को दूर करना है ताकि विभिन्न देशों में उपलब्ध प्रतिस्पर्धात्मक लाभों का समुचित उपयोग करके श्रेष्ठ आर्थिक दक्षता को प्राप्त किया जा सके। यह एक ऐतिहासिक तथ्य है कि व्यापार राष्ट्रीय और अन्तर्राष्ट्रीय स्तर पर शान्ति और समृद्धि लाने का एक महत्वपूर्ण घटक माना गया है।

विश्व व्यापार संगठन का सदस्य होने के नाते भारत ने अपने दायित्वों को निभाने के लिए कई वैधानिक और प्रशासनिक कदम उठाये हैं। विश्व व्यापार संगठन का सदस्य होने का लाभ होना स्वाभाविक है। भारत के अन्तर्राष्ट्रीय व्यापार में तेजी से वृद्धि हो रही है। पहली जनवरी, 2005 से टेक्सटाइल कोटा नीति समाप्त होने से भारत के उद्योग में अगले पाँच वर्षों में अप्रत्याशित वृद्धि होगी और इस से लाखों लोगों के लिए रोज़गार के अवसर पैदा होंगे।

मैं सी.आई.आई. की इस बात से सहमत हूँ कि देश के विभिन्न राज्यों के मध्य व्यापार और वाणिज्य के नियमन के लिए इसी तरह के दर्शन और सिद्धान्तों को अपनाया जाये।

हम भारत को सभी तरह की वित्तीय और ग़ैर-वित्तीय बाधाओं से मुक्त सीमा रहित बाजार बनाने के उद्देश्य को पूरा करने के लिए वचनबद्ध हैं, क्योकि केवल मुक्त बाजार व्यवस्था ही अर्थव्यवस्था को ऊँचाइयों पर पहुँचा सकती है और भौतिक पूँजीगत और उद्यमकर्ता संसाधनों का सदुपयोग हो सकता है।

इन लक्ष्यों को प्राप्त करने की दिशा में हरियाणा ने मार्गदर्शक कदम उठाये हैं। बड़े पैमाने पर करों की चोरी की आशंका के बावजूद वर्ष 1994 में हरियाणा ने सभी तरह के सड़क बैरियर समाप्त कर दिए थे। इस कदम से परिवहन लागत और समय की बचत होने में सहायता मिली यदि सभी राज्यों द्वारा इस तरह के कदम उठाये जाते हैं तो इससे अन्तर्राज्यीय व्यापार और वाणिज्य में सुगमता रहेगी।

देश में मूल्य संवर्धन प्रणाली (वैट) की अवधारणा पर एक दशक तक वाद-विवाद होता रहा। अब राज्यों में वैट लागू करने की विस्तृत राष्ट्रीय सहमति बनी है। हरियाणा ने वर्ष 2003 में वैट को लागू करके देशभर में पहल की। यह बड़ा दुर्भाग्यपूर्ण है कि कुछेक राज्य सहमति से पीछे हट रहे हैं। यदि सभी राज्य वैट प्रणाली को क्रियान्वित करते हैं तो इससे सीमारहित राष्ट्रीय बाजार के विकास का सूत्रपात होगा।

केन्द्रीय बिक्री कर को समाप्त करना भी इस नयी प्रणाली का ही हिस्सा है। सी.एस.टी. के समाप्त होने से जिन कुछ राज्यों को राजस्व की हानि होगी उन राज्यों की समस्याओं की ओर ध्यान देना भी आवश्यक होगा। यह स्मरण करना भी प्रासंगिक होगा कि बढ़ते प्रशासनिक खर्चों से अनेक राज्यों की वित्तीय स्थिति पर प्रभाव पड़ा है। इसलिए यह जरूरी है कि इस समय केन्द्र सरकार के पास उपलब्ध राजस्व के कुछेक संसाधनों में राज्यों को भी भागीदार बनाया जाये।

मैं पुनः दोहराना चाहूँगा कि राज्यों की इन समस्याओं का निराकरण साथ-साथ करने की जरूरत है ताकि अन्तर्राज्यीय व्यापार और वाणिज्य को सुचारु रूप से चलाने के लिए सभी बाधाओं को दूर किया जा सके। मेरा सी.आई.आई से आग्रह है कि, वे इन मुद्दों का अध्ययन करें और केन्द्र तथा राज्य सरकारों से इनके उपायों की सिफ़ारिश करें।

बहुत से राज्यों विशेषकर, हरियाणा ने उद्योगों को राज्य प्रायोजित करों में छूट देनी बंद कर दी हैं। मैं इस ओर ध्यान दिलाना चाहूँगा कि केन्द्र सरकार द्वारा कुछ राज्यों को कर में छूट देने से अन्य राज्यों से बहुत से उद्योग कर छूट वाले राज्यों की ओर पलायन कर गये हैं। इससे अर्थव्यवस्था को कुल मिलाकर लाभ नहीं हुआ है। इससे एक प्रदेश से दूसरे प्रदेशों में उद्योगों का पलायन हुआ है। मेरा मानना है कि इस नीति की समीक्षा की जाये।

मैं राष्ट्र के विशिष्ट उद्योगपतियों और सी.आई.आई. से यह आग्रह करता हूँ कि वे राज्य के दो अंकीय विकास दर प्राप्त करने और ग्रामीण इन्फ्रास्ट्रक्चर, पर्यटन तथा शिक्षा के क्षेत्रों में विकास की गति को तेज करने में हरियाणा के साथ योगदान करें। हमारी सरकार हरियाणा को सबसे समृद्ध और विकसित प्रदेश बनाने के लिए कटिबद्ध है।

बुधवार, 18 मई 2005, नयी दिल्ली

सच्ची दौलत

दयानन्द महिला महाविद्यालय, कुरुक्षेत्र में लाला लाजपतराय भवन के शिलान्यास के अवसर पर

दयानन्द महिला महाविद्यालय परिसर में 22 लाख रुपये की लागत से बनने वाले लाला लाजपत राय भवन का नींव पत्थर रखकर मुझे बड़ी ख़ुशी हो रही है। लाला लाजपतराय जी भारत माँ के महान सपूत थे।

यह गौरव की बात है कि इस महिला महाविद्यालय ने गत दो दशकों में उच्चकोटि के शिक्षाविद् डॉ. राम प्रकाश जी के कुशल मार्गदर्शन में शिक्षा जगत में अपना एक विशिष्ट स्थान बना लिया है। मैं स्कूल-कॉलेजों को ज्ञान के ऐसे मन्दिर मानता हूँ, जहाँ उस पीढ़ी का निर्माण किया जाता है, जिसने आगे चलकर राष्ट्र की बागडोर सम्भालनी है, जिन्होंने एक नया समाज बनाना है।

मनुष्य की सच्ची दौलत तो उसका ऊँचा चरित्र और ज्ञान का भण्डार है। भारत को प्राचीन समय में सारे विश्व का 'आध्यात्मिक गुरु' माना जाता था, क्योंकि हमारे ऋषि-मुनियों ने, हमारे पूर्वजों ने सारे विश्व में सच्चे ज्ञान का प्रकाश फैलाया और अपने ऊँचे चरित्र की मिसाल विश्व के सामने रखी। प्राचीन समय में न सिर्फ हरियाणा बल्कि भारत के विभिन्न क्षेत्रों में ऐसी-ऐसी विदुषी और महान महिलाओं ने जन्म लिया, जिनके ऊँचे जीवन दर्शन से आज भी समाज प्रेरणा ले रहा है। सीता, सावित्री, गार्गी, लीलावती जैसी महान नारियों के प्रेरणादायक जीवन दर्शन से हमारा इतिहास भरा पड़ा है।

इतिहास में एक दौर ऐसा भी आया, जब हम शिक्षा के क्षेत्र में पिछड़ गये और ख़ासतौर पर उस समय सामाजिक हालात की वजह से महिलाओं का जीवन घर की चारदीवारी में ही चूल्हे-चौके तक सीमित कर दिया गया, जिसकी वजह से हमारा देश और पिछड़ गया। आजादी के बाद देश के हालात बदले और सारे देश में नये-नये स्कूल, कॉलेज खुले, नये-नये विश्वविद्यालय कायम हुए और बदलते हुए नये समाज में लड़कियों की शिक्षा पर विशेष ध्यान दिया गया।

जिस महान व्यक्ति के नाम से यह कॉलेज स्थापित है, उन्होंने भारत की जनता के दिलों में

आत्म-सम्मान का एक नया जोश भरा। उन्होंने नारी शिक्षा पर बल दिया और समाज से अंधविश्वासों, सामाजिक बुराइयों, बाल-विवाह और दहेज प्रथा खत्म करने के लिए एक नयी चेतना जागृत की। स्वामी दयानन्द जी आधुनिक भारत के महान निर्माता थे। वे एक क्रान्तिकारी समाज सुधारक थे। उनकी शिक्षाओं का लाला लाजपतराय जी के जीवन पर भी गहरा प्रभाव था। उसी की वजह से लाला लाजपतराय जी ने न केवल समाज सुधार के लिए अपना जीवन समर्पित किया, बल्कि देश की आजादी के लिए अपनी क़ुर्बानी दे दी। आज महिला शिक्षा को बढ़ावा देना ही इन विभूतियों के प्रति सच्ची श्रद्धांजलि है।

एक शिक्षित महिला समाज के लिए बहुत बड़ा वरदान है। पढ़ी-लिखी नारी केवल दो परिवारों का ही कल्याण नहीं करती, बल्कि पूरे समाज में जागृति लाने तथा रूढ़िवादी परम्पराओं को तोड़ने में भी योगदान देती है। जिस प्रकार दीपक से दीपक जलता है और फिर सभी दीपक मिल कर अमावस की अंधेरी रात में भी उजाला कर देते हैं, उसी प्रकार महिलाओं की भागीदारी से हम एक सुसंस्कृत समाज का निर्माण कर सकते हैं।

यह गर्व की बात है कि अब लड़कियाँ भी विभिन्न क्षेत्रों में नये-नये कीर्तिमान स्थापित कर रही हैं। चाहे वह खेल का क्षेत्र है, चाहे वह शिक्षा का क्षेत्र है, चाहे वह चिकित्सा का क्षेत्र है, हर क्षेत्र में लड़कियाँ आगे बढ़ रही हैं। हमारे देश में सीता, सावित्री, रानी लक्ष्मी बाई, श्रीमती सरोजनी नायडू, विजय लक्ष्मी पण्डित, श्रीमती इन्दिरा गाँधी, मदर टेरेसा जैसी महान महिलाओं ने साहसिक कार्यों से अपना नाम इतिहास में स्वर्ण अक्षरों में अंकित किया है। आज कांग्रेस अध्यक्ष के गौरवशाली पद को श्रीमती सोनिया गाँधी जी सुशोभित कर रही हैं।

हालाँकि वर्ष 2001 की जनगणना के आंकड़े बताते हैं कि राज्य की महिला साक्षरता दर में बढ़ोतरी हुई है। लेकिन यह साक्षरता दर अभी तक 56.31 प्रतिशत ही पहुँच पाई है। हमें शत-प्रतिशत साक्षरता का लक्ष्य प्राप्त करना है। अतः इसके लिए ग्रामीण क्षेत्रों में लड़कियों को शिक्षित करने के प्रति अधिक से अधिक चेतना जागृत की जानी चाहिए। प्रदेश में इस समय सरकारी और ग़ैर-सरकारी क्षेत्रों में 66 महाविद्यालय केवल लड़कियों के लिए हैं। राज्य में स्नातक स्तर तक लड़कियों को मुफ़्त शिक्षा दी जाती है। श्रीमती इन्दिरा गाँधी जी के नाम से जींद में एक नया राजकीय महिला महाविद्यालय खोलने का निर्णय लिया गया है।

शिक्षा की गुणवत्ता में सुधार लाने के लिए मिडल स्तर तक हर कक्षा में 40 विद्यार्थियों के पीछे एक शिक्षक होगा। पहले 60 विद्यार्थियों पर एक शिक्षक का प्रावधान था। शिक्षकों की भर्ती में महिलाओं के लिए 33 प्रतिशत आरक्षण करने का निर्णय लिया गया है। इसी तरह से शिक्षकों की शैक्षणिक योग्यताओं को भी चरणबद्ध ढंग से बढ़ाया जायेगा। जे.बी.टी. शिक्षकों की शैक्षणिक योग्यता 10+2 की जगह बी.ए. या बी.एस.सी. कर दी गयी है। शिक्षा में श्रेष्ठता के लिए राजीव गाँधी छात्रवृत्ति नामक एक नयी योजना शुरू की गयी है ताकि प्रतिभावान छात्रों को सरकारी स्कूलों की ओर आकर्षित किया जा सके। इस स्कीम के तहत स्कूलों के 50 हजार प्रतिभाशाली छात्रों को पुरस्कृत किया जायेगा।

अनुसूचित जातियों और कमजोर वर्गों के लोगों के बच्चों को दी जाने वाली मुफ़्त लेखन सामग्री की राशि, मुफ़्त वर्दी की राशि तथा उपस्थिति पुरस्कार की राशि में बढ़ोतरी की है। प्राथमिक स्कूलों का नियन्त्रण जिला परिषदों और पंचायतों से शिक्षा विभाग के अन्तर्गत ले लिया गया है। युवाओं को उच्चकोटि की शिक्षा देने के लिए राज्य में आक्सफोर्ड यूनिवर्सिटी की पद्धति पर 'राजीव गाँधी एजुकेशन सिटी' स्थापित की जायेगी। इसमें हरियाणावासियों के लिए 25 प्रतिशत सीटें आरक्षित होंगी। प्रत्येक जिले में एक-एक मॉडल स्कूल खोलने का प्रस्ताव है। शैक्षणिक सत्र 2005-2006 से राजकीय महाविद्यालयों में Job Oriented नये पाठ्यक्रम शुरू करने का निर्णय लिया गया है।

राजकीय और राजकीय सहायता प्राप्त महाविद्यालयों में प्राध्यापकों और प्रधानाचार्यों के पद भरे जायेंगे। इसी तरह से कुरुक्षेत्र विश्वविद्यालय, कुरुक्षेत्र, महर्षि दयानन्द विश्वविद्यालय, रोहतक में भी सभी रिक्त पदों को भरा जायेगा। स्कूलों में भी शिक्षकों की कोई कमी नहीं रहने दी जायेगी।

हम प्रदेश में शिक्षा के स्तर को ऊँचा उठाने और तकनीकी शिक्षा के प्रसार के लिए कटिबद्ध हैं।

सरकार ने महिलाओं के आर्थिक सशक्तिकरण की दिशा में एक अन्य कदम उठाते हुए महिला सहकारी विकास बैंक स्थापित करने की योजना बनाई है। इस बैंक का प्रबन्धन और संचालन केवल महिलाओं द्वारा किया जायेगा।

मैं विशेषरूप से कन्या भ्रूण हत्या की रोकथाम के बारे में चर्चा करना चाहूँगा। कन्या भ्रूण हत्या न केवल एक सामाजिक अभिशाप है बल्कि एक दण्डनीय अपराध भी है। इसकी सार्वजनिक तौर पर निन्दा होनी चाहिए। कन्या भ्रूण हत्या की रोकथाम के लिए कानूनी प्रावधानों का कड़ाई से पालन करने के साथ-साथ सामाजिक आन्दोलन भी चलाए जाने की जरूरत है। हमें हर हालात में लड़का और लड़की के भेदभाव की मानसिकता को बदलना है, तभी समाज में समान लिंगानुपात की स्थिति रह पाएगी। हमने प्रदेश के शासन की बागडोर सम्भालते ही गिरते स्त्री-पुरुष अनुपात की समस्या को गम्भीरता से लिया है और इसके लिए कुछ महत्वपूर्ण कदम उठाये हैं। प्रसव पूर्व लिंग निदान तकनीक अधिनियम (Pre Natal Diagnostic Techniques Act) को कठोरता से लागू किया जा रहा है।

इस गम्भीर सामाजिक समस्या के समाधान के लिए हरियाणा सरकार शीघ्र ही एक महत्वाकांक्षी योजना शुरू कर रही है। इस स्कीम के अन्तर्गत दूसरी कन्या के जन्म पर पाँच साल के लिए प्रतिवर्ष 5 हजार रुपये दिये जायेंगे। यह राशि डाकखाने की मासिक आय योजना में छः वर्ष की अवधि के लिए लड़की और उसके माता-पिता के संयुक्त खाते में जमा करवाई जायेगी। यह महत्वाकांक्षी योजना कन्या भ्रूण हत्या को रोकने और गिरते लिंगानुपात की समस्या का समाधान करने में कारगर साबित होगी। इसके अलावा यह योजना लड़कियों के बेहतर पालन-पोषण को भी सुनिश्चित करेगी।

ग़रीबी रेखा से नीचे जीवनयापन करने वाले अनुसूचित जातियों के परिवारों की लड़कियों के विवाह पर 5100 रुपये की बजाय अब 15 हजार रुपये की राशि देने की एक योजना शुरू की गयी है, जिसे इन्दिरा गाँधी प्रियदर्शनी विवाह शगुन योजना कहा जायेगा।

अन्त में, मैं इस कॉलेज़ में पढ़ने वाली सभी छात्राओं के उज्ज्वल भविष्य की कामना करता हूँ और उम्मीद करता हूँ कि ये जीवन के हर क्षेत्र में अपना और कॉलेज का तथा अपने परिवार और देश का नाम ऊँचा करेंगी।

शुक्रवार, 10 जून 2005, कुरुक्षेत्र

अभूतपूर्व निर्णय

बिजली के बकाया बिलों की माफी के सम्बन्ध में आकाशवाणी सन्देश

हरियाणा सरकार ने 17 जून, 2005 को ग्रामीण अंचल के किसानों-मजदूरों और अन्य वर्गों के बिजली उपभोक्ताओं के बकाया बिलों की 1600 करोड़ रुपये से अधिक की राशि माफ़ करके हरियाणा के इतिहास में ही नहीं बल्कि भारत के इतिहास में एक नया कीर्तिमान स्थापित किया है।

बिजली के बकाया बिलों की समस्या पिछले एक दशक से चली आ रही थी। इस समस्या के कई पहलू थे। यह आर्थिक समस्या होने के साथ-साथ एक सामाजिक बुराई भी थी। कानून व्यवस्था बनाये

रखने और प्रशासन के लिए एक सिर दर्द बनी हुई थी। किसान बोझ और तंगी की स्थिति में जीवनयापन कर रहे थे।

राज्य सरकार द्वारा सत्ता की बागडोर सम्भालते ही इस समस्या का समाधान निकालने के लिए एक समिति का गठन किया गया। यह एक ऐतिहासिक, साहसिक और अभूतपूर्व निर्णय है। यह निर्णय किसानों और मजदूरों के प्रतिनिधियों और बिजली निगमों तथा मेरे साथी मन्त्रियों से विचार-विमर्श करके सर्वसम्मति से लिया गया है।

मैं एक किसान का बेटा हूँ। किसान के दुःख-दर्द और उसकी समस्याओं को दिल की गहराइयों से समझता हूँ। मैंने एक कांग्रेसी कार्यकर्त्ता, हरियाणा प्रदेश कांग्रेस कमेटी के अध्यक्ष तथा जनता के प्रतिनिधि के रूप में किसानों के सरोकारों की सदा पैरवी की है।

पिछली सरकार के दौरान किसानों पर हुए अत्याचारों के विरुद्ध आवाज़ उठाने के लिए मैंने 'शान्ति पदयात्रा' की। यह पदयात्रा 21 जून, 2002 को दिल्ली के रामलीला मैदान में एक विशाल जनसभा के साथ सम्पन्न हुई। इस जनसभा में तत्कालीन एन.डी.ए. सरकार को हरियाणा में किसानों पर हो रहे अत्याचारों से अवगत करवाया गया था।
वहाँ हमने यह संकल्प लिया था कि हरियाणा में कांग्रेस सरकार बनने पर किसानों के हितों की रक्षा करना हमारा पहला कर्त्तव्य होगा।

अब प्रदेश के मुख्य जन सेवक के रूप में मैंने किसानों और ग्रामीण क्षेत्रों के हितों को ध्यान में रखते हुए बिजली के बकाया बिलों की जटिल समस्या का प्राथमिकता से समाधान करने के प्रयास किये और परिणाम आपके सामने है।

भारतीय राष्ट्रीय कांग्रेस पार्टी ने हाल ही में हुए विधानसभा चुनाव के दौरान बिजली के बकाया बिलों को माफ़ करने का अपने घोषणा-पत्र में कोई वायदा नहीं किया था। लेकिन हमने यह आश्वासन जरूर दिया था कि इस जटिल समस्या का समाधान हम अवश्य करेंगे ताकि किसानों के साथ-साथ सभी ग्रामीण उपभोक्ताओं को राहत मिले। बिजली के बिल समय पर भरने के लिए उन्हें प्रेरणा मिले तथा बिजली कम्पनियों के वित्तीय हालात भी मजबूत हों। बिजली के बकाया बिलों की राशि इतनी अधिक हो गयी थी कि जमीन-जायदाद बेचकर भी काफी उपभोक्ता बिलों का भुगतान नहीं कर सकते थे। मैंने उपभोक्ताओं की इस पीड़ा और तकलीफ को समझा। हमने किसी राजनैतिक लाभ के उद्देश्य से नहीं बल्कि दिल की आवाज़ पर किसानों सहित ग्रामीण क्षेत्रों के बिज़ली उपभोक्ताओं के 1600 करोड़ रुपये से भी अधिक के बकाया बिल माफ़ करने का ऐतिहासिक फैसला लिया।

राष्ट्रीय सलाहकार परिषद् की अध्यक्ष श्रीमती सोनिया गाँधी जी ने गत 14 मई, 2005 को जींद में आयोजित धन्यवाद रैली में अपार जनसमूह को सम्बोधित करते हुए कहा था—'अपने किसान भाइयों को ज्यादा से ज्यादा सुविधाएँ और राहत देनी है। जिन किसानों ने अपने ख़ून-पसीने से देश और दुनिया में हरियाणा का नाम ऊँचा किया है, जिन किसानों की मेहनत से इन्दिरा गाँधी जी के नेतृत्व में 'हरित' और 'श्वेत' क्रान्ति आई, उनके प्रति हमारी ख़ास जिम्मेदारी है।' श्रीमती सोनिया गाँधी जी की इसी विचारधारा का अनुसरण करते हुए हमने यह ऐतिहासिक कदम उठाया है।

हमने निर्णय लिया है कि जो ग्रामीण घरेलू उपभोक्ता बिजली का चालू बिल नियमित रूप से भरेगा तो हर बिल के साथ उसकी बकाया राशि का दस फ़ीसदी अपने आप माफ़ हो जायेगा। इस तरह से लगातार दस बिल भरने पर बिजली के बिलों की सारी बकाया राशि बीस महीनों में माफ़ हो जायेगी। कृषि नलकूप उपभोक्ता यदि बिजली के चालू बिलों का भुगतान लगातार करते हैं तो हर एक बिल भुगतान पर बकाया राशि का 5 प्रतिशत माफ़ हो जायेगा। इस तरह नलकूप उपभोक्ता के बिल की सारी बकाया राशि भी 20

महीनों में माफ़ हो जायेगी। हमने नियमित रूप से बिजली के बिल भरने वाले उपभोक्ताओं की भावनाओं का आदर करते हुए उन उपभोक्ताओं को, जिन्होंने 17 जून, 2005 से पहले के दस महीनों के लगातार बिल भरे हैं, उनको अगले बीस महीनों के बिलों पर पाँच प्रतिशत की छूट दी जायेगी।

बिजली विकास की धुरी है। इस धुरी को मजबूत बनाने, बिजली की बढ़ती हुई माँग को पूरा करने तथा बिजली उत्पादन में बढ़ोतरी करने के लिए यह जरूरी है कि सरकार की सुखद पहल में आप भी भागीदार बनें। आपकी भागीदारी से पूरी बिजली सस्ती दरों पर उपलब्ध हो सकती है। बिजली के बकाया बिल माफ़ करने का फैसला प्रदेश की प्रगति की यात्रा में पहला और लम्बा कदम है। हमने सब को साथ लेकर हरियाणा को देश का नम्बर वन प्रगतिशील प्रदेश बनाने की मंजिल पर पहुँचना है।

मेरा आपसे यह आग्रह है कि न तो स्वयं बिजली की चोरी करें और न ही किसी को बिजली की चोरी करने दें। इसके साथ-साथ मेरा सभी ग्रामीण बिजली उपभोक्ताओं से अनुरोध है कि वे बिजली के बिलों का नियमित रूप से भुगतान करके इस सुविधा का लाभ उठायें। इससे न केवल बिजली के बकाया बिलों की जटिल समस्या का समाधान होगा बल्कि हम इस पीढ़ी और भावी पीढ़ी को एक मजबूत बिजली व्यवस्था और ख़ुशहाल हरियाणा सौंपने में सफल होंगे।

मंगलवार, 21 जून 2005, चण्डीगढ़

जगमग जग कर दो

राजीव गाँधी ग्रामीण विद्युतीकरण योजना के सम्बन्ध में होने वाले त्रि-पक्षीय समझौते के अवसर पर

भारत रत्न स्वर्गीय श्री राजीव गाँधी जी ने देश को मजबूत, सशक्त और समर्थ बनाने के लिए अनेक क्रान्तिकारी कदम उठाये थे। सूचना प्रौद्योगिकी, कम्प्यूटर और विज्ञान के क्षेत्र में आज भारत की विश्व में जो प्रतिष्ठा बनी हुई है, उसकी नींव श्री राजीव गाँधी जी ने ही डाली थी। उन्होंने ग्रामीण विकास पर विशेष रूप से बल दिया था, क्योंकि वे जानते थे कि ग्रामीण विकास के बिना भारत के विकास की कल्पना नहीं की जा सकती। उन्होंने जिस विकसित भारत की परिकल्पना की थी, उसमें ग्रामीण स्तर पर प्राथमिकता से बिजली उपलब्ध करवाना शामिल था।

बिजली विकास की धुरी है। इसीलिए राष्ट्र के सभी गाँवों में विद्युतीकरण होना बड़ा जरूरी है। आज तो किसी भी राष्ट्र, प्रदेश, नगर और गाँव के विकास का आकलन वहाँ खर्च होने वाली प्रति यूनिट बिजली को एक महत्वपूर्ण आधार मानकर किया जाने लगा है। इसी के दृष्टिगत हमारे माननीय प्रधानमन्त्री डॉ. मनमोहन सिंह जी ने स्वर्गीय श्री राजीव गाँधी जी के गाँवों के सशक्तिकरण के स्वप्न को साकार करने के लिए गत 4 अप्रैल को 'राजीव गाँधी ग्रामीण विद्युतीकरण योजना' का श्रीगणेश किया है।

यह गौरव की बात है कि ग्रामीण विद्युतीकरण निगम के माध्यम से यह महत्वाकांक्षी योजना पूरे देश में लागू की जा रही है। इस योजना से न केवल हमारे देश के सभी गाँव बिजली के प्रकाश से आलोकित होंगे बल्कि उन घरों में भी रोशनी होगी, जो ग़रीबी रेखा से नीचे जीवनयापन कर रहे हैं।

मान्यवर, ग्रामीण विद्युतीकरण के क्षेत्र में हरियाणा की उपलब्धियों की मैं थोड़ी-सी चर्चा करना चाहूँगा। भूतपूर्व प्रधानमन्त्री श्रीमती इन्दिरा गाँधी जी के महान नेतृत्व में ही हरियाणा देश का वह पहला राज्य बना, जिसके नवम्बर, 1970 में शत-प्रतिशत गाँवों में बिजली पहुँच गयी थी। प्रदेश ने ग्रामीण विद्युतीकरण के क्षेत्र में एक नया कीर्तिमान स्थापित किया था। गाँव-गाँव में बिजली पहुँचने से बिजली की माँग में भी निरन्तर वृद्धि होती रही है।

हम हरियाणा में राजीव गाँधी ग्रामीण विद्युतीकरण योजना को तेजी से लागू करेंगे। इस समय हरियाणा में शहरी क्षेत्र के घरेलू वर्ग के उपभोक्ताओं को 24 घण्टे बिजली आपूर्ति की व्यवस्था है। शहरों की भाँति ग्रामीण क्षेत्र के घरेलू वर्ग के उपभोक्ताओं के लिए भी विद्युत आपूर्ति व्यवस्था में वाँछित सुधार की जरूरत है। ग्रामीण क्षेत्रों में बिजली वहन करने वाली पुरानी तारों को बदलने, नये वितरण ट्रांसफार्मर लगाने, वर्तमान ट्रांसफार्मरों के स्थान पर अधिक क्षमता के ट्रांसफार्मर लगाने और 11 के.वी. फीडरों के विभाजन की जरूरत है ताकि गाँवों के उपभोक्ताओं को भी चौबीस घण्टे बिजली की आपूर्ति सम्भव हो सके। राजीव गाँधी ग्रामीण विद्युतीकरण योजना का लाभ ग्राम स्तर पर पहुँचाने के लिए हमने जिला करनाल, सोनीपत, पानीपत, कुरुक्षेत्र, रोहतक, जींद, सिरसा, हिसार और भिवानी की 426 करोड़ 64 लाख रुपये की विभिन्न योजनाएँ ग्रामीण विद्युतीकरण निगम को स्वीकृति हेतु भेज दी है। राज्य के अन्य जिलों के लिए भी 272 करोड़ 90 लाख रुपये की विभिन्न योजनाएँ स्वीकृति के लिए शीघ्र भेजी जा रही हैं।

शनिवार, 9 जुलाई 2005, नयी दिल्ली

कुछ फ़िज़ा कुछ हसरते-परवाज़ की बातें करो

'इण्डिया टुडे' के सौजन्य से आयोजित मुख्यमन्त्रियों की गोष्ठी में

विधानसभा चुनावों के बाद जिस तरह का हरियाणा, कांग्रेस पार्टी को विरासत में मिला, वह मेरे लिए एक चुनौती के साथ-साथ अवसर भी था। मुझे हरियाणा के लोगों का प्रजातान्त्रिक संस्थाओं में विश्वास बहाल करने तथा भारत के संविधान में आम नागरिकों को दिये गये अधिकारों का प्रयोग करने में सहायता करने वाली संस्थाओं की मर्यादा बहाल करने का महत्वपूर्ण कार्य सौंपा गया।

मुझे इस बात की ख़ुशी है कि थोड़े-से कार्यकाल में हमने नियमों और कानूनों की पालना करने वाले आम नागरिकों में व्याप्त भय को समाप्त करने में सफलता प्राप्त की है।

ग्रामीण हरियाणा में डिफाल्टर बिजली उपभोक्ताओं की बकाया बिल की राशि इतनी बढ़ गयी थी कि उसे अदा करना उनके लिए मुश्किल था। हमारी सरकार ने इस समस्या का समाधान निकाला, जिससे डिफाल्टर उपभोक्ता न केवल मुख्यधारा से जुड़ गये बल्कि उन उपभोक्ताओं को डिफाल्टर के दाग से भी छुटकारा मिल गया। हमारी इस योजना के परिणामस्वरूप डिफाल्टर बिजली उपभोक्ताओं में से 50 प्रतिशत बिजली उपभोक्ताओं ने बिजली के वर्तमान बिल नियमित भरने शुरू कर दिये हैं। अब तक 5.61 लाख उपभोक्ताओं ने अपने बिल अदा करने शुरू कर दिये हैं और उनसे सरकार को 21.45 करोड़ रुपये से भी अधिक की राशि प्राप्त हुई है। हमें आशा है कि इस चालू वित्त वर्ष के अन्त तक 150 करोड़ रुपये प्राप्त होंगे।

हरियाणा मुफ़्त बिजली के सिद्धान्त का पक्षधर नहीं है, फिर भी परिस्थितियों के दबाव में कोई राज्य अपने किसानों को मुफ़्त बिजली देने के लिए बाध्य हो सकता है। हमारा मानना है कि मुफ़्त बिजली देने से जो व्यवस्था उत्पन्न होगी, वह न केवल कृषि क्षेत्र को प्रभावित करेगी, बल्कि राज्य के विकास तथा आर्थिक गतिविधियों के पूरे आयाम को भी प्रभावित करेगी। मुझे यह बात कहते हुए गर्व हो रहा है कि हरियाणा का सकारात्मक सोच रखने वाला किसान मुफ़्त बिजली की बजाय उचित दर पर बढ़िया वोल्टेज की निर्बाध बिजली की आपूर्ति चाहता है।

आज हमारे पास हरियाणा को आर्थिक रूप से सुदृढ़ तथा उत्तरदायी राज्य बनाने का सुनहरी अवसर है। हम इस अवसर का पूरा-पूरा लाभ उठायेंगे तथा राज्य के पुनर्निर्माण में कोई कोर-कसर बाकी नहीं छोड़ेंगे।

इसके लिए हमने अब तक अनेक प्रभावी कदम उठाये हैं। शिक्षा हमारी सर्वोच्च प्राथमिकताओं में शामिल है। हमारा मानना है कि प्राथमिक और सेकण्डरी स्तर पर स्कूल शिक्षा में सुधार लाने के प्रयास करने के साथ-साथ गुणात्मक और उत्कृष्ट व्यावसायिक शिक्षा भी मिलनी चाहिए हम स्कूलों में दी जाने वाली शिक्षा की गुणवत्ता पर विशेष ध्यान दे रहे हैं। इसके साथ ही उच्च शिक्षा को बढ़ावा देने के लिए सोनीपत-कुण्डली मल्टी फंक्शनल सिटी अर्बन कॉम्प्लैक्स में स्वर्गीय प्रधानमन्त्री श्री राजीव गाँधी जी के नाम पर एक एजुकेशन सिटी स्थापित करने की योजना बना रहे हैं। यह योजना अन्तिम चरण में है तथा इस एजुकेशन सिटी में स्थापित संस्थाएँ विभिन्न संकायों में अन्तर्राष्ट्रीय स्तर की शिक्षा सुविधाएँ उपलब्ध करवायेंगी।

इण्डिया टुडे में इस बात का उल्लेख है कि पिछले कुछ वर्षों के दौरान हरियाणा शिक्षा के क्षेत्र में अग्रणी राज्य नहीं रहा। हांलाँकि राज्य की साक्षरता दर राष्ट्रीय साक्षरता दर से अधिक है, लेकिन स्कूल छोड़ने की दर हमारे लिए चिन्ता का विषय है। हम इसको सदा के लिए बदलना चाहते हैं। चालू वर्ष में शिक्षा के लिए योजनागत परिव्यय में 50 प्रतिशत की वृद्धि की गयी है। छात्र-अध्यापक अनुपात को कम करके 1:40 कर दिया गया है। प्राइमरी शिक्षा में गुणात्मक सुधार लाने के लिए अध्यापकों की न्यूनतम शैक्षणिक योग्यता को बढ़ाया जा रहा है तथा स्कूल छोड़ने की दर को कम करने के लिए विभिन्न प्रोत्साहन दिये जा रहे हैं।

स्वास्थ्य की ओर भी सरकार विशेष ध्यान दे रही है। शिशु मृत्यु दर, स्त्री-पुरुष लिंगानुपात तथा स्वास्थ्य और परिवार कल्याण पर किये जाने वाला व्यय भी हमारे लिए एक विचारणीय विषय है। हमने पहले ही रिकार्ड बनाया है तथा योजनागत स्कीमों में स्वास्थ्य क्षेत्र में 66 प्रतिशत की अप्रत्याशित बढ़ोतरी की है। शहरी मलिन बस्तियों में रहने वालों, मजदूरों तथा किसानों के लिए सार्वजनिक-निजी भागीदारी से प्रयोग के तौर पर अनूठी योजनाएँ शुरू की गयी हैं। अब वे नजदीक के सूचीबद्ध प्राइवेट डाक्टरों से उपचार करवा सकेंगे। संस्थागत प्रसूति को बढ़ावा देने तथा शिशु मृत्यु दर को कम करने के लिए हम ग्रामीण स्वास्थ्य ढाँचे को मजबूत कर रहे हैं। इसके लिए गाँवों में 300 प्रसूति केन्द्र स्थापित किये जा रहे हैं।

हम सभी नागरिकों को लिंग भेद के बिना क्षमता का पूरा प्रयोग करने में सहायता करने के लिए कृतसंकल्प हैं। इसलिए, महिलाओं के सशक्तिकरण के लिए और बाल विकास के लिए सभी प्रयास किये जा रहे हैं तथा समाज में गिरते लिंगानुपात को ठीक करने के लिए नयी प्रोत्साहन आधारित योजनाएँ शुरू की गयी हैं। पिछले कुछ वर्षों में इस दिशा में कारगर कदम नहीं उठाये गये, लेकिन मुझे विश्वास है कि हमारे द्वारा किये गये प्रयासों के फलदायी परिणाम शीघ्र आने लगेंगे।

हरियाणा की लाभकारी भौगोलिक स्थिति के कारण प्रौद्योगिकी आधारित उद्योग हरियाणा की ओर आकर्षित हुए हैं। हरियाणा का युवा व्यावसायिक शिक्षा के अभाव में इन अवसरों का पूरा-पूरा लाभ नहीं उठा पाया। हम दृढ़ संकल्प हैं कि ऐसी विसंगति को भविष्य में नहीं होने देंगे। हमारा युवा अपनी योग्यता के आधार पर इन अवसरों का पूरा-पूरा लाभ उठा पायेगा।

हरियाणा में कांग्रेस की सरकार ने अपने थोड़े-से कार्यकाल में न केवल उद्योग जगत का विश्वास बहाल करने में सफलता हासिल की है, बल्कि अपनी नयी उद्योग नीति से औद्योगिक विकास के लिए एक खाका भी तैयार किया है। प्रक्रियाओं का सरलीकरण किया गया है और समयबद्ध स्वीकृतियाँ देना अनिवार्य कर दिया गया है। अगले दस वर्षों में दो लाख करोड़ रुपये का पूँजी निवेश आकर्षित करने और 10 लाख लोगों के लिए रोज़गार के अवसर सृजित करने का लक्ष्य निर्धारित किया गया है। नए औद्योगिक माडल टाउनशिप विकसित करने, औद्योगिक रूप से पिछड़े क्षेत्रों में विशेष आर्थिक जोन बनाने तथा वर्तमान विकास केन्द्रों, बावल, साहा, आई.एम.टी. मानेसर और कुण्डली परिसर का विस्तार करने के लिए 10 हजार करोड़ रुपये के अनुमानित निवेश से 17 हजार एकड़ भूमि विकसित करने की एक

कार्य योजना तैयार की गयी है।

पहले ही 63 औद्योगिक इकाइयों द्वारा औद्योगिक उद्यमकर्त्ता ज्ञापन फाइल किये जा चुके हैं, जिनमें 170 करोड़ रुपये का निवेश होगा तथा 13 हजार लोगों को रोज़गार के अवसर प्राप्त होंगे। हरियाणा राज्य औद्योगिक विकास निगम द्वारा भी 18 औद्योगिक प्लाट आवंटित किये जा चुके हैं, जिनमें 820 करोड़ रुपये का निवेश होगा।

हम अपनी सम्प्रेषण प्रणाली को सुदृढ़ बना रहे हैं और हम सम्प्रेषण हानि को समुचित रूप से कम करने में सफल होंगे।

ढाँचागत सुविधाओं के तेजी से निर्माण के लिए विस्तृत योजनाएँ बनाई गयी हैं। गढ़ी हरसरू में विशेष आर्थिक जोन बनाने के अलावा सांपला, समालखा और जहाँगीरपुर बादली में गुड़गाँव की तर्ज पर तीन नये शहर विकसित करने का हमारा इरादा है। इससे न केवल राष्ट्रीय राजधानी क्षेत्र में आर्थिक विकास की सम्भावनाएँ बढ़ेंगी बल्कि राज्य के अन्य जिलों में भी विकास की प्रक्रिया में तेजी आयेगी। हमें इस बात का अहसास है कि गुड़गाँव अपने आप में एक अलग इकाई नहीं रह सकता। जब तक अन्य भागों में गुड़गाँव जैसे शहर नहीं बसाये जाते तब तक इसका स्तर गिरने का ख़तरा बना रहेगा।

काफी लम्बे अरसे से हरियाणा का राष्ट्रीय राजधानी क्षेत्र दिल्ली के लोगों के लिए प्रवास क्षेत्र बना हुआ है। हम हरियाणा के राष्ट्रीय राजधानी क्षेत्र में पूँजी लगाकर इसे सदा के लिए बदलना चाहते हैं ताकि वहाँ पर जीवन और कार्य अपने आप में सम्पूर्ण हो। हम भविष्य की जरूरतों को पूरा करने के लिए रैपिड मास ट्रांसपोर्ट सिस्टम पर विशेष ध्यान दे रहे हैं। मैट्रो सिस्टम पहले ही विचाराधीन है तथा स्काई बस जैसी योजनाएँ भी पाइप लाइन में हैं। देश के विभिन्न कोनों से इस क्षेत्र में आने वाले यातायात की भीड़ को कम करने के लिए कुण्डली-मानेसर-पलवल वेस्टर्न एक्सप्रेस हाइवे का निर्माण शीघ्र ही किया जायेगा।

हमें इस बात का भी अहसास है कि राष्ट्रीय राजधानी क्षेत्र में अपनी तरह की कानून व्यवस्था की समस्याएँ हैं। इसीलिए हम पड़ोसी राज्यों तथा राष्ट्रीय राजधानी का ऐसे अपराधों की छानबीन करने और उनको रोकने के लिए सहयोग चाहते हैं। इसके लिए हम पुलिस का आधुनिकीकरण भी कर रहे हैं।

हमारे लिए सबसे बड़ी चुनौती और अवसर ग्रामीण हरियाणा में हैं। गाँवों में छोटी होती जोतें तथा घटते रोज़गार के अवसरों के मद्देनज़र किसानों को आय के अतिरिक्त साधन उपलब्ध कराना निहायत जरूरी है। इसके लिए हमने पहले ही फसलों का विविधिकरण करने जैसी स्कीमें शुरू की हैं और दूसरे उपाय किये हैं और निकट भविष्य में इनके फलदायी परिणाम आयेंगे। किसानों को गेहूँ और धान के परम्परागत फसल चक्र से हटाने के लिए हम अनेक रियायतें और प्रोत्साहन दे रहे हैं।

मुझे विश्वास है कि हमारे इन प्रयासों से और लागत कम करने की प्रौद्योगिकी तथा अधिक पैदावार देने वाले बीजों की उपलब्धता से हरियाणा की तस्वीर में आमूल-चूल परिवर्तन होगा। हमारे इन प्रयासों से लोगों की शहरों की ओर पलायन करने की प्रवृत्ति पर भी अंकुश लगेगा।

हरियाणा को वैट प्रणाली लागू करने में पहला राज्य होने का गौरव हासिल है। यह प्रणाली लागू होने से करों से वर्ष 2002-03 में 2478 करोड़ रुपये की राशि प्राप्त होने के मुकाबले वर्ष 2003-04 में 2962 करोड़ रुपये की राशि प्राप्त हुई। पहले वर्ष में यह वृद्धि 19.5 प्रतिशत रही और वर्ष 2004-05 में बढ़कर 3724 करोड़ रुपये हो गयी और यह वृद्धि 25.7 प्रतिशत है। इस तरह से वर्ष 2003-04 के मुकाबले वर्ष 2004-05 में करों में सकल वृद्धि 44 प्रतिशत से अधिक रही। हम राज्यों के वित्त मन्त्रियों की उच्चाधिकार प्राप्त समिति की सिफ़ारिशों को लागू करने के लिए वचनबद्ध हैं। हम चाहते हैं कि उच्चाधिकार प्राप्त समिति राज्य की अर्थव्यवस्था की विशेष प्रकृति, जहाँ अधिकतर किसान डीजल, उर्वरक

और कृषि उपकरणों का प्रयोग करते हैं, के दृष्टिगत विसंगति को दूर करे। हम केन्द्रीय बिक्री कर को समाप्त करने के लिए राष्ट्रीय सहमति बनाने के प्रयास कर रहे हैं।

हम एक और महत्वपूर्ण कार्य कर रहे हैं और वह है पिछले कुछ वर्षों में निराशा और अवसाद से ग्रस्त युवकों का सही मार्गदर्शन करने का। हम उन्हें इस अल्पावधि में यह सन्देश देने में भी सफल रहे हैं कि अभी भी मेधावी युवकों के लिए आशा की किरण है। अब उन्हें मालूम हो गया है कि संस्थान किसी विशेष वर्ग को बढ़ावा देने या राजनीतिक हितों को साधने का साधन नहीं बन सकते। वर्तमान कांग्रेस सरकार की प्रमुख उपलब्धियों में युवाओं को आशावान बनाना भी शामिल है।

कानून व्यवस्था भी हमारे ध्यान का केन्द्र है। एक पुलिस सुधार समिति गठित की गयी है तथा राज्य के पुलिस स्टेशनों में बिना झिझक के एफ.आई.आर. दर्ज करने के सख़्त निर्देश दिये गये हैं। इससे एफ.आई.आर. की संख्या में तो वृद्धि जरूर हुई है, लेकिन इसके साथ ही मामलों को सुलझाने की संख्या में भी वृद्धि हुई है। बहुत से आपराधिक गिरोहों को पकड़ा जा चुका है तथा हमें विश्वास है कि यदि एन.सी.आर. क्षेत्र में पुलिस के आधुनिकीकरण के लिए केन्द्र सरकार से जिस 253 करोड़ रुपये की राशि की माँग की गयी है, यदि वह पूरी हो जाती है तो एन.सी.आर. क्षेत्र में अपराधों की दर में नाटकीय रूप से कमी आयेगी तथा कानून व्यवस्था में सुधार होगा।

मैं यह भी बताना चाहूँगा कि हमारे वित्तीय प्रबन्धन की योजना आयोग के साथ-साथ 12वें वित्त आयोग ने भी भूरि-भूरि प्रशंसा की है। अपने प्रयासों को जारी रखते हुए हमने डैबिट् स्टॉक और राजस्व तथा वित्तीय घाटे को नियन्त्रित करने और राज्य में वित्तीय स्थिरता लाने के लिए वित्तीय दायित्व और बजट प्रबन्धन अधिनियम को अपनाया है।

यह कहना गलत नहीं होगा कि हरियाणा समृद्धि की ओर अग्रसर है और शीघ्र ही अन्तर्राष्ट्रीय अर्थव्यवस्था में अपनी छाप छोड़ेगा। अन्त में मैं इण्डिया टुडे और आप सब को धन्यवाद देता हूँ कि आपने मेरे विचारों को धैर्यपूर्वक सुना।

शुक्रवार, 5 अगस्त 2005, नयी दिल्ली

भावी कर्णधारों के निर्माता

हरियाणा प्रान्त के अनुदान प्राप्त विद्यालयों और महाविद्यालयों के कर्मचारियों, अध्यापकों और प्राध्यापकों द्वारा आयोजित अभिनन्दन समारोह में

स्कूल और कॉलेज तो शिक्षा के वे मन्दिर हैं, जिनके प्रांगणों में हमारी उस होनहार पीढ़ी का निर्माण होता है, जिसे आगे चलकर देश की बागडोर सम्भालनी है। इस पीढ़ी को संवारने और बनाने का पूरा दायित्व शिक्षक वर्ग पर ही आता है। इसीलिए सच्चे ज्ञान का बोध कराने वाले गुरु को भगवान से भी ऊँची पदवी दी गयी है। शिक्षक सारे समाज और देश का निर्माता होता है। देश की शक्ति सिर्फ भौतिक साधनों पर ही निर्भर नहीं करती बल्कि इस बात पर निर्भर करती है कि उसके नागरिक कितने ज्ञानवान हैं, कितने मेहनती हैं और उनमें कितने अनुशासन तथा मिलजुल कर काम करने की भावना है।

यह 21वीं सदी बड़ी चुनौती भरी है। आज कम्प्यूटर युग है। हमारी पीढ़ी को विश्व की तरक्की की होड़ में हिस्सा लेना है। शिक्षा का मूल उद्देश्य मनुष्य को उसकी सामाजिक और आर्थिक चुनौतियों का सामना करने के लायक बनाने के साथ-साथ उसमें नैतिक गुणों का विकास करना है और उसे उज्ज्वल भविष्य के लिए तैयार करना है।

हमें अपने शिक्षाशास्त्रियों और बुद्धिजीवियों पर गर्व है। देश की आजादी के बाद लगभग छः दशकों

में शिक्षा का बहुत प्रसार हुआ है। आधुनिक भारत के निर्माता प्रथम प्रधानमन्त्री पण्डित जवाहरलाल नेहरू जी ने विज्ञान और टेक्नोलॉजी की शिक्षा के लिए एक मजबूत आधार तैयार किया, जिसका परिणाम यह है कि आज हमारे देश में योग्य वैज्ञानिकों, योग्य डाक्टरों और कुशल तकनीकी व्यक्तियों की कोई कमी नहीं है। इसी आदर्श का पालन करते हुए श्री राजीव गाँधी जी ने भारत को कम्प्यूटर युग में प्रवेश दिलवाया था।

आज दुनिया में तेजी से परिवर्तन हो रहा है। आज विश्व, टेक्नोलॉजी, साइंस तथा दूसरे क्षेत्रों में बहुत आगे बढ़ चुका है। इस दौड़ में हमारी भावी पीढ़ी को कदम-से-कदम मिलाकर आगे बढ़ने के लिए तैयार करना है। यह जिम्मेदारी आपके कंधों पर है। हरियाणा में स्कूल, कॉलेज और विश्वविद्यालयों के अध्यापन कार्य से जुड़े तमाम महानुभावों और शिक्षण संस्थाओं में काम कर रहे कर्मचारियों के हितों की रक्षा और उनकी कामकाजी हालातों की समस्याओं को हल करने का हम हर सम्भव प्रयास करेंगे।

वर्तमान सरकार ने प्रदेश के शासन की बागडोर सँभालने की साढ़े पाँच महीने की अवधि में ही शिक्षा और तकनीकी शिक्षा क्षेत्रों के विकास के लिए कई कदम उठाये हैं। स्कूली शिक्षा के योजनागत खर्च में 50 प्रतिशत की बढ़ोतरी की गयी है। स्कूलों में शिक्षकों के विभिन्न पदों की भर्ती में 50 प्रतिशत पद उन उम्मीदवारों के लिए आरक्षित करने का निर्णय लिया है, जिन्होंने दसवीं तथा दस जमा दो की परीक्षाएँ राज्य के ग्रामीण स्कूलों से पास की हैं। शिक्षकों की भर्ती में महिलाओं के लिए 33 प्रतिशत आरक्षण करने का निर्णय लिया गया है।

शिक्षा की गुणवत्ता में सुधार लाने के लिए हमने निर्णय लिया है कि मिडल स्तर तक हर कक्षा में 40 विद्यार्थियों के पीछे एक शिक्षक होगा। पहले 60 विद्यार्थियों पर एक शिक्षक का प्रावधान था। राजकीय स्कूलों में 50 हजार प्रतिभावान छात्रों को 'राजीव गाँधी छात्रवृत्ति' देने की एक योजना शुरू की गयी है। इसी प्रकार राजकीय महाविद्यालयों में बी.ए., बी.एस.सी. तथा बी.काम कक्षाओं की वार्षिक परीक्षाओं में प्रथम, द्वितीय और तृतीय आने वाले छात्र-छात्राओं को भी छात्रवृत्तियाँ दी जायेंगी। ऐसी ही छात्रवृत्तियाँ स्नातकोत्तर कक्षाओं के विद्यार्थियों को भी दी जायेंगी। युवाओं को उच्चकोटि की शिक्षा देने के लिए कुण्डली में 'राजीव गाँधी एजुकेशन सिटी' स्थापित की जायेगी। राज्य में उच्च शिक्षा को रोज़गारोन्मुखी बनाने के लिए इस शैक्षणिक सत्र से राजकीय महाविद्यालयों में कई रोज़गार-उन्मुख नये पाठ्यक्रम शुरू करने का निर्णय लिया गया है।

हरियाणा में कुल 141 प्राइवेट कॉलेजों में से 96 कॉलेजों को सरकारी सहायता मिलती है। इन महाविद्यालयों में शिक्षा को रोज़गारोन्मुखी बनाने के लिए यू.जी. लेवल तक वोकेशनल और प्रोफ़ैशनल कोर्सिज चलाने के लिए पूर्ण छूट प्रदान कर दी है, जिसके लिए एन.ओ.सी. की अनिवार्य शर्त को हटा दिया गया है। प्रदेश के सरकारी सहायता प्राप्त कॉलेजों में अध्यापकों और ग़ैर-शिक्षक कर्मचारियों के 939 पद रिक्त पड़े हैं, जिन्हें भरने का शीघ्र ही निर्णय लिया जा रहा है। सरकारी सहायता प्राप्त महाविद्यालयों में प्राचार्यों के पदों को भरने पर लगे प्रतिबन्ध को हटा दिया गया है। इन कॉलेजों के कर्मचारियों की पेंशन के लिए चालू वित्त वर्ष में साढ़े पाँच करोड़ रुपये के बजट का प्रावधान किया गया है।

शहीद उधम सिंह नेशनल कॉलेज, मटक माजरी, इन्द्री को सरकारी नियन्त्रण में लिया गया है। जींद में श्रीमती इन्दिरा गाँधी जी के नाम से एक नया राजकीय महिला महाविद्यालय तथा साहा में महाविद्यालय खोलने का प्रस्ताव विचाराधीन है। प्रत्येक जिले में एक-एक मॉडल स्कूल खोलने का प्रस्ताव है। अनुसूचित जातियों और कमजोर वर्गों के लोगों के बच्चों को दी जाने वाली मुफ़्त लेखन सामग्री की राशि, मुफ़्त वर्दी की राशि तथा उपस्थिति पुरस्कार की राशि में बढ़ोतरी की गयी है।

जहाँ तक सरकारी सहायता प्राप्त विद्यालयों और महाविद्यालयों के अध्यापकों और कर्मचारियों के हितों की बात है, हम उन्हें हर सम्भव सहायता जुटायेंगे। मेरा कहने का भाव यह है कि हम प्रदेश में

शिक्षा के स्तर को ऊँचा उठाने के लिए कटिबद्ध हैं।

मैं हरियाणा राज्य के सभी शिक्षकों से यह अपील करूँगा कि वे शिक्षा के स्तर को ऊँचा उठाने में अपना पूरा-पूरा योगदान दें। मैं शिक्षा के स्तर को ऊँचा उठाने के आपके सुझावों का भी आदर करूँगा।

रविवार, 14 अगस्त 2005, रोहतक

नयी बुलन्दियों के हौसले

रेनबैक्सी के अनुसंधान और विकास केन्द्र के उद्घाटन अवसर पर

हमारे लिए बड़े गर्व की बात है कि महामहिम राष्ट्रपति जी अपने व्यस्त कार्यक्रम में से समय निकाल कर रेनबैक्सी के अति आधुनिक बहुआयामी अनुसंधान और विकास केन्द्र का उद्घाटन करने के लिए आज गुड़गाँव में आये हैं। महामहिम राष्ट्रपति जी आधुनिक भारत के लिए प्रेरणा स्रोत हैं। आप प्रौद्योगिकी और ज्ञान का विकास करने और इनका मानव की भलाई के लिए प्रयोग करने के पक्षधर हैं और इसका अहसास हर भारतवासी को है। आप वैज्ञानिकों और शोधकर्ताओं को इस बात के लिए प्रोत्साहित करते रहते हैं कि वे अपने-अपने क्षेत्रों में नयी बुलन्दियों पर पहुँचें और नये-नये कीर्तिमान स्थापित करें। इनके प्रति हमारा सही उपहार यही होगा कि हम बीमारों के उपचार में भारत को आत्मनिर्भर बनायें और बीमारियों पर नियन्त्रण करें। मुझे खुशी है कि रेनबैक्सी ने इस चुनौती को स्वीकार किया है।

मुझे बताया गया है कि रेनबैक्सी ने अल्पावधि में अन्तर्राष्ट्रीय स्तर की जेनेरिक्स, ब्राण्डिड जेनेरिक्स फार्मास्यूटिकल और एक्टिव फार्मास्यूटिकल इनग्रिडियेंट्स बनाने में ख्याति अर्जित की है। हमें गर्व है कि 100 से अधिक देशों में अपनी उपस्थिति दर्ज करवा कर रेनबैक्सी ने इस क्षेत्र में भारत को एक शक्ति के रूप में ख्याति दिलाई है।

नयी दवाइयों के सभी लाभ विश्व के लोगों को नहीं मिल रहे हैं। हम असमानता की दुनिया में रह रहे हैं। अनुसंधान और अन्वेषण के लाभ ग़रीब से ग़रीब व्यक्ति तक पहुँचने चाहिएँ। हमें इस दिशा में अभी एक लम्बी दूरी तय करनी है। इस दिशा में किया गया कोई भी कार्य सराहनीय है। भारत ने रेनबैक्सी के माध्यम से दुनिया के धनी और निर्धन मरीजों के बीच के फासले को कम करने में महत्वपूर्ण योगदान दिया है। हमारे देश की आबादी 100 करोड़ से ऊपर है और ग़रीबी की समस्या अभी भी मुँह बाए खड़ी है। समय की माँग है कि ग़रीब मरीजों के लिए सस्ती दवाइयाँ आसानी से उपलब्ध हों। आज के समय में आधुनिक दवाइयों के विकास और निर्माण की नितान्त आवश्यकता है, क्योंकि बदलती जीवनयापन शैली और प्रदूषित पर्यावरण से कई तरह की खतरनाक बीमारियाँ पनप रही हैं।

मैं यहाँ महामहिम के ध्यान में यह भी लाना चाहूँगा कि राज्य सरकार स्वास्थ्य और परिवार कल्याण के क्षेत्र को उच्च प्राथमिकता दे रही है। हमने स्वास्थ्य क्षेत्र के योजनागत बजट में 66 प्रतिशत की अभूतपूर्व वृद्धि की है। शहरी मलिन बस्तियों में रहने वालों, मजदूरों और किसानों के लिए सार्वजनिक निजी भागीदारी से प्रयोग के तौर पर अनूठी योजनाएँ शुरू की गयी हैं। अब वे नजदीक के सूचीबद्ध प्राइवेट डाक्टरों से उपचार करवा सकेंगे। संस्थागत प्रसूति को बढ़ावा देने तथा शिशु मृत्यु दर को कम करने के लिए हम ग्रामीण स्वास्थ्य ढाँचे को मजबूत कर रहे हैं। इसके लिए गाँवों में 300 प्रसूति केन्द्र स्थापित किये जा रहे हैं। हम बिगड़ते लिंग अनुपात के प्रति भी चिन्तित हैं। राज्य सरकार ने बिगड़ते लिंग अनुपात को ठीक करने के लिए कई प्रोत्साहक स्कीमें शुरू की हैं।

मैं इस अवसर पर यह भी बताना चाहूँगा कि निर्धारित समय में उद्योगों का तीव्र विकास करने

के लिए हरियाणा ने हाल ही में अपनी नयी उद्योग नीति घोषित की है। हम हरियाणा को प्रौद्योगिकी आधारित और पर्यावरण मैत्री विकास का केन्द्र बनाने के लिए कृत संकल्प हैं। इस लक्ष्य को प्राप्त करने के लिए हम इन्फ्रास्ट्रक्चर का उन्नयन कर रहे हैं ताकि उद्योग जगत की दुनियाभर की जानी-मानी हस्तियों के लिए अनुकूल वातावरण उपलब्ध हो। मुझे यह बताते हुए गौरव हो रहा है कि विश्व स्तर की सुविधाओं के इच्छुक लोगों के लिए आज हरियाणा गंतव्य स्थल बन गया है।

तीव्र आधुनिकीकरण के हरियाणा के प्रयासों में आज एक और अध्याय जुड़ रहा है, लेकिन मैं आप सभी को आश्वस्त करता हूँ कि यह एक शुरुआत है और जिनके पास तकनीक है और हरियाणा में आने की इच्छा शक्ति है तो उन्हें पता चलेगा कि हरियाणा ने नयी प्रौद्योगिकी की जड़ें जमाने के लिए कारगर कदम उठाये हैं। आज हरियाणा सरकार विकास और प्रगति के लिए अनुकूल वातावरण सृजित करने के लिए कृत संकल्प है।

गुड़गाँव में इस समय 381 बड़ी और मध्य स्तर की और 8500 लघु स्तर की औद्योगिक इकाइयाँ हैं, जिनमें विशेषकर साफ़्टवेयर विकास की हैं। आज यह देश का ऐसा पहला शहर है जहाँ अन्तर्राष्ट्रीय स्तर का आवासीय और औद्योगिक इन्फ्रास्ट्रक्चर उपलब्ध है। इस शहर में सीधे विदेशी पूँजी निवेश की सहायता की 46 औद्योगिक इकाइयाँ हैं, जिनमें 2500 करोड़ रुपये का पूँजी निवेश हुआ है। अति आधुनिक प्रौद्योगिकी और ज्ञान पर आधारित उद्योगों के अलावा गुड़गाँव में 50 फार्मास्यूटिकल इकाइयाँ हैं। कुल मिलाकर प्रदेश में लगभग 300 ऐसी इकाइयाँ हैं। अब रेनबैक्सी यहाँ पर नये युग का सूत्रपात कर रही है और मुझे विश्वास है कि और कम्पनियाँ भी आगे आयेंगी। मैं रेनबैक्सी के उद्यम की सफलता की कामना करता हूँ।

मंगलवार, 16 अगस्त 2005, गुड़गांव

ऊर्जा के स्रोत

राजीव गाँधी अक्षय ऊर्जा दिवस के अवसर पर

आज श्री राजीव गाँधी जी की 61वीं सालगिरह है। राष्ट्र उस महान विभूति की वर्षगाँठ 'अक्षय ऊर्जा दिवस' के रूप में मना रहा है। इस पावन अवसर पर हम उनकी स्मृति में लगभग सवा करोड़ रुपये की लागत से आज यहाँ 'राजीव गाँधी अक्षय ऊर्जा पार्क' की स्थापना का कार्य शुरू कर रहे हैं। यह पार्क लोगों को अक्षय ऊर्जा से सम्बन्धित जानकारी देने में एक अहम भूमिका निभाएगा।

आज से ही हम प्रदेश में बुढ़ापा पेंशन के पात्र लोगों का पता लगाने के लिए सर्वे भी शुरू कर रहे हैं। यह सर्वे 15 दिनों में पूरा कर लिया जायेगा। हम प्रदेश को राष्ट्र के जन-जन के चहेते श्री राजीव गाँधी जी के सपनों का हरियाणा बनाने के लिए कटिबद्ध हैं।

आज के दिन वर्ष 1944 में उनका जन्म हुआ था। उस समय किसको यह पता था कि यह होनहार बालक आने वाले कल में करोड़ों-करोड़ों भारतवासियों के भाग्य का विधाता बनेगा और प्रधानमन्त्री के उसी पद की गरिमा को बढ़ाएगा, जिस पद की गरिमा उनके नाना पण्डित जवाहर लाल नेहरू और उनकी माता श्रीमती इन्दिरा गाँधी जी ने बढ़ाई थी।

अपने 47 वर्ष के जीवन के छोटे से सफर में उन्होंने देश के सामाजिक, आर्थिक, तकनीकी और राजनैतिक पटल पर एक ऐसी अनूठी इबारत लिखी, जो युगों-युगों तक मानवता का मार्गदर्शन करती रहेगी। लोकतन्त्र, धर्मनिरपेक्षता और मानव मूल्यों में उनकी गहरी आस्था थी। वे शालीनता और

साम्प्रदायिक सद्भाव की प्रतिमूर्ति थे।

उन्होंने अपने प्रधानमन्त्री काल में देश को मजबूत, सशक्त और समर्थ बनाने के लिए जो क्रान्तिकारी कदम उठाये, वे हमारे लिए प्रेरणा पुञ्ज हैं। वे चाहते थे कि युवा शक्ति राष्ट्र निर्माण में पूर्णतः सहभागी बने और उनकी उमंग, उत्साह और ऊर्जा द्वारा देश-देह में नयी स्फूर्ति का संचार हो, इसलिए उन्होंने मताधिकार की आयु 21 वर्ष से घटाकर 18 वर्ष की थी।

देश की ग़रीबी तथा बेरोज़गारी को समाप्त करने और कमजोर वर्ग के लोगों के उत्थान के लिए उनके दिल में बहुत गहरी तड़प थी। उन्होंने विकास प्रक्रिया में आम आदमी की भागीदारी सुनिश्चित करने तथा विकास के लाभ आम आदमी तक पहुँचाने पर बल दिया। उनकी बड़ी ख्वाहिश थी कि गाँवों में लोकतन्त्र के उसी सपने को साकार किया जाये, जिसे राष्ट्रपिता महात्मा गाँधी जी ने सँजोया था।

किसानों को कृषि की उच्च तकनीक की जानकारी देने के लिए देश के प्रत्येक जिले में कृषि विज्ञान केन्द्र खोलने की योजना बनाई। उन्होंने पंचायती राज संस्थाओं और स्थानीय निकायों को और अधिक स्वायतता तथा अधिकार दिलाने की प्रक्रिया शुरू की थी। उन्हीं के प्रयासों का प्रतिफल है कि आज पंचायती राज संस्थाओं और स्थानीय निकायों को कई तरह के प्रशासनिक और वित्तीय अधिकार मिले हुए हैं।

उन्होंने विज्ञान और टेक्नोलॉजी के प्रयोग पर अधिक जोर दिया था ताकि 21वीं शताब्दी में भारत एक उच्च प्रौद्योगिकी सम्पन्न और मजबूत राष्ट्र के रूप में प्रवेश कर सके। उन्होंने देश में 'टेक्नोलॉजी मिशनों' की स्थापना की, जिनका उद्देश्य भारतीय परिस्थितियों के अनुकूल ज्ञान-विज्ञान और टेक्नोलॉजी का विकास करना रहा। आज देश में जो कम्प्यूटर क्रान्ति है और उच्च टेक्नोलॉजी का इस्तेमाल हो रहा है, वह उनकी कल्पना और प्रयत्नों का ही परिणाम है।

यू.पी.ए. की अध्यक्ष माननीय श्रीमती सोनिया गाँधी जी के कुशल मार्गदर्शन और आदरणीय प्रधानमन्त्री डॉ. मनमोहन सिंह जी के दूरदर्शी नेतृत्व में यू.पी.ए. सरकार ने बेजोड़ उपलब्धियाँ हासिल की हैं। आज यू.पी.ए. सरकार आम आदमी की सरकार के रूप में जानी जाती है। इस सरकार ने अपने राष्ट्रीय न्यूनतम सांझा कार्यक्रम के अधिकतर महत्वपूर्ण वायदों पर अमल किया और अमल कर रही है।

वर्तमान केन्द्र सरकार ने ग्रामीण भारत के लिए नयी पहल की है। कृषि ऋण में वृद्धि की है, राष्ट्रीय ग्रामीण रोज़गार गारण्टी कार्यक्रम, राष्ट्रीय ग्रामीण स्वास्थ्य मिशन, राजीव गाँधी ग्रामीण विद्युतीकरण योजना, राष्ट्रीय बागवानी मिशन जैसे महत्वपूर्ण कार्यक्रम शुरू करके किसानों और ग्रामीण क्षेत्रों में एक नयी आशा का संचार किया है।

त्यागमूर्ति श्रीमती सोनिया गाँधी जी के मार्गदर्शन और प्रेरणा से राजीव गाँधी जी के सपनों को साकार करने तथा उनकी स्मृति को हरियाणा के जन-जीवन में आत्मसात् करने के लिए हमने प्रदेश में राजकीय स्कूलों के 50 हजार प्रतिभाशाली छात्रों को पुरस्कृत करने के लिए 'राजीव गाँधी छात्रवृत्ति' नामक एक नयी योजना शुरू की है। इस योजना से युवाओं में एक नयी उमंग, उत्साह और ऊर्जा का संचार होगा। इसी तरह छात्र-छात्राओं को देश में उच्चकोटि की शिक्षा देने के लिए कुण्डली में 'राजीव गाँधी एजुकेशन सिटी' स्थापित की जायेगी।

आज के आधुनिक विज्ञान युग में ऊर्जा विकास की जीवन रेखा है। विकास की होड़ और आधुनिक जीवन शैली के कारण ऊर्जा की खपत और माँग निरन्तर बढ़ रही है। अक्षय ऊर्जा साधनों के माध्यम से ही ऊर्जा की बढ़ती माँग को पूरा किया जा सकता है, क्योंकि ऊर्जा के परम्परागत साधनों जैसे कि कोयला, तेल, पेट्रोल और लकड़ी आदि के समाप्त होने की सीमा है, जबकि ग़ैर-परम्परागत ऊर्जा साधन असीमित हैं। यदि मानव जाति को जीवित रहना है तो हमें अक्षय ऊर्जा के साधनों के विकास और उन्हें लोकप्रिय बनाने पर बल देना होगा।

महामहिम राष्ट्रपति जी ने भी स्वतन्त्रता दिवस की पूर्व संध्या पर राष्ट्र के नाम सन्देश में ऊर्जा सुरक्षा को देश की प्रमुख प्राथमिकता बताते हुए कहा कि ऊर्जा सुरक्षा के लिए परम्परागत ऊर्जा स्रोतों के दोहन के साथ-साथ अक्षय ऊर्जा का भी अधिक प्रयोग हो तथा बायोफ्यूल के उत्पादन के लिए जटरोफा जैसे पौधों की काश्त को बढ़ावा दिया जाये। उन्होंने एक व्यापक अक्षय ऊर्जा नीति तैयार करने पर बल दिया।

आज समय की जरूरत है कि सौर ऊर्जा, पवन ऊर्जा, बायोमास, स्माल हाइड्रो आदि के बारे में जागरूकता पैदा की जाये और लोगों को इनके इस्तेमाल के लिए प्रेरित किया जाये। अक्षय ऊर्जा के इस्तेमाल में आने वाले उपकरण बड़े पैमाने पर विकसित करने होंगे जो सस्ते हों और आम आदमी की पहुँच में भी हों तभी हम इस दिशा में तेजी से आगे बढ़ सकेंगे।

इस बात को ध्यान में रखकर ही राज्य सरकार ने अक्षय ऊर्जा स्रोतों पर खर्च किए जाने वाले योजना बजट को बढ़ा कर दसवीं पंचवर्षीय योजना में दो गुणा करते हुए लगभग 16 करोड़ कर दिया है। राज्य में वर्ष 2005-06 के तहत अक्षय ऊर्जा के विभिन्न कार्यक्रमों पर लगभग 12 करोड़ रुपये खर्च किये जायेंगे।

हमारा एक कृषि प्रधान प्रदेश है। यहाँ पर कृषि बायोमास तथा गन्ने की खोई बहुतायत में उपलब्ध है जिनसे बिजली पैदा की जा सकती है। सहकारी चीनी मिलों में गन्ने की खोई तथा कृषि बायोमास से बिजली पैदा करने के संयन्त्रों को स्थापित करने की परियोजनाओं को हरियाणा सरकार प्राथमिकता दे रही है। प्रदेश में स्थित 15 सहकारी चीनी मिलों, जिनकी प्रतिदिन 31,800 टन गन्ना पिराई की क्षमता है, में पावर प्लांट लगा कर 100 से 150 मैगावाट तक सरप्लस बिजली पैदा की जा सकती है। इस दिशा में हरियाणा सरकार ने कार्य करना शुरू कर दिया है और राज्य की गोहाना और सोनीपत की सहकारी चीनी मिलों में ऐसे संयन्त्रों से क्रमशः दो मैगावाट और एक मैगावाट बिजली पैदा करने का काम शुरू हो चुका है। राज्य में वैकल्पिक स्रोतों से बिजली उत्पादन को बढ़ावा देने के लिए एक अक्षय ऊर्जा नीति तैयार की जा रही है जो शीघ्र ही घोषित कर दी जायेगी।

हरियाणा के सभी जिलों में गाँवों के दो-दो समूहों में ग्रामीण ऊर्जा कार्यक्रम चलाया जा रहा है। इस कार्यक्रम को सफल बनाने में ग्राम पंचायतों की अहम भूमिका है। आज जिला महेन्द्रगढ़ की ग्राम सिम्हा पंचायत और जिला कुरुक्षेत्र की मथाना पंचायत को अक्षय ऊर्जा के क्षेत्र में उल्लेखनीय कार्य करने के लिए सम्मानित किया गया है। मैं इन पंचायतों को बधाई देता हूँ और जिन बच्चों ने यहाँ आयोजित विभिन्न प्रतियोगिताओं में पुरस्कार प्राप्त किये हैं, उन्हें भी मैं बधाई देता हूँ।

हम हरियाणा में श्री राजीव गाँधी जी के आदर्शों और सिद्धान्तों का अनुसरण करते हुए आदरणीय श्रीमती सोनिया गाँधी जी के मार्गदर्शन और नेतृत्व में हरियाणा को विकास और जन कल्याण के मामले में देश का नम्बर वन राज्य बनाने के लिए कटिबद्ध हैं।

शनिवार, 20 अगस्त 2005, गुड़गाँव

आधुनिक विकास के तीर्थ

भाखड़ा-ब्यास प्रबन्ध बोर्ड के नये भवन के उद्घाटन अवसर पर

भाखड़ा-ब्यास परियोजनाएँ भारत का गौरव हैं और आधुनिक विकास के तीर्थ स्थल हैं। हमारे प्रथम प्रधानमन्त्री पण्डित जवाहर लाल नेहरू जी, देश को आजादी दिलवाने के साथ ही राष्ट्र के नव-निर्माण की नयी-नयी कल्पनाओं को साकार रूप देने में जुट गये थे।

पण्डित नेहरू जी ने 17 नवम्बर, 1955 को भाखड़ा के एक छोटे से गाँव में सतलुज नदी पर एशिया

का सबसे बड़ा बाँध बनाने के कार्य का नींव पत्थर रखा। हमारे इंजीनियरों, कारीगरों और मजदूरों ने लगभग आठ वर्षों के रिकार्ड समय में इसे बनाकर एक कीर्तिमान स्थापित किया। आधुनिक भारत के इस महान मन्दिर को वर्ष 1963 में पण्डित नेहरू जी ने ही राष्ट्र को समर्पित किया। यह पण्डित नेहरू जी की दूरदर्शिता का ही परिणाम है, जिसके फलस्वरूप भाखड़ा नंगल और ब्यास परियोजनाएँ स्थापित हुई। ये परियोजनाएँ पंजाब, हरियाणा, राजस्थान और हिमाचल प्रदेश के आपसी सहयोग का एक अनुपम उदाहरण है।

पहले जो पानी बाढ़ से तबाही लाता था, वह पानी पंजाब, हरियाणा, हिमाचल प्रदेश और राजस्थान के लिए समृद्धि का आधार बना। इनके बनने से, जो राष्ट्र 60 के दशक में विदेशों से अनाज मंगवाता था, न केवल आत्मनिर्भर बना, बल्कि आज भारत अनाज निर्यात करने वाला एक प्रमुख देश बन गया है। ये परियोजनाएँ न केवल उत्तरी भारत के कई राज्य की बिजली आपूर्ति में योगदान दे रही हैं, बल्कि इन्हें हरा-भरा बनाने और सिंचाई की जरूरतों को पूरा करने में भी बड़ी भूमिका निभा रहे हैं। इन परियोजनाओं के कुशल प्रबन्धन और संचालन के लिए ही बी.बी.एम.बी. का गठन किया गया था।

इन्हीं परियोजनाओं की बदौलत ही भूतपूर्व प्रधानमन्त्री माननीय श्रीमती इन्दिरा गाँधी जी के मार्गदर्शन में हरियाणा ने वर्ष 1970 में सभी गाँवों में बिजली पहुँचाने का देशभर में पहला कीर्तिमान स्थापित किया था।

जल प्रकृति का अमूल्य वरदान ही नहीं अपितु जीवन का मूल आधार है। प्रकृति ने हमें गंगा, यमुना, कृष्णा, गोदावरी, कावेरी, ब्रह्मपुत्र तथा सतलुज, रावी और ब्यास जैसी महान नदियों के रूप में अमूल्य राष्ट्रीय सम्पत्ति प्रदान की है। इसलिए हमारे सामने सबसे महत्वपूर्ण बात यह है कि देश के पास जो जल संसाधन हैं, राष्ट्रहित में उनका समुचित उपयोग कैसे किया जाये। जल संसाधनों से अधिक से अधिक और सस्ती बिजली पैदा करने के लिए क्या-क्या कदम उठाये जायें?

हमारे लिए बड़े गर्व की बात है कि महामहिम राष्ट्रपति जी अपने व्यस्त कार्यक्रम में से समय निकाल कर रेनबैक्सी के अति आधुनिक बहुआयामी अनुसंधान और विकास केन्द्र का उद्घाटन करने के लिए आज गुड़गाँव में आये हैं।

पंजाब और हरियाणा दोनों ही कृषि प्रधान राज्य हैं और दोनों ही प्रदेशों में आज बिजली की कमी है। हमारे पड़ौसी प्रदेश हिमाचल प्रदेश में पन बिजली उत्पादन के व्यापक स्रोत हैं। इसलिए मेरा सुझाव है कि वहाँ पर पंजाब, हरियाणा और हिमाचल प्रदेश मिलकर संयुक्त बिजली परियोजनाएँ स्थापित करें ताकि इस क्षेत्र में बिजली की कोई कमी न हो।

मैं पानी और बिजली संसाधनों का दक्षता से प्रबन्धन करने के लिए भाखड़ा-ब्यास प्रबन्धन बोर्ड के अधिकारियों और कर्मचारियों को बधाई देता हूँ, साथ ही प्रबन्धन से मेरा यह आग्रह है कि टेक्निकल कमेटी की मासिक बैठक में लिये गये निर्णय के आधार पर ही पानी छोड़ा जाये। प्रायः यह देखा गया है कि निर्धारित तालिका के अनुसार पानी नहीं छोड़ा जाता, जिससे हमारी Power Utilities को प्रतिदिन की बिजली आपूर्ति का schedule बनाने में बड़ी कठिनाई का सामना करना पड़ता है। मैं भाखड़ा-ब्यास प्रबन्धन बोर्ड का ध्यान इस ओर भी दिलाना चाहूँगा कि बी.बी.एम.बी. के पानीपत के 400 के.वी. सब-स्टेशन में न्यून वोल्टेज रहती है। इस सब-स्टेशन में 76 एम.वी.ए.आर. का संट रियेक्टर लगा हुआ है। इस रियेक्टर को स्विच किये जाने लायक (switchable) बनाया जाये ताकि पानीपत क्षेत्र को बढ़िया वोल्टेज की बिजली देने के लिए कम वोल्टेज की स्थिति में इसे बंद किया जा सके।

भाखड़ा मेन लाइन और नरवाना ब्रांच हरियाणा की जीवन रेखाएँ हैं। मेरा आग्रह है कि यदि भाखड़ा मेन लाइन और नरवाना ब्रांच के रखरखाव का दायित्व बी.बी.एम.बी. को सौंपा जाये तो ज्यादा उचित रहेगा।

सोमवार, 29 अगस्त 2005, चण्डीगढ

समृद्धि का आधार

भाखड़ा-ब्यास भवन के उद्घाटन अवसर पर

आर्थिक विकास के लिए अन्तर्राज्यीय सहयोग की बी.बी.एम.बी. एक गौरवशाली और शानदार मिसाल है। इस आर्थिक विकास के लाभ हमारे इस क्षेत्र के ग़रीब से ग़रीब और अमीर से अमीर तबके के लोगों को वर्ष के हर दिन मिल रहे हैं। इसकी उत्कृष्टता और ईमानदारी की परम्परा दूसरे राज्यों के सिंचाई और बिजली विभागों के लिए प्रेरणा स्रोत है।

बी.बी.एम.बी. तथा केन्द्रीय सिंचाई और बिजली बोर्ड द्वारा हाल ही में प्रकाशित अभिलेखीय साहित्य को पढ़कर मैं मन्त्रमुग्ध हो गया। इसको पढ़कर मेरे बचपन की भाखड़ा बाँध के निर्माण की रोमांचकारी यादें ताजा हो गयीं, क्योंकि उसी समय भाखड़ा बाँध का निर्माण कार्य शुरू हुआ था। भाखड़ा नंगल परियोजना से होने वाले क्रान्तिकारी लाभों पर जो राजनैतिक विचार-मंथन होता था, उसकी यादें आज भी मेरे दिलो-दिमाग में जीवंत हैं।

पण्डित जवाहरलाल नेहरू जी ने जब 1963 में भाखड़ा डैम राष्ट्र को समर्पित किया था, उस उमंग भरे उत्सव के अवसर पर मैं भी उपस्थित था। उस समय मेरे पिता चौधरी रणबीर सिंह जी सरदार प्रताप सिंह कैरों के मन्त्रिमण्डल में सिंचाई और बिजली मन्त्री थे। जब पण्डोह डैम टनल की परिकल्पना की गयी और इसका काम शुरू हुआ, उस समय भी मेरे पिता जी पंजाब के सिंचाई और बिजली मन्त्री थे और डॉ. के.एल. राव केन्द्रीय मन्त्री थे। इस टनल का निर्माण कार्य 1977 में पूरा हुआ था।

इस परियोजना की परिकल्पना सबसे पहले सन् 1908 में सर लुईस डेन द्वारा की गयी थी और सन् 1910 में नेला डैम का प्रस्ताव बनाया गया। लेकिन 3.72 करोड़ रुपये के खर्च से बनने वाले बाँध को लाभकारी नहीं समझा गया। वर्ष 1919 में एक अन्य प्रस्ताव तैयार किया गया, लेकिन उसे भी छोड़ दिया गया। अन्य कई दूसरे सरकारी प्रस्तावों की तरह वर्ष 1927 में एक अन्य प्रस्ताव ए.जे. वायली द्वारा दिया गया। वर्ष 1935 में इस योजना को पुनः स्थगित कर दिया गया। उस समय हमारा गृह राज्य पंजाब वास्तव में पाँच नदियों का प्रदेश था। वर्ष 1938 में शुष्क क्षेत्र दक्षिणी-पूर्वी पंजाब अर्थात् वर्तमान हरियाणा के इलाके में अकाल पड़ा हुआ था। किसानों की दुर्दशा को देखते हुए वर्ष 1939 में भाखड़ा बाँध परियोजना पर दोबारा विचार होने लगा। वर्ष 1940 में पंजाब के राजस्व मन्त्री सर सुन्दर सिंह मजीठा चाहते थे कि यह बाँध 750 फुट ऊँचा हो, ताकि इसका पानी सिंचाई और बिजली उत्पादन के लिए दो से चार गुणा अधिक क्षमता से प्रयोग में लाया जा सके। दुर्भाग्य से उनका निधन हो गया। उनके स्थान पर सर छोटू राम जी को पंजाब मन्त्रिमण्डल में लिया गया। मुझे इस बात का गर्व है कि सर छोटू राम मेरे पैतृक जिले रोहतक के निवासी थे और वे दक्षिणी-पूर्वी पंजाब अर्थात् वर्तमान हरियाणा के [illegible]ग्रस्त क्षेत्रों के लोगों की कठिनाइयों से भली-भाँति परिचित थे। उन्होंने इस बात को महसूस किया कि भाखड़ा बाँध परियोजना न केवल इन क्षेत्रों को अकाल के अभिशाप से मुक्त करने के लिए जरूरी है बल्कि सम्पूर्ण पंजाब की समृद्धि के लिए भी आवश्यक है। वे बड़े दूरदर्शी थे और वे समझते थे कि सिंचाई के साथ बिजली सुविधाओं का प्रसार भी समृद्धि का मुख्य आधार है। सन् 1945 के आस-पास इस परियोजना को अन्तिम रूप दे दिया गया। लेकिन इसका क्रियान्वयन 1947 में शक्तियों के हस्तांतरण और राजनैतिक अस्थिरता के चलते नहीं हो पाया।

वर्ष 1947 में देश के विभाजन के समय संयुक्त पंजाब के बंटवारे के कारण सिंचाई पर बड़ा बुरा प्रभाव पड़ा। भारत में पंजाब के क्षेत्र में केवल 20 प्रतिशत ही सिंचाई सुविधाएँ रह गयी थीं जबकि दोनों ओर सिंचाई पर निर्भर आबादी लगभग बराबर थी। लाखों शरणार्थी बेघर और भूमिहीन हो गये। उनमें

से अधिकांश वर्तमान हरियाणा में बस गये, लेकिन उनके लिए कोई सुनिश्चित सिंचाई व्यवस्था नहीं थी। हमारे लिए बड़े गर्व की बात है कि महामहिम राष्ट्रपति जी अपने व्यस्त कार्यक्रम में से समय निकाल कर रेनबैक्सी के अति आधुनिक बहुआयामी अनुसंधान और विकास केन्द्र का उद्‌घाटन करने के लिए आज गुड़गाँव में आये हैं। वर्ष 1960 में सिंधु जल संधि होने पर भारत सरकार द्वारा पाकिस्तान सरकार को एक निर्धारित धनराशि अदा करने के बाद सतलुज, ब्यास और रावी के सम्पूर्ण जल का उपयोग करने का अधिकार प्राप्त हुआ। जनवरी, 1955 में रावी-ब्यास नदियों के पानी पर अन्य राज्यों के साथ हुए समझौते में हमारे पैतृक राज्य पंजाब और पेप्सू के अधिकारों के बारे में स्पष्ट रूप से वर्णन है। भाखड़ा नंगल परियोजना इस दृष्टि से भी महत्वपूर्ण है कि यह रावी-ब्यास और सतलुज नदियों के पानी के भण्डारण और वितरण का केन्द्र बिन्दु है। ब्यास और सतलुज नदियों को आपस में जोड़ने की एक महत्वाकांक्षी परियोजना के वर्ष 1977 में पूरा होने से इस परियोजना की सिंचाई और विद्युत क्षमता में अभूतपूर्व वृद्धि हुई और रणजीत सिंह सागर डैम का निर्माण हुआ।

भाखड़ा ब्यास प्रबन्ध बोर्ड की परियोजनाएँ पंजाब, हरियाणा और राजस्थान की जीवन रेखाएँ हैं। इन परियोजनाओं से इन प्रदेशों की ज्यादातर सिंचाई जरूरतों को पूरा किया जाता है। इसके अलावा बहुत कम उत्पादन लागत पर अधिकतम 2873 मैगावाट पन बिजली का उत्पादन होता है। इस सस्ती और सुचारु बिजली उत्पादन के अभाव में हमारे क्षेत्र में बिजली की उपलब्धता की स्थिति बड़ी दयनीय होती। पन बिजली उत्पादन, जल और विद्युत ग्रिड को आपस में जोड़ने के लिए आज उसी आपसी सहयोग की नितान्त आवश्यकता है। यही इस क्षेत्र की समृद्धि और आर्थिक स्थिति को सुदृढ़ करने का एकमात्र रास्ता है। इस अवसर पर मैं सभी पड़ोसी राज्यों का आह्वान करता हूँ कि वे आर्थिक सहयोग के उस स्वर्ण युग को पुनर्जीवित करें और आर्थिक विकास, विशेषकर, इन्फ्रास्ट्रक्चर के क्षेत्र में सहयोग करें।

यह कटु सत्य है कि अपस्ट्रीम बाँध बनाये बिना हम नदियों के पानी का समुचित उपयोग नहीं कर सकते। बाँधों के अभाव में नदियों का 75 प्रतिशत पानी जोकि वर्ष के केवल चार महीनों में ही आता है, वह बाढ़ लाता है या समुद्र में ही व्यर्थ चला जाता है। हमें पेयजल और सिंचाई सुविधाओं की बढ़ती माँग, विशेष रूप से उन महीनों में जब वर्षा कम होती है, की पूर्ति के लिए अप स्ट्रीम बाँध शीघ्र से शीघ्र बनाने चाहिए। इनके निर्माण से पन-बिजली क्षमता का अधिकतम उपयोग होगा और जीवाश्म ईंधन से ग्रीन हाउस गैस का उत्सर्जन न्यूनतम होगा।

हम हरियाणा में तेजी से गिरते भूजल स्तर के लिए बड़े चिन्तित हैं। सतही जल सिंचाई सुविधाओं के अभाव में ट्यूबवैलों से अधिक जल निकासी के कारण भूजल स्तर तेजी से गिर रहा है। हम भूजल स्तर को ऊँचा उठाने के लिए कई स्कीमें चला रहे हैं। विडम्बना यह है कि इस वर्ष में भी जुलाई और अगस्त के महीनों में तीन पूर्वी नदियों के माध्यम से एक मिलियन एकड़ फुट से भी अधिक पानी पाकिस्तान में व्यर्थ ही चला गया, जबकि कुछ क्षेत्र सूखा और गिरते भूजल स्तर जैसी समस्याओं से जूझ रहे हैं।

भाखड़ा-ब्यास प्रबन्ध बोर्ड ने अपनी परियोजनाओं का कुशलता और दक्षता से प्रबन्धन करके एक अलग पहचान बनाई है। यह एक महान सेवा होगी यदि यह सुनिश्चित हो कि इसके लाभ लेने वाले राज्यों को पानी और बिजली का उनका न्यायोचित हिस्सा मिले।

सोमवार, 29 अगस्त 2005, चण्डीगढ़

संचार का बाग़ : सूचना के फूल

राजीव गाँधी चण्डीगढ़ टेक्नोलॉजी पार्क के उद्घाटन अवसर पर

यह एक ऐतिहासिक अवसर है। यहाँ पर टेक्नोलॉजी पार्क की स्थापना से इस क्षेत्र में आई.टी. को बहुत बढ़ावा मिलेगा। हमारे लिए यह और भी गौरव की बात है कि इस आई.टी. पार्क का नाम देश के पूर्व प्रधानमन्त्री स्वर्गीय श्री राजीव गाँधी जी के नाम पर रखा गया है। श्री राजीव गाँधी जी ने विज्ञान, सूचना प्रौद्योगिकी और टेक्नोलॉजी के प्रयोग करने पर अधिक बल दिया था ताकि 21वीं शताब्दी में भारत एक उच्च प्रौद्योगिकी सम्पन्न और मजबूत राष्ट्र के रूप में प्रवेश कर सके। उन्होंने देश में 'टेक्नोलॉजी मिशनों' की स्थापना की, जिनका उद्देश्य भारतीय परिस्थितियों के अनुकूल ज्ञान-विज्ञान और टेक्नोलॉजी का विकास करना था।

श्री राजीव गाँधी जी ने विज्ञान, सूचना प्रौद्योगिकी और टेक्नोलॉजी के क्षेत्र में देश को विश्व में अग्रणी स्थान दिलाने का जो सपना सँजोया था, उसे यू.पी.ए. की माननीय अध्यक्ष श्रीमती सोनिया गाँधी जी के ओजस्वी मार्गदर्शन तथा माननीय प्रधानमन्त्री जी के कुशल नेतृत्व में साकार करने के लिए कारगर कदम उठाये गये हैं। आज देश में जो कम्प्यूटर क्रान्ति आई है और उच्च टेक्नोलॉजी का प्रयोग हो रहा है, वह उनके सपनों को साकार करने की दिशा में बढ़ते कदम हैं।

मुझे यह बताते हुए बड़ा गर्व हो रहा है कि हरियाणा, पंजाब और केन्द्र शासित प्रदेश चण्डीगढ़ सूचना क्रान्ति लाने में जुटे हुए हैं। यह क्षेत्र उत्तरी भारत का 'टेक्नोलॉजी सिटी' बनने की ओर अग्रसर है और यहाँ पर आई.टी. और आई.टी.ई.एस. की प्रतिष्ठित कम्पनियाँ अपनी प्रौद्योगिकी परियोजनाएँ स्थापित कर रही हैं। नेस्कॉम के.एम.पी.जी. द्वारा किए गये अध्ययन ने चण्डीगढ़, पंचकूला और मोहाली तथा इसके आस-पास के क्षेत्रों को आई.टी. विकास के लिए उपयुक्त स्थान माना है। इन क्षेत्रों में उच्च साक्षरता दर है। यहाँ पर अग्रणी अनुसंधान संस्थान हैं और बढ़िया इन्फ्रास्ट्रक्चर उपलब्ध है।

हमने 'ट्राईसिटी परियोजना' के भाग के रूप में पंचकूला में एक आई.टी. पार्क स्थापित करने का पहले ही निर्णय किया हुआ है। पंचकूला, जोकि शिवालिक की तलहटी में स्थित है, में उच्च साक्षरता दर है, स्वच्छ पर्यावरण है, खेल परिसर, गोल्फ कोर्स आदि की सुविधाएँ उपलब्ध हैं। मुझे पूरा विश्वास है कि यह क्षेत्र भारत में आई.टी. के मुख्य आकर्षक स्थल के रूप में उभरेगा।

हरियाणा के गुड़गाँव ने आई.टी. के क्षेत्र में पहले ही ख्याति अर्जित कर ली है और वर्ष 2004-05 में आई.टी. का निर्यात 7300 करोड़ रुपये का हुआ। आई.टी. के निर्यात में कर्नाटक और तमिलनाडु के बाद हरियाणा का तीसरा स्थान है।

हाल ही में 'टेक्नोलॉजी पार्क्स' के विकास की एक नीति घोषित की गयी है, जिससे टेक्नोलॉजी पार्क्स और आई.टी. कोरिडोर्ज की स्थापना को बढ़ावा मिलेगा। इस नीति का उद्देश्य नॉनो टेक्नोलॉजी, बायो-टेक्नोलॉजी, मोबाइल कम्प्यूटिंग, जेनेटिक्स, चिप्प मैनुफैक्चरिंग, कम्युनिकेशन टेक्नोलॉजी और रोबोटिक्स आदि जैसी अति आधुनिक प्रौद्योगिकियों का प्रयोग करके सूचना प्रौद्योगिकी को बढ़ावा देना है। इस नीति से कृषि में सुदृढ़ता, निर्माण क्षेत्र में प्रस्थापित तुलनात्मक लाभों, निवेश को प्रोत्साहन, उद्योगों को विश्वस्तर पर प्रतियोगी बनाने के अवसरों का लाभ उठाया जायेगा।

हरियाणा राज्य आई.टी., आई.सी.टी. और आई.टी.ई.एस. को प्रणोद क्षेत्रों (थ्रस्ट एरिया) के रूप में मानता रहेगा, क्योंकि इनमें रोज़गार, निर्यात, धनोपार्जन की व्यापक सम्भावनाएँ हैं और सेवा केन्द्रों के विकास का मूल आधार हैं।

हरियाणा को आई.टी. उद्यमियों का आकर्षण स्थल बनाने के लिए आई.टी. उद्योगों को उदार

प्रोत्साहन दिये गये हैं। इन प्रोत्साहनों में भूमि के आवंटन में तरजीह देना, एफ.ए.आर. में रियायत, पंजीकरण और स्टाम्प शुल्क में छूट, बिजली शुल्क और स्थानीय विकास कर से मुक्ति और आई.टी. उद्योगों को ऋण देने में प्राथमिकता देना शामिल है।

मैं बड़े विश्वास के साथ कह सकता हूँ कि हमारी निवेश मैत्री नीतियों से हरियाणा से सॉफ़्टवेयर के निर्यात को बढ़ावा मिलेगा। इस अवसर पर मैं यह भी विश्वास दिलाना चाहूँगा कि राज्य में आई.टी. उद्योगों के विकास में आने वाली हर बाधा को दूर करने के लिए हमारी सरकार कटिबद्ध है।

मैं यहाँ उपस्थित उद्यमियों का आह्वान करता हूँ कि वे हरियाणा में अपने उद्यम स्थापित करके हरियाणा को आई.टी.ई.एस. और सॉफ़्टवेयर के निर्यात में अग्रणी राज्य बनाने में योगदान दें। हम 'डिजिटल डिवाइड' के अन्तर को पाटने की आवश्यकता के प्रति सचेत हैं। इस दिशा में हरियाणा ने पहले ही कारगर कदम उठाये हैं।

हमने यू.पी.ए. सरकार की 'राष्ट्रीय ई-शासन कार्य योजना' के तहत 'मिशन मोड प्रोजेक्ट' शुरू किया है। आज हम न केवल अग्रणी स्थान प्राप्त करने के लिए प्रयासरत हैं बल्कि हमने ए.डी.एच.ए.आर. जोकि राज्यव्यापी एरिया नेटवर्क है, की स्थापना से पहले ही 'ई-शासन' की पहल की हुई है। इस राज्यव्यापी एरिया नेटवर्क के लिए केन्द्र सरकार के सूचना प्रौद्योगिकी विभाग ने 102.62 करोड़ रुपये की एक परियोजना स्वीकृत की है। इसमें केन्द्रीय सूचना प्रौद्योगिकी विभाग का हिस्सा 62.62 करोड़ रुपये होगा। राज्यभर में 'एकल बिन्दु बहुसेवा प्रणाली ई-दिशा' स्थापित की जा रही है। राज्य सरकार ई-खरीद द्वारा राज्य सरकार के खरीद अभिकरणों और आपूर्तिकर्ताओं के मध्य तालमेल करने की योजना बना रही है। महत्वपूर्ण विभाग जैसे कि परिवहन, आबकारी, शिक्षा और वित्त विभाग ई-प्रशासन की प्रक्रिया बड़े पैमाने पर शुरू कर रहे हैं। इनमें से बड़े पैमाने पर निजी-सार्वजनिक भागीदारी की होगी, जिससे उद्योग को राज्य के विकास में भागीदार बनने का अवसर मिलेगा।

यू.पी.ए. सरकार के विज़न के अनुसार ही राज्य सरकार का भी सभी नागरिक केन्द्रित सेवाएँ प्रदान करने का विज़न है। मुझे आशा है कि इस विज़न को साकार करने के लिए उद्योग आवश्यक सहायता और विशेषज्ञता राज्य सरकार को प्रदान करेंगे।

पहले ही हरियाणा अर्थव्यवस्था के चुनिन्दा क्षेत्रों में सूचना प्रौद्योगिकी का प्रयोग नहीं कर रहा है बल्कि हम लोगों का जीवन स्तर उन्नत बनाने के लिए इसे जीवन के हर क्षेत्र में प्रयोग करने के लिए वचनबद्ध हैं।

अन्त में, मैं चण्डीगढ़ प्रशासन को यहाँ पर आई.टी. पार्क स्थापित करने के लिए बधाई देता हूँ। इस पार्क की स्थापना से इस क्षेत्र की दक्ष मानव शक्ति को रोज़गार के अत्यधिक अवसर प्राप्त होंगे और इस क्षेत्र के सर्वांगीण विकास में भी योगदान मिलेगा।

शनिवार, 24 सितम्बर 2005, चण्डीगढ़

प्रेस का पर्व

चण्डीगढ़ प्रेस क्लब द्वारा स्थापित मीडिया टावर के शिलान्यास और रजत जयन्ती समारोह में

चण्डीगढ़ प्रेस क्लब के रजत जयन्ती समारोह में परम आदरणीय प्रधानमन्त्री डॉ. मनमोहन सिंह जी को अपने बीच पाकर हमें बड़े गर्व का अनुभव हो रहा है। 'सिटी ब्यूटीफुल' चण्डीगढ़ तो आपका अपना घर है और अपना शहर है।

लगभग 50 वर्ष पूर्व भारत के प्रथम प्रधानमन्त्री पण्डित जवाहर लाल नेहरू जी ने इस आशा के

साथ भविष्य के इस शहर की आधारशिला रखी थी कि यह न केवल अतीत की बेड़ियों से मुक्त होगा, बल्कि नव भारत के लिए एक ऐसे नये अध्याय का भी शुभारम्भ करेगा, जिसमें संकुचित परम्पराओं और रीति-रिवाजों का कोई स्थान नहीं होगा। मैं कहना चाहूँगा कि आप उस आधुनिक भारत के निर्माण को एक नयी दिशा प्रदान करने का वह महान कार्य कर रहे हैं, जो उसे नयी ऊँचाइयों तक पहुँचाएगा।

यह भी बहुत ही गौरव की बात है कि आप चण्डीगढ़ प्रेस क्लब में प्रजातन्त्र के 'चौथे स्तम्भ' के माननीय सदस्यों के बीच विराजमान हैं। मुझे इसमें कोई संदेह नहीं कि यदि यह क्लब 50 वर्ष पूर्व विद्यमान होता, जब पण्डित नेहरू जी चण्डीगढ़ में अक्सर आया करते थे, तो उन्हें भी यहाँ इस क्लब के विशिष्ट सदस्यों से बातचीत कर बहुत ख़ुशी होती। बहरहाल, यह भी काफी सन्तोषजनक है कि 25 वर्ष पूर्व जब यह क्लब अस्तित्व में आया तो उस समय भारत के प्रथम प्रधानमन्त्री का एक अन्य सपना साकार हुआ। मैं यहाँ यह भी कहे बिना नहीं रह सकता कि पण्डित नेहरू जी ने एक बार कहा था, 'मैं दमित और नियन्त्रित प्रेस की बजाय प्रेस की पूर्ण स्वतन्त्रता का पक्षधर हूँ, भले ही उस स्वतन्त्रता का दुरुपयोग होने की आशंका हो।' उन्होंने प्रजातान्त्रिक समाज की स्थापना तथा बदलाव को बढ़ावा देने के लिए चण्डीगढ़ के प्रति गहरी आस्था व्यक्त की थी और इस शहर ने सही माने में उनके इस विश्वास को प्रमाणित किया है।

पण्डित नेहरू और इस शहर के वास्तुकार ले कारबूज़िए, दोनों ही चाहते थे कि यह शहर बौद्धिक गतिविधियों का केन्द्र बने और बुद्धिजीवियों के मार्गदर्शन का लाभ देश के कोने-कोने तक पहुँचे ताकि बदलाव की हवाएँ इस देश को एक स्पन्दनशील समाज में परिवर्तित कर सकें। देश में विकास के प्रति लोगों में चेतना जागृत करने और संकीर्ण मनोवृत्ति को बदलने में यहाँ के बुद्धिजीवियों, विशेषकर, मीडिया की एक महत्वपूर्ण भूमिका रही है। यह इस देश के प्रथम प्रधानमन्त्री पण्डित जवाहर लाल नेहरू जी की परिकल्पना को एक श्रद्धांजलि ही है कि आज चण्डीगढ़ मीडिया का एक अति महत्वपूर्ण केन्द्र बन गया है।

चण्डीगढ़ में एक-दूसरे से प्रतिस्पर्धा करते हुए भी प्रेस ने सदा अभिव्यक्ति की स्वतन्त्रता की लड़ाई के प्रति एकजुटता दर्शायी है। यह सम्भव है कि पश्चिमी जगत में 'मैकारथीज़म' जैसे दैत्य से लड़ने के लिए एक एड मॉरो जैसा साहसिक पत्रकार हो सकता है, लेकिन चण्डीगढ़ में यह प्रतिदिन की सच्चाई है कि यदि कोई बड़े से बड़ा व्यक्ति आम नागरिक के अधिकारों का हनन करने का प्रयास करता है, तो उसे प्रेस के आक्रोश का सामना करना पड़ता है।

इस प्रेस क्लब के विशिष्ट सदस्य ऐसे सूरमा हैं, जो पीड़ित व्यक्ति को न्याय दिलाने में मदद ही नहीं करते बल्कि आम नागरिक को यह आभास भी करवाते हैं कि न्याय हुआ है। यह कहना अतिशयोक्ति नहीं होगी कि चण्डीगढ़ प्रेस क्लब भारत का लघु स्वरूप है क्योंकि इसके सदस्य भारत के विभिन्न राज्यों से सम्बन्ध रखते हैं। यह क्लब समाज के बेजुबान वर्गों के लोगों की जुबान है।

मुझे विश्वास है कि यह क्लब 'चौथे स्तम्भ' के उच्च आदर्शों को सदैव बनाये रखेगा। हमें पत्रकारिता के उच्च आदर्शों की इसलिए जरूरत है कि प्रत्येक व्यक्ति सशक्त हो और समाज लाभान्वित हो।

शनिवार, 24 सितम्बर 2005, चण्डीगढ़

पुरानी चाल बदली तो पुराना चलन भी बदला

अति आधुनिक वातानुकूलित वोल्वो बस के शुभारम्भ के अवसर पर

हरियाणा राज्य परिवहन दिल्ली-चण्डीगढ़ और दिल्ली-कटड़ा रूटों पर वोल्वो बस सेवा शुरू कर रहा है। ये बसें अन्तर्राष्ट्रीय ख्याति प्राप्त वोल्वो कम्पनी द्वारा अत्याधुनिक तकनीक का प्रयोग करके बनाई गयी

हैं। वोल्वो बस में सीटों की संख्या 41 या 45 होगी। इसके अतिरिक्त, इन बसों में अत्याधुनिक सभी सुविधाएँ जैसेकि म्यूजिक सिस्टम, सी.टी.वी., डी.वी.डी., ओवर हैड लगेज कैरियर, हैड फोन आदि हैं।

दिल्ली से चण्डीगढ़ का किराया 350 रुपये तथा दिल्ली से कटड़ा तक का किराया 700 रुपये होगा तथा वापसी की टिकट पर 5 प्रतिशत छूट की सुविधा उपलब्ध होगी। टिकटों के लिए एडवांस बुकिंग चण्डीगढ़ और दिल्ली बस स्टैण्ड पर उपलब्ध होगीं। नाममात्र शुल्क पर टिकटों की होम डिलिवरी की सुविधा भी होगी।

प्रत्येक यात्री को एक बोतल मिनरल वाटर तथा एक समाचार-पत्र निःशुल्क दिया जायेगा। इसके अतिरिक्त, कोल्ड ड्रिंक और चिप्स पैकेट भी भुगतान करने पर प्राप्त किये जा सकेंगे। जलपान के लिए बस हरियाणा टूरिज्म कॉम्पलेक्सज़ पर रुकेगी।

सात वर्ष पुरानी सभी बसों को बदला जायेगा तथा वर्ष 2005-2006 के दौरान 765 बसों को बदलने का प्रस्ताव है। अब तक 225 बसों को बदला जा चुका है। नयी बसें और अधिक आरामदायक, आकर्षक, सुरक्षित तथा ईंधन की कम खपत वाली होंगी। राष्ट्रीय राजधानी क्षेत्र के लिए गुड़गाँव, सोनीपत और फरीदाबाद डिपो में सी.एन.जी. बसों को भी शुरू करने का प्रस्ताव है।

नये प्लान के अनुसार अत्याधुनिक बस स्टैण्डों का निर्माण किया जायेगा। कुछ बस स्टैण्ड बी.ओ.टी. आधार पर भी बनाये जायेंगे। यात्रियों को सभी अत्याधुनिक सुविधाएँ जैसे—ए.टी.एम., साईबर कैफे, ईटिंग ज्वाइंट्स तथा महत्वपूर्ण बस अड्डों पर रैन बसेरों की सुविधाएँ उपलब्ध करवाने के लिए बस अड्डों को अपग्रेड किया जा रहा है। हरियाणा राज्य परिवहन विभाग को कम्प्यूटराइज्ड किया जायेगा तथा हरियाणा रोडवेज इंजीनियरिंग कारपोरेशन का आधुनिकीकरण किया जायेगा तथा इसकी बस वाडी बनाने की क्षमता को भी बढ़ाया जायेगा।

विभाग ने नये हैवी व्हीकल ड्राइवरों को प्रमाण-पत्र देने तथा ट्रेनिंग देने के लिए पाँच ड्राइवर ट्रेनिंग स्कूल स्थापित किये हैं। यात्रियों की जान-माल की सुरक्षा के लिए सेवाओं को और अधिक बेहतर बनाया गया है। विभाग की आय को बढ़ाने के लिए नयी विज्ञापन पॉलिसी बनाई गयी है।

शनिवार, 1 अक्टूबर 2005, नयी दिल्ली

महामारी की मार

एड्स जागरूकता अभियान में दिया गया भाषण

एड्स आज दुनियाभर में एक महामारी की तरह फैल रही है। दुनियाभर में 30 लाख लोग प्रतिवर्ष एड्स से मर जाते हैं। हमारा देश भी इसके प्रभाव से अछूता नहीं है। भारत में वर्ष 1986 में एच.आई.वी. से पीड़ित एक व्यक्ति पाया गया था, लेकिन आज इनकी संख्या 51 लाख हो गयी है। अभी तक यह बीमारी भारत के दक्षिणी तथा उत्तर-पूर्वी इलाकों में अधिक पायी गयी है। अब हरियाणा, पंजाब और केन्द्र शासित प्रदेश चण्डीगढ़ में भी इस बीमारी का जोखिम है। इसलिए इससे बचने के लिए इस क्षेत्र में पूरी सावधानी बरतने की जरूरत है। लोगों को इस जानलेवा बीमारी के बचाव के प्रति सचेत और शिक्षित करने की जरूरत है।

यह तय है कि यदि एच.आई.वी. के इंफैक्शन की रोकथाम के लिए समय रहते कारगर उपाय नहीं किये गये तो हरियाणा, पंजाब और चण्डीगढ़ में ऐसी स्थिति का सामना करना पड़ेगा, जब हमारे आस-पड़ोस में ऐसे बच्चे जन्म लेने लगेंगे, जो एड्स नाम की लाइलाज बीमारी से ग्रस्त होंगे। इस स्थिति से बचने का इस समय सबसे बढ़िया उपाय है कि हर नागरिक इस खतरे को भांपे। इसके बचाव के

बारे में अधिक से अधिक जानकारी हासिल करे और एच.आई.वी. से ग्रसित होने से बचने के उपायों को अपनाएँ। इससे बचने का सबसे अच्छा उपाय है कि हर दम्पति वैवाहिक जीवन में एक-दूसरे के प्रति वफादार रहे। नौजवान अपने देश की संस्कृति के अनुरूप संयम बरतें। इसी में समझदारी है और यही इस रोग से बचने का कारगर उपाय है। एच.आई.वी. का इंफैक्शन कितना भयावह है, इसका अन्दाज़ा इस बात से लगाया जा सकता है कि यदि यह वायरस एक बार शरीर में प्रवेश कर जाये तो फिर इसका कोई इलाज नहीं होता।

आज स्वास्थ्य के क्षेत्र में हमारे सामने कई चुनौतियाँ हैं। यद्यपि हमने कई लाइलाज बीमारियों पर काबू पा लिया है। 25 राज्यों से कुष्ठ रोग समाप्त किया जा चुका है, पोलियो और टी.बी.जैसी बीमारियों पर धीरे-धीरे नियन्त्रण पाया जा रहा है। लेकिन एच.आई.वी. यानी कि एड्स की रोकथाम हमारे सामने सबसे बड़ी चुनौती है। यह मानव जीवन के अस्तित्व के लिए बहुत बड़ा ख़तरा है। अज्ञानता और लापरवाही के कारण यह रोग शहरों से गाँवों में आम जनता तक पहुँच रहा है। बचाव ही इसका एकमात्र उपाय है। इस बात की जानकारी हमें जन-जन तक पहुँचानी है। हमारे आदरणीय प्रधानमन्त्री डॉ. मनमोहन सिंह जी ने इसी वर्ष स्वतन्त्रता दिवस पर लाल किले के प्राचीर से राष्ट्र का आह्वान किया था कि एड्स एक बड़ी राष्ट्रीय समस्या बनती जा रही है और इससे युद्ध स्तर पर लड़ने की जरूरत है। हमें इस पर अंकुश लगाने और फैलने से रोकने के लिए जन-आन्दोलन चलाना होगा।

यह गर्व की बात है कि राष्ट्रीय सलाहकार परिषद् की माननीय अध्यक्ष श्रीमती सोनिया गाँधी जी के कुशल मार्गदर्शन और आदरणीय प्रधानमन्त्री डॉ. मनमोहन सिंह जी के कुशल नेतृत्व में यू.पी.ए. सरकार द्वारा देश के नागरिकों को स्वस्थ और निरोगी रखने के लिए राष्ट्रीय ग्रामीण स्वास्थ्य मिशन जैसे कार्यक्रम चलाए गये हैं। माननीय केन्द्रीय स्वास्थ्य और परिवार कल्याण मन्त्री जी आपकी प्रेरक देखरेख में इन कार्यक्रमों से ग्रामीण क्षेत्रों में भी लोगों के घर द्वार तक स्वास्थ्य सेवाएँ पहुँचने लगी हैं।

हरियाणा में पिछले वर्ष किये गये मैपिंग सर्वेक्षण के आधार पर उच्च जोखिम वाले व्यक्तियों की संख्या 14 हजार 837 आंकी गयी थी। भारत सरकार के स्वास्थ्य मन्त्रालय ने 27 मई, 2005 को एक विज्ञप्ति जारी की थी जिसमें इस बात का उल्लेख था कि हरियाणा राज्य इस महामारी को रोकने में पूरी तरह से सक्रिय है और आंकड़ों के अनुसार संक्रमण की दर कम हो रही है। हम हरियाणा से इस बीमारी पर अंकुश लगाने के लिए सतत प्रयासरत हैं।

यह बीमारी 18 से 49 वर्ष के आयु वर्ग के व्यक्तियों को अधिक प्रभावित कर रही है, जो कि कमेरा वर्ग है। हरियाणा एड्स कंट्रोल सोसायटी द्वारा ऐसे लोगों के व्यवहार और आचरण में बदलाव लाने के लिए ग़ैर-सरकारी संगठनों के माध्यम से 16 जिलों में 16 लक्षित परियोजनाएँ चलाई जा रही हैं। शेष चार जिलों के लिए ग़ैर-सरकारी संगठनों से भी प्रस्ताव मंगवाये गये हैं। इस वर्ष के अन्त तक इन जिलों में भी ऐसी परियोजनाएँ शुरू हो जायेंगी।

हरियाणा में इस महामारी से निपटने के लिए एड्स नियन्त्रण कार्यक्रम अब टी.बी. नियन्त्रण, प्रजनन और शिशु कार्यक्रम के साथ चलाया जा रहा है। राज्य के सभी चिकित्सकों तथा पैरा मेडिकल स्टॉफ को एड्स की ट्रेनिंग दी जा चुकी है तथा आंगनवाड़ी कार्यकर्ता तथा निजी क्षेत्र के चिकित्सक (Private Medical Practitioners) को भी ट्रेनिंग दी जा रही है। प्रत्येक जिले के अस्पताल में एक ब्लड बैंक, एस.टी.डी. क्लीनिक, वी.सी.टी.सी. खोले जा चुके हैं जहाँ पर मात्र 10 रुपये में एच.आई.वी. टैस्ट की सुविधा उपलब्ध है तथा जाँच का परिणाम पूर्णतया गोपनीय रखा जाता है। राज्य के दो मेडिकल कॉलेजों में पी.पी.टी.सी.टी सेंटर चल रहे हैं। यह सेंटर राज्य के प्रत्येक जिले में भी शुरू किये जा रहे हैं ताकि प्रसवकालीन गर्भ में पल रहे शिशु को संक्रमण से बचाया जा सके।

हरियाणा राज्य में एड्स से पीड़ित व्यक्तियों की देखभाल के लिए यमुनानगर में रैडक्रॉस के साथ मिलकर एक कम्युनिटी केयर सेंटर चलाया जा रहा है, जिससे एड्स से पीड़ित व्यक्तियों की उचित देखभाल की जाती है। मेडिकल कॉलेज, रोहतक में शीघ्र ही एक एन्टी रिट्रो वायरल थैरैपी सेंटर खोला जा रहा है, जिसमें एड्स से पीड़ित व्यक्तियों को निःशुल्क औषधियाँ दी जायेगी।

हमारा दृढ़ संकल्प है कि एड्स से पीड़ित किसी भी व्यक्ति के साथ भेदभाव नहीं होने देंगे और इस जानलेवा बीमारी के विरुद्ध जन-जन को जागृत करने में सफल होंगे। 'एड्स की होगी हार, हम हैं तैयार'।

मंगलवार, 18 अक्तूबर 2005, चण्डीगढ़

प्रेरणा के स्रोत

इस ज़रा-सी लालटेन से नहीं मिटेगा
मेरा अँधेरा,
मुझे चाहिए
एक धधकता हुआ ज्वलंत सूर्य।

थोड़े-से शब्दों से नहीं बना सकता
मैं कविता,
मुझे चाहिए समूची भाषा—
सारी हरीतिमा पृथ्वी की
सारी नीलिमा आकाश की
सारी लालिमा सूर्योदय की।

—अशोक वाजपेयी

अमर रणबाँकुरा

कुलदीप सिंह की प्रतिमा का अनावरण

देश की एकता और अखण्डता की रक्षा के लिए अपने प्राण न्योछावर करने वाले वीर सपूत शहीद कुलदीप सिंह को मैं अपनी तरफ़ से, हरियाणा सरकार की तरफ़ से तथा प्रदेशवासियों की तरफ़ से श्रद्धा सुमन अर्पित करता हूँ। धन्य है, लाढ़ौत गाँव की धरा, जिसने शहीद कुलदीप सिंह जैसे वीर सपूत को जन्म दिया। शहीद कुलदीप सिंह की शहादत पर न केवल लाढ़ौत को बल्कि पूरे हरियाणा और समूचे राष्ट्र को गर्व है। मैं शहीद कुलदीप सिंह की माता श्रीमती अंगूरी देवी को भी नमन करता हूँ, जिन्होंने अपना लाडला देशसेवा के लिए समर्पित किया।

शहीद कुलदीप सिंह 18 जाट रेजीमेंट में लांस नायक थे। वे जम्मू-कश्मीर क्षेत्र के बारामूला इलाके में ऑप्रेशन रक्षक के दौरान आतंकवादियों द्वारा बारूदी सुरंग बिछाये जाने के कारण 12 अक्तूबर, 2000 को शहीद हो गये थे। वे अपने पीछे पत्नी सुनीता देवी, पुत्र योगेश, पुत्री कीर्ति, भाई साहब सिंह, माता अंगूरी देवी को छोड़कर गये हैं।

देश की रक्षा के लिए अपने प्राण न्योछावर करने वाले रणबांकुरे सदा अमर रहते हैं और उनका बलिदान देशवासियों के लिए सदा प्रेरणा-स्तम्भ होता है। भारत माता के माथे पर अपने ख़ून से विजय तिलक लगाने वाले शहीदों और उनके परिवारों का ऋण राष्ट्र कभी नहीं चुका सकता। हरियाणा को इस बात का गर्व है कि यहाँ प्राचीन काल से ही शौर्य, राष्ट्र-प्रेम, बलिदान और वीरता की उच्च परम्पराएँ रही हैं। राष्ट्रहित में बलिदान होने की भावना इस धरा के नौजवानों के ख़ून में रची-बसी हुई हैं। यहाँ के वीरों के बलिदानों की गाथाओं से हमारा इतिहास भरा पड़ा है। जब भी देश ने बलिदान के लिए पुकारा, तो हरियाणा के वीर सपूत हमेशा अग्रिम पंक्ति में रहे। आजादी प्राप्त करने के बाद हमारे देश ने चार बार विदेशी आक्रमण झेले हैं। चाहे वह 1962, 1965, 1971 के युद्ध थे या 1999 का ऑप्रेशन विजय, हरियाणा के वीर शहादत देने में हमेशा अग्रिम पंक्ति में रहे हैं।

हरियाणा का क्षेत्रफल देश के कुल क्षेत्रफल का केवल 1.37 प्रतिशत है और इसकी जनसंख्या देश की कुल जनसंख्या का लगभग दो प्रतिशत है। लेकिन गर्व की बात है कि आज देश की सेनाओं में हर दसवां जवान हरियाणा का है। स्वतन्त्रता सेनानियों, शहीदों, सेवारत सैनिकों और भूतपूर्व सैनिकों और उनके आश्रितों को राहत देने में हरियाणा देशभर में आगे है। स्वतन्त्रता सेनानियों की पेंशन 1400 रुपये से बढ़ाकर 3500 रुपये प्रतिमास कर दी गयी है। सैनिकों और भूतपूर्व सैनिकों द्वारा सी.एस.डी. से खरीदी जाने वाली वस्तुओं को कर से मुक्त रखा गया है। भूतपूर्व सैनिकों को आबकारी कर में 25 प्रतिशत की छूट दी गयी है। हरियाणा सरकार द्वारा द्वितीय विश्व युद्ध के उन भूतपूर्व सैनिकों को जो भारत सरकार या राज्य सरकार से कोई पेंशन प्राप्त नहीं कर रहे, इनकी राज्य सरकार द्वारा प्रदान की जाने वाली आर्थिक सहायता 500 रुपये से बढ़ाकर 800 रुपये प्रतिमास कर दी गयी है। हरियाणा सरकार ने अर्द्ध सैनिक बलों के सभी रैंकों को सेना के बराबर ही अनुग्रह अनुदान देने का निर्णय लिया है। यह अनुग्रह राशि केन्द्रीय आरक्षित पुलिस बल, भारत-तिब्बत सीमा पुलिस, प्रादेशिक सेना, केन्द्रीय औद्योगिक सुरक्षा बल,

गृह रक्षक, असम राईफल और रैपिड एक्शन फोर्स में कार्यरत उन सभी रैंकों के जवानों, जो हरियाणा के निवासी हैं, को मिलेगी। सैनिक स्कूल, कुंजपुरा, करनाल में पढ़ने वाले छात्रों के लिए वर्दी भत्ता 1500 रुपये से बढ़ाकर दो हजार रुपये प्रतिवर्ष तथा खुराक भत्ता 15 रुपये से बढ़ाकर 25 रुपये प्रतिदिन कर दिया गया है।

भारत माता के सपूतों के अमर बलिदानों के कारण ही आज हम खुली हवा में साँस ले रहे हैं। उन वीर सपूतों को मान और सम्मान प्रदान करना हमारा सर्वोच्च दायित्व है, क्योंकि कोई भी राष्ट्र तब तक ज़िन्दा रहता है, जब तक वह अपने वीरों का मान-सम्मान करता है तथा इतिहास और परम्पराओं को याद रखता है। इस अवसर पर हम सब के लिए यही संकल्प लेना उचित होगा कि हम देश की एकता और अखण्डता को कायम रखने के लिए अपने कर्त्तव्य निर्वहन से पीछे नहीं हटेंगे। यही शहीद कुलदीप सिंह के प्रति हमारी सच्ची श्रद्धांजलि होगी।

रविवार, 6-11-2005 फरवरी

बगावत का बिगुल

गुजरात डांडी मार्च की जयन्ती

दाण्डी यात्रा की 75वीं वर्षगाँठ पर गत 12 मार्च को कांग्रेस अध्यक्ष श्रीमती सोनिया गाँधी जी द्वारा साबरमती आश्रम से लेकर दाण्डी तक की यात्रा का जो शुभारम्भ किया गया है, उसका उद्देश्य जन-जन में गाँधी जी के आदर्शों का अनुसरण करने और उनकी विचारधारा को अपने जीवन में अपनाने के लिए प्रेरित करना है। इस यात्रा का एक ही नारा है—"गाँधी जी सिर्फ हमारा अतीत ही नहीं हैं, वे हमारा वर्तमान हैं और भविष्य भी हैं"।

राष्ट्रपिता महात्मा गाँधी जी द्वारा 75 साल पहले साबरमती से दाण्डी तक की गयी ऐतिहासिक यात्रा ने लोगों में न केवल आजादी के लिए एक नयी चेतना जागृत की बल्कि यह ब्रिटिश सरकार के विरुद्ध बगावत का एक बिगुल था। उस समय ब्रिटिश साम्राज्य द्वारा नमक जैसी दैनिक जरूरत की वस्तु पर भी कर लगाना आम व्यक्ति के बुनियादी हक़ पर एक प्रहार था। इस काले कानून के विरुद्ध लड़ाई लड़ने के लिए राष्ट्रपिता महात्मा गाँधी जी ने 78 अनुयायियों के साथ 12 मार्च, 1930 को साबरमती से दाण्डी तक की यात्रा शुरू की। लगभग 200 मील लम्बी इस यात्रा के दौरान जिस-जिस रास्ते से वे गुजरे वहाँ हर धर्म, हर वर्ग और हर सम्प्रदाय के क्या बच्चे, क्या बुज़ुर्ग, क्या जवान हजारों की तादाद में बापू जी के साथ हो लिये।

6 अप्रैल, 1930 को दाण्डी पहुँच कर राष्ट्रपिता महात्मा गाँधी जी ने समुद्र के पानी से नमक बनाकर नमक पर कर जैसे काले कानून के विरुद्ध अपनी आवाज़ बुलन्द करके ब्रिटिश हुक़ूमत को यह अहसास करवा दिया था कि भारत को लम्बे समय तक गुलाम नहीं रखा जा सकता। 75 वर्ष पूर्व घटी इस ऐतिहासिक घटना ने आजादी के आन्दोलन को एक नयी दिशा दी। उन्होंने दुनिया को अहिंसा जैसे अनोखे शस्त्र की ताकत का भी अनुभव करवा दिया। दाण्डी जैसे छोटे से गाँव में जो आजादी की चिंगारी फूटी, कालान्तर में वह ज्वाला बनी और उस हुक़ूमत की चूलें हिला दीं, जिसके साम्राज्य में कभी सूरज नहीं छिपता था।

राष्ट्रपिता महात्मा गाँधी जी के हम सदैव ऋणी रहेंगे, जिन्होंने सत्य और अहिंसा के बल पर भारत को विदेशी ताकतों के शिकंजे से मुक्त करवाया। सत्य और अहिंसा के पुजारी राष्ट्रपिता महात्मा गाँधी जी बीसवीं शताब्दी के ऐसे महान पुरुष थे, जिन्होंने अपने व्यावहारिक जीवन से, अपने चिन्तन-मनन

और विचारों से न केवल देशवासियों का ही मार्गदर्शन किया, बल्कि समूची मानवता को जीवन का कल्याणकारी रास्ता दिखाया। उन का व्यक्तित्व एक दर्शन है और उनका कृतित्व एक विचारधारा है। गाँधी जी ने हमें हमारे पारम्परिक मूल्य दिये। उन्होंने हमारी संस्कृति, हमारी परम्पराओं को बनाये रखने के लिए संघर्ष किया। उन्होंने सत्याग्रह, उपवास, सत्य और अहिंसा के सिद्धान्तों को जो नये अर्थ दिये, आजादी की लड़ाई के दौरान इन्हें नैतिक हथियार के तौर पर इस्तेमाल किया, उसकी मिसाल दुनिया की तारीख में नहीं मिलती। उन्होंने यह सिद्ध कर दिया कि अहिंसा, सत्याग्रह और उपवास किसी कमजोरी की निशानी नहीं, बल्कि आत्म-बल के सूचक हैं। इन हथियारों का प्रयोग वही लोग कर सकते हैं, जिनका व्यक्तित्व आत्म-बल, आत्म-विश्वास और आत्म-संयम से ओत-प्रोत हो।

गाँधी जी बड़े दूरदर्शी थे, उनका जनता की सामूहिक शक्ति में अटूट विश्वास था। वह कोटि-कोटि भारतीय जनता की नब्ज़ पहचानते थे और उनके हितों के प्रति सदैव चिन्तित रहते थे। उन्होंने स्वयं धोती-लंगोटी धारण कर देशवासियों के सामने सादगी की मिसाल कायम की। गाँधी जी का स्वदेशी आन्दोलन एक प्रकार से भारत की ग़रीब जनता के लिए एक 'आर्थिक कार्यक्रम' था। स्वराज के बाद गाँधी जी ने ऐसे रामराज्य की कल्पना की थी, जहाँ पर ग़रीब-से-ग़रीब व्यक्ति को भी विकास के समान अवसर मिलें।

हरियाणा के साथ राष्ट्रपिता महात्मा गाँधी जी का एक अटूट रिश्ता रहा है। उन्होंने अनेक बार अपने चरणों से इस प्रदेश को पवित्र किया था। स्वतन्त्रता आन्दोलन के दौरान गाँधी जी को भारत में सबसे पहले 8 अप्रैल, 1919 को, जब वे पंजाब जा रहे थे तो अंग्रेजी सरकार ने उन्हें पलवल रेलवे स्टेशन पर गिरफ़्तार किया था। उनकी इस गिरफ़्तारी से भारतीय स्वतन्त्रता आन्दोलन को एक नयी शक्ति मिली थी। राष्ट्रपिता महात्मा गाँधी जी के सिद्धान्त और आदर्श आज भी हमारे लिए उतने ही प्रासंगिक हैं, जितने कि उस समय थे। हमें इन आदर्शों के प्रकाश-पुंज से सारे देश और संसार को आलोकित करना है।

कांग्रेस पार्टी के आदर्श और मूल मन्त्र राष्ट्रपिता महात्मा गाँधी जी के आदर्शों और सिद्धान्तों से गहरे तौर पर जुड़े हुए हैं। चाहे वह धार्मिक सहिष्णुता हो या सारे सम्प्रदायों और धर्मों को एक सूत्र में पिरोकर आगे ले चलने की क्षमता हो, चाहे वह 'वसुधैव कुटुम्बकम्' द्वारा सारे संसार को एक परिवार मानने की भावना हो या साहस और आत्मविश्वास और आत्म-सम्मान के साथ आगे बढ़ने का जोश हो। कांग्रेस पार्टी ही एक ऐसी पार्टी है, जिसकी अपनी गौरवशाली परम्पराएँ हैं। यही कारण है कि कांग्रेस पार्टी का कारवां पिछले 120 वर्षों से निरन्तर आगे चलता आ रहा है, जिसे राष्ट्रपिता महात्मा गाँधी जी, पण्डित जवाहरलाल नेहरू जी, सरदार वल्लभभाई पटेल जी, श्री लालबहादुर शास्त्री जी, श्रीमती इन्दिरा गाँधी जी और श्री राजीव गाँधी जी ने अपने ख़ून और पसीने से सींचा है।

शुक्रवार, 18 मार्च, 2005, गुजरात

शहीदों की धरोहर

जलियाँवाला बाग दिवस

हम यहाँ पर जलियाँवाला बाग के शहीदों को श्रद्धांजलि देने के लिए एकत्रित हुए हैं। समूचा राष्ट्र आज जलियाँवाला बाग के महान शहीदों को अपने श्रद्धासुमन अर्पित कर रहा है। इस अवसर पर मैं अपनी ओर से, हरियाणा की जनता की ओर से तथा हरियाणा सरकार की ओर से जलियाँवाला बाग के शहीदों को अपने श्रद्धासुमन अर्पित करता हूँ। जलियाँवाला बाग दिवस पर उस नरसंहार में शहीद हुई भारत

माता की बहादुर सन्तानों को श्रद्धांजलि देने के लिए दूर-दूर से आये सम्मान के योग्य स्वतन्त्रता सेनानियों को मैं प्रणाम करता हूँ। स्वतन्त्रता सेनानी उत्तराधिकारियों का स्वागत और अभिनन्दन करता हूँ।

आजादी के लिए हमारे देश के असंख्य लोगों ने क़ुर्बानियाँ दीं। एक तरफ़ महात्मा गाँधी जी की रहनुमाई में अहिंसा के रास्ते पर चलते हुए आजादी की लड़ाई लड़ी गयी थी। दूसरी ओर नेताजी सुभाष चन्द्र बोस ने आजाद हिन्द फ़ौज बनाकर अंग्रेजों से लोहा लिया था और विदेशों में रहकर आजादी की लड़ाई लड़ी थी। सरदार भगत सिंह, सुखदेव, राजगुरु, उधम सिंह तथा चन्द्रशेखर आजाद जैसे क्रान्तिकारियों के नेतृत्व में अंग्रेजों से सशस्त्र लड़ाई लड़ी गयी थी।

हमारे देश की आजादी का आन्दोलन ऐतिहासिक हृदय विदारक घटनाओं और बलिदानों से भरा पड़ा है। सत्ता के नशे में चूर ब्रिटिश हुक़ुमरानों ने अपनी ख़ूनी प्यास बुझाने के लिए इस देश की निहत्थी और शान्तिप्रिय जनता पर घिनौने ज़ुल्म ढाए थे। ऐसी दर्दनाक घटनाओं में 1857 की क्रान्ति के बाद सबसे हृदय विदारक घटना 13 अप्रैल, 1919 को अमृतसर के जलियाँवाला बाग में घटी थी। इस घटना की कहानी सुनकर आज भी रोंगटे खड़े हो जाते हैं।

13 अप्रैल के साथ हमारी कई कड़वी-मीठी यादें जुड़ी हुई हैं। इस दिन फसल पकने की ख़ुशी में बैसाखी का त्योहार मनाया जाता है। इसी दिन सन् 1699 को महान दशमेश पिता गुरु गोबिन्द सिंह जी ने खालसा पंथ की स्थापना की थी।

13 अप्रैल को ही बैसाखी के दिन अमृतसर के जलियाँवाला बाग में रोलेट एक्ट का विरोध करने के लिए हजारों की संख्या में महिलाएँ, बच्चे, नौजवान और बूढ़े लोग जमा हुए थे। उनका इरादा शान्तिपूर्ण ढंग से विरोध प्रकट करने का था। उनमें हर जाति, सम्प्रदाय और धर्म के लोग थे। जनसभा शुरू ही हुई थी कि जनरल डायर ने जनसभा को तितर-बितर करने के लिए अंधाधुंध गोलियाँ चलाने के आदेश दे दिये और बाग के एकमात्र रास्ते पर तोपें लगवा दीं ताकि लोग बचकर न निकल सकें। गोलियों से और भगदड़ में सैंकड़ों लोग मारे गये और बहुत से घायल हो गये। जलियाँवाला बाग में एक कुआँ भी था। अपनी जान बचाने के लिए सैकड़ों लोगों ने उसमें छलांग लगा दी। वह कुआँ ही उनका कब्रगाह बन गया। इसके पीछे जनरल ओ.डायर की एक ही मंशा थी कि पंजाब की शूरवीर जनता में भय और आतंक फैलाया जाये, क्योंकि पंजाब की शूरवीर जनता ने ब्रिटिश सरकार की नींद हराम कर दी थी।

इस दर्दनाक घटना ने आजादी के आन्दोलन में आग में घी का काम किया। इसके बाद भारतीय स्वतन्त्रता संग्राम दिनोंदिन जोर पकड़ता गया। आखिरकार जलियाँवाला बाग में आजादी की बलिवेदी पर शहीद हुए वीरों का बलिदान रंग लाया और 15 अगस्त, 1947 को हमें आजादी मिली। आज हम जिस आजादी का सुख भोग रहे हैं, वह हमारे महान शहीदों के बलिदानों की देन है।

हमें उन ख़तरों से सावधान रहना होगा, जो हमारी स्वतन्त्रता, एकता और अखण्डता पर मंडरा रहे हैं। आतंकवाद, साम्प्रदायिकता, जातिवाद आदि को बढ़ावा देने वाली ताकतों को हमें पराजित करना होगा। स्वतन्त्रता सेनानियों के उत्तराधिकारियों को अपनी इस जिम्मेदारी को गम्भीरता से लेना होगा। मेरा सम्बन्ध भी स्वतन्त्रता सेनानी परिवार से है। मेरे आदरणीय पिता चौधरी रणबीर सिंह जी ने राष्ट्रपिता महात्मा गाँधी जी और पण्डित जवाहरलाल नेहरू जी के नेतृत्व में आजादी के आन्दोलन में बढ़-चढ़ कर भाग लिया था। अनेक बार जेल की यातनाएँ सहीं। उन्हें आजाद भारत का संविधान बनाने वाली संविधान सभा का सदस्य होने का गौरव हासिल है। हमारे महान स्वतन्त्रता सेनानियों के सिद्धान्तों पर चलने की प्रेरणा मुझे विरासत में मिली हुई है।

आज की परिस्थितियों में व्यक्तिगत और सार्वजनिक जीवन में उन महान आदर्शों, सिद्धान्तों और मूल्यों को स्थापित करने की जरूरत है, जो हमारे स्वतन्त्रता आन्दोलन के दौरान उभर कर आये थे, तभी

देश प्रगति की नयी बुलन्दियों पर पहुँच सकती है।

केवल राजनीतिक स्वतन्त्रता प्राप्त करना हमारे शहीदों, क्रान्तिकारियों अथवा स्वतन्त्रता सेनानियों का उद्देश्य नहीं था। उन्होंने एक ऐसे स्वतन्त्र भारत का सपना सँजोया था, जिसमें ग़रीबी, बेरोज़गारी, भुखमरी, आर्थिक विषमता, अशिक्षा और अभाव का कोई स्थान न हो। सभी भारतवासी सम्मान से ख़ुशहाली का जीवन जियें। स्वतन्त्रता सेनानियों का यह सपना पूरा होना अभी बाकी है।

मैं आप सभी को विश्वास दिलाता हूँ कि हमारे स्वतन्त्रता संग्राम के दौरान जो उच्च आदर्श, सिद्धान्त और मूल्य स्थापित हुए थे, वे मेरे मार्गदर्शक रहेंगे। हम स्वतन्त्रता सेनानियों और उत्तराधिकारी साथियों की हर सम्भव सेवा करने की कोशिश करेंगे। हमने हरियाणा में स्वतन्त्रता सेनानियों की मासिक पेंशन 1400 रुपये से बढ़ाकर 3500 रुपये कर दी है।

हमारे लिए ख़ुशी की बात है कि महान स्वतन्त्रता सेनानी नेता जी सुभाषचन्द्र बोस के निकट सहयोगी अखिल भारतीय स्वतन्त्रता सेनानी संगठन और अखिल भारतीय स्वतन्त्रता सेनानी उत्तराधिकारी संगठन के संस्थापक परम पूज्य देशरत्न पण्डित शीलभद्र याजी का जन्म शताब्दी वर्ष प्रारम्भ हो चुका है। उन्होंने आजादी के आन्दोलन में बढ़-चढ़ कर भाग लिया था।

जलियाँवाला बाग हर भारतवासी के लिए साम्प्रदायिक सद्‌भाव तथा धार्मिक एकता का स्मृति स्थल बन गया है। जलियाँवाला बाग के शहीदों के प्रति हमारी सच्ची श्रद्धांजलि यही होगी कि हम धर्म, जाति, सम्प्रदाय और क्षेत्रवाद की भावना से ऊपर उठकर राष्ट्र की एकता और अखण्डता को और अधिक मजबूत बनाने का संकल्प दोहराएँ।

बुधवार, 13 अप्रैल 2005, लुधियाना

जागृति के अग्रदूत

राष्ट्रीय आर्य कार्यकर्ता महासम्मेलन के अवसर पर

इस दो दिवसीय राष्ट्रीय आर्य कार्यकर्त्ता महासम्मेलन को आयोजित करने के लिए मैं सार्वदेशिक आर्य प्रतिनिधि सभा को हार्दिक बधाई देता हूँ। इस दो दिवसीय महासम्मेलन में अध्यात्म जागरण, जाति तोड़ो-समाज जोड़ो और साम्प्रदायिक सद्‌भाव, नशाबंदी तथा कन्या भ्रूण हत्या जैसे सामयिक विषयों पर गहन विचार-मंथन से जो निष्कर्ष निकलेंगे, उससे समाज को अवश्य ही एक नयी दिशा मिलेगी।

आज बुद्ध पूर्णिमा का पावन दिवस है। इसी दिन महात्मा बुद्ध को ज्ञान की प्राप्ति हुई थी। यह भी माना जाता है कि बुद्ध का जन्म भी पूर्णिमा को हुआ, ज्ञान भी पूर्णिमा के दिन हुआ और मोक्ष भी पूर्णिमा के दिन प्राप्त हुआ।

इतिहास में ऐसे अनेक महापुरुष, अनेक सन्त-महात्मा और ऐसी कई महान विभूतियाँ पैदा हुई हैं, जिनके जीवन में छोटी-सी घटना ने बहुत बड़ा परिवर्तन ला दिया। इन महान विभूतियों में महर्षि वाल्मीकि, महात्मा बुद्ध और गोस्वामी तुलसीदास के नाम लिये जा सकते हैं। महर्षि दयानन्द जी के साथ भी कुछ इसी प्रकार की घटना बचपन में घटी, जिसका उनके मन पर बहुत गहरा असर पड़ा और उनके जीवन की दिशा ही बदल दी। महर्षि दयानन्द सरस्वती जी को मैं आज के भारत का निर्माता मानता हूँ, उन्होंने न सिर्फ वेदों की शिक्षाओं के प्रचार के लिए काम किया और लोगों में वेदों के प्रति श्रद्धा की भावना पुनः पैदा की बल्कि वे क्रान्तिकारी समाज सुधारक थे। उन्होंने सन् 1875 में आर्य समाज की स्थापना की।

स्वामी दयानन्द जी ने भारतीयों में राष्ट्रीय गौरव की भावना पैदा की। उन्होंने जिस समय जन्म

लिया था, उस समय भारत दासता की बेड़ियों में जकड़ा हुआ था और देश को आजाद कराने की चिंगारी धीरे-धीरे सुलग रही थी। उन्होंने सोये हुए भारतीयों को, दासता से मुक्ति पाने के लिए, अपने तरीके से जगाने की कोशिश की। आर्य समाज ने देश को अनेक महान क्रान्तिकारी और स्वतन्त्रता सेनानी दिये हैं। स्वामी श्रद्धानन्द, महात्मा हंसराज, लाला लाजपतराय और राम प्रसाद बिस्मिल जैसे महान देशभक्तों की लम्बी सूची है। अमर शहीद मदन लाल ढींगरा और शहीद-ए-आजम भगत सिंह जी के जीवन पर आर्य समाज की गहरी छाप थी। कांग्रेस के महान नेता और भारतीय कांग्रेस कमेटी के पूर्व अध्यक्ष स्वर्गीय डॉ. पट्टाभि सीतारमैया का यह कथन भारत की आजादी के इतिहास में स्वर्ण अक्षरों में अंकित है कि 'स्वतन्त्रता आन्दोलन में 80 प्रतिशत आर्य समाजी थे।'

स्वामी दयानन्द जी ने हम सब को भारत की महान संस्कृति और ऊँचे आदर्शों का ज्ञान कराया। उन्होंने वेदों के ज्ञान को जनसाधारण तक पहुँचाने के लिए जो प्रयास किये, उससे हम और हमारी आने वाली पीढ़ियाँ कभी ऋण मुक्त नहीं हो सकेंगी। महर्षि दयानन्द जी ने इस बात को अच्छी तरह से महसूस कर लिया था कि अंग्रेजी हुकूमत ने हमारी शिक्षा और हमारी संस्कृति पर प्रहार करके हमें कमजोर बनाने की कोशिश की। कोई भी देश शिक्षा और संस्कृति से टूट कर आगे नहीं बढ़ सकता। पिछड़ेपन से मुक्ति पाने के लिए यह बहुत जरूरी है कि हम शिक्षा का प्रसार करें। उन्होंने शिक्षा के प्रसार पर सबसे ज्यादा जोर दिया।

नारी शिक्षा के लिए भी जागृति पैदा करने का जितना काम स्वामी दयानन्द जी तथा आर्य समाज ने किया है, उतना शायद ही किसी ने किया हो। वैदिक काल में नारी को जो स्थान प्राप्त था, उसी गौरवपूर्ण स्थान को स्वामी जी पुनः भारतीय नारी को दिलाना चाहते थे। उस समय कहीं बाल-विवाह की प्रथा थी, तो कहीं विधवा विवाह के बारे में बड़ा विरोध था। समाज में अंध-विश्वास और रूढ़िवादी परम्पराएँ फैली हुई थी। ख़ासतौर पर लोग अपनी लड़कियों को चौका-बर्तन और घर की चारदीवारी तक ही सीमित रखते थे। लोग यह मानते थे कि लड़कियों को पढ़ाने का क्या फायदा। शादी के बाद उन्होंने चूल्हे-चौके का काम ही करना है। इस प्रकार की धारणाओं का स्वामी दयानन्द जी ने डटकर विरोध किया और समाज में जागृति पैदा की। इसीलिए उन्हें सामाजिक चेतना का अग्रदूत कहा जा सकता है। उन्होंने कहा कि लड़की के लिए शादी की आयु कम से कम 16 वर्ष और लड़के लिए कम से कम 25 वर्ष होनी चाहिए। उन्होंने कहा कि बाल विधवा का भी दोबारा विवाह किया जाना चाहिए

हमारी संस्कृति में प्राचीन समय से ही महिलाओं का बड़ा उच्च स्थान रहा है। हमारे वेदों और शास्त्रों में तो यहाँ तक कहा गया है 'जहाँ नारी का सम्मान होता है, वहीं पर ही देवताओं का वास होता है'। हमारे देश में सीता, सावित्री, रानी लक्ष्मी बाई, श्रीमती सरोजनी नायडू, विजय लक्ष्मी पण्डित, श्रीमती इन्दिरा गाँधी, मदर टेरेसा जैसी महान महिलाओं ने साहसिक कार्यों से अपना नाम इतिहास में स्वर्ण अक्षरों में अंकित किया है। आज यू.पी.ए. की राष्ट्रीय सलाहकार परिषद् के अध्यक्ष के गौरवशाली पद को श्रीमती सोनिया गाँधी जी सुशोभित कर रही हैं।

हमारे लिए यह बड़े गौरव की बात है कि आज हमारे देश की महिलाएँ प्रगति के किसी भी क्षेत्र में किसी भी तरह पीछे नहीं हैं। राजनीति का क्षेत्र हो, चाहे समाज सेवा का, शिक्षा का क्षेत्र हो, चाहे ज्ञान-विज्ञान का हो, सभी क्षेत्रों में आज महिलाएँ आगे बढ़ रही हैं। लेकिन महिला सशक्तिकरण की दिशा में अभी बहुत कुछ किया जाना बाकी है। मैं विशेषरूप से कन्या भ्रूण हत्या की रोकथाम के बारे में चर्चा करना चाहूँगा। कन्या भ्रूण हत्या न केवल एक सामाजिक अभिशाप है बल्कि एक दण्डनीय अपराध भी है। इसकी सार्वजनिक तौर पर निन्दा होनी चाहिए। कन्या भ्रूण हत्या की रोकथाम के लिए कानूनी प्रावधानों का कड़ाई से पालन करने के साथ-साथ सामाजिक आन्दोलन भी चलाए जाने की जरूरत है। हमें हर हालात में लड़का और लड़की के भेदभाव की मानसिकता को बदलना है, तभी समाज में समान

लिंगानुपात की स्थिति रह पाएगी। आज समाज में यह चेतना लाये जाने की जरूरत है कि वे लड़का-लड़की में कोई फर्क न समझें, लड़की हो या चाहे लड़का अगर वे योग्य होंगे तभी परिवार का नाम रोशन होगा। लड़कों से ज्यादा तो लड़कियों का अपने माँ-बाप और भाई-बहन के प्रति अगाध प्रेम होता है। इसलिए हमें लड़के और लड़की के फर्क और इसके पालन-पोषण में किये जाने वाले भेदभाव की मानसिकता को बदलना है।

हरियाणा में स्त्री-पुरुष अनुपात चिन्ताजनक स्थिति में पहुँच गया है। वर्ष 1991 में राज्य में एक हजार पुरुषों के पीछे 865 महिलाएँ थीं, जो वर्ष 2001 में घटकर 861 रह गयी हैं। हमने प्रदेश के शासन की बागडोर सम्भालते ही गिरते स्त्री-पुरुष अनुपात की समस्या को गम्भीरता से लिया है और इसके लिए कुछ महत्वपूर्ण कदम उठाये हैं। प्रसव पूर्व लिंग निदान तकनीक अधिनियम (Pre Natal Diagnostic Techniques Act) को कठोरता से लागू किया जा रहा है। राज्य में एक टास्क फोर्स का गठन करने का निर्णय लिया है, जो ऐसे क्लीनिकों पर छापे मारेगी, जहाँ प्रसव पूर्व लिंग निर्धारण और कन्या भ्रूण हत्या जैसी ग़ैर-कानूनी गतिविधियाँ होती हैं। यह टास्क फोर्स स्थानीय स्वास्थ्य कर्मचारियों, पत्रकारों, ग़ैर-सरकारी संगठनों और पुलिस के सहयोग से इस बुराई को जड़ से मिटाने के लिए भी कार्य करेगी।

इस गम्भीर सामाजिक समस्या के समाधान के लिए हरियाणा सरकार शीघ्र ही एक महत्वाकांक्षी योजना शुरू कर रही है। इस स्कीम के अन्तर्गत दूसरी कन्या के जन्म पर पाँच साल के लिए प्रतिवर्ष 5 हजार रुपये दिये जायेंगे। यह राशि डाकखाने की मासिक आय योजना में छः वर्ष की अवधि के लिए लड़की और उसके माता-पिता के संयुक्त खाते में जमा करवाई जायेगी। यह महत्वाकांक्षी योजना कन्या भ्रूण हत्या को रोकने और गिरते लिंगानुपात की समस्या का समाधान करने में कारगर साबित होगी। इसके अलावा यह योजना लड़कियों के बेहतर पालन-पोषण को भी सुनिश्चित करेगी।

समाज के सर्वांगीण विकास के लिए महिलाओं का शिक्षित होना जरूरी है। पढ़ी-लिखी नारी केवल दो परिवारों का ही कल्याण नहीं करती बल्कि पूरे समाज में जागृति लाने और रूढ़िवादी परम्पराओं को तोड़ने में योगदान देती है। हरियाणा में महिलाओं को शत-प्रतिशत साक्षर बनाने का हमारा संकल्प है। इस समय राज्य में महिला साक्षर के अधिक-से-अधिक प्रयास किये जायेंगे।

आज हम सब पर इस बात की बहुत बड़ी जिम्मेदारी है कि हम स्वामी दयानन्द जी के सपनों का भारत बनाने के लिए, राष्ट्र को मजबूत बनाने के लिए, कन्या भ्रूण हत्या, दहेज प्रथा, विवाह शादियों में फिजूलखर्ची जैसी सामाजिक बुराइयों को समाप्त करने के लिए एकजुट हो अभियान चलाएँ। ऐसा करके ही हम स्वामी दयानन्द जी की शिक्षाओं के प्रति अपनी सच्ची श्रद्धा व्यक्त कर सकते हैं।

सोमवार, 23 मई 2005, नयी दिल्ली

प्रेरणादायक प्रकाश स्तम्भ

राजा सूरजमल हैरिटेज फाउण्डेशन का अभिनन्दन समारोह

राजा सूरजमल हेरिटेज फाउण्डेशन द्वारा आयोजित इस समारोह में अपने आप को आप लोगों के बीच पाकर मैं बेहद ख़ुशी महसूस कर रहा हूँ। राजा सूरजमल हैरिटेज फाउण्डेशन भारत की उस महान विभूति के नाम पर है, जिन्होंने शूरवीरता, देशभक्ति, धर्मपरायणता और सामाजिक न्याय के गौरवशाली आदर्श स्थापित किये थे।

भारतीय संस्कृति के रक्षक महाराजा सूरजमल जी का प्रेरणादायक व्यक्तित्व प्रकाश स्तम्भ की तरह

युगों-युगों तक मानवता का मार्गदर्शन करता रहेगा। मुगल काल के अत्याचारी शासकों से स्वदेश और धर्म की रक्षा करने वाले महापुरुषों महाराणा प्रताप, छत्रपति शिवाजी और गुरु गोबिन्द सिंह जी जैसे महान देशभक्तों की आदर्श शौर्य परम्परा की निरन्तर अटूट कड़ी बनने का श्रेय महाराजा सूरजमल जी को ही जाता है। उनका जन्म ऐसे समय में हुआ था, जब कुछ बाहरी शक्तियाँ देश की एकता और अखण्डता तथा संस्कृति को नष्ट करने पर तुली हुई थीं। देश में एक तरह अराजकता फैली हुई थी। महाराजा सूरजमल ने इन शक्तियों से लोहा लिया तथा अपने साहस, वीरता, दूरदर्शिता और कुशलता की छाप छोड़ी। उन्हें 14 वर्ष की छोटी आयु में ही भरतपुर की एक छोटी-सी रियासत के राज-काज का काम सौंपा गया।

महाराजा सूरजमल ने अपनी सूझबूझ और पराक्रम के बल पर भरतपुर राज्य का विस्तार किया। युद्ध की अपेक्षा कूटनीति से उन्होंने अपनी प्रजा को शान्ति और सुरक्षा प्रदान की। अपनी ओर तनी अब्दाली की तोपों का उन्होंने अपनी कुशल रणनीति से रुख उल्टा मोड़ दिया था। पानीपत के युद्ध में पराजित मराठा सैनिकों को शरण देकर सुरक्षा प्रदान की। युद्ध में घायल मराठा सैनिकों को चिकित्सा सुविधा प्रदान करके और उनकी सेवा से उन्होंने समस्त मराठा समाज का दिल जीत लिया था।

हरियाणा से उनका गहरा नाता था। उनका विवाह होडल के समृद्ध जाट परिवार के चौधरी काशी की सुपुत्री किशोरी से हुआ था। महारानी किशोरी महाराजा सूरजमल की तरह ही साहसी और वीरांगना थी। वह महाराज को संकट के समय सही सलाह भी देती थी।

वे एक वीर योद्धा, सफल राजनीतिज्ञ, दूरदर्शी और धर्मपरायण राजा ही नहीं थे बल्कि एक कुशल प्रशासक भी थे। अपने शासनकाल के दौरान अनेक कल्याणकारी और कृषि विकास कार्यक्रम आरम्भ किये। जन कल्याणकारी नीतियाँ लागू करने के लिए महाराजा बड़े उदार थे। वे एक राजा होते हुए भी एक किसान की वेशभूषा में रहते थे। मानवता के गुण उनके रोम-रोम में समाए हुए थे। उन्हें हर पल अपनी प्रजा के सुख-दुख का ख्याल रहता था। उन्होंने आम आदमी को सम्मान दिया। साहित्य, कला और वास्तुकला को बढ़ावा दिया।

यह खुशी की बात है कि राजा सूरजमल हैरिटेज फाउण्डेशन का उस महान विभूति के सपनों को साकार करने के लिए गठन किया गया है। समूचे राजस्थान, हरियाणा तथा पश्चिम उत्तर प्रदेश से बड़ी संख्या में व्यापारी और अन्य कारोबारी लोग भारत के भिन्न-भिन्न प्रान्तों में फैले हुए हैं। इन लोगों ने अपने आत्मविश्वास, हिम्मत और दृढ़ संकल्प के बलबूते पर अपने भाग्य की रेखाएँ बदलीं और भारत के नव-निर्माण में सराहनीय योगदान दे रहे हैं।

मुम्बई में भी मेरे बहुत से हरियाणावासी भाई बसे हुए हैं और यहाँ पर पिछले कई वर्षों से रह रहे हैं। आपने अपनी मेहनत, लगन और ईमानदारी से हरियाणा प्रदेश का नाम रोशन किया है। हम सब को इस बात का गर्व है। आप लोगों ने यहाँ पर बड़े-बड़े उद्योग स्थापित करके तथा अपना व्यापार और अन्य कारोबार स्थापित करके जिस प्रकार प्रदेश का नाम ऊँचा किया है तथा गौरव बढ़ाया है, इसके लिए आप सभी बधाई के पात्र हैं। आप लोगों में आपसी प्रेम, भाईचारा और सद्‌भावना और एकता की मिसाल को देख कर मैं बहुत प्रभावित हुआ हूँ। मैं आप लोगों के बीच इसी आपसी सहयोग, प्रेम, भाईचारा, प्यार और मोहब्बत का पैगाम हरियाणा की पावन धरा से देने आया हूँ।

भारतीय सभ्यता और संस्कृति की जन्म स्थली, महाभारत की रणस्थली और वेदों-उपनिषदों की रचना स्थली हरियाणा देश के मानचित्र पर श्रीमती इन्दिरा गाँधी जी की कलम से प्रथम नवम्बर, 1966 को एक अलग राज्य के रूप में अंकित हुआ था। उन्हीं के आशीर्वाद और मार्गदर्शन से हरियाणा के कर्मठ लोगों ने इस प्रदेश की तस्वीर ही बदल दी। अलग राज्य के गठन के समय हरियाणा अपने खाने भर

को अनाज पैदा नहीं कर पाता था लेकिन आज केन्द्रीय अनाज भण्डार में सबसे अधिक योगदान देने वाला देश का दूसरा राज्य है। आज हरियाणा के हर गाँव में बिजली, सड़क तथा पीने का स्वच्छ पानी उपलब्ध है।

हरियाणा की अभूतपूर्व प्रगति कांग्रेस शासन की देन रही है। देश में कांग्रेस ही एक ऐसी पार्टी है, जिसका 120 वर्षों का गौरवशाली इतिहास है। इस देश के सभी लोगों ने, चाहे वह किसी भी जाति या धर्म के हों, कांग्रेस के झण्डे के नीचे अपने आप को सुरक्षित महसूस किया है। कांग्रेस पार्टी ने हमेशा जन-कल्याण को अपना कर्त्तव्य समझा है, क्योंकि यह पार्टी राष्ट्रपिता महात्मा गाँधी, पण्डित जवाहर लाल नेहरू जी और श्री राजीव गाँधी जी के मानवीय आदर्शों से जुड़ी है। आज यू.पी.ए. की अध्यक्ष, माननीय श्रीमती सोनिया गाँधी जी के ओजस्वी मार्गदर्शन और आदरणीय प्रधानमन्त्री डॉ. मनमोहन सिंह जी के कुशल नेतृत्व में राष्ट्र निरन्तर प्रगति पथ पर अग्रसर है। आज यू.पी.ए. सरकार आम आदमी की सरकार के रूप में जानी जाती है और देश 21वीं सदी की चुनौतियों का सामना करते हुए विश्व में एक नयी आर्थिक शक्ति के रूप में उभर रहा है।

पिछले लगभग छः वर्षों में हरियाणा में इण्डियन नेशनल लोकदल सरकार की गलत नीतियों के कारण प्रदेश विकास के मामले में पिछड़ गया था। गत फरवरी में हुए राज्य विधानसभा चुनाव में प्रदेश की जनता ने इनेलो सरकार को उखाड़ फेंका और कांग्रेस को सत्ता की बागडोर सौंपी। हमने प्रदेश के शासन की बागडोर सम्भालने के बाद पिछले साढ़े तीन महीनों के थोड़े से अरसे में विकास और जनकल्याण के कई कदम उठाये।

हमने चाहे वह किसान हैं, मजदूर हैं, व्यापारी हैं, कर्मचारी हैं, युवा वर्ग है, महिलाएँ हैं, अनुसूचित जातियों और पिछड़े वर्गों के लोग हैं, उन सभी के कल्याण-उत्थान के लिए कई अनूठी पहल की हैं।

हमने हरियाणा के हितों को सर्वोच्च प्राथमिकता दी है। किसान के पसीने की हम कीमत जानते हैं। किसान को उसकी उपज के ऊँचे भाव दिलवाये गये हैं। टैक्टरों पर रजिस्ट्रेशन फ़ीस कम की गयी है। रियायती ब्याज दरों पर सहकारी फसली ऋण दिए जाते हैं। प्राकृतिक प्रकोप से फसलें नष्ट होने पर मुआवजा देने की दर में बढ़ोतरी की गयी है। हमने किसानों और ग्रामीण क्षेत्रों के उपभोक्ताओं के 1600 करोड़ रुपये से भी अधिक के बकाया बिजली बिल माफ़ करने का ऐतिहासिक निर्णय लिया है। बिजली, परिवहन और स्वास्थ्य आदि क्षेत्रों के लिए नयी-नयी योजनाएँ बनाई गयी हैं।

शिक्षा क्षेत्र में सुधार के लिए शिक्षकों की भर्ती में महिलाओं के लिए 33 प्रतिशत का आरक्षण करने का निर्णय लिया गया है। प्रतिभावान छात्रों को सरकारी स्कूलों की ओर आकर्षित करने के लिए 'राजीव गाँधी छात्रवृत्ति' नामक एक नयी योजना शुरू की गयी है। इस योजना के तहत स्कूलों के 50 हजार प्रतिभाशाली छात्रों को पुरस्कृत किया जायेगा, युवाओं को उच्चकोटि की शिक्षा देने के लिए राज्य में ऑक्सफोर्ड यूनिवर्सिटी की पद्धति पर 'राजीव गाँधी एजुकेशन सिटी' स्थापित की जायेगी। तकनीकी शिक्षा को भी बढ़ावा दिया जा रहा है।

भूमण्डलीकरण के इस युग में हमने समाज कल्याण को प्राथमिकता दी है। समाज के कमजोर वर्गों के हितों की रक्षा को प्राथमिकता दी गयी है। ग़रीबी रेखा से नीचे जीवन यापन करने वाले अनुसूचित जातियों के परिवारों की लड़कियों के विवाह पर 15 हजार रुपये की राशि देने की 'इन्दिरा गाँधी प्रियदर्शनी विवाह शगुन योजना' नामक एक योजना बनाई गयी है। विकलांगों को दी जाने वाली मासिक पेंशन 300 रुपये से बढ़ाकर 600 रुपये कर दी गयी है।

हरियाणा में घटते लिंगानुपात की समस्या के समाधान के लिए दूसरी कन्या के पैदा होने पर कन्या और उसकी माता को पाँच वर्ष की अवधि तक प्रति वर्ष पाँच हजार रुपये देने की 'लाडली' नामक एक

प्रोत्साहन योजना शुरू की गयी है। लाटरी पर पूर्ण प्रतिबन्ध लगाया गया है। स्वतन्त्रता सेनानियों की पेंशन 1400 रुपये से बढ़ाकर 3500 रुपये कर दी है।

आज हरियाणा देश-विदेश के उद्यमियों के लिए आकर्षण का केन्द्र बनता जा रहा है। प्रदेश के औद्योगिक ढाँचे को मजबूत बनाने तथा व्यापार को फलने-फूलने के लिए हमने एक नयी औद्योगिक नीति लागू की है। इस नीति में उद्यमियों को कई तरह के प्रोत्साहन और रियायतें दी गयी हैं ताकि हरियाणा में उद्योग लगाने वालों को कोई कठिनाई पेश न हो। व्यापारियों की सुविधा के लिए वैट प्रणाली को व्यापारी वर्ग और उद्योगपतियों के लिए सरल और तर्कसंगत बनाया गया है। अनेक वस्तुओं पर कर कम किया गया है तो कईयों पर समाप्त किया गया है। प्रदेश में उद्योग और व्यापार के विकास के लिए एक उपयुक्त वातावरण बना है। मेरा कहने का भाव यह है कि आप भी हरियाणा प्रदेश के विकास में भागीदार बनें।

इस अवसर पर मैं आप लोगों, विशेषकर, युवा पीढ़ी का आह्वान करना चाहूँगा कि राजा सूरजमल की राष्ट्रभक्ति से प्रेरणा लें तथा राष्ट्र की एकता और अखण्डता की रक्षा तथा राष्ट्र की समृद्धि के लिए अपना योगदान दें।

शनिवार, 25 मई 2005, मुम्बई

स्वतन्त्रता के शिल्पी

ऑल इण्डिया फ्रीडम फाइटर आरगेनाइजेशन और
ऑल इण्डिया फ्रीडम फाइटर सक्सैसर आरगेनाइजेशन का आयोजन

यह एक महान सत्य है कि आज का आजाद भारत हमारे स्वतन्त्रता सेनानियों के तप, त्याग और क़ुर्बानियों का ही परिणाम है। किसी ने भारत माता के पैरों में पड़ी दासता की बेड़ियों को काटने के लिए अपना ख़ून बहाया, तो किसी ने अपने तमाम सुखों की तिलांजलि दी। हमारे देश की आजादी का आन्दोलन अनेक हृदय विदारक घटनाओं और बलिदान के प्रेरक प्रसंगों से भरा पड़ा है। सत्ता के नशे में चूर ब्रिटिश हुकुमरानों ने अपनी ख़ूनी प्यास बुझाने के लिए इस देश की निहत्थी और शान्तिप्रिय जनता पर घिनौने ज़ुल्म ढाए थे। इसको न तो पूरी तरह लफ़्ज़ों में बयान किया जा सकता है और न ही शब्दों में बाँधा जा सकता है।

एक तरफ़ राष्ट्रपिता महात्मा गाँधी जी, पण्डित जवाहरलाल नेहरू जी और अनेक महान नेताओं की रहनुमाई में अहिंसा के रास्ते पर चलते हुए आजादी की लड़ाई लड़ी गयी थी। दूसरी ओर नेताजी सुभाष चन्द्र बोस ने आजाद हिन्द फ़ौज बनाकर अंग्रेजों से लोहा लिया था और विदेशों में रहकर आजादी की लड़ाई लड़ी थी। सरदार भगत सिंह, सुखदेव, राजगुरु, उधम सिंह तथा चन्द्रशेखर आजाद जैसे वीर क्रान्तिकारियों ने हँसते-हँसते फाँसी के फंदों को चूमा था।

सन् 1857 की जन क्रान्ति से लेकर आजादी की लड़ाई और आजादी के बाद देश की सीमाओं की रक्षा के लिए हरियाणा के वीर शहादत देने के लिए हमेशा अग्रिम पंक्ति में रहे हैं। यह एक ऐतिहासिक तथ्य है कि नेता जी सुभाषचन्द्र बोस की आजाद हिंद फ़ौज में सबसे अधिक संख्या हरियाणा के सैनिकों की थी। आज भी हमारी सशस्त्र सेनाओं में औसतन हर दसवाँ जवान हरियाणा का है।

स्वतन्त्रता आन्दोलन के दौरान राष्ट्रपिता महात्मा गाँधी जी को भारत में सबसे पहले 8 अप्रैल, 1919 को, जब वह पंजाब जा रहे थे, तो अंग्रेजी सरकार ने उन्हें पलवल रेलवे स्टेशन पर गिरफ़्तार किया था। उनकी इस गिरफ़्तारी से भारतीय स्वतन्त्रता आन्दोलन को एक नयी दिशा मिली थी।

यह मेरा सौभाग्य है कि मेरा सम्बन्ध भी स्वतन्त्रता सेनानी परिवार से है। मेरे दादा चौधरी मातू राम जी ने स्वतन्त्रता आन्दोलन में सक्रिय भूमिका निभाई थी, जिसके कारण उन्हें काले पानी तक की सजा हुई थी। उनके लाला लाजपतराय जी और शहीद भगत सिंह जी के परिवारों से बड़े घनिष्ठ सम्बन्ध थे। इसी प्रकार मेरे आदरणीय पिता चौधरी रणबीर सिंह जी ने राष्ट्रपिता महात्मा गाँधी जी और पण्डित जवाहर लाल नेहरू जी के नेतृत्व में आजादी के आन्दोलन में बढ़-चढ़ कर भाग लिया था। अनेक बार जेल की यातनाएँ सहीं। उन्हें आजाद भारत का संविधान बनाने वाली संविधान सभा का सदस्य होने का गौरव हासिल है। हमारे महान स्वतन्त्रता सेनानियों के सिद्धान्तों पर चलने की प्रेरणा मुझे विरासत में मिली हुई है। स्वतन्त्रता सेनानियों ने भारी कुर्बानियाँ और त्याग करके इस देश को अमूल्य आजादी लेकर दी है और उस आजादी रूपी धरोहर को सम्भाल कर रखना हमारा पुनीत कर्त्तव्य है।

यह गौरव की बात है कि जिस कांग्रेस ने आजादी के आन्दोलन में सक्रिय भूमिका निभाई थी, उसने स्वतन्त्रता सेनानियों की आजादी रूपी धरोहर को सुरक्षित रखने और राष्ट्र की तरक्की के लिए भारी त्याग और संघर्ष किया है। यह एक संस्था नहीं, एक आन्दोलन है।

पिछले साढ़े पाँच दशकों में राष्ट्र ने प्रगति की जो मंजिलें तय की हैं, इसका श्रेय हमारे स्वतन्त्रता सेनानियों को है। देश के जो महान स्वतन्त्रता सेनानियों ने अपने अनुभव और त्याग की भावना से ही देश को आगे बढ़ाने में अपना सक्रिय योगदान दिया है। वह भारत, जो पहले कपड़े सीने तक की सूई तक के लिए बाहरी मुल्कों का मुख देखता था, आज वह विश्व की एक महान आर्थिक शक्ति बनकर उभर रहा है। केवल राजनीतिक स्वतन्त्रता प्राप्त करना ही हमारे शहीदों, क्रान्तिकारियों अथवा स्वतन्त्रता सेनानियों का उद्देश्य नहीं था। उन्होंने एक ऐसे स्वतन्त्र भारत का सपना सँजोया था, जिसमें ग़रीबी, बेरोज़गारी, भुखमरी, आर्थिक विषमता, अशिक्षा और अभाव का कोई स्थान न हो। सभी भारतवासी सम्मान से खुशहाली का जीवन जियें। स्वतन्त्रता सेनानियों का यह सपना पूरा हम पूरा करके रहेंगे। मैं आप सभी को विश्वास दिलाता हूँ कि मैं पूरी ईमानदारी, लगन और निष्ठा से इस जिम्मेदारी को निभाऊंगा। हमारे स्वतन्त्रता संग्राम के दौरान जो उच्च आदर्श, सिद्धान्त और मूल्य स्थापित हुए थे, वे मेरे मार्गदर्शक रहेंगे।

मैं आपको यह भी विश्वास दिलाता हूँ कि स्वतन्त्रता सेनानियों और उनके उत्तराधिकारी साथियों की हर सम्भव सेवा करने की कोशिश करूँगा। हमने सत्ता की बागडोर सम्भालते ही देश के इन महान सपूतों के मान-सम्मान में हरियाणा के स्वतन्त्रता सेनानियों की मासिक पेंशन 1400 रुपये से बढ़ाकर 3500 रुपये कर दी है। राज्य के सभी सरकारी अस्पतालों, पी.जी.आई, चण्डीगढ़ तथा देश के किसी भी सरकारी अस्पताल में अपना तथा अपनी धर्मपत्नी का उपचार 'इण्डोर पेशेण्ट' के रूप में करवाने वाले हरियाणा के स्वतन्त्रता सेनानियों को उनके खर्च की प्रतिपूर्ति सरकारी कर्मचारियों की तरह ही की जाती है। राज्य के स्वतन्त्रता सेनानियों को 125 रुपये प्रतिमास चिकित्सा भत्ता उनकी सम्मान पेंशन की अदायगी के साथ प्रदान किया जाता है। हरियाणा में स्वतन्त्रता सेनानियों की लड़कियों तथा आश्रित बहनों, प्रत्येक की शादी के लिए 10-10 हजार रुपये दिये जाते हैं। प्रदेश में स्वतन्त्रता सेनानियों के बच्चों, पोते-पोतियों और दोहते-दोहतियों के लिए प्रोफैशनल कोर्स, मेडिकल, इंजीनियरिंग तथा आई.टी.आई. में एक प्रतिशत सीटें प्रवेश के लिए आरक्षित की हुई हैं।

राज्य के स्वतन्त्रता सेनानियों को हरियाणा राज्य परिवहन की साधारण और डीलक्स बसों में एक सहायक सहित निःशुल्क यात्रा की सुविधा प्रदान की हुई है। हुडा के 6 मरले तक के प्लाटों, नगरपालिका या इम्प्रूवमेण्ट ट्रस्ट द्वारा जो रिहायशी प्लाट अलाट किए जाते हैं या बोली द्वारा बेचे जाते हैं, इसमें स्वतन्त्रता सेनानियों, उनके बच्चों, पोते-पोतियों और दोहते-दोहतियों के लिए दो प्रतिशत का आरक्षण किया हुआ है।

हमारे लिए ख़ुशी की बात है कि महान स्वतन्त्रता सेनानी नेता जी सुभाष चन्द्र बोस के निकट सहयोगी अखिल भारतीय स्वतन्त्रता सेनानी संगठन और अखिल भारतीय स्वतन्त्रता सेनानी उत्तराधिकारी संगठन के संस्थापक परम पूज्य देश रत्न पण्डित शीलभद्र याजी का जन्म शताब्दी वर्ष प्रारम्भ हो चुका है। उन्होंने आजादी के आन्दोलन में बढ़-चढ़ कर भाग लिया था। उनके प्रति हमारे यही सच्चे श्रद्धासुमन होंगे कि हम देश में सद्भावना, सहयोग और प्रेम की भावना की कड़ियों को मजबूत करें। उन्नत टेक्नोलॉजी और नयी-नयी प्रौद्योगिकियों के बल पर विकास के हर क्षेत्र में आगे बढ़ें।

शनिवार, 28 मई 2005, लुधियाना

ज्ञान का मन्दिर

दयानन्द महिला विद्यालय, कुरुक्षेत्र में शिलान्यास

दयानन्द महिला महाविद्यालय परिसर में 22 लाख रुपये की लागत से बनने वाले लाला लाजपत राय भवन का नींव पत्थर रखकर मुझे बड़ी ख़ुशी हो रही है। लाला लाजपतराय जी भारत माँ के महान सपूत थे।

यह गौरव की बात है कि इस महिला महाविद्यालय ने गत दो दशकों में उच्चकोटि के शिक्षाविद् डॉ. राम प्रकाश जी के कुशल मार्गदर्शन में शिक्षा जगत में अपना एक विशिष्ट स्थान बना लिया है। मैं स्कूल-कॉलेजों को ज्ञान के ऐसे मन्दिर मानता हूँ, जहाँ उस पीढ़ी का निर्माण किया जाता है, जिसने आगे चलकर राष्ट्र की बागडोर सम्भालनी है, जिन्होंने एक नया समाज बनाना है।

मनुष्य की सच्ची दौलत तो उसका ऊँचा चरित्र और ज्ञान का भण्डार है। भारत को प्राचीन समय में सारे विश्व का 'आध्यात्मिक गुरु' माना जाता था, क्योंकि हमारे ऋषि-मुनियों ने, हमारे पूर्वजों ने सारे विश्व में सच्चे ज्ञान का प्रकाश फैलाया और अपने ऊँचे चरित्र की मिसाल विश्व के सामने रखी। प्राचीन समय में न सिर्फ हरियाणा बल्कि भारत के विभिन्न क्षेत्रों में ऐसी-ऐसी विदुषी और महान महिलाओं ने जन्म लिया, जिनके ऊँचे जीवन दर्शन से आज भी समाज प्रेरणा ले रहा है। सीता, सावित्री, गार्गी, लीलावती जैसी महान नारियों के प्रेरणादायक जीवन दर्शन से हमारा इतिहास भरा पड़ा है।

इतिहास में एक दौर ऐसा भी आया, जब हम शिक्षा के क्षेत्र में पिछड़ गये और ख़ासतौर पर उस समय सामाजिक हालात की वजह से महिलाओं का जीवन घर की चारदीवारी में ही चूल्हे-चौके तक सीमित कर दिया गया, जिसकी वजह से हमारा देश और पिछड़ गया। आजादी के बाद देश के हालात बदले और सारे देश में नये-नये स्कूल, कॉलेज खुले, नये-नये विश्वविद्यालय कायम हुए और बदलते हुए नये समाज में लड़कियों की शिक्षा पर विशेष ध्यान दिया गया।

जिस महान व्यक्ति के नाम से यह कॉलेज स्थापित है, उन्होंने भारत की जनता के दिलों में आत्म-सम्मान का एक नया जोश भरा। उन्होंने नारी शिक्षा पर बल दिया और समाज से अंधविश्वासों, सामाजिक बुराइयों, बाल-विवाह और दहेज प्रथा खत्म करने के लिए एक नयी चेतना जागृत की। स्वामी दयानन्द जी आधुनिक भारत के महान निर्माता थे। वे एक क्रान्तिकारी समाज सुधारक थे। उनकी शिक्षाओं का लाला लाजपतराय जी के जीवन पर भी गहरा प्रभाव था। उसी की वजह से लाला लाजपतराय जी ने न केवल समाज सुधार के लिए अपना जीवन समर्पित किया, बल्कि देश की आजादी के लिए अपनी क़ुर्बानी दे दी। आज महिला शिक्षा को बढ़ावा देना ही इन विभूतियों के प्रति सच्ची श्रद्धांजलि है।

एक शिक्षित महिला समाज के लिए बहुत बड़ा वरदान है। पढ़ी-लिखी नारी केवल दो परिवारों का

ही कल्याण नहीं करती, बल्कि पूरे समाज में जागृति लाने तथा रूढ़िवादी परम्पराओं को तोड़ने में भी योगदान देती है। जिस प्रकार दीपक से दीपक जलता है और फिर सभी दीपक मिल कर अमावस की अंधेरी रात में भी उजाला कर देते हैं, उसी प्रकार महिलाओं की भागीदारी से हम एक सुसंस्कृत समाज का निर्माण कर सकते हैं।

यह गर्व की बात है कि अब लड़कियाँ भी विभिन्न क्षेत्रों में नये-नये कीर्तिमान स्थापित कर रही हैं। चाहे वह खेल का क्षेत्र है, चाहे वह शिक्षा का क्षेत्र है, चाहे वह चिकित्सा का क्षेत्र है, हर क्षेत्र में लड़कियाँ आगे बढ़ रही हैं।

हमारे देश में सीता, सावित्री, रानी लक्ष्मी बाई, श्रीमती सरोजनी नायडू, विजय लक्ष्मी पण्डित, श्रीमती इन्दिरा गाँधी, मदर टेरेसा जैसी महान महिलाओं ने साहसिक कार्यों से अपना नाम इतिहास में स्वर्ण अक्षरों में अंकित किया है। आज कांग्रेस अध्यक्ष के गौरवशाली पद को श्रीमती सोनिया गाँधी जी सुशोभित कर रही हैं।

हालाँकि वर्ष 2001 की जनगणना के आंकड़े बताते हैं कि राज्य की महिला साक्षरता दर में बढ़ोतरी हुई है। लेकिन यह साक्षरता दर अभी तक 56.31 प्रतिशत ही पहुँच पाई है। हमें शत-प्रतिशत साक्षरता का लक्ष्य प्राप्त करना है। अतः इसके लिए ग्रामीण क्षेत्रों में लड़कियों को शिक्षित करने के प्रति अधिक से अधिक चेतना जागृत की जानी चाहिए। प्रदेश में इस समय सरकारी और ग़ैर-सरकारी क्षेत्रों में 66 महाविद्यालय केवल लड़कियों के लिए हैं। राज्य में स्नातक स्तर तक लड़कियों को मुफ़्त शिक्षा दी जाती है। श्रीमती इन्दिरा गाँधी जी के नाम से जींद में एक नया राजकीय महिला महाविद्यालय खोलने का निर्णय लिया गया है।

शिक्षा की गुणवत्ता में सुधार लाने के लिए मिडल स्तर तक हर कक्षा में 40 विद्यार्थियों के पीछे एक शिक्षक होगा। पहले 60 विद्यार्थियों पर एक शिक्षक का प्रावधान था। शिक्षकों की भर्ती में महिलाओं के लिए 33 प्रतिशत आरक्षण करने का निर्णय लिया गया है। इसी तरह से शिक्षकों की शैक्षणिक योग्यताओं को भी चरणबद्ध ढंग से बढ़ाया जायेगा। जे.बी.टी. शिक्षकों की शैक्षणिक योग्यता 10+2 की जगह बी.ए. या बी.एस.सी. कर दी गयी है। शिक्षा में श्रेष्ठता के लिए राजीव गाँधी छात्रवृत्ति नामक एक नयी योजना शुरू की गयी है ताकि प्रतिभावान छात्रों को सरकारी स्कूलों की ओर आकर्षित किया जा सके। इस स्कीम के तहत स्कूलों के 50 हजार प्रतिभाशाली छात्रों को पुरस्कृत किया जायेगा।

अनुसूचित जातियों और कमजोर वर्गों के लोगों के बच्चों को दी जाने वाली मुफ़्त लेखन सामग्री की राशि, मुफ़्त वर्दी की राशि तथा उपस्थिति पुरस्कार की राशि में बढ़ोतरी की है। प्राथमिक स्कूलों का नियन्त्रण जिला परिषदों और पंचायतों से शिक्षा विभाग के अन्तर्गत ले लिया गया है। युवाओं को उच्चकोटि की शिक्षा देने के लिए राज्य में आक्सफोर्ड यूनिवर्सिटी की पद्धति पर 'राजीव गाँधी एजुकेशन सिटी' स्थापित की जायेगी। इसमें हरियाणावासियों के लिए 25 प्रतिशत सीटें आरक्षित होंगी। प्रत्येक जिले में एक-एक मॉडल स्कूल खोलने का प्रस्ताव है। शैक्षणिक सत्र 2005-2006 से राजकीय महाविद्यालयों में रोज़गार उन्मुख (Job Oriented) नये पाठ्यक्रम शुरू करने का निर्णय लिया गया है।

राजकीय और राजकीय सहायता प्राप्त महाविद्यालयों में प्राध्यापकों और प्रधानाचार्यों के पद भरे जायेंगे। इसी तरह से कुरुक्षेत्र विश्वविद्यालय, कुरुक्षेत्र, महर्षि दयानन्द विश्वविद्यालय, रोहतक में भी सभी रिक्त पदों को भरा जायेगा। स्कूलों में भी शिक्षकों की कोई कमी नहीं रहने दी जायेगी।

हम प्रदेश में शिक्षा के स्तर को ऊँचा उठाने और तकनीकी शिक्षा के प्रसार के लिए कटिबद्ध हैं।

सरकार ने महिलाओं के आर्थिक सशक्तिकरण की दिशा में एक अन्य कदम उठाते हुए महिला सहकारी विकास बैंक स्थापित करने की योजना बनाई है। इस बैंक का प्रबन्धन और संचालन केवल

महिलाओं द्वारा किया जायेगा।

मैं विशेषरूप से कन्या भ्रूण हत्या की रोकथाम के बारे में चर्चा करना चाहूँगा। कन्या भ्रूण हत्या न केवल एक सामाजिक अभिशाप है बल्कि एक दण्डनीय अपराध भी है। इसकी सार्वजनिक तौर पर निन्दा होनी चाहिए कन्या भ्रूण हत्या की रोकथाम के लिए कानूनी प्रावधानों का कड़ाई से पालन करने के साथ-साथ सामाजिक आन्दोलन भी चलाए जाने की जरूरत है। हमें हर हालात में लड़का और लड़की के भेदभाव की मानसिकता को बदलना है, तभी समाज में समान लिंगानुपात की स्थिति रह पाएगी। हमने प्रदेश के शासन की बागडोर सम्भालते ही गिरते स्त्री-पुरुष अनुपात की समस्या को गम्भीरता से लिया है और इसके लिए कुछ महत्वपूर्ण कदम उठाये हैं। प्रसव पूर्व लिंग निदान तकनीक अधिनियम (Pre Natal Diagnostic Techniques Act) को कठोरता से लागू किया जा रहा है।

इस गम्भीर सामाजिक समस्या के समाधान के लिए हरियाणा सरकार शीघ्र ही एक महत्वाकांक्षी योजना शुरू कर रही है। इस स्कीम के अन्तर्गत दूसरी कन्या के जन्म पर पाँच साल के लिए प्रतिवर्ष 5 हजार रुपये दिये जायेंगे। यह राशि डाकखाने की मासिक आय योजना में छः वर्ष की अवधि के लिए लड़की और उसके माता-पिता के संयुक्त खाते में जमा करवाई जायेगी। यह महत्वाकांक्षी योजना कन्या भ्रूण हत्या को रोकने और गिरते लिंगानुपात की समस्या का समाधान करने में कारगर साबित होगी। इसके अलावा यह योजना लड़कियों के बेहतर पालन-पोषण को भी सुनिश्चित करेगी।

ग़रीबी रेखा से नीचे जीवन यापन करने वाले अनुसूचित जातियों के परिवारों की लड़कियों के विवाह पर 5100 रुपये की बजाय अब 15 हजार रुपये की राशि देने की एक योजना शुरू की गयी है, जिसे इन्दिरा गाँधी प्रियदर्शनी विवाह शगुन योजना कहा जायेगा।

अन्त में, मैं इस कॉलेज में पढ़ने वाली सभी छात्राओं के उज्ज्वल भविष्य की कामना करता हूँ और उम्मीद करता हूँ कि ये जीवन के हर क्षेत्र में अपना और कॉलेज का तथा अपने परिवार और देश का नाम ऊँचा करेंगी।

शुक्रवार, 10 जून 2005, कुरुक्षेत्र

वीर युग निर्माता

महाराणा प्रताप जयन्ती के अवसर पर

किसी भी महापुरुष की जयन्ती ख़ुशी और उल्लास का मौका होता है तथा नये संकल्प और प्रेरणा लेने का दिन होता है।

महाराणा प्रताप उन भारतीय शूरवीरों में से थे, जो अपने समय के 'वीर युग निर्माता' थे। गीता में भी लिखा है कि 'जब-जब धर्म की हानि होती है और अधर्म बढ़ता है, तब कोई न कोई युगपुरुष आकर अन्याय और अधर्म की शक्ति से टक्कर लेकर न्याय और धर्म की स्थापना करता है।'

महाराणा प्रताप का जन्म भी ऐसे समय में हुआ, जब भारतीय समाज पर अन्याय और अत्याचार की घोर घटा छाई हुई थी। भारत की गौरवशाली संस्कृति को नष्ट किया जा रहा था। धार्मिक भावनाओं को ठेस पहुँचाई जा रही थी। ऐसे विकट समय में चित्तौड़ के दुर्ग में 1540 ईस्वी में महाराणा प्रताप का जन्म उदय सिंह के घर में हुआ। वे महाराणा सांगा के पौत्र थे। प्रताप बचपन से ही होनहार बालक थे। छोटी आयु में अपनी माता से उन्होंने न केवल राजस्थान के, बल्कि पूरे भारत के वीरों की जीवनियाँ सुनी थीं, उन आदर्शों को अपने जीवन में ढालने का संकल्प लिया। भगवान राम-कृष्ण की वीरता और सभी

धर्मों के आदर के गुणों को अपनाया। उन्होंने महाराणा कुम्भा और राणा सांगा की वीरता तथा शौर्य को विरासत के रूप में प्राप्त किया था।

महाराणा प्रताप अपनी 'जन्म भूमि' और 'मातृभूमि' और 'कर्मभूमि' चित्तौड़ की आजादी के लिए मुगलों से सारा जीवन लड़ते रहे। वे गद्दी के लिए नहीं लड़े, उनकी तो हार्दिक इच्छा थी कि उनकी जन्म भूमि पर विदेशी अधिकार न जमा लें तथा कौम और धर्म पर विदेशी धर्म का दबाव न पड़े, देश की संस्कृति और सभ्यता को कोई आँच न आये।

महाराणा प्रताप पूरा जीवन न केवल भारत के मान, सम्मान और शान के लिए लड़ते रहे, बल्कि उन्होंने अकबर को कभी अपना स्वामी नहीं माना तथा उनकी अधीनता स्वीकार नहीं की। वह अपनी मातृभूमि पर किसी और शक्ति का अधिकार नहीं देख सकते थे। उन्होंने अपनी सारी आयु लड़ाई के मैदान में ही बिताई और अपनी जन्म भूमि की रक्षा के लिए बड़े कष्ट झेले। चित्तौड़ के छिन जाने पर उन्हें बड़ा दुख हुआ। महाराणा प्रताप ने प्रतिज्ञा की और इस प्रतिज्ञा की पालना के लिए लगभग 20 साल उन्होंने जंगलों में बिताए। अपने परिवार को अपनी आँखों के सामने भूख से मरता देखकर भी अपनी प्रतिज्ञा पूरी करते-करते वह देश के लिए क़ुर्बान हो गये।

महाराणा प्रताप सिंहासन पर बैठकर यदि चाहते तो ऐशो-आराम की ज़िन्दगी बिता सकते थे, लेकिन देशभक्तों को केवल जन-सेवा और देशभक्ति के अलावा और कुछ दिखाई नहीं देता। वे हर समय देशभक्ति की बातें करते हैं, देश के हित में सोचते हैं और देश के लिए मर-मिटते हैं, यही उन्होंने किया।

महाराणा प्रताप आज 'मर' कर भी 'अमर' हैं। चित्तौड़, चेतक, हल्दी घाटी आदि स्थान आज हर भारतीय के लिए 'वीर तीर्थ स्थल' बन चुके हैं। हल्दी घाटी का तो भारत इतिहास में वही महत्व है, जो यूनान के इतिहास में थर्मोपोली और मैराथन का है।

उनकी मृत्यु के साढ़े चार सौ साल के बाद भी आज वे जन-जन के हृदय में बसते हैं। हम सब यह महसूस करते हैं कि प्रताप ने स्वाधीनता की जो लड़ाई लड़ी, वह भारतीय स्वाधीनता का प्रतीक हो गयी। उनके वीरतापूर्ण व्यक्तित्व ने आजादी के दीवानों को बड़ी प्रेरणा दी और आज भी उनका व्यक्तित्व हमें देश की एकता और अखण्डता की रक्षा करने की प्रेरणा देता है।

यह गौरव की बात है कि महाराणा प्रताप जैसे महापुरुष का जन्म बहादुर राजपूत कौम में हुआ था। संस्कृत में तो 'राजपूत' शब्द का अर्थ ही 'राज' का अर्थ 'राजा' और 'पूत' का अर्थ 'पुत्र' है। इसलिए राजपूत शब्द एक जाति का सूचक नहीं, बल्कि न्याय और सच्चाई का प्रतीक है। इस समाज ने देश को महान शासक दिए और देशभक्त बहादुर जवान दिये हैं। भारत की आजादी और आजादी के बाद राष्ट्र की आन, बान और शान की रक्षा के लिए क़ुर्बानी देने वालों में इस समाज का अग्रणी स्थान है।

इस कौम ने मुगलों से लोहा लिया तथा मुगल साम्राज्य के पतन में मराठा और राजपूत कौम की भूमिका को कौन भुला सकता है। इस समाज ने सदा ही अन्याय के विरुद्ध संघर्ष किया, राष्ट्र के मान-सम्मान और स्वाभिमान की रक्षा के लिए बड़ी से बड़ी कुर्बानियाँ दीं। राजपूतों का आज तक का इतिहास इनकी वीरता, साहस, राष्ट्रीय चरित्र तथा देश प्रेम का प्रतीक है। संसार में वे ही व्यक्ति महान होते हैं, जो त्याग और बलिदान का जीवन बिताते हैं तथा जिनकी आत्मा अधर्म के विरुद्ध लड़ने में संकोच नहीं करती और वे अपने कर्त्तव्य को पूरा करते-करते देश की आजादी के लिए, देश की रक्षा के लिए शहीद हो जाते हैं।

आजादी की लड़ाई में किसी एक कौम या किसी एक जाति ने हिस्सा नहीं डाला था। उसमें चाहे कोई हिन्दू था, चाहे कोई मुसलमान और चाहे कोई सिख था, चाहे पारसी था, चाहे वह ईसाई था, उन सब ने अपना हिस्सा डाला था। सभी कंधे से कंधा मिलाकर अंग्रेजों से लड़े थे। इसलिए यह देश सब

का है, इसको बाँटने और तोड़ने वाली शक्तियों को कभी भी बर्दाश्त नहीं किया जा सकता। आज वक़्त की यह जरूरत है कि हम आपस में साम्प्रदायिक सद्भाव, भाईचारा और प्रेम बनाये रखें। हरियाणा तो सदा से ही सभी धर्मों के आपसी प्रेम, सहयोग और एकता तथा भाईचारे का प्रतीक रहा है।

हम उसी राजधर्म का पालन करने के लिए कटिबद्ध हैं, जिसका अनुसरण करने का महाराणा प्रताप जैसे देशभक्तों ने हमें रास्ता दिखाया। प्रदेश में भय और भ्रष्टाचार मुक्त स्वच्छ और पारदर्शी प्रशासन प्रदान करना हमारा संकल्प है। प्रदेश के सभी वर्गों का कल्याण और राज्य का चहुँमुखी विकास हमारा ध्येय है। राज्य के हर नागरिक के मान-सम्मान और स्वाभिमान की रक्षा करना हमारा कर्त्तव्य है। हमारा विश्वास सभी जात-बिरादरी की बेहतरी में है।

गत तीन महीनों में हमने किसान-मजदूर की भलाई के लिए कदम उठाये हैं। नहरी पानी के न्यायोचित बंटवारे के कदम उठाये गये हैं। सभी सड़कों की मरम्मत करने की एक मुहिम चलाई गयी है। हर रोज एक से अधिक गाँवों में पीने के पानी की बढ़ोतरी की गयी है। व्यापारियों को कई प्रकार की राहत दी गयी है तो कर्मचारियों के कल्याण के कई कदम उठाये गये हैं। यदि मैं उन सभी की चर्चा करूँगा तो काफी समय लग जायेगा।

हमने प्रदेश में रोज़गार के अवसर बढ़ाने के लिए नयी औद्योगिक नीति लागू की है। शिक्षा की गुणवत्ता में सुधार लाने के लिए मिडल स्तर तक हर कक्षा में 40 विद्यार्थियों के पीछे एक शिक्षक होगा। पहले 60 विद्यार्थियों पर एक शिक्षक होता था। शिक्षकों की भर्ती में महिलाओं के लिए 33 प्रतिशत आरक्षण करने का निर्णय लिया है। अनुसूचित जातियों और कमजोर वर्गों के लोगों के बच्चों को दी जाने वाली मुफ़्त लेखन सामग्री की राशि, मुफ़्त वर्दी की राशि तथा उपस्थिति पुरस्कार की राशि में बढ़ोतरी की गयी है। तकनीकी शिक्षा के प्रसार पर बल दिया जा रहा है।

राज्य सरकार प्रदेश ने घटते लिंगानुपात के समाधान के प्रयास शुरू कर दिये हैं। एक प्रोत्साहन योजना, जिसके तहत दूसरी कन्या पैदा होने पर दम्पति को पाँच वर्ष की अवधि तक पाँच हजार रुपये प्रतिवर्ष प्रोत्साहन राशि दी जायेगी। यह एक सामाजिक समस्या है। इसके लिए आप सब का सहयोग बड़ा जरूरी है।

दृष्टिहीन, मानसिक रूप से विकलांग और मूक और बधिर विकलांगों तथा शारीरिक रूप से शत-प्रतिशत विकलांगों को दी जाने वाली मासिक पेंशन 300 रुपये से बढ़ाकर 600 रुपये कर दी गयी है।

ग़रीबी रेखा से नीचे जीवनयापन करने वाले अनुसूचित जातियों के परिवारों की लड़कियों के विवाह पर 5100 रुपये की बजाय अब 15 हजार रुपये की राशि देने की एक योजना शुरू की गयी है, जिसे इन्दिरा गाँधी प्रियदर्शनी विवाह शगुन योजना कहा जायेगा।

हमने स्वतन्त्रता सेनानियों की पेंशन 1400 रुपये से बढ़ाकर 3500 रुपये प्रतिमास कर दी है। सैनिकों और भूतपूर्व सैनिकों द्वारा कैंटीन से खरीदी जाने वाली वस्तुओं को कर से मुक्त रखा गया है। राज्य सरकार ने अर्ध सैनिक बलों के सभी रैंकों को सेना के बराबर ही अनुग्रह अनुदान देने का निर्णय लिया है। मेरा कहने का भाव यह है कि हम हरियाणा को जन कल्याण और समृद्धि के मामले में देश का नम्बर वन राज्य बनाने के लिए कृत संकल्प हैं और यही हमारे महापुरुषों के प्रति सच्ची श्रद्धांजलि है।

शुक्रवार, 10 जून 2005, कुरुक्षेत्र

स्मरण में है आज जीवन

चण्डीगढ़ युद्ध स्मारक के भूमि पूजन के अवसर पर

मुझे यह जानकर बड़ी ख़ुशी हुई है कि 'चण्डीगढ़ युद्ध स्मारक' इस क्षेत्र में नागरिकों के सहयोग से बनाया जाने वाला पहला युद्ध स्मारक है। इसे नागरिकों के सहयोग और 'इण्डियन एक्सप्रेस' की पहल से 57 लाख रुपये की लागत से चण्डीगढ़ प्रशासन द्वारा भारत माता के उन रणबांकुरों के सम्मान में बनाया जायेगा, जिन्होंने स्वतन्त्रता प्राप्ति से लेकर अब तक देश की एकता और अखण्डता की रक्षा के लिए अपने प्राण न्योछावर कर दिये।

मुझे यह बताया गया है कि इस क्षेत्र का यह पहला युद्ध स्मारक है, जिस पर महापंजाब क्षेत्र अर्थात् हरियाणा, पंजाब, हिमाचल प्रदेश और चण्डीगढ़ के नौ हजार सैनिकों के नाम तथा अन्य विवरणों का विशेष रूप से उल्लेख किया जायेगा। मुझे इस बात की भी ख़ुशी है कि यह युद्ध स्मारक एक अनूठा स्मारक होगा, क्योंकि पहले जो युद्ध स्मारक बने हैं, उनमें से अधिकांश या तो सरकार द्वारा या सेना द्वारा बनाये गये हैं और उन्हें या तो किसी विशेष यूनिट को या किसी 'एक्शन जोन' को समर्पित किया गया है। परन्तु यह युद्ध स्मारक उन सैनिकों को समर्पित है, जिन्होंने देश के लिए महान बलिदान दिये हैं। वर्तमान परियोजना का मकसद हमारी सेनाओं को यह विश्वास दिलाने का है कि नागरिक सदा उनके ऋणी हैं। युद्ध स्मारक एक प्रकाश स्तम्भ होता है, जो भावी पीढ़ी को बहादुरी, साहस, बलिदान और देशभक्ति का मार्ग दिखाता है।

असंख्य ज्ञात और अज्ञात शहीदों तथा स्वतन्त्रता सेनानियों के महान बलिदानों की बदौलत आज हम स्वतन्त्र भारत के नागरिक हैं। मुझे यह कहते हुए बड़ा गर्व हो रहा है कि देश के अन्य राज्यों की तरह हरियाणा के वीर जवानों ने स्वतन्त्रता आन्दोलन में महत्वपूर्ण भूमिका निभाई थी और आजादी के बाद वर्ष 1962, 1965 और 1971 तथा कारगिल की लड़ाई में भी हरियाणा के सूरमाओं ने महान बलिदान दिये।

आज भारत की सशस्त्र सेनाओं में 10 प्रतिशत से भी अधिक हरियाणा के जवान हैं। हरियाणा वह वीर धरा है, जिसके सपूतों ने सदैव राष्ट्र की सेवा की है और जहाँ पर बड़ी संख्या में शहीद, स्वतन्त्रता सेनानी, भूतपूर्व सैनिक और उनके आश्रित हैं। ये बहादुर लोग राज्य की जनसंख्या का एक बहुत बड़ा हिस्सा हैं। इसलिए वर्तमान हरियाणा सरकार उनके पुनर्वास की समस्या के प्रति सचेत है। सरकार द्वारा उनके कल्याण-उत्थान के लिए कई तरह की रियायतें और प्रोत्साहन दिये जा रहे हैं।

स्वतन्त्रता सेनानियों का मान-सम्मान करते हुए राज्य सरकार ने हाल ही में राज्य के स्वतन्त्रता सेनानियों की मासिक पेंशन 1400 रुपये से बढ़ाकर 3500 रुपये की है। अर्द्ध-सैनिक बलों का मनोबल बढ़ाने के उद्देश्य से हमारी सरकार ने अर्द्ध-सैनिक बलों को भी सशस्त्र सेनाओं के समान अनुग्रह अनुदान देने का निर्णय लिया है। देश की सीमाओं की रक्षा करते हुए शहीद हुए वीर जवानों की स्मृति और सम्मान में राज्य के कई स्थानों पर लोगों द्वारा शहीद स्मारक बनाये गये हैं।

चण्डीगढ़ युद्ध स्मारक की परिकल्पना पंजाब के तत्कालीन राज्यपाल और चण्डीगढ़ के प्रशासक जनरल जे.एफ.आर. जैकब ने की थी और उन्होंने ही इस स्थान का चयन किया था तथा इस प्रोजेक्ट को बनाने के लिए हर सम्भव सहायता प्रदान की थी। वे 1971 के युद्ध के महान योद्धा रहे हैं, उनके प्रति आभार व्यक्त करना हमारा परम कर्त्तव्य है।

यह स्मारक उन बहादुर सैनिकों के प्रति सच्ची श्रद्धांजलि होगी, जिन्होंने राष्ट्र के लिए अपने जीवन का बलिदान दे दिया। मुझे पूरा विश्वास है कि यह स्मारक हमारी युवा पीढ़ी को राष्ट्र सेवा और देश की आजादी, एकता और अखण्डता को सुदृढ़ बनाने के लिए समर्पित रहने के लिए प्रेरित करेगा।

शनिवार, 11 जून 2005, चण्डीगढ़

धरती के लाल

सैनिक स्कूल, कुंजपुरा के 45वें स्थापना दिवस समारोह में

आज मुझे उन बहादुर धरती पुत्रों के बीच आकर बड़े गर्व का अनुभव हो रहा है, जो राष्ट्र की शान है। आप लोगों ने अपना ख़ून-पसीना बहाकर भारत माँ को 'अन्नपूर्णा' बनाया। आज भारत अनाज के मामले में आप लोगों की मेहनत के फलस्वरूप ही न केवल आत्मनिर्भर बल्कि दूसरे देशों को भी अनाज का निर्यात कर रहा है। हरियाणा के किसान का तो देशभर में लोहा माना जाता है। प्रदेश का 'कर्मठ किसान-जीवट जवान' पूरे राष्ट्र का गौरव है। आपके पसीने की हर बूंद का सम्मान करना हमारा कर्त्तव्य है।

बिजली के बिल तो क्या माफ़ करने थे बदले में यह भी शर्त लगा दी थी कि जो भी किसान किसी अपने काम के लिए सरकारी दफ़्तर में जाये या बच्चे को स्कूल में दाखिल करवाये तो उससे बिजली के बकाया बिलों के सम्बन्ध में नो ड्यू प्रमाण-पत्र लिया जाये। भला उस बच्चे का क्या कसूर था, जिसे ड्यू प्रमाण-पत्र न होने की वजह से स्कूल में दाखिला नहीं मिला।

उस समय कांग्रेस पार्टी ने किसानों पर हुए अत्याचारों और जुल्म-ज्यादतियों का डटकर विरोध किया और किसान के हितों की रक्षा के लिए लड़ाई लड़ी। मैं एक किसान का बेटा हूँ। किसान के दुःख-दर्द और उसकी समस्याओं को दिल की गहराइयों से समझता हूँ। तत्कालीन मुख्यमन्त्री ने तो मुझे भी चेतावनी दी थी कि यदि उन्होंनें किसानों का साथ दिया तो उनके ऊपर मुकदमा बनाया जायेगा। सत्ता के नशे में चूर तत्कालीन मुख्यमन्त्री यह भूल गये थे कि मेरी नसों में उन स्वतन्त्रता सेनानियों का ख़ून दौड़ रहा है, जिन्होंने देश की आजादी के लिए मुकदमों की तो बात दूर अपने जीवन तक की परवाह नहीं की थी। उस समय मैंने कहा था कि प्रदेश के किसानों की क़ुर्बानी बेकार नहीं जायेगी, यह इनेलो सरकार के कफ़न में कील साबित होगी।

उस समय मैं हरियाणा प्रदेश कांग्रेस कमेटी का अध्यक्ष था। पिछली सरकार के दौरान किसानों पर हुए अत्याचारों के विरुद्ध आवाज़ उठाने के लिए जींद से दिल्ली तक हमने 'शान्ति पदयात्रा' की। उस पदयात्रा में हजारों की संख्या में किसान शामिल हुए, जो 21 जून, 2002 को दिल्ली के रामलीला मैदान में एक विशाल जनसभा के साथ सम्पन्न हुई। इस जनसभा में तत्कालीन एन.डी.ए. सरकार को हरियाणा में किसानों पर हो रहे अत्याचारों से अवगत करवाया गया था। वहाँ हमने यह संकल्प लिया था कि हरियाणा में कांग्रेस सरकार बनने पर किसानों के हितों की रक्षा करना हमारा सर्वोपरि कर्त्तव्य होगा।

बिजली के बकाया बिलों की समस्या पिछले एक दशक से चली आ रही थी। इस समस्या के कई पहलू थे। यह आर्थिक समस्या होने के साथ-साथ एक सामाजिक बुराई भी थी। कानून व्यवस्था बनाये रखने प्रशासन के लिए सिर दर्द बनी हुई थी। किसान बोझ और तंगी की स्थिति में जीवनयापन कर रहे थे।

भारतीय राष्ट्रीय कांग्रेस पार्टी ने विधानसभा चुनाव के दौरान बिजली के बकाया बिलों को माफ़ करने का अपने घोषणा-पत्र में कोई वायदा नहीं किया था। लेकिन हमने यह आश्वासन जरूर दिया था कि इस जटिल समस्या का समाधान हम अवश्य करेंगे। आप लोगों ने कांग्रेस पार्टी को भारी जनादेश के साथ सत्ता सौंपी ताकि किसानों के हितों की रक्षा हो, कमजोर और ग़रीब का उत्थान हो। आपकी सरकार आपकी आशाओं और आकांक्षाओं पर खरा उतरने का पूरा प्रयास कर रही है।

पिछली 14 मई को जींद में राष्ट्रीय सलाहकार परिषद् की अध्यक्ष श्रीमती सोनिया गाँधी जी ने धन्यवाद रैली में अपार जनसमूह को सम्बोधित करते हुए कहा था—'अपने किसान भाइयों को ज्यादा से ज्यादा सुविधाएँ और राहत देनी है। जिन किसानों ने अपने ख़ून-पसीने से देश और दुनिया में हरियाणा का नाम ऊँचा किया है, जिन किसानों की मेहनत से इन्दिरा गाँधी जी के नेतृत्व में 'हरित' और 'श्वेत'

क्रान्ति आई, उनके प्रति हमारी ख़ास जिम्मेदारी है।' श्रीमती सोनिया गाँधी जी की इसी विचारधारा का अनुसरण करते हुए हमने किसानों की भलाई के लिए, मजदूरों की कल्याण के लिए, महिलाओं के उत्थान के लिए और अनुसूचित जाति और पिछड़े वर्गों के हित में कई कदम उठाये हैं।

किसानों के बिजली के बकाया बिलों की राशि इतनी अधिक हो गयी थी कि जमीन-जायदाद बेचकर भी काफी उपभोक्ता बिलों का भुगतान नहीं कर सकते थे। हमने उपभोक्ताओं की इस पीड़ा और तकलीफ को समझा। राज्य सरकार द्वारा सत्ता की बागडोर सम्भालते ही बिजली के बकाया बिलों की समस्या का समाधान निकालने के लिए एक समिति का गठन किया गया। हमने किसी राजनैतिक लाभ के उद्देश्य से नहीं बल्कि दिल की आवाज़ पर किसानों सहित ग्रामीण क्षेत्रों के बिजली उपभोक्ताओं के गत 17 जून, 2005 को 1600 करोड़ रुपये से भी अधिक के बकाया बिल माफ़ करने का ऐतिहासिक फैसला लिया।

यह एक ऐतिहासिक, साहसिक और अभूतपूर्व निर्णय है और भारत के इतिहास में एक नया कीर्तिमान है। यह निर्णय किसानों और मजदूरों के प्रतिनिधियों और बिजली निगमों तथा मेरे साथी मन्त्रियों से विचार-विमर्श करके सर्वसम्मति से लिया गया है।

हमने निर्णय लिया है कि जो ग्रामीण घरेलू उपभोक्ता बिजली का चालू बिल नियमित रूप से भरेगा तो हर बिल के साथ उसकी बकाया राशि का दस फ़ीसदी अपने आप माफ़ हो जायेगा। यदि किसी घरेलू उपभोक्ता के प्रति एक लाख रुपये का बिजली का बिल बकाया है तो हर बिल के साथ दस हजार रुपये की राशि माफ़ हो जायेगी। इस तरह से लगातार दस बिल भरने पर बिजली के बिलों की सारी बकाया राशि बीस महीनों में माफ़ हो जायेगी। कृषि नलकूप उपभोक्ता यदि बिजली के चालू बिलों का भुगतान लगातार करते हैं तो हर एक बिल भुगतान पर बकाया राशि का 5 प्रतिशत माफ़ हो जायेगा। इस तरह नलकूप उपभोक्ता के बिल की सारी बकाया राशि भी 20 महीनों में माफ़ हो जायेगी।

हमने नियमित रूप से बिजली के बिल भरने वाले उपभोक्ताओं की भावनाओं का आदर करते हुए उन उपभोक्ताओं को, जिन्होंने 17 जून, 2005 से पहले के दस महीनों के लगातार बिल भरे हैं, उनको अगले बीस महीनों के बिलों पर पाँच प्रतिशत की छूट दी है। जिनके कनेक्शन स्थायी रूप से कटे हुए हैं, वे भी बिल माफ़ करने की स्कीम का लाभ उठा सकते हैं। इसके लिए उन्हें कनेक्शन जुड़वाने के लिए अगली 31 जुलाई तक आवेदन करना होगा। उनका कनेक्शन शीघ्र जोड़ दिया जायेगा।

बिजली विकास की धुरी है। इस धुरी को मजबूत बनाने, बिजली की बढ़ती हुई माँग को पूरा करने तथा बिजली उत्पादन में बढ़ोतरी करने के लिए यह जरूरी है कि सरकार की सुखद पहल में आप भी भागीदार बनें। आपकी भागीदारी से बिजली सस्ती दरों पर उपलब्ध हो सकती है। बिजली के बकाया बिल माफ़ करने का फैसला प्रदेश की प्रगति यात्रा में अहम् और लम्बा कदम है। हमने सब को साथ लेकर हरियाणा को देश का नम्बर वन प्रगतिशील प्रदेश बनाने की मंजिल पर पहुँचना है।

कृषि हमारी अर्थव्यवस्था की रीढ़ है। इसलिए हम किसानों के हितों को सर्वोच्च प्राथमिकता दे रहे हैं। पिछली सरकार द्वारा भारतीय किसान यूनियन के विभिन्न आन्दोलनों के दौरान किसानों पर बनाये गये मुकदमे सरकार ने वापिस लेने का निर्णय लिया है।

प्राकृतिक प्रकोप से फसलें नष्ट होने पर मुआवजा देने के नार्म में गेहूँ के लिए 50 प्रतिशत की और अन्य फ़सलों के लिए 25 प्रतिशत की बढ़ोतरी की गयी है। किसानों को उनकी पैदावार बेचने के लिए कोई कठिनाई नहीं आने दी गयी है। सरसों की न्यूनतम समर्थन मूल्य पर रिकार्ड खरीद की गयी है। हरको बैंक द्वारा सहकारी फसली ऋणों पर ब्याज की दर 11 प्रतिशत से घटाकर 10 प्रतिशत की गयी है। हरियाणा राज्य सहकारी कृषि और ग्रामीण विकास बैंक द्वारा दिये जाने वाले दीर्घावधि ऋणों पर भी ब्याज दर में एक प्रतिशत की कमी की है। अब 50 हजार रुपये तक के सहकारी ऋणों पर 8 प्रतिशत

की दर से ब्याज लगेगा, जो कि देशभर के सहकारी कृषि और ग्रामीण विकास बैंकों और कमर्शियल बैंकों की ब्याज दर से कम है। ट्रैक्टरों पर से रजिस्ट्रेशन फ़ीस खत्म कर दी गयी है।

खाद और जिप्सम पर कोई कर नहीं लगेगा और डीजल पर भी कर की दर में कोई वृद्धि नहीं की गयी है। ट्रैक्टर के पुर्जों पर कर की दर घटाकर 4 प्रतिशत कर दी गयी है। भूमि अधिग्रहण के लिए भूमि की दर निर्धारण करने की फ्लोर रेट की पद्धति अपनाई गयी है। किसानों को भूमि अधिग्रहण पर उन्हें मिलने वाली मुआवज़ा राशि में बढ़ोतरी की है।

सभी सहकारी चीनी मिलों ने गन्ना पिराई सीजन 2004-2005 का गन्ने के मूल्य का भुगतान किसानों को कर दिया है। सहकारी चीनी मिलों में किसान सेवा केन्द्र खोले जायेंगे। इन केन्द्रों के माध्यम से किसानों को उचित मूल्य पर गुणवत्ता वाले कीटनाशक, खाद, बीज, पेट्रोल, डीजल, चीनी आदि उपलब्ध करवाए जायेंगे।

सरकार किसानों को सिंचाई के लिए पूरा पानी उपलब्ध करवाने के लिए वचनबद्ध है। इस वर्ष तो इन्द्र देवता ने समय पर कृपा की है और लगभग पूरे प्रदेश में अच्छी बारिश हुई है, जिससे खरीफ की भरपूर फसल होने की सम्भावना बढ़ी है।

सतलुज-यमुना लिंक नहर हरियाणा की जीवन रेखा है। पंजाब क्षेत्र में इस नहर का अधिकांश निर्माण कार्य उस समय हुआ है जब हरियाणा में कांग्रेस की सरकारें रही हैं और मैं आपको विश्वास दिलाता हूँ कि आपकी वर्तमान सरकार ही हरियाणा को रावी-ब्यास के उसके हिस्से का पानी दिलवाएगी। केन्द्र सरकार ने 22 जुलाई, 2004 को पंजाब समझौते निरस्तीकरण अधिनियम, 2004 के सम्बन्ध में सर्वोच्च न्यायालय में प्रेसिडेन्शियल रिफ्रेन्स (Presidendtial Reference) किया। इस सम्बन्ध में पिछली सुनवाई 28 फरवरी, 2005 को हुई थी और अगली सुनवाई ग्रीष्म अवकाश के बाद होने की आशा है। हमें पूरा भरोसा है कि फैसला हरियाणा के हक में होगा।

हमारे माननीय प्रधानमन्त्री डॉ. मनमोहन सिंह जी अन्तर्राज्यीय जल विवादों को सुलझाने के प्रति बड़े गम्भीर हैं। उन्होंने रावी-ब्यास सम्बन्धी मामले में पंजाब, हरियाणा तथा राजस्थान के मुख्यमन्त्रियों की शीघ्र बैठक बुलाने की मंशा जाहिर की है।

कृषि के विविधिकरण के दृष्टिगत हमने नयी उद्योग नीति में कृषि आधारित उद्योग लगाने पर विशेष बल दिया है। केन्द्र सरकार द्वारा स्थापित किये जाने वाले छः बड़े खाद्य प्रसंस्करण पार्कों में से एक पार्क तथा राष्ट्रीय खाद्य प्रौद्योगिकी प्रबन्धन संस्थान हरियाणा में स्थापित करवाने के ठोस प्रयास किये जायेंगे। बासमती चावल के निर्यात के लिए एक निर्यात जोन स्थापित किया जायेगा।

कृषि पर निर्भरता कम करने और बेरोज़गारी और अर्द्ध-बेरोज़गारी की चुनौती का सामना करने के लिए गाँवों में लघु उद्योग लगाने को बढ़ावा दिया जायेगा। इसके लिए मुख्यमन्त्री ग्रामीण रोज़गार योजना शुरू की जायेगी, जिसमें लघु उद्योगों और परम्परागत लघु उद्योगों को विशेष प्रोत्साहन और रियायतें दी जायेंगी। मेरा कहने का भाव यह है कि हम हरियाणा के किसानों को प्रगतिशील, समृद्ध और खुशहाल बनाने के लिए हर सम्भव प्रयास करेंगे।

मुझे खुशी है कि हरियाणा के प्रदेश के किसानों ने 1600 करोड़ रुपये से अधिक के बिजली के बकाया बिलों को माफ़ करने के निर्णय का तहेदिल से स्वागत किया है और आज के इस समारोह में मेरा जो अभिनन्दन किया है, वह न केवल मेरा अभिनन्दन है बल्कि हर उस व्यक्ति का अभिनन्दन है, जिसने पिछली तानाशाह सरकार को उखाड़ फेंकने में हमारा साथ दिया। यह अभिनन्दन कांग्रेस की किसान हितैषी, मजदूर हितैषी और ग़रीब हितैषी नीतियों का है।

हम राज्य में सभी वर्गों के उपभोक्ताओं को सुनिश्चित बिजली सप्लाई देने के लिए वचनबद्ध हैं।

इस के लिए बिजली उत्पादन क्षमता बढ़ाने, डिस्ट्रीब्यूशन और ट्रांसमिशन सिस्टम को मजबूत बनाने के ठोस प्रयास किये जा रहे हैं। मेरा आपसे यह आग्रह है कि न तो स्वयं बिजली की चोरी करें और न ही किसी को बिजली की चोरी करने दें। इसके साथ-साथ मेरा सभी ग्रामीण बिजली उपभोक्ताओं से अनुरोध है कि वे बिजली के बिलों का नियमित रूप से भुगतान करके इस सुविधा का लाभ उठायें। इससे न केवल बिजली के बकाया बिलों की जटिल समस्या का समाधान होगा बल्कि हम इस पीढ़ी और भावी पीढ़ी को एक मजबूत बिजली व्यवस्था और खुशहाल हरियाणा सौंपने में सफल होंगे।

रविवार, 24 जुलाई 2005, कुंजपुरा (करनाल)

आन के रखवाले

शहीद उधम सिंह शहीदी दिवस के अवसर पर

डेरा बाबा भूमण शाह महाराज परिसर में आज हम भारत माँ के महान सपूत शहीद उधम सिंह को अपने श्रद्धा सुमन अर्पित करने के लिए इकट्ठे हुए हैं। वे कल के दिन यानी 31 जुलाई, 1940 को देश की आजादी के लिए हँसते-हँसते फाँसी के फंदे पर झूल गये। उनके बलिदान ने देशवासियों के दिल में आजादी के लिए एक नयी चेतना पैदा कर दी थी।

उस महान शहीद का शहीदी समारोह 18वीं सदी के महान सन्त बाबा भूमण शाह की स्मृति में बनाये गये इस डेरा परिसर में हो रहा है। सन्त और शहीद दोनों ही सम्मानीय होते हैं और समाज का मार्गदर्शन करते हैं। मैं इस अवसर पर महान शहीद उधम सिंह को अपनी तरफ़ से, आप सब की तरफ़ से और हरियाणा सरकार की तरफ़ से श्रद्धासुमन अर्पित करता हूँ और महान सन्त बाबा भूमण शाह को भी नमन करता हूँ।

हालाँकि हमारे स्वतन्त्रता संग्राम का इतिहास ज्ञात-अज्ञात स्वतन्त्रता सेनानियों द्वारा दिये गये सर्वोच्च बलिदानों का साक्षी है, लेकिन शहीद उधम सिंह ने माइकल ओ. डवायर को उसके किये की सजा देने के लिए लंदन में जाकर जिस अद्वितीय शौर्य का परिचय देते हुए अपना बलिदान दिया था, वह भारत के स्वतन्त्रता आन्दोलन के इतिहास में स्वर्ण अक्षरों में लिखा रहेगा।

कौन जानता था कि 26 दिसम्बर, 1899 को पंजाब के संगरूर जिले के सुनाम गाँव में कम्बोज बिरादरी के एक गरीब परिवार में जन्मा और अमृतसर के एक अनाथालय में पला यह बालक देश के स्वतन्त्रता संग्राम में प्रेरणादायक भूमिका निभायेगा। इस महान सपूत ने अपनी मातृभूमि के अपमान और निर्दोष लोगों के ख़ून का बदला लेने के लिए उस साम्राज्यवादी ताकत से उसी की भूमि पर टक्कर ली, जिसके साम्राज्य में सूर्य कभी अस्त नहीं होता था। उन्होंने देशवासियों के समक्ष राष्ट्र-भक्ति, त्याग और बलिदान की एक अद्वितीय मिसाल कायम की।

13 अप्रैल, 1919 को बैसाखी के दिन शान्तिपूर्ण ढंग से जलियाँवाला बाग अमृतसर में बैठक कर रही भारतीय जनता पर जालिम अंग्रेज पुलिस ने निर्दयता से अंधाधुंध गोलियाँ चलाईं और बाग के मुख्य द्वार पर तोपें फिट करके मानवता की सभी हदें पार करते हुए लोगों को भून डाला।

जिस समय ब्रिगेडियर जनरल डायर ने अपने सैनिकों को शान्तिपूर्वक बैठे निहत्थे लोगों पर बिना किसी पूर्व सूचना के गोलियाँ चलाने का आदेश दिया, उस समय उधम सिंह वहाँ एकत्रित लोगों को पानी पिला रहे थे। ब्रिटिश सैनिकों की गोलियों के आगे निर्दोष लोगों को ढेर होते देखकर उधम सिंह स्तब्ध रह गये। रक्तपात का यह हृदय विदारक दृश्य उधम सिंह के जीवन में एक नया मोड़ सिद्ध हुआ। उन्होंने इस

घटना के लिए पंजाब के तत्कालीन लेफ्टिनेंट गवर्नर माइकल ओ. डवायर को दोषी ठहराया। उसी क्षण उधम सिंह ने जलियाँवाला बाग की शहीदी मिट्टी को अपने माथे पर लगाकर यह प्रण किया कि वह इस कत्लोगारत का बदला जरूर लेगा। उस समय उधम सिंह की उम्र केवल 20 वर्ष थी। अपने इस मक़सद को पूरा करने के लिए उन्होंने घोर यातनाएँ झेलीं और पूरा जीवन ही देश पर न्योछावर कर दिया।

जलियाँवाला बाग ख़ूनी काण्ड के तीन मुख्य दोषी थे—सर माइकल ओ. डवायर, जनरल डायर और लार्ड जेटलैंड। उधम सिंह इन तीनों से बदला लेने के लिए दिन-रात क्रान्तिकारियों के साथ बैठकें करते थे। एक दिन किसी न किसी तरीके से वे अफ्रीका पहुँच गये। वहाँ उनकी कई प्रसिद्ध क्रान्तिकारियों के साथ मुलाकात हुई जो पहले से ही भारत को आजाद करवाने के लिए काम कर रहे थे।

1928 में उन्हें शस्त्र अधिनियम के तहत चार वर्ष की सजा सुनाई और 1932 में जेल से रिहा कर दिया गया। 1933 में उधम सिंह जर्मनी चले गये। इसके बाद वह लंदन पहुँच गये और अपना उद्देश्य पूरा करने के लिए दिन-रात एक कर दिया।

13 मार्च, 1940 को माइकल ओ. डवायर और लार्ड जेटलैंड को लंदन के कैस्टन हाल में रायल सेंट्रल एशिया सोसाइटी और ईस्ट इंडियन एसोसिएशन की एक गोष्ठी में भाषण देना था। लार्ड जेटलैंड को इस गोष्ठी का उद्घाटन और अध्यक्षता करनी थी। इसकी सूचना उधम सिंह को मिल गयी और उन्होंने सोचा कि बदला लेने का यह अच्छा मौका है। हाल लोगों से भरा हुआ था। उधम सिंह भी किसी न किसी तरीके से हाल में पहुँच गये और मंच के पास ही जाकर बैठ गये। माइकल ओ. डवायर भाषण देकर जब अपनी कुर्सी पर बैठने लगा तो उधम सिंह ने उस पर गोली दाग दी और माइकल ओ. डवायर ने मौके पर ही दम तोड़ दिया। उस समय शाम के साढ़े चार बजे थे। हाल में भगदड़ मच गयी। उधम सिंह भाग सकते थे, लेकिन उन्होंने ऊँची आवाज में कहा—''मैंने अपने भाइयों की क़ुर्बानी का बदला ले लिया है। माइकल को मैंने मारा है।''

2 अप्रैल, 1940 को जब उधम सिंह को अदालत में पेश किया तो उन्होंने कहा—''मैंने अंग्रेज राज्य के अधीन भारत के लोगों को भूखे मरता देखा है। मैं इसका विरोध करता हूँ। यह मेरा फर्ज़ था। मुझे इससे अधिक मान क्या मिल सकता है कि मैं अपनी मातृभूमि के लिए क़ुर्बान हो रहा हूँ। मुझे कोई परवाह नहीं, चाहे मुझे दस, बीस या पचास साल की क़ैद या मौत की सजा दे दी जाए।''

केवल दो दिन तक चले मुकदमे के पश्चात् शहीद उधम सिंह को सर माइकल ओ. डवायर की हत्या का दोषी करार दिया गया और न्यायाधीश श्री सीरिल अटकीसन ने 5 जून, 1940 को केन्द्रीय आपराधिक अदालत ओल्ड वेली में उन्हें मृत्युदण्ड की सजा सुनाई। उस समय ऐसा कहा जाता था कि उधम सिंह अपनी गिरफ़्तारी के बाद 42 दिन तक भूख हड़ताल पर रहे। उधम सिंह को 31 जुलाई, 1940 को लंदन में पेंटोनविल' जेल में फाँसी दे दी गई।

जब मुकदमे के दौरान मजिस्ट्रेट ने उनका नाम पूछा तो उन्होंने कहा—''मेरा नाम उधम सिंह नहीं। मेरा नाम तो राम मुहम्मद सिंह आजाद है। राम हिन्दू, मुहम्मद मुसलमान, सिंह सिख और आजाद का अर्थ है-भारत की आजादी।'' उधम सिंह ने राम मुहम्मद सिंह आजाद के रूप में अपना बलिदान देकर हिन्दुस्तान के हिन्दुओं, मुसलमानों और सिखों में एकता की भावना पैदा कर भारत की धर्मनिरपेक्षता की भावना की नींव को मज़बूत किया।

उनका बलिदान देश-भक्ति की ज्वाला थी, जो हम सबको सदैव प्रज्वलित रखनी है ताकि देश की आन, बान और शान को ललकारने वालों को मुँहतोड़ जवाब दिया जा सके। उनकी शहादत के 65 साल बाद भी वे जन-जन के हृदय में बसते हैं।

धन्य है, कम्बोज बिरादरी, जिसने राष्ट्र को ऐसा शूरवीर दिया। यह बिरादरी भारतीय समाज का

सर्वाधिक सशक्त, राष्ट्रवादी और लोकतन्त्रवादी अंग है। इस समाज का आज तक का इतिहास इनकी वीरता, साहस, राष्ट्रीय चरित्र और देश प्रेम का प्रतीक है।

यह मेरा सौभाग्य है कि मेरी रगों में भी स्वतन्त्रता सेनानी का ख़ून है। मेरे दादा चौधरी मातू राम जी ने स्वतन्त्रता आन्दोलन में सक्रिय भूमिका निभाई थी, जिसके कारण उन्हें काले पानी तक की सजा हुई थी। उनके लाला लाजपतराय जी और शहीद भगत सिंह जी के परिवारों से घनिष्ठ सम्बन्ध थे। इसी प्रकार मेरे आदरणीय पिता चौधरी रणबीर सिंह जी ने राष्ट्रपिता महात्मा गाँधी जी और पण्डित जवाहर लाल नेहरू जी के नेतृत्व में आजादी के आन्दोलन में बढ़-चढ़ कर भाग लिया था। अनेक बार जेल की यातनाएँ सहीं। उन्हें आजाद भारत का संविधान् बनाने वाली संविधान सभा का सदस्य होने का गौरव हासिल है। हमारे महान स्वतन्त्रता सेनानियों के सिद्धान्तों पर चलने की प्रेरणा मुझे विरासत में मिली हुई है।

स्वतन्त्रता सेनानियों ने भारी क़ुर्बानियाँ और त्याग करके इस देश को अमूल्य आजादी लेकर दी है और उस आजादी रूपी धरोहर को सम्भाल कर रखना हमारा पुनीत कर्त्तव्य है।

पिछले साढ़े पाँच दशकों में राष्ट्र ने प्रगति की जो मंजिलें तय की हैं, इसका श्रेय हमारे स्वतन्त्रता सेनानियों को है। देश के महान स्वतन्त्रता सेनानियों ने अपने अनुभव और त्याग की भावना से ही देश को आगे बढ़ाने में अपना सक्रिय योगदान दिया है। वह भारत, जो पहले कपड़े सीने तक की सूई तक के लिए बाहरी मुल्कों का मुख देखता था, आज वह विश्व की एक महान आर्थिक शक्ति बनकर उभर रहा है। केवल राजनीतिक स्वतन्त्रता प्राप्त करना ही हमारे शहीदों, क्रान्तिकारियों अथवा स्वतन्त्रता सेनानियों का उद्देश्य नहीं था। उन्होंने एक ऐसे स्वतन्त्र भारत का सपना सँजोया था, जिसमें ग़रीबी, बेरोज़गारी, भुखमरी, आर्थिक विषमता, अशिक्षा और अभाव का कोई स्थान न हो। सभी भारतवासी सम्मान से ख़ुशहाली का जीवन जियें। स्वतन्त्रता सेनानियों का यह सपना हम पूरा करके रहेंगे।

हमने सत्ता की बागडोर सम्भालते ही देश के इन महान सपूतों के मान-सम्मान में हरियाणा के स्वतन्त्रता सेनानियों की मासिक पेंशन 1400 रुपये से बढ़ाकर 3500 रुपये कर दी है। इस थोड़े से अर्से में हमने चाहे वह किसान है, मजदूर है, व्यापारी है, कर्मचारी है, युवा है, महिलाएँ हैं, अनुसूचित जातियों और पिछड़े वर्गों के लोग हैं। उन सभी के कल्याण-उत्थान के लिए कदम उठाये हैं। प्रदेश में नयी उद्योग नीति लागू की है। इन्फ्रास्ट्रक्चर को सुदृढ़ बनाने के लिए नयी-नयी परियोजनाएँ शुरू की हैं। बिजली के बक़ाया बिलों की एक दशक से चली आ रही समस्या का समाधान किया है। ग्रामीण घरेलू उपभोक्ताओं और नलकूप उपभोक्ताओं के 1600 करोड़ रुपये के बिजली के बकाया बिल माफ़ किये हैं। मेरा कहने का भाव यह है कि हम हरियाणा को विकास और जन कल्याण के मामले में देश का नम्बर वन राज्य बनाने के लिए कटिबद्ध हैं ताकि हमारे शहीदों और स्वतन्त्रता सेनानियों के सपनों को पूरा किया जा सके।

शनिवार, 30 जुलाई 2005, सिरसा

बलिदान की विरासत

स्वातन्त्र्य वीर दादा उण्डालकर स्मारक समिति द्वारा आयोजित समारोह में

महान स्वतन्त्रता सेनानी दादा उण्डालकर जी ने भारत छोड़ो आन्दोलन के दौरान आज के ही दिन करड़ में तहसील ऑफ़िस तक एक 'विशाल किसान मार्च' का आयोजन करके धरती पुत्रों में एक नया जोश पैदा किया था। आज हम उस 'ऐतिहासिक मार्च' की 63वीं वर्षगाँठ मना रहे हैं।

आज़ादी की लड़ाई में हमारे स्वतन्त्रता सेनानियों ने जो साहस दिखाया, संघर्ष और त्याग किया,

उसको आज बार-बार स्मरण करने की जरूरत है। आप वे महान सूरमा हैं, जिन्होंने क्रूर ब्रिटिश शासन के विरुद्ध सत्य और अहिंसा जैसे अनोखे हथियार से लड़ाई लड़ी। आज हमें इस बात को भी याद करने की आवश्यकता है कि किस प्रकार राष्ट्रपिता महात्मा गाँधी जी के प्रेरणादायक नेतृत्व में भारत माँ के महान सपूतों ने अंग्रेजी शासन से लोहा लिया। जाति, धर्म, समुदाय और क्षेत्र की सीमाओं से ऊपर उठकर समूचे देश के लोगों ने एकजुट होकर जो सफलता हासिल की, उसका दुनिया के इतिहास में कोई सानी नहीं है। इस बात का श्रेय हमारे स्वतन्त्रता सेनानियों को जाता है, जिन्होंने ब्रिटिश साम्राज्य के कभी सूर्य न अस्त होने के अहम को झूठला दिया और उनके घुटने टिकवा दिये।

आप सबके त्याग, संघर्ष और क़ुर्बानी के बल पर दुनिया में एक ऐसे युग का सूत्रपात हुआ, जिसके फलस्वरूप विश्व से साम्राज्यवाद, अन्याय और शोषण का अन्त होने की शुरुआत हुई। हमारे स्वतन्त्रता सेनानियों के महान आदर्शों से प्रेरित होकर दुनिया के गुलाम देश अपनी दासता की जंजीरों को तोड़ने के लिए उठ खड़े हुए। हमें गर्व है कि हमारी आजादी का आन्दोलन विश्व के लिए ऐसा अनुकरणनीय बना कि आजादी के दो दशकों के भीतर ही विश्व से साम्राज्यवाद का लगभग अन्त हो गया।

महाराष्ट्र का एक बड़ा ही प्रेरणादायक इतिहास है। स्वतन्त्रता आन्दोलन में इसका उल्लेखनीय योगदान है। असल में, महात्मा गाँधी जी महाराष्ट्र को सामाजिक कार्यकर्त्ताओं का एक बड़ा बसेरा मानते थे। इन सामाजिक कार्यकर्त्ताओं ने न केवल आजादी की लड़ाई में सक्रिय भूमिका निभाई, बल्कि इस प्रदेश में रूढ़िवादी परम्पराओं से बंधे समाज में सामाजिक परिवर्तन लाने के लिए कड़ी मेहनत की। महाराष्ट्र में पुणे का यह ऐतिहासिक नगर राष्ट्रीय स्वतन्त्रता आन्दोलन का केन्द्र बिन्दु रहा। महान देशभक्तों की इस कर्मभूमि पर लोकमान्य बाल गंगाधर तिलक की यहाँ उपस्थिति ने इसके गौरव में एक और पन्ना जोड़ दिया था।

महान स्वतन्त्रता सेनानी माननीय गोपाल कृष्ण गोखले ने यहाँ पर न केवल भारत सेवक समाज (Servant of India Society) स्थापित किया, बल्कि महात्मा गाँधी जी उन्हें अपना गुरु मानते थे। भारत की महान विभूति महर्षि केशव कर्वे भी इस नगर से सम्बन्ध रखते थे, उन्होंने शिक्षा के माध्यम से महिलाओं के उत्थान के लिए अमूल्य योगदान दिया। प्रिंसिपल प्राञ्जपे और श्रीमती आनन्दी बाई जोशी ने भारतीय राष्ट्रीयता के इस दुर्ग से समाज सुधार के लिए कठिन प्रयास किये। उन महान विभूतियों में श्री बाल कृष्ण आनन्द राव पाटिल जी का एक विशिष्ट स्थान था। वे स्वातन्त्र्य वीर दादा उण्डालकर के नाम से लोकप्रिय थे। आजादी की लड़ाई के दौरान उनका योगदान स्वर्ण अक्षरों में अंकित है।

हम सभी जानते हैं कि समृद्ध भारतीय ग्रामीण समाज को किस प्रकार क्रूर और लालची अंग्रेजी शासन ने घोर ग़रीबी और दासता की गर्त में धकेल दिया था। धीरे-धीरे भारत के सामाजिक और आर्थिक तन्त्र का स्वरूप बिगाड़ दिया था। ऐसे हालात से निकलने के लिए उन लोगों की जरूरत थी, जो अपना सब कुछ न्योछावर कर सकें, संघर्ष कर सकें और अंग्रेजी शासन से टक्कर ले सकें। भारत माँ की इस पुकार को बहुत से लोगों ने सुना और उनमें दादा उण्डालकर जी भी प्रमुख थे।

दादा उण्डालकर जी 28 वर्ष की आयु में स्वतन्त्रता आन्दोलन में कूद पड़े। उनकी लोकप्रियता का अन्दाज़ा इस बात से लगाया जा सकता है कि वर्ष 1932 में उन्होंने डिस्ट्रिक्ट लोकल बोर्ड के चुनाव में यहाँ के एक बड़े और अंग्रेजी शासन के पिट्ठू उद्योगपति कूपर को चुनाव में पटकनी दी। यह चुनाव भी उन्होंने किसी राजनैतिक लालसा से नहीं, बल्कि अंग्रेजी सरकार को यह दिखाना था कि राजनैतिक और आर्थिक शक्ति से जनशक्ति बड़ी होती है।

दादा उण्डालकर जी राष्ट्रपति महात्मा गाँधी जी और पण्डित जवाहर लाल नेहरू जी से बड़े प्रभावित थे और उनके आदर्शों में उनकी गहरी आस्था थी। भारत छोड़ो आन्दोलन के दौरान उन्होंने ब्रिटिश शासन

से टक्कर लेने के लिए सतारा जिले में 'समानान्तर सरकार' बनाने में सक्रिय भूमिका निभाई। यद्यपि, इस आन्दोलन में भाग लेने के कारण अंग्रेजी सरकार ने साधारण किसानों और आम आदमी को कड़ी यातनाएँ दीं। लेकिन जो संघर्ष की चिंगारी उन्होंने जलाई थी, वह शोला बनकर छोटे-बड़े और दूर-दराज़ के गाँवों तक फैल गयी क्योंकि लोगों का नैतिक बल जाग गया था। उस समय विश्व के अन्य देश इस बात को देखकर हैरान थे कि किस प्रकार एक शक्तिशाली सरकार के विरुद्ध ग़रीब और भूखे किसानों ने टक्कर लेने का साहस और बहादुरी दिखाई। लेकिन सच्चाई यह है कि महात्मा गाँधी जी के नेतृत्व में देश के कोने-कोने के लोग भारत को आजाद करवाने के लिए निर्भय होकर उठ खड़े हुए थे।

दादा उण्डालकर जी ने आज के दिन वर्ष 1942 में करड़ तहसील ऑफ़िस में एक विशाल किसान रैली का आयोजन करके स्थानीय अंग्रेजी शासकों को अपनी देशभक्ति और साहस का अहसास करवा दिया था। ऐसे महान नेता को धरती पुत्रों में देशभक्ति और अपने हक के लिए संघर्ष करने की चेतना जगाने का श्रेय जाता है। उन्होंने अपना पूरा जीवन देश की आजादी और समाज सेवा में समर्पित कर दिया। आजादी के बाद उन्होंने लाभ का कोई भी पद लेने से भी इनकार कर दिया। उनका लक्ष्य केवल आजादी नहीं था, बल्कि वे आजादी के लाभ हर देशवासी तक पहुँचाना चाहते थे।

दादा उण्डालकर जी जानते थे कि जब तक देश में तीव्र और प्रभावशाली ढंग से सामाजिक परिवर्तन नहीं होंगे, तब तक बड़ी संख्या में देशवासियों के लिए आजादी का कोई मायना नहीं रह जायेगा। इसीलिए उन्होंने समाज सेवा का ही एकमात्र रास्ता चुना और वर्ष 1974 में अपने जीवन के अन्तिम क्षणों तक समाज सेवा में जुटे रहे। यह हमारे लिए बड़े गर्व की बात है कि उनके महान सुपुत्र भी समाज सेवा में समर्पित हैं। उनकी स्मृति में स्थापित दादा उण्डालकर स्मारक समिति द्वारा संचालित विभिन्न शैक्षणिक संस्थाएँ और अस्पताल इस बात के प्रतीक हैं। मेरी कामना है कि यह संस्था दिन-दोगुनी और रात चौगुनी प्रगति करे।

यह मेरा सौभाग्य है कि मेरा सम्बन्ध भी स्वतन्त्रता सेनानी परिवार से है। मेरे दादा चौधरी मातू राम जी ने स्वतन्त्रता आन्दोलन में सक्रिय भूमिका निभाई थी, जिसके कारण उन्हें कई बार जेल जाना पड़ा। उनके लाला लाजपतराय जी और शहीद भगत सिंह के परिवारों से बड़े घनिष्ठ सम्बन्ध थे। इसी प्रकार मेरे आदरणीय पिता चौ. रणबीर सिंह जी ने राष्ट्रपिता महात्मा गाँधी जी और पण्डित जवाहर लाल नेहरू जी के नेतृत्व में आजादी के आंदोदल में सक्रिय भाग लिया। उन्हें आज़ाद भारत का संविधान बनाने वाली संविधान सभा का सदस्य होने का गौरव हासिल है। इस महानं विरासत के फलस्वरूप ही मैं स्वयं को भाग्याशाली मानता हूँ।

हरियाणा ने न केवल किसान आन्दोलन में बल्कि आजादी के आन्दोलन में उल्लेखनीय भूमिका निभाई थी। हरियाणा का 'कर्मठ किसान-बहादुर जवान' राष्ट्र की शान रहा है। आज भी प्रदेश के किसान परिवारों से बड़ी संख्या में नौजवान भारतीय सेनाओं में सेवारत हैं और राष्ट्र की एकता और अखण्डता की रक्षा करने के लिए बड़ी से बड़ी क़ुर्बानी देने के लिए तत्पर रहते हैं। इसी प्रकार, हरियाणा का किसान अनाज के मामले में देश को आत्मनिर्भर बनाने में अपना अमूल्य योगदान दे रहा है।

वर्तमान हरियाणा सरकार स्वतन्त्रता सेनानियों, सैनिकों, भूतपूर्व सैनिकों और किसानों के प्रति अपना कर्त्तव्य निभाने के लिए कटिबद्ध है। हमने स्वतन्त्रता सेनानियों की पेंशन 1400 रुपये से बढ़ाकर 3500 रुपये प्रतिमास कर दी है। इसी प्रकार, अर्द्ध-सैनिक बलों के सभी रैंकों को सेना के बराबर ही अनुग्रह अनुदान देने का निर्णय लिया गया है।

किसान समाज की रीढ़ है। हम किसानों के हितों की रक्षा को सर्वोच्च प्राथमिकता दे रहे हैं। उन्हें जहाँ कई प्रकार की सुविधाएँ दी हैं, वहीं हरियाणा के ग्रामीण क्षेत्रों में वर्षों से चली आ रही बिजली के बकाया बिलों की पेचीदा समस्या को हमने सुलझाया है। ग्रामीण क्षेत्रों के बिजली उपभोक्ताओं के 1600 करोड़ रुपये के बिजली के बकाया बिलों को माफ़ करने का अभूतपूर्व और साहसिक कदम उठाया है।

इस निर्णय से बिजली के बिलों के बकायादारों ने राहत की साँस ली है और वे मुख्यधारा में लौटे हैं और बड़ी संख्या में उन्होंने अपने वर्तमान बिजली बिल नियमित रूप से भरने शुरू कर दिये हैं।

आज मुझे उन विशिष्ट महानुभावों की इस सभा को सम्बोधित करने का अवसर मिला है, जो भारत को सशक्त और समृद्ध भारत बनाने के लिए कटिबद्ध हैं। इसके लिए दादा उण्डालकर जैसे महान स्वतन्त्रता सेनानियों का प्रेरक व्यक्तित्व हमारा सदा मार्गदर्शन करता रहेगा।

मंगलवार, 24 अगस्त 2005, पुणे (महाराष्ट्र)

साथ चलने का संकल्प

राष्ट्रीय एकता परिषद् की बैठक में

राष्ट्रीय एकता परिषद् की यह बैठक 13 वर्षों के अन्तराल के बाद हो रही है। प्रधानमन्त्री जी ने इस परिषद् को पुनर्गठित करके तथा इसके आधार को विस्तृत बनाकर अपनी दूरदर्शिता का जो परिचय दिया है, वह वास्तव में सराहनीय है। हमें इस अवसर का आगामी वर्षों में पंथ निरपेक्षता, अनेकता में एकता और सह-अस्तित्व के हमारे उच्च आदर्शों को मजबूत बनाने के लिए एक अनुकरणीय नक्शा तैयार करने के लिए लाभ उठाना चाहिए

इस समय मुझे इस परिषद् की बैठक में स्वर्गीय श्रीमती इन्दिरा गाँधी जी द्वारा कहे गये शब्दों का स्मरण हो रहा है। उन्होंने कहा था, 'हमें राष्ट्र की अखण्डता के लिए, हमारे संविधान में निहित आदर्शों और अपेक्षाओं की रक्षा के लिए निरन्तर रूप से दृढ़तापूर्वक संघर्ष जारी रखना होगा। हम राष्ट्र की अखण्डता की बात कर रहे हैं। यह मात्र एक शब्द ही नहीं है, बल्कि इतिहास ने हमारे कंधों पर जो जिम्मेदारी डाली है, उसके प्रति हमारी जागरूकता भी है।' मेरा यह कहना है कि यह जिम्मेदारी आज उस समय से अधिक कठिन है, जब ये शब्द पहली बार कहे गये थे। शायद यह आज की भूमण्डलीय जटिलताओं के कारण हुआ है और इस तरह से यह जिम्मेदारी पहले से अधिक जटिल हो गयी है।

एक राष्ट्र के रूप में हमें अपनी गंगा-जमुना संस्कृति और विरासत पर सदैव गर्व रहा है, जिसका बिना किसी लिखित विधान के सहनशीलता, सहयोग और सह-अस्तित्व में विश्वास है तथा संचित विरोधाभासों को अन्ततः सामान्य सामाजिक तानेबाने में परिवर्तित करती है। दुर्भाग्य से इस विरासत में कुछ समय के लिए दरारें आ गयी थीं, जब यह साम्राज्यवादी ताकतों के दबाव में थी। लेकिन मुझे यह कहते हुए गर्व हो रहा है कि यह भावना समय के साथ-साथ और मजबूत हुई है। इसमें कोई संदेह नहीं है कि इस भावना को राष्ट्र विरोधी और साम्प्रदायिक ताकतों, कट्टरपंथियों, जिनकी सोच संकीर्ण होती है और निहित स्वार्थ होते हैं, से समय-समय पर ख़तरा रहा है। यह ख़तरा इसलिए भी है कि हमारी विरासत उदार तो है लेकिन इसके साथ-साथ हम लगातार पूर्वाग्रहों और पक्षपात की भावनाओं का पोषण करते रहे हैं, जोकि हमारे लिए एक अभिशाप है।

हमारे गणतन्त्र के संस्थापकों ने हमें एक संविधान दिया, जिसका निष्ठा से पालन किया जाये तो यह प्रत्येक व्यक्ति तथा सामाजिक समूहों को पुरातन समाज की दीवारों को लांघ कर भारतीय समाज के बहुवादी स्वरूप का सम्मान करने का मार्ग दिखाता है तथा सभी को उनकी पूर्ण क्षमता का विकास करने में समर्थ बनाता है। इसके लिए हमें बिना किसी धर्म, जाति, नस्ल और रंग-भेद के सभी नागरिकों में सौहार्दता, सहनशीलता और भाईचारे का वातावरण बनाने के लिए अपने प्रयासों में तेजी लानी होगी।

यह बात स्पष्ट है कि समाज को एकजुट रखने के नेक कार्य में जो बाधाएँ हैं, वे हैं—सामाजिक

और आर्थिक विषमताएँ, कुछ को समान अवसर न मिलना और ऐसी शिक्षा, जो अपना मूल उद्देश्य को पूरा करने तथा युवाओं को आदर्श नागरिक बनाने में विफल रही है। हमें याद रखना होगा कि हम आज जिन बुराइयों का सामना कर रहे हैं, उनका समाधान धर्मनिरपेक्षता की भावना को मजबूत करने और मानवता की रक्षा को सुदृढ़ बनाने के अलावा सामाजिक, आर्थिक क्षेत्रों में सकारात्मक विकास में निहित है। हमें यह भी याद रखना होगा कि नागरिक समाज के गठन के लिए मानवता के सार्वभौमिक मूल्यों को प्रोत्साहित करने की आवश्यकता है और धर्मांधता तथा अविवेकी सामाजिक मान्यताओं पर कठोरता से अंकुश लगाने की जरूरत है। हमें बार-बार यह दोहराने की जरूरत है कि धर्मनिरपेक्षता और मानवता ऐसे मूल्य हैं, जिनके लिए जिया जाये।

हरियाणा राज्य असहिष्णुता और साम्प्रदायिक तनाव के वायरस से मुक्त है। जब कभी असामाजिक तत्वों द्वारा राज्य के सौहार्दपूर्ण वातावरण को बिगाड़ने का प्रयास होता है तो उनका मुँहतोड़ जवाब देने के लिए हमारे पास ऐसा तन्त्र है, जो तीव्रता और सक्रियता से कार्य करता है। हम इस बात से भी अवगत हैं कि शान्ति और सौहार्दपूर्ण वातावरण बनाये रखने के लिए सतर्क रह कर मूल्य चुकाना पड़ता है। हम यह भी मानते हैं कि जब समाज के वर्गों और श्रेणियों को विकास प्रक्रिया से वंचित रखा जाता है तो ये वर्ग और श्रेणियाँ अपनी निराशा की स्थितियों से उबरने के लिए मसीहा जैसे समाधानों की तलाश में रहती हैं। हम यह भी मानते हैं कि जब हरियाणा में बुद्धिजीवी और बड़े मध्यम वर्ग का प्रजातन्त्र की कार्यप्रणाली, मानव अधिकारों और नागरिक इन्फ्रास्ट्रक्चर से मोह भंग होता है तो वे उन ताकतों की ओर आकर्षित होते हैं, जो उन्हें तोड़फोड़ करने तथा घिनौनी गतिविधियों की ओर ले जाती हैं। इसलिए हमने यह सुनिश्चित किया है कि संघर्षरत लोगों की समस्याओं का समाधान संविधान और कानून के दायरे में हो। प्रत्येक व्यक्ति और समूहों को विकास के समान अवसर बिना किसी भेदभाव के उपलब्ध करवाए जायें। हरियाणा के नागरिक यह महसूस करते हैं कि वे भरपूर अवसरों की धरा पर रह रहे हैं और उनको चाहिए कि वे अपने सामने आने वाले अवसरों को प्राप्त करने की चुनौतियों और कार्यों पर ही ध्यान केन्द्रित करें। सरकार का यह दायित्व है कि वह ऐसा वातावरण सृजित करना सुनिश्चित करे जो कानून के शासन तथा सामाजिक, आर्थिक विकास के अनुकूल हो। एक प्राथमिक कदम के रूप में हम हरियाणा में प्रजातन्त्र के उद्देश्यों को साकार कर रहे हैं। हरियाणा में प्रजातान्त्रिक संस्थाओं के मूल्यों को पुनः बहाल किया गया है और नागरिक यह जानते हैं कि उनकी शिकायतों का निवारण कानून के दायरे में ही हो सकता है। इस तरह से हरियाणा में मानव अधिकारों का रिकार्ड श्रेष्ठ है और जब कभी मानव अधिकारों के हनन का ख़तरा पैदा होता है तो उसे तत्काल दूर करने के लिए हमारे पास प्रभावी तन्त्र उपलब्ध है। यहाँ पर उच्चकोटि का सिविल इन्फ्रास्ट्रक्चर है और राज्य के दूर-दराज़ के इलाकों में भी मैत्रीपूर्ण माहौल होना इस बात का जीवंत प्रमाण है। हम यह भी सुनिश्चित कर रहे हैं कि पुलिसकर्मी आम जनता से संवेदनशील और मानवीय ढंग से व्यवहार करें। इसके लिए उन्हें प्रशिक्षित करने के सभी प्रयास किये जा रहे हैं। हमारी इंटेलीजेंस हमेशा चौकन्ना रहती है तथा हमारे सामाजिक नेता भी समाज को प्रभावित करने वाली भावनाओं पर पूर्ण रूप से नज़र रखते हैं। हमारी पुलिस को भी किसी भी विकट स्थिति से संवेदना के साथ निपटने के लिए समुचित रूप से प्रशिक्षित किया हुआ है।

हमारे पास मास मीडिया का जो संचार-तन्त्र उपलब्ध है, उसका प्रयोग आपसी समझ और साम्प्रदायिक सद्भाव को बढ़ावा देने में प्रयोग में लाया जाता है। राज्य में बिना किसी धर्म, जाति, वर्ण और रंग-भेद के सभी को समान अवसर प्रदान करने के आदर्श का निष्ठा से पालन किया जा रहा है। मीडिया ने कुल मिलाकर किसी भी विकट स्थिति से निपटने के लिए हमेशा सकारात्मक प्रतिक्रिया व्यक्त की है। मैं यहाँ यह भी बताना चाहूँगा कि हमारे यहाँ हाल ही में ऐसी कोई भी स्थिति उत्पन्न नहीं हुई है।

शिक्षा एक ऐसा साधन है, जो युवाओं को न केवल अपने भौतिक लक्ष्य प्राप्त करने में सहायता करती है, बल्कि एक सभ्य और एकीकृत नागरिक बनाने में भी सहायक है। यह ठीक ही पहचान की गयी है कि शिक्षा पद्धति युवाओं को प्रजातान्त्रिक नागरिकता के दायित्वों के निर्वहन के लिए उनकी आदतों, व्यवहार और उच्च चरित्र के निर्माण में अपना योगदान करे। राष्ट्रीय शिक्षा नीति के अनुरूप ही विद्यालयों के पाठ्यक्रम को इस ढंग से तैयार किया गया है कि जो न केवल उनकी समालोचनात्मक बुद्धि का विकास करता है, बल्कि उन्हें यह भी सिखाता है कि विवाद की स्थिति को बिना हिंसा के कैसे सुलझाया जाये। अपने अध्यापकों के दिशा निर्देशन में सांस्कृतिक कार्यक्रमों से न केवल उनकी अनेक संस्कृतियों के प्रति समझ विकसित होती है, बल्कि उनका जिम्मेवार नागरिकों के रूप में विकास भी होता है। इन आदर्शों के दृष्टिगत राज्य सरकार का निकट भविष्य में राष्ट्रीय राजधानी के समीप एक एजुकेशन सिटी स्थापित करने की योजना है। यहाँ यह कहना भी प्रासंगिक होगा कि माननीय सर्वोच्च न्यायालय के निर्णय अनुसार अल्पसंख्यकों द्वारा संचालित संस्थानों में आरक्षण को पूरी तरह से लागू किया गया है। राज्य में उर्दू और पंजाबी भाषाओं के विकास के लिए उर्दू और पंजाबी अकादमियाँ स्थापित की हुई हैं। स्कूलों में उर्दू पढ़ाने के लिए जिला गुड़गाँव और फरीदाबाद के लिए 100 उर्दू अध्यापकों के पद स्वीकृत किये गये हैं, जिनमें से 97 पद मेवात क्षेत्र के लिए हैं, जिसमें हरियाणा में कुल मुस्लिम जनसंख्या के 90 प्रतिशत लोग रहते हैं। उर्दू के अध्यापकों की माँग को पूरा करने के लिए फिरोजपुर नमक के अध्यापक शिक्षण संस्थान की 205 सीटों में से लगभग 125 सीटें उर्दू अध्यापकों के लिए आरक्षित हैं। मदरसों का आधुनिकीकरण और वित्तीय सहायता प्रदान करने की एक स्कीम शुरू की गयी है। इस क्षेत्र में शिक्षा में सुधार के लिए मेवात एजुकेशन सोसायटी सराहनीय कार्य कर रही है। स्कूल शिक्षा को बढ़ावा देने के लिए अल्पसंख्यकों द्वारा संचालित संस्थानों को वित्तीय सहायता प्रदान की गयी है। मेवात में शिक्षा में डिप्लोमा में मुस्लिम अल्पसंख्यक लड़कियों के लिए 50 प्रतिशत सीटें आरक्षित हैं तथा उन्हें 200 रुपये प्रतिमास स्टाइपेण्ड भी दिया जाता है। उपरोक्त के अलावा मेवात क्षेत्र में गुणवत्तापरक शिक्षा प्रदान करने के लिए दिल्ली पब्लिक स्कूल सोसायटी को, जो शिक्षा के क्षेत्र में अग्रणी है, तीन स्कूल चलाने के लिए प्रोत्साहित किया गया है।

हरियाणा में धार्मिक अल्पसंख्यक बहुत कम हैं। हरियाणा में सिख, मुसलमान और ईसाई मुख्य धार्मिक अल्पसंख्यक हैं, जो हरियाणा की कुल जनसंख्या का क्रमशः 5.53 प्रतिशत, 5.78 प्रतिशत और 0.12 प्रतिशत हैं। तुलनात्मक रूप से सिख समृद्ध हैं और ईसाइयों की संख्या बहुत ही कम है। मुसलमान, जोकि आर्थिक, सामाजिक, शैक्षणिक और सामाजिक दृष्टि से पिछड़े हुए हैं और जो मुख्यतः नये मेवात जिले में रहते हैं, उनकी ओर विशेष ध्यान देने की जरूरत है। हरियाणा सरकार मेवात के पिछड़े और सुविधाओं से वंचित मेवात के लोगों को सामाजिक और आर्थिक न्याय प्रदान करने के लिए प्रतिबद्ध है। इसे पूरा करने के लिए वर्ष 1980 में मुख्यमन्त्री की अध्यक्षता में मेवात विकास बोर्ड का गठन किया गया था। इसी तरह से मेवात विकास एजेंसी का भी गठन मेवात क्षेत्र के लोगों की ग़रीबी, बेरोज़गारी और आर्थिक तथा समाजिक पिछड़ेपन को दूर करने के लिए किया हुआ है। मेवात विकास बोर्ड और मेवात विकास एजेन्सी ने विभिन्न स्कीमें क्रियान्वित करने के महत्वपूर्ण कदम उठाये हैं। मेवात के लोगों के आर्थिक-सामाजिक उत्थान और सतत आधार पर आत्म-निर्भरता सुनिश्चित करने के लिए हाल ही के वर्षों में आई.एफ.ए.डी., रोम की 90 करोड़ रुपये की वित्तीय सहायता से मेवात क्षेत्र विकास परियोजना नामक एक समेकित विकास परियोजना पहले ही क्रियान्वित की जा चुकी है। सरकार ने कृषि, शिक्षा, जन-स्वास्थ्य, स्वास्थ्य सेवाएँ, बागवानी विकास, पशु पालन और सामुदायिक विकास आदि पर 150 करोड़ रुपये से अधिक राशि खर्च की है। मेवात क्षेत्र में साक्षरता दर और दक्षता को बढ़ाने के लिए 700 शैक्षणिक

और व्यावसायिक शिक्षण संस्थाएँ स्थापित की गयी हैं। यहाँ यह कहना भी प्रासंगिक है कि आरक्षण नीति के अनुसार सरकारी संस्थानों में भी मेवात क्षेत्र में रहने वाले शैक्षणिक रूप से पिछड़े धार्मिक अल्पसंख्यकों के लिए आरक्षण का प्रावधान है। मैं यह भी बताना चाहूँगा कि बहुत कुछ किया जा चुका है लेकिन अभी भी विभिन्न क्षेत्रों में अपेक्षित सुधार के लिए बहुत कुछ किया जाना है।

विकास गतिविधियों में तेजी लाने और प्रशासन में और अधिक दक्षता लाने के लिए मेवात के नाम से एक नया जिला बनाया गया है, जहाँ पर एक महिला को उपायुक्त नियुक्त किया गया है ताकि महिलाओं और बच्चों की देखरेख की ओर विशेष ध्यान दिया जा सके।

अपने सीमित साधनों से हरियाणा सामाजिक क्षेत्र की गतिविधियों को प्रभावित करने के लिए मीडिया का प्रयोग करता है। हमारे पास उपलब्ध साधनों से मूल्यों में सूक्ष्म परिवर्तन लाने पर बल दिया जा रहा है। आर्थिक दृष्टि से आगे बढ़ते समय सामाजिक परिवर्तनों को आत्मसात् करने के लिए लोगों को शिक्षित करने के लिए भी इनका प्रयोग किया जा रहा है।

हालाँकि मैंने देखा है कि पिछले कुछ वर्षों की घटनाओं ने हमारे संविधान के निर्माताओं द्वारा स्थापित उच्च लक्ष्यों और आदर्शों को प्राप्त करने के हमारे प्रयासों को ठेस पहुँचाई है। हमारे सामने खतरे न केवल बाहर से हैं बल्कि ये आन्तरिक भी हैं। हमें अपनी इंटेलीजेंस व्यवस्था को मजबूत बनाना होगा ताकि बाहरी ताकतें हमारी शान्ति को भंग न कर सकें। हमें यह सुनिश्चित करने की भी जरूरत है कि हमारे यहाँ जीवन इतना अर्थपूर्ण हो कि असन्तोष और पूर्वाग्रहों तथा असहनशीलता के लिए कोई जगह ही न हो।

बुधवार, 31 अगस्त 2005, नयी दिल्ली

शक्ति और भक्ति का मेल

गुरु अर्जुन देव जी की शहीदी की चतुर्थ शताब्दी के अवसर पर
'हक-ए-अमन' विषय पर आयोजित सेमिनार में

मुझे 'शान्ति के अग्रदूत' और 'शहीदों के सरताज' गुरु अर्जुन देव जी की शहादत हुए 400 वर्ष बीत चुके हैं लेकिन उनकी शहादत युगों-युगों तक प्रकाश-स्तम्भ की तरह पीढ़ी-दर-पीढ़ी अन्याय, शोषण और ज़ुल्म के विरुद्ध संघर्ष करने और क़ुर्बानी देने के लिए प्रेरित करती रहेगी।

गुरु अर्जुन देव जी महाराज ने जब अवतार लिया, उस समय देश में मुगलों का शासन था। समाज, धर्म और जाति के आधार पर बंटा हुआ था। जोर-जबरदस्ती से धर्म परिवर्तन करवाया जा रहा था। जनता पर घोर अत्याचार ढाए जा रहे थे। देश की संस्कृति पर संकट के बादल मंडरा रहे थे। गुरु अर्जुन देव जी ने इसका डटकर मुकाबला किया और धर्म की रक्षा की खातिर अपना बलिदान दे दिया। धर्म की रक्षा के लिए सन् 1606 में अपना बलिदान देकर उन्होंने 'मीरी-पीरी' अर्थात् शक्ति-भक्ति की बेजोड़ मिसाल कायम की। वे धर्मवीरगति को प्राप्त करने वाले प्रथम सिख गुरु बने।

गुरु रामदास जी के तीन पुत्रों में गुरु अर्जुन देव जी सबसे छोटे थे। लेकिन उनकी अलौकिक शक्ति और ईश्वर भक्ति तथा मानव प्रेम जैसे सद्‌गुणों की वजह से उनके पिता जी ने उन्हें गुरु गद्दी सौंपी। इस सम्बन्ध में उनके बालपन का एक बड़ा रोचक प्रसंग आता है। अपने नाना गुरु अमरदास जी के समय में गुरु अर्जुन देव जी हँसते-खेलते हुए गुरु जी की गद्दी पर जाकर बैठ गये और उसी प्रकार पदमासन लगा लिया, जैसे गुरु जी लगाते थे। गुरु अमरदास जी ने जब उनके चेहरे पर शान्ति और नूर की वर्षा

सी होती देखी तो, उनके दिल से बरबस यह बात निकली, 'बेटे यह स्थान तुम्हें तुम्हारे पिता के बाद प्राप्त होगा।' उनकी यह वाणी सत्य सिद्ध हुई।

गुरु अर्जुन देव जी के बारे में उनके नाना गुरु अमरदास जी की यह बात भी 'दोइथा वाणी दा बोहथा' अर्थात् मेरा यह दौहित्र (दोहता) वाणी का धनी होगा। बालपन का उन द्वारा रचित यह पद 'मेरा मन लोचे गुरु दरशन ताईं' आज भी बड़ी श्रद्धा और प्रेम से गाया जाता है।

वे उच्चकोटि के विद्वान थे। उन्होंने शौर्य और वीर भावना को अध्यात्मिक चिन्तन के साथ जोड़कर समाज को एक नयी दिशा दी थी। साहस, संघर्ष और सेवा को एक नयी परिभाषा दी। उन्होंने महसूस किया कि कायरता और असहाय अवस्था में कोई भी देश और जाति जीवित नहीं रह सकती। भले ही उसका अध्यात्मिक चिन्तन और सांस्कृतिक परम्पराएँ कितनी भी महान क्यों न हों।

गुरु अर्जुन देव जी ने हमें एकता से जीना सिखाया, भाई-भाई की तरह रहना सिखाया, अपने धर्म के प्रति श्रद्धा रखना और सभी धर्मों का सम्मान करना सिखाया। जिस धर्मनिरपेक्षता की बात आज हम करते हैं, उसकी नींव तो उन्होंने अपने जीवनकाल में ही डाल दी थी। जन-जन का श्रद्धा स्थल अमृतसर का 'स्वर्ण मन्दिर' (श्री हरमन्दिर साहिब) का भव्य निर्माण उन्हीं की परिकल्पना थी। श्री हरमन्दिर साहिब केवल सिख पंथ का ही आस्था स्थल नहीं, बल्कि सभी धर्मों के लोगों का श्रद्धास्थल है। गुरु अर्जुन देव जी ने इसकी नींव लाहौर के महान मुस्लिम सन्त हजरत मियाँमीर के कर-कमलों से रखवाई थी। इसके अलावा, इस मन्दिर की चारों दिशाओं में एक-एक द्वार का इस भाव से निर्माण किया गया कि चारों वर्णों के लोग इस मन्दिर में समान रूप से प्रवेश के अधिकारी हैं। समाज में सभी धर्मों के बीच आपसी प्रेम-प्यार, मेलजोल और सहयोग की भावना मजबूत करने का इससे बड़ा उदाहरण और क्या हो सकता है?

गुरु अर्जुन देव जी ने ही सन् 1604 में सम्पूर्ण मानवता की सेवा में समर्पित गुरु का दर्जा प्राप्त विश्व के महान ग्रन्थ 'श्री गुरु ग्रन्थ साहिब' का संकलन और हरमन्दिर साहिब में प्रकाश करवाया था। यह केवल धार्मिक ग्रन्थ ही नहीं, बल्कि एक दर्शन और विचारधारा है। इसमें ज्ञान, कर्म और भक्ति का अद्‌भुत समन्वय है।

गुरु अर्जुन देव जी ने सामाजिक हित के लिए यह नियम बना दिया कि प्रत्येक सिख अपने 'दसों नखों की कमाई' का दसवां अंश समाज सेवा के लिए दान करे। इस नियम से समाज में समानता लाने और कमजोर लोगों के उत्थान की एक अनूठी परम्परा की शुरुआत हुई। उन्होंने सिख पंथ को एक नयी दिशा दी और सामाजिक सद्‌भाव और शान्ति के अग्रदूत कहलाए।

गुरु अर्जुन देव जी की शहादत की चतुर्थ शताब्दी के अवसर पर आज सबसे ज्यादा जरूरत शान्ति और सद्‌भाव की कड़ियाँ मजबूत करने की है। भारतीय सभ्यता और संस्कृति की जन्म स्थली इस धरा ने सदा ही मानवता को एक नया रास्ता दिखाया है। यह भूमि उस विश्व प्रसिद्ध धर्म युद्ध महाभारत की साक्षी रही है, जो अन्याय और असत्य के विरुद्ध यहाँ पर लड़ा गया। इसी धरा पर भगवान श्री कृष्ण के मुखारविंद से मानवता को सदा प्रेरित करने वाले श्रीमद्‌भगवद् गीता के स्वर गूँजे थे। इतिहास इस बात का भी गवाह है कि महान सिख गुरुओं ने समय-समय पर इस धरा को अपने पावन चरणों से पवित्र किया था।

भूमण्डलीकरण के दौर में आज सम्पूर्ण विश्व में घृणा, आपसी वैर-विरोध और हिंसा मानवता के लिए ख़तरा बनी हुई है। विनाशकारी हथियारों की होड़ के कारण आज पूरी मानव जाति हाशिये पर खड़ी है। इसलिए विश्व शान्ति के लिए यह जरूरी है कि हम ऐसी विश्व संस्कृति बनायें, जो व्यक्ति, समाज और राष्ट्रों को आपस में जोड़े, जिसमें वैर-विरोध, शोषण और उत्पीड़न का कोई स्थान न हो। ऐसी विश्व संस्कृति की बात हमारे ऋषि-मुनियों, गुरुओं और पीर-फकीरों के चिन्तन में प्राचीन समय से ही रही है और हमारा दर्शन विश्व कल्याण को समर्पित है। जिस भूमण्डलीकरण की आज बात की जा रही है, उसकी

परिकल्पना तो हमारे ऋषि-मुनियों ने वर्षों पहले कर ली थी और उन्होंने विश्व शान्ति के लिए 'वसुधैव कुटुम्बकम्' का सिद्धान्त प्रतिपादित किया था। यह सिद्धान्त आज और भी प्रासंगिक है।

शान्ति, अहिंसा और सत्याग्रह के अनोखे हथियारों से राष्ट्रपिता महात्मा गाँधी जी के नेतृत्व में भारत ने वर्षों की गुलामी से आजादी हासिल की और दुनिया को एक नया रास्ता दिखाया। हमारी आजादी के लगभग एक दशक के अन्तराल में ही दुनिया से साम्राज्यवाद का अन्त हुआ और लोकतान्त्रिक व्यवस्था की लोकप्रियता बढ़ी। शान्ति, अहिंसा और मेलजोल का भारत सदैव ही पक्षधर रहा है। हमारे महान नेता पण्डित जवाहर लाल नेहरू जी ने विश्व में शान्ति बनाये रखने के लिए 'पंचशील' का अनुकरणीय सिद्धान्त दिया। वहीं हमारी भूतपूर्व प्रधानमन्त्री श्रीमती इन्दिरा गाँधी जी ने विश्व को हथियारों से मुक्त करवाने के लिए गुटनिरपेक्ष आन्दोलन को मजबूत बनाने में उल्लेखनीय योगदान दिया और आज भी भारत विश्व को कट्टरवाद और आतंकवाद जैसी समस्याओं से छुटकारा दिलाने के लिए विश्व समुदाय को एकजुट करने में जुटा हुआ है।

भारत के धर्मनिरपेक्ष रूपी गुलदस्ते में हर धर्म के फूल खिले हुए हैं। रामायण, महाभारत, गीता, गुरुबाणी और कुरान के स्वर देश के हर भाग में समान रूप से गूँजते हैं। इस देश में चाहे अनेक भाषाएँ बोली जाती हैं, अलग-अलग तरह के रीति-रिवाज हैं, अलग-अलग तरह की धार्मिक मान्यताएँ हैं, लेकिन फिर भी इस देश की सांस्कृतिक आत्मा का स्वरूप एक ही है और अनेकता में एकता हमारी ख़ास पहचान है। हमें इस गौरव को बनाये रखना है। हमारे देश के धर्मनिरपेक्ष स्वरूप को बिगाड़ने वाली तथा शान्ति-सद्भाव और मेल-मिलाप के तानेबाने को छिन्न-भिन्न करने वाली शक्तियों से हमें सावधान रहना है।

गुरु अर्जुन देव जी की शहीदी की चतुर्थ शताब्दी के अवसर पर हमें अपने महान भारत के धर्मनिरपेक्ष स्वरूप तथा राष्ट्र की एकता और अखण्डता के लिए बड़ी से बड़ी क़ुर्बानी देने का अपना संकल्प दोहराना है। शान्ति और सद्भावना की प्रतिमूर्ति गुरु अर्जुन देव जी के प्रति यही हमारी सच्ची श्रद्धांजलि होगी।

रविवार, 11 सितम्बर 2005, कुरुक्षेत्र

सादगी और सरलता की प्रतिमूर्ति

लाल बहादुर शास्त्री जी की प्रतिमा के अनावरण के अवसर पर

श्री लाल बहादुर शास्त्री जी राष्ट्र की महान विभूति और गौरव थे। वे सादगी, सरलता, त्याग और नैतिक मूल्यों की प्रतिमूर्ति थे। भारतीय सभ्यता और संस्कृति के प्रतीक थे। वे राष्ट्र के लिए ही जिए और राष्ट्र के लिए ही कुर्बान हो गये। उन्होंने आजादी के आन्दोलन में उल्लेखनीय भूमिका निभाई थी।

अभी हमने उनकी जन्म शताब्दी मनाई है। उनके निधन के चार दशक बाद भी भारत के जनमानस के हृदय पटल पर उनकी छवि एक निःस्वार्थ समाजसेवी, मूल्य आधारित राजनीति के पक्षधर और पदलोलुपता से अछूते व्यक्तित्व के रूप में अंकित है।

वे केन्द्रीय मन्त्रिमण्डल में रेलवे, परिवहन और संचार, वाणिज्य और उद्योग तथा गृह मन्त्री जैसे महत्वपूर्ण पदों पर रहे। जब वे रेलवे मन्त्री थे तो एक बहुत बड़ी रेल दुर्घटना हुई, जिसमें कई लोग मारे गये। इस दुर्घटना की नैतिक जिम्मेदारी लेते हुए उन्होंने रेल मन्त्री के पद से इस्तीफा दे दिया था।

लाल बहादुर शास्त्री जी नेहरू जी के सच्चे उत्तराधिकारी थे। वे 9 जून, 1964 को भारत के प्रधानमन्त्री बने।

हालाँकि उनका प्रधानमन्त्री के रूप में कार्यकाल बहुत थोड़ा करीब 18 महीने का रहा, लेकिन

उन्होंने इतने थोड़े से समय में ही राष्ट्र के गौरव को ऊँचाइयों तक पहुँचाने की कोशिश की।

'जय जवान-जय किसान' के उनके मूलमन्त्र ने धरती से अन्न पैदा करने वाले किसानों, खेत मजदूरों तथा सीमाओं पर रक्षा करने वाले जवानों के प्रति सम्मान की भावना को और बढ़ाया। वे राष्ट्रपिता महात्मा गाँधी जी के सच्चे अनुयायी थे। उन्होंने अपने जीवन में गाँधी जी के सिद्धान्तों को पूरी तरह से आत्मसात् किया।

शास्त्री जी का जीवन सम्पूर्ण मानव जाति को यह प्रेरणा देता रहेगा कि दृढ़ निश्चय, कड़ी मेहनत और लगन के साथ कोई भी व्यक्ति साधारण से साधारण माहौल में पलकर भी ऊँची से ऊँची मंजिल प्राप्त कर सकता है।

उनका महान व्यक्तित्व, उनकी प्रगतिशील विचारधारा, उनका चिन्तन और उनकी नीतियाँ हमारा सदैव ही मार्गदर्शन करती रहेंगी।

इन शब्दों के साथ, मैं भारत माँ के महान सपूत श्री लाल बहादुर शास्त्री जी को अपने श्रद्धासुमन अर्पित करता हूँ।

बुधवार, 22 अक्टूबर 2005, रेवाड़ी

मानवता के मार्गदर्शक

शहीद बाबा बंदा बहादुर जी की पावन स्मृति में आयोजित धार्मिक सम्मेलन में

महान शहीद बाबा बन्दा बहादुर जी की पावन स्मृति में आयोजित इस 59वें वार्षिक धार्मिक सम्मेलन के अवसर पर मैं बाबा बन्दा बहादुर जी को अपनी भावभीनी श्रद्धांजलि अर्पित करता हूँ। बाबा बन्दा बहादुर एक ऐसे महान व्यक्ति थे, जो अपने धर्म की रक्षा के लिए, अपने सम्प्रदाय की रक्षा के लिए और अपने समाज की रक्षा के लिए हँसते-हँसते शहीद हो गये। बाबा बन्दा बहादुर केवल महान योद्धा ही नहीं, महान तपस्वी भी थे। डेरा बाबा बन्दा बहादुर उनकी 'तपोभूमि' रहा है। वे महान गुरु गोबिन्द सिंह जी के प्रति पूरी तरह से समर्पित थे। आपने गुरु जी के पवित्र कर-कमलों से अमृत का पान किया और गुरु जी की कृपा से सिख पंथ का नेतृत्व प्राप्त किया।

बाबा बन्दा बहादुर न केवल साहसी योद्धा थे, अपितु एक महान धर्म प्रचारक भी थे। वे अपनी वाणी से सभी का मन मोह लेते थे। हिन्दू हो या मुसलमान, सभी को 'सिंह' कहकर बुलाते थे। यद्यपि बाबा बन्दा बहादुर का राज्य थोड़े समय रहा, मगर सिख राज्य के इतिहास में इसका बहुत महत्व है।

बाबा जी ने सबसे महत्वपूर्ण काम जमींदारी प्रथा को समाप्त करने का किया। उन्होंने गुरु नानक देव जी के 'ज़मीन वाहक की है' के सन्देश को अमलीजामा पहनाने की कोशिश की।

बाबा बन्दा बहादुर एक कुशल सेनापति और अनुशासित सिपाही थे। उनका जीवन बलिदान की एक मिसाल है। उनके बलिदान की बड़ी अनोखी घटना है। 5 मार्च, 1716 को आजादी के इन परवानों को जिनकी संख्या लगभग 800 थी, कत्ल करने का हुक्म दे दिया गया। यह काम सरबराह खान को सौंपा गया। बादशाह ने आदेश दे दिया कि प्रत्येक सिख को इस्लाम कबूल करने हेतु कहा जाय। इनकार करने पर मौत के घाट उतार दिया जाए। ऐसा आठ दिन लगातार चलता रहा। प्रतिदिन 100 सिखों को शहीद किया जाता था। सिखों में गुरु के प्रति इतनी श्रद्धा थी कि पहले शहीद होने की होड़-सी लगी हुई थी।

अन्ततः बन्दा बहादुर तथा उसके प्रमुख साथियों को अन्तिम अवसर दिया गया, ताकि वे इस्लाम कबूल कर लें। 9 जून, 1716 को इन सभी को जुलूस की शक्ल में महरौली के निकट ख्वाजा कुतबुद्दीन

बख्तयार काकी की दरगाह पर ले जाया गया। बाबा बन्दा बहादुर को अन्तिम बार इस्लाम मान लेने की पेशकश की गई। मगर इनकार ही मिला और उन्हें भी कत्ल करने का आदेश सुना दिया गया। उन्होंने भारतीय संस्कृति, धर्म और सभ्यता की रक्षा के लिए न केवल अपने चार वर्षीय सुपुत्र बाबा अजय सिंह को शहीद करवाया बल्कि अनेक कष्ट सहते हुए बाबा बन्दा बहादुर 'वाहेगुरु' को याद करते-करते बलिदान हो गये। वे पहले व्यक्ति थे, जिन्होंने मुगलों के अत्याचारी शासन को हिलाया और सिखों की विजय का प्रथम चरण पूरा किया। उनका महान जीवन प्रकाश-स्तम्भ की तरह युगों-युगों तक मानवता का मार्गदर्शन करता रहेगा।

हमें अपने सिख भाइयों पर बहुत गर्व है, क्योंकि इस कौम ने देश को ऐसे महान और बहादुर सपूत दिये हैं, जिन्होंने अपने धर्म, सम्प्रदाय और समाज की रक्षा के लिए महान कुर्बानियाँ दीं। वैसे भी भारत महान गुरुओं, सन्त-महात्माओं और ऋषि-मुनियों की धरती है, जिसने पूरी दुनिया को शान्ति, अहिंसा और आध्यात्मिकता का पाठ पढ़ाया, इन्सानियत, दया और प्रेम का सन्देश दिया। भूली-भटकी मानवता को सच्चे धर्म और सच्चे राष्ट्र का पाठ पढ़ाया।

सिख धर्म ने देश को महान 'दस गुरु' दिये हैं। हमारे सभी गुरु साहिबान ने मानव सेवा और मानव प्रेम का पाठ पढ़ाया। उन सभी ने देश के सभी धर्मों को एक ही माला में गूंथने की बात की। उन्होंने एक ही सिख में ब्राह्मण, क्षत्रिय, वैश्य, सभी गुणों को इकट्ठा किया। उन्होंने लोगों को उपदेश दिये कि वे तन, मन, धन से समाज, देश और राष्ट्र की सेवा करें और अपना गृहस्थ जीवन बिताने के लिए ईमानदारी और मेहनत के रास्ते पर चलें। गुरु साहिबान ने ग़रीब और कमजोर लोगों की मदद करने का सन्देश दिया।

हमारे महान सिख गुरुओं ने हमें जो सबसे बड़ी धरोहर बख्शी है, वह है प्रेम, समता और भाईचारे के सन्देश की। गुरु नानक देव जी ने भी यही सन्देश दिया है। गुरु नानक देव जी ने फरमाया है—

"अव्वल अल्ला नूर उपाया, कुदरत के सब बंदे।
एक नूर से सब जग उपज्या, कौन भले कौन मंदे।।"

हमारे सभी गुरु साहिबान ने सभी धर्मों के आपसी प्रेम और सद्भाव की जितनी ऊँची मिसाल कायम की है, उतनी शायद ही किसी दूसरे ने की हो। गुरु नानक देव जी की बुनियादी शिक्षा यही थी कि सभी धर्म एक हैं। उन्होंने बताया कि धर्म किताब में नहीं होता। जो सब को बराबर देखता है, वह सच्चा धर्म है। उन्होंने सभी को खुदा के बन्दे माना है। इसीलिए सभी सिख गुरु सांझे थे। उन्होंने अन्याय के विरुद्ध और दीन-हीनों की रक्षा के लिए महान कुर्बानियाँ दीं।

हमारे महान गुरुओं ने देश और समाज के लिए जो कुर्बानियाँ दी हैं, उन पर हमें गर्व है। उनकी कुर्बानियाँ देश, धर्म और समाज की रक्षा के लिए थी। उनका बलिदान कमजोर और बेसहारा की रक्षा के लिए था। सिख भाई बहादुर कौम है। गुरुओं की 'कर्मभूमि' के साथ सम्बन्ध होने के कारण हमारा भी कर्त्तव्य बनता है कि हम महान गुरुओं के सद्भाव, सहनशीलता, भाईचारे और आपसी प्रेम के सन्देश को अपने-अपने जीवन में उतारें, तभी हम 'सच्चे भारतवासी' कहला सकते हैं।

हरियाणा सरकार सभी धर्मों, सभी मजहबों के प्रति समान आदर की भावना रखती है। सभी जातियों के लोगों को समान रूप से आदर दिया जाता है। आज प्रदेश में आपसी प्रेम और भाईचारे का बड़ा अच्छा माहौल है। हम सब को इस माहौल को कायम रखना है, हमें यह भी देखना है कि जो ताकतें शान्ति और प्यार के इस माहौल को बिगाड़ने की साज़िशें रचती हैं, उनके नापाक इरादे कामयाब न हों।

शनिवार, 22 अक्तूबर 2005, रोहतक

आख़िरी जवान, आख़िरी गोली

रेजांगला शौर्य दिवस समारोह में

देश के वीरता के इतिहास में 18 नवम्बर, 1962 का दिन स्वर्णाक्षरों में अंकित है। इस दिन लद्दाख में 18 हजार फुट की दुर्गम और गगनचुम्बी ऊँचाई पर स्थित रेजांगला पोस्ट पर 13 कुमाऊँ बटालियन की चार्ली कम्पनी के 124 वीर अहीरों ने चीनी सेनाओं का डटकर मुक़ाबला करते हुए शौर्यपूर्ण लड़ाई लड़ी।

परमवीर चक्र विजेता मेजर शैतान सिंह के नेतृत्व में यह लड़ाई बिल्कुल प्रतिकूल परिस्थितियों में 'आखिरी जवान, आखिरी गोली' तक लड़ी गई। इस लड़ाई में देशभक्ति, बलिदान और साहस का एक नया इतिहास लिखते हुए हमारे 114 अहीर रणबांकुरों ने दुश्मन की एक पूरी ब्रिगेड अर्थात् 1300 से भी अधिक जवानों को मौत के घाट उतार कर अपनी जान मातृभूमि के लिए अर्पित कर दी। मेजर शैतान सिंह लड़ाई के दौरान बुरी तरह घायल हो गये लेकिन देशभक्ति की उच्च परम्परा को कायम रखते हुए अपनी आखिरी साँस तक दुश्मन का मुक़ाबला करते रहे। दुनिया के सैन्य इतिहास में आज तक ऐसी किसी अन्य लड़ाई का वर्णन नहीं है। रेजांगला युद्ध के रणकौशल को देखकर हमारे भूतपूर्व सेनाध्यक्ष टी. एन.रैना ने कहा था, 'कि हम लोग जो जीवित हैं एक दिन अवश्य वृद्ध होंगे, लेकिन रेजांगला के शहीद हमेशा-हमेशा के लिए जवान और अमर रहेंगे।'

भारतीय सेना की 13 कुमाऊँ बटालियन का एक गौरवशाली इतिहास है। यह बटालियन 5 अगस्त, 1948 को कानपुर में बनी थी। इस बटालियन में शत-प्रतिशत अहीर यानी कि यादव समाज के सैनिक ही हैं। इस समाज का अतीत और परम्पराएँ गौरवशाली रही हैं।

महान कर्मयोगी कृष्ण का वंशज यादव समाज आज भी उनके आदर्शों पर चलता हुआ राष्ट्र के निर्माण में महत्वपूर्ण भूमिका निभा रहा है।

इस समाज के किसानों ने अपना पसीना बहा कर हमारे अन्न भण्डारों को भरा है, वहीं इस समाज के वीर बांकुरों ने आजादी की लड़ाई में महान बलिदान दिये और आजादी के बाद देश की एकता और अखण्डता की रक्षा करने में एक विशेष भूमिका निभाई है। आज भी बड़ी संख्या में इस समाज के वीर बांकुरे सेना में सेवारत हैं। रेजांगला युद्ध में शहीद होने वाले सैनिकों में सबसे ज्यादा सैनिक हरियाणा, विशेष रूप से इस इलाक़े के थे।

यह गौरव की बात है कि उन शहीदों, विशेषकर, युद्ध के महानायकों को नमन करने, युद्ध वीरांगनाओं का सम्मान करने और नयी पीढ़ी में राष्ट्रभक्ति की प्रेरणा जागृत करने के लिए रेजांगला शौर्य समिति पिछले लगभग दो दशकों से रेजांगला शौर्य दिवस का आयोजन कर रही है। इसके लिए मैं इसके संरक्षक कर्नल राव राम सिंह जी के प्रयासों की सराहना करता हूँ।

वैसे भी रेवाड़ी का इलाका वीर भूमि है। सेना में भर्ती होकर देश की एकता और अखण्डता की रक्षा करना यहाँ के युवकों के लिए बहुत गर्व की बात है। यहाँ की वीर माताओं की साध भी उसी दिन पूरी होती है, जब उसका होनहार बेटा फ़ौजी वर्दी से सजता है। आज भी राष्ट्र की सेनाओं में 24 हजार से अधिक सैनिक इस क्षेत्र से हैं। वैसे भी इस समय देश की सशस्त्र सेनाओं में डेढ़ लाख से अधिक सैनिक हरियाणा से हैं।

राज्य में भूतपूर्व सैनिकों की संख्या लगभग अढ़ाई लाख है, जिनमें हर साल पाँच से छः हजार की बढ़ोतरी हो जाती है। इस प्रकार, सेवारत सैनिकों, भूतपूर्व सैनिकों और उनके आश्रितों की संख्या लगभग 18 लाख से भी अधिक है। अतः राज्य के काफी परिवार सीधे तौर पर सैनिक परिवारों से जुड़े हैं।

सरकार स्वतन्त्रता सेनानियों, सेवारत सैनिकों और भूतपूर्व सैनिकों की भलाई के लिए कटिबद्ध

है। यह गौरव की बात है कि मेरे साथी मन्त्री कैप्टन अजय सिंह यादव जी, जो स्वयं भी सेनाधिकारी रह चुके हैं, आपके हित के लिए सदैव प्रयासरत रहते हैं। स्वतन्त्रता सेनानियों, शहीदों, सेवारत सैनिकों और भूतपूर्व सैनिकों और उनके आश्रितों को राहत देने में हरियाणा देशभर में आगे है। स्वतन्त्रता सेनानियों की पेंशन 1400 रुपये से बढ़ाकर 3500 रुपये प्रतिमास कर दी गई है। सैनिकों और भूतपूर्व सैनिकों द्वारा सी.एस.डी. से खरीदी जाने वाली वस्तुओं को कर से मुक्त रखा गया है। भूतपूर्व सैनिकों को आबकारी कर में 25 प्रतिशत की छूट दी गई है। हरियाणा सरकार द्वारा द्वितीय विश्व युद्ध के उन भूतपूर्व सैनिकों को जो भारत सरकार या राज्य सरकार से कोई पेंशन प्राप्त नहीं कर रहे, को राज्य सरकार द्वारा प्रदान की जाने वाली आर्थिक सहायता 500 रुपये से बढ़ाकर 800 रुपये प्रतिमास कर दी है। हरियाणा सरकार ने अर्द्ध सैनिक बलों के सभी रैंकों को सेना के बराबर ही अनुग्रह अनुदान देने का निर्णय लिया है। रेवाड़ी में 25 लाख रुपये की लागत से सैनिक परिवार भवन बनाया गया है।

सोनीपत में जिला स्तर के युद्ध स्मारक निर्माण के लिए 10 लाख 59 हजार रुपये की राशि स्वीकृत की गई है। सैनिक स्कूल कुंजपुरा, करनाल में पढ़ने वाले छात्रों के लिए वर्दी भत्ता 1500 रुपये से बढ़ाकर दो हजार रुपये प्रतिवर्ष तथा खुराक भत्ता 15 रुपये से बढ़ाकर 25 रुपये प्रतिदिन कर दिया गया है।

भारत माता के सपूतों के अमर बलिदानों के कारण ही आज हम खुली हवा में साँस ले रहे हैं। उन वीर सपूतों को मान और सम्मान प्रदान करना हमारा सर्वोच्च दायित्व है, क्योंकि कोई भी राष्ट्र तब तक ज़िन्दा रहता है, जब तक वह अपने वीरों का मान-सम्मान करता है तथा इतिहास और परम्पराओं को याद रखता है।

शुक्रवार, 18 नवम्बर 2005, रेवाड़ी

विजय दिवस

'विजय दिवस' के अवसर पर

देश के वीरता के इतिहास में 16 दिसम्बर, 1971 का दिन स्वर्ण अक्षरों में अंकित है। तत्कालीन प्रधानमन्त्री श्रीमती इन्दिरा गाँधी जी के वीरतापूर्ण नेतृत्व में इसी दिन 1971 में भारतीय सेनाओं ने बंगला देश को पाकिस्तान के चंगुल से मुक्त करवाया था, जिससे एक लोकतन्त्रात्मक देश की स्थापना हुई थी।

इस युद्ध में शहीद हुए वीर सैनिकों की स्मृति और इसमें भाग लेने वाले अनेक भूतपूर्व सैनिकों के सम्मान में सशस्त्र सेनाओं द्वारा हर वर्ष आज का दिन 'विजय दिवस' के रूप में मनाया जाता है।

आप जानते हैं कि उस समय पाकिस्तान की सेना द्वारा बंगला देश की जनता पर बड़े अत्याचार ढाए गये थे। पाकिस्तानी फ़ौजों के अत्याचारों से बचने के लिये लगभग एक करोड़ लोगों ने बंगला देश से भागकर भारत में शरण ली थी। इससे देश की अर्थव्यवस्था पर अतिरिक्त बोझ पड़ा। इतना ही नहीं 3 दिसम्बर, 1971 को पाकिस्तानी सेना ने हमारी पश्चिमी सीमा पर एकाएक आक्रमण कर दिया।

हमारी महान प्रधानमन्त्री श्रीमती इन्दिरा गाँधी जी ने 4 दिसम्बर, 1971 को आकाशवाणी से राष्ट्र के नाम अपने सम्बोधन में देशवासियों का आह्वान किया कि अब बंगला देश का युद्ध भारत का युद्ध बन गया है। यद्यपि हम शान्ति के पक्षधर हैं, लेकिन राष्ट्र की एकता और अखण्डता को ललकारने वाले को मुँहतोड़ जवाब देने की भी क्षमता रखते हैं। श्रीमती इन्दिरा गाँधी जी के इस आह्वान पर सारा देश एक अभेद्य चट्टान बनकर पूरे साहस और विश्वास के साथ भारतीय सेनाओं के पीछे खड़ा हो गया। केवल 14 दिनों में ही पाकिस्तानी सेनाओं को आत्मसमर्पण करना पड़ा।

विश्व के सैन्य इतिहास में यह अनूठा उदाहरण है कि राशन-पानी, गोला-बारूद और पूरे हथियार होते हुए भी लगभग एक लाख सैनिकों ने किसी सेना के सामने आत्मसमर्पण किया हो। पाकिस्तानी सेनाओं के पास भारत की सेनाओं से कहीं अधिक बढ़िया बम-वर्षक विमान और आधुनिक हथियार थे लेकिन हमारी तत्कालीन प्रधानमन्त्री श्रीमती इन्दिरा गाँधी जी की कुशल रणनीति और हमारे वीर सैनिकों की वीरता, साहस और शौर्य के आगे उनकी एक न चली। अन्त में उन्हें हथियार डालने पर विवश कर दिया गया। इस युद्ध में जिस रणकौशल और व्यूह रचना का परिचय हमारी सेनाओं ने दिया था, वह हमारे सैन्य इतिहास का स्वर्णिम अध्याय है। इस युद्ध में हरियाणा के वीरों की भी गौरवमयी भूमिका रही और उन्होंने बड़ी संख्या में अपने जीवन का बलिदान दिया।

हरियाणा का बहादुर जवान और मेहनती किसान भारत की शान है। आज भी मेरे सामने ऐसे सूरमा बैठे हैं, जो देश की एकता और अखण्डता की रक्षा के लिए सीमाओं के सजग प्रहरी रहे हैं। आपने गर्मी, सर्दी, बरसात और बर्फानी हवाओं तथा जान की परवाह न करते हुए देश की सीमाओं की रक्षा की है। यहाँ पर ऐसी माताएँ भी बैठी हैं, जिन्होंने अपने बेटों को देश की रक्षा के लिए कुर्बान किया, ऐसी बहनें भी हैं, जिन्होंने अपने सुहाग देश हित के लिए न्योछावर कर दिए।

भारतीय सेना दुनिया की सर्वश्रेष्ठ सेनाओं में से एक है। हमें अपने सैनिकों पर गर्व है। भारतीय सैनिकों ने जहाँ रण क्षेत्र में अपने शौर्य का परिचय दिया है, वहीं प्राकृतिक आपदाओं के समय राहत कार्यों में भी उल्लेखनीय योगदान देते हैं। आजादी प्राप्त करने के बाद हमारे देश ने चार बार विदेशी आक्रमण झेले हैं। चाहे वह 1962, 1965, 1971 के युद्ध थे या 1999 का ऑप्रेशन विजय, हरियाणा के वीर शहादत देने में हमेशा अग्रिम पंक्ति में रहे हैं।

हरियाणा का क्षेत्रफल देश के कुल क्षेत्रफल का केवल 1.37 प्रतिशत है और इसकी जनसंख्या देश की कुल जनसंख्या का लगभग दो प्रतिशत है। लेकिन गर्व की बात यह है कि आज देश की सेनाओं में इस समय हरियाणा से एक लाख 63 हजार वीर सैनिक देश की सशस्त्र सेनाओं में सेवारत हैं।

राज्य में भूतपूर्व सैनिकों की संख्या लगभग अढ़ाई लाख से अधिक है, जिनमें हर साल पाँच से छः हजार की बढ़ोतरी हो जाती है। इस प्रकार सेवारत सैनिकों, भूतपूर्व सैनिकों और उनके आश्रितों की संख्या लगभग 18 लाख से भी अधिक है। अतः राज्य के काफी परिवार सीधे तौर पर सैनिक परिवारों से जुड़े हैं।

रेवाड़ी तो वह वीर भूमि है, जहाँ के रणबांकुरों ने सदा नया इतिहास रचा है। इस क्षेत्र के वीर जवानों ने देश की आजादी के समय तथा आजादी के बाद भारी संख्या में सेना में भर्ती होकर देश की एकता और अखण्डता की रक्षा की है। यह यहाँ के युवकों के लिए बहुत गर्व की बात है। यहाँ की वीर माताओं की साध भी उसी दिन पूरी होती है, जब उसका होनहार बेटा फ़ौजी वर्दी से सजता है। आज भी राष्ट्र की सेनाओं में 24 हजार से अधिक सैनिक इस क्षेत्र से हैं और इस क्षेत्र के भूतपूर्व सैनिकों की संख्या लगभग 38 हजार है, जोकि अन्य जिलों से अधिक है।

सरकार स्वतन्त्रता सेनानियों, सेवारत सैनिकों और भूतपूर्व सैनिकों की भलाई के लिए कटिबद्ध है। यह गौरव की बात है कि मेरे साथी मन्त्री कैप्टन अजय सिंह यादव जी, जो स्वयं भी सेनाधिकारी रह चुके हैं, आपके हित के लिए सदैव प्रयासरत रहते हैं। स्वतन्त्रता सेनानियों, शहीदों, सेवारत सैनिकों और भूतपूर्व सैनिकों और उनके आश्रितों को राहत देने में हरियाणा देशभर में आगे है। स्वतन्त्रता सेनानियों की पेंशन 1400 रुपये से बढ़ाकर 3500 रुपये प्रति मास कर दी गई है। हरियाणा सरकार द्वारा द्वितीय विश्व युद्ध के उन भूतपूर्व सैनिकों को जो भारत सरकार या राज्य सरकार से कोई पेंशन प्राप्त

नहीं कर रहे, को राज्य सरकार द्वारा प्रदान की जाने वाली आर्थिक सहायता 500 रुपये से बढ़ाकर 800 रुपये प्रतिमास कर दी है। ऐसे भूतपूर्व सैनिकों की संख्या प्रदेश में 3800 है। सैनिकों और भूतपूर्व सैनिकों द्वारा सी.एस.डी. कैंटीनों से खरीदी जाने वाली वस्तुओं को कर से मुक्त रखा गया है। शहीद सैन्य अफ़सरों की विधवाओं और अविवाहित शहीदों के मात-पिता को, जिन्हें सी.एस.डी. कैंटीन की सुविधा नहीं दी जा रही थी, उन्हें यह सुविधा देने का निर्णय लिया है। भूतपूर्व सैनिकों को सी.एस.डी. कैंटीन से बेची जाने वाली शराब पर आबकारी कर में 25 प्रतिशत की छूट दी गई है। हरियाणा सरकार ने अर्द्ध सैनिक बलों के सभी रैंकों को सेना के बराबर ही अनुग्रह अनुदान देने का निर्णय लिया है। शहीदों की कुर्बानी को चिर स्मरणीय रखने के लिए जिला स्तर पर युद्ध स्मारक बनाये जा रहे हैं। इसके अतिरिक्त रोहतक में 73 लाख 53 हजार रुपये की लागत से एक राज्य स्तरीय युद्ध स्मारक बनाया गया है। सोनीपत में जिला स्तर के युद्ध स्मारक निर्माण के लिए 10 लाख 59 हजार रुपये की राशि स्वीकृत की गई है।

रेवाड़ी में 25 लाख रुपये की लागत से सैनिक परिवार भवन बनाया गया है। सैनिक वैल्फेयर कॉम्पलैक्स रोहतक के निर्माण के लिए एक करोड़ 65 लाख रुपये की राशि प्रदान की जा चुकी है। राज्य सरकार द्वारा सैनिक स्कूल, कुंजपुरा में एक नये राष्ट्रीय रक्षा अकादमी ब्लॉक के निर्माण के लिए एक करोड़ 98 लाख रुपये तथा मुख्य भवन के जीर्णोद्धार के लिए 40 लाख रुपये की स्वीकृति प्रदान की है। इसके अलावा, एक किर्लोस्कर जेनरेटर सेट एक एम्बुलेंस और 30 कम्प्यूटर खरीदने के लिए 22 लाख 31 हजार रुपये की स्वीकृति प्रदान की गई। सैनिक स्कूल कुंजपुरा में पढ़ने वाले छात्रों के लिए वर्दी भत्ता 1500 रुपये से बढ़ाकर दो हजार रुपये प्रतिवर्ष तथा खुराक भत्ता 15 रुपये से बढ़ाकर 25 रुपये प्रतिदिन कर दिया गया है। इस सैनिक स्कूल के छात्रों को दी जाने वाली छात्रवृत्ति हेतु पहले सामान्य कोटि के छात्रों के लिए प्रत्येक विषय में 55 प्रतिशत और अनुसूचित जाति व जनजाति वर्ग के छात्रों के लिए 45 प्रतिशत अंक जरूरी थे। लेकिन पिछली सरकार ने 15 जनवरी, 2000 को इसे बदलकर सामान्य कोटि के छात्रों के लिए 70 प्रतिशत और अनुसूचित जाति व जनजाति वर्ग के छात्रों के लिए 60 प्रतिशत अंक जरूरी कर दिये। वर्तमान सरकार ने छात्रवृत्ति के लिए 15 जनवरी, 2004 से पहले ही पास फीसदी अंकों की शर्तों की पुनः बहाली की है।

भूतपूर्व सैनिकों के पुनर्वास के लिए प्रयोग के तौर पर सहकारी समिति बनाने का निर्णय लिया है। इसकी सफलता को ध्यान में रखते हुए एक्स-सर्विसमैन कॉरपोरेशन बनाने का विचार किया जायेगा। राज्य सरकार ने यह निर्णय लिया है कि प्रदेश के पहाड़ी और रेतीले इलाकों को हरा-भरा बनाने के लिए 'इको टास्क फोर्स' की एक कम्पनी तैयार की जायेगी, जिसमें लगभग 100 भूतपूर्व सैनिकों को रोज़गार मिलेगा। सैनिकों और भूतपूर्व सैनिकों की आवास की कठिनाई को ध्यान में रखते हुए यह फैसला किया गया है कि जहाँ भी ग्रुप हाऊसिंग सोसाइटी बनाई जायेगी, उनमें दस प्रतिशत सोसाइटी सैनिकों और भूतपूर्व सैनिकों के लिए आरक्षित होंगी। हरियाणा शहरी विकास प्राधिकरण द्वारा झज्जर, रेवाड़ी, रोहतक और जींद में डिफैंस कालोनियाँ बनाने के लिए सर्वेक्षण किया जा रहा है।

भारत माता के सपूतों के अमर बलिदानों के कारण ही आज हम खुली हवा में साँस ले रहे हैं। उन वीर सपूतों को मान और सम्मान प्रदान करना हमारा सर्वोच्च दायित्व है, क्योंकि कोई भी राष्ट्र तब तक ज़िन्दा रहता है, जब तक वह अपने वीरों का मान-सम्मान करता है तथा इतिहास और परम्पराओं को याद रखता है।

शुक्रवार, 16 दिसम्बर 2005, रेवाड़ी

मानस की जात सबै एकै पहिचानबो

गुरु गोविन्द सिंह की जयन्ती पर

गीता में कहा है कि-'जब-जब धर्म की हानि होती है और अधर्म की बढ़ोतरी होती है तो मैं अवतार लेता हूँ।' श्री गुरु गोबिन्द सिंह जी ने जनता को जोर, जुल्म और ज्यादतियों से बचाने तथा धर्म की रक्षा के लिए अवतार लिया था। उस समय देश में मुगलों का शासन था। वे जनता पर घोर अत्याचार ढाह रहे थे। जोर-जबरदस्ती से धर्म परिवर्तन करवाया जा रहा था तथा समाज जाति और धर्म आदि के आधार पर बँटा हुआ था। भारतीय जनता निराश थी।

जनता को जोर, जुल्म और ज्यादतियों से बचाने के लिए गुरु गोबिन्द सिंह जी ने 1699 में बैसाखी के दिन 'खालसा पंथ' की स्थापना की थी। इसकी स्थापना मानवता, विश्व बन्धुत्व, आपसी भाईचारे और उदारता के सिद्धान्तों पर की गई थी। इस पंथ की स्थापना का मुख्य उद्देश्य ऐसे 'सन्त सिपाही' तैयार करना था, जो अत्याचारों से मानवता की रक्षा करने के लिए हर तरह का बलिदान देने के लिए तैयार रहें। इससे भारतीय समाज को एक नयी दिशा मिली थी और राष्ट्र-प्रेम की भावना पैदा हुई थी।

जिस प्रकार 'धर्मक्षेत्र-कुरुक्षेत्र' में श्रीकृष्ण ने मोहग्रस्त अर्जुन को कर्मयोग का दिव्य सन्देश देकर युद्ध करने के लिए प्रेरित किया था, उसी प्रकार गुरु गोबिन्द सिंह जी महाराज ने अपने अलौकिक तेज से उत्तरी भारत की मृतप्राय जनता को धर्म और आत्म-सम्मान की रक्षा के लिए अत्याचारियों से लड़ने हेतु तलवार उठाने की प्रेरणा दी थी।

गुरु गोबिन्द सिंह जी धर्मनिरपेक्षता की प्रतिमूर्ति थे। आज हम जिस धर्मनिरपेक्षता की बात करते हैं, उसकी नींव तो लगभग 306 साल पहले गुरु गोबिन्द सिंह जी ने 'पंज प्यारे' बनाते समय डाल दी थी। गुरु जी ने खालसा पन्थ की नींव रखते समय पाँच अलग-अलग जातियों और देश के पाँच विभिन्न क्षेत्रों से 'पंच प्यारों' को शामिल किया था। फिर उन सबको एक ही बाटे से अमृत छिकाकर ऊँच-नीच का भेदभाव खत्म किया था। ये पंज प्यारे लोकतन्त्र, सामाजिक न्याय और राष्ट्रीय एकता का सन्देश देते हैं।

उन्होंने कभी भी भाषा, जाति और धर्म के आधार पर मानव-मानव में भेद को स्वीकार नहीं किया। उन्होंने उपदेश दिया–

हिन्दू तुरक कोऊ राफजी इमाम साफी,
मानस की जात सबै एकै पहिचानबो।

मानव की कोई अलग-अलग जातियाँ नहीं हैं। मन्दिर-मस्जिद, पूजा और नमाज सभी एक ही हैं। पुराण और कुरान दोनों में ही अल्लाह और ईश्वर का वर्णन है। यदि आज दुनिया के सभी लोग गुरु जी के इस सन्देश पर चलें तो इस दुनिया से वैर-विरोध और आपसी द्वेष का नामोनिशां मिट जायेगा।

गुरु गोबिन्द सिंह जी का व्यक्तित्व एक महान दर्शन है और उन द्वारा स्थापित खालसा पंथ एक महान विचारधारा है। उन्होंने आध्यात्मिक चिन्तन के साथ-साथ शौर्य और वीर भावना को जोड़कर समाज को नयी दिशा दी थी। साहस, संघर्ष और सेवा को एक नयी परिभाषा दी। गुरु जी कहते थे–'जो को ले हैं, निज बल से ले हैं'। उन्होंने महसूस किया कि कायरता और असहाय अवस्था में कोई भी देश और जाति जीवित नहीं रह सकते, भले ही उसका आध्यात्मिक चिन्तन और सांस्कृतिक परम्पराएँ कितनी ही गौरवशाली क्यों न हों।

वे 'जीओ और जीने दो' के सिद्धान्त पर चलते थे। समाज और राष्ट्र को नव-जीवन देने, गिरे हुओं को उठाने, अनाथों को आश्रय देने तथा पतितों का उद्धार करने के लिए उन्होंने अपना सारा जीवन अर्पित कर दिया था। वे महान दानवीर थे। उन्होंने धन-दौलत तो क्या अपना सम्पूर्ण वंश ही मानवता की रक्षा

के लिए दान में दे दिया था। तीन-तीन पीढ़ियाँ राष्ट्र के लिए कुर्बान होने की मिसाल विश्व इतिहास में शायद ही कहीं मिले।

हमारे सभी गुरु साहेबान ने मानव सेवा और मानव प्रेम का पाठ पढ़ाया। सभी गुरुओं ने देश के सभी धर्मों को एक ही माला में गूंथने की बात की। उन्होंने एक ही सिख में ब्राह्मण, क्षत्रिय, वैश्य सभी के गुणों को इकट्ठा कर दिया। हरेक सिख के लिए गुरु साहेबान ने जहाँ यह आदेश दिया कि वह श्री वाहेगुरु का जाप करे, आठों पहर अपने तन, मन और धन से समाज तथा देश की सेवा करे और अपना गृहस्थ जीवन बिताने के लिए ईमानदारी और मेहनत के रास्ते पर चले, वहाँ गुरु साहेबान ने उसे ग़रीब और कमजोर की मदद करने का आदेश दिया।

हरियाणा गुरु गोबिन्द सिंह जी की कर्मस्थली रहा है। हरियाणा की धरती लखनौर साहिब में उनकी ननिहाल थी और वहीं पर उन्होंने अस्त्र-शस्त्र चलाने का अभ्यास किया था। भगाणी के युद्ध के बाद श्री गुरु गोबिन्द सिंह जी महाराज कई दिन तक कपालमोचन में ठहरे थे। खालसा पंथ के रूप में दशमेश पिता गुरु गोबिन्द सिंह जी ने हमें एक अमर विरासत दी है। वह विरासत है, एक नयी विचारधारा की जो समता, निडरता, न्याय, सत्यनिष्ठा और आत्म-सम्मान के लिए मर-मिटने का पाठ पढ़ाती है।

हमारा देश विभिन्नता में एकता का प्रतीक है। इस देश के हर भाग में विभिन्न धर्मों, सम्प्रदायों और वर्गों के लोग प्रेम भाव से मिलजुल कर रहते हैं और तीज-त्योहार सामूहिक रूप से मनाते हैं। आज भारत 21वीं सदी में विश्व के मानचित्र पर एक नयी ताकत बनकर उभर रहा है। लेकिन दुःख की बात है कि कुछ विदेशी ताकतें और असामाजिक तत्व यह नहीं चाहते कि भारत एक नयी शक्ति बने और अपने प्राचीन वैभवशाली गौरव को प्राप्त करे। हमारे सर्वधर्म-समभाव और आपसी भाईचारे में फूट डाल कर, धर्म के नाम पर दरार पैदा करके और निर्दोष लोगों की हत्याएँ करके आंतक का माहौल ब़नाने के लिये साज़िशें रच रहे हैं। हमें ऐसी ताकतों का एकजुट हो सामना करना है।

मेरा अटूट विश्वास है कि यदि सभी सियासतदान, धार्मिक नेता और समाज सेवी गुरु गोबिन्द सिंह जी के आदर्शों पर चलने का संकल्प लें तो पूरे मुल्क से नफरत, हिंसा, वैर-विरोध और सामाजिक बुराइयाँ खत्म हो सकती हैं। अमन, सद्भावना और खुशहाली भरे उस समाज की स्थापना में हम सफल हो सकते हैं, जिसके लिए हमारे महान गुरुओं और वीरों ने कुर्बानियाँ दी थी।

हमारे गुरु साहेबान ने सद्भाव, सहनशीलता, भाईचारे और आपसी प्रेम का जो रास्ता दिखलाया है, हम उसे अपने जीवन में उतारें। यही मानव कल्याण का मूल मन्त्र है और गुरुओं के प्रति यही हमारी सच्ची श्रद्धांजलि है।

वाहेगुरु जी दा खालसा,
वाहेगुरु जी दी फतेह।

वीरवार, 5 जनवरी 2006, दिल्ली

सर्वजन हिताय, सर्वजन सुखाय

राष्ट्रपिता महात्मा गाँधी जी की पुण्य तिथि पर सामुदायिक शौचालय और स्वच्छता कार्यक्रम के शुभारम्भ समारोह में

राष्ट्रपिता महात्मा गाँधी जी स्वच्छता को सर्वोपरि मानते थे और इसे परमात्मा के बाद दूसरे स्थान पर समझते थे। वे गंदी बस्तियों में जाकर स्वयं अपने हाथ से झाड़ू लगाकर स्वच्छता के महत्व को समझाते

थे। 'सर्वजन हिताय, सर्वजन सुखाय' उनके चिन्तन और मनन का मूल मन्त्र था। उनका व्यक्तित्व एक दर्शन है और उनका कृतित्व एक विचारधारा है। हमारा देश गाँधी जी का सदैव ऋणी रहेगा, जिनके मार्गदर्शन और नेतृत्व में आजादी की लड़ाई लड़ी गई और देश को विदेशी ताकतों के शिकंजे से मुक्त करवाया। उनके सत्य, अहिंसा, सर्वधर्म-समभाव और आपसी भाईचारे के सिद्धान्त आज भी ध्रुव तारे की तरह हमारा मार्गदर्शन कर रहे हैं। गाँधी जी हमारा अतीत थे, हमारा वर्तमान हैं और भविष्य रहेंगे।

गाँधी जी बड़े दूरदर्शी थे, उनका जनता की सामूहिक शक्ति में अटूट विश्वास था। वह कोटि-कोटि भारतीय जनता की नब्ज़ पहचानते थे और उनके हितों के प्रति सदैव चिन्तित रहते थे। उन्होंने स्वयं धोती-लंगोटी धारण कर देशवासियों के सामने सादगी की मिसाल कायम की। गाँधी जी का स्वदेशी आन्दोलन एक प्रकार से भारत की ग़रीब जनता के लिये एक आर्थिक कार्यक्रम था। स्वराज के बाद गाँधी जी ने ऐसे रामराज्य की कल्पना की थी, जहाँ पर ग़रीब से ग़रीब व्यक्ति को भी विकास के समान अवसर मिलें।

उन्होंने आजादी के बाद देश के सामने नए आर्थिक, सामाजिक और राजनैतिक कार्यक्रम रखे थे। आज हमारे संविधान में निर्देशक सिद्धान्तों का अधिकतर भाग उन्हीं की देन है। पंचायती राज को एक नयी चेतना उन्हीं से मिली थी। छुआछूत, दलित-उद्धार और मानव-प्रेम की विचारधाराओं को उन्होंने एक नयी व्याख्या दी, जिसे दुनिया अपना रही है। 'सामुदायिक शौचालय और स्वच्छता कार्यक्रम' से शहरी क्षेत्रों में सफाई व्यवस्था बनाये रखने में काफी सहायता मिलेगी।

यह और भी ख़ुशी की बात है कि इस कार्यक्रम में कॉर्पोरेट सेक्टर, एजेन्सियाँ, एन.जी.ओ., सी.बी.ओ. परोपकारी न्यास और संस्थाओं को भागीदार बनाया गया है। सामुदायिक शौचालय यूनिट की लागत की 40 हजार रुपये की राशि में से आधी राशि 'हुडको' देगी और शेष राशि संस्था द्वारा वहन की जायेगी। हरियाणा में शहरों में सफाई व्यवस्था बनाये रखने तथा पर्यावरण की स्वच्छता की ओर विशेष ध्यान दिया जा रहा है। ठोस कूड़ा-कर्कट के प्रबन्धन के लिये 35 शहरों में सैनिटरी लैण्डसफील्ड्स और केंचुआ खाद बनाने के लिये भूमि का चयन कर लिया गया है तथा छः शहरों में सैनिटरी लैण्डसफील्ड्स के विकास का कार्य प्रगति पर है। 20 नगरपरिषदों और नगरपालिकाओं को इस कार्य के लिये 21 लाख रुपये का अनुदान दिया गया है।

हवाई कस्बे सिरसा के लिये ठोस कूड़ा-प्रबन्धन के लिये केन्द्र सरकार से सहायता प्राप्त 885 लाख रुपये की एक स्कीम पर कार्य शुरू किया गया है। अम्बाला शहर तथा अम्बाला सदर में भी ऐसी परियोजनाएँ शुरू करने के लिये भूमि का चयन कर लिया गया है और इन पर दो महीनों के अन्दर कार्य शुरू हो जाने की संभावना है। शहरी मलिन बस्तियों में सामुदायिक शौचालय बनाने के लिये 55 स्थानों का चयन कर लिया गया है।

आर्थिक विकास के फलस्वरूप शहरीकरण तेजी से बढ़ रहा है, इसलिए सरकार छोटे शहरों के विकास पर ज्यादा ध्यान दे रही है ताकि राज्य का समान रूप से शहरीकरण हो सके। शहरों में भूमि के बढ़ते दामों की वजह से मलिन बस्तियाँ विकसित होती हैं। इसलिए सरकार ने यह निर्णय लिया है कि हरियाणा शहरी विकास प्राधिकरण द्वारा विकसित सैक्टरों में आर्थिक रूप से कमजोर वर्गों के लिये आरक्षित 20 प्रतिशत का कोटा बढ़ाकर 35 प्रतिशत कर दिया है।

हम इस बात के लिये भी सचेत हैं कि समुचित धनराशि की व्यवस्था किये बिना शहरों का विकास नहीं हो सकता। सरकार ने दूसरे राज्य वित्तायोग की सिफारिशों के आधार पर स्थानीय निकाय को 50 करोड़ रुपये का हस्तांतरण किया है। स्थानीय क्षेत्र विकास कर में शहरी स्थानीय निकायों का हिस्सा बढ़ाकर 50 प्रतिशत कर दिया है। चालू वित्त वर्ष में स्थानीय क्षेत्र विकास कर की धनराशि में से 115 करोड़ रुपये की राशि शहरी क्षेत्रों में आधारभूत ढाँचे के विकास के लिये दी गई है।

फरीदाबाद को जवाहर नेहरू राष्ट्रीय शहरी नवीनीकरण मिशन के अन्तर्गत शामिल कर लिया गया है। शहर की समुचित आधारभूत संरचना के विकास के लिये 2064 करोड़ रुपये के प्रस्ताव तैयार किये गये हैं। पिछली सरकार द्वारा भंग की गई आठ नगरपालिकाओं को भी बहाल किया है।

कुण्डली-मानेसर-पलवल एक्सप्रैस-वे

राष्ट्रीय राजधानी क्षेत्र में यातायात को सुचारु बनाने के लिए 135 किलोमीटर लम्बा कुण्डली-मानेसर-पलवल पैरिफेरियल एक्सप्रेस-वे बनाने की प्रक्रिया शुरू कर दी गई है। इस एक्सप्रेस-वे के निर्माण के लिए भूमि अधिग्रहण के लिए 147 करोड़ रुपये की राशि जारी कर दी है। इस एक्सप्रेस-वे के साथ-साथ राज्य में अत्याधुनिक 'वैश्विक गलियारा' बनाने की योजना भी है। इस एक्सप्रेस-वे के साथ-साथ पर्यटन क्षेत्र भी विकसित किया जायेगा। सरकार का तीन नये शहर एक बादली-जहाँगीरपुर के बीच, दूसरा सांपला के पास और तीसरा समालखा-गन्नौर के बीच विकसित करने का प्रस्ताव है।

सरकार ने पूर्ण स्वच्छता अभियान के तहत 239 करोड़ 42 लाख रुपये की लागत से ग़रीबी रेखा से नीचे जीवनयापन कर रहे परिवारों के लिये व्यक्तिगत शौचालय, महिला शौचालयों तथा आंगनवाड़ी शौचालयों के निर्माण की एक योजना तैयार की है तथा उसे स्वीकृति के लिये भारत सरकार को भेजा हुआ है।

12वें वित्त आयोग की सिफारिश पर वर्ष 2005-06 से लेकर 2009-10 के दौरान पंचायती राज संस्थाओं को 388 करोड़ रुपये अनुदान दिया जायेगा। यह ग्रामीण क्षेत्रों में सार्वजनिक सेवाओं के सुधार और उनके रखरखाव के लिए दिया जा रहा है। इस स्कीम के तहत गत दस महीनों में लगभग 40 करोड़ रुपये का अनुदान जारी किया जा चुका है।

हम हरियाणा को विकास और जनकल्याण के मामले में देश का नम्बर-वन राज्य बनाने के लिये कटिबद्ध हैं।

सोमवार, 30 जनवरी 2006, झज्जर

मैं आजाद हूँ, मैं आजाद रहूँगा

शहीद चन्द्रशेखर आज़ाद के शहीदी दिवस पर आयोजित समारोह में

राष्ट्र, कौम और समाज की रक्षा के लिए कुर्बानी देने वाले महापुरुषों का शहीदी दिवस एक प्रेरणा का दिन और संकल्प का अवसर होता है। हालाँकि हमारे स्वतन्त्रता संग्राम का इतिहास ज्ञात-अज्ञात स्वतन्त्रता सेनानियों द्वारा दिये गये सर्वोच्च बलिदानों का साक्षी है, लेकिन शहीद चन्द्रशेखर आजाद ने जिस अद्वितीय शौर्य का परिचय देते हुए अपना बलिदान दिया था, वह भारत के स्वतन्त्रता आन्दोलन के इतिहास में स्वर्ण अक्षरों में लिखा रहेगा।

कौन जानता था कि मध्यप्रदेश के एक छोटे से गाँव में 23 जुलाई, 1906 को एक ग़रीब घराने में पैदा हुआ यह बालक देश का एक महान स्वतन्त्रता सेनानी और अमर क्रान्तिकारी होगा? उन्हें पढ़ने के लिए बनारस भेजा गया, लेकिन उनके दिल में तो भारत माँ कों आजाद करवाने की उमंगे हिलोरे ले रही थी।

सन् 1921-22 के असहयोग आन्दोलन में वे एक स्वयं सेवक की हैसियत से शामिल हुए थे। गिरफ़्तार किये जाने पर जब वे अदालत में लाये गये तो मजिस्ट्रेट ने पूछा-'तुम्हारा नाम क्या है?' युवक चन्द्रशेखर ने बिना किसी डर के उत्तर दिया-'मेरा नाम आजाद है, पिता का नाम स्वतन्त्र और निवास स्थान जेलखाना है।' इस जवाब से चिढ़कर मजिस्ट्रेट ने उन्हें 15 बेंत लगाने की आज्ञा दी। हर बेंत की मार पर

चन्द्रशेखर के मुँह से 'वंदेमातरम्' और 'गाँधी जी की जय' आदि के नारे निकलते गये जब तक वह मूर्छित होकर गिर न पड़े। उस समय वह सिर्फ़ 14 वर्ष के थे। उन्होंने प्रतिज्ञा की कि मैं अपने जीवित रहते कभी भी पुलिस के हाथ में नहीं पड़ूंगा और उसी समय से उन्होंने अपने नाम के बाद 'आजाद' जोड़ना शुरू कर दिया। कहना न होगा कि इस प्रतिज्ञा को उन्होंने पूर्ण कर के दिखाया। सन् 1926 ई. में काकोरी केस के सिलसिले में पुलिस ने श्री चन्द्रशेखर आजाद को बहुत ढूँढा पर कुछ भी पता न लगा सकी।

आजाद अपने जीवन के अन्तिम समय तक ब्रिटिश हुकूमत के हाथ में नहीं आये। आज के ही दिन 27 फरवरी 1931 को इलाहाबाद के अल्फ्रेड पार्क में ब्रिटिश हुकूमत का सामना करते हुए शहीद हो गये। उन्होंने देशवासियों के समक्ष राष्ट्र-भक्ति, त्याग और बलिदान की एक अनूठी मिसाल कायम की।

किसी भी मुल्क के लिए नौजवान पीढ़ी सबसे बड़ी दौलत होती है, क्योंकि इन्हीं के कंधों पर मुल्क को सम्भालने, संवारने और बनाने की जिम्मेदारी होती है। इतिहास इस बात का गवाह है कि हमारे नौजवानों ने समय-समय पर अपनी शक्ति और क्षमता का परिचय दिया है। हमारे नौजवानों ने ही स्वतन्त्रता आन्दोलन को जन-आन्दोलन बनाने में एक महत्वपूर्ण भूमिका निभाई थी। सरदार भगत सिंह, राजगुरु, सुखदेव, चन्द्रशेखर आजाद, मदन लाल ढींगरा तथा उधम सिंह जैसे अनेक देशभक्तों ने अपनी भरी जवानी में आराम का रास्ता त्याग कर देश की आजादी के लिए कांटों भरा रास्ता चुना और उस पर चलकर कुर्बानियाँ देने का सुनहरा इतिहास रचा।

शहीदों के संघर्ष, त्याग और कुर्बानी से मिली आजादी की अमूल्य धरोहर को हमें सम्भाल कर रखना है। देश की आन, बान और शान को ललकारने वालों को मुँहतोड़ जवाब देना है। शहीदों के सपनों को साकार करना हमारा पुनीत कर्त्तव्य है। इसके लिए आज उसी प्रकार के जज़्बे, लगन, मेहनत और संघर्ष की जरूरत है, जो आजादी के आन्दोलन के दौरान हमारे देशभक्तों में था। इसके लिए हमारी नौजवान पीढ़ी में एक नयी चेतना, एक नया जोश और एक नयी उमंग पैदा करने की जरूरत है।

आजाद भारत हमारे स्वतन्त्रता सेनानियों के तप, त्याग और कुर्बानियों का ही परिणाम है। किसी ने भारत माता के पैरों में पड़ी दासता की बेड़ियों को काटने के लिए अपना खून बहाया, तो किसी ने अपने तमाम सुखों की तिलांजलि दी। हमारे देश की आजादी का आन्दोलन अनेक हृदय विदारक घटनाओं और बलिदानों के प्रेरक प्रसंगों से भरा पड़ा है। सत्ता के नशे में चूर ब्रिटिश हुक्मरानों ने अपनी खूनी प्यास बुझाने के लिए इस देश की निहत्थी और शान्तिप्रिय जनता पर घिनौने ज़ुल्म ढाए थे। इसको न तो पूरी तरह लफ़्ज़ों में बयान किया जा सकता है और न ही शब्दों में बाँधा जा सकता है।

एक तरफ राष्ट्रपिता महात्मा गाँधी जी, पण्डित जवाहर लाल नेहरू जी और अनेक महान नेताओं की रहनुमाई में अहिंसा के रास्ते पर चलते हुए आजादी की लड़ाई लड़ी गई थी। दूसरी ओर, नेताजी सुभाष चन्द्र बोस ने आजाद हिन्द फ़ौज बनाकर अंग्रेजों से लोहा लिया था और विदेशों में रहकर आजादी की लड़ाई लड़ी थी।

सन् 1857 की जन क्रान्ति से लेकर आजादी की लड़ाई और आजादी के बाद देश की सीमाओं की रक्षा के लिए हरियाणा के वीर शहादत देने के लिए हमेशा अग्रिम पंक्ति में रहे हैं। यह एक ऐतिहासिक तथ्य है कि नेता जी सुभाष चन्द्र बोस की आजाद हिंद फ़ौज में सबसे अधिक संख्या हरियाणा के सैनिकों की थी। आज भी हमारी सशस्त्र सेनाओं में औसतन हर दसवां जवान हरियाणा का है।

स्वतन्त्रता आन्दोलन के दौरान राष्ट्रपिता महात्मा गाँधी जी को भारत में सबसे पहले 8 अप्रैल, 1919 को, जब वह पंजाब जा रहे थे, तो अंग्रेजी सरकार ने उन्हें पलवल रेलवे स्टेशन पर गिरफ़्तार किया था। उनकी इस गिरफ़्तारी से भारतीय स्वतन्त्रता आन्दोलन को एक नयी दिशा मिली थी।

यह मेरा सौभाग्य है कि मेरा जन्म स्वतन्त्रता सेनानी परिवार में हुआ। मेरे दादा चौधरी मातू राम जी

ने स्वतन्त्रता आन्दोलन में सक्रिय भूमिका निभाई थी, जिसके कारण उन्हें काले पानी तक की सजा हुई थी। उनके लाला लाजपतराय जी और शहीद भगत सिंह जी के परिवारों से बड़े घनिष्ठ सम्बन्ध थे। इसी प्रकार मेरे आदरणीय पिता चौधरी रणबीर सिंह जी ने राष्ट्रपिता महात्मा गाँधी जी और पण्डित जवाहर लाल नेहरू जी के नेतृत्व में आजादी के आन्दोलन में बढ़-चढ़ कर भाग लिया था। अनेक बार जेल की यातनाएँ सहीं। इन्हें आजाद भारत का संविधान बनाने वाली संविधान सभा का सदस्य होने का गौरव हासिल है। जन सेवा और जनहित में संघर्ष करने का पाठ मैंने अपने पिता जी की छत्रछाया में सीखा है।

पिछले साढ़े पाँच दशकों में राष्ट्र ने प्रगति की जो मंजिलें तय की हैं, इसका श्रेय हमारे स्वतन्त्रता सेनानियों को है। देश के महान स्वतन्त्रता सेनानियों ने अपने अनुभव और त्याग की भावना से हीं देश को आगे बढ़ाने में अपना सक्रिय योगदान दिया है। वह भारत, जो पहले कपड़े सीने तक की सूई तक के लिए बाहरी मुल्कों का मुख देखता था, आज वह विश्व की एक महान आर्थिक शक्ति बनकर उभर रहा है।

कुछ राष्ट्र विरोधी ताकतें अपने तुच्छ स्वार्थों के लिए राष्ट्र विकास में रोड़ा अटकाने के असफल प्रयास कर रही हैं। आतंकवाद, साम्प्रदायिकता, जातिवाद आदि को बढ़ावा देने वाली ताकतें राष्ट्र की एकता और अखण्डता की दुश्मन बनी हुई हैं। हमारे लोकप्रिय नेता श्रीमती इन्दिरा गाँधी जी तथा श्री राजीव गाँधी जी तो राष्ट्र की एकता और अखण्डता के लिए कुर्बान तक हो गये। हम महान स्वतन्त्रता सेनानियों को विश्वास दिलाते हैं कि आप द्वारा दी गई अमूल्य आजादी को हम किसी भी कीमत पर आंच नहीं आने देंगे। हमारा संकल्प है कि हर भारतवासी सम्मान और खुशहाली का जीवन जीयें, राष्ट्र की एकता और अखण्डता सदा बनी रहे।

सोमवार, 27 फरवरी 2006, रोहतक

सच्चे पातशाह

गुरु अर्जुन देव जी की शहीदी की चतुर्थ शताब्दी के अवसर पर

महान गुरु अर्जुन देव की शहादत हुए 400 वर्ष बीत चुके हैं, लेकिन उनकी शहादत युगों-युगों तक रौशनी की मीनार की तरह पीढ़ी दर पीढ़ी अन्याय, शोषण और ज़ुल्म के विरुद्ध संघर्ष करने तथा कुर्बानी देने के लिए प्रेरित करती रहेगी।

वे महान पिता गुरु रामदास जी के होनहार पुत्र थे। बीबी भानी जैसी धर्मपरायण माँ ने उन्हें उच्चकोटि के संस्कार दिये। गुरु अर्जुन देव जी अपने पिता गुरु रामदास जी की सेवा केवल पिता जानकार ही नहीं करते थे, वे उनमें साक्षात नानक देव जी का स्वरूप देखते थे। बचपन से ही गुरु अर्जुन देव जी में बड़ी अलौकिक शक्ति थी और उनमें विलक्षण बुद्धि थी। इनकी तेज बुद्धिमता से प्रभावित होकर इनके नाना गुरु अमरदास जी ने भविष्यवाणी की थी, कि 'मेरा यह दोहता वाणी का प्रकाशक होगा।' यह बात पूरी तरह सच निकली। गुरु अर्जुन देव जी प्रेम, मानवता और सेवा की सच्ची प्रतिमूर्ति थे। वे उच्चकोटि के विद्वान और कवि, व्यावहारिक दार्शनिक तथा महान तपस्वी थे। उन्होंने 'सुखमणी साहिब' की रचना की।

गुरु ग्रन्थ साहिब से बादशाह अकबर भी बड़े प्रभावित हुए थे। बादशाह अकबर गुरु साहिब के दर्शन के लिए स्वयं गोइन्दवाल गये। गुरु जी के कहने पर ही बादशाह अकबर ने किसानों का भू-राजस्व कम किया। लोग उन्हें 'सच्चे पातशाह' मानते थे।

मुगल बादशाह अकबर के बाद उनका बेटा जहाँगीर गद्दी पर बैठा। जहाँगीर बड़ा ही दुराचारी शासक था। जहाँगीर गुरु अर्जुन देव जी के प्रति आदर का भाव नहीं रखता था, जबकि लोगों की आस्था उनके प्रति निरन्तर बढ़ रही थी। जहाँगीर का बेटा खुसरो अपने पिता की बुरी आदतों को देखते हुए विद्रोही हो गया वह गोइन्दवाल में गुरु जी से मिला और उनका आशीर्वाद लिया। जब बादशाह जहाँगीर को इस बात का पता चला तो उसने गुरु जी को लाहौर में बुलाकर बन्दीगृह में डाल दिया और उन्हें असहनीय यातनाएँ दी गईं।

गुरु अर्जुन देव जी के शरीर पर उबलता हुआ पानी डाला गया, गर्म तवों पर बिठाया गया, पर उन्होंने धर्म की रक्षा के लिए सब सहन किया। उनके सारे शरीर पर फफोले पड़ गये। जब यातनाएँ देने वाले इतने से भी सन्तुष्ट न हुए तो वे उन्हें रावी नदी पर ले गये और उन्हें पानी में डुबकियाँ दीं। गुरु अर्जुन देव जी ने धर्म, सम्प्रदाय और समाज की रक्षा के लिए हँसते-हँसते कुर्बानी देने का एक नया इतिहास रचा। उनके बाद धर्म, समाज और राष्ट्र के हित के लिए संघर्ष करने और कुर्बानियाँ देने का एक आन्दोलन शुरू हो गया था।

अमृतसर में जन-जन की आस्था का प्रतीक हरमन्दिर साहिब का निर्माण गुरु अर्जुन देव जी ने ही करवाया था। उसका नींव पत्थर भी प्रसिद्ध मुस्लिम सूफी सन्त मियाँ मीर से रखवाकर 'सर्वधर्म-समभाव' के आदर्श की स्थापना की। इस मन्दिर की चारों दिशाओं में प्रवेश द्वार बनवाकर 'सभी मनुष्य एक बराबर' के अनूठे सिद्धान्त की शुरुआत की। इस मन्दिर में श्री गुरु ग्रन्थ साहिब का प्रकाश करवाया गया था।

श्री गुरु ग्रन्थ साहिब जी एक अमूल्य रत्न हैं। यह सभी धर्मों का सार है। यह किसी एक कौम के लिए नहीं बल्कि सम्पूर्ण मानवता के लिए ज्ञान का खजाना है। यह एक दर्शन और विचारधारा है। इसमें ज्ञान, कर्म और भक्ति का बेजोड़ समन्वय है। मानव जीवन की सभी समस्याओं के हल के लिए यह सबसे उत्तम मार्गदर्शक है।

सिख धर्म ने देश को महान 'दस गुरु' दिये हैं। समाज में प्रेम-प्यार, समता, न्यांय और भाईचारे की कड़ियों को मजबूत बनाने के लिए खालसा पंथ की स्थापना हुई। आज खालसा पंथ बहादुरी, साहस, वीरता और मेहनत का प्रतीक है। यह समाज देश की एकता और अखण्डता की रक्षा करने तथा राष्ट्र के नवनिर्माण में रचनात्मक भूमिका निभा रहा है। इस समाज का लोहा आज पूरी दुनिया मानती है। हमें इस समाज पर बहुतं गर्व है। गुरु नानक देव जी की बुनियादी शिक्षा यही थी कि सभी धर्म एक हैं, जो सब को बराबर देखता है, वह सच्चा धर्म है। उन्होंने सभी को खुदा के बन्दे माना है।

महान गुरु नानक देव जी के नाम को समर्पित खालसा कॉलेज पिछले 36 वर्षों से युवा पीढ़ी को अपनी गौरवशाली संस्कृति से परिचित करवाने और उन्हें समय के अनुसार शिक्षित करने में यह कॉलेज बड़ी सराहनीय भूमिका निभा रहा है।

अच्छी शिक्षा ही राष्ट्र की बुनियाद को मजबूत और समृद्ध बनाती है। आपकी सरकार प्रदेश में शिक्षा के स्तर को उन्नत बनाने के लिए नये-नये कदम उठा रही है ताकि हमारे नौजवान आधुनिक युग की चुनौतियों का सामना करने में पूरी तरह सक्षम बनें।

प्रदेश में उच्चकोटि की शिक्षा प्रदान करने के लिए कुण्डली में 'राजीव गाँधी एजुकेशन सिटी' की स्थापना की जा रही है। खानपुर कलां में भगत फूल सिंह के नाम पर महिला विश्वविद्यालय की स्थापना की गई है। नये-नये पाठ्यक्रम शुरू किये गये हैं। शिक्षण संस्थाओं को 'एजुसैट नैटवर्क' से जोड़ा जा रहा है। होनहार बच्चों के लिए कई तरह की प्रोत्साहन स्कीमें शुरू की गई हैं।

विदेशों में रोज़गार के लिए 'विदेशीय रोज़गार ब्यूरो' की स्थापना की गई है। प्रदेश में अधिक से अधिक रोज़गार के अवसर पैदा करने के लिए नयी उद्योग नीति लागू की गई है। मेरा कहने का भाव यह

है कि हम हरियाणा को विकास और जन-कल्याण के मामले में देश का 'नम्बर वन' राज्य बनाने के लिए कटिबद्ध हैं और यह लक्ष्य प्रदेश के सभी नागरिकों के सहयोग और समर्थन से हासिल किया जा रहा है।

हरियाणा सरकार सभी धर्मों, वर्गों और सम्प्रदायों के प्रति समान आदर की भावना रखती है। हमारा प्रयास है कि सरकार में सभी वर्ग के लोगों को समान रूप से भागीदारी मिले।

बुधवार 4 अक्तूबर 2006, यमुनानगर

जंगे आज़ादी में मेवात

'जंगे आज़ादी में मेवात का हिस्सा' पर आयोजित सेमिनार में

मेवात का यह क्षेत्र अपने में एक इतिहास समेटे हुए है। सन् 1857 की प्रथम आजादी की लड़ाई से लेकर आजादी मिलने तक के संघर्ष में यहाँ के लोगों ने जो बहादुरी, देशभक्ति और बलिदान की भूमिका निभाई, वह इतिहास के पन्नों पर स्वर्ण अक्षरों में लिखी हुई है। लेकिन कुछ ऐसी घटनाएँ भी हैं, जो इतिहास के पन्नों में सिमट कर रही गई हैं।

सन् 1857 की जनक्रान्ति में बहादुर मेवातियों ने अपने पूरे क्षेत्र को फिरंगियों के पंजे से छुड़वा लिया और तत्कालीन गुड़गाँव जिले का डिप्टी कमिश्नर मिस्टर फोर्ड तो इतना घबरा गया कि भौण्डसी के रास्ते से मथुरा भाग गया। बहादुर मेवातियों ने नूंह कस्बे के खानज़ादों पर जोरदार हमला किया और इस तरह नूंह पर भी अपना अधिकार कर लिया। मेवातियों ने उस समय अलवर, दिल्ली और मथुरा तक के इलाकों को अंग्रेजी चंगुल से छुड़वा लिया था।

लेकिन बाद में अंग्रेजी सरकार ने इस जनक्रान्ति में भाग लेने वालों के लिए गाँव-गाँव में पेड़ों पर फाँसी के फंदे डालकर हजारों मेव वीरों को फाँसी दे दी और कई गाँवों को लूटा तथा कईयों को जला डाला। लेकिन मेवातवासियों में देशभक्ति का जोश कम नहीं हुआ। यहाँ के वीर सूरमा नवाब शमसुद्दीन, शहादत खां, करीम खान आदि के योगदान का इतिहास गवाह है।

झज्जर के नवाब अब्दुर्रहमान खान, बल्लभगढ़ के राजा नाहर सिंह तथा फरूखनगर के शासक अहमद अली को बिना मुनासिब सुनवाई के फाँसी पर लटका दिया गया था। शहीद हुकुमचन्द और मिर्ज़ा मुनीर बेग को फाँसी देने के बाद हुकुमचन्द की लाश को दफनाने तथा मिर्ज़ा मुनीर बेग की लाश को जलाकर अंग्रेजी सरकार ने अपनी कुटिलता का प्रदर्शन किया।

मेवातवासी हमेशा से देशभक्त और बहादुर रहे हैं। इनके रण-कौशल की महारत से सभी वाकिफ थे। इसीलिए दिल्ली के हाकिम अपनी हिफाजत के लिए इन्हें ढाल की तरह इस्तेमाल करते थे।

मेवातवासी राष्ट्रपिता महात्मा गाँधी जी के सदा परम भक्त रहे हैं और उनके नेतृत्व में आजादी के आन्दोलन में सक्रिय भूमिका निभाई। आजादी के समय जब देश का विभाजन हुआ तो करोड़ों लोगों को नयी बनी सरहदों के पार जाना पड़ा। उस समय इस इलाक़े का एक शिष्टमण्डल गाँधी जी से मिला था।

उस समय 19 दिसम्बर, 1947 को राष्ट्रपिता महात्मा गाँधी जी ने घासेड़ा का दौरा किया था। यहाँ के लोगों का अपनी माटी से, अपने देश से इतना लगाव है कि राष्ट्रपिता के इस आह्वान पर इन्होंने यहीं पर रहना पसन्द किया। एक भी मेवात निवासी पाकिस्तान नहीं गया बल्कि मुल्क के दूसरे हिस्सों में रहने वाले यहाँ के लोगों के कुछ सगे-सम्बन्धियों ने भी यहाँ आकर रहना पसन्द किया था। उस समय यहाँ के लोगों ने शान्ति, सद्भावना और मेलजोल की एक बड़ी मिसाल पेश की थी।

हमें यहाँ के लोगों पर गर्व है कि देश के दूसरे हिस्सों में जब-जब साम्प्रदायिकता की घटनाएँ हुई, तब-तब यहाँ के लोगों ने राष्ट्रपिता महात्मा गाँधी जी के 'सर्वधर्म समभाव' की परम्परा को कायम रखा।

दुख की बात है कि मेवात के इस क्षेत्र के विकास की ओर विशेष ध्यान नहीं दिया गया, जिसके कारण यह क्षेत्र एक लम्बे समय तक पिछड़ा रहा।

हमने प्रदेश के शासन की बागडोर सम्भालते ही मेवात को विधिवत जिला बनाया है। नूंह में लघु सचिवालय बनाने की कार्रवाई शुरू कर दी गई है। इससे इस जिले के विकास को एक नयी गति और दिशा मिलेगी।

मेवात के इस इलाक़े में पीने के पानी की बड़ी समस्या है। मेवात क्षेत्र के कुल 503 गाँवों को पर्याप्त मात्रा में पेयजल उपलब्ध करवाने के लिए 206 करोड़ रुपये की 'राजीव गाँधी पेयजल आपूर्ति बढ़ोतरी परियोजना' के पहले चरण का कार्य युद्ध स्तर पर चल रहा है। नूंह और फिरोजपुर-झिरका कस्बों में पीने के पानी और सीवरेज की व्यवस्था के लिए परियोजनाएँ स्वीकृत की गई हैं। नूंह में रैडक्रॉस भवन का निर्माण पूरा होने वाला है तथा पंचायत भवन का निर्माण कार्य भी शुरू हो चुका है।

मेवात जिले में स्वास्थ्य सुविधाओं की कमी और साक्षरता दर कम होने के कारण लोगों की स्वास्थ्य के प्रति जागरूकता कम है। लोगों में स्वास्थ्य के प्रति जागरूकता पैदा करने और इस क्षेत्र में उत्तम स्वास्थ्य सेवाएँ प्रदान करने के लिए स्वास्थ्य विभाग और मेवात विकास एजेंसी मिलकर विशेष 'स्वास्थ्य कैम्प' लगा रही है। इन स्वास्थ्य कैम्पों में विशेषज्ञ डॉक्टरों द्वारा सभी लोगों के स्वास्थ्य की निशुल्क जाँच की जाती है और बीमारियों का इलाज किया जाता है।

किसी भी समाज के विकास में शिक्षा की एक अहम भूमिका होती है। यह बड़े दुख की बात है कि महिला साक्षरता के मामले में मेवात काफी पिछड़ा हुआ है। मेवात में शिक्षा प्रसार पर हम अधिक से अधिक बल दे रहे हैं। स्कूलों में कमरों की कमी को देखते हुए इस वित्तीय वर्ष के अन्त तक एक हजार नये कमरे बनाने का अभियान शुरू किया है। अध्यापकों की कमी को दूर करने के लिए 1200 से अधिक अतिथि अध्यापक भर्ती किये गये हैं। स्कूलों में पीने के पानी तथा टायलेटस की व्यवस्था के लिए इस साल सर्वशिक्षा अभियान में इस जिले के लिए 23 करोड़ रुपये की राशि मंज़ूर की गई है।

लड़कियों को शिक्षा के लिए प्रोत्साहित करने हेतु ब्लॉक स्तर पर स्थापित मेवात में हर मॉडल स्कूल के साथ एक लड़कियों का छात्रावास बनाने का प्रस्ताव है। नूंह में यह छात्रावास पहले से स्थापित है। नगीना में एक करोड़ रुपये की लागत से बनने वाले 100 छात्राओं की क्षमता वाला एक छात्रावास का नींव पत्थर रखा जा चुका है। मेरी मेवातवासियों से इस अवसर पर अपील है कि आप अपने बच्चों को स्कूलों में अवश्य भेजें। महिलाओं और लड़कियों के स्वास्थ्य पर पूरा ध्यान दें ताकि वे घर-परिवार की अच्छी तरह देखभाल कर सकें।

मंगलवार, 7 नवम्बर 2006, नूंह

निडर, निर्भीक नाहर

राजा नाहरसिंह के बलिदान दिवस पर आयोजित समारोह में

हमारे देश की आजादी के संघर्ष का एक लम्बा और गौरवशाली इतिहास है। देश की आजादी के लिए हजारों देशभक्तों को कालकोठरी की यातनाएँ सहनी पड़ीं, हजारों वीरों की जवानी जेल के सींखचों के पीछे गुजरी, अनेक देशभक्तों ने काले पानी और देश निकाला की सजायें भुगतीं। आजादी की लड़ाई के दिनों की याद

करके अंग्रेज हुकूमत के जुल्म और सितम की घटनाएँ आज भी रोंगटे खड़े कर देती हैं।

सन् 1857 की जनक्रान्ति देश को अंग्रेजी साम्राज्य के चंगुल से आजाद करवाने का पहला कदम था। यह ऐसी क्रान्ति थी, जिसने अंग्रेजों को इस बात का अहसास करवाया की भारत की वीर भूमि उनके जुल्मों को ज्यादा समय तक सहन नहीं करेगी और उन्हें इस देश को छोड़कर जाना ही पड़ेगा।

हरियाणा का इतिहास शहीदों के महान बलिदान की गौरवगाथाओं से भरा पड़ा है। बल्लभगढ़ की धरती जहाँ आज राजा नाहर सिंह का बलिदान दिवस मनाया जा रहा है, ने 1857 की जनक्रान्ति में राजा नाहर सिंह के नेतृत्व में जो योगदान दिया और जो कुर्बानियाँ दी, वे हमारे देश के इतिहास में स्वर्ण अक्षरों में अंकित रहेंगी।

राजा नाहर सिंह बचपन से ही निडर और दयालु स्वभाव के थे। देशभक्ति उनमें कूट-कूट कर भरी हुई थी। उन्होंने 18 वर्ष की आयु में 20 जनवरी, 1839 को बसन्त पंचमी के दिन राजगद्दी सम्भाली थी। उस समय अंग्रेजों का दबाव निरन्तर उनकी रियासत पर पड़ रहा था, क्योंकि दिल्ली जाने के लिए अंग्रेजों को बल्लभगढ़ के रास्ते से जाना पड़ता था। गद्दी पर बैठते ही राजा नाहर सिंह ने अपनी सैनिक शक्ति बढ़ाई और अंग्रेजों का प्रवेश अपनी रियासत में बन्द कर दिया। वे प्रत्येक पल अंग्रेजों को बाहर निकालने की सोचते रहते थे।

राजा नाहर सिंह ने देश को आजाद करवाने के लिए सन् 1857 की क्रान्ति में तन-मन-धन से बादशाह बहादुर शाह जफर का साथ दिया। उन्होंने क्रान्तिकारी सेनाओं का नेतृत्व इतनी बहादुरी और कुशलता से किया था कि अंग्रेज सेना उस वीर का नाम सुनते ही घबरा उठती थी। अंग्रेज अफ़सर लॉरेंस ने उस समय कहा था जब तक नाहर सिंह के हाथों में कमान है, तब तक हमारी विजय असम्भव है। इसी बल्लभगढ़ की धरती पर उनके देशभक्त सैनिकों ने अंग्रेजों को जगह-जगह पर करारी मात दी थी, लेकिन जब दिल्ली में क्रान्तिकारी सेना हार गई तो अंग्रेजों ने नाहर सिंह को धोखे से गिरफ़्तार कर लिया था। उन्हें दिल्ली के चाँदनी चौंक में 9 जनवरी, 1858 को फाँसी दे दी गई थी। वीर नाहर सिंह देश की आजादी के लिए हँसते-हँसते बलिदान हो गये।

देश की आजादी के लिए राजा नाहर सिंह के संघर्ष की कहानी खून और आँसुओं की कहानी है। उनका बलिदान अनूठा और प्रेरणादायक था। 23 दिसम्बर, 1857 को लालकिले के सामने आजादी के मतवाले झज्जर के नवाब अब्दुल रहमान खां की फाँसी के पश्चात यह दूसरा रक्त-रंजित बलिदान था।

राजा नाहर सिंह दिल्ली तख्त के अग्रणी सलाहकार तथा रक्षक थे। बहादुरशाह जफर से उनका ऐतिहासिक पत्र व्यवहार दिल्ली की राष्ट्रीय संग्रहालय में आज भी सुरक्षित है। इन दस्तावेजों से पता चलता है कि राजा नाहर सिंह न केवल तलवार के धनी थे बल्कि शासकीय कूटनीति में भी दक्ष थे। बल्लभगढ़ के अमर शहीद राजा नाहर सिंह उन क्रान्तिकारियों में अग्रणी थे, जिन्होंने बहादुर शाह जफर को दिल्ली का शासक स्थापित करवाने तथा राजधानी की सुरक्षा के लिए प्राणों की बाजी लगा दी थी। देश की जनता सदैव उन्हें एक महान देशभक्त के रूप में याद करती रहेगी।

हरियाणा के वीर जवानों ने सदा ही शौर्य और बहादुरी के नये कीर्तिमान स्थापित किये हैं। यहाँ के वीरों ने भारत के स्वतन्त्रता संग्राम में बढ़-चढ़ कर भाग लिया था, चाहे वह 1857 की जनक्रान्ति थी, राष्ट्रपिता महात्मा गाँधी जी के आन्दोलन या नेता जी सुभाष चन्द्र बोस का आह्वान, सभी में इस क्षेत्र के वीरों ने बढ़-चढ़ कर भाग लिया था। आजादी के बाद भी यहाँ के वीरों ने देश की एकता और अखण्डता की रक्षा के लिए महान बलिदान दिये हैं। हरियाणा सरकार स्वतन्त्रता सेनानियों का पूरा मान-सम्मान

करती हैं और उन्हें कई तरह की सुविधाएँ दे रही है।

हरियाणा सरकार ने स्वतन्त्रता सेनानियों की पेंशन 1400 रुपये से बढ़ाकर 5125 रुपये प्रतिमास कर दी है। स्वतन्त्रता सेनानियों और आई.एन.ए. के सदस्यों की लड़कियों तथा बहनों की शादी के लिए दी जाने वाली वित्तीय सहायता दस हजार रुपये से बढ़ाकर 21 हजार रुपये कर दी है। प्रदेश में स्वतन्त्रता सेनानियों के आश्रितों तथा भूतपूर्व सैनिकों के आश्रितों के लिए शिक्षण और व्यावसायिक कोर्सों में तीन प्रतिशत 'होरीजैन्टल' आरक्षण की सुविधा लागू की है। सेवारत और भूतपूर्व सैनिकों तथा उनके आश्रितों को सुविधाएँ देने में हरियाणा देशभर में आगे है।

मंगलवार, 9 जनवरी 2007, बल्लभगढ़

अन्तिम चेतावनी का उद्घोष

'भारत छोड़ो आन्दोलन' की 65वीं और प्रथम सत्याग्रह की शताब्दी के उपलक्ष्य में आयोजित समारोह में

हमें यह अमूल्य आजादी एक लम्बा संघर्ष करने के बाद मिली है। आजादी के लिए पहली लड़ाई 1857 में लड़ी गई, उसके बाद अनेक आन्दोलन चले। राष्ट्रपिता महात्मा गाँधी जी ने रंगभेद की नीति के विरुद्ध दक्षिणी अफ्रीका में अपने प्रवास के दौरान सितम्बर, 1906 में पहला सत्याग्रह किया। सत्याग्रह के बल पर उन्होंने दक्षिणी अफ्रीका की अंग्रेजी सरकार से सफलतापूर्वक टक्कर लेकर कई काले कानून वापिस करवाए।

राष्ट्रपिता महात्मा गाँधी जी ने यह सिद्ध किया कि अहिंसा, सत्याग्रह और उपवास किसी की कमजोरी की निशानी नहीं बल्कि आत्मबल की सूचक है। इन्हीं हथियारों के बल पर उन्होंने 'असहयोग आन्दोलन', 'सविनय अवज्ञा आन्दोलन' तथा 'भारत छोड़ो आन्दोलन' चलाकर भारत को आजादी दिलवाई।

एक तरफ जहाँ राष्ट्रपिता महात्मा गाँधी जी, पण्डित जवाहर लाल नेहरू जी और अनेक महान नेताओं की रहनुमाई में अहिंसा के रास्ते पर चलते हुए देशवासियों ने आजादी की लड़ाई लड़ी, वहीं दूसरी ओर नेताजी सुभाष चन्द्र बोस ने आजाद हिन्द फ़ौज बनाकर अंग्रेजों से लोहा लिया और विदेशों में रहकर आजादी की लड़ाई लड़ी। सरदार भगत सिंह, सुखदेव, राजगुरु, उधम सिंह तथा चन्द्रशेखर आजाद जैसे अनेक वीर क्रान्तिकारियों ने हँसते-हँसते फाँसी के फंदों को चूमा।

महात्मा गाँधी जी ने 8 अगस्त, 1942 को बम्बई में एक ओजस्वी भाषण देते हुए भारत की जनता को आजादी के अन्तिम संघर्ष में कूदने का आह्वान किया। उन्होंने भारत की जनता को 'करो या मरो' का मूल मन्त्र दिया। उन्होंने कहा कि आज से हर भारतवासी अपने आपको आजाद समझे।

9 अगस्त, 1942 को महात्मा गाँधी, जवाहर लाल नेहरू और मौलाना आजाद सहित सभी बड़े-बड़े नेताओं को रातों-रात गिरफ़्तार करके अज्ञात स्थानों पर बन्द कर दिया गया।

महात्मा गाँधी जी की 'करो या मरो' की बात भारतवासियों के दिलों में घर कर गई। 'अंग्रेजो भारत छोड़ो' की आवाज बुलन्द करते हुए सम्पूर्ण राष्ट्र की जनता उठ खड़ी हुई। इस आन्दोलन को दबाने के लिए अंग्रेजों ने दमनकारी नीति अपनाई थी। जनता ने अंग्रेजों के अत्याचारों की परवाह न करते हुए अपूर्व देशभक्ति और बहादुरी का परिचय दिया। इससे अंग्रेजों की आँखे खुल गई थी और उन्हें यह विश्वास हो गया था कि अब तो भारत में उनके गिने-चुने दिन रह गये हैं। भारत को उन्हें हर हालत में आजाद करना पड़ेगा।

9 अगस्त, 1942 को शुरू हुआ 'भारत छोड़ो आन्दोलन' अंग्रेजी सरकार के ताबूत में आखिरी कील साबित हुआ। आखिरकार, केवल पाँच साल के अन्दर ही अंग्रेजों को भारत छोड़ना पड़ा, जिससे हमें आजादी मिली।

सन् 1857 की जन क्रान्ति से लेकर आजादी की हर लड़ाई और आजादी के बाद देश की सीमाओं की रक्षा के लिए हरियाणा के वीर शहादत देने के लिए हमेशा अग्रिम पंक्ति में रहे हैं। आजादी के आन्दोलनों में भाग लेने के फलस्वरूप ब्रिटिश सरकार ने हरियाणा की जनता पर घोर जुल्म ढाए।

रोहणात गाँव में छोटे-छोटे बच्चे गिरड़ी फेर कर कुचल दिए गये थे। हांसी में अंग्रेजों द्वारा कुचले हुए लोगों के खून से सड़क लाल हो गई थी, जिसे आज भी 'लाल सड़क' के नाम से जाना जाता है। 'भारत छोड़ो आन्दोलन' के दौरान हरियाणा में भी बड़ा रोष था।

स्वतन्त्रता आन्दोलन के दौरान राष्ट्रपिता महात्मा गाँधी जी को भारत में सबसे पहले 8 अप्रैल, 1919 को, जब वह पंजाब जा रहे थे, तो अंग्रेजी सरकार ने उन्हें पलवल रेलवे स्टेशन पर गिरफ़्तार कर लिया था। उनकी इस गिरफ़्तारी से भारतीय स्वतन्त्रता आन्दोलन को एक नयी दिशा मिली थी।

यह एक ऐतिहासिक तथ्य है कि नेता जी सुभाष चन्द्र बोस की आजाद हिंद फ़ौज में सबसे अधिक संख्या हरियाणा के सैनिकों की थी। यह हमारे लिये बड़े गर्व की बात है कि आज भी हमारी सशस्त्र सेनाओं में औसतन हर दसवाँ जवान हरियाणा का है।

मेरा जन्म भी स्वतन्त्रता सेनानी परिवार में हुआ है। मेरे दादा चौधरी मातू राम जी ने स्वतन्त्रता आन्दोलन में सक्रिय भूमिका निभाई थी, जिसके कारण उन्हें काले पानी तक की सजा हुई थी। उनके लाला लाजपतराय जी और शहीद भगत सिंह जी के परिवारों से बड़े घनिष्ठ सम्बन्ध थे।

मेरे आदरणीय पिता चौधरी रणबीर सिंह जी ने राष्ट्रपिता महात्मा गाँधी जी और पण्डित जवाहर लाल नेहरू जी के नेतृत्व में आजादी के आन्दोलन में सक्रिय भाग लिया था। अनेक बार जेल की यातनाएँ सहीं। उन्हें आजाद भारत का संविधान बनाने वाली संविधान सभा का सदस्य होने का गौरव हासिल है। हमारे महान स्वतन्त्रता सेनानियों के सिद्धान्तों पर चलने की प्रेरणा मुझे विरासत में मिली है।

यह गौरव की बात है कि जिस कांग्रेस ने आजादी के आन्दोलन में सक्रिय भूमिका निभाई थी, उसने स्वतन्त्रता सेनानियों की आजादी रूपी धरोहर को सुरक्षित रखने और राष्ट्र की तरक्की के लिए भारी त्याग और संघर्ष किया है। यह एक संस्था नहीं, एक आन्दोलन है।

कांग्रेस पार्टी के आदर्श और मूलमन्त्र राष्ट्रपिता महात्मा गाँधी जी के आदर्शों और सिद्धान्तों से गहरे तौर पर जुड़े हैं। कांग्रेस पार्टी का कारवां पिछले 120 वर्षों से निरन्तर आगे चलता आ रहा है। इस पार्टी ने देश की आजादी के लिए एक लम्बा संघर्ष किया, कुर्बानियाँ दी और राष्ट्र के नव-निर्माण में उल्लेखनीय भूमिका निभाई। कांग्रेस ने सदा ही जाति-धर्म से ऊपर उठ कर राष्ट्र की भलाई और लोगों के कल्याण के लिए कार्य किया है तथा देश के धर्मनिरपेक्ष स्वरूप को बनाये रखा है।

कांग्रेस की ही दूरदर्शी सोच से अर्थव्यवस्था में साहसिक मूलभूत परिवर्तन हुए, जिसके फलस्वरूप भारत ने एक मजबूत राष्ट्र के रूप में 21वीं सदी में प्रवेश किया। कांग्रेस ने ही जनसाधारण की पुरानी सोच को विकासात्मक सोच में बदला है, उसे गतिशीलता दी है और विकास के नये द्वार खोले हैं। आज किसान, मजदूर और आम आदमी के हाथ में मोबाइल फोन दिखाई पड़ता है, जो हमारी अर्थव्यवस्था में बदलाव का सूचक है।

केवल राजनीतिक स्वतन्त्रता प्राप्त करना ही हमारे शहीदों, क्रान्तिकारियों और स्वतन्त्रता सेनानियों

का उद्देश्य नहीं था। उन्होंने एक ऐसे स्वतन्त्र भारत का सपना सँजोया था, जिसमें गरीबी, बेरोज़गारी, भुखमरी, आर्थिक विषमता, क्षेत्रीय असन्तुलन, अशिक्षा और अभाव का कोई स्थान न हो। सभी भारतवासी सम्मान से खुशहाली का जीवन जियें।

वीरवार, 9 अगस्त 2007, नयी दिल्ली

मेरी मिट्टी से भी खुशबू-ए-वतन आयेगी

शहीद भगत सिंह जन्म शताब्दी समारोह के अवसर पर

भगत सिंह का जन्म ऐसे परिवार में हुआ था, जिसकी दो-दो पीढ़ियाँ स्वतन्त्रता के लिए रक्त बहा चुकी थीं। जो टूट गये पर झुके नहीं। ऐसे परिवार में 27 सितम्बर, 1907 को भगत सिंह का जन्म हुआ।

सरदार भगत सिंह की उम्र कोई अढ़ाई-तीन साल रही होगी। वह खेत में छोटे-छोटे तिनके जमीन में गाड़ने लगा। उसके पिता ने पूछा-क्या कर रहे हो बेटे? बालक भगत सिंह ने तुतलाते हुए बड़े भोलेपन से कहा–'बबूकें बो रहा हूँ'। बालक भगत सिंह को उस समय बन्दूक शब्द का उच्चारण करना भी नहीं आता था। बालक भगत सिंह बड़ा होकर क्या बनने जा रहा है, इसकी घोषणा उन्होंने स्वयं ही कर दी थी।

सरदार भगत सिंह एक बेहतरीन विचारक और समाज सुधारक भी थे। उन्होंने भारतीय जनमानस को नकारात्मक विचारधारा, गैर वैज्ञानिक दृष्टिकोण, अंधविश्वास और तर्कहीनता से निकाल कर सकारात्मक विचारधारा, वैज्ञानिक दृष्टिकोण और तर्कशीलता से लैस करने पर बल दिया।

वे समाजवादी विचारधारा के थे। उनके लेखन ने अंग्रेज सरकार को यह अहसास करवा दिया था कि भगत सिंह का ज्यादा देर तक जीवित रहना ब्रिटिश साम्राज्यवाद के लिए खतरनाक है। उन्होंने 1920 में महात्मा गाँधी जी द्वारा चलाये गये 'असहयोग आन्दोलन' में भाग लिया। तभी से अंग्रेज उन्हें अपने रास्ते का कांटा समझने लगे।

उन्होंने स्वतन्त्रता आन्दोलन में सक्रिय योगदान देने के लिए नौजवानों को संगठित करके 1926 में 'नौजवान भारत सभा' का गठन किया। इस सभा का नारा था–हिन्दुस्तान जिंदाबाद।

साईमन कमीशन के विरोध प्रदर्शन में लाला लाजपतराय के नेतृत्व में नौजवान भारत सभा सबसे आगे थी। इस विरोध प्रदर्शन के कारण लाला लाजपतराय वीरगति को प्राप्त हुए। इससे हमारे देशभक्त नौजवानों के दिलों को, विशेषकर भगत सिंह, सुखदेव तथा राजगुरु के स्वाभिमान को बहुत ठेस पहुँची। भगत सिंह ने उसी समय ब्रिटिश हुकूमत से बदला लेने का प्रण लिया।

केन्द्रीय विधान सभा में जब दो कानून नागरिक सुरक्षा अधिनियम और व्यापार विवाद अधिनियम हिन्दुस्तानियों के कड़े विरोध के बावजूद वायसराय ने पास करवाने का फैसला किया तो इसे रोकने के लिए सरदार भगत सिंह और श्री बी.के.दत्त ने 8 अप्रैल, 1929 को दो बम असैम्बली में फैंके और 'इन्कलाब जिन्दाबाद' का नारा लगाया। भगत सिंह ने सिंह गर्जना करते हुए कहा था कि उन्होंने यह बम ब्रिटिश हुकूमत के बहरे कानों तक देशवासियों की आवाज़ पहुँचाने के लिए फैंके हैं।

उस समय कायरों की भाँति भागने की बजाय उन्होंने खुद को पुलिस के हवाले कर दिया। इस बम-काण्ड में भगत सिंह तथा उसके पन्द्रह क्रान्तिकारी साथियों पर मुकदमा चलाया गया। इनमें राजगुरु तथा सुखदेव भी शामिल थे।

मुकदमे के दौरान अपना पक्ष प्रस्तुत करते हुए भगत सिंह ने कहा कि बम विस्फोट करने का उद्देश्य किसी को क्षति पहुँचाना नहीं था बल्कि अंग्रेजी सरकार को यह चेतावनी देना था कि वे भारत से चले जायें।

7 अक्तूबर, 1930 को भगत सिंह, राजगुरु और सुखदेव को मृत्युदण्ड दिया गया। जब उन्हें इस फैसले के बारे में बताया गया तो वे विचलित नहीं हुए बल्कि 'भारत माता जिंदाबाद' तथा 'इंकलाब जिंदाबाद' के नारों से आकाश गूंजा दिया।

अंग्रेज सरकार इन युवा देशभक्तों और क्रान्तिकारियों से इतना अधिक भय खाती थी कि जन आक्रोश के डर से उन्होंने भारत माता के इन लालों को निर्धारित समय से पूर्व चुपचाप 23 मार्च, 1931 को फाँसी पर लटका दिया। तीनों देशभक्तों ने 'इंकलाब जिंदाबाद' तथा 'साम्राज्यवाद मुर्दाबाद' के नारों के बीच फाँसी के फंदे को चूमकर अपने गले में ऐसे डाला मानो फूलों की माला पहन रहे हों।

भगत सिंह ने मौत के फंदे को हंस कर चूम लिया ताकि देश आजाद हो। उनका बलिदान इतिहास के पन्नों पर स्वर्ण अक्षरों में अंकित रहेगा। फाँसी पर चढ़ने से पहले के उनके ये उद्‌गार आज के युवाओं को मातृभूमि पर कुर्बान होने के लिए प्रेरणा देते रहेंगे।

दिल से न निकलेगी, मरकर भी वतन की उल्फत,
मेरी मिट्टी से भी खुशबू-ए-वतन आएगी।

अर्थात्, मेरे मरने के बाद भी मेरा मातृभूमि का प्यार खत्म नहीं होगा, मेरे मृतक शरीर से भी मेरी मातृभूमि की सुगन्ध आयेगी।

आजाद भारत हमारे स्वतन्त्रता सेनानियों के तप, त्याग और कुर्बानियों का ही परिणाम है। आजादी के आन्दोलन में पंजाब और हरियाणा के लोगों ने सबसे ज्यादा कुर्बानियाँ दी थी। यह मेरा सौभाग्य है कि मेरा जन्म स्वतन्त्रता सेनानी परिवार में हुआ। मेरे दादा चौधरी मातू राम जी ने और पिता चौधरी रणबीर सिंह जी ने स्वतन्त्रता आन्दोलन में सक्रिय भूमिका निभाई थी, जिसके कारण मेरे दादा जी को काले पानी की सजा हुई थी। मेरे दादा जी के लाला लाजपतराय जी और शहीद भगत सिंह जी के परिवारों से बड़े घनिष्ठ सम्बन्ध थे।

शहीदों के संघर्ष, त्याग और कुर्बानी से मिली आजादी की अमूल्य धरोहर को हमें सम्भाल कर रखना है। चाहे इसके लिए हमें कोई भी कुर्बानी क्यों न देनी पड़े। हमारे युवाओं में आज देशभक्ति का वही ज़ज़्बा पैदा करने की जरूरत है, जो शहीद भगत सिंह जी जैसे क्रान्तिकारियों में था।

आज हम सब पर इस बात की बहुत बड़ी जिम्मेदारी है कि हम आजादी के लिए कुर्बानी देने वाले शहीदों और स्वतन्त्रता सेनानियों के सपनों का भारत बनाने के लिए एकजुट हो अभियान चलाएँ। भगत सिंह जैसे महान सपूतों के संघर्ष और बलिदान की कहानी राष्ट्र प्रेम और देश के नव-निर्माण के लिए हम सब देशवासियों को हमेशा प्रेरित करती रहेगी।

शुक्रवार, 28 सितम्बर 2007, अमृतसर

जंगे-आज़ादी और हरियाणा

'1857 और हरियाणा' विषय पर आयोजित सेमिनार के उद्‌घाटन पर

इतिहास इस बात का गवाह है कि जब भी किसी देश या समाज में निराशा के भाव जागे हैं, अत्याचार और शोषण का वातावरण पनपा है, तो साहित्यकारों ने अपनी लेखनियों और प्रेरक शब्दों से समाज में नयी चेतना जगाने का काम किया है। भारत ने विदेशी दासता के विरुद्ध जो भी लड़ाई लड़ी, उसमें कवियों, लेखकों और शायरों ने जो अपना योगदान दिया, उसका उल्लेख इतिहास में सुनहरी अक्षरों में अंकित है।

चाहे 1857 का प्रथम स्वतन्त्रता संग्राम था या उसके बाद आजादी का आन्दोलन था, हमारे

कलमकारों ने एक बड़ी अहम भूमिका निभाई है। 'इंकलाब जिन्दाबाद', 'सरफ़रोशी की तमन्ना, अब हमारे दिल में है, देखना है जोर कितना बाज़ुए कातिल में है', जैसे तराने हमारे स्वतन्त्रता सेनानियों की ज़ुबां पर रहते थे।

महान शायर मिर्ज़ा गालिब

जिस महान शायर मिर्ज़ा गालिब के नाम यह संस्था समर्पित है। वे भी प्रथम आजादी की लड़ाई के गवाह रहे हैं। उन्होंने अपनी रचनाओं में इसका विशेष रूप से जिक्र किया है। स्वतन्त्रता सेनानियों का दिल्ली पर कब्जा इन्हीं की आँखों के सामने हुआ और इस स्वतन्त्रता संग्राम की असफलता ने उन्हें बहुत दुख पहुँचाया था। हरियाणा के साथ तो मिर्ज़ा गालिब का गहरा नाता था। तत्कालीन लोहारू और फिरोजपुर झिरका रियासतों में उनके ससुराल के सगे-सम्बन्धी रहते थे और उनकी कठिनाई के दिनों में वहाँ के लोगों ने उनकी बड़ी मदद की थी।

आप जानते हैं कि सन् 1857 का प्रथम स्वाधीनता संग्राम का इतिहास देश के रणबांकुरों ने अपना रक्त देकर लिखा। वीर क्रान्तिकारी मंगल पाण्डे, बहादुरशाह जफ़र, झांसी की रानी लक्ष्मी बाई, तांत्या टोपे, नाना साहब पेशवा, राव तुलाराम आदि ने ब्रिटिश हुकूमत के खिलाफ विद्रोह किया और अपने प्राणों की बाजी लगा दी ताकि देश आजाद हो सके।

देश की स्वाधीनता और सम्मान की रक्षा के लिए धर्म, वर्ग और क्षेत्र की भावनाओं को भूलकर असंख्य लोग हँसते-हँसते स्वतन्त्रता की बलिवेदी पर कुर्बान हो गये। यह एक ऐसी क्रान्ति थी, जिसने अंग्रेजी साम्राज्य को इस बात का अहसास करवा दिया था कि भारत की बहादुर और पवित्र धरती उनके जुल्म को ज्यादा समय तक सहन नहीं करेगी और उन्हें इस देश को छोड़कर जाना ही पड़ेगा।

प्रथम स्वाधीनता संग्राम में हरियाणा के रणबांकुरों ने उल्लेखनीय योगदान दिया था। यह प्रमाणित बात है कि सन् 1857 की क्रान्ति सबसे पहले अम्बाला छावनी से शुरू हुई थी। अम्बाला उन दिनों महत्वपूर्ण छावनी थी।

मेरठ में क्रान्ति शुरू होने से नौ घण्टे पहले, यानि कि 10 मई, 1857 को हरियाणा के वीर सैनिक अपने चारों ओर अस्त्र-शस्त्रों से पूरी तरह लैस होकर अंग्रेजों की चौकस चट्टान से जा टकराए। क्रान्ति की वह नन्ही चिंगारी किन्हीं कारणों से शोला न बन सकी, लेकिन उसी दिन नौ घण्टे बाद मेरठ में वहाँ के सैनिकों ने क्रान्ति की चिंगारी को इतने भयंकर रूप से विस्फोटित किया कि अंग्रेजी सरकार की चूलें हिल गई।

इस क्रान्ति के दौरान पूरे हरियाणा में अम्बाला, रोहतक, हिसार, रिवाड़ी, पानीपत, थानेसर, गुड़गाँव, हांसी और सिरसा क्षेत्रों के हर गाँव क्रान्ति केन्द्र बन चुके थे। क्रान्तिकारियों ने अंग्रेजी सेनाओं का डटकर मुकाबला किया और अनेकों व्यक्ति हँसते-हँसते कुर्बान हो गये।

हरियाणा के महान सपूत राव तुलाराम जी ने तावडू युद्ध में अंग्रेजों के दाँत खट्टे किए तो नसीबपुर में अंग्रेजों की शक्तिशाली सेना का डटकर मुकाबला किया। झज्जर के नवाब अब्दुर्रहमान खान, बल्लभगढ़ के राजा नाहर सिंह तथा फरूखनगर के शासक अहमद अली को बिना मुनासिब सुनवाई के फाँसी पर लटका दिया गया। झज्जर की लाल डिग्गी, हांसी की लाल सड़क और महम का आजाद चौक इस बात के आज भी साक्षी हैं।

हरियाणा के वीर जवानों का सन् 1857 की क्रान्ति से लेकर आज तक देश की आजादी तथा राष्ट्र की एकता और अखण्डता के लिए अग्रणी योगदान है। स्वतन्त्रता सेनानियों, सेवारत सैनिकों और भूतपूर्व सैनिकों और उनके आश्रितों को सुविधाएँ देने में हरियाणा आज देशभर में अग्रणी है। प्रथम स्वतन्त्रता

संग्राम के शहीदों की स्मृति में अम्बाला में एक स्मारक बनाया जा रहा है। कुरुक्षेत्र विश्वविद्यालय में एक संग्रहालय स्थापित किया जायेगा।

शहीदों के संघर्ष, त्याग और कुर्बानी से मिली आजादी की अमूल्य धरोहर को हमें सम्भाल कर रखना है। शहीदों के सपनों को साकार करना हमारा पुनीत कर्त्तव्य है।

पिछले छः दशकों में राष्ट्र ने प्रगति की जो मंजिलें तय की हैं, इसका श्रेय हमारी एकता, धर्मनिरपेक्षता और बंधुत्व की भावना को जाता है। हमें अपने इन आदर्शों को और अधिक मजबूत बनाना है ताकि आतंकवाद, साम्प्रदायिकता और जातिवाद जैसी ताकतें राष्ट्र को कमजोर न कर सकें।

आज देश के साहित्यकारों पर एक दायित्व है। इस प्रकार के सेमिनार से वर्तमान पीढ़ी को विशेषकर, युवाओं को आजादी के आन्दोलन के प्रेरणादायक प्रसंगों की जानकारी मिलती है। इसके साथ ही उनमें संकटों के समय संघर्ष करने, देश की रक्षा करने और अमर शहीदों के सपने को साकार करने की भावना मजबूत होती है।

मुझे बेहद ख़ुशी है कि इस सेमिनार में आने का अवसर मिला और आप बुद्धिजीवियों से चर्चा का अवसर मिला। इस बारे में हरियाणा उर्दू अकादमी के सचिव श्री कश्मीरी लाल जाकिर जी ने स्वयं एक ऐसी पुस्तक प्रकाशित की है, जिनमें उन 32 शायरों के कलाम हैं, जिन पर ब्रिटिश हुकूमत द्वारा रोक लगाई गई थी।

हरियाणा सरकार हिन्दी, संस्कृत, उर्दू और पंजाबी साहित्य के विकास के लिए साहित्यकारों को कई प्रकार की सुविधाएँ देती है। पुस्तकों के प्रकाशन के लिए अनुदान देती है। राज्य में इन चारों भाषाओं की अलग-अलग अकादमियाँ स्थापित हैं। महामहिम राज्यपाल महोदय के दूरदर्शी मार्गदर्शन में हम प्रदेश में एक अच्छा साहित्यिक माहौल बनाने में सफल हुए हैं।

इन शब्दों के साथ मैं गालिब इंस्टीच्यूट के डायरेक्टर श्री शाहिद माहुली तथा सचिव प्रो. एस.आर. किदवाई जी का शुक्रिया अदा करता हूँ, जिन्होंने हरियाणा के संदर्भ में 1857 की हकीकतों को तलाश करने का महत्वपूर्ण काम किया है।

अन्त में, मै अपनी बात इन शेरों पर खत्म करता हूँ -

ज़माने को ख़्वाबे गिरां से जगा दे,
प्यारे वतन आज घर घर सुना दे।
यह झण्डा तिरंगा, फज़ा में उड़ा दे,
हर इक जीने वाले को मरना सिखा दे।।

शनिवार, 3 नवम्बर 2007, नयी दिल्ली

मेवातियों का बलिदान

24वें शहीदी दिवस समारोह में

सन् 1857 की पहली जंग-ए-आजादी में इस इलाके के शहीदों को अपने श्रद्धासुमन अर्पित करने के लिए हम यहाँ इकट्ठे हुए हैं। यह संयोग की बात है कि आज त्याग और बलिदान की प्रतीक श्रीमती इन्दिरा गाँधी जी का जन्म दिवस भी है। हमारे महान स्वतन्त्रता सेनानियों की कुर्बानियों से मिली आजादी और देश की रक्षा तथा अखण्डता के लिए वे कुर्बान हो गईं। इस अवसर पर मैं महान नेता श्रीमती इन्दिरा गाँधी जी तथा मेवात इलाके के सभी ज्ञात-अज्ञात शहीदों को नमन करता हूँ।

श्रीमती इन्दिरा गाँधी जी भारत की प्रधानमन्त्री तो थीं ही साथ ही वे विश्व की एक महान नेता थी। वह ऐसे वंश में पैदा हुईं, जिनकी चार पीढ़ियों का देश के लिए कुर्बानियाँ देने का एक गौरवशाली इतिहास है। उन्होंने अपने निधन से एक दिन पहले ही कहा था, 'यदि मैं राष्ट्र की सेवा करते हुए मर भी जाऊं तो मुझे गर्व होगा। मुझे विश्वास है कि मेरे खून की प्रत्येक बूंद इस राष्ट्र की वृद्धि में और इसे शक्तिशाली तथा प्रगतिशील बनाने में सहायक होगी।'

यह गौरव की बात है कि मेवात के इस क्षेत्र के कण-कण में यहाँ के रणबांकुरों की देशभक्ति और कुर्बानियों की प्रेरणादायक कहानियाँ समाई हुई हैं। सन् 1857 की प्रथम आजादी की लड़ाई से लेकर आजादी मिलने तक के संघर्ष में यहाँ के लोगों ने बहादुरी और देशभक्ति का परिचय दिया था और महान बलिदान दिये थे। इनकी गौरव गाथा इतिहास के पन्नों में स्वर्ण अक्षरों में लिखी हुई है।

10 मई, 1857 को जो क्रान्ति बैरकपुर से शुरू हुई थी वह 12 मई को दिल्ली से गुड़गाँव होते हुए मेवात में शुरू हो गई, जिसमें रायसीना, सोहना, तावड़ू, घासेड़ा, नूह, तिगाँव, पिनगंवा, पुन्हाना, होडलपुर, बल्लभगढ़, पलवल, के देहाती क्षेत्रों में अंग्रेजों के विरुद्ध जबरदस्त जंग-ए-आजादी का आग़ाज़ हुआ।

मेवात के आसपास के दर्जनों गाँवों के लोगों ने अंग्रेजों के विरुद्ध मोर्चा सम्भाल लिया। इस बात की भनक जब अंग्रेज हुकूमत को लगी, तो फौरन अंग्रेजी वायसराय ने कैप्टन डूमण्ड नायक के नेतृत्व में रूपडाका को घेरने के लिए फ़ौज भेजी। 19 नवम्बर, 1857 को अंग्रेजी सेनाओं के एक बड़े दस्ते ने इन लोगों पर धावा बोल दिया, लेकिन यहाँ के बहादुरों ने उनका डटकर मुक़ाबला किया। इस इलाके के 400 से अधिक लोग शहीद हो गये। लेकिन इतिहासकारों द्वारा शहीदों की संख्या इससे भी ज्यादा बताई जाती है।

सन् 1857 की जनक्रान्ति में बहादुर मेवातियों ने अपने पूरे क्षेत्र को फिरंगी के पंजे से छुड़वा लिया और तत्कालीन गुड़गाँव जिले का डिप्टी कमिश्नर मिस्टर फोर्ड तो इतना घबरा गया कि भौण्डसी के रास्ते से मथुरा भाग गया। बहादुर मेवातियों ने नूंह कस्बे के खानजादों पर जोरदार हमला किया और इस तरह नूंह पर भी अपना अधिकार कर लिया। मेवातियों ने उस समय अलवर, दिल्ली और मथुरा तक के इलाकों को अंग्रेजी चंगुल से छुड़वा लिया था।

अंग्रेजी सरकार ने इस जनक्रान्ति में भाग लेने के लिए गाँव-गाँव में पेड़ों पर फाँसी के फंदे डालकर हजारों मेव वीरों को फाँसी दे दी और कई गाँवों को लूटा तथा कइयों को जला डाला। लेकिन मेवातवासियों में देशभक्ति का जोश कम नहीं हुआ। यहाँ के वीर सूरमां नवाब शमसुद्दीन, शहादत खां, करीम खान आदि के योगदान का इतिहास गवाह है।

झज्जर के नवाब अब्दुर्रहमान खान, बल्लभगढ़ के राजा नाहर सिंह तथा फरूखनगर के शासक अहमद अली को बिना मुनासिब सुनवाई के फाँसी पर लटका दिया गया था। शहीद हुकुमचन्द और मिर्ज़ा मुनीर बेग को फाँसी देने के बाद हुकुमचन्द की लाश को दफनाने तथा मिर्ज़ा मुनीर बेग की लाश को जलाकर अंग्रेजी सरकार ने अपनी कुटिलता का प्रदर्शन किया।

मेवातवासी हमेशा से देशभक्त और बहादुर रहे हैं। इनके रणकौशल की महारत से सभी वाकिफ थे। इसीलिए दिल्ली के हाकिम अपनी हिफाजत के लिए इन्हें ढाल की तरह इस्तेमाल करते थे। मेवातवासी राष्ट्रपिता महात्मा गाँधी जी के सदा परम भक्त रहे हैं और उनके नेतृत्व में आजादी के आन्दोलन में सक्रिय भूमिका निभाई। आजादी के समय जब देश का विभाजन हुआ तो करोड़ों लोगों को नयी बनी सरहदों के इधर-उधर जाना पड़ा। उस समय इस इलाके का एक शिष्टमण्डल गाँधी जी से मिला था।

उस समय 19 दिसम्बर, 1947 को राष्ट्रपिता महात्मा गाँधी जी ने घासेड़ा का दौरा किया था। यहाँ के लोगों का अपनी माटी से, अपने देश से इतना लगाव था कि राष्ट्रपिता के आह्वान पर इन्होंने यहीं पर रहना पसन्द किया। एक भी मेवाती पाकिस्तान नहीं गया, बल्कि मुल्क के दूसरे हिस्सों में रहने वाले यहाँ के लोगों के कुछ सगे-सम्बन्धियों ने भी यहाँ आकर रहना पसन्द किया था। उस समय यहाँ के लोगों ने शान्ति, सद्भावना और मेलजोल की एक बड़ी मिसाल पेश की थी।

हमें यहाँ के लोगों पर गर्व है कि देश के दूसरे हिस्सों में जब-जब साम्प्रदायिकता की घटनाएँ हुई, तब-तब यहाँ के लोगों ने राष्ट्रपिता महात्मा गाँधी जी के 'सर्वधर्म समभाव' की परम्परा को कायम रखा।

हरियाणा के वीर जवानों का सन् 1857 की क्रान्ति से लेकर आज तक देश की आजादी तथा राष्ट्र की एकता और अखण्डता के लिए अग्रणी योगदान है। स्वतन्त्रता सेनानियों, सेवारत सैनिकों और भूतपूर्व सैनिकों और उनके आश्रितों को सुविधाएँ देने में हरियाणा आज देशभर में अग्रणी है। मेवात के शहीदों की याद में गाँव रूपडाका में 'शहीदी मीनार' को भव्य रूप देने का काम चल रहा है। शहीदों के संघर्ष, त्याग और कुर्बानी से मिली आजादी की अमूल्य धरोहर को हमें सम्भाल कर रखना है। शहीदों के सपनों को साकार करना हमारा पुनीत कर्त्तव्य है।

श्रीमती इन्दिरा गाँधी जी का जन्म दिवस कौमी एकता दिवस के रूप में मनाया जाता है। कौमी एकता ही हमारे विकास और समृद्धि की कुंजी है। इसी के बलबूते पर हम आतंकवादी, साम्प्रदायिक और कट्टरवादी ताकतों का सामना कर सकते हैं। मैं आप सभी से अपील करता हूँ कि समाज में प्रेम, भाईचारे और सहयोग की भावना मजबूत बनाने के लिए अपना अधिक-से-अधिक योगदान दें। आइए, मेरे साथ मिलकर शपथ लीजिए–

'मैं सत्यनिष्ठा से प्रतिज्ञा करता हूँ कि देश की आजादी तथा एकता बनाये रखने और उसे मजबूत करने के लिए समर्पित होकर कार्य करूँगा। मैं यह भी प्रतिज्ञा करता हूँ कि कभी हिंसा का सहारा नहीं लूँगा तथा धर्म, भाषा, क्षेत्र से सम्बन्धित भेदभाव, झगड़ों और अन्य राजनैतिक या आर्थिक शिकायतों का निपटारा शान्तिपूर्ण तथा संवैधानिक तरीकों से करने के लिए प्रयास करता रहूँगा।'

सोमवार, 19 नवम्बर 2007, रूपडाका (मेवात)

नयी राहें, नयी मंज़िल

गणतन्त्र दिवस पर सन्देश

गणतन्त्र दिवस हमारे लम्बे ऐतिहासिक स्वतन्त्रता संघर्ष का प्रतीक है। आज हम आजादी और लोकतन्त्र की ताजी हवा में साँस ले रहे हैं। इसके लिए राष्ट्रपिता महात्मा गाँधी जी के नेतृत्व में असंख्य देश-भक्तों ने लम्बा संघर्ष किया, जेल की कठोर यातनाएँ सही और हँसते-हँसते बलिदान दिये। इस पुनीत अवसर पर मैं देश के सभी शहीदों को श्रद्धांजलि अर्पित करता हूँ और उपस्थित स्वतन्त्रता सेनानियों को नमन करता हूँ।

इस समय मुझे राष्ट्रपिता महात्मा गाँधी जी के गणतन्त्र के बारे में कहे गये शब्द याद आ रहे हैं। उन्होंने कहा था कि 'मेरी भावना का लोकतन्त्र वह है, जिसमें छोटे से छोटे व्यक्ति की आवाज को भी उतना ही महत्व मिले, जितना समूह की आवाज को।' उनकी इस भावना के अनुरूप आज के दिन सन् 1950 में हमारा संविधान लागू हुआ और हमारा देश विश्व का सबसे बड़ा गणतन्त्र राष्ट्र बना। इस संविधान में सभी को न्याय, समानता, स्वतन्त्रता, विचारों की अभिव्यक्ति और उन्नति करने के समान

अवसर प्रदान किये गये हैं।

विश्व का सबसे बड़ा और विस्तृत संविधान हमारे प्रथम राष्ट्रपति डॉ. राजेन्द्र प्रसाद जी के कुशल नेतृत्व में पण्डित जवाहरलाल नेहरू जी, डॉक्टर भीमराव अम्बेदकर जी, सरदार वल्लभ भाई पटेल जी तथा संविधान सभा के अन्य विद्वान सदस्यों ने बड़ी सूझबूझ और अनुभव के साथ तैयार किया ताकि हम स्वतन्त्रता सेनानियों और संविधान निर्माताओं के सपनों के अनुसार भारत का निर्माण कर सकें।

मेरे लिए तो यह और भी गौरव की बात है कि मेरे पूज्य पिता और महान स्वतन्त्रता सेनानी चौधरी रणबीर सिंह जी इस समय संविधान सभा के एकमात्र जीवित सदस्य हैं, जिन्होंने संविधान पर हस्ताक्षर किये थे।

यह गर्व की बात है कि देश की आजादी के लिए हर आन्दोलन में हरियाणावासियों ने बढ़-चढ़ कर भाग लिया। इस इलाके के कण-कण में तो हमारे वीर बहादुरों की कुर्बानियों के किस्से समाये हुए हैं। सन् 1857 की क्रान्ति में राव तुलाराम ने तावडू युद्ध में अंग्रेजों के दाँत खट्टे किए और नसीबपुर में अंग्रेजों की शक्तिशाली सेना का डटकर मुकाबला किया। झज्जर के नवाब अब्दुर्रहमान खान, बल्लभगढ़ के राजा नाहर सिंह तथा फरूखनगर के शासक अहमद अली को बिना सुनवाई के फाँसी पर लटका दिया गया था।

आज भी रेवाड़ी क्षेत्र के 24 हजार से अधिक सैनिक हमारी सेनाओं में हैं। यहाँ के युवा सेना में भर्ती होकर राष्ट्र की सीमाओं की रक्षा करना अपना फर्ज समझते हैं और माताओं की साध भी अपने बेटे को फ़ौजी वर्दी में देखकर ही पूरी होती है। सन् 1962 की रेजांगला शौर्य गाथा आज भी रोंगटे खड़े करती है। कल ही मैंने यहाँ युद्ध स्मारक का शिलान्यास किया है।

आज का यह पावन दिन हमारे लिए खुशियाँ मनाने के साथ-साथ आत्मविश्लेषण करने का दिन भी है। पण्डित जवाहरलाल नेहरू जी ने कहा था 'भारत के लिए गणतन्त्र का अर्थ न केवल राजनैतिक स्वतन्त्रता है, बल्कि इसका अर्थ सामाजिक और आर्थिक लोकतन्त्र भी है'। उन्होंने भारत के सामाजिक और आर्थिक विकास के लिए यह एक मूल मन्त्र दिया था। इसी मूल मन्त्र पर चलते हुए हमारे देश ने गणतन्त्र के रूप में एक गौरवपूर्ण यात्रा तय की है और चहुंमुखी प्रगति की है। आज राष्ट्र यू.पी.ए. अध्यक्ष श्रीमती सोनिया गाँधी जी के कुशल मार्गदर्शन तथा प्रधानमन्त्री डॉ. मनमोहन सिंह जी के विवेकपूर्ण नेतृत्व में दुनिया की एक बड़ी आर्थिक शक्ति के रूप में उभर रहा है।

हम स्वतन्त्रता सेनानियों और देश की एकता और अखण्डता की रक्षा के लिए शहीद होने वाले बहादुर सैनिकों और सेवारत सैनिकों की निस्वार्थ सेवा का कर्ज़ कभी नहीं चुका सकते। उनकी महान सेवाओं का सम्मान करते हुए हमने स्वतन्त्रता सेनानियों की पेंशन बढ़ाई है और पेंशन के साथ डी.ए. देना शुरू किया है। सेवारत सैनिकों, भूतपूर्व सैनिकों और उनके आश्रितों को दी जाने वाली पैंन, वजीफे और अनुदान की राशि में भारी बढ़ोतरी की है।

शौर्य पदक प्राप्त करने वाले प्रदेश के परमवीर चक्र विजेता को अब एक लाख 72 हजार 500 रुपये के स्थान पर 25 लाख रुपये, महावीर चक्र विजेता को एक लाख 15 हजार रुपये के स्थान पर 15 लाख रुपये, वीर चक्र विजेता को 57 हजार रुपये के स्थान पर 10 लाख रुपये की नकद राशि दी जाती है। सेना-नौसेना मेडल विजेताओं को 23 हजार रुपये की बजाय पाँच लाख रुपये की नकद राशि दी जाती है। मैंशन-इन-डिस्पैचिज़ को 13 हजार रुपये की बजाय अढ़ाई लाख रुपये की नकद राशि दी जाती है।

अशोक चक्र विजेता को एक लाख 20 हजार रुपये की बजाय 25 लाख रुपये की नकद राशि दी जाती है। कीर्ति चक्र विजेता को 62 हजार रुपये की बजाय 15 लाख रुपये की नकद राशि दी जाती है। शौर्य चक्र विजेता को 35 हजार रुपये की बजाय 10 लाख रुपये की नकद राशि दी जाती है।

सैनिकों और भूतपूर्व सैनिकों के लिए रेवाड़ी, हिसार, नारनौल, बहादुरगढ़, जींद, दादरी व करनाल में डिफैंस कालोनियाँ स्थापित की जा रही हैं। झज्जर और रोहतक में प्लाट भी अलाट कर दिये गये हैं और रेवाड़ी में सैक्टर-18, डिफेंस कालोनी के लिए आरक्षित रखा गया है।

हरियाणा में आज विकास का एक क्रान्तिकारी दौर है। मुझे यह बात कहते हुए गर्व हो रहा है कि पिछले लगभग तीन वर्षों में प्रदेश में स्वतन्त्रता सेनानियों, सेवारत सैनिकों और भूतपूर्व सैनिकों, किसानों, मजदूरों, युवाओं, महिलाओं, अनुसूचित जातियों व अन्य कमजोर वर्गों, व्यापारियों और कर्मचारियों के कल्याण-उत्थान की जो अनूठी स्कीमें शुरू की गई हैं, वे हरियाणा के इतिहास में एक मिसाल हैं।

हमारे बच्चे और युवा आने वाले कल की उम्मीद हैं। उनके विकास का आधार अच्छी शिक्षा है। इसलिए हमने वर्ष 2008-शिक्षा वर्ष के रूप में मनाने का निर्णय लिया है। हमारा प्रयास है कि गरीब का बच्चा धन की कमी के कारण स्कूल जाने से वंचित न रहे और युवाओं को गुणवत्तापूर्ण शिक्षा मिले।

हमने निर्णय लिया है कि समाज के सभी वर्गों के बच्चों को प्राईमरी स्कूलों में किताबें और कापियाँ मुफ़्त दी जाएँगी। अनुसूचित जातियों के विद्यार्थियों को शिक्षा के लिए प्रोत्साहित करने के लिए 280 करोड़ रुपये का एक पैकेज लागू किया जा रहा है। इस पैकेज में अनुसूचित जातियों के 12वीं तक के विद्यार्थियों को किताबें और वर्क बुक मुफ़्त दी जायेंगी और स्कूल बैग, वर्दी, स्टेशनरी व जूतों आदि के लिए वर्ष में एक बार वित्तीय सहायता दी जायेगी। अनुसूचित जातियों के पहली से 12वीं कक्षा तक पढ़ने वाले लड़के-लड़कियों के लिए 100 रुपये से लेकर 400 रुपये तक मासिक वज़ीफ़ा देने की स्कीम शुरू की गई है।

आपके जिले के मीरपुर गाँव में 10 करोड़ रुपये से अधिक की लागत से महर्षि दयानन्द विश्वविद्यालय का पोस्ट ग्रेजुएट रीजनल सेंटर स्थापित किया जा रहा है। गाँव लिसाना में पॉलीटैक्निक कॉलेज तथा कोसली और बेरली में आई.टी.आई. स्थापित की जा रही हैं।

खानपुर कलां में उत्तरी भारत का पहला भगत फूल सिंह महिला विश्वविद्यालय स्थापित किया गया है। कुण्डली में राजीव गाँधी एजुकेशन सिटी स्थापित की जा रही है।
मुरथल में दीनबंधु छोटू राम साईंस एण्ड टेक्नोलॉजी विश्वविद्यालय की स्थापना की गई है। तकनीकी संस्थाओं में सीटों की संख्या में भी दो गुणा की वृद्धि की गई है।

सरकारी नौकरियाँ देने के साथ-साथ युवाओं को उद्योगों में रोज़गार के नये-नये अवसर उपलब्ध करवाये जा रहे हैं। हरियाणा के युवाओं को विदेशों में रोज़गार दिलवाने में सहायता करने के लिए 'हरियाणा ओवरसीज़ प्लेसमैंट असिसटैंस सोसायटी' गठित की हुई है।

समाज कल्याण हमारी सर्वोच्च प्राथमिकता है। राज्य की 11वीं पंचवर्षीय योजना के 35 हजार करोड़ रुपये के कुल बंजट में सामाजिक सेवाओं के लिए लगभग 17 हजार करोड़ रुपये का प्रावधान किया गया है।

अनुसूचित जाति और गरीबी रेखा से नीचे जीवनयापन करने वाले हर बेघर को छत देने के लिए 100-100 वर्ग गज के रिहायशी प्लाट देने का निर्णय लिया है। जिस जमीन पर 100-100 वर्ग गज के प्लाट दिए जायेंगे, उस पर मूलभूत सुविधाओं जैसे बिजली, पक्की नालियाँ, पक्की गलियाँ और पीने के पानी की व्यवस्था सरकार करेगी। इन सुविधाओं के विकास पर लगभग 400 करोड़ रुपये खर्च होंगे। इसी प्रकार, 300 करोड़ रुपये की महात्मा गाँधी अनुसूचित जाति ग्राम उत्थान व मलिन बस्ती विकास योजना शुरू की जा रही है।

किसान की भलाई और कृषि क्षेत्र का विकास हमारी सर्वोच्च प्राथमिकताओं में है। इसलिए हमने

किसानों व ग्रामीण उपभोक्ताओं के लगभग 1600 करोड़ रुपये के बिजली के बिलों की राशि माफ करने का ऐतिहासिक फैसला लिया। किसानों को सहकारी संस्थाओं द्वारा दिये जाने वाले कर्जों पर ब्याज दरों में कमी की है। किसानों, छोटे दुकानदारों और दस्तकारों के लिए सहकारी कर्जों पर ब्याज माफी स्कीम लागू की गई।

कर्ज़ न चुकाने वाले किसान को गिरफ़्तार न करने का फैसला लेकर हमने उसके सम्मान और स्वाभिमान की रक्षा की है।

हमने किसानों को सरकार द्वारा भूमि अधिग्रहण पर दिये जाने वाले मुआवजे में दो बार बढ़ोतरी की है। हमने किसानों की नियमित आय सुनिश्चित करने के लिए 33 वर्ष तक 15 हजार रुपये प्रति वर्ष प्रति एकड़ रायल्टी और इसमें हर वर्ष 500 रुपये की वृद्धि करने का निर्णय लिया है। एस.ई.जैड. के तहत जो भूमि अधिग्रहण की जायेगी, उसके लिए भी 33 वर्ष तक 30 हजार रुपये प्रतिवर्ष, प्रति एकड़ रायल्टी और इसमें हर वर्ष एक हजार रुपये की वृद्धि करने का निर्णय लिया गया है।

हरियाणा देश का पहला राज्य है, जिसने श्रमिकों के कल्याण के लिए श्रम नीति लागू की है। आज हरियाणा में श्रमिक को देशभर में सबसे अधिक न्यूनतम वेतन 3510 रुपये मासिक मिलता है।

नहरी पानी का समान बटवारा करने के लिए भाखड़ा मेन लाइन-हांसी ब्रांच-बुटाना ब्रांच बहुउद्देशीय नहर का कार्य युद्ध स्तर पर चल रहा है। इस नहर से इस क्षेत्र के खेतों को भी पानी मिलेगा। हम सतलुज-यमुना लिंक नहर के माध्यम से रावी-ब्यास के अपने हिस्से का पानी प्राप्त करने के लिए भी प्रयासरत हैं और इसे हर कीमत पर हासिल करने के लिए कटिबद्ध हैं।

बिजली विकास की धुरी है। आज हर क्षेत्र में बिजली की माँग बढ़ रही है। हमने इस बढ़ती हुई माँग को पूरा करने के लिए राज्य में पाँच हजार मैगावाट अतिरिक्त बिजली पैदा करने का लक्ष्य निर्धारित किया था। इसे पाने के लिए हम नियोजित ढंग से आगे बढ़ रहे हैं।

यमुनानगर में दीनबंधु छोटू राम थर्मल प्लांट की 300 मैगावाट की पहली इकाई में बिजली उत्पादन हो रहा है। इसकी दूसरी इकाई मार्च, 2008 में शुरू हो जायेगी। जिला हिसार के खेदड़ गाँव में लग रही 1200 मैगावाट क्षमता की राजीव गाँधी ताप बिजली परियोजना की 600 मैगावाट की पहली इकाई से दिसम्बर, 2009 तक तथा 600 मैगावाट की दूसरी इकाई से मार्च, 2010 तक बिजली मिलने लगेगी।

जिला झज्जर के झाड़ली गाँव में लग रहे 1500 मैगावाट क्षमता के इन्दिरा गाँधी सुपर थर्मल पावर प्लांट में वर्ष 2010 में बिजली उत्पादन शुरू हो जायेगा। 2000 मैगावाट बिजली विभिन्न केन्द्रीय परियोजनाओं व अन्य स्रोतों से खरीदने का कार्यक्रम है।

प्रदेश के बुनियादी ढांचे को मजबूत बनाने के लिए सड़कों और पुलों के निर्माण पर विशेष बल दिया जा रहा हैं। इसके लिए हमने 3000 करोड़ रुपये के राजीव गाँधी पुल एवं सड़क इनफ्रास्ट्रक्चर विकास कार्यक्रम की शुरुआत की है। यह कार्यक्रम तीन चरणों में वर्ष 2009-2010 तक पूरा कर लिया जायेगा। हर चरण में 1000 करोड़ रुपये खर्च किये जायेंगे। गुड़गाँव तक मैट्रो रेल सेवा के विस्तार पर कार्य शुरू हो गया है। फरीदाबाद शहर तक भी मैट्रो रेल सेवा पहुँचाने की मंजूरी हो गई है।

फरीदाबाद और पंचकूला में 'जवाहरलाल नेहरू राष्ट्रीय शहरी नवीनीकरण मिशन' लागू किया गया है। प्रदेश के 75 कस्बों के लिए शहरी विकास योजनाएँ तैयार की गई हैं। जिनके तहत इन कस्बों में सड़कें, जल निकासी, पेयजल आपूर्ति, सीवरेज आदि के ढांचे को मजबूत बनाया जायेगा। आगामी तीन वर्षों में हरियाणा आवास बोर्ड द्वारा 50 हजार मकान बनाये जायेंगे।

हमने गाँवों में शहरों जैसी सुविधाएँ जुटाने के लिए हरियाणा ग्रामीण विकास प्राधिकरण गठित कियाऔर पंचायती राज संस्थाओं का सशक्तिकरण किया है। गाँवों को 'मॉडल गाँव' के रूप में विकसित

किया जा रहा है। अब तक 87 मॉडल गाँव घोषित किये जा चुके हैं, जिनके विकास पर 370 करोड़ रुपये खर्च होंगे।

गाँवों में सफाई व्यवस्था बनाये रखने के लिए लगभग 11,000 सफाई कर्मचारी नियुक्त करने का एक कार्यक्रम शुरू किया हुआ है। ग्रामीण क्षेत्रों में चूल्हा टैक्स माफ है और शहरी क्षेत्रों में गृहकर खत्म किया है।

यह वर्ष 'अन्तर्राष्ट्रीय स्वच्छता वर्ष' के रूप में भी मनाया जा रहा है। हमने राज्य के सभी जिलों में 175 करोड़ रुपये से अधिक की लागत का 'सम्पूर्ण स्वच्छता कार्यक्रम' चलाया हुआ है। केन्द्रीय ग्रामीण विकास मन्त्रालय द्वारा प्रदेश के 9 जिलों की 60 ग्राम पंचायतों को गत वर्ष में 'निर्मल ग्राम पुरस्कार' से सम्मानित किया गया।

राज्य सरकार ने शहरी और ग्रामीण क्षेत्रों में 30 लाख परिवारों को व्यक्तिगत पेयजल कनैक्शन देने की 'इन्दिरा गाँधी पेयजल स्कीम' शुरू की है ताकि माताओं और बहनों को पानी लेने के लिए दूर न जाना पड़े। इस स्कीम के तहत आठ लाख अनुसूचित जातियों के परिवारों को निजी कनैक्शन और टंकी मुफ़्त दी जा रही हैं। अब तक सवा दो लाख ऐसे परिवारों को यह कनैक्शन दिये जा चुके हैं।

हरियाणा देश का पहला राज्य है, जिसने शहरी मलिन बस्तियों में रहने वाली माताओं और बच्चों के लिए बेहतर मातृ और बाल स्वास्थ्य सुविधाएँ उपलब्ध करवाने के लिए 'जननी सुविधा योजना' लागू की है। गाँवों में 475 प्रजनन कुटियाँ बनाई जा चुकी हैं। इसके परिणामस्वरूप माता और बाल मृत्यु-दर में काफी कमी आई है।

प्रदेश में लड़का और लड़की के बीच कम होते अनुपात का समाधान करने के लिए शुरू की गई 'लाडली' और 'लाडली सामाजिक सुरक्षा भत्ता स्कीम' जैसी स्कीमें बड़ी लोकप्रिय हो रही हैं। लाडली स्कीम का अब तक 58 हजार से अधिक परिवार लाभ उठा चुके हैं।

'इन्दिरा गाँधी प्रियदर्शनी विवाह शगुन योजना' के तहत अनुसूचित जाति के परिवारों और गरीबी रेखा से नीचे रहने वाले सभी वर्गों की विधवाओं की लड़की के विवाह पर 15 हजार रुपये का शगुन दिया जाता है। हर गाँव में महिला शक्ति सदन बनाने का निर्णय लिया गया है।

आप लोगों के सहयोग और समर्थन से राज्य सरकार के तीन वर्षों के प्रयासों का यह नतीजा है कि आज प्रदेश में अमन-चैन, खुशहाली और विकास का एक सुखद वातावरण है तथा सुदृढ़ कानून व्यवस्था है। हरियाणा की आर्थिक विकास दर राष्ट्रीय औसत विकास दर से कहीं अधिक है। प्रति व्यक्ति आय, प्रति व्यक्ति निवेश और कुशल वित्तीय प्रबन्धन में आज हरियाणा देशभर में अग्रणी है।

गणतन्त्र दिवस पर हमें देश, प्रदेश और समाज के प्रति अपने फर्ज को लेकर गम्भीरता से मंथन करने की जरूरत है। अभी भी हमें कई नयीं मंजिलें तय करनी हैं। भ्रष्टाचार, कन्या भ्रूण हत्या, नशे की प्रवृत्ति और निरक्षरता जैसी सामाजिक बुराइयों को समाप्त करना है और हरियाणा को देश का 'नम्बर वन' राज्य बनाना है। लोकतन्त्र में विकास के काम में सबकी सांझेदारी होती है। इसके लिए आप सबकी सक्रिय भागीदारी अपेक्षित है और यही प्रजातन्त्र का सही मकसद है।

आइये, गणतन्त्र दिवस के पावन अवसर पर हम सभी प्रकार के भेदभाव भुलाकर राष्ट्र की मजबूती और हरियाणा की सुख-समृद्धि और इसे देश का 'नम्बर वन' राज्य बनाने के लिए एकजुट होकर काम करने का संकल्प लें।

शनिवार, 26 जनवरी, 2008, रेवाड़ी

हल्दी घाटी का सूर्य

महाराणा प्रताप जयन्ती के अवसर पर

किसी भी महापुरुष की जयन्ती उत्सव के समान होता है तथा नये संकल्प लेने का दिन होता है। वीर शिरोमणि महाराणा प्रताप स्वतन्त्रता, स्वाभिमान और देशभक्ति की साकार मूर्ति थे। वे महान पराक्रमी, वीर योद्धा तथा युग-पुरुष होने के साथ-साथ त्याग और धैर्य के प्रतीक थे।

महाराणा प्रताप का जन्म भी ऐसे समय में हुआ, जब भारतीय समाज पर अन्याय और अत्याचार की घोर घटा छाई हुई थी। भारत की गौरवशाली संस्कृति को नष्ट किया जा रहा था। धार्मिक भावनाओं को ठेस पहुँचाई जा रही थी। ऐसे विकट समय में चित्तौड़ के दुर्ग में 1540 ईस्वी में महाराणा प्रताप का जन्म उदय सिंह के घर में हुआ। वे महाराणा सांगा के पौत्र थे।

महाराणा प्रताप बचपन से ही होनहार बालक थे। छोटी आयु में ही उन्होंने अपनी माता से न केवल राजस्थान के, बल्कि पूरे भारत के वीरों की जीवनियाँ सुनी थी और उन्हीं के आदर्शों को अपने जीवन में ढालने का संकल्प लिया था। भगवान राम-कृष्ण की वीरता और सभी धर्मों के आदर के गुणों को अपनाया। उन्होंने महाराणा कुम्भा और राणा सांगा की वीरता तथा शौर्य को विरासत के रूप में प्राप्त किया था।

महाराणा प्रताप अपनी 'जन्मभूमि' और 'मातृभूमि' और 'कर्मभूमि' चित्तौड़ की आजादी के लिए मुगलों से सारा जीवन लड़ते रहे। वे गद्‌दी के लिए नहीं लड़े, उनकी तो हार्दिक इच्छा थी कि उनकी जन्म भूमि पर किसी विदेशी का अधिकार न हो तथा कौम और धर्म पर विदेशी धर्म का दबाव न पड़े, देश की संस्कृति और सभ्यता को कोई आंच न आये।

महाराणा प्रताप पूरा जीवन न केवल भारत के मान, सम्मान और शान के लिए लड़ते रहे, बल्कि उन्होंने अकबर को कभी अपना स्वामी नहीं माना। बादशाह अकबर जैसे चतुर और वैभव सम्पन्न शासक से 12 वर्षों तक लोहा लेकर अपनी जन्म भूमि मेवाड़ को आजाद रखा।

वह अपनी मातृभूमि पर किसी और शक्ति का अधिकार नहीं देख सकते थे। उन्होंने अपनी सारी आयु लड़ाई के मैदान में ही बिताई और अपनी जन्म भूमि की रक्षा के लिए बड़े कष्ट झेले। चित्तौड़ के छिन जाने पर उन्हें बड़ा दुख हुआ। महाराणा प्रताप ने चितौड़ को आजाद करवाने की प्रतिज्ञा की और इस प्रतिज्ञा को पूरा करने के लिए लगभग 20 साल उन्होंने जंगलों में बिताए। अपने परिवार को अपनी आँखों के सामने भूख से मरता देखकर भी अपनी प्रतिज्ञा पूरी करते-करते वह देश के लिए कुर्बान हो गये।

महाराणा प्रताप सिंहासन पर बैठकर यदि चाहते तो ऐशो-आराम की ज़िन्दगी बिता सकते थे, लेकिन देशभक्तों को केवल जन-सेवा और देशभक्ति के अलावा और कुछ दिखाई नहीं देता। वे हर समय देशभक्ति की बाते करते हैं, देश के हित में सोचते हैं और देश के लिए मर-मिटते हैं, यही उन्होंने किया।

महाराणा प्रताप 'अमर' हैं। चित्तौड़, चेतक, हल्दी घाटी आदि स्थान आज हर भारतीय के लिए 'वीर तीर्थ स्थल' बन चुके हैं। हल्दी घाटी का तो भारत के इतिहास में वही महत्व है, जो यूनान के इतिहास में थर्मोपोली और मैराथन का है।

उनकी मृत्यु के साढ़े चार सौ साल के बाद भी आज वे जन-जन के हृदय में बसते हैं। हम सब यह महसूस करते हैं कि उन्होंने स्वाधीनता की जो लड़ाई लड़ी, वह भारतीय स्वाधीनता का प्रतीक हो गई। उनके वीरतापूर्ण व्यक्तित्व ने आजादी के दीवानों को बड़ी प्रेरणा दी।

यह गौरव की बात है कि महाराणा प्रताप जैसे महापुरुष का जन्म बहादुर राजपूत कौम में हुआ था। संस्कृत में तो 'राजपूत' शब्द का अर्थ ही 'राज' का अर्थ 'राजा' और 'पूत' का अर्थ 'पुत्र' है। इसलिए

राजपूत शब्द एक जाति का सूचक नहीं, बल्कि न्याय व सच्चाई का प्रतीक है। इस समाज ने देश को महान शासक दिए और देशभक्त बहादुर जवान दिये हैं। भारत की आजादी और आजादी के बाद राष्ट्र की आन, बान और शान की रक्षा के लिए कुर्बानी देने वालों में इस समाज का अग्रणी स्थान है।

इस कौम ने मुगलों से लोहा लिया तथा मुगल साम्राज्य के पतन में मराठा व राजपूत कौम की भूमिका को कौन भुला सकता है। इस समाज ने सदा ही अन्याय के विरुद्ध संघर्ष किया, राष्ट्र के मान-सम्मान और स्वाभिमान की रक्षा के लिए बड़ी से बड़ी कुर्बानियाँ दीं। राजपूतों का आज तक का इतिहास इनकी वीरता, साहस, राष्ट्रीय चरित्र तथा देश प्रेम का प्रतीक है।

संसार में वे ही व्यक्ति महान होते हैं, जो त्याग और बलिदान का जीवन बिताते हैं तथा जिनकी आत्मा अधर्म के विरुद्ध लड़ने में संकोच नहीं करती और वे अपने कर्त्तव्य को पूरा करते-करते देश की आजादी और उसकी रक्षा के लिए शहीद हो जाते हैं।

जैसा कि आप जानते हैं कि आजादी की लड़ाई में किसी एक कौम या किसी एक जाति ने हिस्सा नहीं लिया था। उसमें चाहे कोई हिन्दू था, चाहे कोई मुसलमान, चाहे कोई सिख था, चाहे पारसी था और चाहे वह ईसाई था, उन सब ने अपना हिस्सा डाला था। सभी कंधे से कंधा मिलाकर अंग्रेजों से लड़े थे। इसलिए यह देश सब का है, इसको बाँटने और तोड़ने वाली शक्तियों को कभी भी बर्दाशत नहीं किया जा सकता।

आज वक्त की यह जरूरत है कि हम आपस में साम्प्रदायिक सद्‌भाव, भाईचारा और प्रेम बनाये रखें। हरियाणा तो सदा से ही आपसी प्रेम, सहयोग, एकता तथा भाईचारे का प्रतीक रहा है।

रविवार, 8 जून 2008, बल्लभगढ़

अथक समाज सेवी

स्वामी ओमानन्द जी की प्रतिमा के अनावरण के अवसर पर

आर्य जगत के प्रसिद्ध सन्त, महान स्वतन्त्रता सेनानी और अथक समाज सेवी स्वामी ओमानन्द जी के प्रेरणादायी व्यक्तित्व को शब्दों में नहीं बाँधा जा सकता। इस गुरुकुल को गौरवशाली और महान बनाने में उन्होंने अपना पूरा जीवन समर्पित कर दिया। वर्ष 1942 में उन्होंने इस गुरुकुल का कार्यभार सम्भाला था। उनके प्रयत्नों से तीन कमरों का यह गुरुकुल आज देशभर में एक प्रतिष्ठित शिक्षा संस्थान के रूप में विकसित हो चुका है।

शहीद भगत सिंह, राजगुरु और सुखदेव आदि देशभक्त युवकों की 23 मार्च, 1931 को हुई क्रूर फाँसी की घटना से क्षुब्ध होकर युवा भगवान सिंह (स्वामी ओमानन्द जी) अपनी कॉलेज शिक्षा अधूरी छोड़ आजादी की लड़ाई में कूद पड़े। उन्होंने भारत छोड़ो आन्दोलन में सक्रिय भूमिका निभाई। तब से लेकर अपने जीवन की अन्तिम साँस तक एक 'निष्काम कर्मयोगी' की भाँति समाज सेवा और वैदिक धर्म के प्रचार-प्रसार में लगे रहे। नरेला (दिल्ली) में अपनी 215 बीघा जमीन कन्या गुरुकुल और आर्य समाज केन्द्र स्थापित करने के लिए दान करके समाज सेवा की एक अनुकरणीय मिसाल कायम की है।

हैदराबाद के निज़ाम द्वारा अपने राज्य में वैदिक धर्म प्रचार और मन्दिर निर्माण पर प्रतिबंध लगाने पर उन्होंने निज़ाम के विरुद्ध घूम-घूम कर प्रचार किया और सत्याग्रह किया। जिसकी वजह से उन्हें कई बार गिरफ़्तार किया गया और जेलों में रखा गया। वैदिक प्रचार-प्रसार के लिए उन्होंने विभिन्न देशों की यात्राएँ कीं। यह महान विभूति 23 मार्च, 2003 को पंचतत्व में विलीन हो गयी। महान व्यक्ति कभी मरा नहीं करते,

वो तो मर कर भी अमर रहते हैं। स्वामी ओमानन्द जी के महान आदर्श और सिद्धान्त हमारे सदा प्रेरणा स्रोत रहेंगे। यह गुरुकुल आज भारतीय प्राचीन और नवीन शिक्षा पद्धति का प्रतीक बन चुका है।

'गुरुकुल परम्परा' की शुरुआत देश की भावी पीढ़ी में नैतिक और आध्यात्मिक गुण पैदा करने तथा शिक्षा प्रसार करने के लिए की गयी थी। उत्तर भारत में हरियाणा ही एकमात्र ऐसा राज्य है, जहाँ गुरुकुल पद्धति से संस्कृत की शिक्षा-दीक्षा की परम्परा जारी है। यह गर्व की बात है कि इस समय भी लगभग डेढ़ दर्जन गुरुकुल ग्रामीण अंचलों में परम्परागत रूप से शिक्षा का उच्च स्तर बनाये हुए हैं। गुरुकुल शिक्षा-पद्धति का महत्व आज पहले से भी अधिक हो गया है क्योंकि समाज में चरित्रहीनता बढ़ रही है और नैतिकता का पतन हो रहा है। इस प्रणाली में बाल और युवा पीढ़ी के चरित्र निर्माण और नैतिक गुणों के विकास पर विशेष बल दिया जाता है। सादगी और उच्च विचार इसके मूल आधार हैं।

आज विज्ञान का युग है, लेकिन हमें अपनी महान संस्कृति और परम्पराओं को नहीं भूलना चाहिए, क्योंकि यह महान परम्पराएँ ही हमें नैतिक बल प्रदान करती हैं और हमें जीवन के ऊँचे मूल्य अपनाने के लिए प्रेरित करती हैं। मेरे विचार में गुरुकुल शिक्षा पद्धति और आधुनिक शिक्षा पद्धति के समन्वय से हम एक अच्छी शिक्षा पद्धति का विकास कर सकते हैं।

आप लोग जानते ही हैं कि स्वामी दयानन्द सरस्वती जी ने एक ऐसे समाज की स्थापना की थी, जो समाज में ज्ञान का प्रकाश फैलाने, वैदिक संस्कृति के प्रचार और सामाजिक-बुराइयों को समाप्त करने में अपनी प्रमुख भूमिका निभाये। उन्होंने देश में नारी शिक्षा पर बल दिया। उनके बाद स्वामी ओमानन्द जैसे सन्तों ने उनका अनुसरण किया। उन्हीं के प्रयासों का फल है कि आज महिलाएँ उच्च शिक्षा प्राप्त करके विकास के हर क्षेत्र में पुरुषों के साथ कन्धे से कन्धा मिलाकर राष्ट्र निर्माण में सहयोग दे रही हैं।

स्वामी ओमानन्द जी ने राज्य में न केवल महिला शिक्षा को बढ़ावा दिया अपितु उन्होंने मद्यनिषेध तथा युवा पीढ़ी को नशे की प्रवृत्ति से दूर रहने और अन्य सामाजिक बुराइयों के प्रति समाज को जागृत करने के लिए अहम भूमिका निभाई। सामाजिक बुराइयों के प्रति उन्होंने लोगों की विचारधारा को भी बदलने में सराहनीय योगदान दिया।

जो बच्चे यहाँ शिक्षा प्राप्त कर रहे हैं, वे कितने भाग्यशाली हैं कि उन्हें ऐसी संस्था में पढ़ने का मौका मिला है, जो चरित्र निर्माण, नैतिक गुणों का विकास और कठोर अनुशासन अपनाने पर विशेष बल देती है तथा भू-मण्डलीकरण की चुनौतियों का सफलतापूर्वक सामना करने के लिए आपको सक्षम बनाने में महान भूमिका निभा रही है।

हमने हरियाणा में शिक्षा के स्तर को बढ़ाने के लिए रचनात्मक कदम उठाने शुरू कर दिये हैं। पिछले कुछ वर्षों में निजी क्षेत्र में यद्यपि तकनीकी शिक्षा का बड़ा ही तेजी से प्रसार हुआ है, लेकिन गुणवत्ता (क्वालिटी) को अनदेखा किया गया है। हमारी सरकार इस दिशा में गम्भीर कदम उठा रही है। हम चाहते हैं कि एक ऐसी तकनीकी शिक्षा पद्धति विकसित की जाये, जो छात्रों के लिए रुचिकर हो, भूमण्डलीकरण की चुनौतियों का सामना करने में सक्षम हो तथा उद्योगों को उनके अनुकूल तकनीकी रूप से कुशल और दक्ष मैनपावर उपलब्ध करवा सके। तकनीकी शिक्षा प्राप्त करने के पश्चात हमारे छात्र एक दिन भी बेरोज़गार न रहें। राज्य के औद्योगिक प्रशिक्षण संस्थानों और बहुतकनीकियों में सुधार के लिए उद्योगपति और साँसद श्री नवीन जिंदल जी की अध्यक्षता में एक कमेटी का भी गठन किया गया है।

वर्तमान तकनीकी शिक्षा पद्धति काफी हद तक शहरी जनता के अनुकूल है। इस कमी को दूर करने के लिए सरकार ने ग्रामीण क्षेत्रों के युवाओं को तीन से छः महीने के पाठ्यक्रमों में प्रशिक्षण देकर उनके ज्ञान और दक्षता को बढ़ाया जायेगा। राज्य के औद्योगिक प्रशिक्षण संस्थान और बहुतकनीकी संस्थान ग्रामीण दस्तकारों की दक्षता में सुधार और उनकी आय बढ़ाने और उनके जीवन स्तर में सुधार लाने के

लिए कम लागत की टेक्नोलॉजी विकसित करेंगे।

सरकार ने फैसला किया है कि शिक्षा की गुणवत्ता में सुधार लाने के लिए मिडल स्तर तक हर कक्षा में 40 विद्यार्थियों के पीछे एक शिक्षक नियुक्त किया जायेगा। शैक्षणिक संस्थाओं में शिक्षा की आधुनिक सुविधाएँ उपलब्ध करवाई जायेंगी। सरकारी शैक्षणिक संस्थाओं के शिक्षा के स्तर में जो दिन प्रतिदिन गिरावट आ रही है, हम उस स्थिति को बदलेंगे। तकनीकी शिक्षा को बढ़ावा देने पर अधिक से अधिक बल देंगे। युवाओं को उच्चकोटि की शिक्षा देने के लिए हरियाणा में आक्सफोर्ड यूनिवर्सिटी की पद्धति पर 'राजीव गाँधी एजुकेशन सिटी' स्थापित की जायेगी। इसमें हरियाणावासियों के लिए 25 प्रतिशत सीटें आरक्षित होंगी। मेरा कहने का भाव यह है कि हम प्रदेश में शिक्षा के स्तर को ऊँचा उठाने और तकनीकी शिक्षा के प्रसार के लिए कटिबद्ध हैं।

जैसा कि आप जानते हैं कि संस्कृत देववाणी है और सभी भाषाओं की जननी है। यह भारत की राष्ट्रीय अस्मिता और गौरव की परिचायक है। संस्कृत हरियाणा के आध्यात्मिक, पौराणिक और भौगोलिक अस्तित्व का मूल आधार रही है। हम संस्कृत के प्रचार और प्रसार पर बल देंगे।

इस अवसर पर मैं गुरुकुल के आचार्यगणों से भी अनुरोध करूँगा कि वे प्रदेश में शिक्षा के स्तर को ऊँचा उठाने में योगदान दें। विद्यार्थियों में अनुशासन, आत्म-विश्वास और आत्मनिर्भरता के गुणों को पैदा करें।

रविवार, 29 मई 2005, झज्जर

प्रकाश स्तम्भ स्वामी आत्मानन्द

सन्त स्वामी आत्मानन्द जी महाराज की 120वीं जयन्ती पर

हरियाणा वैदिक काल से ही सामाजिक-सांस्कृतिक और धार्मिक क्रान्ति के सूत्रधार युग पुरुषों को जन्म देता रहा है। इसने हर युग में ऐसे महान रत्न पैदा किये, जिन्होंने न सिर्फ राष्ट्र का सिर ऊँचा किया वरन् समूचे विश्व में इसका गौरव बढ़ाया है। इन महान सन्तों, ऋषियों और तपस्वियों ने पूरी मानव जाति का पथ प्रदर्शन किया। उनकी शिक्षाएँ तमाम लोगों के लिए थी और वे आज भी प्रासंगिक हैं। उनकी वाणी और शिक्षाएँ इतनी अमर हैं कि वे आज भी नवीन हैं।

आज से 120 वर्ष पूर्व जब देश परतन्त्र था, गाँव भैणी नारनौंद ज़िला हिसार में आसौज सुदी नौंवी को परम सन्त स्वामी आत्मानन्द जी महाराज का जन्म धानक परिवार में हुआ था। स्वामी जी के माता पिता ने उनका नाम देईया रखा जिसको चरितार्थ करते हुए स्वामी जी जीवनपर्यन्त शोषित और दलित समाज के कल्याण-उत्थान में जुटे रहे।

स्वामी जी की प्रारम्भिक शिक्षा गाँव नारनौंद की आर्य पाठशाला में हुई। इसके बाद स्वामी जी रोहतक आ गये। रोहतक आने पर स्वामी जी आर्य समाज के समाज सुधारकों के सम्पर्क में आये। स्वामी जी ने आगे की शिक्षा और योगसाधना अपने पूज्यनीय गुरु जी श्री 108 स्वामी योगानन्द जी महाराज से प्राप्त की। उन्होंने अपने सारे सुखों को तिलाँजलि देकर समाज सुधार और समाज सेवा का मार्ग अपनाया और समाज में व्याप्त कुरीतियों को दूर करने के लिए अपना घर त्याग दिया तथा भगवा वस्त्र धारण कर लिए।

पूज्य स्वामी जी का जीवन शोषितों, पीड़ितों और दलितों के कल्याण उत्थान को समर्पित था। वे जात-पात और ऊँच-नीच के कट्टर विरोधी थे। उन्होंने लोगों को बताया कि विधाता की दृष्टि में सभी इन्सान एक समान हैं, ऊँच-नीच की दीवारें तो केवल मनुष्य ने अपने स्वार्थ के लिए खड़ी की हैं। वास्तव में ऊँच-नीच और जात-पात ईश्वरीय विधान में मनुष्य का निन्दनीय प्रयास है।

वे समाज सुधारक और जन सेवक के साथ-साथ महान स्वतन्त्रता सेनानी भी थे। उन्होंने आजादी की लड़ाई में बढ़-चढ़ कर भाग लिया। वे महात्मा गाँधी और पं. श्रीराम शर्मा के साथ जेल भी गये।

वे जीवन भर शिक्षा के प्रसार के लिए कार्य करते रहे। वे सामाजिक समता के प्रबल समर्थक थे। वे कट्टर आर्यसमाजी थे। उन्होंने सामाजिक कुरीतियों को दूर करने के लिए जीवनपर्यन्त संघर्ष किया। उनकी सोच, शिक्षाएँ और आदर्श हमारा सदैव एक प्रकाश स्तम्भ की भाँति मार्गदर्शन करते रहेंगे।

स्वामी जी ने 1928 में रोहतक में हरियाणा हरिजन आश्रम की स्थापना की। उन्होंने सन् 1948 में स्वामी आत्मानन्द हरिजन ट्रस्ट बनाया।

वे नगर पालिका कमेटी के सदस्य भी रहे। 10 अगस्त 1968 को उन्होंने अपना शरीर त्याग दिया। हमारे लिए यह बड़ी ख़ुशी की बात है कि स्वामी जी के आदर्शों और सिद्धान्तों को मूर्त रूप देने के लिए उनकी स्मृति में हरियाणा हरिजन छात्रावास चलाया जा रहा है और स्वामी आत्मानन्द हरियाणा हरिजन शिक्षा समिति कमजोर और पिछड़े वर्गों के बच्चों को शिक्षित करवाने के कार्य में महत्वपूर्ण भूमिका निभा रही है।

सरकार महापुरुषों के आदर्शों का पालन करते हुए मेहनत, ईमानदारी और निष्ठा से काम करके आपकी आशाओं और आकांक्षाओं पर खरा उतरने के लिए कटिबद्ध हैं। हमने समाज के सभी वर्गों चाहे वह किसान है, मजदूर है, व्यापारी है, अनुसूचित जातियों और पिछड़े वर्ग के लोग हैं या महिलाएँ हैं, सभी के कल्याण-उत्थान के लिए स्कीमें बनाई हैं।

प्रदेश में ग़रीबी रेखा से नीचे जीवनयापन करने वाले समाज के सभी वर्गो के परिवारों की लड़कियों की शादी पर आर्थिक सहायता देने के लिए 'इन्दिरा गाँधी प्रियदर्शनी विवाह शगुन योजना' शुरू की जा रही है। इस स्कीम के अन्तर्गत ग़रीबी रेखा से नीचे जीवनयापन करने वाले अनुसूचित जातियों के परिवारों की लड़कियों के विवाह पर 15 हजार रुपये तथा ग़रीबी रेखा से नीचे जीवनयापन करने वाले अन्य सभी वर्गो के परिवारों की लड़कियों के विवाह पर 5100 रुपये दिये जायेंगे।

अनुसूचित जातियों और कमजोर वर्गों के लोगों के बच्चों को दी जाने वाली मुफ़्त लेखन सामग्री की राशि, मुफ़्त वर्दी की राशि तथा उपस्थिति पुरस्कार की राशि में बढ़ोतरी की गयी है। अनुसूचित जाति तथा पिछड़े वर्ग के मेधावी छात्रों को उच्च शिक्षा के लिए प्रोत्साहित करने हेतु 'डॉ. अम्बेदकर मेधावी छात्र योजना' के नाम से एक नयी योजना आरम्भ की जा रही है। इस योजना के तहत दसवीं कक्षा में 60 प्रतिशत या इससे अधिक अंक प्राप्त करने वाले छात्रों को 10+1 और 10+2 की कक्षाओं में पढ़ाई के दौरान एक हजार रुपये मासिक छात्रवृत्ति दी जायेगी। इस वित्त वर्ष के दौरान इस स्कीम के तहत तीन हजार मेधावी छात्रों को छात्रवृत्तियाँ दी जायेंगी।

हरियाणा शहरी विकास प्राधिकरण द्वारा आर्थिक रूप से कमजोर वर्ग के लोगों के लिए प्लाटों का आरक्षित कोटा 20 प्रतिशत से बढ़ाकर 35 प्रतिशत कर दिया गया है। अनुसूचित जाति की बस्तियों में रहन-सहन की सुविधाओं में सुधार के लिए वर्तमान वित्त वर्ष में 200 बस्तियों के लिए 100 लाख रुपये का प्रावधान किया गया है। राज्य के सभी गाँवों में अनुसूचित जातियों की महिलाओं के लिए शौचालय बनाये जायेंगे। अनुसूचित जातियों तथा पिछड़े वर्गों की सरकारी सेवाओं में बैकलॉग पूरा किया जायेगा।

हरियाणा अनुसूचित जाति वित्त और विकास निगम द्वारा अनुसूचित जाति के लोगों के आर्थिक उत्थान हेतु चलाई जा रही स्कीमों के अन्तर्गत स्वरोज़गार के लिए चालू वित्त वर्ष में 15 हजार लोगों को कर्ज़ तथा अन्य सुविधाएँ दिलवाने का लक्ष्य रखा गया है। इसी प्रकार हरियाणा पिछड़े वर्ग और आर्थिक रूप से कमजोर वर्ग कल्याण निगम द्वारा पाँच हजार लोगों को स्वरोज़गार के लिए कर्ज़ तथा अन्य सुविधाएँ दिलवाने का लक्ष्य रखा गया है। अनुसूचित जातियों और पिछड़े वर्गो के कल्याण के लिए वार्षिक योजना बजट में 30 करोड़ रुपये का प्रावधान किया गया है, जबकि गत वर्ष 16 करोड़ 75 लाख रुपये का प्रावधान था।

हमने लाटरी पर प्रतिबन्ध लगाकर एक सामाजिक बुराई को खत्म किया है क्योंकि इससे ग़रीब वर्ग के लोग ज्यादा प्रभावित थे।

घटते लिंग अनुपात की समस्या के समाधान के लिए राज्य सरकार ने 'लाडली' नामक एक 'प्रोत्साहन योजना' शुरू करने का निर्णय लिया है। इस स्कीम के अन्तर्गत दूसरी कन्या पैदा होने पर कन्या और उसकी माता को पाँच वर्ष की अवधि तक प्रतिवर्ष पाँच हजार रुपये की राशि दी जायेगी। यह एक सामाजिक समस्या है और हर नागरिक को इसमें सहयोग देना चाहिए। गाँवों में सुरक्षित प्रसव सुविधाएँ उपलब्ध करवाने के लिए 300 प्रसूति गृह निर्माण की योजना बनाई गयी है। स्वास्थ्य सेवाओं को सुदृढ़ करने के लिए सार्वजनिक निजी भागीदारी बनाने के लिए 'विकल्प' नामक स्कीम शुरू करने की पहल की है। इस स्कीम के तहत ग़रीबों, समाज के कमजोर वर्गों, श्रमिकों, किसानों और शहरी मलिन बस्तियों में रहने वालों को बेहतर स्वास्थ्य सेवाएँ प्रदान की जा रही हैं। जिन महिलाओं के नाम बिजली के मीटर हैं, उन्हें बिजली शुल्क में प्रति यूनिट 10 पैसे की छूट दी जा रही है। महिलाओं के नाम सम्पत्ति के हस्तांतरण पर रजिस्ट्री के समय स्टॉम्प शुल्क में भी दो प्रतिशत की छूट दी जा रही है

महापुरुषों की जयन्ती मनाने की सार्थकता इसी में है कि हम उनके दिखाए मार्ग पर चलें। मेरा इस अवसर पर युवाओं से अनुरोध है कि वे समाज में व्याप्त कुरीतियों को दूर करने में आगे आयें।

मंगलवार, 11 अक्तूबर 2005, रोहतक

देश-भक्त बनारसी दास

श्री बनारसी दास गुप्त की शोक सभा में श्रद्धांजलि

श्री बनारसी दास गुप्त जी का जन्म 5 नवम्बर, 1917 को इसी जिले के मानहेरू गाँव में हुआ। उन्होंने अपनी शिक्षा चरखी-दादरी और राजस्थान के पिलानी से प्राप्त की। देशभक्ति का जज़्बा उनमें बचपन से ही था। जब वे वर्ष 1938 में पिलानी के बिरला कॉलेज में शिक्षा ग्रहण कर रहे थे तो पण्डित जवाहरलाल नेहरू जी के आह्वान पर भारत माँ की दासता की बेड़ियाँ तोड़ने के लिए उन्होंने पढ़ाई बीच में ही छोड़ देने में एक क्षण का भी संकोच नहीं किया। उनके जीवन पर राष्ट्रपिता महात्मा गाँधी जी तथा आर्य समाज की गहरी छाप थी।

उन्होंने जींद रियासत में प्रजामण्डल का गठन किया और इसके अध्यक्ष रहे। उन्होंने आजादी के आन्दोलन में सक्रिय रूप से भाग लिया, कड़ा संघर्ष किया और कई बार जेल गये। आजादी के बाद देशी रियासतों के विलय के समय सरदार वल्लभ भाई पटेल के आह्वान पर उन्होंने जींद रियासत के महाराजा को घुटने टेक देने के लिए विवश किया था। आजादी से पूर्व जींद विधानसभा के लिए वे सर्वसम्मति से निर्वाचित हुए थे।

ग्रामीण परिवेश में लालन-पालन होने की वजह से उन्होंने किसान-मजदूर और कमजोर वर्ग के लोगों की कठिनाइयों को बचपन से ही अनुभव किया था। इनके कल्याण-उत्थान की तड़प और जन-सेवा की भावना उन्हें राजनीति में ले आई।

भिवानी जिले के विकास में उनकी उल्लेखनीय भूमिका रही है। भिवानी में जब-जब कपड़ा मिलों में मजदूरों के हितों पर कोई आंच आई तो वे सदा उनकी रक्षा के लिए आगे रहे। भिवानी की नगरपालिका तथा 'इम्प्रूवमेंट ट्रस्ट' (Improvement Trust) के अध्यक्ष पद पर रहते हुए उन्होंने भिवानी नगर के विकास को नयी दिशा दी। इसके अलावा वे यहाँ वैश्य शिक्षा समिति और वैश्य महाविद्यालय प्रबन्धन समिति के अध्यक्ष भी रहे। शिक्षा के प्रसार में उनकी गहरी रुचि थी।

पत्रकारिता में भी उनकी बड़ी दिलचस्पी थी। दैनिक और साप्ताहिक पत्रों में लेख आदि लिखने के साथ-साथ 'अपना देश' तथा 'हरियाणा केसरी' साप्ताहिक पत्रों का भी सम्पादन किया। राष्ट्र भाषा हिन्दी के प्रचार-प्रसार के लिए उन्होंने प्रेरणादायक काम किया।

वे अग्रवाल समाज के सच्चे हित-चिन्तक थे। अग्रोहा के विकास के लिए उन्होंने सराहनीय कार्य किया। उन्हें अखिल भारतीय वैश्य महासम्मेलन तथा अखिल भारतीय अग्रवाल सम्मेलन का आजीवन अध्यक्ष बनाया गया था। यह सम्मान अग्रवाल समाज का उनके प्रति अटूट आस्था और लगाव का प्रतीक है।

हरियाणा बनने के बाद वर्ष 1968 में वे हरियाणा विधानसभा के लिए निर्वाचित हुए। उसके बाद श्री गुप्त वर्ष 1972 तथा वर्ष 1987 में पुनः विधानसभा के लिए चुने गये। उन्होंने वर्ष 1972 में हरियाणा विधानसभा के अध्यक्ष पद को सुशोभित किया। उसके पश्चात वर्ष 1973 में प्रदेश के सिंचाई मन्त्री बने।

श्री बनारसी दास गुप्त 1 दिसम्बर, 1975 से 29 अप्रैल, 1977 और 23 मई, 1990 से 12 जुलाई, 1990 तक हरियाणा के दो बार मुख्यमन्त्री बने। वर्ष 1987 में उन्होंने राज्य मन्त्रिमण्डल में वित्त मन्त्री का दायित्व भी सम्भाला। वे 1996 में राज्य सभा के लिए निर्वाचित हुए। उन्होंने जिस भी सार्वजनिक पद पर सेवा की, वहाँ उन्होंने अपनी दूरदर्शिता, कुशल नेतृत्व और प्रशासकीय दक्षता की अमिट छाप छोड़ी। हरियाणा के विकास में उनके योगदान को सदैव याद किया जायेगा।

उनके निधन से प्रदेश एक महान स्वतन्त्रता सेनानी, निस्वार्थ समाज सेवी, योग्य साँसद, दूरदर्शी चिन्तक, उच्चकोटि के पत्रकार तथा प्रखर वक्ता की सेवाओं से वंचित हो गया है।

स्वाभिमान, सादगी, कठोर अनुशासन और मूल्य आधारित राजनीति के पक्षधर श्री बनारसी दास गुप्त जी ने अपने छः दशक के राजनीतिक जीवन में बुलंदियों तक पहुँच कर भी वे सदा आम आदमी और अपनी मिट्टी से जुड़े रहे। उन्हें पद की लालसा नहीं थी। उनकी प्राथमिकता सदैव ही हरियाणा का विकास रही।

यद्यपि, श्री गुप्त जी का भौतिक शरीर गत 29 अगस्त, 2007 को पंचतत्वों में विलीन हो गया, लेकिन उनका बहुआयामी व्यक्तित्व तथा उनकी प्रगतिशील विचारधारा, उनका महान चिन्तन और उनकी दूरदर्शी नीतियाँ हमारा सदा मार्गदर्शन करती रहेंगी।

रविवार, 9 सितम्बर 2007, भिवानी

योगी अमरनाथ जी : सात्विक जीवन के साधक

श्री योगी अमरनाथ जी की पुण्य स्मृति में आयोजित 'पुण्य सम्मेलन' में

श्री योगी अमर नाथ जी उन महान विभूतियों में से थे, जिन्होंने योग साधना के माध्यम से मानवता की सेवा की। वे सादगी, त्याग और तपस्या की प्रतिमूर्ति थे। उन्होंने सरल और सात्विक जीवन व्यतीत किया। आजादी के आन्दोलन में भी सामाजिक चेतना जागृत करने में उनकी अग्रणी भूमिका थी। वे सिद्ध सम्प्रदाय की विचारधारा के सच्चे संवाहक थे। यह गर्व की बात है कि उनके परम अनुयायी योगी महन्त बुधनाथ जी अब इस दायित्व को अच्छी तरह से निभा रहे हैं।

सिद्ध सम्प्रदाय का इस देश के इतिहास में अत्यंत महत्वपूर्ण स्थान रहा है। इस सम्प्रदाय की स्थापना महायोगी गुरु गोरखनाथ ने की थी। वे भी एक महान तपस्वी थे। उन्होंने अपने असाधारण व्यक्तित्व, प्रखर विचारों तथा उदार जीवन पद्धति की अमिट छाप समस्त मध्य-युगीन परिवेश पर डाली थी। गुरु गोरखनाथ जी का जन्म पेशावर के निकट माना जाता है। इस कारण यह क्षेत्र इनसे अधिक प्रभावित रहा। उन्होंने पंजाब, हरियाणा में अनेक स्थानों पर 'सिद्ध सम्प्रदाय' के मठ स्थापित किये।

हरियाणा में भी उनके अनेक मठ हैं, जिनमें अस्थल बोहर मठ अपना विशेष स्थान रखता है। शिक्षा प्रसार के क्षेत्र में यह मठ उल्लेखनीय भूमिका निभा रहा है। यह खुशी की बात है कि अस्थल बोहर के मठाधीश महंत चाँद नाथ जी भी इस समारोह को सुशोभित कर रहे हैं।

आप जानते हैं कि सारे संसार में भारत ही एक ऐसा महान देश है, जिसे ऋषि-मुनियों, सन्त महात्माओं और पीर-पैगम्बरों की पुण्य धरती होने का गौरव प्राप्त है। दुनिया के दूसरे देशों में भी महापुरुष हुए हैं, लेकिन भारत की चप्पा-चप्पा भूमि ही सन्त-महात्माओं के तप से धन्य हुई है। यह महान धरा ज्ञान, भक्ति, शक्ति और कर्म की प्रतीक है। इस धरती पर वैदिक काल से लेकर आज तक आपसी प्रेम और भाईचारे की एक अटूट धारा बहती चली आ रही है।

आध्यात्मिक दृष्टि से भारत 'विश्व-गुरु' रहा है क्योंकि इस धरती पर हर धर्म को फलने-फूलने और फैलने की पूरी आजादी है। रामायण-महाभारत, गीता और गुरबाणी के स्वर देश के हर भाग में समान रूप से गूँजते हैं। इस देश में चाहे अनेक भाषाएँ बोली जाती हैं, अलग-अलग तरह के रीति-रिवाज़ हैं, अलग-अलग तरह की धार्मिक मान्यताएँ हैं, लेकिन फिर भी इस देश की सांस्कृतिक आत्मा का स्वरूप एक ही है और अनेकता में एकता है। यही हमारे इस महान देश की विशेषता है।

प्राचीन काल से भारतीय धर्म और धर्म गुरुओं ने आध्यामिकता के माध्यम से समाज सुधार का कार्य किया। उन्होंने विज्ञान पर आधारित परम्पराओं और मान्यताओं की नींव डाली। योग, यज्ञ और ध्यान-साधना हमारी दिनचर्या का एक आवश्यक अंग बने। योग से जहाँ शरीर निरोगी और स्वस्थ रहता है, वहीं यज्ञ से हमारा पर्यावरण शुद्ध होता है और ध्यान-साधना से मन और आत्मा शुद्ध रहती है।

इस व्यावहारिक शैली को अपनाने की आज बड़ी आवश्यकता है क्योंकि आधुनिकता की इस दौड़ में हम अधिक भौतिकतावादी होते जा रहे हैं, जिससे समाज में तनाव, घुटन और ईर्ष्या बढ़ रही है।

आप लोग जानते हैं कि जब-जब धरती पर अत्याचार, हिंसा और अनाचार बढ़ा है, तब-तब पुण्य आत्माओं ने इस धरती पर जन्म लेकर मानवता का उद्धार किया है। धर्म और आध्यात्मिकता के माध्यम से मानव को जीने का सही रास्ता दिखाया है।

आज पुनः हमारे सन्त-महात्माओं को इस दिशा में रचनात्मक भूमिका निभाने की जरूरत है ताकि समाज में जो भय, आतंक और घुटन का वातावरण है, उसे समाप्त किया जा सके।

इन्सान ने विज्ञान के सहारे बहुत तरक्की कर ली हैं लेकिन आपसी घृणा और भय के वातावरण में यह तरक्की बेमानी है। असली तरक्की तो ऊँचे आदर्शों और नैतिक मूल्यों को अपनाने से ही सम्भव है।

आज युग बदल रहा है। सामाजिक मान्यताएँ बदल रही हैं, लेकिन दुःख की बात है कि हमारी नयी पीढ़ी अपनी प्राचीन संस्कृति और संस्कारों को भूल रही है। हमारा जिस देश में जन्म हुआ है, उसके गौरवशाली संस्कार और समृद्ध परम्पराएँ रही हैं।

आज इस बात पर बल दिया जाना चाहिए कि हमारी नयी पीढ़ी आधुनिक चुनौतियों का भी सफलतापूर्वक सामना कर सके और वे अपनी उच्च प्राचीन संस्कृति को भी न भूले ताकि वे अपने देश के गौरव को बनाये रख सकें।

शनिवार, 11 जून 2005 चण्डीगढ़

जनसेवक : जनसंघर्षी

वयोवृद्ध स्वतन्त्रता सेनानी चौधरी रणबीर सिंह जी के जन्मदिवस की 92वीं वर्षगाँठ पर

भारत के इतिहास में 26 नवम्बर का दिन एक गौरवशाली दिन है। 1949 में आज ही के दिन स्वतन्त्र

भारत ने अपना संविधान अपनाया किया था। आप जानते हैं कि एक लम्बे संघर्ष, त्याग और अनगिनत कुर्बानियों के बलबूते पर हमें आजादी मिली थी। यह एक सुखद संयोग है कि मेरे पूजनीय पिता तथा वयोवृद्ध स्वतन्त्रता सेनानी चौधरी रणबीर सिंह जी का जन्म भी 1914 में 26 नवम्बर ही के दिन हुआ।

भारत का संविधान बनाने के लिए एक संविधान सभा निर्वाचित हुई, जिसने आजादी के बाद राष्ट्र की पहली संसद के रूप में भी काम किया। डॉक्टर राजेन्द्र प्रसाद जी की अध्यक्षता में गठित इस संविधान सभा के 299 सदस्यों ने विश्व के सभी संविधानों से विस्तृत तथा लिखित संविधान बनाया। इन महान विभूतियों की लगभग तीन वर्ष की कड़ी मेहनत के बाद यह दुनिया का बेहतरीन संविधान बना। इस संविधान में सभी को न्याय, समानता, स्वतन्त्रता, विचारों की अभिव्यक्ति और उन्नति के समान अवसर प्रदान किये गये हैं।

डॉक्टर राजेन्द्र प्रसाद जी के कुशल नेतृत्व में बना यह संविधान नेहरू जी की विद्वता, डॉक्टर भीमराव अम्बेडकर जी की दूरदर्शिता, सरदार वल्लभ भाई पटेल जी के दृढ़ निश्चय, श्रीमती सरोजनी नायडू जी की संवेदना तथा अन्य सभी महान बुद्धिजीवी सदस्यों की निष्ठा और देशभक्ति की भावनाओं की अनूठी मिसाल है।

पण्डित जवाहर लाल नेहरू जी ने 13 दिसम्बर,1946 को जो संविधान सभा में उद्देश्य प्रस्ताव (Objective Resolution) पेश किया था, उसे 22 जनवरी, 1947 को सर्वसम्मति से स्वीकार कर लिया गया। हमारा संविधान राष्ट्र की मर्यादा और गरिमा का प्रतीक है। संविधान निर्माण के भागीदार और साक्षी चौधरी रणबीर सिंह जी आज हमारे बीच मौजूद हैं।

चौधरी रणबीर सिंह जी के जन्मदिवस की 92वीं वर्षगाँठ पर इनका अभिनन्दन करने के लिए कामरेड सुरजीत सिंह जी, आदरणीय श्रीमती सोनिया गाँधी जी और माननीय प्रधानमन्त्री डॉ. मनमोहन सिंह जी तथा अनेक गणमान्य व्यक्ति हमारे बीच विराजमान हैं। मैं आप सब का इस अवसर पर हार्दिक स्वागत करता हूँ। अपने पूजनीय पिता जी की दीर्घायु और स्वस्थ जीवन की कामना करता हूँ।

आज का यह अभिनन्दन न केवल चौधरी रणबीर सिंह जी का अभिनन्दन है बल्कि यह अभिनन्दन उन महान स्वतन्त्रता सेनानियों का है, जिन्होंने आजादी के लिए अपना खून-पसीना बहाया। यह अभिनन्दन, उन किसानों का है, जिन्होंने कठोर मेहनत करके देश को अनाज के मामले में आत्म-निर्भर बनाया। उन मजदूरों का अभिनन्दन है, जिन्होंने दिन-रात पसीना बहाकर कल-कारखानों में उत्पादन बढ़ाया। यह अभिनन्दन हर उस इन्सान का है जो इन्साफ़ पसन्द है और मेहनत की खाता है।
इस अवसर पर मैं इतना भाव-विभोर हूँ कि मैं समझ नहीं पा रहा हूँ कि अपनी बात कहाँ से शुरू करूं। जब मैं अतीत में झांकता हूँ तो मुझे अपने पिता जी के संघर्षमय जीवन की प्रेरक घटनाओं की एक लम्बी कड़ी याद आती है। कुछ घटनाएँ छोटी हैं तो कुछ बड़ी है। कुछ सुनी हुई हैं तो कुछ आँखों देखी हैं।

चौधरी रणबीर सिंह जी को मैंने एक महान देश भक्त, निःस्वार्थ समाज सेवी, एक कुशल प्रशासक और पिता के तौर पर एक बेजोड़ मार्गदर्शक के रूप में देखा है। हरियाणा के रोहतक जिले के गाँव सांघी में जन्म लेकर मेरे पिता जी ने दृढ़ संकल्प, कड़ी मेहनत और साहस से देश के सामाजिक और राजनैतिक क्षेत्र में एक त्याग, संघर्ष और जन सेवा की अनूठी मिसाल स्थापित की है।

मुझे गर्व है कि मेरा जन्म स्वतन्त्रता सेनानी परिवार में हुआ। मेरे दादा चौधरी मातूराम जी ने भी आजादी के आन्दोलन में सक्रिय भूमिका निभाई थी, जिसके कारण उन्हें काले पानी तक की सजा हुई थी। उन्हीं की प्रेरणा और राष्ट्रपिता महात्मा गाँधी जी के आह्वान पर मेरे पिता जी युवावस्था में ही आजादी के आन्दोलन में कूद पड़े। नेहरू जी के आदर्शों में इनकी गहरी आस्था है। नेहरू जी कठोर परिश्रम, देश भक्ति और निष्ठा दर्शन के पर्याय थे।

देश भक्ति मानव जीवन का सर्वोच्च गुण है। जननी और जन्मभूमि दोनों समान रूप से महान और पूजनीय हैं। एक ओर इन्होंने दलितों और पिछड़े वर्गों के हितों के लिए संघर्ष किया तो दूसरी ओर अपने व्यक्तिगत सुखों और भविष्य की चिंता न करते हुए एक सेनानी के रूप में आजादी के आन्दोलन में सक्रिय भूमिका निभाई। चौधरी रणबीर सिंह जी ने पाँच बार जेल की यातनाएँ सहीं। ब्रिटिश पुलिस की लताड़, डंडे-लाठियों की मार और ब्रिटिश सरकार के प्रहार कोई भी इन्हें अपने लक्ष्य से विचलित नहीं कर पाया। इन्हें संविधान सभा, प्रोविज़नल पार्लियामेंट, लोकसभा और राज्य सभा, पंजाब असैम्बली तथा हरियाणा असैम्बली का सदस्य होने का गौरव हासिल है। संयुक्त पंजाब में बिजली और लोक निर्माण मन्त्री के रूप में इन्होंने अपनी प्रशासनिक क्षमता, दूरदर्शिता और बुद्धिमता की कुशल छवि अंकित की।

हमारी लोकप्रिय भूतपूर्व प्रधानमन्त्री श्रीमती इन्दिरा गाँधी जी की कलम से जब हरियाणा को एक अलग राज्य का दर्जा मिला तो इन्हें पहली नवम्बर, 1966 से 1967 तक हरियाणा सरकार में लोक निर्माण विभाग का नेतृत्व करने का दायित्व सौंपा गया। इन्होंने हरियाणा के नव-निर्माण में एक उल्लेखनीय भूमिका निभाई। इनकी प्रगतिशील विचाराधारा, चिन्तन और नीतियों से हरियाणा के विकास को एक नयी दिशा मिली। कांग्रेस के एक अनुशासित सच्चे सिपाही के रूप में ये सदा ही समाज हित में चिन्तन करते रहते हैं। सादा जीवन और उच्च विचार की वजह से ये आज 92 वर्ष की आयु में भी पूरी तरह से सक्रिय हैं। इन्होंने सदा मूल्यों की राजनीति की है और राजनीति में मूल्यों की जब-जब अवहेलना होती है तो इन्हें बड़ी पीड़ा होती है। इन्हें यही लगन रहती है कि हम उस भारत का निर्माण कर सकें, जिसमें ग़रीबी, भूख, अशिक्षा और बेरोज़गारी न हो। ऐसे भारत का निर्माण ही हमारे स्वतन्त्रता सेनानियों और संविधान निर्माताओं का सपना था। उनके सपनों को पूरा करना हमारा लक्ष्य है और नैतिक कर्त्तव्य भी।

भारत ने पिछले लगभग छः दशकों में अभूतपूर्व प्रगति की है। इसका श्रेय पण्डित नेहरू जी की आधुनिक भारत की परिकल्पना, श्री लाल बहादुर शास्त्री जी के जय जवान-जय किसान के उद्घोष, श्रीमती इन्दिरा गाँधी जी के मजबूत इरादे और श्री राजीव गाँधी जी की दूरदर्शी सोच को जाता है। राष्ट्र की एकता और अखण्डता की रक्षा के लिए अमर बलिदानी माँ-बेटे को भी मैं नमन करता हूँ। इन्हीं के प्रयासों का ही फल है कि आज 21 वीं सदी में हम भारत की एक उज्ज्वल छवि देख रहे हैं।

यह गौरव की बात है कि यू.पी.ए. सरकार के नेतृत्व में आज भारत 'समृद्ध राष्ट्र' बनने के पथ पर निरन्तर आगे बढ रहा है। त्यागमूर्ति श्रीमती सोनिया गाँधी जी के कुशल मार्गदर्शन और देश में आर्थिक सुधारों के जनक प्रधानमन्त्री डॉ. मनमोहन सिंह जी के कुशल नेतृत्व में यू.पी.ए. सरकार ने जन कल्याण और राष्ट्र के नव निर्माण की कई अनूठी पहल की हैं।

यू.पी.ए. सरकार ने 'न्यूनतम सांझा कार्यक्रम' के तहत जहाँ गठबन्धन की राजनीति को नयी परिभाषा दी है, वहीं आम सहमति की एक नयी परम्परा कायम की है। ये आदर्श आज के राजनैतिक परिवेश की जरूरत हैं और देश की खुशहाली के लिए आवश्यक हैं। हमने जिस प्रकार धर्म, सम्प्रदाय, जाति, क्षेत्र और वर्ग भावना से ऊपर उठकर कंधे-से-कंधा मिलाकर आजादी की लड़ाई लड़ी थी। आज राष्ट्र निर्माण के लिए उसी उत्साह और जज़्बे की जरूरत है। इसी अवधारणा को अमली जामा पहनाने के लिए माननीय श्रीमती सोनिया गाँधी जी और आदरणीय प्रधानमन्त्री डॉ. मनमोहन सिंह जी के ओजस्वी मार्गदर्शन में हमने हरियाणा में जन कल्याण और विश्वस्तरीय ढाँचागत विकास की ठोस शुरुआत की है।

स्वतन्त्रता सेनानियों के प्रति कृतज्ञता प्रकट करते हुए हरियाणा में हमने उनकी पेंशन 1400 रुपये प्रतिमास से बढ़ाकर 3500 रुपये की है। किसानों की भलाई के लिए कई अहम फैसले लिये हैं। फसल बीमा योजना शुरू की है। सहकारी ऋणों पर ब्याज दरों में कमी की है। भूमि अधिग्रहण पर मुआवजा राशि में बढ़ोतरी की है। किसानों तथा ग्रामीण क्षेत्रों के बिजली उपभोक्ताओं के बिजली के बकाया बिलों

की वर्षों से चली आ रही समस्या का समाधान किया है। बिजली उत्पादन बढ़ाने के लिए नयी-नयी परियोजनाएँ स्थापित की जा रही हैं।

प्रदेश में रोज़गार के नये-नये अवसर पैदा करने के लिए नयी उद्योग नीति लागू की गई है। महिलाओं के सशक्तिकरण के लिए 'लाडली', 'इन्दिरा गाँधी प्रियदर्शनी विवाह शगुन योजना', 'सर्वोत्तम माता पुरस्कार' नामक कई स्कीमें शुरू की गई हैं। शिक्षित बेरोज़गारों को एक सम्मानजनक भत्ता दिया जा रहा है। युवाओं को उच्च शिक्षा सुविधाएँ उपलब्ध करवाने के लिए प्रदेश में 'राजीव गाँधी एजुकेशन सिटी' स्थापित की जा रही है। ग़रीब वर्ग को प्रभावित करने वाली लाटरी की कुप्रथा को समाप्त किया है। विकलांगों को दिया जाने वाला भत्ता दोगुना किया है। हम सच्ची लगन, निष्ठा, ईमानदारी और मेहनत से माननीय श्रीमती सोनिया गाँधी जी के इस सन्देश का कि 'सरकार सब की होती है, पूरे समाज की होती है, पूरे प्रदेश की होती है। हमें एक-एक नागरिक का ध्यान रखना है और हर क्षेत्र का विकास करना है', का पूरी तरह पालन कर रहे हैं।

मैंने जन सेवा का पाठ अपने पिता जी की छत्रछाया में सीखा है। इसी आदर्श का पालन करना मेरा धर्म है और मेरा कर्म है। मैं आपको विश्वास दिलाता हूँ कि हरियाणा के लोगों की आशाओं और आकांक्षाओं पर खरा उतरने का हर सम्भव प्रयास करूँगा।

शनिवार, 26 नवम्बर 2005, नयी दिल्ली

अंजलि दो पूर्वजों को

चौधरी छोटू राम जयन्ती के अवसर पर सर छोटू राम मैमोरियल सोसायटी के तत्वावधान में

किसी भी महान पुरुष की जयन्ती खुशी और प्रेरणा का अवसर होता है। आज उन्हीं आदर्शों और सिद्धान्तों को अपनाने का व्रत लेने का दिन है, जिसके लिए चौधरी छोटू राम जी ने युग की धारा को मोड़कर एक नया इतिहास रचा था। उनका पूरा जीवन जन-सेवा का एक अनुपम उदाहरण है। ग्रामीण परिवेश में एक ग़रीब किसान के घर पले-पढ़े रहबरे आज़म चौधरी छोटू राम जी ने किसानों, मजदूरों और ग़रीब लोगों की जिन्दगी को नज़दीक से देखा और उनके दुःख तकलीफों और कठिनाइयों को स्वयं भोगा था। बहुमुखी प्रतिभा के धनी चौधरी छोटू राम बड़े विचारशील, विवेकी और सिद्धान्तवादी थे। उन्होंने ग़रीबों, दलितों, शोषितों और उपेक्षित लोगों के उत्थान और सम्मान के लिये जीवन-पर्यन्त लड़ाई लड़ी। ग़रीबों के सच्चे हमदर्द होने के कारण वे 'दीनबन्धु' कहलाये।

हमारे देश के इतिहास में दीनबंधु चौधरी छोटू राम जी का नाम हमेशा 'किसान जागृति' से जुड़ा रहेगा। उन्होंने जाति, वर्ग और धर्म के भेदभाव के बिना किसानों को संगठित किया और उन्हें आत्म सम्मान के साथ जीने के लिये प्रेरित किया। चौधरी छोटू राम कहा करते थे, 'ऐ भोले किसान दो बातें सीख ले, एक तो अपने दुश्मन को पहचान ले और दूसरा बोलना सीख ले।' उन्होंने किसानों की आवाज को बुलन्द करने के लिए 'जाट गजट अखबार' भी शुरू किया था।

आपकी सरकार किसान की सरकार है, मजदूर की सरकार है और समाज की 36 बिरादरी की सरकार है। त्यागमूर्ति श्रीमती सोनिया गाँधी जी के कुशल नेतृत्व और प्रधानमन्त्री डॉ. मनमोहन सिंह जी के दूरदर्शी मार्गदर्शन में आपकी सरकार ने 11 महीनों के थोड़े से समय में कई अनूठी पहल करके सच्चे मायनों में रहबरे आज़म चौधरी छोटू राम जी के आदर्शों का पालन किया है।

ग्रामीण क्षेत्रों में रोज़गार के अधिक से अधिक अवसर पैदा करने के लिए यूपीए अध्यक्ष श्रीमती सोनिया गाँधी जी और प्रधानमन्त्री डॉ. मनमोहन सिंह जी के कुशल नेतृत्व में यूपीए सरकार आज से

ही देशभर के 200 जिलों में राष्ट्रीय ग्रामीण रोज़गार गारण्टी योजना लागू कर रही है। यह भी एक संयोग है कि ग्रामीण भारत के विकास को समर्पित यह ऐतिहासिक योजना चौधरी छोटू राम जी की जयन्ती से ही शुरू हो रही है।

मुझे यह बताते हुए बड़ी ख़ुशी हो रही है कि हमारे प्रदेश में 'हरियाणा ग्रामीण रोज़गार गारण्टी योजना' महेन्द्रगढ़ और सिरसा जिले की सभी ग्राम पंचायतों में आज से लागू की जा रही है। इस योजना के तहत हरेक ग्रामीण परिवार को साल में 100 दिन रोज़गार की गारण्टी होगी। इसका मतलब यह नहीं है कि उसे 100 दिन से अधिक रोज़गार नहीं मिलेगा बल्कि इसका अर्थ यह है कि वर्ष में कम से कम 100 दिन का रोज़गार अवश्य मिलेगा। राज्य के अन्य जिलों में भी यह योजना चरणबद्ध तरीके से लागू की जायेगी।

चौधरी छोटू राम जी ने किसान हित के कई विधेयक पास करवाकर कानून बनवाए। उन्होंने किसानों को कर्ज़ों से मुक्ति दिलवाई तथा गिरवी रखी हुई ज़मीनें किसानों को वापस दिलवाईं। आपकी सरकार ने किसानों और ग्रामीण उपभोक्ताओं को बिजली के बकाया बिलों की समस्या से छुटकारा दिलाने के लिए 1600 करोड़ रुपये से अधिक के बिजली बिल माफ़ करने का ऐतिहासिक फैसला लिया। आपको याद होगा पिछली सरकार ने अपने तुच्छ राजनीतिक स्वार्थों की पूर्ति के लिए मुफ़्त बिजली देने और बिजली के बकाया बिल माफ़ करने का वायदा करके सत्ता हासिल की थी। किसानों और ग्रामीणों को बिजली के बिल न भरने के लिए उकसाया था।

हमारे 1600 करोड़ रुपये से अधिक के बकाया बिजली बिल माफ़ करने के ऐतिहासिक फैसले का नतीजा यह हुआ कि कुल डिफाल्टर उपभोक्ताओं में से 8 लाख 81 हजार से अधिक उपभोक्ताओं ने बिजली के बिल भरने शुरू कर दिये हैं।

हमने वर्ष 2002 में जिला जींद में किसान आन्दोलन के दौरान पुलिस फायरिंग में मारे गये किसानों के 10 आश्रितों को परिवहन विभाग में उपयुक्त नौकरी दी है। कादमा और मंडियाली में किसान आन्दोलन के दौरान मारे गये किसानों के आश्रितों को भी उपयुक्त नौकरी दी जायेगी।

हमने किसानों के हित के लिए कई और कदम उठाये हैं। किसानों को भूमि अधिग्रहण पर दी जाने वाली मुआवजा राशि में अभूतपूर्व वृद्धि की है। अब किसानों को स्थान विशेष के आधार पर प्रति एकड़ 15 लाख रुपये, 12 लाख 50 हजार रुपये और पाँच लाख रुपये मुआवजा मिलता है। मुआवजे की राशि पर सोलाटियम (solatium) और ब्याज की राशि मिलने से उसमें 60 प्रतिशत की और वृद्धि हो जाती है।

प्राकृतिक प्रकोप से फसलें नष्ट होने पर मुआवजा राशि में बढ़ोतरी की है। पहले फसलें नष्ट होने पर नुकसान के आधार पर सभी तरह की फसलों के लिये 1000 रुपये, 1500 रुपये और 2000 रुपये प्रति एकड़ का मुआवजा दिया जाता था। सरकार ने गेहूँ के लिये यह राशि बढ़ाकर 1500 रुपये, 2250 रुपये और 3000 रुपये की है और अन्य फसलों के लिये 1250 रुपये, 1875 रुपये और 2500 रुपये प्रति एकड़ निर्धारित की है। फसल बीमा योजना शुरू करके कपास, बाजरा, मक्की, अरहर, चना और सरसों जैसी फसलों के लिए विस्तृत जोखिम प्रबन्धन किया गया है।

हमने बढ़ती कृषि लागत को देखते हुए किसानों के हित में गन्ने का भाव 135 रुपये प्रति क्विंटल निर्धारित किया है, जोकि देशभर में सबसे अधिक है। गन्ने के भाव में एक ही समय में 18 रुपये प्रति क्विंटल की रिकार्ड बढ़ोतरी पिछली किसी भी सरकार ने नहीं की। इस बढ़ोतरी से किसानों को 90 करोड़ रुपये की अतिरिक्त आमदनी होगी।

पिछली सरकार ने पिराई सीजन 1999-2000 में गन्ने का भाव 110 रुपये प्रति क्विंटल निर्धारित

किया था। फिर उसके बाद चार वर्ष तक गन्ने के भाव में कोई बढ़ोतरी नहीं की गई। लेकिन वर्ष 2004-2005 में विधान सभा चुनाव आने के कारण गन्ने के भाव में सात रुपये की मामूली बढ़ोतरी की गई।

हमने सहकारी फसली ऋणों पर ब्याज की दर 11 प्रतिशत से घटा कर 10 प्रतिशत की है। इसके साथ ही समय पर ऋण अदा करने वाले ऋण धारकों को एक प्रतिशत की अतिरिक्त छूट दी गई है। सहकारी कृषि और ग्रामीण विकास बैंक द्वारा दिये जाने वाले 50 हजार रुपये तक के दीर्घावधि ऋणों में ब्याज की दर घटाकर 8 प्रतिशत की है, जोकि देश में सबसे कम है। किसान हित में उठाये गये ये कदम चौधरी छोटू राम जी के प्रति हमारी सच्ची आस्था के प्रतीक हैं।

चौधरी छोटू राम बड़े दूरदर्शी थे। वे समझते थे कि सिंचाई और बिजली सुविधाओं के प्रसार के बिना तथा कृषि के लिए आधुनिक तकनीक अपनाये बिना कृषि पैदावार बढ़ाना और किसानों में ख़ुशहाली लाना सम्भव नहीं। उन्होंने एक मन्त्री के रूप में सिंचाई सुविधाओं के प्रसार पर बल दिया।

उन्होंने मण्डी हाइड्रो इलैक्ट्रिक परियोजना का सफलतापूर्वक क्रियान्वयन तो किया ही, एक ऐसी परियोजना की भी कल्पना की, जिसने स्वतन्त्र भारत में देश के इस क्षेत्र का भाग्य ही बदल दिया। आज जिस भाखड़ा बाँध परियोजना से हम बिजली प्राप्त कर रहे हैं और खेतों को सिंचित कर रहे हैं, यह उन्हीं के दिमाग की उपज थी और इसे मंज़ूर करवाने में उन्होंने महत्वपूर्ण योगदान दिया था।

उन्हीं की इस विचारधारा का पालन करते हुए हरियाणा सरकार द्वारा उपलब्ध नहरी पानी का न्यायोचित बटवारा करने के लिए भाखड़ा मेन लाइन-हांसी ब्रांच-बुटाना ब्रांच बहुउद्देशीय नहर का निर्माण किया जा रहा है। इस 109 किलोमीटर लंबी नहर के निर्माण पर 260 करोड़ रुपये की लागत आयेगी। इस नहर के बन जाने से राज्य के 16 जिलों को लाभ होगा और चौधरी छोटू राम जी का किसान की चप्पा-चप्पा भूमि को सिंचाई सुविधा उपलब्ध करवाने का सपना भी साकार होगा।

बिजली के क्षेत्र में आज जो कमी है, उसका एक सबसे बड़ा कारण पिछली सरकार ने बिजली के मामले में जनता को गुमराह करना रहा। 31 दिसम्बर, 2004 के बाद हरियाणा पावर कट फ्री प्रदेश बनाने का नारा दिया, लेकिन असल में किया कुछ नहीं। बिजली का उत्पादन बढ़ाना कोई एक-दो दिन का काम नहीं इसमें थोड़ा समय अवश्य लगता है। हम बिजली की दिन-प्रतिदिन बढ़ती हुई माँग को पूरा करने के लिए आगामी तीन-चार वर्षों में सार्वजनिक और निजी भागीदारी से राज्य की बिजली उत्पादन क्षमता में 5000 मैगावाट की वृद्धि करने जा रहे हैं।

यमुनानगर में 600 मैगावाट की ताप बिजली परियोजना पर निर्माण कार्य चल रहा है तथा जिला फरीदाबाद में 1065 मैगावाट क्षमता की गैस आधारित बिजली उत्पादन परियोजना की आधारशिला रखी जा चुकी है। झज्जर में 1000 मैगावाट तथा हिसार में 1080 मैगावाट तथा पानीपत में 400 मैगावाट और 600 मैगावाट के गैस आधारित पावर प्लांट लगाये जायेंगे।

वैसे भी इस समय बिजली की कमी न केवल हरियाणा में है बल्कि उत्तर भारत के सभी राज्यों में है। राज्य में सर्दी के मौसम में तापमान में गिरावट आने तथा वर्षा न होने के कारण कृषि तथा शहरी क्षेत्रों की बिजली की माँग में वृद्धि हुई है। इस समय सरकार हर स्रोत से मंहगे से मंहगे दामों पर बिजली खरीद करके उपभोक्ताओं को उपलब्ध करवाने का प्रयास कर रही है। लेकिन अप्रैल 2005 से दिसम्बर 2005 की अवधि के दौरान हमने पिछली इतनी ही अवधि की तुलना में सात प्रतिशत अधिक बिजली की आपूर्ति की है।

चौधरी छोटू राम जी सभी वर्गों के हितैषी थे और उन्हें किसी जाति-विशेष या वर्ग से बाँधना उनके साथ अन्याय होगा। उन्होंने केवल किसानों और मजदूरों के लिये ही नहीं, बल्कि दुकानदारों और

व्यापारियों के हितों के लिये भी बड़े काम किये थे। उन्होंने दुकानों और व्यापारिक प्रतिष्ठानों में सप्ताह में छः दिन के लिए कार्यदिवस निश्चित करवाये थे तथा एक दिन में काम करने के लिए घण्टे भी निर्धारित करवाये थे।

चौधरी छोटू राम जी के दिखाये मार्ग पर चलते हुए हमने श्रमिकों के कल्याण के लिए एक श्रमिक हितैषी नीति बनाई है, ताकि उद्योगपतियों और श्रमिकों के बीच सम्बन्ध और अधिक मधुर हों। कारखानों में उत्पादन बढ़े तथा हरियाणा उद्योगों की स्थापना के लिए एक आकर्षक स्थल बनें और हमारी नयी उद्योग नीति के भी बड़े अच्छे परिणाम सामने आ रहे हैं।

चौधरी छोटू राम जी पिछड़ेपन का मुख्य कारण शिक्षा की कमी मानते थे। वे चाहते थे कि शिक्षा का प्रकाश दूर-दराज़ के गाँवों तक फैले। वे यह भी मानते थे कि सामाजिक और आर्थिक उत्थान शिक्षा के बिना संभव नहीं हो सकता। उन्होंने शिक्षा के प्रसार में बहुत महत्वपूर्ण भूमिका निभाई। उन्होंने अनेक ग़रीब विद्यार्थियों को शिक्षा ग्रहण करने के लिए आर्थिक सहायता भी दी।

उन्हीं के पदचिह्नों पर चलते हुए आपकी सरकार का लक्ष्य शिक्षा के क्षेत्र में सुधार लाकर हरियाणा के विद्यार्थियों में प्रतिभा का विकास करके उन्हें विश्वस्तरीय प्रतियोगिताओं और चुनौतियों का मुक़ाबला करने योग्य बनाना है। शिक्षा की गुणवत्ता में सुधार लाने के लिए हमने कई कदम उठाये हैं। अन्तर्राष्ट्रीय स्तर की शिक्षा देने के लिए कुण्डली में राजीव गाँधी एजुकेशन सिटी स्थापित करने के लिए कार्यवाही शुरू कर दी गई है।

यह वर्ष हम बालिका वर्ष के रूप में मना रहे हैं। लड़कियों के सर्वांगीण विकास के लिए कई तरह की सुविधाएँ दी जा रही हैं। हमारे लिए लड़के और लड़कियों के बीच कम होता अनुपात चिंता का विषय है। इसके समाधान के लिए लाडली, सामाजिक सुरक्षा पेंशन योजना, सर्वोत्तम माता पुरस्कार, इन्दिरा गाँधी प्रियदर्शनी विवाह शगुन योजना जैसी स्कीमें चलाई गई हैं।

दीनबंधु चौधरी छोटू राम जी की जयन्ती पर मैं यह संकल्प दोहराता हूँ कि उनके आदर्शों पर चलता हुआ हरियाणा को विकास और जन कल्याण के क्षेत्र में देश का नम्बर वन राज्य बनाने में कोई कोर-कसर बाकी नहीं छोड़ूँगा।

वीरवार, 2 फरवरी 2006, रोहतक

चुनौतियों का पर्याय

श्री बंसी लाल जी के 80वें जन्म दिवस पर

हमारा धर्म, संस्कृति और इतिहास हमें सिखाता है कि हम दुख से उभर कर कैसे सुख की ओर बढ़ सकते हैं। प्रतिकूल को अनुकूल बनाना हमारा ऐतिहासिक चरित्र है। कुछ महीने पहले जिस महान विभूति चौ. बंसी लाल जी के निधन पर हम शोक ग्रस्त थे तो आज उन्हीं के 80 वें जन्म दिवस पर उनके व्यक्तित्व के अनुरूप विषय पर चिन्तन-मनन के लिए इकट्ठे हुए हैं।

चौ. बंसी लाल जी तो इतने सीधे, सरल और सादगी पसन्द स्वभाव के थे कि वे जन्म दिवस मनाने जैसी औपचारिकताओं में नहीं पड़ते थे। लेकिन हमारे लिए उस महापुरुष का जन्मदिन प्रेरणा का दिन है और संकल्प का अवसर है। आज उनके जन्म दिवस पर चौ. बंसी लाल स्मृति मंच द्वारा 'देश के सामने आई चुनौतियों का जवाब' विषय पर गोष्ठी का आयोजन उनके प्रति सच्चे श्रद्धासुमन हैं।

चौ. बंसी लाल जी को तो चुनौतियों का पर्याय कह दूँ तो कोई गलत बात नहीं होगी। उन्होंने

निजी और सार्वजनिक जीवन में चुनौतियाँ ही चुनौतियाँ मिलीं। लेकिन इरादे के पक्के, लक्ष्य के प्रति अर्जुन की तरह गम्भीर और आम आदमी के हित चिन्तक चौ. बंसी लाल जी ने हर चुनौती को सहज रूप में स्वीकार किया और सफलता हासिल की।

वे तो अपने बलबूते पर बने व्यक्ति थे। हरियाणा के पिछड़े जिले भिवानी के गोलागढ़ गाँव में एक साधारण किसान परिवार में जन्म लेकर उन्होंने मेहनत, लगन और दृढ़ निश्चय के बलबूते पर वकालत पास करके जीवन की पहली चुनौती को मात दी। ग्रामीण वातावरण में पले-बढ़े होने की वजह से उन्होंने किसान-मजदूर की कठिनाई और ग्रामीण क्षेत्र के पिछड़ेपन को स्वयं नज़दीक से देखा था और अनुभव किया था। इनके कल्याण-उत्थान की तड़प और सेवा की लालसा ही उन्हें राजनीति में ले आई।

हरियाणा को अलग प्रदेश के रूप में गठित हुए केवल डेढ़ वर्ष का समय ही हुआ था, जब उन्हें 21 मई, 1968 को राज्य के मुख्यमन्त्री पद का दायित्व सौंपा गया। उस समय हरियाणा की क्या स्थिति थी? यहाँ उपस्थित महानुभाव अच्छी तरह जानते होंगे। प्रदेश अपने खाने भर को अनाज नहीं पैदा कर सकता था। गाँवों में सड़कें, पानी और बिजली नहीं थी। उनके सामने चुनौतियाँ ही चुनौतियाँ थीं।

तत्कालीन प्रधानमन्त्री श्रीमती इन्दिरा गाँधी जी के आशीर्वाद से उन्होंने हरियाणा के पिछड़ेपन हर चुनौती का करारा जबाव देते हुए विकास की ऐसी इबारत लिखी कि पूरा देश उनका लोहा मानने लगा।

चौ. बंसी लाल जी चार बार हरियाणा के मुख्यमन्त्री बने। उनके 11 वर्ष से अधिक के मुख्यमन्त्रित्व काल में हरियाणा के चहुंमुखी विकास की बदौलत ही उन्हें 'आधुनिक हरियाणा के निर्माता' के रूप में याद किया जाता है। उनके मुख्यमन्त्री काल में ही हरियाणा देश का पहला राज्य बना, जिसको सभी गाँवों में बिजली पहुँचाने और सड़कों से जोड़ने का गौरव प्राप्त हुआ। रेतीले इलाकों में सिंचाई सुविधा उपलब्ध करवाने के लिए उठान सिंचाई जैसी अनूठी परियोजनाएँ शुरू हुई। राज्य में 'हरित्' और 'श्वेत क्रान्ति' का सूत्रपात हुआ। शिक्षा, स्वास्थ्य और पर्यटन के क्षेत्र में उल्लेखनीय प्रगति हुई।

उनके कर्मठ, साहस और मेहनत के असाधारण गुणों को खंगाल कर ही तत्कालीन प्रधानमन्त्री श्रीमती इन्दिरा गाँधी जी ने उन्हें केन्द्रीय रक्षा मन्त्री, केन्द्रीय रेल मन्त्री तथा केन्द्रीय परिवहन मन्त्री जैसे महत्वपूर्ण मन्त्रालयों का दायित्व सौंपा। उन्होंने इन मन्त्रालयों का दायित्व भी अपनी छवि के अनुरूप ही 'नेक नीयती' और 'दक्षता' से निभाया।

स्वाभिमान, कठोर अनुशासन और स्पष्टवादिता के धनी चौ. बंसी लाल जी अपने पाँच दशक के राजनीतिक जीवन में बुलंदियों तक पहुँच कर भी न कभी अपनी मिट्टी से दूर हुए और न कभी पद की लालसा उन्हें छू पायी। वे तो स्वयं एक संस्था थे। उनकी प्रगतिशील विचारधारा, और उनकी दूरदर्शी नीतियाँ आज की चुनौतियों का सामना करने के लिए हमारा सदा मार्गदर्शन करती रहेंगी।

मेरे प्रति चौ. बंसी लाल जी का जो लगाव और स्नेह था, उसे मैं शब्दों में व्यक्त नहीं कर सकता। हरियाणा के मुख्य जनसेवक के तौर पर अपने दायित्व का पालन करने में चौ. बंसी लाल जी के आदर्श और सिद्धान्त मेरे मार्गदर्शक हैं।

उनके महान व्यक्तित्व को शब्दों में नहीं बाँधा जा सकता। उनके जीवन का एक-एक क्षण प्रेरणादायक है। सच्चे मायनों में वे एक निस्वार्थ समाज सेवी और मूल्य आधारित राजनीति के पक्षधर और लोकतान्त्रिक मूल्यों के सजग प्रहरी थे।

मैं समझता हूँ कि आज देश को इसी तरह के त्याग और निस्वार्थ भाव की जरूरत है ताकि 21वीं सदी के भारत का निर्माण करने के लिए हर उस चुनौती का सफलतापूर्वक सामना किया जा सके, चाहे वह कृषि क्षेत्र में दूसरी हरित क्रान्ति लाने की बात है, ग्रामीण विकास की बात है, बेरोज़गारी की समस्या का समाधान करने के लिए औद्योगिक विकास का प्रश्न है या शिक्षा और स्वास्थ्य जैसी बुनियादी सुविधाएँ

जुटाने की बात है। हम सभी का एक ही लक्ष्य है कि भारत विश्व का विकसित राष्ट्र बने, हर व्यक्ति को आर्थिक और सामाजिक न्याय मिले तथा राष्ट्र की एकता और अखण्डता अक्षुण्ण रहे।

मुझे विश्वास है कि आज विशिष्ट महानुभावों के चिन्तन-मनन से इस विचार गोष्ठी में देश के सामने जो चुनौतियाँ हैं, उनका रचनात्मक तरीके से ठोस हल ढूँढने में सहायता मिलेगी।

शनिवार, 26 अगस्त, 2006, नयी दिल्ली

कौशल का संकल्प : संकल्प का कौशल

मेजर ध्यान चन्द के जन्म दिवस पर आयोजित खेल समारोह में

मेजर ध्यान चन्द भारत माता के ऐसे महान सपूत थे, जिन्होंने अपने समय में भारतीय हॉकी टीम को उन बुलंदियों तक पहुँचाया, जो किसी भी राष्ट्र के लिए बड़े गौरव की बात होती है।

29 अगस्त, 1905 को उत्तर प्रदेश के इलाहाबाद जिले के राजपूत परिवार में जन्में मेजर ध्यान चन्द का बचपन में लगाव भले ही कुश्ती में था, लेकिन हॉकी के प्रति अपने प्रेम और लगन के कारण वे हॉकी जगत की एक मिसाल बने। मात्र 16 वर्ष की आयु में वे सेना में भर्ती हो गये। उन्हीं की बदौलत ओलम्पिक में भारत ने हॉकी में तीन स्वर्ण पदक जीते थे। पहला वर्ष 1928 में एम्सटर्डम में, दूसरा वर्ष 1932 में लॉस एँजल्स में तथा तीसरा वर्ष 1936 में बर्लिन में जीता। उनके खेल की सबसे बड़ी विशेषता यह थी कि 'डी' के आस-पास जब भी बॉल उनकी हॉकी को छू जाती थी तो वे गोल करने से नहीं चूकते थे।

उनके खेल जीवन के बड़े ही रोचक और प्रेरणादायक प्रसंग हैं। वर्ष 1936 के ओलम्पिक के फाईनल मैच में भारत ने जर्मनी को 8-1 से हराया। उन 8 गोलों में से 6 गोल अकेले ध्यान चन्द ने दागे थे। जर्मनी का शासक 'अडोल्फ हिटलर' उस मैच को देख रहा था। जब उसने अपने जर्मनी शेरों को ध्यान चन्द के हाथों बुरी तरह पिछड़ते हुए देखा तो वह मैच को बीच में ही छोड़कर चला गया। अगली सुबह हिटलर ने ध्यान चन्द से बात की और पता किया कि भारत में उनका पद क्या है? उस समय वे भारतीय सेना में नायक के पद पर कार्यरत थे। हिटलर ने उन्हें जर्मनी में 'फील्ड मार्शल' के पद पर लगाने की पेशकश की तो इस पर ध्यान चन्द जी ने शालीनता से मना कर दिया। उसके बाद हिटलर ने दोबारा ध्यान चन्द से कहा कि वह जर्मनी के लिए खेलने का क्या लेगा। इस बात का जबाव देते हुए ध्यान चन्द ने कहा कि 'कुछ नहीं श्रीमान्! मेरा भारत मेरा अपना है और मैं इसी के लिए खेलूँगा'। उनमें एक अच्छे खिलाड़ी होने के साथ-साथ देशभक्ति की भावना भी कूट-कूट कर भरी हुई थी।

जब वे मैदान में खेलते थे तो ऐसा लगता था कि गेंद उनकी हॉकी से चिपकी हुई है। अपने इस भ्रम को मिटाने के लिए टोकियो के अधिकारियों ने उनकी हॉकी को तोड़कर यह जानने की कोशिश की कहीं इसमें कोई चुम्बक तो नहीं लगी हुई।

उनके खेल जीवन से जुड़ी एक और रोचक घटना यह भी है कि जब दर्शकों में से एक महिला ने उनसे कहा कि वे अपनी हॉकी की बजाय उनकी हॉकी से खेलें। उन्होंने वहाँ उस महिला की हॉकी से भी अनेक गोल किये और विश्वभर में अपने आलोचकों का मुँह बन्द किया और हॉकी में भारत का परचम दुनियाभर में लहराया।

मेजर ध्यान चन्द को वर्ष 1956 में 'पद्म भूषण' के सम्मान से अलंकृत किया गया। भारत सरकार ने उनके नाम पर डाक टिकट भी जारी की। उनका जन्म दिन 29 अगस्त को राष्ट्रीय खेल दिवस के रूप में मनाया जाता है। आज हमें हॉकी के उस महान जादूगर जैसी खेल प्रतिभाओं को तराशने की जरूरत है।

यह खुशी की बात है कि मेजर ध्यान चन्द के जन्म दिवस पर राज्य स्तरीय समारोह हॉकी की 'श्रेष्ठ नर्सरी' कहलाने वाले नगर शाहबाद में मनाया जा रहा है। यहाँ का राजकीय वरिष्ठ माध्यमिक विद्यालय प्रदेश के उन अच्छे स्कूल में से एक है, जिसने राष्ट्रीय और अन्तर्राष्ट्रीय स्तर पर अच्छी महिला खिलाड़ी भेजकर हरियाणा का नाम रोशन किया है। अब तक इस स्कूल की 25 लड़कियों ने अन्तर्राष्ट्रीय स्तर की खेल प्रतियोगिताओं में राष्ट्र का प्रतिनिधित्व किया है।

मैलबोर्न में आयोजित 18वें राष्ट्रमण्डल खेलों में भारत की महिला हॉकी टीम ने दूसरा स्थान प्राप्त करने का गौरव हासिल किया। भारत की इस टीम में पाँच खिलाड़ी हरियाणा से थी, जिनमें से चार कुमारी जसजीत कौर, कुमारी राजविन्द्र कौर, कुमारी सुरिन्द्र कौर और कुमारी रजनी बाला इसी स्कूल की विद्यार्थी हैं। हमें इन पर गर्व है।

हॉकी के प्रतिभावान खिलाड़ियों को अन्तर्राष्ट्रीय स्तर की खेल सुविधाएँ देने के लिए हम कटिबद्ध हैं। कुछ महीने पहले ही शाहबाद में 35 लाख रुपये की लागत से बने एस्ट्रोटर्फ़ (Hockey Astroturf) मैदान का मैंने उद्घाटन किया था। हॉकी एस्ट्रोटर्फ गुड़गाँव में भी बनाया गया है।

हरियाणा सरकार प्रदेश में खेलों को विकास योजनाओं की तरह ही प्राथमिकता देती है।

हाल ही में, राज्य सरकार ने राज्य के पाँच खिलाड़ियों को 'भीम पुरस्कार' और अन्य 39 अन्तर्राष्ट्रीय स्तर के खिलाड़ियों को 81 लाख 51 हजार रुपये के नकद पुरस्कार देकर सम्मानित किया है। ग्रामीण क्षेत्रों में बच्चों को खेल सुविधाएँ उपलब्ध करवाने के लिए हमने एक अनूठा कार्यक्रम शुरू किया है। चालू वित्त वर्ष में हर ब्लॉक के एक गाँव में एक खेल स्टेडियम बनाया जायेगा। इसके लिए लगभग 40 करोड़ रुपये की धनराशि खर्च की जायेगी। खिलाड़ियों का खुराक भत्ता 50 रुपये से बढ़ाकर 100 रुपये कर दिया गया है। राज्य में खेल नर्सरियों की संख्या 20 से बढ़कर 31 कर दी गई है। इन नर्सरियों में खिलाड़ियों को निःशुल्क रहने, खाने और प्रशिक्षण की सुविधा दी जा रही है। भारत सरकार की सहायता से रोहतक में एक आधुनिक खेल अकादमी स्थापित करने का प्रस्ताव है। रोहतक में ही 100 एकड़ भूमि पर एक आधुनिक खेल परिसर भी बनाये जाने का प्रस्ताव है। मोती लाल नेहरू खेल विद्यालय, राई में अच्छी खेल सुविधाएँ उपलब्ध करवाने के लिए हम प्रयासरत हैं। इसके लिए दो करोड़ 40 लाख रुपये से एक बहुउद्देश्यीय हाल बनाने की स्वीकृति प्रदान की गई है। राज्य सरकार वर्ष 2006-07 में खेलों के विकास पर 30 करोड़ 50 लाख रुपये की धनराशि खर्च करेगी।

युवा खिलाड़ियों के लिए मेजर ध्यान चन्द का जन्मदिन किसी त्योहार से कम नहीं है। इस दिन युवाओं को अपने अन्दर ध्यान चन्द जैसा खेल कौशल हासिल करने का संकल्प लेना चाहिए ताकि वे भारत को खेलों के मामले में वही सम्मान दिला सकें, जो हॉकी के जादूगर मेजर ध्यान चन्द ने दिलाया था।

मंगलवार, 29 अगस्त 2006, शाहबाद

वीरता और दान का संगम

महाराजा सूरजमल शहीदी दिवस के अवसर पर

देशभक्ति, सामाजिक न्याय और धर्म परायणता की प्रतिमूर्ति महाराजा सूरजमल जी की शहादत के लगभग 240 साल होने के बाद भी उनका महान व्यक्तित्व प्रकाश स्तम्भ की तरह मानवता को प्रेरित कर रहा है और युगों-युगों तक करता रहेगा।

वे शौर्य और भारतीय संस्कृति के प्रतीक थे। देशभक्ति और वीरता के भाव उनमें कूट-कूट कर भरे

हुए थे। उनका जन्म ऐसे समय में हुआ था, जब कुछ बाहरी शक्तियाँ देश की एकता अखण्डता तथा संस्कृति को नष्ट करने पर तुली हुई थी। देश में अराजकता फैली हुई थी। उन्हें 14 वर्ष की छोटी आयु में ही भरतपुर की एक छोटी-सी रियासत के राजकाज का काम सौंपा गया। उन्हें अपने जीवन में कई युद्ध लड़ने पड़े। हर युद्ध में उन्होंने अपने साहस, वीरता, दूरदर्शिता और सैनिक कुशलता की छोड़ी।

इन्सानियत के पोषक महाराजा सूरजमल शूरवीर होने के साथ-साथ बहुत ही दानी और दयालु थे। इन्सानियत के गुण उनमें कूट-कूट कर भरे हुए थे। उन्हें हरदम अपनी प्रजा के सुख-दुख का ख्याल रहता था। इतिहासकारों ने यहाँ तक लिखा है कि उनमें महाराजा रणजीत सिंह और छत्रपति शिवाजी जैसे सैन्य-संचालन और नेतृत्व के गुण थे। वे हर रोज दरबार लगाकर ग़रीब लोगों की शिकायतें सुना करते थे।

मैं इस मौके पर महाराजा सूरजमल के एक और गुण की खास तौर पर चर्चा करना चाहता हूँ, वह है उनकी धर्मनिरपेक्ष भावना। इतिहासकारों का कहना है कि वह धार्मिक विचारों के महाराजा थे। वे सभी धर्मों और मज़हबों के लोगों को समान रूप से देखते थे। महाराजा सूरजमल ने अराजकता की स्थिति में भी किसी के भी धर्म स्थान को तोड़ा-फोड़ा नहीं। उन्होंने अपने राज्य में मुसलमान भाइयों को भी कई ऊँचे पदों पर नियुक्त किया हुआ था। वे बड़े ही न्यायप्रिय थे। यही वजह थी कि उनके राज्य में सभी ख़ुशहाल थे और सभी बिरादरियों के लोग मिलजुल कर रहते थे।

महाराजा सूरजमल ने अपनी दूरदर्शिता, साहस और वीरता के बल पर भरतपुर राज्य का विस्तार बहुत दूर तक किया था। उन्होंने पूर्व में गंगा तक, दक्षिण में चम्बल तक, पश्चिम में आगरा सूबा तक तथा उत्तर में दिल्ली सूबा तक भरतपुर राज्य का विस्तार किया।

युद्ध की अपेक्षा कूटनीति का सहारा लेकर उन्होंने अपनी प्रजा को शान्ति और सुरक्षा प्रदान की। अपनी ओर तनी अब्दाली तोपों का उन्होंने अपनी कुशल रणनीति से रूख उल्टा मोड़ दिया था। पानीपत के युद्ध में पराजित मराठा सैनिकों को शरण देकर सुरक्षा प्रदान की। युद्ध में घायल मराठा सैनिकों को चिकित्सा सुविधा प्रदान करके और उनकी सेवा से उन्होंने समस्त मराठा समाज का दिल जीत लिया था।

नारी जाति का वे बहुत आदर करते थे। होल्कर पर हमले के बाद पकड़ी गई मराठा महिलाओं को ससम्मान लौटाना तथा अब्दाली द्वारा पराजित मराठाओं की स्त्रियों की सेवा करके उन्हें उनके देश पहुँचाना इसके ज्वलंत उदाहरण हैं।

हरियाणा से उनका गहरा नाता था। उनका विवाह होडल के समृद्ध जाट परिवार के चौधरी काशी की सुपुत्री किशोरी से हुआ था। महारानी किशोरी महाराजा सूरजमल की तरह ही साहसी और वीरांगना थी। वह महाराज को संकट के समय सही सलाह भी देती थी।

महाराजा सूरजमल एक वीर योद्धा, सफल राजनीतिज्ञ, दूरदर्शी और धर्मपरायण राजा ही नहीं थे बल्कि एक कुशल प्रशासक भी थे। उन्होंने आम आदमी को सम्मान दिया। साहित्य, कला और वास्तुकला को बढ़ावा दिया। अपने शासनकाल के दौरान अनेक कल्याणकारी और कृषि विकास कार्यक्रम आरम्भ किये। जन कल्याणकारी नीतियाँ लागू करने के लिए महाराजा बड़े उदार थे। वे एक राजा होते हुए भी एक किसान की वेशभूषा में रहते थे। एक इतिहासकार ने उनके व्यक्तित्व का बखान इस प्रकार किया है—

'हालाँकि वे एक किसान का लिबास पहने रहते थे, और सिर्फ़ अपनी ब्रजभाषा बोलते थे, वे जाट बिरादरी के अफ़लातून थे। ज्ञान और कौशल से वित्तीय और नागरिक मामलों का प्रबन्ध करने में भारत के बड़े-बड़े लोगों में आसफ़जाह बहादुर को छोड़कर उनका कोई सानी नहीं था।'

महाराजा सूरजमल की महानतम उपलब्धि यह थी कि उन्होंने भारतीय इतिहास की सर्वाधिक अव्यवस्थित शताब्दी में जाटों को एकजुट करने में सफलता हासिल की।

जैसा कि आप जानते हैं कि 'जाट' एक जाति शब्द का सूचक नहीं, बल्कि न्याय और सच्चाई

का प्रतीक है। जाट समाज लोकतान्त्रिक शक्तियों का एक संघ है। यह सर्वधर्म समभाव की एक मिसाल है। इसमें हिन्दू धर्म को मानने वाले, सिख धर्म को मानने वाले, मुस्लिम धर्म को मानने वाले और ईसाई धर्म में आस्था रखने वाले लोग हैं। इस समाज ने इस देश को कर्मठ किसान और देशभक्त बहादुर जवान दिये हैं।

इस समाज ने सदा ही अन्याय के विरुद्ध संघर्ष किया, राष्ट्र के मान-सम्मान और स्वाभिमान की रक्षा के लिए बड़ी से बड़ी कुर्बानियाँ दीं। जाटों का आज तक का इतिहास इनकी वीरता, साहस, उद्यमशीलता, राष्ट्रीय चरित्र तथा देश प्रेम का प्रतीक है। भारतीय सशस्त्र सेनाओं में जाट रेजीमैंट का एक गौरवपूर्ण स्थान है। भारत की आजादी और आजादी के बाद राष्ट्र की आन, बान और शान की रक्षा के लिए कुर्बानी देने वालों में इस समाज का अग्रणी स्थान है।

यह मेरा सौभाग्य है कि मेरा जन्म भी ऐसे जाट परिवार में हुआ, जिसने आजादी के आन्दोलन से लेकर भारत के नवनिर्माण में एक अह्म योगदान दिया है। मेरे आदरणीय पिता चौधरी रणबीर सिंह जी ने राष्ट्रपिता महात्मा गाँधी जी और पण्डित जवाहर लाल नेहरू जी के नेतृत्व में आजादी के आन्दोलन में सक्रिय भूमिका निभाई और अनेक बार जेल की यातनाएँ सहीं। उन्होंने किसानों, ग़रीबों, पिछड़े वर्गों और दलितों के उद्धार के लिए लगातार संघर्ष किया है। उन्हें आजाद भारत का संविधान बनाने वाली संविधान सभा का सदस्य होने का गौरव हासिल है।

आज इस कर्मठ समाज को अपने गौरवशाली अतीत का अवलोकन करते हुए वर्तमान में राजनैतिक, सामाजिक और सांस्कृतिक उत्थान के लिए कदम उठाने चाहिए।

सोमवार, 25 दिसम्बर 2006, नयी दिल्ली

अमर सेनानी

नेता जी सुभाषचन्द्र बोस की 109वीं जयन्ती के अवसर पर

नेताजी का नाम ज़ुबान पर आते ही हर भारतवासी का हृदय गौरव से भर जाता है और मस्तक उस महान् देश-भक्त के प्रति श्रद्धा से झुक जाता है। नेता जी ने देश की आजादी के लिए जो संघर्ष और त्याग किया, वह इतिहास के पन्नों पर स्वर्ण अक्षरों में अंकित रहेगा।

उन्होंने 1920 में आई.सी.एस. की परीक्षा पास की और इसमें उनका चौथा स्थान रहा। उन्होंने अपने पिता की आकांक्षा को तो पूरा कर दिया लेकिन अपनी अन्तरात्मा की आवाज़ को भी वे अनसुनी नहीं कर सके। उन्होंने आई.सी.एस. को ठुकरा दिया। उन्होंने भारत के अवर सचिव को लिखे पत्र में कहा, 'मैं नहीं समझता कि कोई व्यक्ति एक ही समय में ब्रिटिश साम्राज्य के प्रति निष्ठावान रहते हुए अपने देश की ईमानदारी से सेवा कर सकता है।'

नेताजी का व्यक्तित्व बहुत ही ओजस्वी था। अन्याय और अत्याचार सहन करना उनके स्वभाव के विपरीत था। गुलामी को वे सबसे बड़ा अभिशाप मानते थे। देश को आजाद करवाने के लिए वे किसी भी कुर्बानी को बड़ा नहीं मानते थे। 1857 की क्रान्ति के बाद पहली बार भारतीयों की सेना आजाद हिन्द फ़ौज संगठित करके देश को आजाद करने का प्रयत्न इसी वीर ने किया था।

अपनी अन्तरआत्मा की आवाज पर वे स्वतन्त्रता संग्राम में कूद पड़े और देश को आजाद करवाने का दृढ़ संकल्प कर लिया। नेताजी को 1925 में बन्दी बनाकर बर्मा की मांडले जेल भेज दिया गया। स्वास्थ्य खराब होने की वजह से 1927 में उन्हें रिहा कर दिया गया।

वे गाँधी जी का हृदय से सम्मान करते थे और उनकी निःस्वार्थ देशभक्ति के पूरे प्रशंसक थे, लेकिन वे गाँधी जी की अहिंसक नीति से सहमत नहीं थे, क्योंकि नेताजी स्वभाव से ही क्रान्तिकारी थे। उनके भाषण इतने जोशीले होते थे कि देश को आजाद करवाने के लिए नवयुवकों के दिलों में शोले धधकने लगते थे।

भारतीय राष्ट्रीय कांग्रेस के अध्यक्ष के चुनाव में एक बार गाँधी जी के उम्मीदवार को हराकर वे अध्यक्ष चुने गये। लेकिन गाँधी जी के प्रति उनका आदरभाव और गाँधी जी की महानता और महत्व को समझते हुए त्याग पत्र दे दिया। सत्तालिप्सा और पद लोलुपता उन्हें छू भी नहीं पाई थी। त्याग और तपस्या का मार्ग चुनकर देश की आजादी का बीड़ा उठाया। देश छोड़ा, परिवार छोड़ा और विदेश की भूमि पर देश की आजादी का शंखनाद किया।

उन्होंने देश के सभी ब्रिटिश साम्राज्य विरोधी प्रगतिशील तत्त्वों को एकसूत्र में पिरोने के लिए कांग्रेस में ही फारवर्ड ब्लॉक का गठन किया।

उन्होंने 'अस्थाई आजाद हिन्द सरकार' की स्थापना की, जिसे जर्मनी, जापान, इटली आदि कई देशों ने मान्यता दी। नेताजी ने रेडियो के प्रसारण में देशवासियों का आह्वान किया, 'भारतवासियो तुम मुझे खून दो, मैं तुम्हें आजादी दूँगा।' उन्होंने देशवासियों को 'जयहिन्द' का नारा दिया और आजाद हिन्द सेना से कहा कि 'दिल्ली चलो'।

नेताजी के आदेश को मानकर बर्मा (म्याँमार), सिंगापुर, मलाया (मलेशिया) आदि दक्षिण-पूर्व एशिया के सभी भारतीयों और भारतीय सैनिकों ने देश की स्वतन्त्रता के लिए तन-मन-धन न्योछावर करने की प्रतिज्ञा की। हिन्दू, सिख और मुसलमान सभी ने साम्प्रदायिक भेदभाव भुलाकर सुभाष चन्द्र बोस को अपने प्राणों से प्यारा 'नेताजी' मान लिया। साम्प्रदायिक एकता और राष्ट्रीय भावना का ऐसा उदाहरण इतिहास में कहीं और मिलना असम्भव है।

नेताजी के प्रेरक नेतृत्व में आजाद हिन्द सेना भारत की ओर बढ़ने लगी। सैनिक सामग्री की कमी तथा आर्थिक कठिनाइयों के होते हुये भी आजादी के दीवानों का उत्साह भंग नहीं हुआ। मार्च, 1944 के मध्य में आजाद हिन्द फ़ौज ने भारत-ब्रह्मा सीमा को पार किया और देश को आजाद करवाने की लड़ाई भारत भूमि पर शुरू हो गई। ये आजाद हिन्द फ़ौज के सैनिक थे, जिन्होंने भारत भूमि के एक टुकड़े को आजाद करवाकर स्वतन्त्रता को अमली जामा पहनाया था। नेताजी ऐसे पहले व्यक्ति थे, जिन्होंने अंग्रेजों के चंगुल से मुक्त करवाई भारत भूमि अण्डमान द्वीप पर राष्ट्रीय ध्वज फहराया।

नेताजी के आह्वान पर बड़ी संख्या में नौजवान आजाद हिन्द फ़ौज में भर्ती हो गये। हरियाणा के रणबांकुरों ने भी उनकी कमान में अंग्रेजों के विरुद्ध जो लड़ाई लड़ी, उस में भी अग्रिम पंक्ति में रहकर हिस्सा लिया था। उनकी फ़ौज में सबसे अधिक सैनिक हरियाणा से थे।

18 अगस्त, 1945 को नेता जी सुभाष चन्द्र बोस के एक विमान दुर्घटना में मारे जाने के समाचार पर भारतवासी स्तब्ध रह गये।

निःसंदेह भारत को स्वतन्त्र कराने वालों में नेताजी सुभाष चन्द्र बोस का महत्वपूर्ण स्थान है। नेताजी के क्रान्तिकारी कार्यों और आजाद हिन्द फ़ौज ने अंग्रेजी साम्राज्य की चूलें हिलाकर रख दी थी। इससे अंग्रेजों में यह बात घर कर गई थी कि अब उनका इस देश में टिक पाना असम्भव है। आखिरकार, 15 अगस्त, 1947 को उन्हें भारत छोड़कर भागना ही पड़ा।

आज भी नेताजी का दिया हुआ 'जय हिन्द' का प्रेरक नारा हमारे कानों में गूँज रहा है और लाल किले पर लहराता हुआ तिरंगा देशवासियों को हर क्षण नेता जी की याद दिलाता रहता है। नेता जी भारतीयों के दिलों में बसे हुए हैं।

नेताजी कहा करते थे कि 'आजादी का मतलब सिर्फ़ राजनैतिक गुलामी से छुटकारा ही नहीं है। देश की सम्पत्ति का समान बँटवारा, जात-पात के बन्धनों और सामाजिक ऊँच-नीच तथा साम्प्रदायिकता और धर्मांधता को जड़ से उखाड़ फैंकना ही सच्ची आजादी होगी।'

आजादी के शहीदों और स्वतन्त्रता सेनानियों के संघर्ष, त्याग और कुर्बानी से मिली आजादी की अमूल्य धरोहर को हमें सम्भाल कर रखना है। हम आजादी के शहीदों और स्वतन्त्रता सेनानियों के तप, त्याग और कुर्बानियों का ऋण कभी नहीं चुका सकते। मेरा सुझाव है कि महान स्वतन्त्रता सेनानियों के परिवारों को 'राष्ट्रीय परिवार' घोषित किया जाना चाहिए

मुझे इस बात पर गर्व है कि मैं एक स्वतन्त्रता सेनानी परिवार से सम्बन्ध रखता हूँ। जन सेवा और जनहित में संघर्ष करने का पाठ मैंने अपने पिता जी की छत्रछाया और नेताजी के निकट सहयोगी पण्डित शीलभद्र याजी जी के सानिध्य में ही सीखा है। हरियाणा के मुख्य जनसेवक के रूप में, मैं स्वतन्त्रता सेनानियों के सपनों को साकार करने और स्वंत्रतता सेनानियों, सेवारत सैनिकों, भूतपूर्व सैनिकों तथा उनके आश्रितों को हर संभव सुविधाएँ जुटाने के लिए समर्पित रहता हूँ।

आप जानते हैं कि पिछले छः दशकों में राष्ट्र ने अभूतपूर्व प्रगति की है। वह भारत, जो पहले कपड़े सीने तक की सूई तक के लिए बाहरी मुल्कों का मुख देखता था, आज वह विश्व की एक महान आर्थिक शक्ति बनकर उभर रहा है। लेकिन कुछ राष्ट्र विरोधी ताकतें अपने स्वार्थों के लिए राष्ट्र विकास में रोड़ा अटकाने के असफल प्रयास करती हैं। आतंकवाद, साम्प्रदायिकता, जातिवाद आदि को बढ़ावा देने वाली ताकतें राष्ट्र की एकता और अखण्डता की दुश्मन बनी हुई हैं। हमें ऐसी ताकतों से सदा सावधान रहना है।

भारत की एकता, अखण्डता और धर्मनिरपेक्षता हमारी धरोहर है। इसे हमें हर हालात में सुरक्षित रखना है, चाहे इसके लिए हमें कोई भी कुर्बानी क्यों न देनी पड़े। हमारे युवाओं में आज देशभक्ति का वही ज़ज़्बा पैदा करने की जरूरत है, जो सुभाष चन्द्र बोस जैसे क्रान्तिकारियों में था। यह गौरव की बात है कि आज़ भारत दुनिया का सबसे ज्यादा युवा शक्ति वाला देश है।

आज भारत माता युवा शक्ति का पुनः आह्वान कर रही है कि राष्ट्र की एकता और अखण्डता की रक्षा करना तथा देश के विकास में अपना अधिक से अधिक योगदान देना उनका पुनीत कर्त्तव्य है और आजादी के सेनानियों के प्रति सच्चे श्रद्धासुमन हैं। आज हम सब पर इस बात की बहुत बड़ी जिम्मेदारी है कि हम आजादी के लिए कुर्बानी देने वाले शहीदों और स्वतन्त्रता सेनानियों के सपनों का भारत बनाने के लिए कन्या भ्रूण हत्या, निरक्षरता, साम्प्रदायिकता, शोषण जैसी सामाजिक बुराइयों को समाप्त करने के लिए सभी भेदभाव भुला कर एकजुट हो प्रयास करें और भारत को महान बनायें।

मंगलवार, 23 जनवरी 2007, नयी दिल्ली

प्रेरणा पुरुष

श्री राजीव गाँधी जी के 64वें जन्म दिवस पर 'युवा प्रेरणा रैली' में

श्री राजीव गाँधी जी के आदर्श और सिद्धान्त युवा पीढ़ी के लिए सदैव प्रेरणा स्रोत रहेंगे। उन्हें याद करते हुए मन गर्व और गम की दो आपसी विरोधी भावनाओं से भर जाता है। राष्ट्र के सबसे कम उम्र के प्रधानमन्त्री के रूप में उन्होंने अपने अत्यन्त कठिन और उथल-पुथल वाले समय में अपने कार्यकाल के पाँच वर्षों में जो उपलब्धियाँ प्राप्त की, उससे हमारा सीना गर्व से ऊँचा हो जाता है। लेकिन यह सोचकर

मन में गहरी पीड़ा भी होती है कि उमंग और उत्साह से भरे वे युवा नेता 21 मई, 1991 को असमय ही हमसे बिछुड़ गये थे। चाहे वे आज भौतिक रूप से हमारे बीच नहीं है लेकिन उनके महान् आदर्श और सिद्धान्त हमें सदा प्रेरणा देते रहेंगे।

उनके जीवन का एकमात्र लक्ष्य भारत को विकसित बनाना था। अपने जीवन के छोटे से सफर में उन्होंने देश के सामाजिक, आर्थिक, तकनीकी और राजनैतिक पटल पर एक ऐसी अनूठी इबारत लिखी, जो युगों-युगों तक मानवता का मार्गदर्शन करती रहेगी।

उन्होंने अपने प्रधानमन्त्री काल में देश को मजबूत बनाने के लिए क्रान्तिकारी कदम उठाये थे। लोकतन्त्र, धर्मनिरपेक्षता और मानव मूल्यों में उनकी गहरी आस्था थी। वे शालीनता और साम्प्रदायिक सद्भाव की प्रतिमूर्ति थे।

देश की गरीबी तथा बेरोज़गारी को समाप्त करने और कमजोर वर्ग के लोगों के उत्थान के लिए उनके दिल में बहुत गहरी तड़प थी। उन्होंने विकास प्रक्रिया में आम आदमी की भागीदारी सुनिश्चित करने तथा विकास के लाभ आम आदमी तक पहुँचाने पर विशेष बल दिया। उनकी बड़ी ख्वाहिश थी कि गाँवों में लोकतन्त्र के उसी सपने को साकार किया जाये, जिसे राष्ट्रपिता महात्मा गाँधी जी ने सँजोया था।

उन्होंने पंचायती राज संस्थाओं और स्थानीय निकायों को और अधिक अधिकार दिलाने की प्रक्रिया शुरू की थी। उन्हीं के प्रयासों का प्रतिफल है कि आज पंचायती राज संस्थाओं और स्थानीय निकायों को कई तरह के प्रशासनिक और वित्तीय अधिकार मिले हुए हैं। किसानों को कृषि की उच्च तकनीक की जानकारी देने के लिए उन्होंने देश के प्रत्येक जिले में कृषि विज्ञान केन्द्र खोलने की योजना बनाईं।

श्री राजीव गाँधी जी स्वच्छ और मूल्य आधारित राजनीति के पक्षधर थे। लोकतान्त्रिक मूल्यों में उनकी गहरी आस्था थी। उन्होंने राजनैतिक अनैतिकता को समाप्त करने तथा प्रजातान्त्रिक प्रणाली को सुदृढ़ करने के लिए 'दल-बदल विरोधी अधिनियम' बनाने का एक अनुकरणीय कदम उठाया था।

वे चाहते थे कि युवा शक्ति राष्ट्र निर्माण में पूर्णतः सहभागी बने, इसलिए उन्होंने मताधिकार की आयु 21 वर्ष से घटाकर 18 वर्ष की थी।

देश में साक्षरता बढ़ाने तथा युवाओं को समय के अनुसार शिक्षा उपलब्ध करवाने के लिए उन्होंने नयी शिक्षा नीति-1986 का प्रारूप तैयार करवाया। इंदिरा गाँधी राष्ट्रीय मुक्त विश्वविद्यालय, जवाहर नवोदय विद्यालय जैसी योजनाओं को अमलीजामा पहनाया।

विज्ञान और टेक्नोलॉजी के प्रयोग पर बल

युवाओं की सोच में बदलाव लाने के लिए उन्होंने विज्ञान और टेक्नोलॉजी के प्रयोग पर अधिक जोर दिया था ताकि 21वीं शताब्दी में भारत एक उच्च प्रौद्योगिकी सम्पन्न और मजबूत राष्ट्र के रूप में प्रवेश कर सके।

उन्होंने देश में 'टेक्नोलॉजी मिशनों' की स्थापना की, जिनका उद्देश्य भारतीय हालातों के अनुकूल ज्ञान-विज्ञान और टेक्नोलॉजी का विकास करना रहा। आज देश में जो कम्प्यूटर क्रान्ति है और जिस उच्च टेक्नोलॉजी का इस्तेमाल हो रहा है, वह उनकी कल्पना और प्रयासों का ही परिणाम है।

हमारे लिए यह गौरव की बात है कि आज यू.पी.ए. की अध्यक्ष माननीय श्रीमती सोनिया गाँधी जी के दूरदर्शी मार्गदर्शन तथा प्रधानमन्त्री डॉ. मनमोहन सिंह जी के कुशल नेतृत्व में यू पी ए सरकार ने गत तीन वर्षों में बेजोड़ उपलब्धियाँ हासिल कीं हैं। हमारा देश ज्ञान आधारित अर्थव्यवस्था के रूप में उभर रहा है। आई.टी. के क्षेत्र में भारत का दुनियाभर में नाम है। इस सरकार ने ग्रामीण भारत के लिए नयी-नयी पहल की। किसानों, मजदूरों, गरीबों और कमजोर वर्गों के लिए नये-नये कदम उठाये हैं।

प्रधानमन्त्री डॉ. मनमोहन सिंह जी ने स्वतन्त्रता दिवस पर कृषि क्षेत्र में कम से कम 25 हजार करोड़ रुपये का निवेश करने के लिए विशेष कार्यक्रम, राष्ट्रीय ग्रामीण रोज़गार गारण्टी अधिनियम को समूचे देश में लागू करने, शिक्षा क्षेत्र में क्रान्ति लाने के लिए बड़ी संख्या में स्कूल और कॉलेज खोलने के बारे में जो घोषणाएँ की हैं, उसका देशवासियों ने भरपूर स्वागत किया है। इनसे विकास की गति और तेजी होगी।

यह गर्व की बात है कि हमारा देश एक जवान देश है। किसी भी मुल्क के लिए नौजवान पीढ़ी सबसे बड़ी दौलत होती है। इतिहास इस बात का साक्षी है कि हमारे नौजवानों ने समय-समय पर अपनी शक्ति और क्षमता का परिचय दिया है। आजादी के लिए बड़ी कुर्बानियाँ दी हैं तो विकास के विभिन्न क्षेत्रों में अपनी प्रतिभा की छाप अंकित की है।

आज पूरी दुनिया में भारतीय डाक्टरों, वैज्ञानिकों और साफ्टवेयर इन्जीनियरों का बड़ा मान-सम्मान है। आज विश्वभर में भारत की प्रगति की चर्चा है। इस प्रगति की राह श्री राजीव गाँधी जी ने दिखाई थी।

जैसा कि आप जानते हैं कि श्रीमती इन्दिरा गाँधी जी की कलम से पहली नवम्बर, 1966 को हरियाणा भारत के मानचित्र पर एक अलग राज्य के रूप में अस्तित्व में आया। उन्होंने इस पिछड़े प्रदेश की नींव को मजबूत बनाने के लिए भरपूर योगदान दिया। उन्हीं की तरह श्री राजीव गाँधी जी का भी हरियाणा से विशेष लगाव था।

उन्होंने कई बार इस प्रदेश का दौरा किया। हरियाणा की अन्तिम अनुसूचित जाति की बस्ती में बिजली पहुँचाने के कार्यक्रम का उन्होंने उद्घाटन किया था। पानीपत तेल शोधक कारखाना भी उन्हीं की देन है। जब वर्ष 1987 में हरियाणा में बाढ़ से काफी नुकसान हुआ था तो वे प्रभावित क्षेत्रों का दौरा करने और तुरंत सहायता देने के लिए पहुँचे।

24 जुलाई, 1985 को श्री राजीव गाँधी जी ने प्रधानमन्त्री के तौर पर संत हरचंद सिंह लौंगोवाल के साथ एक ऐतिहासिक समझौता किया, जो 'राजीव-लौंगोवाल समझौते' के नाम से प्रसिद्ध है। इस समझौते पर हस्ताक्षर करते समय यह आशा प्रकट की गई थी कि इस समझौते से पंजाब और हरियाणा के क्षेत्रीय और जल सम्बन्धी मामलों का समाधान सौहार्दपूर्ण ढंग से होगा। माननीय सर्वोच्च न्यायालय ने एस.वाई.एल. के सम्बन्ध में जो निर्णय किया, उसका आधार राजीव-लौंगोवाल समझौता ही है। यदि तत्कालीन लोकदल और भारतीय जनता पार्टी राजीव-लौंगोवाल समझौते का विरोध न करते तो आज हरियाणा में रावी-ब्यास का पानी बह रहा होता।

युवा कांग्रेस की एक रैली को सम्बोधित करते हुए श्री राजीव गाँधी जी ने कहा था 'मैं अपने आप को समर्पित करता हूँ राष्ट्र निर्माण के लिए, देश की गरीब जनता के उत्थान के लिए महिलाओं के सशक्तिकरण के लिए और बेरोज़गारी को समाप्त करने के लिए'। उनके इस सपने को साकार करने के लिए गत अढ़ाई वर्षों में हरियाणा सरकार ने युवाओं के कल्याण, अनुसूचित जातियों और पिछड़े वर्गों के सामाजिक और आर्थिक विकास, महिलाओं का उत्थान, सूचना और प्रौद्योगिकी क्रान्ति, कृषि का विकास तथा पंचायतीराज संस्थाओं का सशक्तिकरण करने की दिशा में कई कदम उठाये हैं। लोगों के घर-द्वार पर स्वास्थ्य सेवाएँ उपलब्ध करवाने के प्रयास किये जा रहे हैं।

शहरी सुविधाओं का ग्रामीण क्षेत्रों में पलायन करने के लिए ग्रामीण विकास प्राधिकरण का गठन किया गया है। प्रदेश में रोज़गार के नये-नये अवसर पैदा करने के लिए नयी उद्योग नीति लागू की गई। अढ़ाई वर्ष की थोड़ी-सी अवधि में औद्योगिक क्षेत्र में 28,000 करोड़ रुपये का रिकार्ड निवेश हो चुका है और 60,000 करोड़ रुपये का निवेश पाईप लाइन में है।

हमारे युवाओं को आज के दौर की चुनौतियों का सामना करने में सक्षम बनाने के लिए गुणवत्तापरक

और तकनीकी शिक्षा उपलब्ध करवाई जा रही है। हरियाणा देश का पहला राज्य है, जिसने स्कूल स्तर पर समैस्टर प्रणाली शुरू की है। एजुसैट नैटवर्क शुरू किया गया है जोकि सम्भवतः न केवल पूरे देश में बल्कि विश्व में सबसे बड़ा एजुसैट के माध्यम से शिक्षा देने का नैटवर्क है। युवाओं को उच्चकोटि की शिक्षा देने के लिए कुण्डली में राजीव गाँधी एजुकेशन सिटी स्थापित की जा रही है।

आज बेरोज़गारी एक अहम समस्या है। हम इस समस्या के समाधान के प्रति गम्भीर हैं। प्रदेश में अधिक से अधिक औद्योगिक विकास किया जा रहा है ताकि ज्यादा से ज्यादा युवाओं को रोज़गार के अवसर मिल सकें। उद्योगों और बहुराष्ट्रीय कम्पनियों की जरूरतों को ध्यान में रखते हुए स्कूलों और कॉलेजों में नये-नये पाठ्यक्रम शुरू किए गये हैं। नयी उद्योग नीति से एक दशक में 10 लाख लोगों को रोज़गार उपलब्ध करवाने का लक्ष्य रखा गया है। विदेशों में युवाओं को रोज़गार दिलाने के लिए हरियाणा विदेश प्रभार केन्द्र (Haryana Overseas Bureau) की स्थापना की गई है।

मेरा कहने का भाव यह है कि हमने प्रदेश में विकास का एक अभियान चलाया हुआ है। चाहे वह बिजली का क्षेत्र है, चाहे वह सिंचाई का क्षेत्र है, सड़कों के निर्माण और सुधार, शिक्षा और स्वास्थ्य सेवाओं के विस्तार की बात है, हम हर क्षेत्र में हरियाणा को देश का 'नम्बर वन' राज्य बनाने के लिए कटिबद्ध हैं।

युवा वर्ग हमारा साहस है हमारी शक्ति है। प्रदेश के विकास में युवाओं की एक बड़ी भूमिका है। मेरा यहाँ आये हर युवा से अनुरोध है कि प्रदेश के विकास और जन कल्याण के कार्यक्रमों को जन-जन तक पहुँचाने में अपना पूरा सहयोग दें ताकि हम विकास के लाभ जन-जन तक पहुँच सकें और राजीव गाँधी जी के सपनों को साकार कर सकें।

श्री राजीव गाँधी जी की प्रगतिशील विचारधारा, उनका चिन्तन और उनकी नीतियाँ हमें सदा प्रेरित करती रहेंगी। इन शब्दों के साथ मैं श्री राजीव गाँधी जी को पुनः श्रद्धासुमन अर्पित करता हूँ।

उनका जन्म दिवस सद्भावना दिवस के रूप में मनाया जाता है। आइए, उनके जन्म दिवस के महान अवसर पर हम सब देश में एकता और सद्भावना की कड़ियों को मजबूत बनाने के लिए यह प्रतिज्ञा करें–

'मैं प्रतिज्ञा करता हूँ कि मैं जाति, धर्म, क्षेत्र और भाषा का भेदभाव किये बिना भावनात्मक एकता और सद्भावना के लिए कार्य करूँगा। मैं पुनः प्रतिज्ञा करता हूँ कि मैं हिंसा का सहारा लिए बिना सभी प्रकार के मतभेद बातचीत और संवैधानिक माध्यमों से तय करूँगा।'

सोमवार, 20 अगस्त 2007 भिवानी

देशभक्त बनारसी दास जी

श्री बनारसी दास गुप्त जी की शोक सभा में दी जाने वाली श्रद्धांजलि के अवसर पर

श्री बनारसी दास गुप्त जी का जन्म 5 नवम्बर, 1917 को इसी जिले के मानहेरू गाँव में हुआ। उन्होंने अपनी शिक्षा चरखी-दादरी और राजस्थान के पिलानी से प्राप्त की। देशभक्ति का जज़्बा उनमें बचपन से ही था। जब वे वर्ष 1938 में पिलानी के बिरला कॉलेज में शिक्षा ग्रहण कर रहे थे तो पण्डित जवाहरलाल नेहरू जी के आह्वान पर भारत माँ की दासता की बेड़ियाँ तोड़ने के लिए उन्होंने पढ़ाई बीच में ही छोड़ देने में एक क्षण का भी संकोच नहीं किया। उनके जीवन पर राष्ट्रपिता महात्मा गाँधी जी तथा आर्य समाज की गहरी छाप थी।

उन्होंने जींद रियासत में प्रजामण्डल का गठन किया और इसके अध्यक्ष रहे। उन्होंने आजादी के आन्दोलन में सक्रिय रूप से भाग लिया, कड़ा संघर्ष किया और कईं बार जेल गये। आजादी के बाद देशी रियासतों के विलय के समय सरदार वल्लभ भाई पटेल के आह्वान पर उन्होंने जींद रियासत के महाराजा को घुटने टेक देने के लिए विवश किया था। आजादी से पूर्व जींद विधानसभा के लिए वे सर्वसम्मति से निर्वाचित हुए थे।

ग्रामीण परिवेश में लालन-पालन होने की वजह से उन्होंने किसान-मजदूर और कमजोर वर्ग के लोगों की कठिनाइयों को बचपन से ही अनुभव किया था। इनके कल्याण-उत्थान की तड़प और जन-सेवा की भावना उन्हें राजनीति में ले आई।

भिवानी जिले के विकास में उनकी उल्लेखनीय भूमिका रही है। भिवानी में जब-जब कपड़ा मिलों में मजदूरों के हितों पर कोई आंच आई तो वे सदा उनकी रक्षा के लिए आगे रहे। भिवानी की नगरपालिका तथा इम्प्रूमेंट ट्रस्ट के अध्यक्ष पद पर रहते हुए उन्होंने भिवानी नगर के विकास को नयी दिशा दी। इसके अलावा वे यहाँ वैश्य शिक्षा समिति और वैश्य महाविद्यालय प्रबन्धन समिति के अध्यक्ष भी रहे। शिक्षा के प्रसार में उनकी गहरी रुचि थी।

पत्रकारिता में भी उनकी बड़ी दिलचस्पी थी। दैनिक और साप्ताहिक पत्रों में लेख आदि लिखने के साथ-साथ 'अपना देश' तथा 'हरियाणा केसरी' साप्ताहिक पत्रों का भी सम्पादन किया। राष्ट्र भाषा हिन्दी के प्रचार-प्रसार के लिए उन्होंने प्रेरणादायक काम किया।

वे अग्रवाल समाज के सच्चे हित-चिन्तक थे। अग्रोहा के विकास के लिए उन्होंने सराहनीय कार्य किया। उन्हें अखिल भारतीय वैश्य महासम्मेलन तथा अखिल भारतीय अग्रवाल सम्मेलन का आजीवन अध्यक्ष बनाया गया था। यह सम्मान अग्रवाल समाज का उनके प्रति अटूट आस्था और लगाव का प्रतीक है।

हरियाणा बनने के बाद वर्ष 1968 में वे हरियाणा विधानसभा के लिए निर्वाचित हुए। उसके बाद श्री गुप्त वर्ष 1972 तथा वर्ष 1987 में पुनः विधानसभा के लिए चुने गये। उन्होंने वर्ष 1972 में हरियाणा विधानसभा के अध्यक्ष पद को सुशोभित किया। उसके पश्चात वर्ष 1973 में प्रदेश के सिंचाई मन्त्री बने।

श्री बनारसी दास गुप्त 1 दिसम्बर, 1975 से 29 अप्रैल, 1977 और 23 मई, 1990 से 12 जुलाई, 1990 तक हरियाणा के दो बार मुख्यमन्त्री बने। वर्ष 1987 में उन्होंने राज्य मन्त्रिमण्डल में वित्त मन्त्री का दायित्व भी सम्भाला। वे 1996 में राज्य सभा के लिए निर्वाचित हुए। उन्होंने जिस भी सार्वजनिक पद पर सेवा की, वहाँ उन्होंने अपनी दूरदर्शिता, कुशल नेतृत्व और प्रशासकीय दक्षता की अमिट छाप छोड़ी। हरियाणा के विकास में उनके योगदान को सदैव याद किया जायेगा।

उनके निधन से प्रदेश एक महान स्वतन्त्रता सेनानी, निस्वार्थ समाज सेवी, योग्य साँसद, दूरदर्शी चिन्तक, उच्चकोटि के पत्रकार तथा प्रखर वक्ता की सेवाओं से वंचित हो गया है।

स्वाभिमान, सादगी, कठोर अनुशासन और मूल्य आधारित राजनीति के पक्षधर श्री बनारसी दास गुप्त जी ने अपने छः दशक के राजनीतिक जीवन में बुलंदियों तक पहुँच कर भी वे सदा आम आदमी और अपनी मिट्टी से जुड़े रहे। उन्हें पद की लालसा नहीं थी। उनकी प्राथमिकता सदैव ही हरियाणा का विकास रही।

यद्यपि, श्री गुप्त जी का भौतिक शरीर गत 29 अगस्त, 2007 को पंचतत्वों में विलीन हो गया, लेकिन उनका बहुआयामी व्यक्तित्व तथा उनकी प्रगतिशील विचारधारा, उनका महान चिन्तन और उनकी दूरदर्शी नीतियाँ हमारा सदा मार्गदर्शन करती रहेंगी।

रविवार, 9 सितम्बर 2007, भिवानी

निष्काम कर्मयोगी

उचाना में स्वामी गणेशानन्द जी की श्रद्धांजलि सभा

आप जानते हैं कि परम पूज्य स्वामी गणेशानन्द जी महाराज गत 25 जनवरी को अहमदाबाद में ब्रह्मलीन हो गये थे और उन्होंने 27 जनवरी को पावन भूमि काशी में जल समाधि ले ली है। मैं परम पूज्य स्वामी गणेशानन्द जी महाराज अपनी श्रद्धांजलि अर्पित करता हूँ। स्वामी गणेशानन्द जी को स्वामी हरिगिरि जी महाराज मात्र 11-12 वर्ष की अल्पायु में ही उचाना में अपने साथ लेकर आये थे तथा उन्होंने यहीं पर अनेक संस्कृत के ग्रन्थों को कण्ठस्थ किया तथा भारतीय दर्शन की अनेक विधाओं का गहन मनन-चिन्तन और अध्ययन किया। उन द्वारा स्थापित 71 से अधिक शिक्षण संस्थाएँ व दूसरी संस्थाएँ जहाँ न केवल हरियाणा, बल्कि विभिन्न प्रांतों में ज्ञान का प्रकाश फैला रही हैं, वहीं धर्मार्थ औषधालय पीड़ित मानवता की सच्ची सेवा कर रहे हैं। समाज सेवा, शिक्षा प्रसार और गौ पालन की दिशा में वे जीवन की अन्तिम साँस तक समर्पित रहें। स्वामी गणेशानन्द जी तो अपने आप में एक संस्था थे। त्याग-तपस्या, संघर्ष, सेवा, धर्म और संस्कृति के वे प्रेरणा-स्तम्भ थे। 106 वर्ष तक स्वस्थ और सक्रिय जीवन जीने वाला व्यक्ति देव स्वरूप ही होता है। ऐसी महान विभूति के बहुमुखी व्यक्तित्व को शब्दों में व्यक्त नहीं किया जा सकता। उनके बारे में कुछ कहना सूर्य को दीपक दिखाने के समान है। दूसरों की भलाई और हित चिन्तन करना ही उनके जीवन का आदर्श था। उन्होंने अध्यात्म के माध्यम से समाज सुधार के लिए अपना पूरा जीवन समर्पित कर दिया। हमारी स्वामी जी के प्रति सच्ची श्रद्धांजलि यही है कि हम स्वामी जी के समाज सुधार, शिक्षा प्रसार और गौ सेवा जैसे पावन कार्यों को आगे बढ़ाये। आज समूचा राष्ट्र एक महान संत, निष्काम कर्मयोगी और कर्मठ समाज सेवी की सेवाओं से भले ही वंचित हो गया है, लेकिन उनके विचार, उनका अध्यात्मिक ज्ञान व उन द्वारा बताया गया सत्य का मार्ग समूची मानव जाति को दीपक की तरह राह दिखाता रहेगा।

सोमवार, 17 फरवरी 2008, उचाना

सच्चे साधक

श्री मनोहर मुनि दीक्षा जयन्ती षष्ठीपूर्ति समारोह में

आप जानते हैं कि संत श्री मनोहर मुनि जी महान संत, विद्वान तथा सच्चे साधक हैं। त्याग, सेवा और श्रद्धा की आप प्रतिमूर्ति हैं। 18 भाषाओं के ज्ञाता और जैन दर्शन के प्रकाण्ड पण्डित हैं। एक समृद्ध ओसवाल जैन परिवार में आपका जन्म हुआ, लेकिन बचपन से ही आपमें आत्म-कल्याण और समाज के लिए कुछ करने की प्रबल इच्छा थी। आप जैन समाज की उन महान मान्यताओं और गौरवशाली परम्पराओं के प्रतीक हैं, जिन्हें जैन धर्म के महान चौबीस तीर्थंकरों ने प्रतिपादित किया था। आपने मात्र 21 वर्ष की युवावस्था में दीक्षा ली और समाज सेवा में समर्पित हो गये। तब से लेकर आज तक आपने लगभग सम्पूर्ण भारतवर्ष की यात्रा कर अहिंसा और सत्य धर्म का शंखनाद किया है और लाखों व्यक्तियों का पथ-प्रदर्शन किया है।

आप मानवता के सच्चे सेवक हैं। आध्यात्मिकता के माध्यम से आप समाज सुधार के जिस आन्दोलन को चला रहे हैं, वह हम सब के लिए प्रेरणा-स्रोत है। आपकी प्रेरणा से विभिन्न स्थानों पर धर्म स्थानों, स्कूलों, कॉलेजों तथा अस्पतालों की स्थापना हुई है।

जैन धर्म सबसे प्राचीन धर्म है। यह मानव कल्याण की कुंजी है। भगवान महावीर एक अलौकिक विभूति थे। वे एक महान विचारक, प्रकृति के उपासक, उच्चकोटि के साधक तथा प्राणी जगत के सच्चे हित-चिन्तक थे। भगवान् महावीर का उपदेश है- 'जहाँ हिंसा वहाँ पाप तथा जहाँ अहिंसा वहीं धर्म का निवास होता है।' उन्होंने सभी लोगों को हिंसा से दूर रहने का उपदेश दिया था। उन्होंने 'अहिंसा परमो धर्मः' का सन्देश दिया। आज यह सन्देश पहले से भी अधिक प्रासंगिक है।

भगवान् महावीर स्वामी जी ने हमें सत्य और अहिंसा का जो मार्ग दिखलाया है, वही एक ऐसा मार्ग है, जिसे हर इन्सान को और आज सारी दुनिया को जरूरत है। महात्मा गाँधी जी ने इसी अनोखे हथियार से देश को गुलामी की ज़ंजीरों से मुक्त करवाया था। इसी रास्ते पर चलते हुए नेल्सन मंडेला ने दक्षिणी अफ्रीका को आजादी दिलवाई थी।

इतिहास इस बात का गवाह है कि हमारे समाज के विकास और उत्थान में आध्यात्मिक संतों और मुनियों का विशेष योगदान रहा है।

हम मानते हैं कि समाज और राष्ट्र ने बहुत तरक्की की है लेकिन कुछ ऐसी बुराइयाँ हैं, जो समाज को खोखला कर रही है। इनमें कन्या भ्रूण हत्या, नशाखोरी, दहेज प्रथा आदि प्रमुख हैं। भौतिकवादी इस युग में नैतिक मूल्यों में कमी आ रही है। एक स्वस्थ समाज की स्थापना के बिना प्रगति बेमानी है।

पिछले एक दशक के दौरान भारत, विशेष रूप से हरियाणा और पंजाब में लिंग अनुपात में तेजी से गिरावट आई है। गिरते लिंग अनुपात की स्थिति का सबसे बड़ा कारण कन्या भ्रूण हत्या है। इस समस्या से न केवल मानव, बल्कि समाज भी पूरी तरह से प्रभावित हो रहा है। कन्या को 'देवी' समझने वाले समाज में कन्या भ्रूण हत्या जैसी सामाजिक बुराई क्यों पनप रही है? यह एक विचारणीय बात है। कन्या भ्रूण हत्या न केवल कानूनी अपराध है, बल्कि मानवता के माथे पर कलंक भी है, जिसे हमें मिटाना है। जैन समाज में तो जीव हत्या को ही महापाप माना गया है।

यह ख़ुशी की बात है कि पंजाब और हरियाणा उच्च न्यायालय के न्यायमूर्ति मुख्य न्यायाधीश श्री विजेन्द्र जैन जी की पहल पर इन बुराइयों के विरुद्ध लोगों में कानूनी चेतना जागृत करने के लिए एक अभियान चलाया हुआ है। हमारे संतो और धर्म-गुरुओं के योगदान से समाज में लोग इस समस्या को उखाड़ फेंकने के लिए और अधिक जागरूक हो सकते हैं।

आज समाज में लड़का और लड़की एक समान की भावना को मजबूत बनाना है। हमारी बेटियों ने हर क्षेत्र में अपनी योग्यता साबित की है। करनाल की बेटी अन्तरिक्ष वैज्ञानिक डॉक्टर कल्पना चावला की मिसाल आप सबके सामने है। उन्होंने मानवता की सेवा के लिए अन्तरिक्ष का रहस्य जानने के लिए अपनी कुर्बानी तक दे दी।

जहाँ तक सरकार की बात है हमने गिरते स्त्री-पुरुष अनुपात की समस्या को गम्भीरता से लिया है। इसे रोकने के लिए कानूनों का कठोरता से पालन किया जा रहा है। हरियाणा देश का पहला राज्य है, जहाँ पर पी.एन.डी.टी. एक्ट के तहत नौ अभियुक्तों को सजा दी जा चुकी है।

लड़का-लड़की के बीच भेदभाव को समाप्त करने तथा लड़कियों के शैक्षणिक, सामाजिक और आर्थिक उत्थान तथा महिला सशक्तिकरण के लिए कई स्कीमें हमने शुरू की हैं। लाडली, इन्दिरा गाँधी प्रियदर्शनी विवाह शगुन योजना जैसी स्कीमें बड़ी लोकप्रिय हो रही हैं। तकनीकी संस्थाओं में लड़कियों को आरक्षण और वजीफे जैसी सुविधाएँ दी गई हैं। गरीब बालिकाओं के विकास के लिए 'बालिका समृद्धि योजना' चलाई जा रही है। लिंग अनुपात में सुधार करने वाले गाँव और जिले को सम्मानित किया जाता है।

हमारे प्रयासों के फलस्वरूप 0 से 6 वर्ष के आयु वर्ग का लिंगानुपात राज्य के लगभग सभी जिलों

में एक हजार के पीछे वर्ष 2001 के 819 की तुलना में वर्ष 2007 में 862 तक पहुँच गया है। ये बड़े उत्साहवर्धक परिणाम हैं।

सामाजिक बुराइयों को समाप्त करने के लिए केवल कानून और सुविधाएँ ही पर्याप्त नहीं होती, बल्कि इसके लिए जन-जन को प्रोत्साहित करने और कन्या शिशु के बारे में समाज में रवैया बदलने की जरूरत है। इसके लिये संत समाज का मार्गदर्शन इस बुराई को जड़ से उखाड़ फेंकने में बड़ा सहायक सिद्ध होगा।

रविवार, 24 फरवरी 2008, करनाल

दलितों के उन्नायक

बाबा साहेब डॉ. भीमराव अम्बेदकर जी की जयन्ती के अवसर पर

डॉ. अम्बेदकर हमारे देश के एक ऐसे महान् सपूत थे, जिन्होंने जाति-पाति और छूआछूत की भावना को समाप्त करने और दबे-पिछड़े लोगों के कल्याण के लिए ऐसे आदर्श हमारे सामने रखे, जो प्रकाश-स्तम्भ की तरह हमारा सदैव मार्गदर्शन करते रहेंगे।

वे एक महान् शिक्षाविद्, प्रभावशाली वक्ता, योग्य प्रशासक, पारंगत राजनेता थे। उनके व्यक्तित्व में मानवता और संस्कृति के प्रति अनुराग तथा असमानता, अन्याय और शोषण के विरुद्ध संघर्ष करने की अद्‌भुत क्षमता थी। उन्होंने आजादी के आन्दोलन में बढ़-चढ़ कर भाग लिया और देश के करोड़ों दीन-दुखियों तथा पिछड़े भाइयों के कल्याण के लिए अपना पूरा जीवन समर्पित कर दिया।

एक गरीब परिवार में जन्म लेकर डॉ. भीमराव अम्बेदकर ने यह सिद्ध कर दिया कि दृढ़ संकल्प, मेहनत और साहस से मनुष्य कठिन से कठिन लक्ष्य को प्राप्त कर सकता है। उनका जीवन संघर्षों से भरा हुआ था, पर उन्होंने उच्च मनोबल से जीवन की हर बाधा को पार किया। उनके जीवन की सबसे बड़ी बाधा थी, उस समय समाज में प्रचलित जाति व्यवस्था, जिसके तहत, जिस समाज में वे जन्मे, उसे 'अछूत' माना जाता था।

डॉ. भीमराव एक तरफ जहाँ अटूट देशभक्त थे, वहीं वे अनुसूचित जातियों, पिछड़ों और गरीबों के मसीहा थे। वे उनके लिए जीवनपर्यन्त संघर्ष करते रहे। 1923 में उन्होंने 'बहिष्कृत हितकारिणी सभा' की स्थापना की थी, जिसका काम अनुसूचित जाति के वर्गों में शिक्षा और संस्कृति का प्रसार करना, उनकी आर्थिक स्थिति सुधारना और उनकी कठिनाइयों को दूर करने के उद्देश्य से उनकी बात सही जगह पहुँचाना था।

उन दिनों अनुसूचित जाति के लोगों को बड़ी दुःखदायी मुश्किलों का सामना करना पड़ता था। उन्हें मन्दिरों में घुसने नहीं दिया जाता था। सार्वजनिक तालाबों और कुओं से वे पानी नहीं ले सकते थे। उन्हें स्कूलों में दाखिला नहीं दिया जाता था। 1927 और 1932 के बीच डॉ. भीमराव ने पूजा स्थलों में प्रवेश और सार्वजनिक स्थानों से पानी लेने के अधिकारों को प्राप्त करने के लिए अहिंसा रूपी हथियार से जुझारू आन्दोलन चलाए। नासिक के कालाराम मन्दिर में अछूतों के प्रवेश को लेकर उन्होंने जो आन्दोलन चलाया, उसमें वे सफल रहे। उन्होंने लंदन में सम्पन्न तीनों गोलमेज सम्मेलनों में भी भाग लिया था और अछूतों के उद्धार के लिए अपना दृष्टिकोण दृढ़ता से पेश किया।

वे हमारे देश के संविधान के मुख्य शिल्पकारों में से थे। उन्हें स्वतन्त्र भारत के संविधान का जनक माना जाता है। आज हम संविधान में दिये गये जिन हकों का इस्तेमाल कर रहे हैं, वे डॉ. अम्बेदकर

की ही देन हैं। वोट की जो ताकत, वोट देने का जो अधिकार आज इस देश में किसी अमीर को है, वही अधिकार एक गरीब को है। हमारे संविधान में समाज के कमजोर वर्गों, पिछड़े लोगों और अनुसूचित जाति के उत्थान के लिए जो व्यवस्था की गई है, वह भी डॉ. अम्बेदकर की ही देन है।

उन्होंने भारत के संविधान का मसौदा तैयार करते हुए एक ऐसे भारत की कल्पना की थी जहाँ सभी लोग ख़ुश होंगे, सभी को इन्साफ मिलेगा, सभी को बराबर के हक मिलेंगे।

मेरा मानना है कि अनुसूचित जाति, पिछड़े वर्ग, गरीब किसान, मजदूर तथा कांग्रेस एक दूसरे के पूरक हैं। देश की आजादी के बाद कांग्रेस पार्टी ने ही इन वर्गों के उत्थान और विकास के लिए अनेक कार्यक्रम शुरू किये। लेकिन जब-जब विपक्षी पार्टियों ने झूठी बातों से बहला-फुसलाकर आपके वोट के माध्यम से सत्ता तो हासिल की लेकिन आपकी भलाई के लिए क्या-क्या किया, इस बारे में आप ज्यादा जानते हैं। उन्होंने तो आपके हितों पर कुठाराघात ही किया।

देश में कांग्रेस ही ऐसी पार्टी है, जो राष्ट्र और प्रदेश का विकास कर सकती है। कमजोर और गरीबों का उत्थान कर सकती है। महिलाओं को सम्मानजनक स्थान दे सकती है। अनुसूचित जाति, पिछड़े वर्गों और अल्पसंख्यकों का उद्धार कर सकती है।

हम चाहते हैं कि समाज में जितने भी गरीब और कमजोर लोग हैं, जो पिछड़े वर्ग हैं और जो शोषण का शिकार होते रहे हैं, उन सब को ऊँचा उठाया जाए। उनकी सामाजिक और आर्थिक हालत को सुधारा जाए ताकि विकास के लाभ हर तबके तक पहुँच सकें। आपकी सरकार का उद्देश्य ऐसे समाज का निर्माण करना है जो आर्थिक समानता और सामाजिक न्याय के समाजवादी सिद्धान्तों पर आधारित हो, जहाँ ऊँच-नीच और भेदभाव की कोई दीवार न हो।

सोमवार, 14 अप्रैल 2008 हिसार

युगद्रष्टा पण्डित नेहरू

पण्डित जवाहरलाल नेहरू जी की 44वीं पुण्यतिथि पर श्रद्धांजलि में

युगपुरुष पण्डित जवाहर लाल नेहरू जी त्याग, सेवा और परोपकार की प्रतिमूर्ति थे। वे महान देशभक्त थे। उन्होंने राष्ट्रपिता महात्मा गाँधी जी के नेतृत्व में देश को आज़ाद करवाने का संकल्प लिया था। आजादी के आन्दोलन के दौरान वे 14 वर्षों तक जेल में रहे। पण्डित जवाहर लाल नेहरू भारत के प्रथम प्रधानमन्त्री बने। उस समय आजाद भारत के क्या हालात थे। सूई जैसी छोटी-छोटी चीजें भी बाहर से मंगवानी पड़ती थी। विकास की पटरी पर राष्ट्र को लाना पण्डित जी के लिए एक चुनौती था। वे अपनी दूरदृष्टि, इच्छा शक्ति, वैज्ञानिक दृष्टिकोण और जनसहयोग के बलबूते पर इन चुनौतियों से सफलतापूर्वक निपटे।

आज का भारत पण्डित जवाहर लाल नेहरू जी की देन है। उन्होंने पंचवर्षीय योजनाएँ बनाईं। जगह-जगह बिजली घर व बड़े-बड़े डैम बनवाए। नये-नये उद्योगों की स्थापना करवाई। कृषि क्षेत्र में क्रान्ति की नींव उन्हीं के शासनकाल में रखी गई। उन्होंने विश्व में शान्ति स्थापित करने के लिए दुनिया को 'पंचशील' के सिद्धान्त दिये। निशस्त्रीकरण, आतंकवाद और कट्टरवाद जैसी समस्याओं के समाधान के लिए उनके सिद्धान्त आज भी एक महत्वपूर्ण भूमिका निभा सकते हैं। नेहरू जी ने अपना जन्म दिवस बच्चों को समर्पित किया हुआ था और बच्चे भी उन्हें प्यार से 'चाचा नेहरू' पुकारते थे।

नेहरू-गाँधी के परिवार का देश की आजादी के बाद राष्ट्र के विकास के लिए जो योगदान है, वह देशवासियों के लिए एक प्रेरणा है। श्रीमती इन्दिरा गाँधी जी ने भारत को ऐसा मजबूत आर्थिक और

राजनीतिक आधार प्रदान किया, जिससे भारत की विश्व में प्रतिष्ठा बढ़ी। देश में जो कम्प्यूटर क्रान्ति है और उच्च टेक्नोलॉजी का इस्तेमाल हो रहा है, वह श्री राजीव गाँधी जी की देन है।

आज राष्ट्र श्रीमती सोनिया गाँधी जी के मार्गदर्शन व प्रधानमन्त्री डॉ. मनमोहन सिंह जी के नेतृत्व में विकास की नयी बुलंदियों को छू रहा है। नेहरू जी की प्रगतिशील विचारधारा, उनका चिन्तन और उनकी नीतियाँ हमें सदा प्रेरित करती रहेंगी। उनकी पुण्य तिथि पर हमारी उनके प्रति यही सच्ची श्रद्धांजलि होगी कि हम धर्मनिरपेक्षता, राष्ट्र की एकता और अखण्डता की रक्षा के लिए मिलकर काम करने का संकल्प लें और नेहरू जी के सपनों का भारत बनाने में अपनी रचनात्मक भूमिका निभाएँ।

मंगलवार, 27 मई 2008, चण्डीगढ़

परम्परा

आज अपने स्वप्न को मैं सच बनाना चाहता हूँ
दूर की इस कल्पना के पास जाना चाहता हूँ
चाहता हूँ तैर जाना सामने अम्बुधि पड़ा जो,
कुछ विभा उस पार की इस पार लाना चाहता हूँ

स्वर्ग के स्वप्न भू देख उनसे दूर ही था
किन्तु पाऊँगा नहीं कर आज अपने पर नियन्त्रण
तीर पर कैसे रुकूँ मैं, आज लहरों में निमन्त्रण!

—बच्चन

आध्यात्मिक चेतना के शिखर

शेक्सपियर पर राष्ट्र मण्डलीय साहित्य सम्मेलन

हम Shakespeare and the Play of Spiritual Consciousness विषय पर Common Wealth Literature Conference को डॉ. सरूप सिंह के अगले जन्म दिवस के अवसर पर 15-17 जनवरी, 2006 के बीच किस प्रकार आयोजित करें, इस पर विचार-विमर्श करने के लिए एकत्रित हुए हैं।

Dr. Sarup Singh Educational Foundation अपने सीमित तरीके से हरियाणा के इस महान सपूत का सम्मान करने के लिए सदैव प्रयासरत रही है। डॉ. सरुप सिंह का जन्म हरियाणा के रोहतक जिले के एक छोटे से गाँव में हुआ था, जहाँ अपनी शिक्षा प्रारम्भ कर वह प्रगति करते हुए अपने समय के प्रसिद्ध शिक्षाविद् बनें। वे एक विद्वान तो थे ही, वे मूलतः एक ऐसे शिक्षक थे, जिनकी प्रेरणा से हजारों हरियाणावासी उन सपनों को देख सकें, जिनके कारण वह अपनी परिस्थितियों के बन्धनों को तोड़कर उन्मुक्त आकाश में विचरण कर सकें। इस फाउण्डेशन द्वारा ऐसे अथक प्रयास किये जा रहे हैं, जिससे एक ऐसी संस्कृति का विकास हो, जो अज्ञान के अंधेरे को मिटा सके और कमजोर लोगों में भी ऐसी हिम्मत बंधा सके ताकि वह अपने ज्ञान की सीमाओं को और विस्तृत कर सके।

मैं कोई साहित्य का विद्वान नहीं हूँ, लेकिन इतना मैं विश्वास के साथ कह सकता हूँ कि जब तक कोई व्यक्ति शेक्सपियर के साहित्य का अध्ययन नहीं कर लेता, तब तक उसकी शिक्षा को पूर्ण नहीं माना जा सकता। बल्कि मैं तो यह भी विश्वास के साथ कह सकता हूँ कि हम शेक्सपियर का जितना भी अधिक अध्ययन करें, हमें जीवन की उतनी ही अधिक जानकारी प्राप्त होती है। मेरा यह भी विश्वास है कि शेक्सपियर के साहित्य में आध्यात्मिक चेतना की भूमिका एक ऐसा पहलू है, जिस ओर विद्वानों ने कम ही ध्यान दिया है। परन्तु अब ऐसा नहीं होगा, क्योंकि मेरा विश्वास है कि इस विषय पर कान्फ्रेंस के पश्चात् अधिक-से-अधिक ऐसे विद्वान जो शेक्सपियर के साहित्य का अध्ययन करते हैं, वह प्रेरित होकर इस विषय विशेष पर शोध करेंगे।

आज हम एक कठिन और जटिल समय में जीवन जी रहे हैं। आज एक ऐसा युग है, जब कोई भी व्यक्ति अपने घर को किले की तरह सुरक्षित नहीं समझता। हमारे घरों को अपने अन्दर और बाहर दोनों से ख़तरा है और जब हम यह देखते हैं कि भावनाओं के आँधी और तूफ़ान में बहते हुए हम क्या कर सकते हैं, तो हमें, यह भी पता चलता है, जैसा कि हैमलेट ने स्वयं नाटक में एक अभिनय करने वाले पात्र को कहा, कि हमें एक ऐसी सहनशीलता और भावनाओं को नियन्त्रित रखने वाली शक्ति की आवश्यकता है जो जीवन को सुचारु रूप से चला सके। यदि मैं यह कहूँ तो अधिक उचित होगा कि सहनशीलता और भावनाओं को नियन्त्रित रखने वाली शक्ति शेक्सपियर के अध्ययन द्वारा प्राप्त की जा सकती है।

हमें यह मालूम है कि अक्सर हम ऐसी ताकतों के अधीन होते हैं, जो किसी रोमियो को न चाहते हुए भी एक ऐसी पारिवारिक शत्रुता का हिस्सा बना देती है जो उसे और जूलियट दोनों को नष्ट करती है; विशाल हृदय ब्रूट्स तानाशाही को शक्ति से नष्ट करने का प्रयास करता है, लेकिन अन्त में केवल

एक ऐसी तानाशाह शक्ति का जन्म होता है, जो पहले से भी कहीं अधिक हानिकारक होती है; हैमलेट बदले की आग में इस तरह बहता है कि उसका परिणाम 'डेनमार्क' की तबाही में होता है; रिचर्ड तृतीय और मैकबथ दोनों ही अपना लक्ष्य प्राप्त करने के लिए हत्या का सहारा तो लेते हैं, पर अन्त में दोनों ही युद्ध का शिकार हो जाते हैं; और, जब किंग लियर अपनी इच्छा को अपने बच्चों पर लादने का प्रयास करते हैं तो परिणामस्वरूप पूरा इंग्लैण्ड पागलपन के एक दौर का शिकार हो जाता है।

जब ऐसा होता है तो शायद इस बात की आवश्यकता होती है कि हम कुछ ठहर कर इस बात पर विचार करें कि क्या यह सभी महानुभाव केवल इस कारण त्रासदी का शिकार हुए, क्योंकि जैसा कि एक आलोचक ने कहा भी है, कि इन सभी ने मानवीय क्षमता के भगवान को पूजते हुए अपने पूर्वजों के आध्यात्मिक भगवान को भुला दिया था। शेक्सपियर का तो स्वयं सम्राट हेनरी पंचम के शब्दों में यह विश्वास था–

बुरी-से-बुरी चीज़ में भी अच्छाई का कुछ लेश होता है।
जिसे मनुष्य चाहें तो निचोड़ कर निकाल सकते हैं।

इसी कारण शेक्सपियर द्वारा अपने बाद के वर्षों में 'द विण्टर्स टेल' और 'द टेम्पेस्ट' जैसे नाटकों में नाटकीय ढंग से अंधेरे से रोशनी की ओर यात्रा का वर्णन है। ऐसा करते हुए शेक्सपियर ने ईसाई धर्म की परम्पराओं को भी पार करते हुए उस यात्रा को सुगम बनाया है। इन दोनों ही नाटकों में आध्यात्मिक अनुभवों की स्थाई सच्चाइओं का वर्णन तो किया ही गया है, वहाँ से मृत्यु से एक श्रेष्ठ जीवन की ओर यात्रा का भी शुभारम्भ होता है। इसलिए हमें आश्चर्य नहीं होना चाहिए कि महाकवि उस श्रेष्ठ चेतना को प्राप्त करते हुए इन अमर पंक्तियों को लिख गये हैं–

हम वो तत्व हैं जिनसे सपने बुने जाते हैं।

अभी हाल के वर्षों में तो कुछ विद्वानों ने यह भी पाया है कि शेक्सपियर की कृतियों में सूफ़ीवाद भी है। मेरे विचार में किसी भी साहित्यक कृति के श्रेष्ठ होने का एकमात्र मानदण्ड यही है कि वह समय, स्थान, धर्मों और दर्शनों की सीमाओं को पार करने की क्षमता रखता तो है। डॉक्टर मार्टिन लिंग्स ने तो उनके नाटकों में यह पाया है कि आने वाली आधुनिक दुनिया और पारम्परिक रहस्यवादी मूल्य प्रणाली के बीच एक निरन्तर संघर्ष है। इसके बावजूद मनुष्य को दैविक पात्रों के माध्यम से सहायता भी मिलती है और नारकीय प्राणियों से वे बाधित भी होते हैं। इस सन्दर्भ में यदि 'द टेम्पेस्ट' को एक बार फिर पढ़ा जाये तो मेरे विचार से हमें काफ़ी लाभ होगा। यह एक ऐसा नाटक है, जिसमें मानवीय-पशु और अदृश्य शक्तियाँ मिलकर काम करती हैं; जहाँ एक ऐसा शासक जिससे धोखाधड़ी से उसका राज्य छीन लिया गया था, ने यह निश्चय किया था कि वह अपनी विजयी शत्रुओं को नीचा दिखाएगा और उन्हें शक्तिहीन कर देगा, पर जब ऐसा समय आया कि उसके शत्रु उसकी दया पर निर्भर हो गये तब उसका एकमात्र लक्ष्य यह था कि वह उन्हें क्षमा करे और उनकी घृणा को प्रेम में परिवर्तित करे। वास्तव में प्रोस्पेरो उस समय आध्यात्मिक चेतना के शिखर पर पहुँच चुका होता है। यदि ऐसा नहीं हुआ होता तो क्या उसके लिए यह सम्भव होता कि वह भावनाओं के उस वेग को दबा लेता जिसने शेक्सपियर के कई पात्रों को बरबादी की ओर धकेला था ?

यदि यह कहा जाये कि शेक्सपियर में आध्यात्मवाद केवल उनके आखिरी नाटकों में ही आया था तो उसका अर्थ यह होगा कि हम उन बातों को अनदेखा कर रहे हैं जो उन्होंने पूर्व के अपने नाटकों में लिखी थी। हमें उस प्रश्न की ओर ध्यान देना होगा, जो हैमलेट ने होरेशियो के समक्ष रखा था और कहा था–

मृत्यु के बाद किसी चीज़ का अनाम भय
वह अजाना क्षेत्र जिसकी गोद से कोई यात्री नहीं लौटता

मैकबेथ भी इस बात से व्यथित थे कि मानवीय अस्तित्व के अर्थ को वह नहीं समझ पा रहे थे, इसी कारण वह सोचते थे कि क्या जीवन एक ऐसी कहानी तो नहीं जो एक बुद्धिहीन व्यक्ति द्वारा सुनाई जाती है, जिसमें शोर-शराबा तो बहुत होता है परन्तु उसका अर्थ कुछ नहीं होता।

मेरा विश्वास है कि जब कॉमनवैल्थ के विद्वान मिल बैठकर इस विषय पर विचार-विमर्श करेंगे तो हम पहले से कहीं अधिक ज्ञान प्राप्त कर चुके होंगे। जो लोग शेक्सपियर के साहित्य का अध्ययन करते हैं, उन पर इसके सुप्रभाव को देखा जा सकता है। मेरा यह मानना है कि यदि हम विस्तार से यह जान पायें कि आध्यात्मिक चेतना का उनके पात्रों और कथानकों पर क्या प्रभाव पड़ता है तो हम निश्चित रूप से इस संसार को अपने बच्चों के लिए बेहतर स्थान बना पायेंगे। यदि ऐसा होता है तो मैं समझता हूँ कि डॉक्टर सरुप सिंह, जो स्वयं शेक्सपियर और रिनेसां युग के विद्वान थे, को सच्ची श्रद्धांजलि होगी।

मंगलवार, 17 मई 2005 नयी दिल्ली

अपनी मढ़ी में आप ही डोलूँ खेलूँ सहज स्व-इच्छा

सन्त कबीर जयन्ती के अवसर पर

हमारे देश में समय-समय पर सन्त महात्माओं, ऋषि-मुनियों और पीर-पैगम्बरों और गुरुओं ने भूली भटकी मानवता को जीवन का सच्चा रास्ता दिखाया है। ऐसे महापुरुषों में सन्त शिरोमणि कबीर जी का नाम बड़े आदर से लिया जाता है।

कबीर जी के जन्म के बारे में विद्वानों में मतभेद हैं। परन्तु अधिकांश का यह मानना है कि उनका पालन पोषण नीरू और नीमा नामक जुलाहा दम्पति द्वारा किया गया था।

उनका जन्म आज से 607 वर्ष पूर्व ऐसे समय में हुआ जब हमारा समाज अंधविश्वास, जात-पात और रूढ़िवादी परम्पराओं से ग्रस्त था। ऐसी स्थिति में एक पथ प्रदर्शक की आवश्यकता थी जो जनता को सद्मार्ग दिखा सके।

कबीर एक ऐसे महापुरुष थे, जिन्होंने मानवता से अज्ञानता के अंधकार को दूर किया। वे सच्चे मानवतावादी थे। वे स्वभाव से फक्कड़, हृदय से कोमल तथा स्पष्ट वाणी के धनी थे। भाषा पर उनका पूर्ण अधिकार था। उन्होंने भक्ति को सहज और सरल भाव से सर्वसाधारण तक पहुँचाया। उन्होंने सभी धर्मों के बाह्य आडम्बरों का विरोध किया। वे मूर्ति पूजा, दिखावा और आडम्बर के कट्टर विरोधी थे। सत्य, अहिंसा और सत्संग उनके जीवन के मूल सिद्धान्त थे। उन्होंने आपसी एकता और विश्व बन्धुत्व का प्रचार किया। यदि उन्हें मैं अपने समय का जगद्गुरु कहूँ तो कोई अतिशयोक्ति नहीं होगी।

सन्त कबीर जी की किसी एक जाति या सम्प्रदाय के नहीं थे। वे पूरी मानव जाति के पथ-प्रदर्शक थे। उनकी शिक्षाएँ पूरी मानवता के लिए थीं और आज भी उनकी शिक्षाएँ हमारा प्रकाश स्तम्भ की तरह मार्गदर्शन कर रही हैं। भक्ति, प्रेम, सभी मनुष्यों की आपस में बराबरी और भाईचारा-ये उनकी शिक्षा के आधार थे। उनकी वाणी और उनकी शिक्षाएँ इतनी अमर हैं कि वे आज भी नवीन प्रतीत होती हैं।

वे जात-पात के घोर विरोधी थे। उन्होंने अपनी वाणी में कहा है–

'जात-पात न देखे कोई,
हरि को भजे तो हरि को होय'

सन्त परम्परा में कबीर जी पहले सन्त थे, जिन्होंने लोगों को एक व्यवहारिक जीवन शैली दी। उनका सम्पूर्ण जीवन सदाचार, सादगी और कर्मयोग का सन्देश है। उन्होंने भक्ति मार्ग को अपनाते हुए मानव मात्र

की सेवा के साथ-साथ कर्म पर उसी तरह बल दिया जैसे भगवान श्री कृष्ण ने गीता में कर्म का अमर सन्देश दिया था। उन्होंने पुरुषार्थ को ही प्रभु भक्ति बताया। कबीर आजीवन जुलाहे का कार्य करते हुए अपना तथा अपने परिवार का पालन करते रहे। इस व्यवसाय में न तो बहुत कमाने की गुंजाइश थी और न ही कबीर को धन कमाने की इच्छा थी। अपनी मेहनत की कमाई से ही उन्होंने अपना गुजारा किया।

वे हिन्दू-मुस्लिम एकता के समर्थक थे। उन्होंने अपनी वाणी में साफ़ तौर पर यह कहा है कि राम, रहीम, काशी काबा, मन्दिर, मस्जिद सब एक हैं। हमारा देश में विभिन्न सम्प्रदायों, जातियों और विभिन्न धर्मों को मानने वाले लोग रहते हैं। इसलिए आज समय की जरूरत है कि सन्त कबीर की शिक्षाओं को अपनाएँ। उनकी शिक्षाओं पर चलकर हम सर्वधर्म सम्भाव की विचारधारा को और आगे बढ़ा सकते हैं। आज दुनिया भर में धर्म के नाम पर और जाति के नाम पर जो दंगे-फसाद और झगड़े हो रहे हैं, उन्हें भी कबीर की शिक्षाओं पर चलकर खत्म किया जा सकता है और विश्व बंधुत्व की भावना को और अधिक मजबूत बनाया जा सकता है।

सन्त कबीर ने जो शिक्षाएँ दी थी, जात-पात और धर्म-मज़हब के भेदभाव की दीवारों को गिराने और सामाजिक समरसता स्थापित करने की जो शिक्षा दी थी हम उन पर चलते हुए समाज के चहुंमुखी विकास, विशेषकर अनुसूचित जातियों और पिछड़े वर्ग के लोगों के कल्याण-उत्थान पर विशेष बल दे रहे हैं। परस्पर प्रेम, समता और सदाचार पर बल देने वाले सन्त कबीरदास की वाणी के प्रचार और प्रसार का आज के युग में विशेष महत्व है। भौतिकवाद की चकाचौंध में डूबे समाज को फिर से चेताने की आवश्यकता है।

इन शब्दों के साथ मैं सन्त कबीर जी के प्रति पुनः अपने श्रद्धासुमन अर्पित करता हूँ। उस महान आत्मा को हमारी सच्ची श्रद्धांजलि यही होगी कि हम जात-पात, ऊँच-नीच और साम्प्रदायिकता के भेदभाव को खत्म करने के लिए मिलकर काम करें।

बुधवार, 22 जून 2005, हिसार

आसान जुबान में गहरी बात

मौलाना अल्ताफ़ हुसैन हाली पर आयोजित सेमिनार के उद्घाटन अवसर पर

मेरे लिए बहुत ही खुशी की बात है आज मुझे उर्दू अदब की अज़ीम हस्ती मौलाना अल्ताफ हुसैन हाली पर आयोजित होने वाले दो दिवसीय इण्डो-पाक सेमिनार के उद्घाटन समारोह में शरीक होने का अवसर मिला है।

उर्दू अदब में महान शायर मौलाना हाली का विशेष स्थान है। हरियाणा को उनकी जन्म भूमि होने का गौरव प्राप्त है। वे पानीपत की तारीख़ी सरज़मीं पर पैदा हुए थे। उन्होंने अपने वक़्त में उर्दू अदब को एक नया मोड़ दिया तथा उर्दू में साहित्यिक आलोचना को एक नयी दिशा दी। उर्दू शायरी को जाँचने और परखने के उन्होंने उसूल बनाये, जिन पर चलकर आज भी अदीब और आलोचक अपनी राहें रोशन कर रहे हैं।

मौलाना हाली एक महान शायर ही नहीं, बल्कि एक सच्चे इन्सान भी थे। उन्होंने अपनी नज़्मों और दूसरी तमाम रचनाओं में समाज को आपसी प्रेम, भाईचारे और एकता का पैग़ाम दिया। सामाजिक सद्भाव के वे बड़े हिमायती थे। उन्होंने अपनी रचनाओं में सादा जीवन और नैतिक मानव मूल्यों पर भी बल दिया।

यह हाली का कमाल था कि उन्होंने आसान जुबान में गहरी बात कही, ऐसी बात जिसने जन

मानस पर गहरा असर छोड़ा। उन्होंने आम इन्सान को इन्सानियत का पाठ पढ़ाया। वह चाहते थे कि नया समाज, नयी विचारधारा लिए हुए हो, जिसमें छोटे-बड़े का भेद न हो। वह कहते हैं-

फरिश्ते से बेहतर है, इन्सान बनना
मगर इसमें पड़ती है मेहनत ज़्यादा।

हाली को अगर राष्ट्रीय एकता का 'अग्रदूत' शायर कहा जाये तो कोई गलत बात नहीं होगी। सही अर्थों में वे एक ऐसे शायर थे, जिनमें देश भक्ति और वतन परस्ती का जज़्बा कूट-कूट कर भरा हुआ था। ऐसे महान व्यक्तित्व के धनी शायर पर हरियाणा उर्दू अकादमी द्वारा आयोजित यह दो दिवसीय सेमिनार एक सराहनीय कदम है।

मुझे खुशी है कि अकादमी हाली की कृतियों को छोटी किताबों की शक्ल में लोगों तक पहुँचाने का प्रयास कर रही है। इसका ताज़ा उदाहरण अभी पुस्तकों के विमोचन के दौरान देखने को मिला, जहाँ हाली की तीन मशहूर नज़्मों पर आधारित दो पुस्तकों को रिलीज़ किया गया है। हाली की यह तीनों नज़्में शीर्षक 'मुनाजाते बेवा', 'हुब्बे वतन' और 'बरखा रुत' हैं। जुबानो ब्यान और शैली की दृष्टि से ये बहुत उम्दा और समाज को सन्देश देने वाली हैं।

हरियाणावासियों को इस बात पर गर्व है कि उर्दू हरियाणा की ही धरती पर पैदा हुई और इसी धरती पर परवान चढ़ी। उर्दू एक ऐसी जुबान है, जो आपसी मोहब्बत और राष्ट्रीयता को बढ़ावा देने में सबसे ज्यादा नुमायाँ काम कर रही है। 'इंक़लाब ज़िन्दाबाद' का नारा उर्दू की ही देन रहा है। यह उर्दू जुबान ही है, जिसकी वजह से आज पाकिस्तान के नामवर लेखक और शायर यहाँ मौजूद हैं।

यदि हम अपने तारीख़ी पसमंज़र को देखें तो भारत और पाकिस्तान के लोगों की समाजी, माली, सियासी, अदबी और तहज़ीबी और मज़हबी पृष्ठभूमि एक जैसी रही है। हिन्दुस्तान की जंगे आजादी दोनों ने एक साथ लड़ी थी और अपने वतन की आजादी के लिए कुर्बानियाँ दी थी। दोनों मुल्कों की एक सांझी विरासत है। दोनों मुल्कों की सरहदें भी कुदरती तौर पर अलग नहीं हैं। आज भी दोनों मुल्कों में जुबान से लेकर सभी रस्मो-रिवाज एक जैसे हैं। ग्लोबलाइजेशन के इस दौर में दोनों मुल्कों के बीच आपसी सहयोग को मजबूत बनाना आज समय की जरूरत है।

आज भारत और पाकिस्तान के बीच दोस्ती और विश्वास के नये रिश्ते कायम करने के लिए जो पहल हो रही है, वह दोनों मुल्कों के अवाम के दिल की बात है और यह सिलसिला इसी तरह जारी रहना चाहिए

मुझे यह कहते हुए खुशी महसूस हो रही है कि हरियाणा उर्दू अकादमी की स्थापना के बाद प्रदेश में उर्दू के लिए एक खुशगवार माहौल बना है, इसके लिए अकादमी द्वारा उर्दू ज़ुबान और अदब के लिए जो बुनियादी कदम उठाये गये हैं, वह प्रशंसनीय हैं। आज हमारी अकादमी हिन्दुस्तान की पहली अकादमी है, जहाँ उर्दू के साहित्यकारों को हरियाणा राज्य परिवहन की बसों में यात्रा की मुफ़्त सुविधा प्रदान की जाती है। साहित्य और साहित्यकार के इस सम्मान की मिसाल देश के अन्य किसी राज्य में देखने को नहीं मिलती।

हरियाणा उर्दू अकादमी साहित्यिक आयोजनों के साथ-साथ राज्य में उर्दू के प्रचार-प्रसार के प्रति भी समर्पित है। अकादमी द्वारा अब तक उर्दू में 100 से अधिक पुस्तकें प्रकाशित की जा चुकी हैं। आज की जरूरतों को ध्यान में रखकर अकादमी ने अपनी योजनाओं का नवीनीकरण करके इसे सूचना प्रौद्योगिकी से भी जोड़ने का प्रयास किया है। आज अकादमी का अपना एक उर्दू कम्प्यूटर सेंटर है, जिसमें कम्प्यूटर तकनीक के साथ उर्दू भाषा और साहित्य का ज्ञान भी दिया जा रहा है। अकादमी की अपनी वेबसाइट है, जिस पर सम्पर्क करके अकादमी की योजनाओं और कार्यक्रमों में सहभागी बना जा सकता है।

उर्दू अकादमी साहित्यकारों का सम्मान करती है। हरियाणा से सम्बन्धित पुस्तकों का प्रकाशन करवाती है। राज्य के उर्दू लेखकों को उनकी पुस्तकों के प्रकाशन के लिए सहायतानुदान और प्रकाशित पुस्तकों पर पुरस्कार देती है। हरियाणा की साहित्यिक संस्थाओं को साहित्यिक आयोजनों के लिए सहायता राशि भी प्रदान करती है। अकादमी द्वारा 'जमनातट' और 'ख़बरनामा' नामक पत्रिकाओं का प्रकाशन भी किया जा रहा है।

उर्दू के महान शायर मौलाना हाली के बारे में अकादमी द्वारा आयोजित इस दो दिवसीय सेमिनार में पाकिस्तान और हिन्दुस्तान के दूर-दराज़ से आये दानिशवर और क़लमकार भाग ले रहे हैं। मुझे विश्वास है कि इनकी आपसी चर्चा और विचार-विमर्श से जहाँ दोनों मुल्कों के साहित्यिक सम्बन्ध और मजबूत होंगे, वहीं इस महान शायर के बहुमुखी व्यक्तित्व के बारे में नयी-नयी बातें जानने को मिलेंगी। मैं आप सभी का इस्तक़बाल करता हूँ और उम्मीद करता हूँ कि आगे भी आप इसी तरह हमारे साथ अपना सहयोग बनाये रखेंगे।

इन्हीं शब्दों के साथ मैं हाली पानीपती को अपने श्रद्धासुमन अर्पित करता हूँ, जिसके अदबी कारनामों को याद करने हम यहाँ जमा हुए हैं। हरियाणा की धरती फिरोजपुर झिरका में पैदा हुए वरिष्ठ उस्ताद शायर दाग़ के इस शेर के साथ मैं अपनी बात खत्म करता हूँ कि—

उर्दू है जिसका नाम हमी जानते हैं 'दाग़'
सारे जहाँ में धूम हमारी ज़ुबाँ की है।

बुधवार, 20 जुलाई 2005, चण्डीगढ

आन, बान और शान

जाट सम्मेलन में

जाट समाज लोकतान्त्रिक शक्तियों का एक संघ है। यह सर्वधर्म समभाव की एक मिसाल है। इसमें हिन्दू धर्म को मानने वाले, सिख धर्म को मानने वाले, मुस्लिम धर्म को मानने वाले व ईसाई धर्म में आस्था रखने वाले लोग हैं। इस समाज ने इस देश को कर्मठ किसान और देशभक्त बहादुर जवान दिये हैं।

प्रसिद्ध इतिहासविद् मिस्टर कनिंघम के अनुसार 'जाट लोग भारत में जाट या जट्ट, चीन में यूची (यूती), यूनान में गिट (जेटा) और जर्मन में गाथ नाम से पुकारे जाते हैं।'

इस समाज ने सदा ही अन्याय के विरुद्ध संघर्ष किया, राष्ट्र के मान-सम्मान और स्वाभिमान की रक्षा के लिए बड़ी से बड़ी कुर्बानियाँ दीं। जाटों का आज तक का इतिहास इनकी वीरता, साहस, उद्यमशीलता, राष्ट्रीय चरित्र तथा देश प्रेम का प्रतीक है। भारतीय सशस्त्र सेनाओं में जाट रेजीमैंट का एक गौरवपूर्ण स्थान है। भारत की आजादी और आजादी के बाद राष्ट्र की आन, बान और शान की रक्षा के लिए कुर्बानी देने वालों में इस समाज का अग्रणी स्थान है।

इन्होंने मुगलों से लोहा लिया तथा मुगल साम्राज्य के पतन में मराठा व राजपूत आदि जिन जातियों की भूमिका थी, उनमें जाट वीरों का योगदान सबसे अधिक है। इस समाज ने सदा ही अन्याय के विरुद्ध संघर्ष किया, राष्ट्र के मान-सम्मान और स्वाभिमान की रक्षा के लिए बड़ी से बड़ी कुर्बानियाँ दीं।

जाट समाज का प्रजातन्त्र में गहरा विश्वास है। प्रतिभा, मेहनत और ईमानदारी में जाटों का कोई सानी नहीं है। अगरबत्ती के समान स्वयं जलकर दूसरों को खुशबू प्रदान करना इस समाज की विशेषता है। परहित की भावना इनमें कूट-कूट कर भरी हुई है। जाटों में सभी धर्मों, सम्प्रदायों व जातियों के प्रति

सदा उदार दृष्टिकोण रहा है। आज भी इस समाज के लोग अपने बुजुर्गों की बात की आन रखते हैं। जहाँ-कहीं भी जाटों ने शासन किया, वहाँ की जनता पर अन्याय नहीं होने दिया। उनकी धार्मिक, सामाजिक और आर्थिक उन्नति के प्रति सदैव जागरूक रहे।

इस समाज ने प्रत्येक युग में महान शूरवीर, निस्वार्थ समाज सेवी, समाज सुधारक, कुशल प्रशासक तथा दूरदर्शी राजनेता दिये हैं, जिन्होंने राष्ट्रीय और अन्तर्राष्ट्रीय क्षितिज पर एक अमिट छाप छोड़ी है। किस-किस का नाम गिनवाऊँ?

भरतपुर नरेश महाराजा सूरजमल जी, पंजाब के महान् शासक महाराजा रणजीत सिंह जी, महान् देशभक्त शहीद भगत सिंह जी, हरियाणा के राजा नाहर सिंह जी, युग-पुरुष दीनबन्धु सर छोटू राम जी जैसी महान विभूतियाँ इस समाज की ही देन है।

यह मेरा सौभाग्य है कि मेरा जन्म ऐसे जाट परिवार में हुआ, जिसने आजादी के आन्दोलन से लेकर भारत के नवनिर्माण में एक अहम योगदान दिया है। मेरे आदरणीय पिता चौधरी रणबीर सिंह जी ने राष्ट्रपिता महात्मा गाँधी जी और पण्डित जवाहर लाल नेहरू जी के नेतृत्व में आजादी के आन्दोलन में सक्रिय भूमिका निभाई और अनेक बार जेल की यातनाएँ सहीं। उन्होंने किसानों, गरीबों तथा पिछड़े वर्गों के उद्धार के लिए लगातार संघर्ष किया है। उन्हें आजाद भारत का संविधान बनाने वाली संविधान सभा का सदस्य होने का गौरव हासिल है।

पहले जाट समाज के दो ही कार्यक्षेत्र होते थे। एक तो खेती करना तथा दूसरा सैन्य सेवा करना। लेकिन आज परिस्थितियाँ बदल गई हैं। जाट समाज के सामने अनेक समस्याएँ हैं। जिनका समाधान केवल संगठित होकर किया जा सकता है। हमें यह याद रखना चाहिए कि सम्मान, शक्ति और अधिकार स्वयं नहीं मिल जाते बल्कि उनकी प्राप्ति के लिए कड़ा संघर्ष करना पड़ता है। व्यक्तिगत स्वार्थ के स्थान पर समाज के हित को वरियता देनी पड़ती है और सबसे बड़ी बात यह है कि पूरे समाज का एक स्वर और एक आवाज होनी चाहिए। हमारा संगठन इतना मजबूत, इतना सुदृढ़ और इतना व्यापक होना चाहिए कि एक आवाज मात्र पर सम्पूर्ण समाज के भाई उठ खड़े हों।

आप जानते हैं कि हमारा भारत एक कृषि प्रधान देश है। कृषि और किसान के विकास के बिना राष्ट्र के विकास की कल्पना नहीं की जा सकती। कांग्रेस नीत यूपीए सरकार का कर्ज़ माफी का फैसला किसान की मेहनत का सम्मान है। भारतीय लोकतन्त्र के इतिहास में किसान हितैषी ऐसा साहसिक निर्णय पहली बार लिया गया है। इसके लिए मैं देश के किसानों की ओर से माननीय श्रीमती सोनिया गाँधी जी और प्रधानमन्त्री डॉ. मनमोहन सिंह जी का धन्यवाद करता हूँ कि इन्होंने ऐसा दूरदर्शी निर्णय लेकर देशभर में चार करोड़ से अधिक किसानों के लिए खुशहाली और समृद्धि के नये द्वार खोले हैं।

हमने इन निर्देशों का पालन करते हुए हरियाणा में किसानों की भलाई के लिए जो कदम उठाये हैं, उनकी देशभर में मिसाल दी जाती है।

शनिवार, 5 अप्रैल 2008, काशीपुर (उत्तराखण्ड)

प्रकृति का उत्सव

तीज उत्सव पर

तीज का त्योहार वैसे तो ख़ासतौर पर महिलाओं, बहुओं, बेटियों और बहनों का त्योहार है, लेकिन इस त्योहार की अपनी एक ऐसी मस्ती है कि तीज के आते ही सभी बाल-बच्चे, बूढ़ों और जवानों के दिलों में भी नयी खुशियाँ और नयी उमंगें तथा नया उत्साह छाने लगता है।

गाँवों में जगह-जगह पेड़ों पर डाले गये झूले, गीत गाती, नाचती-कूदती और झूला झूलती बहू-बेटियों को देखकर मन ख़ुशी से भर उठता है। इसलिए यह त्योहार आपसी मिलन, प्रेम और पूर परिवार और समाज तथा गाँव का एक सांझा त्योहार है। इसे सभी तरह के भेदभाव मिटाकर मनाया जाता है। इसे मनाने का मकसद महिलाओं के प्रति सम्मान और राज्य की समृद्ध सांस्कृतिक परम्पराओं को बढ़ावा देना है।

तीज के त्योहार के बारे में अलग-अलग प्रदेशों में अलग-अलग कथाएँ प्रचलित हैं। कुछ लोग इसे शिव और पार्वती के विवाह के साथ जोड़ते हैं। कहते हैं कि भगवान शिव को अपने पति के रूप में पाने के लिए पार्वती ने जो तपस्या की थी, उसके सफल होने पर आज के ही दिन उन्होंने खुशियाँ मनाई थी। लेकिन अलग-अलग पौराणिक कथाओं के साथ जुड़े होने के बावजूद तीज के त्योहार का हमारे सामाजिक जीवन से गहरा सम्बन्ध है।

हरियाणा वैदिक काल से ही हरि और हरियाली का प्रदेश रहा है। सावन के महीने में जब बरसात की फुहारें पड़ती हैं तो पेड़-पौधे, फल-फूल सभी खिल उठते हैं। प्रगति के इस वरदान को पाकर मनुष्य के मन में भी खुशी का उठना स्वाभाविक है।

मैं समझता हूँ कि पौराणिक कथाओं का, जो किसी भी त्योहार के साथ जुड़ी होती हैं, अपना महत्व होता है, लेकिन जो सामाजिक और सांस्कृतिक और आर्थिक कारण होते हैं, वे भी किसी तीज-त्योहार को मनाने के लिए बड़ी अहमियत रखते हैं।

तीज का त्योहार सीधे तौर पर प्रकृति से जुड़ा हुआ है और यह हमें पर्यावरण की रक्षा की प्रेरणा देता है। पेड़-पौधों को और वनों को लगायेंगे, तभी तो सावन में हरियाली आयेगी और तीज का त्योहार खुशियाँ लाएगा। चालू वित्त वर्ष में राज्य में साढ़े चार करोड़ पौधे लगाने और वितरित करने का लक्ष्य रखा गया है। औषधीय पौधों के पौधारोपण पर भी बल दिया जायेगा। मजबूत घने पेड़ों पर झूलों का डालना, पेड़ों और वनों की रक्षा की भी प्रेरणा देता है। हमें प्रकृति के इस सन्देश का पालन करने का संकल्प लेना चाहिए

वातावरण और पर्यावरण की रक्षा तथा हरियाली के साथ ही हर इन्सान की, हर पशु-पक्षी की खुशियाँ और जीवन जुड़ा हुआ है। इसलिए हमें हर सावन में नये पेड़-पौधे लगाने और उनकी रक्षा करने का भी व्रत लेना चाहिए

हमने शासन की बागडोर सम्भालते ही हरियाणा में महिला सामाजिक-आर्थिक उत्थान के लिए कुछ नयी पहल की हैं तथा नयी स्कीमें शुरू की हैं। शिक्षकों की भर्ती में महिलाओं के लिए 33 प्रतिशत आरक्षण करने का निर्णय लिया गया है। जिन महिलाओं के नाम बिजली के मीटर हैं, उन्हें बिजली शुल्क में प्रति यूनिट 10 पैसे की छूट दी गयी है। महिलाओं के नाम सम्पत्ति के हस्तांतरण पर रजिस्ट्री पर लगने वाले स्टॉम्प शुल्क में दो प्रतिशत की छूट दी गयी है। दलित वर्ग की महिलाओं के लिए प्रत्येक गाँव में अलग से शौचालयों का निर्माण किया जायेगा।

इन्दिरा गाँधी प्रियदर्शनी विवाह शगुन योजना के अन्तर्गत ग़रीबी रेखा से नीचे जीवनयापन करने

वाले अनुसूचित जातियों के परिवारों की लड़कियों के विवाह पर 15 हजार रुपये की राशि दी जा रही है।

हरियाणा में स्त्री-पुरुष अनुपात चिन्ताजनक स्थिति में पहुँच गया है। वर्ष 1991 में राज्य में एक हजार पुरुषों के पीछे 865 महिलाएँ थी, जो वर्ष 2001 में घटकर 861 रह गयी हैं। हमने प्रदेश के शासन की बागडोर सम्भालते ही गिरते स्त्री-पुरुष अनुपात की समस्या को गम्भीरता से लिया है और इसके लिए कुछ महत्वपूर्ण कदम उठाये हैं। प्रसव पूर्व लिंग निदान तकनीक अधिनियम (Pre Natal Diagnostic Techniques Act) को कठोरता से लागू किया जा रहा है।

इस गम्भीर सामाजिक समस्या के समाधान के लिए हरियाणा सरकार ने 15 अगस्त, 2005 से 'लाडली' नामक एक अनूठी योजना शुरू करने का निर्णय लिया है। इस स्कीम के अन्तर्गत दूसरी कन्या के जन्म पर पाँच वर्ष के लिए प्रतिवर्ष पाँच हजार रुपये दिये जायेंगे। यह राशि दूंसरी लड़की और माता के नाम किसी बचत पत्र में संयुक्त रूप से जमा करवाई जायेगी। इकट्ठी हुई राशि दूसरी लड़की की 18 वर्ष की आयु पूरी होने पर दी जायेगी।

आज समाज में यह चेतना लाए जाने की जरूरत है कि वे लड़का-लड़की में कोई फर्क न समझें, लड़की हो चाहे लड़का अगर वे योग्य होंगे, तभी परिवार का नाम रोशन होगा। लड़कों से ज्यादा लड़कियों का अपने माँ-बाप या भाई-बहन के प्रति अगाध प्रेम होता है। इसलिए हमें लड़के और लड़की के फर्क़ और उनके पालन-पोषण में किये जाने वाले भेदभाव की मानसिकता को बदलना होगा। लड़कियों के पोषण और स्वास्थ्य स्तर में सुधार लाने के लिए उनके भली-भाँति पालन-पोषण के प्रति माताओं को प्रोत्साहित करने के लिए 'सर्वोत्तम माता पुरस्कार' की नयी योजना बनाई गयी है। इस योजना के अन्तर्गत प्रत्येक ब्लाक में तीन माताओं को पुरस्कृत किया जायेगा। इसी प्रकार समेकित बाल विकास स्कीम (आई.सी. डी.एस) के तहत प्रत्येक सर्कल स्तर पर भी तीन माताओं को हर वर्ष सम्मानित किया जायेगा। इस प्रकार हर वर्ष कुल 2300 से अधिक माताओं को प्रोत्साहन पुरस्कार दिये जायेंगे। इस योजना की ख़ास बात यह भी है कि पुरस्कार के लिए उन्हीं माताओं को चुना जायेगा, जिनकी कम से कम एक लड़की है।

गाँवों में माताओं को सुरक्षित प्रसव सुविधाएँ उपलब्ध करवाने के लिए 300 प्रसूति गृह बनाये जायेंगे। राज्य सरकार बालिकाओं की आवश्यकताओं के बारे में जागरूक है। केन्द्र सरकार की वित्तीय सहायता से 85 आई.सी.डी.एस. प्रोजेक्टों में चलाई जा रही 'किशोरी शक्ति योजना' का विस्तार राज्य सरकार अपने संसाधनों से शेष 31 आई.सी.डी.एस. प्रोजेक्टों में कर रही है ताकि राज्य में सभी 116 आई.सी.डी.एस. प्रोजेक्टों के अन्तर्गत बालिकाएँ इस योजना का लाभ उठा सकें।

प्रायः ग्रामीण लड़कियों और महिलाओं को फुर्सत, आराम और मनोरंजन के अवसर प्राप्त नहीं होते। अतः हमने 'महिलाओं के लिए खेल प्रतियोगिता योजना' बनाई है, जिसके अन्तर्गत प्रत्येक ब्लाक में हर वर्ष वार्षिक खेल प्रतियोगिताएँ आयोजित की जायेंगी और विजेताओं को पुरस्कृत किया जायेगा। इससे महिलाओं का आत्म-विश्वास बढ़ेगा और अपने स्वास्थ्य के प्रति जागरूक होंगी।

राज्य सरकार ने महिलाओं को आर्थिक तौर पर आत्मनिर्भर बनाने के लिए हरियाणा महिला विकास निगम द्वारा संचालित ऋण योजना के तहत प्रतिवर्ष कम से कम 10 हजार महिलाओं को अपने कारोबार स्थापित करने के लिए सहायता देने का लक्ष्य रखा है। प्रदेश में महिला सहकारी बैंक स्थापित किए जायेंगे, जिनमें सभी कर्मचारी महिलाएँ होंगी। राज्य में स्नातक स्तर तक लड़कियों को मुफ़्त शिक्षा दी जाती है। हरियाणा सरकार ने जींद में श्रीमती इन्दिरा गाँधी जी के नाम से एक नया राजकीय महिला महाविद्यालय खोलने का निर्णय लिया है। प्रदेश में इस समय सरकारी और सरकारी सहायता प्राप्त 66 महाविद्यालय केवल लड़कियों के लिए हैं।

ग्रामीण क्षेत्रों में लड़कियों को उच्च शिक्षा के लिए प्रोत्साहित करने हेतु 'ग्रामीण किशोरी पुरस्कार

योजना' शुरू की है। इस योजना के अन्तर्गत प्रत्येक ब्लॉक से प्रतिवर्ष तीन बालिकाओं को, जो हरियाणा विद्यालय शिक्षा बोर्ड के अन्तर्गत ग्रामीण क्षेत्रों के स्कूलों से मैट्रिक परीक्षा में पहला, दूसरा और तृतीय स्थान प्राप्त करेंगी, को पुरस्कार मिलेंगे। प्रथम स्थान पर आने वाली लड़की को 2000 रुपये, दूसरे स्थान पर आने वाली लड़की को 1500 रुपये और तीसरे स्थान पर आने वाली लड़की को एक हजार रुपये पुरस्कार के रूप में दिये जायेंगे।

राजकीय महाविद्यालयों में बी.ए., बी.एस.सी. तथा बी.काम कक्षाओं की वार्षिक परीक्षाओं में प्रथम, द्वितीय और तृतीय आने वाले छात्र-छात्राओं को भी छात्रवृत्तियाँ दी जायेंगी। ऐसी ही छात्रवृत्तियाँ स्नातकोत्तर कक्षाओं के विद्यार्थियों को भी दी जायेंगी।

शैक्षणिक तौर पर चिन्हित पिछड़े खण्डों में लड़कियों को अच्छी प्राथमिक शिक्षा उपलब्ध करवाने के लिए कस्तूरबा गाँधी बालिका विद्यालय स्थापित किए जायेंगे।

चालू वित्त वर्ष के दौरान महिला और बाल विकास की विभिन्न योजनाओं पर 154 करोड़ 75 लाख रुपये के बजट का प्रावधान किया गया है।

अन्त में, मैं आप सबको एक बार फिर हरियाली तीज की मुबारकबाद देता हूँ और कामना करता हूँ कि आपका जीवन हमेशा खुशियों से हरा-भरा रहे।

तीज उत्सव, शनिवार, 6 अगस्त 2005, चण्डीगढ़

कर्म, त्याग और सेवा की त्रिवेणी

परिचय सम्मेलन और अग्रवाल अधिवेशन

'अग्रवाल' शब्द जुबान पर आते ही मन पटल पर ऐसे कर्मवीरों की छवि अंकित होने लगती है, जिन्होंने अपने आत्म-विश्वास, हिम्मत और दृढ़ संकल्प के बलबूते पर न केवल अपने भाग्य की रेखाएँ बदली बल्कि देश और दुनिया में अपनी पहचान भी स्थापित की है। इस समाज का एक गौरवपूर्ण इतिहास है। आजादी के आन्दोलन से लेकर आज तक राष्ट्र के नव-निर्माण में यह समाज उल्लेखनीय योगदान दे रहा है। देश की आजादी के लिए अग्रवाल भाई-बहनों ने 1857 की क्रान्ति से लेकर 1947 तक के स्वतन्त्रता आन्दोलन में धन और तलवार दोनों से ही क्रान्तिकारियों की मदद की थी। श्री घनश्याम दास बिड़ला जी अपने आर्थिक सहयोग और नैतिक समर्थन द्वारा राष्ट्रपिता महात्मा गाँधी के लिए एक आर्थिक शक्ति जैसे रहे, वहीं श्री जमना लाल बजाज जी अपने त्याग, सेवा और सहयोग की भावना के बल से राष्ट्रपिता महात्मा गाँधी जी के चहेते बन गये थे। लाला लाजपतराय का नाम याद करते ही आज भी हमारा मस्तक गर्व से ऊँचा हो जाता है। हरियाणा तो उनकी कर्मभूमि थी।

जब भी राष्ट्र और समाज को कोई जरूरत पड़ी तो अग्रवाल समुदाय ने तो 'दोनों हाथ उलीचिये' की परम्परा का निर्वाह किया। एक स्वर्णिम उदाहरण हम सब को याद है भामाशाह का, जिन्होंने मेवाड़ की आजादी के लिए अपना सारा धन महाराणा प्रताप के चरणों में रख दिया था। अग्रवाल समाज में भामाशाह जैसे दानी लोगों की आज भी कोई कमी नहीं है। पूरे देश में हजारों की संख्या में अग्रवाल समाज द्वारा चलाये जाने वाली धर्मशालाएँ, अस्पताल, अनाथालय, विधवा आश्रम, गौशालाएँ, स्कूल तथा कॉलेज इस बात का जीता जागता उदाहरण हैं।

हरियाणा को यह गौरव प्राप्त है कि अग्रवाल समाज के संस्थापक महाराजा अग्रसेन ने अग्रोहा को अपने साम्राज्य की राजधानी बनाया। उन्होंने लोकतन्त्रीय शासन की एक नयी सामाजिक-आर्थिक और

राजनीतिक व्यवस्था का सूत्रपात किया था। सहकारिता, अर्थदान, भूदान और सम्पत्ति दान आदि भावनाओं को कार्य रूप देकर अग्रवाल समाज को एक नयी दिशा दी थी। उन्होंने गीता के 18 अध्यायों की तरह 18 गोत्रों की स्थापना की।

जब कभी कोई परिवार बाहर से अग्रोहा में स्थाई रूप से रहने के लिए आता था तो महाराजा अग्रसेन जी ने ऐसी परम्परा डाली थी कि उसे अग्रोहा में रहने वाले लोग 'एक ईंट और एक सोने की मोहर' बहुत ही आदरपूर्वक दें। इससे बाहर से आने वाले परिवार के पास 'एक लाख ईंट और एक लाख सोने की मोहरें' इकट्ठी हो जाती थी, जिससे वह रहने के लिए बहुत अच्छा मकान बना लेता था और अपना कारोबार शुरू करके वह भी खुशहाल हो जाता था। ईंट और सोने की मोहर केवल बाहर से आने वाले अग्रवाल भाई को नहीं दी जाती थी, बल्कि बाहर से आने वाला परिवार चाहे किसी भी जाति का क्यों न हो, उन सब का इसी प्रकार से ईंट और सोने की मोहर देकर स्वागत किया जाता था।

अग्रवाल समाज के जनक महाराजा अग्रसेन ने हरियाणा की धरती से तीन गौरवशाली परम्पराएँ शुरू की थी। पहली कड़ी मेहनत करके अपने भाग्य को संवारने की और दूसरी अहिंसा की तथा तीसरी दूसरों के हित के लिए दान देने की। यह बड़े गर्व की बात है कि इन्हीं तीनों गौरवशाली परम्पराओं का पूरी निष्ठा से पालन करते हुए अग्रवाल समाज ने देश-विदेश में शोहरत हासिल करते हुए हर सार्वजनिक क्षेत्र में नये मापदण्ड स्थापित किये हैं। इस समाज ने दूसरों को रास्ता दिखाया है और अपने समाज में फैली कुरीतियों को दूर करने के लिए बड़े सार्थक कदम उठाये हैं।

समाज में दहेज प्रथा, शादी में फिजूलखर्ची और दिखावे की भावना पनप रही है, जोकि समाज के लिए एक कलंक है। यद्यपि दहेज लेना-देना कानूनी अपराध है, लेकिन सामाजिक चेतना से ही इस पर अधिक कारगर ढंग से अंकुश लगाया जा सकता है। युवा पीढ़ी इसे समाप्त करने में अग्रणी भूमिका निभा सकती है।

युवा पीढ़ी किसी भी समाज और राष्ट्र की बुनियाद होती है। उनके शारीरिक, मानसिक और नैतिक विकास की जिम्मेदारी अभिभावकों की होती है। युवा पीढ़ी को ही आने वाला कल सम्भालना है। उन्हें अपना दायित्व सफलतापूर्वक निभाने योग्य बनाने के लिए जहाँ उन्हें अच्छी शिक्षा जरूरी है, वहीं सफल जीवन के लिए योग्य जीवन साथी की भी आवश्यकता होती है। इस सम्मेलन के माध्यम से युवा लड़के-लड़कियों को अपनी पसन्द के अनुरूप जीवन साथी ढूँढने में सुविधा मिलेगी। साथ ही दहेज प्रथा और विवाह पर होने वाले फिजूल खर्चों पर भी अंकुश लगेगा।

दहेज सामाजिक बुराई है, जिसकी वजह से समाज में तनाव को बढ़ावा मिलता है और कन्या भ्रूण हत्या जैसी बुराइयाँ पनपती हैं। आज हरियाणा में गिरता लिंगानुपात एक चिन्ता का विषय है। वर्ष 1991 में राज्य में एक हजार पुरुषों के पीछे 865 महिलाएँ थी, जो वर्ष 2001 में घटकर 861 रह गयी हैं। इस असन्तुलन को समाप्त करने के लिए हमें एकजुट होकर प्रयास करने होंगे।

कन्या भ्रूण हत्या न केवल एक सामाजिक अभिशाप है बल्कि एक दण्डनीय अपराध भी है। इसकी सार्वजनिक तौर पर निन्दा होनी चाहिए कन्या भ्रूण हत्या की रोकथाम के लिए कानूनी प्रावधानों का कड़ाई से पालन करने के साथ-साथ सामाजिक आन्दोलन चलाने की जरूरत है। हमें हर हालात में लड़का और लड़की के भेदभाव की मानसिकता को बदलना है, तभी समाज में समान लिंगानुपात की स्थिति रह पाएगी।

हमने प्रदेश के शासन की बागडोर सम्भालते ही गिरते स्त्री-पुरुष अनुपात की समस्या को गम्भीरता से लिया है और इसके लिए कुछ महत्वपूर्ण कदम उठाये हैं। प्रसव पूर्व लिंग निदान तकनीक अधिनियम (Pre Natal Diagnostic Techniques Act) को कठोरता से लागू किया जा रहा है। मेरा इस अवसर पर उपस्थित सभी लोगों से अनुरोध है कि कन्या भ्रूण हत्या जैसी सामाजिक बुराई को समाप्त करने के लिए

अपना पूरा-पूरा योगदान दें।

अग्रवाल भाई मुख्यतः व्यापार और उद्योग से जुड़े होते हैं। इसलिए मैं थोड़ी-सी हरियाणा में उद्योग और व्यापार के लिए दी जा रही सुविधाओं के बारे में चर्चा करना चाहूँगा।

गत पाँच मार्च को सत्ता की बागडोर सम्भालते ही हमने प्रदेश में औद्योगिक विकास को सर्वोच्च प्राथमिकता दी। वर्तमान सरकार ने अपने छः महीने के थोड़े-से कार्यकाल में न केवल उद्योग जगत का विश्वास बहाल करने में सफलता हासिल की है, बल्कि प्रदेश में एक नया औद्योगिक वातावरण सृजित करने के लिए नयी उद्योग नीति लागू की है। आर्थिक और सामाजिक रूप से पिछड़े क्षेत्रों में उद्योगों को बढ़ावा देने के लिए विराट परियोजनाएँ और लघु स्तरीय उद्योगों को विशेष प्रोत्साहन दिये गये हैं। निजी क्षेत्र की भागीदारी से उच्चकोटि के इन्फ्रास्ट्रक्चर का विकास पर बल दिया गया है। आई.टी. क्षेत्र के विकास की ओर विशेष ध्यान दिया गया है।

हमारा प्रयास है कि प्रदेश में उद्योग और व्यापार फले-फूले ताकि लोगों को अधिक से अधिक रोज़गार मिले। उद्योगपतियों के साथ-साथ हमने व्यापारी भाइयों की भलाई के लिए भी कई कदम उठाये हैं। वैट प्रणाली को व्यापारी वर्ग और उद्योगपतियों के लिए सरल और तर्कसंगत बनाया है। कई वस्तुओं पर बिक्री कर कम किया और कइयों पर खत्म किया है। मेरा कहने का भाव यह है कि हमने हरियाणा को विकास और जन कल्याण के मामले में देश का नम्बर वन राज्य बनाने के लिए जो महायज्ञ रचाया है, उसमें आप अधिक से अधिक अपने योगदान की आहुति डालें।

रविवार, 11 सितम्बर 2005, जींद

एकता की मिसाल

'राष्ट्रीय एकता और सद्भावना युवा शिविर' में

कुरुक्षेत्र ज्ञान, धर्म और कर्म की भूमि है। यह भूमि भारतीय सभ्यता और संस्कृति की जन्म स्थली मानी जाती है। इसी भूमि पर भगवान श्रीकृष्ण ने मानवता के कल्याण के लिए 'गीता' के माध्यम से 'कर्मयोग' का अमर सन्देश दिया था।

गाँधीवादी विचारधारा के प्रतीक डॉ. एस.एन.सुब्बा राव जी महान स्वतन्त्रता सेनानी, निःस्वार्थ समाजसेवी और उच्चकोटि के विद्वान हैं। आपको पण्डित जवाहर लाल नेहरू जी, लाल बहादुर शास्त्री जी, श्री मुलाना अब्दुल कलाम जी जैसे महान पुरुषों के साथ काम करने का सौभाग्य मिला है। आपने आचार्य विनोवा भावे जी के भू-दान आन्दोलन में उल्लेखनीय योगदान दिया। आपने चम्बल घाटी में शिविर चलाकर सैंकड़ों खुंखार डाकुओं की मानसिकता में क्रान्तिकारी बदलाव लाकर समाज की मुख्य धारा से जोड़ा।

राष्ट्रपिता महात्मा गाँधी जी की महान विचारधारा और उनके कार्य को आगे बढ़ाते हुए आपने देश-विदेश में बड़े ही रचनात्मक कार्य किये हैं। युवाओं में राष्ट्र प्रेम, देश भक्ति और समाज सेवा की भावना को मजबूत बनाने में आपका सराहनीय योगदान है। मुझे आशा है कि आपके मार्गदर्शन में इस युवा शिविर से युवाओं को एक नया उत्साह और ऊर्जा मिलेगी।

किसी भी मुल्क के लिए नौजवान पीढ़ी सबसे बड़ी दौलत होती है, क्योंकि इन्हीं के कंधों पर मुल्क को सम्भालने, संवारने और बनाने की जिम्मेदारी होती है। नौजवान होने का अर्थ है-सीखने की ललक, कुछ कर गुजरने की चाह, नये विचार, संघर्ष का ज़ज्बा और संकल्प को पूरा करने की तमन्ना।

इतिहास इस बात का साक्षी है कि हमारे नौजवानों ने समय-समय पर अपनी शक्ति और क्षमता का परिचय दिया है। हमारे नौजवानों ने स्वतन्त्रता आन्दोलन को जन आन्दोलन बनाने में एक महत्वपूर्ण भूमिका निभाई थी और बड़ी कुर्बानियाँ दी थीं।

एक तरफ जहाँ राष्ट्रपिता महात्मा गाँधी जी, पण्डित जवाहर लाल नेहरू जी और अनेक महान नेताओं की रहनुमाई में अहिंसा के रास्ते पर चलते हुए देशवासियों ने आजादी की लड़ाई लड़ी, वहीं दूसरी ओर नेताजी सुभाष चन्द्र बोस ने आजाद हिन्द फ़ौज बनाकर अंग्रेजों से लोहा लिया।

सरदार भगत सिंह, सुखदेव, राजगुरु, उधम सिंह तथा चन्द्रशेखर आजाद जैसे अनेक वीर क्रान्तिकारियों ने हँसते-हँसते फाँसी के फंदे को चूमा। इन्होंने अपनी जवानी में आराम का रास्ता त्याग कर दूसरों की भलाई के लिए कांटों भरा रास्ता चुना और उस पर चलकर कुर्बानियाँ देने का सुनहरा इतिहास रचा।

हमारे स्वतन्त्रता सेनानियों और शहीदों ने भारत की आजादी के लिए इसलिए संघर्ष किया था कि हम भारत को एक खुशहाल और समृद्ध राष्ट्र बना सकें।

भारत के प्रथम प्रधानमन्त्री पण्डित जवाहर लाल नेहरू जी का कथन था, 'युवकों का दायित्व है कि समाज की बुराइयों के विरुद्ध विद्रोह के ध्वजवाहक बनें तथा सामाजिक प्रगति को गति दें, राष्ट्र निर्माण में बुजुर्गों के अनुभव और युवकों की ऊर्जा के संयोग की आवश्यकता है।'

श्री लाल बहादुर शास्त्री जी ने 'जय जवान-जय किसान' का नारा देकर युवकों में देशभक्ति का नया जोश पैदा किया था। राष्ट्र की एकता और अखण्डता के लिए बलिदान देने वाली हमारी लोकप्रिय नेता श्रीमती इन्दिरा गाँधी जी ने जहाँ युवा वर्ग में अनुशासन और मेहनत की उमंग जगाई थी, वहीं श्री राजीव गाँधी जी ने अपने प्रधानमन्त्री काल में युवा शक्ति में नयी उमंग, उत्साह और ऊर्जा का संचार किया था। राष्ट्र निर्माण में युवाओं की भागीदारी बढ़ाने के लिए उन्होंने मताधिकार की आयु 21 वर्ष से घटाकर 18 वर्ष की थी।

माननीय श्रीमती सोनिया गाँधी जी तथा प्रधानमन्त्री डॉ. मनमोहन सिंह जी के कुशल नेतृत्व में आज भारत 21वीं सदी में विश्व की एक बड़ी आर्थिक शक्ति बनने के पथ पर तेजी से आगे बढ़ रहा है। यू.पी.ए सरकार ने लोगों, विशेषकर युवाओं के लिए कई कदम उठाये हैं। कृषि, ग्रामीण विकास, शिक्षा और स्वास्थ्य जैसे बुनियादी क्षेत्रों के बजट में लगभग तीन गुणा की वृद्धि की है। ग्रामीण भारत का नक्शा बदलने के लिए भारत निर्माण कार्यक्रमों के माध्यम से एक नया इतिहास रचा है।

राष्ट्रीय ग्रामीण रोज़गार गारण्टी योजना, राष्ट्रीय ग्रामीण स्वास्थ्य मिशन, सर्व शिक्षा अभियान और राजीव गाँधी ग्रामीण विद्युतीकरण जैसे महत्वपूर्ण कार्यक्रमों से देश में एक नया बदलाव आ रहा है। आम आदमी बीमा योजना, वृद्धों के लिए राष्ट्रीय पेंशन योजना और श्रमिकों को बोनस के लिए आय सीमा बढ़ाने जैसे कल्याणकारी कदमों से आम आदमी में सुरक्षा की भावना मजबूत हो रही है।

कुछ राष्ट्र विरोधी ताकतें अपने तुच्छ स्वार्थों के लिए राष्ट्र विकास में रोड़ा अटकाने के असफल प्रयास करती रहती हैं। निर्दोष लोग इसकी बलि चढ़ रहे हैं। आतंकवाद फैलाने के पीछे जो कट्टरवादी ताकतें लगी हुई हैं, मेरा मानना है कि वे किसी जाति, धर्म या सम्प्रदाय से सम्बन्ध नहीं रखती, वे तो मानवता की सबसे बड़ी दुश्मन हैं। हमारी अमूल्य धरोहर धर्मनिरपेक्षता पर आतंकवाद कभी भी हावी नहीं हो सकता। आतंकवाद मानवता के नाम पर कलंक है।

हमें अपने राष्ट्र की एकता और अखण्डता की रक्षा के लिए आज एक नये जन-जागरण की जरूरत है। जरूरत है, उन नैतिक मूल्यों और आदर्शों को कायम करने की, जिसका सपना महात्मा गाँधी जी, पण्डित नेहरू जी, गोखले जी और तिलक जी, इन्दिरा गाँधी जी और राजीव गाँधी जी ने लिया था।

गाँधी जी के सत्य, अहिंसा और मानव मूल्यों की महत्ता आज और अधिक प्रासंगिक है। संयुक्त राष्ट्र महासभा ने भी उनके अहिंसा के सिद्धान्त को विश्व में बढ़ रही घृणा, द्वेष और आतंकवाद जैसी समस्याओं के लिए एक उपयुक्त हल माना है।

गाँधी जयन्ती को हर वर्ष 'अन्तर्राष्ट्रीय अहिंसा दिवस' के रूप में मनाने से विश्व में मेलजोल, भाईचारे और सद्‌भावना की कड़ियाँ मजबूत होंगी।

भारत दुनिया का सबसे बड़ा युवा शक्ति वाला देश है क्योंकि हमारे देश में 15 साल से 35 साल के नौजवानों की जनसंख्या 35 करोड़ से भी अधिक है। हम 21वीं शताब्दी में हैं और इस सदी की सबसे महत्वपूर्ण कड़ी युवा शक्ति है।

मेरा यह मानना है कि समाज में परिवर्तन लाने की असली ताकत नौजवानों के पास ही होती है। हमें अपनी युवा पीढ़ी को ज्ञानवान, सक्षम और साहसी बनाने पर ही अधिक बल देना है ताकि ग्लोबलाईजेशन के इस दौर में नयी-नयी चुनौतियों का सामना करने में वे पूरी तरह से निपुण हो सकें।

सोमवार, 23 जून 2008, कुरुक्षेत्र

कर्मठ किसान और देशभक्त जवान

जाट कान्फ्रेंस

जैसा कि सभी जानते हैं कि 'जाट' एक जाति सूचक शब्द नहीं, बल्कि न्याय और सच्चाई का प्रतीक शब्द है। जाट समाज लोकतान्त्रिक शक्तियों का एक संघ है। यह सर्वधर्म समभाव की एक मिसाल है। इसमें हिन्दू धर्म को मानने वाले, सिख धर्म को मानने वाले, मुस्लिम धर्म को मानने वाले और ईसाई धर्म में आस्था रखने वाले लोग हैं। इस समाज ने इस देश को कर्मठ किसान और देशभक्त बहादुर जवान दिये हैं। भारत की आजादी और आजादी के बाद राष्ट्र की आन, बान और शान की रक्षा के लिए क़ुर्बानी देने वालों में इस समाज का अग्रणी स्थान है।

प्रसिद्ध इतिहासविद् मिस्टर कनिंघम के अनुसार, 'जाट लोग भारत में जाट या जट्‌ट, चीन में यूची (यूती), यूनान में गिट (जेटा) और जर्मन में गाथ नाम से पुकारे जाते हैं।'

इस कौम ने मुगलों से लोहा लिया तथा मुगल साम्राज्य के पतन में मराठा और राजपूत आदि जिन जातियों की भूमिका थी, उनमें जाट वीरों का योगदान सबसे अधिक है। इस समाज ने सदा ही अन्याय के विरुद्ध संघर्ष किया, राष्ट्र के मान-सम्मान और स्वाभिमान की रक्षा के लिए बड़ी से बड़ी कुर्बानियाँ दीं। जाटों का आज तक का इतिहास इनकी वीरता, साहस, उद्यमशीलता, राष्ट्रीय-चरित्र तथा देश प्रेम का प्रतीक है। भारतीय सशस्त्र सेनाओं में जाट रेजीमेंट का एक गौरवपूर्ण स्थान है।

इस समाज ने प्रत्येक युग में महान शूरवीर, निःस्वार्थ समाज सेवी, समाज सुधारक, कुशल प्रशासक तथा दूरदर्शी राजनेता दिये हैं, जिन्होंने राष्ट्रीय और अन्तर्राष्ट्रीय क्षितिज पर एक अमिट छाप छोड़ी है। किस-किस का नाम गिनवाऊँ?

युग-पुरुष दीनबन्धु सर छोटू राम जी, भरतपुर नरेश महाराजा सूरजमल जी, पंजाब के महान शासक महाराजा रणजीतसिंह जी, महान देशभक्त शहीद भगत सिंह, हरियाणा के राजा नाहर सिंह, सेठ छाजूराम जी जैसी महान विभूतियाँ इस कौम की ही देन है।

दीनबन्धु सर छोटू राम जी ने किसानों के हित के लिए कई विधेयक बनाकर कानून पास करवाए। गिरवी रखी हुई ज़मीनें वापस दिलवाईं। बीसवीं शताब्दी की तीन क्रान्तियाँ सबसे प्रसिद्ध हुई हैं–रूसी

क्रान्ति, चीन की क्रान्ति और मुक्ति क्रान्ति। रूसी और चीनी क्रान्ति रक्त रंजित थी, जबकि भारत में आई मुक्ति क्रान्ति बौद्धिक क्रान्ति थी, जिसको लाने वाले दीनबन्धु सर छोटू राम जी भी थे। इसी प्रकार सेठ छाजूराम जी समाज के भामाशाह कहलाये। उन्होंने दिल्ली तथा हरियाणा में अनेक शिक्षण संस्थाएँ और अस्पताल खुलवाकर समाज सेवा की एक आदर्श मिसाल कायम की।

यह मेरा सौभाग्य है कि मेरा जन्म ऐसे जाट परिवार में हुआ, जिसने आजादी के आन्दोलन से लेकर भारत के नवनिर्माण में एक अहम योगदान दिया है। मेरे आदरणीय पिता चौधरी रणबीर सिंह जी ने राष्ट्रपिता महात्मा गाँधी जी और पण्डित जवाहर लाल नेहरू जी के नेतृत्व में आजादी के आन्दोलन में सक्रिय भूमिका निभाई और अनेक बार जेल की यातनाएँ सहीं। उन्होंने किसानों, ग़रीबों, पिछड़े वर्गों और दलितों के उद्धार के लिए लगातार संघर्ष किया। उन्हें आजाद भारत का संविधान बनाने वाली संविधान सभा का सदस्य होने का गौरव हासिल है। संयुक्त पंजाब के समय उन्होंने सिंचाई और विद्युत मन्त्री का दायित्व सम्भाला और हरियाणा के क्षेत्रों में सिंचाई और बिजली के प्रसार के लिए अथक प्रयास किये।

मेरे पिता चौधरी रणबीर सिंह जी का सदैव यही मानना रहा है कि शिक्षा प्रसार के बिना समाज की उन्नति नहीं हो सकती। इसीलिए उन्होंने गाँव-गाँव में शिक्षा के प्रसार के लिए अनेक स्कूल खुलवाए। आज 90-91 वर्ष की अवस्था में भी उन्हें किसान-मजदूर की चिन्ता है, ग़रीब और पिछड़े वर्ग की चिन्ता है। उन्हीं के आशीर्वाद और मार्गदर्शन में मैं भी पिछले तीन दशकों से इन वर्गों के कल्याण-उत्थान के लिए निरन्तर संघर्षरत हूँ ताकि उस किसान का जीवन-स्तर सुधर सके, जो पूरे देश का अन्नदाता है और उस मजदूर का भाग्य बदल सके, जो राष्ट्र का निर्माता है और उस ग़रीब और पिछड़े वर्ग की तकदीर संवर सके, जो अपनी आँखों में एक सुनहले भविष्य का सपना सँजोए हुए है।

यह समाज तो अन्नदाता समुदाय का प्रतिनिधित्व करता है। भारत जैसे कृषि प्रधान प्रदेश में किसानों के हितों की रक्षा सर्वोपरि है। किसान का जीवन सदैव संघर्ष से भरा होता है, चाहे वह खेत में हल चला रहा हो या सेना में प्रहरी हो। इस सम्बन्ध में भारत के प्रथम प्रधानमन्त्री श्री जवाहर लाल नेहरू जी ने अपनी प्रसिद्ध पुस्तक 'भारत की खोज' में लिखा है—'मैंने धीरे-धीरे उत्तरी और पश्चिमी ज़िलों के हट्टे-कट्टे और लम्बे-तड़ंगे जाटों का परिचय प्राप्त किया—वे जो धरती के सच्चे सपूत थे, बहादुर और स्वाध ीन और निस्बतन अधिक खुशहाल...भारत में जाटों से ज्यादा और कोई किसान ऐसा हृष्ट-पुष्ट और गुणवान नहीं है।—मिट्टी से जुड़ा हुआ और अपनी ज़मीन में किसी किस्म की दख़लअन्दाज़ी बर्दाश्त करने के ख़िलाफ़...और यही काठियावाड़ के ऊँचे और सुन्दर किसानों के बारे में कहा जा सकता है।'

जाट समाज का प्रजातन्त्र में गहरा विश्वास है। प्रतिभा, मेहनत और ईमानदारी में जाटों का कोई सानी नहीं है। अगरबत्ती के समान स्वयं जलकर दूसरों को खुशबू प्रदान करना इस समाज की विशेषता है। परहित की भावना इनमें कूट-कूट कर भरी हुई है। जाटों में सभी धर्मों, सम्प्रदायों और जातियों के प्रति सदा उदार दृष्टिकोण रहा है। आज भी इस समाज के लोग अपने बुजुर्गों की बात की आन रखते हैं। जहाँ-कहीं भी जाटों ने शासन किया, वहाँ की जनता पर अन्याय नहीं होने दिया। उनकी धार्मिक, सामाजिक और आर्थिक उन्नति के प्रति सदैव जागरूक रहे।

हमारी सरकार कृषि क्षेत्र में छोटी हो रही भूमि जोत की समस्या से निपटने के लिए कारगर कदम उठायेगी, जिसके तहत कृषि का विविधिकरण किया जायेगा। लघु कृषि को सार्थक बनाने की कोशिश की जायेगी। किसान की फसल की मार्केटिंग का पूरा प्रबन्ध किया जायेगा, जिसके तहत निर्यात जोन बनाये जायेंगे ताकि किसान को अपनी पैदावार के उचित मूल्य मिल सकें। कृषि को उद्योग का दर्जा दिया जायेगा। किसानों और मजदूरों की भलाई के लिए 'रिवाल्विंग फण्ड' स्थापित किया जायेगा, जिससे किसानों और खेतिहर मजदूरों को कम ब्याज दर पर ऋण उपलब्ध करवाए जा सकेंगे। नहरी पानी का

न्यायोचित बंटवारा करके प्रदेश के हर क्षेत्र के किसान को समुचित मात्रा में नहरी पानी उपलब्ध करवाया जायेगा। सतलुज-यमुना लिंक नहर को जल्दी पूरा करवाने के लिए हम कटिबद्ध हैं। ग्रामीण क्षेत्रों में युवाओं के लिए रोज़गार के व्यापक अवसर उपलब्ध करवाए जायेंगे। मेरा कहने का भाव यह है कि हम प्रदेश का चहुंमुखी विकास और हर वर्ग के कल्याण के लिए कोई कसर बाक़ी नहीं छोड़ेंगे।

आज इस कर्मठ समाज को अपने गौरवशाली अतीत का अवलोकन करते हुए वर्तमान में राजनैतिक, सामाजिक और सांस्कृतिक उत्थान के लिए कदम उठाने चाहिए। यह दुख की बात है कि कुछ क्षेत्रीय राजनैतिक दल अपने तुच्छ राजनैतिक उद्देश्यों की पूर्ति के लिए इस समुदाय को बाँटने की कोशिश कर रहे हैं। आज समय की जरूरत है कि सभी क्षेत्रों के इस समाज के लोगों को एक धारा में लाया जाए।

पहले जाट समाज के दो ही कार्यक्षेत्र होते थे। एक तो खेती करना तथा दूसरा सैन्य सेवा करना। लेकिन आज परिस्थितियाँ बदल गई हैं। जाट समाज के सामने अनेक समस्याएँ हैं जिनका समाधान केवल संगठित करके किया जा सकता है। हमें यह याद रखना चाहिए कि सम्मान, शक्ति और अधिकार स्वयं नहीं मिल जाते बल्कि उनकी प्राप्ति के लिए कड़ा संघर्ष करना पड़ता है। व्यक्तिगत स्वार्थ के स्थान पर समाज के हित को वरीयता देनी पड़ती है और सबसे बड़ी बात यह है कि पूरे समाज का एक स्वर और एक आवाज होनी चाहिए हमारा संगठन इतना मज़बूत, इतना सुदृढ़ और इतना व्यापक होना चाहिए कि एक आवाज मात्र पर सम्पूर्ण समाज के भाई जाग खड़े हों।

मेरा यह भी अनुरोध है कि भूमण्डलीकरण (Globalisation) के इस युग में भावी पीढ़ी को सभी चुनौतियों का सामना करने के लिए उन्हें वैज्ञानिक दृष्टिकोण अपनाने पर बल दें। अपनी नैतिक विरासत और मर्यादा को बनाये रखते हुए उन्हें आधुनिक टेक्नोलॉजी में पारंगत बनायें। इससे न केवल समाज आगे बढ़ेगा, बल्कि इसकी भारत का विश्व में गौरव बढ़ाने में भी एक अहम् भूमिका होगी।

मंगलवार 13 मार्च 2005 दिल्ली

मानवमात्र के कल्याण की प्रवृत्ति

श्री ब्राह्मण और तीर्थोद्धार सभा द्वारा आयोजित अभिनन्दन समारोह

कुरुक्षेत्र हरियाणा का गौरव है। यह पावन भूमि मानव की प्रेरणा स्रोत है। यह पुण्य भूमि ज्ञान, भक्ति और कर्म की प्रतीक है। यह वह महान भूमि है, जिसकी रज को अपने मस्तक पर लगाकर मानव स्वयं को धन्य समझता है।

यह धरा उस विश्व प्रसिद्ध धर्मयुद्ध महाभारत की साक्षी रही है, जो अन्याय, अधर्म और असत्य के विरुद्ध यहाँ पर लड़ा गया था। यहीं पर भगवान श्री कृष्ण के मुखारविंद से श्रीमद्भगवद् गीता के स्वर गूँजे थे। गीता में 'कर्म' करने पर बल दिया गया है। 'निष्काम कर्म' एक ऐसा दर्शन है, जो कि हर प्राणी, प्रत्येक समाज और राष्ट्र की उन्नति का आधार है। आज हमें अपनी उन्नति, अपने समाज की उन्नति और अपने प्रदेश की उन्नति के लिए 'कर्म संस्कृति' को आत्मसात करना होगा। तभी हम हरियाणा को विकास और जन कल्याण के मामले में देश का नम्बर वन राज्य बनाने में सफल हो सकेंगे।

वर्तमान हरियाणा सरकार 36 बिरादरियों की सरकार है। यह सरकार वादों में कम और कर्म में ज्यादा विश्वास रखती है। आपकी सरकार ने पिछले छः महीनों में जो जन कल्याण के क्षेत्र में पहल की है और विकास के कार्यक्रम और योजनाएँ बनाई हैं, उनका आप लोगों ने भरपूर स्वागत और समर्थन किया

है। हमने समाज के सभी वर्गों चाहे वह किसान है, मजदूर है, व्यापारी है, अनुसूचित जातियों और पिछड़े वर्गों के लोग हैं या महिलाएँ हैं, सभी के कल्याण-उत्थान के लिए कदम उठाये हैं।

ब्राह्मण समाज का तो सदैव ही एक सम्मानित दर्जा प्राप्त रहा है। यह दर्जा जन्म और जाति से नहीं, बल्कि उसके ज्ञान तथा मानवमात्र के कल्याण की प्रवृत्ति के कारण है। आज भी एक सच्चे ब्राह्मण को हमारे समाज में आदर की भावना से देखा जाता है। ब्राह्मण त्याग, तपस्या और सरलता तथा सेवा का प्रतीक है। हमारी पुरानी सामाजिक व्यवस्था में ब्राह्मण सब का मार्गदर्शक रहा है।

आज ब्राह्मण समाज को यदि वही निष्ठा, श्रद्धा तथा सम्मान पाना है तो उन्हें ब्राह्मण के उन गुणों को भी जगाना होगा, जिनके कारण से वह हमारे समाज का हमेशा पथ प्रदर्शक रहा है।

आज हमारी मुख्य लड़ाई अज्ञानता, अनपढ़ता और अंधविश्वास के खिलाफ है। आप लोगों से अनुरोध है कि समाज में फैली बुराइयाँ, अंधविश्वास और अनपढ़ता को मिटाने के लिए अपनी महत्वपूर्ण भूमिका निभायें। कुरुक्षेत्र की इस पावन भूमि ने सदा ही समाज को एक नयी दिशा दी है।

कुरुक्षेत्र तीर्थ स्थल हमारी सांस्कृतिक धरोहर हैं, इसको सँजोकर रखना तथा यहाँ के तीर्थ स्थलों का जीर्णोद्धार करना हमारा कर्त्तव्य है। जिस देश ने अपनी सांस्कृतिक धरोहर को सहेजकर नहीं रखा उनकी सभ्यताएँ ही नष्ट हो गयी। अतः हमें अपनी भारतीय सभ्यता और संस्कृति की अमूल्य धरोहरों को हर स्थिति में बनाये रखना है। कुरुक्षेत्र तीर्थ भी इन महान धरोहरों का अभिन्न अंग है, जिसके वैभव को बनाये रखने के लिए हम कटिबद्ध हैं।

हरियाणा सरकार मेहनत, ईमानदारी और निष्ठा से काम करके प्रदेश की जनता की आशाओं और आकांक्षाओं पर खरा उतरने के लिए समर्पित है।

रविवार, 11 सितम्बर 2005, कुरुक्षेत्र

शायरी में इन्सानियत

इण्डो-पाक बाबा फरीद सेमिनार

हरियाणा, हिन्दुस्तान का वह राज्य है, जहाँ सूफी मत का उद्गम और विकास हुआ। सूफी मत की अज़ीम हस्ती बाबा फरीद, जिन पर यह दो दिवसीय इण्डो-पाक सेमिनार आयोजित किया जा रहा है, एक सहज शायर होने के साथ-साथ महान सूफी विद्वान थे। उन्होंने अपनी शायरी में इन्सानी ज़िन्दगी को ऊँचा उठाने पर जोर दिया है।

यह खुशी की बात है कि हरियाणा उर्दू अकादमी ने जहाँ अपनी साहित्यिक गतिविधियों से अपनी एक अलग पहचान बनाई है, वहीं हरियाणा के साहित्य और यहाँ के साहित्यकारों के काम को भी जनता तक पहुँचाने का प्रयास किया है। आज का यह सेमिनार इसी सिलसिले की कड़ी है। इस सेमिनार में बाबा फरीद की शायरी, उनकी शिक्षाओं और उनके दर्शन पर विस्तृत रूप से विचार मंथन होगा। बाबा फरीद की शायरी, उनकी सूफियाना ज़िन्दगी और शिक्षाओं को लोगों तक पहुँचाने में भी इस सेमिनार से बड़ी सहायता मिलेगी।

बाबा फरीद इस उपमहाद्वीप के पहले सूफी शायर हैं जो भारत से बाहर प्रसिद्ध हुए। उनमें इन्सानी दोस्ती और कौम परस्ती का जज़्बा कूट-कूट कर भरा था। उनकी शायरी हिन्दू-मुस्लिम एकता और आपसी भाईचारे को बल देने वाली है। ज़बानो बयान और शैली की दृष्टि से यह बहुत महत्वपूर्ण और समाज को प्रेरित करने वाली है। यह बाबा का कमाल था कि उन्होंने आसान ज़ुबान में गहरी बात कही। ऐसी

बात, जिसने जन मानस पर गहरा असर छोड़ा। उन्होंने आम इन्सान को इन्सानियत का पाठ पढ़ाया। वह चाहते थे कि नया समाज, नयी विचारधारा लिये हुए हो, जिसमें छोटे-बड़े का भेद न हो। वे कहते हैं—

फरीदा मैंनूं मुंज कर, निक्की करके कुट्टू।
भरे ख़ज़ाने रब्ब दे, जो भावे सो लुट्टू।।

मैं बताना चाहूँगा कि बाबा फरीद जितने पाकिस्तान में मशहूर हैं, उतने ही हिन्दुस्तान में भी। हरियाणा से तो उनका गहरा सम्बन्ध था। उन्होंने हांसी में रहकर सूफी मत का प्रचार किया।

हरियाणावासियों को इस बात पर गर्व है कि उर्दू हरियाणा की ही धरती पर पैदा हुई और इसी धरती पर परवान चढ़ी। उर्दू एक ऐसी ज़ुबान है, जो आपसी मोहब्बत और राष्ट्रीयता को बढ़ावा देने में सबसे ज्यादा नुमायाँ काम कर रही है। 'इंकलाब ज़िन्दाबाद' का नारा उर्दू की ही देन रहा है। यह उर्दू ज़ुबान ही है, जिसकी वजह से आज पाकिस्तान के नामवर लेखक और शायर यहाँ मौजूद हैं। मुझे खुशी है कि हमारी इस कोशिश को कामयाब बनाने में आप हज़रात महान सूफी शायर बाबा फरीद की साहित्यिक सेवाओं पर चर्चा करेंगे।

यदि हम अपने तारीख़ी पसमंज़र को देखें तो भारत और पाकिस्तान के लोगों की समाजी, माली, सियासी, अदबी और तहज़ीबी और मज़हबी पृष्ठभूमि एक जैसी रही है। हिन्दुस्तान की जंगे आजादी दोनों ने एक साथ लड़ी थी और अपने वतन की आजादी के लिए कुर्बानियाँ दी थी। दोनों मुल्कों की एक सांझी विरासत है। दोनों मुल्कों की सरहदें भी कुदरती तौर पर अलग नहीं हैं। आज भी दोनों मुल्कों में ज़ुबान से लेकर सभी रस्मो-रिवाज़ एक जैसे हैं। ग्लोबलाइजेशन के इस दौर में दोनों मुल्कों के बीच आपसी सहयोग को मजबूत बनाना आज समय की जरूरत है।

आज दोनों ही मुल्क 8 अक्तूबर को आये भूकम्प की त्रासदी से जूझ रहे हैं। भारत में जहाँ जम्मू-कश्मीर में भूकम्प से तबाही हुई, वहीं पाकिस्तान में तो इस प्राकृतिक आपदा ने जानमाल का बड़ा भारी नुकसान किया है। इस संकट से उभरने के लिए हर भारतवासी पाकिस्तान भाइयों की हर सम्भव सहायता कर रहा है। आज भारत और पाकिस्तान के बीच दोस्ती और विश्वास के नये रिश्ते कायम करने के लिए जो पहल हो रही है, वह दोनों मुल्कों के अवाम के दिल की बात है और यह सिलसिला इसी तरह जारी रहना चाहिए।

मुझे यह कहते हुए खुशी महसूस हो रही है कि हरियाणा उर्दू अकादमी की स्थापना के बाद प्रदेश में उर्दू के लिए एक खुशगवार माहौल बना है, इसके लिए अकादमी द्वारा उर्दू ज़ुबान और अदब के लिए जो बुनियादी कदम उठाये गये हैं, वह प्रशंसनीय हैं। आज हमारी अकादमी हिन्दुस्तान की पहली अकादमी है, जहाँ उर्दू के साहित्यकारों को हरियाणा राज्य परिवहन की बसों में यात्रा की मुफ़्त सुविधा प्रदान की जाती है। साहित्य और साहित्यकार के इस सम्मान की मिसाल देश के अन्य किसी राज्य में देखने को नहीं मिलती।

हरियाणा उर्दू अकादमी साहित्यिक आयोजनों के साथ-साथ राज्य में उर्दू के प्रचार-प्रसार के प्रति भी समर्पित है। अकादमी द्वारा अब तक उर्दू में 100 से अधिक पुस्तकें प्रकाशित की जा चुकी हैं। आज की जरूरतों को ध्यान में रखकर अकादमी ने अपनी योजनाओं का नवीनीकरण करके इसे सूचना प्रौद्योगिकी से भी जोड़ने का प्रयास किया है। आज अकादमी का अपना एक उर्दू कम्प्यूटर सेंटर है, जिसमें कम्प्यूटर तकनीक के साथ उर्दू भाषा और साहित्य का ज्ञान भी दिया जा रहा है।

उर्दू अकादमी साहित्यकारों का सम्मान करती है। हरियाणा से सम्बन्धित पुस्तकों का प्रकाशन करवाती है। यह राज्य के उर्दू लेखकों को उनकी पुस्तकों के प्रकाशन के लिए सहायतानुदान और प्रकाशित पुस्तकों पर पुरस्कार देती है। हरियाणा की साहित्यिक संस्थाओं को साहित्यिक आयोजनों के लिए सहायता

राशि भी प्रदान करती है। अकादमी द्वारा 'जमनातट' और 'ख़बरनामा' नामक पत्रिकाओं का प्रकाशन भी किया जा रहा है।

उर्दू के महान शायर बाबा फरीद के बारे में अकादमी द्वारा आयोजित इस दो दिवसीय सेमिनार में पाकिस्तान और हिन्दुस्तान के दूर-दराज़ से आये विद्वान, लेखक और शायर भाग ले रहे हैं। मुझे विश्वास है कि इनकी आपसी चर्चा और विचार-विमर्श से जहाँ दोनों मुल्कों के साहित्यिक सम्बन्ध और मजबूत होंगे, वहीं इस महान शायर के बहुमुखी व्यक्तित्व के बारे में नयी-नयी बातें जानने को मिलेंगी। मैं आप सभी का इस्तकबाल करता हूँ और उम्मीद करता हूँ कि आगे भी आप इसी तरह हमारे साथ अपना सहयोग बनाये रखेंगे। अकादमी द्वारा पिछले दिनों महान शायर मौलाना हाली के बारे में भी सफल सेमिनार आयोजित किया था। उस सेमिनार की रिपोर्ट पाकिस्तान में भी छपी थी। उस सेमिनार में हाली के मकान में स्कूल बनाने का जो प्रस्ताव दिया गया था, उस पर तेजी से कार्यवाही की जा रही है।

मैं अपनी बात हरियाणा की धरती फिरोज़पुर झिरका में पैदा हुए वरिष्ठ उस्ताद शायर दाग़ के इस शेर के साथ खत्म करता हूँ कि–

उर्दू है जिसका नाम हमी जानते हैं ''दाग़''
सारे जहाँ में धूम हमारी ज़ुबाँ की है।

सोमवार, 24 अक्तूबर 2005, चण्डीगढ़

आँधी में दीपक

वैश्य महाविद्यालय की हीरक जयन्ती के अवसर पर

किसी भी शिक्षा संस्था का हीरक जयन्ती आयोजन उसके गौरव का पर्व होता है। जब मैं इस संस्था के सुनहरे अतीत के बारे में सुन रहा था तो मुझे यह जानकर बड़ा गर्व हुआ कि वैश्य महाविद्यालय की स्थापना उस समय हुई थी, जब भारत गुलामी की जंज़ीरों में जकड़ा हुआ था और यह क्षेत्र शिक्षा की दृष्टि से बहुत पिछड़ा हुआ था। उस समय उच्च शिक्षा के लिए आस-पास कोई कॉलेज नहीं था। ग़रीबी के कारण उच्च शिक्षा के लिए किसी दूसरे शहर में जाना हर किसी के बस की बात नहीं थी। उस समय देशभर में आजादी का आन्दोलन जोरों पर था।

भारतीयों को शिक्षा से दूर रखने की अंग्रेजों की कूटनीति को विफल करने के उद्देश्य से वैश्य महाविद्यालय ट्रस्ट ने भिवानी में 1944 में इस कॉलेज की स्थापना करके अपने साहस, देशभक्ति और गुलामी की जंज़ीरों को तोड़ने के लिए अपने पक्के इरादे का परिचय दिया था।

उस समय यह प्रयास यदि मैं यह कहूँ कि 'आंधी में दीपक जलाने जैसा था'। इस अवसर पर मुझे किसी विद्वान की यह बात भी याद आ रही है कि 'अंधेरों को कोसने से अच्छा है, उनको दूर करने के लिए एक चिराग जलाओ।' इस नाते इस महाविद्यालय के संस्थापक ट्रस्टीगण ने समाज को शिक्षा देने के उद्देश्य से यह बड़ा महान काम किया था। इस ट्रस्ट से सेठ जुगल किशोर बिड़ला, सेठ किरोड़ीमल लुहारी वाला, सेठ मेलाराम जी मोडा, सेठ रामकिशन जी डालमिया तथा अनके दानी सेठ जुड़े रहे हैं। समाज के लिए शिक्षा उपलब्ध कराने की दिशा में उन सभी महानुभावों को याद करते हुए उनकी भावनाओं को भी मैं नमस्कार करता हूँ।

इतिहास इस बात का गवाह है कि आजादी के आन्दोलन से लेकर आज तक राष्ट्र के नव-निर्माण में वैश्य समाज उल्लेखनीय भूमिका निभा रहा है। समाज सेवा के लिए दान देने और आपसी सहयोग

की जितनी भावना वैश्य समाज में है, उतनी श्रेष्ठ भावना बहुत ही कम लोगों में है। शिक्षा और स्वास्थ्य सुविधाओं के प्रसार और समाज सेवा के विभिन्न क्षेत्रों में वैश्य समाज का सराहनीय योगदान है। शिक्षा और स्वास्थ्य किसी भी स्वस्थ समाज की बुनियाद होते हैं। शिक्षा राष्ट्र के सबसे महत्वपूर्ण कार्यकलापों में से एक है। यह गर्व की बात है कि वैश्य महाविद्यालय पिछले 60 वर्षों से निरन्तर शिक्षा प्रसार में समर्पित हैं। आज यह कॉलेज राज्य के प्रतिष्ठित कॉलेजों में गिना जाता है। शिक्षा संस्थाओं के लिए 60 साल कोई ज्यादा उम्र नहीं होती। इस नाते तो मैं यही कहूँगा कि यह कॉलेज अब पूरी तरह जवान हो गया है।

अपनी 60 साल की लम्बी यात्रा में यह संस्था कई बदलावों को देख चुकी है। इसने शिक्षा के वर्तमान समय में हो रहे बदलावों को अच्छी तरह समझा है तथा इसके द्वारा अपने विद्यार्थियों को समय तथा स्थिति का सामना करने के योग्य बनाने का अच्छा प्रयास किया जा रहा है।

इस कॉलेज से शिक्षित अनेक विद्यार्थी विभिन्न क्षेत्रों में अच्छे-अच्छे पदों पर राष्ट्र की सेवा कर रहे हैं। मुझे यह जानकर प्रसन्नता हुई है कि राज्य सरकार के तीन वरिष्ठ अधिकारी श्री एम.एल. तायल, श्री के.सी. शर्मा तथा डॉ. दलीप सिंह इसी महाविद्यालय के विद्यार्थी रहे हैं। श्री शशि रंजन प्रदीप जैसे प्रतिभाशाली कलाकार भी इस महाविद्यालय की देन हैं। असल में छात्र समुदाय किसी भी संस्था की शोहरत के नुमाइंदे होते हैं। इसके लिए यह संस्था बधाई की पात्र है।

किसी भी संस्था का हीरक जयन्ती आत्म-विवेचन करने और भविष्य की चुनौतियों का मुक़ाबला करने के लिए संकल्प का मौका भी होता है। मुझे विश्वास है कि यह कॉलेज अपने गौरव और गरिमा को बनाये रखेगा।

आज के युग में शिक्षा संस्थाओं का यह कर्त्तव्य बन जाता है कि वे नौजवानों को समय की जरूरतों के मुताबिक शिक्षा देने का काम करें। आज हम 21वीं शताब्दी में हैं। कम्प्यूटर का युग है और प्रतियोगिता का जमाना है। हमारी युवा पीढ़ी को विश्व की तरक्की की होड़ में हिस्सा लेना है।

हमारी युवा पीढ़ी में काम करने की अपार क्षमता छिपी हुई है। आज के दौर की चुनौतियों का सामना करने के लिए हमें अपनी युवा पीढ़ी को और अधिक चुस्त और उत्साही बनाना होगा। हमें उन्हें ज्ञान के प्रति जिज्ञासु बनाना होगा और उनमें एक ऐसा आत्म-विश्वास जगाना होगा, ताकि वे प्रगति की दौड़ में आगे निकल सके। साथ-साथ राष्ट्र और समाज के विकास में रचनात्मक योगदान दे सकें। यह काम शिक्षक समाज ही कुशलता से कर सकता है।

मैं यह मानता हूँ कि देश की आजादी के बाद लगभग छः दशकों में शिक्षा का बहुत प्रसार हुआ है। आधुनिक भारत के निर्माता प्रथम प्रधानमन्त्री पण्डित जवाहरलाल नेहरू जी ने विज्ञान और टेक्नोलॉजी की शिक्षा के लिए एक मजबूत आधार तैयार किया, जिसका परिणाम यह है कि आज हमारे देश में योग्य वैज्ञानिकों, योग्य डॉक्टरों और कुशल तकनीकी व्यक्तियों की कोई कमी नहीं है और भारत के बुद्धिजीवियों का लोहा तो पूरा विश्व मानता है। आज शिक्षकों को बड़ी गहराई से यह विचार करने की आवश्यकता है कि उच्च शिक्षा को किस प्रकार और कारगर बनाया जाए ताकि हमारी नौजवान पीढ़ी में एक नया दृष्टिकोण पनपे और उनमें स्वावलम्बी बनने की भावना मजबूत हो।

पिछले साढ़े आठ महीनों में हमने प्राथमिक शिक्षा से लेकर उच्चतर शिक्षा और तकनीकी शिक्षा में गुणात्मक सुधार लाने के लिए कई कदम उठाये हैं। शिक्षा प्रसार और तकनीकी शिक्षा के लिए वर्तमान वित्त वर्ष के बजट में भारी वृद्धि की गई है और शिक्षा के सर्वांगीण विकास हेतु व्यापक योजनाएँ बनाई गई हैं। राज्य में उच्च शिक्षा को रोज़गारोन्मुखी बनाने के लिए इस शैक्षणिक सत्र से राजकीय महाविद्यालयों में रोज़गार उन्मुख कई नये पाठ्यक्रम शुरू किये गये हैं। उच्चकोटि की शिक्षा देने के लिए कुण्डली में 'राजीव गाँधी एजुकेशन सिटी' स्थापित करने के लिए कार्यवाही शुरू कर दी गई है।

प्राध्यापकों और विद्यार्थियों को सॉफ़्ट स्किल्स (Soft skills) में प्रशिक्षण देने की स्कीम छः राजकीय महाविद्यालयों में शुरू की गई है। इस स्कीम के तहत सूचना तकनीक और संचार कौशल का क्रियात्मक ज्ञान प्रदान किया जाता है।

राजकीय स्कूलों में 50 हजार प्रतिभावान छात्रों को 'राजीव गाँधी छात्रवृत्ति' देने की एक योजना शुरू की गई है। इसी प्रकार राजकीय महाविद्यालयों में बी.ए., बी.एस.सी. तथा बी.काम कक्षाओं की वार्षिक परीक्षाओं में प्रथम, द्वितीय और तृतीय आने वाले छात्र-छात्राओं को भी छात्रवृत्तियाँ दी जायेंगी। ऐसी ही छात्रवृत्तियाँ स्नातकोत्तर कक्षाओं के विद्यार्थियों को भी दी जायेंगी। हरियाणा में कुल 141 प्राइवेट कॉलेजों में से 96 कॉलेजों को सरकारी सहायता मिलती है। इस वित्त वर्ष के लिए इन कॉलेजों को ग्राण्ट इन एड (Grant-in-aid) देने के लिए 82 करोड़ 50 लाख रुपये की राशि का बजट प्रावधान किया गया है। कुरुक्षेत्र विश्वविद्यालय और महर्षि दयानन्द विश्वविद्यालय से सम्बन्ध सरकारी सहायता प्राप्त प्राइवेट कॉलेजों में शिक्षा को रोज़गारोन्मुखी बनाने के लिए कई वोकेशनल और प्रोफैशनल कोर्सिज चलाने के लिए पूर्ण छूट प्रदान कर दी है, जिसके लिए एन.ओ.सी. की अनिवार्य शर्त को हटा दिया गया है। सरकारी सहायता प्राप्त कॉलेजों में भर्ती करने पर पाबन्दी को हटा दिया गया है। प्रदेश के सरकारी सहायता प्राप्त कॉलेजों में अध्यापकों और गैर-शिक्षण कर्मचारियों के 939 पद रिक्त पड़े हैं, जिन्हें चरणबद्ध तरीके से भरने की अनुमति दी गई है। शहीद उधम सिंह नेशनल कॉलेज, मटक माजरी, इन्द्री को सरकारी नियन्त्रण में लिया गया है। जींद में श्रीमती इन्दिरा गाँधी जी के नाम से एक नया राजकीय महिला महाविद्यालय तथा साहा में महाविद्यालय खोलने का प्रस्ताव विचाराधीन है। पंचकूला में भी महिला महाविद्यालय निर्माणाधीन है।

राज्य सरकार ने यूनिवर्सिटी ऑफ़ पैट्रोलियम एण्ड एनर्जी स्टडीज़, देहरादून (University of Petrolium and Energy Studies, Dehradun) को गुड़गाँव में क्षेत्रीय केन्द्र खोलने के लिए अनापत्ति प्रमाण-पत्र दिया है। स्कूली शिक्षा के ढाँचे में एक विशेष परिवर्तन किया गया है। प्राथमिक और माध्यमिक शिक्षा निदेशालयों के बीच सही तालमेल स्थापित करने के लिए उन्हें एक किया गया है।

इस अवसर पर मैं नौजवान साथियों को भी कहना चाहूँगा कि नयी विश्व व्यवस्था में सभी क्षेत्रों में कम्पीटिशन फैला हुआ है। इसलिए आपको अध्ययन के प्रति पूरी ईमानदारी बरतनी चाहिए, क्योंकि प्रतियोगिता में केवल वही ठहर सकता है, जो बाहर-भीतर से ठोस हो और मजबूत हो। शिक्षा ही हमें यह मजबूती देती है। मेहनत करें, साहसी बनें, अनुशासन में रहें तो कोई कारण नहीं कि सफलता सदा आपके चरण न चूमे। मैं स्वामी विवेकानन्द जी की इन पंक्तियों के साथ अपनी बात को विराम देता हूँ—

'उठो! जागो! और लक्ष्य की प्राप्ति तक बढ़े चलो।'

रविवार, 20 नवम्बर 2005, भिवानी

विचारों के उद्यान का कल्प-तरू

कुरुक्षेत्र उत्सव और गीता जयन्ती समारोह के अवसर पर

धर्मक्षेत्र-कुरुक्षेत्र भारतीय सभ्यता और संस्कृति की जन्म स्थली और अध्यात्मिक चिन्तन का प्राचीनतम केन्द्र है। यह वह महान भूमि है, जिसकी रज का अपने मस्तक पर तिलक लगाकर मानव स्वयं को धन्य समझता है।

वेदों-उपनिषदों की रचना स्थली का महाभारत और गीता से गहरा नाता है। यह भूमि उस विश्व

प्रसिद्ध धर्मयुद्ध महाभारत की साक्षी रही है, जो अन्याय, अधर्म और असत्य के विरुद्ध यहाँ पर लड़ा गया था। इसी धरा पर भगवान् श्रीकृष्ण के मुखारविन्द से श्रीमद्‌भगवद्‌गीता के स्वर गूँजे थे, जो आज भी मानवता का मार्गदर्शन कर रहे हैं।

गीता के पहले श्लोक का आरम्भ ही 'धर्मक्षेत्र-कुरुक्षेत्र' से होता है, जिसमें कुरुक्षेत्र को धर्मक्षेत्र की संज्ञा दी गई है। कहते हैं-*'गंगा के तो केवल जल से ही मुक्ति प्राप्त होती है और वाराणसी की भूमि और जल में ही मोक्ष देने की शक्ति है, परन्तु कुरुक्षेत्र के जल, थल और वायु-तीनों ही मुक्ति प्रदाता हैं।*

इसी प्रकार, श्रीमद्‌भगवद् गीता एक अमूल्य रत्न है। यह सभी धर्मों का सार है। साहित्य सागर में अमृत कुम्भ है और विचारों के उद्यान में कल्प-तरू है। सद्‌मार्ग दिखाने के लिये संसार भर में गीता एक अद्वितीय और अद्‌भुत प्रकाश स्तम्भ है। इसमें ज्ञान, कर्म और भक्ति का बेजोड़ संगम है। यह तो उस ममतामयी माँ की तरह है, जो अपने शिशु को उसकी उंगली पकड़कर जीवन की राह दिखाती है।

राष्ट्रपिता महात्मा गाँधी जी भी गीता को 'माता' मानते थे। उन्होंने लिखा है–'आज गीता मेरे लिए केवल बाइबल नहीं है, कुरान नहीं है, मेरे लिए वह माता हो गई है। मुझे जन्म देने वाली माता तो चली गई, पर संकट के समय गीता माता के पास जाना मैं सीख गया हूँ। मैंने देखा है जो कोई इस माता की शरण जाता है, उसे ज्ञानामृत से वह तृप्त करती है।'

भगवान् श्रीकृष्ण ने ज्ञान-सागर को 18 अध्यायों तथा 700 श्लोकों की गीता रूपी गागर में भरकर मानव जाति के कल्याण का मार्ग दिखाया है। इसके 700 श्लोक जीवन के 700 सूत्र प्रतिपादित करते हैं। सच तो यह है कि मानव जीवन की सभी समस्याओं के हल और मानव प्रबन्धन यानी के ह्यूमन मैनेज़मेंट (Human Management) के लिए यह सबसे उत्तम मार्गदर्शक है।

गीता में कर्म करने पर बल दिया गया है। 'निष्काम कर्म' एक ऐसा दर्शन है, जो कि हर प्राणी, प्रत्येक समाज और राष्ट्र की उन्नति का आधार है। मुझे यह कहते हुए बड़ा दुःख होता है कि यह महान ग्रन्थ, हमारी धरती पर रचा गया और जिसने न केवल हमें बल्कि विश्वभर के मुल्कों को एक नया रास्ता दिखाया। आज जबकि दुनिया के अधिकांश देश गीता के अमर सन्देश 'कर्म संस्कृति' को अपनाकर चरितार्थ कर रहे हैं, लेकिन हमारे देश के लोग अपनी इस संस्कृति से विमुख होते जा रहे हैं।

आज हमें अपनी उन्नति, अपने समाज की उन्नति और अपने राष्ट्र की उन्नति के लिए अपनी 'कर्म संस्कृति' को अपनाना होगा। तभी हम भू-मण्डलीकरण के इस दौर में विकसित देशों के सामने प्रतिस्पर्धा में टिक सकेंगे। इस समारोह का उद्देश्य भी यही है कि हम अपनी प्राचीन संस्कृति को स्मरण करते हुए नयी प्रेरणा से समाज, प्रदेश और राष्ट्र के विकास में निःस्वार्थ भाव से योगदान देने हेतु संकल्प लें।

राष्ट्रीय विज्ञान संग्रहालय परिषद्, कोलकाता के सहयोग से स्थापित पैनोरमा और विज्ञान केन्द्र युवा वर्ग तथा भावी पीढ़ी को हमारी गौरवशाली विज्ञान और प्रौद्योगिकी की प्राचीन विरासत से अवगत करवाने में उल्लेखनीय भूमिका निभा रहा है।

केन्द्रीय पर्यटन और संस्कृति मन्त्रालय द्वारा स्थापित महाभारत और गीता से सम्बन्धित विभिन्न पहलुओं को उजागर करने वाली ध्वनि और प्रकाश परियोजना श्रद्धालुओं के आकर्षण का केन्द्र है।

तीर्थ स्थल हमारी सांस्कृतिक धरोहर हैं, इनको सँजोकर रखना हमारा धर्म है। जिस देश ने अपनी सांस्कृतिक धरोहर को सहेजकर नहीं रखा उनकी सभ्यताएँ ही नष्ट हो गईं। अतः हमें अपनी भारतीय

सभ्यता और संस्कृति की अमूल्य धरोहरों को हर स्थिति में बनाये रखना है। कुरुक्षेत्र तीर्थ भी इन महान धरोहरों का अभिन्न अंग है, जिसके वैभव को बनाये रखने के लिए हम कटिबद्ध हैं।

रविवार, 11 दिसम्बर 2005, कुरुक्षेत्र

आशा की किरण

लुईस ब्रेल की जयन्ती के अवसर पर

नेत्रहीनों के लिए पढ़ाई के 'ब्रेल सिस्टम' (Braille System) की खोज फ्रांस के महान पुरुष लुईस ब्रेल ने की थी। उनका जन्म 196 साल पहले आज ही के दिन सन् 1809 में पेरिस के पास एक छोटे से गाँव में हुआ था। इसीलिए सारे संसार में आज का दिन 'विश्व ब्रेल दिवस' के रूप में मनाया जाता है।

श्री लुईस ब्रेल एक ऐसे महापुरुष थे, जिन्होंने विश्व के करोड़ों नेत्रहीनों व्यक्तियों के अंधकारपूर्ण जीवन में आशा की किरण पैदा की। ब्रेल सिस्टम कैसे पनपा और सारे संसार में इसका कैसे विकास हुआ इसको मैं दोहराने की जरूरत नहीं समझता। आज सारे संसार में जितने भी ऐसे विद्यालय या शिक्षण संस्थाए हैं, जहाँ नेत्रहीनों को शिक्षा दी जाती है, वहाँ ब्रेल सिस्टम के द्वारा ही पढ़ाया जाता है और आज यह सिस्टम सारे संसार में लोकप्रिय हो चुका है।

बचपन में हुई एक दुर्घटना के कारण लुईस ब्रेल की आँखों की ज्योति खो गई थी, इसीलिए वे नेत्रहीनों की पीड़ा और कठिनाइयों को समझते थे। वे बड़े कल्पनाशील और प्रतिभावान थे। उन्होंने अपनी कल्पना शक्ति और आत्मा की ज्योति से एक ऐसे सिस्टम का ईजाद किया, जिसके फलस्वरूप उनका नाम इतिहास में सुनहरी अक्षरों में अंकित हुआ। उन्हें ब्रेल सिस्टम का 'भीष्म पितामह' कह दिया जाए तो कोई गलती नहीं होगी। हालाँकि 43 वर्ष की आयु में ही 6 जनवरी, 1852 को उनका निधन हो गया था। लेकिन इतनी छोटी-सी अवस्था में ही उन्होंने नेत्रहीनों के जीवन में ज्ञान ज्योति का संचार करने के लिए वह महान काम किया है, जिसका कर्ज़ न वर्तमान पीढ़ी उतार सकती है और न ही आने वाली पीढ़ियाँ।

आप जानते हैं कि विकलांगता चाहे कैसी भी हो, वह जीवन के सही संचालन में बाधक अवश्य होती है। नेत्र ज्योति का चला जाना या जन्म से ज्योति का न होना कुछ अधिक कष्टकारक होता है। एक अनुमान के अनुसार पूरे संसार में लगभग 45 करोड़ लोग अन्धेपन के शिकार हैं, जिसका दो तिहाई भाग अकेले एशिया और अफ्रीका जैसे क्षेत्रों में है और 70 लाख लोग अकेले भारत में हैं।

विश्व स्वास्थ्य संगठन के अनुसार जनसंख्या बढ़ने और औसत आयु की दर में वृद्धि होने से अंधेपन की संख्या वर्ष 2020 तक दोगुना होने का अनुमान है। दुनिया में कुल आबादी का दस प्रतिशत किसी न किसी रूप में विकलांग है। इसमें से 80 प्रतिशत विकलांग लोग विकासशील देशों में रहते हैं। इनके पुनर्वास के लिए अन्य सुविधाओं के अलावा सामाजिक जागरूकता की भी बड़ी जरूरत है।

विकलांगता एक कुदरती हादसा होता है। विकलांग व्यक्ति, चाहे वह शारीरिक रूप से है या मानसिक रूप से है, हमारे समाज का उसी प्रकार से महत्वपूर्ण अंग है जैसे कोई आम व्यक्ति। यह प्रकृति की देन है कि विकलांग लोगों में ऐसी चेतनाएँ विकसित हो जाती हैं, जिसके बल पर वे अनोखे कार्य कर जाते हैं।

आप हेलन केलर के बारे में जानते हैं कि किस प्रकार अंधी, गूँगी और बहरी होते हुए भी उसने पढ़ने और भाषण देने की महारत हासिल की। फरीदाबाद के ही सीही गाँव में पैदा हुए सूरदास जन्म से अंधे होने के बावजूद भी महाकवि बने। उन्होंने कृष्ण की बाल लीलाओं का इतने सुन्दर ढंग से चित्रण किया कि कोई आँखों वाला भी नहीं कर सकता।

यह ख़ुशी की बात है कि नेत्रहीन और विकलांग व्यक्ति आज हमारे प्रदेश में भी कई ऊँचे पदों पर हैं और भारत के दूसरे प्रांतों में भी इन्होंने अपनी प्रतिभाओं के लिए बहुत नाम कमाया है। मेरे विचार में विकलांगों की सबसे बड़ी समस्या है, उनकी विकलांगता के लिए इलाज और पुनर्वास की।

विकलांगता के ज़्यादातर मामले पोलियो के कारण होते हैं। पोलियो एक भयंकर बीमारी है। इसलिए हमने हरियाणा में पोलियो को जड़ से खत्म करने का संकल्प लिया हुआ है।

मुझे यह कहते हुए ख़ुशी हो रही है कि प्रदेशवासियों के भरपूर सहयोग और राज्य सरकार द्वारा उठाये गये सार्थक कदमों तथा प्रतिरक्षण अभियानों के परिणामस्वरूप वर्ष 2005 में हरियाणा में पोलिया का कोई भी केस देखने में नहीं आया।

हमने अपने प्रदेश में 'अन्धता निवारण' कार्यक्रम के तहत कई स्कीमें शुरू की हुई हैं। इस समय राज्य में नेत्रहीनता की दर 1.13 प्रतिशत है, जबकि राष्ट्रीय दर 1.49 प्रतिशत है। नेत्रहीनता की दर को वर्ष 2010 तक 0.5 प्रतिशत लाने का केन्द्र सरकार का लक्ष्य है। हालाँकि नेत्रहीनता के कई कारण हैं, लेकिन सबसे मुख्य कारण है 'सफेद मोतिया', 'ग्लूकोमा', 'आँख में चोट लगना' और विटामिन 'ए' की कमी।

मोतियाबिन्द की समस्या पर काबू पाने के लिए राज्य भर में एक अभियान चलाया हुआ है। इस वित्त वर्ष के दौरान एक लाख से अधिक मोतियाबिन्द के ऑप्रेशन करने का लक्ष्य रखा गया है। अब तक लगभग 55 हजार से अधिक मोतियाबिन्द के ऑप्रेशन किये जा चुके हैं।

राज्य में नेत्र रोगों के इलाज और रोकथाम के लिए हर अस्पताल में नेत्र विशेषज्ञ डॉक्टरों की सुविधाएँ उपलब्ध हैं। इस अवसर पर मैं बताना चाहूँगा कि नेत्रदान महादान है। हम नेत्रदान करके किसी को रोशनी प्रदान करके उसके जीवन में प्रकाश फैला सकते हैं। नेत्रदान के बारे में लोगों को जागरूक किया जाए ताकि ज्यादा से ज्यादा लोग नेत्रदान के लिए प्रेरित हों। राज्य में एक नेत्र बैंक, पी.जी. आई, रोहतक में स्थापित है तथा एक और नेत्र बैंक किशन लाल जालान नेत्र अस्पताल, भिवानी में खोलने की अनुमति प्रदान की जा चुकी है।

जैसा कि आप जानते हैं कि वर्तमान हरियाणा सरकार ने प्रदेश के शासन की बागडोर सम्भाले अभी 10 महीने का थोड़ा-सा अर्सा ही हुआ है। इस थोड़े अर्से में हमने समाज के हर वर्ग के कल्याण के लिए कदम उठाये हैं। राज्य रिटेनरशिप के आधार पर नियुक्त सभी नेत्रहीन कुर्सी बुनकरों का रिटेनरशिप भत्ता 1500 रुपये से बढ़ाकर 2000 रुपये मासिक कर दिया गया है। हमने नेत्रहीन, मूक और बधिर, शारीरिक और मानसिक रूप से विकलांग व्यक्तियों की पेंशन 300 रुपये से बढ़ाकर 600 रुपये मासिक कर दी है। राज्य सरकार ने नेत्रहीनों के बेरोज़गारी भत्ते में भी वृद्धि करने का निर्णय लिया है। मैट्रिक तथा डिप्लोमा होल्डर नेत्रहीन व्यक्ति का बेरोज़गारी भत्ता 400 रुपये से बढ़ाकर एक हज़ार रुपये प्रतिमास, स्नातक तथा मैट्रिक पास डिप्लोमा होल्डर का बेरोज़गारी भत्ता 500 रुपये से बढ़ाकर 1500 रुपये प्रतिमास और स्नातकोत्तर तथा स्नात्तक पास डिप्लोमा होल्डर का बरोज़गारी भत्ता 600 रुपये से बढ़ाकर दो हजार रुपये प्रतिमास करने का निर्णय लिया है। वर्तमान वित्त वर्ष में विकलांगों के कल्याण उत्थान पर लगभग 33 करोड़ 35 लाख रुपये खर्च करने का प्रावधान है।

लुईस ब्रेल जयंती, बुधवार, 4 जनवरी 2006, पंचकूला

समाज सेवा के स्रोत

महन्त श्रेयोनाथ जयन्ती

दो महान विभूतियों—गुरु गोविन्द सिंह जी तथा महन्त श्रेयोनाथ जी की पावन जयन्ती के अवसर पर इन महान विभूतियों के योगदान का स्मरण स्वाभाविक है।

जैसा कि आप जानते हैं कि श्री गुरु गोबिन्द सिंह जी ने जनता को जोर, ज़ुल्म और ज्यादतियों से बचाने तथा धर्म की रक्षा के लिए अवतार लिया था। समाज में आपसी भाई चारे, मानवता और राष्ट्र भक्ति की भावना मजबूत करने के लिए खालसा पंथ की स्थापना की थी। इसी प्रकार समाज में ज्ञान और योग साधना के प्रसार के लिए तथा नैतिक मूल्यों की कड़ियाँ मजबूत करने के लिए 8वीं शताब्दी में महान योगी चौरंगी नाथ जी ने यहाँ पर एक मठ की स्थापना की थी। काल के प्रभाव से यह मठ तहस-नहस हो गया था।

तपस्वी बाबा मस्तनाथ जी ने 18वीं शताब्दी में इस मठ का सुधार किया तथा गुरु शिष्य परम्परा विकसित की। सिद्ध बाबा मस्तनाथ जी के चमत्कारों के बारे में लोगों में मान्यता है कि उन्होंने एक अपंग को पाँव, एक अन्धे को ज्योति तथा अनेक अज्ञानियों को ज्ञान प्रदान किया था।

पूजनीय महन्त श्रेयोनाथ जी भी उसी परम्परा की एक कड़ी थे। दिल्ली के समीप नरेला गाँव में एक किसान परिवार में उनका जन्म हुआ। पन्द्रह वर्ष की आयु में महन्त जी इस प्राचीन मठ में आकर योगीराज पूर्णनाथ जी से दीक्षा ग्रहण कर योग साधना और विद्या अध्ययन में जुट गये। आयुर्वेद विज्ञान में आयुर्वेद शास्त्री की उपाधि प्राप्त की और एक कुशल वैद्य बने।

समाज सेवा के लिए उनमें गहरी तड़प थी। इसलिए उन्होंने राजनैतिक क्षेत्र में कदम रखा और 1967 में वे किलोई क्षेत्र से विधानसभा के लिए चुने गये। मन्त्री के तौर पर उन्होंने स्वास्थ्य तथा समाज कल्याण जैसे महत्वपूर्ण विभागों का दायित्व बड़ी दूरदर्शिता से निभाया। राष्ट्र भाषा हिन्दी के प्रति उनका अगाध प्रेम था।

वे बहुमुखी व्यक्तित्त्व के धनी थे। उनकी शिक्षा और चिकित्सा सेवाओं के प्रसार में गहरी रुचि थी। उन्होंने आयुर्वेद चिकित्सा प्रणाली के विकास के लिए श्री बाबा मस्तनाथ आयुर्वेद चिकित्सालय स्थापित किया तथा नेत्र चिकित्सालय भी खोला। इस मठ के महंत के पद की गरिमा को बढ़ाने के लिए उन्होंने कई प्रशंसनीय कार्य किये।

आज बाबा मस्तनाथ संस्थान प्रतिष्ठित संस्थान है। इस संस्थान द्वारा शिक्षा प्रसार और चिकित्सा सेवा के क्षेत्रों में निभाई जा रही उल्लेखनीय सेवाओं की मैं सराहना करता हूँ। आज इस परिसर में आयुर्वेद, डेण्टल, इंजीनियरिंग और अन्य शैक्षणिक सुविधाएँ उपलब्ध हैं। आज यह संस्थान हमारी प्राचीन संस्कृति और आधुनिक तकनीक के तालमेल का एक अनुपम उदाहरण है। इसका श्रेय महन्त चाँद नाथ जी को जाता है। इनकी देख-रेख में अस्थल बोहर मठ निरन्तर प्रगति के रास्ते पर है।

आज बढ़ती हुई जनसंख्या के दृष्टिगत हम चिकित्सा और शिक्षा की जरूरतों को तभी पूरा कर सकते हैं, जब इनमें सरकारी प्रयासों के साथ-साथ आप जैसी संस्थाओं की भागीदारी भी होगी। आज हम भूमण्डलीकरण के दौर से गुजर रहे हैं। प्रतिद्वन्द्विता का युग है। इस युग की चुनौतियों का सामना करने के लिए भावी पीढ़ी को सक्षम बनाना हमारा पहला कर्त्तव्य है। इसके लिए यह जरूरी है कि हम विज्ञान और टेक्नोलॉजी जैसी उच्च शिक्षा के प्रसार के लिए अधिक से अधिक प्रयास करें।

चिकित्सा विज्ञान में आयुर्वेद का एक अहम् स्थान है। असल में देखा जाए तो समस्त चिकित्सा पद्धतियों में रोगों की चिकित्सा का मूलाधार हमारी जड़ी-बूटियाँ और वन औषधियाँ ही हैं।

भारत में भिन्न-भिन्न तरह का कृषि जलवायु होने के कारण यहाँ पर जैव विविधता है और औषधीय पौधों का अपार भण्डार है। आज समय की माँग है कि हम अपनी इस सम्पदा का संरक्षण और संवर्धन करें।

राज्य में औषधीय पौधों के विकास और इन्हें बढ़ावा देने के लिए राज्य चिकित्सकीय वनस्पति बोर्ड स्थापित किया हुआ है। बागवानी विभाग ने चालू वित्त वर्ष के दौरान राज्य में 5900 हैक्टेयर क्षेत्र औषधीय पौधों के अन्तर्गत लाने का लक्ष्य रखा है।

मुझे यह जानकर प्रसन्नता हुई है कि श्री योगीराज फार्मेसी द्वारा अनेक प्रकार की हर्बल दवाइयों का निर्माण आधुनिक दृष्टिकोण को ध्यान में रखते हुए किया जायेगा।

हमने प्रदेश में प्राथमिक शिक्षा से लेकर उचत्तर शिक्षा और तकनीकी शिक्षा में गुणात्मक सुधार लाने के लिए भी कई कदम उठाये हैं। शिक्षा प्रसार और तकनीकी शिक्षा के लिए वर्तमान वित्त वर्ष के बजट में भारी बढ़ोतरी की गई है।

तकनीकी शिक्षा का बजट 29 करोड़ रुपये से बढ़ाकर 50 करोड़ रुपये कर दिया गया है। तकनीकी शिक्षा में गुणवत्ता सुधार कार्यक्रम के तहत विश्व बैंक परियोजना का अनुदान भी 22.60 करोड़ रुपये से बढ़कर 33.86 करोड़ रुपये हो गया है। तकनीकी शिक्षा के तहत सूचना प्रौद्योगिकी पर विशेष बल दिया जा रहा है ताकि हमारे युवाओं को अधिक-से-अधिक बहुराष्ट्रीय कम्पनियाँ में रोज़गार प्राप्त हो सके। सभी सरकार बहुलकनीकी संस्थानों में शिक्षकों और प्रशिक्षकों के खाली पद भरे जा रहे हैं और सभी राजकीय इंजीनियरिंग कॉलेजों और बहुतकनीकी संस्थानों को 'एजुसैट' से जोड़ा जा रहा है ताकि छात्रों को अन्तर्राष्ट्रीय स्तर की शिक्षा और नवीनतम ज्ञान प्राप्त हो सके। राज्य में उच्च शिक्षा को रोज़गारोन्मुखी बनाने के लिए इस शैक्षणिक सत्र से राजकीय महाविद्यालयों में रोज़गार उन्मुख कई नये पाठ्यक्रम शुरू किये गये हैं। कुण्डली में लगभग 1500 एकड़ भूमि में 'राजीव गाँधी एजुकेशन सिटी' स्थापित करने के लिए कार्यवाही शुरू कर दी गई है। यह युवाओं को विश्व स्तर की उच्च शिक्षा सुविधाएँ उपलब्ध करवाने के लिए श्रेष्ठता का केन्द्र होगा।

प्राध्यापकों और विद्यार्थियों को सॉफ़्ट स्किल्स (Soft skills) में प्रशिक्षण देने की छः राजकीय महाविद्यालयों में एक योजना आरम्भ की गई है। इस योजना के तहत सूचना प्रौद्योगिकी और संचार कौशल का क्रियात्मक ज्ञान प्रदान किया जाता है। कुरुक्षेत्र विश्वविद्यालय और महर्षि दयानन्द विश्वविद्यालय से सम्बन्ध सरकारी सहायता प्राप्त प्राइवेट कॉलेजों में शिक्षा को रोज़गारोन्मुखी बनाने के लिए कई वोकेशनल और प्रोफैशनल कोर्सिज चलाने के लिए पूर्ण छूट प्रदान कर दी है, जिसके लिए एन.ओ.सी. की अनिवार्य शर्त को हटा दिया गया है। राज्य सरकार ने यूनिवर्सिटी ऑफ़ पैट्रोलियम एण्ड एनर्जी स्टडीज़, देहरादून को गुड़गाँव में क्षेत्रीय केन्द्र खोलने के लिए अनापत्ति प्रमाण-पत्र दिया है।

बृहस्पतिवार, 5 जनवरी 2006, अस्थल बोहर (रोहतक)

आदर और प्रेम का आलोकदीप

निराकार ज्योति मन्दिर में आयोजित समारोह

निराकार ज्योति मन्दिर एक प्राचीन ऐतिहासिक मन्दिर है। यह न सिर्फ़ खरक रामजी, बल्कि आस-पास के गाँवों के लोगों का एक प्रसिद्ध तीर्थ स्थान है। फाल्गुन के महीने में यहाँ जो मेला लगता है, उसकी शोभा देखते ही बनती है।

धर्म और संस्कृति तो आपस में जोड़ने का नाम है। हमारे देश की सभ्यता और संस्कृति तो सदा सभी धर्मों के प्रति आदर भाव की रही है। हमारे सभी धर्मों ने सहनशीलता, भाईचारे, आदर और प्रेम का पाठ पढ़ाया है। सच्चा धर्म वही है, जो इन्सान को सेवा का पाठ सिखाता है। इतिहास में ऐसे अनेक महापुरुष, ऐसे अनेक सन्त-महात्मा और ऐसी कई महान विभूतियाँ हुई हैं, जिन्होंने समाज को एक नया रास्ता दिखाया।

स्वामी दयानन्द जी ने वेदों के ज्ञान को जन साधारण तक पहुँचाने के लिए जो प्रयास किये, उससे हम और हमारी आने वाली पीढ़ियाँ कभी ऋण मुक्त नहीं हो सकेंगी। उन्होंने शिक्षा के प्रसार पर सबसे ज्यादा जोर दिया। नारी शिक्षा के लिए भी जागृति पैदा करने का जितना काम स्वामी दयानन्द जी तथा आर्य समाज ने किया है, उतना शायद ही किसी ने किया हो। उन्हीं के आदर्शों का पालन करते हुए आपकी सरकार ने वर्ष-2006 को 'बालिका वर्ष' के रूप में मनाने का निर्णय लिया है। लड़कियों के अच्छे पालन-पोषण तथा उन्हें अच्छी शिक्षा देने के लिए कई तरह की योजनाएँ शुरू की हैं।

प्रत्येक बालिका के स्वास्थ्य की जाँच की जायेगी। 18 वर्ष तक की आयु की सभी लड़कियों को स्वास्थ्य कार्ड दिये जायेंगे, जिनमें उनके स्वास्थ्य का पूर्ण ब्यौरा होगा। महिलाओं के लिए एक अलग विश्वविद्यालय स्थापित किया जायेगा। राज्य की सभी आई.टी.आई और सभी तकनीकी शिक्षण संस्थाओं में प्रवेश के लिए लड़कियों के लिए 25 प्रतिशत आरक्षण होगा। सरकार ने यह भी निर्णय लिया है कि जो लड़कियाँ आई.टी.आई, डिप्लोमा, इंजीनियरिंग, एम.बी.ए, एम.सी.ए., आदि में प्रथम आयेंगी उन्हें 5100 रुपये का पुरस्कार दिया जायेगा। इसके अलावा आई.टी.आई. बहुतकनीकी संस्थानों, इंजीनियरिंग कॉलेजों और दूसरी तकनीकी संस्थानों में पढ़ने वाली लड़कियों को निःशुल्क टूल किट्स या किताबें देने की भी योजना बनाई गई है।

छः वर्ष से 14 वर्ष तक की लड़कियों को स्कूल भेजने का शत-प्रतिशत लक्ष्य हासिल करने वाली पंचायतों को एक-एक लाख रुपये के ईनाम प्रदान करने का फैसला लिया है। इस वर्ष में 1500 राजकीय कन्या प्राथमिक पाठशालाओं में बिजली कनेक्शन दिये जायेंगे। चार हजार स्कूलों में लड़कियों के लिए शौचालय बनाये जायेंगे। सरकार ने छात्राओं को रियायती यात्रा सुविधा प्रदान करने की भी स्कीम शुरू की है। राज्य में इस समय विद्यार्थियों से 60 किलोमीटर की दूरी तक मासिक पास बनवाने के लिए 10 एक तरफा टिकटों के बराबर किराया लिया जाता है और अब हमने छात्राओं से केवल पाँच एक तरफा टिकटों के बराबर किराया लेकर मासिक पास बनाने का निर्णय लिया है।

शहरी मलिन बस्तियों में रहने वाली महिलाओं को उनके आवास के नजदीक ही दक्ष चिकित्सकों या नर्सिंग होम द्वारा प्रसूति पूर्व और प्रसूति सेवाएँ प्रदान करने तथा बच्चों के टीकाकरण के लिए 'जननी सुविधा योजना' भी शुरू की गई है, जिसके लिए एक करोड़ रुपये का प्रावधान किया गया है।

कन्या भ्रूण हत्या न केवल एक सामाजिक अभिशाप है बल्कि एक दण्डनीय अपराध भी है। कन्या भ्रूण हत्या की रोकथाम के लिए जहाँ कानूनी प्रावधानों का कड़ाई से पालन किया जा रहा है, वहीं सामाजिक आन्दोलन भी चलाये जाने की जरूरत है। इसके लिए महिलाओं को मजबूती से आगे आना होगा। मेरा बहनों से अनुरोध है कि जन्म से पूर्व बच्चे के लिंग परीक्षण के लिए अल्ट्रा साऊंड हरगिज न करवाएँ।

सरकार ने राज्य में 'लाडली' नामक एक अनूठी स्कीम शुरू की है। इस स्कीम के तहत जिस परिवार में 20 अगस्त, 2005 को या इसके बाद दूसरी लड़की का जन्म हुआ है और भविष्य में होगा, उसे पाँच वर्ष की अवधि तक प्रतिवर्ष प्रति परिवार पाँच हजार रुपये दिये जायेंगे। यह धनराशि 'किसान विकास पत्र' में निवेश की जायेगी। इस खाते में इकट्ठी हुई राशि दूसरी लड़की को 18 वर्ष की आयु पूरी होने पर दी जायेगी। इस योजना की एक खास बात और यह है कि यह हर वर्ग के लोगों के लिए

है और इसके लिए कोई शर्तें नहीं रखी गई हैं। सरकार ने केवल लड़कियों के माता-पिता को बुढ़ापे में आर्थिक सुरक्षा प्रदान करने के लिए भी 'लाडली सामाजिक सुरक्षा पेंशन' नामक एक नयी योजना शुरू करने का निर्णय लिया है। इस योजना के तहत जिन परिवारों में केवल लड़कियाँ हैं, उन्हें बुढ़ापा पेंशन 55 वर्ष की आयु होने पर मिलेगी।

इसके अलावा महिला सशक्तिकरण की दिशा में हमने कई और भी कदम उठाये हैं। ग़रीबी रेखा से नीचे जीवनयापन करने वाले अनुसूचित जाति के परिवारों के लड़कियों के विवाह पर 15 हजार रुपये देने की 'इन्दिरा गाँधी प्रियदर्शनी विवाह शगुन योजना' आरम्भ की गई है। महिलाओं के नाम सम्पत्ति का हस्तांतरण किये जाने पर स्टॉम्प शुल्क में दो प्रतिशत की छूट दी जाती है। महिलाओं के सशक्तिकरण से ही एक स्वस्थ समाज की कल्पना की जा सकती है।

ग़रीब वर्ग को प्रभावित करने वाली लाटरी की कुप्रथा को समाप्त किया है। अनुसूचित जाति और पिछड़े वर्गों के कल्याण के लिए कई तरह की कल्याणकारी स्कीमें शुरू की गई हैं। विकलांगों को दिया जाने वाला भत्ता दोगुना किया है। शिक्षित बेरोज़गारों को एक सम्मानजनक भत्ता दिया जा रहा है।

पिछली सरकार ने पंचायतों के चुने हुए प्रतिनिधियों की शक्तियाँ कम करने के लिए असवैधानिक ढंग से ग्रामीण विकास समितियाँ गठित कर दी थी। हमने जनसेवा की बागडोर सम्भालते ही इन समितियों को समाप्त करके चुने हुए प्रतिनिधियों के अधिकार बहाल किये हैं। पंचायती राज संस्थाओं को और अधिक वित्तीय और प्रशासनिक अधिकार देने के लिए गतिविधि का लेखा-जोखा (Activity Mapping) तैयार किया जा रहा है।

12वें वित्त आयोग की सिफारिश पर वर्ष 2005-06 से लेकर 2009-10 के दौरान पंचायती राज संस्थाओं को 388 करोड़ रुपये की ग्राण्ट दी जायेगी। यह ग्राण्ट ग्रामीण क्षेत्रों में सार्वजनिक सेवाओं के सुधार और उनके रख-रखाव के लिए दी जा रही हैं। इस स्कीम के तहत गत दस महीनों में लगभग 40 करोड़ रुपये की ग्राण्ट जारी की जा चुकी है।

ग्रामीण क्षेत्रों में पूर्ण स्वच्छता अभियान के अन्तर्गत 239 करोड़ 52 लाख रुपये की एक विशेष परियोजना भारत सरकार को स्वीकृति हेतु भेजी हुई है। विभिन्न विकास कार्यों के लिए हरियाणा ग्रामीण विकास निधि बोर्ड (एच.आर.डी.एफ) द्वारा चालू वित्त वर्ष के दौरान 195 करोड़ रुपये से भी ज्यादा की राशि खर्च की जा रही है।

किसान प्रदेश की जान है तो गाँव की शान है। हरियाणा के किसान का तो देशभर में लोहा माना जाता है। आपके पसीने की हर बूँद का सम्मान करना हमारा कर्त्तव्य है। हमारे किसान भाई बड़े सरल और भोले स्वभाव के हैं।

हमने किसानों की भलाई के लिए कई अहम फैसले लिये हैं। पिछली सरकार द्वारा किसानों पर बनाये गये मुकदमे वापिस लेने का निर्णय लिया। कण्डेला गोली काण्ड में मारे गये किसानों के 10 आश्रितों को नौकरी दी गई हैं और हम कादमा और मण्डियाली में मारे गये किसानों के आश्रितों को भी नौकरियाँ देंगे। किसानों की सुविधा के लिए फसल बीमा योजना शुरू की है। सहकारी ऋणों पर ब्याज दरों में कमी की है। भूमि अधिग्रहण पर मुआवजा राशि में बढ़ोतरी की है। गन्ने का भाव 18 रुपये बढ़ाकर 135 रुपये प्रति क्विंटल किया गया है, जो कि देशभर में सर्वाधिक है। किसानों तथा ग्रामीण क्षेत्रों के बिजली उपभोक्ताओं के 1600 करोड़ रुपये के बिजली के बकाया बिल माफ़ किये हैं। नहरी पानी का न्यायोचित बँटवारा करके प्रदेश के हर क्षेत्र के किसान को समुचित मात्रा में नहरी पानी उपलब्ध करवाने के प्रयास किये जा रहे हैं। भाखड़ा मेन लाइन और हांसी ब्रांच को जोड़ने के लिए 259 करोड़ रुपये की लागत से एक नहर बनाई जा रही है।

प्रदेश में रोज़गार के नये-नये अवसर पैदा करने के लिए नयी उद्योग नीति लागू की गई है। इसके तहत एक दशक में दो लाख करोड़ रुपये का निवेश आकर्षित करने और 10 लाख लोगों को रोज़गार के अवसर उपलब्ध करवाने का लक्ष्य रखा गया है। ग्रामीण क्षेत्रों में औद्योगीकरण को बढ़ावा देने के लिए मुख्यमन्त्री ग्रामीण योजना लागू की जायेगी। बिजली की बढ़ती हुई माँग को पूरा करने के लिए आगामी तीन-चार वर्षों में राज्य की बिजली उत्पादन क्षमता में पाँच हजार मैगावाट की वृद्धि की जायेगी।

शिक्षा और स्वास्थ्य सुविधाओं के सुधार के लिए हमने बजट में वृद्धि की और कई अनूठी पहल की हैं। 'राजीव गाँधी छात्रवृत्ति योजना' शुरू की, जिसके तहत 50 हजार प्रतिभावान छात्रों को छात्रवृत्तियाँ दी जायेंगी।

युवाओं को उच्च शिक्षा सुविधाएँ उपलब्ध करवाने के लिए प्रदेश में 'राजीव गाँधी एजुकेशन सिटी' स्थापित की जा रही है। हम हरियाणा को देश का 'नम्बर वन' राज्य बनाने के लिए कटिबद्ध हैं।

रविवार, 8 जनवरी 2006, खरक रामजी (जींद)

ज्ञान का मन्दिर

कुरुक्षेत्र विश्वविद्यालय की स्वर्ण-जयन्ती

कुछ ही दिनों में सारा देश मकर सक्रान्ति का त्योहार मनायेगा। मकर सक्रान्ति सौर गति के परिवर्तन का सूचक है। प्रकृति का शाश्वत नियम 'परिवर्तन' है। यह हमें इस बात की भी याद दिलाता है कि समय बीतने के साथ परिर्वतन अवश्य होता है। मानव को इस परिवर्तन का उपयोग मानवता की भलाई के लिए करना चाहिए इस उद्देश्य को प्राप्त करने के लिए शिक्षा की भूमिका के निर्धारण के साथ-साथ इसकी निरन्तर व्याख्या भी होनी चाहिए इसी सन्दर्भ में आज के दिन सन् 1957 में देश के प्रथम राष्ट्रपति डॉ. राजेन्द्र प्रसाद जी ने धर्मक्षेत्र-कुरुक्षेत्र में इस विश्वविद्यालय का नींव पत्थर अपने कर-कमलों से रखा था।

संस्कृत विश्वविद्यालय के रूप में स्थापित इस विश्वविद्यालय में प्रकृति के नियम के अनुसार परिवर्तन आते गये। हरियाणा के अलग राज्य के गठन के तत्काल बाद यह महसूस किया गया कि हरियाणा के विद्वानों को उनकी अपनी पहचान दिलाने में इस विश्वविद्यालय की महत्वपूर्ण भूमिका होगी। इस विश्वविद्यालय के विद्वानों ने दुनियाभर में ख्याति हासिल की है। मुझे यह कहते हुए गर्व हो रहा है कि यह विश्वविद्यालय आज भी दुर्लभ पाण्डुलिपियों का खजाना है। प्राचीन भारत की महानता की खोज में देशभर से विद्वान यहाँ पर आते हैं।

विश्वविद्यालय की प्रतिष्ठा इस बात पर निर्भर करती है कि वह पहचाने कि शिक्षा अर्थपूर्ण होनी चाहिए यदि हमारी शिक्षा अर्थपूर्ण नहीं होगी तो राज्य की युवा पीढ़ी भूमण्डलीकरण प्रक्रिया से उत्पन्न अवसरों का लाभ उठाने से वंचित रह जायेगी। कोई भी शिक्षा को बीते समय की आवश्यकताओं की संकीर्ण सीमाओं में नहीं बाँध सकता। समय के अनुसार जैसे जरूरतें बदलती हैं, ठीक उसी प्रकार उसके संसाधन बदलते हैं। जब हम इस विश्वविद्यालय की उपलब्धियों को आंकते हैं तो यह पाते हैं कि इसने युवा पीढ़ी को भावी चुनौतियों का सफलतापूर्वक सामना करने में समर्थ बनाने में अद्वितीय योगदान दिया है।

कुरुक्षेत्र केवल पावन धरा ही नहीं है, बल्कि यह धरा हमारे प्राचीन और गौरवशाली भारत का प्रतीक है। इस सन्दर्भ में मैं, हमारे प्राचीन ग्रन्थों का स्मरण करवाना चाहता हूँ, जिनमें मानव जीवन की विभिन्न अवस्थाओं में आवश्यकता अनुरूप अपने कर्त्तव्यों का पालन करने पर बल दिया गया है। इस प्रकार

विभिन्न 'पुरुषार्थ' है, जिनमें से भौतिक प्रगति करना भी एक प्रमुख है। इस उद्देश्य की प्राप्ति के लिए शिक्षा की महत्वपूर्ण भूमिका है। वह शिक्षा जो समय अनुरूप नहीं है, वह एक निरर्थक प्रयास तक ही सीमित होकर रह जाती है। 'शिक्षा मानवता के पास एक का ऐसा साधन है, जो प्रगति करने, प्रकृति की मानव विरोधी ताकतों पर विजय प्राप्त करने तथा उन परिस्थितियों, जो 'जीवन अमृत' बन सकती हैं, का दोहन करने में सक्षम है।

मुझे यह कहते हुए गर्व हो रहा है कि इस विश्वविद्यालय ने अपने स्थापना के 50 वर्षों में इन सराहनीय उद्देश्यों को प्राप्त किया है। इस विश्वविद्यालय ने अपनी आवश्यकताओं और चुनौतियों का सफलतापूर्वक सामना किया है। इसने शिक्षा जगत में आ रहे बदलाव के अनुसार स्वयं को ढाला है, नये-नये कोर्स शुरू किये हैं तथा छात्रों को अपनी प्रतिभा निखारने का अवसर प्रदान किया है। सबसे बड़ी बात यह रही कि इसने सबसे अधिक ध्यान शिक्षा की गुणवत्ता पर दिया है।

यह विश्वविद्यालय जी.टी. रोड पर किसी उपयुक्त स्थान पर अपना पूर्वी परिषद् बनाने की योजना पर विचार कर रहा है। मुझे बताया गया है कि इस कैम्पस को आधुनिक और व्यावसायिक पाठ्यक्रमों का केन्द्र बिन्दु बनाने की व्यवस्था की जायेगी। नए युग की दिशा में बढ़ने की यह एक अच्छी और सकारात्मक सोच है। मैं विश्वास दिलाता हूँ कि हरियाणा सरकार विश्वविद्यालय को इस योजना हेतु हर सम्भव सहयोग देगी।

हम महसूस करते हैं कि आज जीवन तेज गति से चल रहा है और हमारे नौजवानों के सामने अच्छे अवसर हैं। राज्य सरकार इस बात के लिए कटिबद्ध है कि हमारे युवक इन अवसरों को न गवाएँ। इसलिए हम हरियाणा, विशेषरूप से, कुरुक्षेत्र विश्वविद्यालय को 'श्रेष्ठता का प्रतीक' बनाने के प्रति कटिबद्ध हैं। गुणवत्तापरक उच्च शिक्षा देने के लिए हम कोई कौर-कसर बाकी नहीं छोड़ेंगे। यह हमारा सौभाग्य है कि आज देश के जाने-माने शिक्षाविद् महामहिम राज्यपाल डॉ. ए.आर. किदवई जी इस विश्वविद्यालय के कुलाधिपति भी हैं। इनका शिक्षा क्षेत्र में सराहनीय योगदान है। इनके दूरदर्शी मार्गदर्शन में इस विश्वविद्यालय के विद्यार्थी नयी बुलंदियों को छुएँगे।

राज्य सरकार शिक्षा में गुणात्मक सुधार के लिए पहले ही अनेक कदम उठा चुकी है। कुण्डली के पास एजुकेशन सिटी की स्थापना की प्रक्रिया ही शुरू की जा चुकी है। इसमें विभिन्न संकायों में उच्च गुणवत्तापरक शिक्षा उपलब्ध करवाई जायेंगी। हमें आशा है कि यह सिटी आक्सफोर्ड, कैम्ब्रिज, हावर्ड तथा येल के मुकाबले की होगी।

हम यह भी भली-भाँति समझते हैं कि इस प्रकार की उच्च गुणवत्ता वाली शिक्षा का लाभ लेने के लिए स्कूल स्तर पर भी सुधार लाना जरूरी है। इस दिशा में प्रक्रिया जारी है। इन प्रयासों में धन की कमी आड़े नहीं आने दी जायेगी तथा हमने शिक्षा के बजट में भारी वृद्धि भी की है।

युवा साथियों से भी दो शब्द कहना चाहूँगा। आज आपको विश्व स्तरीय अवसर प्राप्त हैं। ऐसे अवसर मानवता को पहले कभी नहीं मिले थे। आज पूरा विश्व एक 'विश्व ग्राम' में तबदील हो रहा है। आप आज पहले से कहीं अधिक उन्मुक्त विश्व के नागरिक बन सकते हैं। ऐसा करते हुए आप अपने विश्वविद्यालय और इसकी भूमिका को स्मरण करेंगे, जिसने आपको ऐसा नागरिक बनाया, जिसने 'वसुधैव कुटुम्बकम्' की भावना को सही अंर्थो में समझा है। जब आप विश्वविद्यालय से शिक्षा ग्रहण करने के बाद जीवन के दूसरे क्षेत्रों में प्रवेश करेंगे तो आप विश्वविद्यालय की सेवाओं के प्रति और अपने अध्यापकों के प्रति सदैव ऋणी रहेंगे।

शिक्षक समुदाय से मेरा केवल इतना ही कहना है कि हरियाणा के युवाओं को उनकी पहचान दिलाने में आपका योगदान बेजोड़ है। फिर भी मेरा आपसे आग्रह है कि प्रदेश की युवा पीढ़ी को

भूमण्डलीकरण की नयी-नयी चुनातियों का सामना करने में सक्षम बनाने हेतु आपके और रचनात्मक योगदान की जरूरत है। मुझे विश्वास है कि विद्यार्थियों के उज्ज्वल भविष्य के लिए आप उनका मार्ग दर्शन करते रहेंगे।

बुधवार, 11 जनवरी 2006, कुरुक्षेत्र

नयी चेतना के अग्रदूत

साहित्यकार अभिनन्दन समारोह में

साहित्यकार का अभिनन्दन करना—हरियाणा की संस्कृति का अभिनन्दन है। यह अभिनन्दन है, उन मूल्यों का जिनकी स्थापना के लिए साहित्यकार साहित्य की रचना करते हैं।

दरअसल साहित्य का जीवन और जनजीवन से सीधा नाता है। साहित्य जीवन दर्शन है और समाज का दर्पण है। यह जीवन की दशा को अभिव्यक्त करता है। साथ ही जीवन को दिशा भी देता है। साहित्य उपजता है संवेदना से, भाव और भावनाओं से। साहित्य उपजता है दर्द से, स्नेह से, प्यार से, अनुभूतियों से। साहित्य जीवन की आह, कराह, हास्य, वीरता और उमंगों के भावों और महत्वाकांक्षाओं का स्वर देता है। यह जीवन के ओज और संघर्षों की भावनाओं को वाणी देता है। संघर्ष और बलिदान की ऊर्जा पैदा करता है। इसीलिए यह कहावत बड़ी प्रसिद्ध है जो कार्य हजारों तलवारे नहीं कर सकती, वह कलम की नोक से बखूबी हो जाता है।

इतिहास इस बात का गवाह है कि जब-जब भी किसी देश या समाज में निराशा के भाव जागे हैं, समाज में नफरत और घृणा के काँटे उभरे हैं, युद्ध के बादल मंडराए हैं या समाज में बुराइयाँ पनपी हैं तो कवियों और लेखकों ने अपनी लेखनी से समाज में नयी चेतना जगाने का काम किया है। साहित्य और साहित्यकार में समाज को एक नयी दिशा देने की अद्‌भुत क्षमता होती है। हमारे आजादी के आन्दोलन में हमारे साहित्यकारों ने राष्ट्र भक्ति के गीतों और नगमों के माध्यम से देशवासियों में वो जोश भरा कि हर नागरिक भारत माँ को गुलामी की जंज़ीरों से छुटकारा दिलाने के लिए आजादी की लड़ाई में कूद पड़ा। सामाजिक और राजनैतिक परिवर्तनों में साहित्यकारों की भूमिका महत्वपूर्ण रही है।

साहित्य से कई सभ्यताएँ और संस्कृतियाँ विकसित हुई और फली-फूली। साहित्य में युग-युग समाए होते हैं। जीवन्त साहित्य ही जीवन्त समाज और जीवन्त राष्ट्र का निर्माण करता है।

हरियाणा जहाँ वीर भूमि के नाम से प्रसिद्ध है, वहीं साहित्य के क्षेत्र में भी इसका योगदान कम नहीं है। हरियाणा की भाषा और लोक संस्कृति काफी समृद्ध है। हरियाणा तो वह पावन धरा है, जहाँ पर वेदों-उपनिषदों की रचना हुई, गीता के अमर सन्देश गूँजे। महर्षि वेद-व्यास ने महाभारत कर रचना की। आदि कवि पुष्पदन्त, बाण भट्ट, हर्षवर्धन, युद्ध इतिहासकर कवि चन्दवरदाई, कवि सूरदास, अजीम शायर हाली पानीपती हरियाणा की ही देन है। लोक कवि पण्डित लखमी चंद और बाबू बाल मुकुन्द गुप्त जी को कौन नहीं जानता?

यह खुशी की बात है कि हरियाणा साहित्य अकादमी साहित्य के विकास में सराहनीय भूमिका निभा रही है। अकादमी द्वारा राज्य के लेखकों की पुस्तकें प्रकाशित की जाती हैं। उदीयमान साहित्यकारों को प्रोत्साहित किया जाता है। आर्थिक तंगी से प्रभावित लेखकों को पुस्तकों के प्रकाशन के लिए आर्थिक मदद दी जाती है। अकादमी पाठ्य पुस्तकों को छपवाती है। इसके अलावा विश्वविद्यालय स्तरीय ग्रन्थों का प्रकाशन भी करवाती है। साहित्यिक उत्सवों, लेखक गोष्ठियों और कवि सम्मेलनों के माध्यम से प्रदेश में एक

साहित्यिक वातावरण सृजित करती है। सरकार भी इस कार्य में उसकी उदारतापूर्वक मदद कर रही है।

साहित्यकारों को प्रोत्साहित करना राज्य सरकार अपना फर्ज समझती है। प्रदेश के महान स्वतन्त्रता सेनानी और साहित्यकार बाबू बालमुकुन्द गुप्त जी तथा लोक कवि पण्डित लखमी चंद के नाम पर स्थापित पुरस्कारों की राशि हमने 15 हजार रुपये से बढ़ाकर 50 हजार रुपये कर दी है। राज्य सरकार ने प्रदेश के उस साहित्यकार को भी हर वर्ष 51 हजार रुपये की नकद राशि के 'हरियाणा गौरव सम्मान' से अलंकृत करने का निर्णय लिया है, जो हरियाणा से बाहर रहकर साहित्य के क्षेत्र में राष्ट्रीय या अन्तर्राष्ट्रीय स्तर पर हरियाणा का नाम रोशन कर रहा है।

हरियाणा साहित्य अकादमी, संस्कृत अकादमी, उर्दू और पंजाबी अकादमी के कार्यालय एक ही छत के नीचे लाने के लिए पंचकूला के सैक्टर 14 में अकादमी भवन का शिलान्यास हो चुका है। इस भवन के बनने से इन चारों अकादमियों में एक अच्छा तालमेल स्थापित होगा और एक नया साहित्यिक वातावरण पनपेगा। अकादमी की अन्य योजनाओं में भी सरकार सक्रिय रूप से सहयोग देती रहेगी।

साहित्य अकादमी का दायित्व हमने जाने-माने कवि श्री सुरेन्द्र शर्मा जी और सुप्रसिद्ध पत्रकार और कलम के धनी श्री राधेश्याम शर्मा जी को सौंपा हुआ है। मुझे विश्वास है कि इनके मार्गदर्शन में एक साहित्यिक वातावरण पनपेगा और साहित्यकारों, लेखकों, कवियों में नये उत्साह का संचार होगा।

शुक्रवार, 3 मार्च 2006, हरियाणा निवास (चण्डीगढ़)

जन-जन की सेवा, जन-जन का स्वास्थ्य

पतंजलि योग पीठ का उद्घाटन

यह गर्व की बात है कि स्वामी रामदेव जी का जन्म हरियाणा की उस पुण्य धरा पर हुआ, जो भारतीय सभ्यता और संस्कृति की जन्म स्थली है। वेदों-उपनिषदों की रचना स्थली है। उसी पावन धरा पर महान योगी भगवान श्रीकृष्ण ने कर्मयोग का दिव्य सन्देश दिया था, जिससे आज भी विश्व की सम्पूर्ण मानव जाति प्रेरणा प्राप्त कर रही है।

स्वामी रामदेव जी महाराज बाल ब्रह्मचारी हैं। आयुर्वेद और वेदों के महान मनीषी हैं और योग के प्रकाण्ड पण्डित हैं। हरियाणा के महान धरती पुत्र स्वामी रामदेव जी ने योग और आयुर्वेद को योग शिविरों और टी.वी. चैनलों के माध्यम से जन-जन में लोकप्रिय बना दिया है। इससे पहले आम आदमी की अवधारणा यह थी कि कि योग साधु-सन्तों और योगियों के लिए है और इसे आश्रमों, जंगलों और गुफाओं में रहकर ही किया जा सकता है। स्वामी रामदेव जी महाराज ने जन-जन को स्वस्थ रखने के लिए जो योग अभियान चलाया है, उससे यह साबित हो गया है कि योग का प्रयोग गृहस्थ जीवन में रहते हुए भी बड़ी सरलता से किया जा सकता है।

योग और आयुर्वेद हमारी प्राचीन विद्याएँ हैं। स्वामी रामदेव जी महाराज का योग सिखाने का तरीका बड़ा सरल और सहज है। जिस तरह से माता अपने बच्चे को चलना सिखाती है और वह इस बात का ध्यान रखती है कि उसके पैर लड़खड़ाने न पाएँ, उसे गिर कर कोई चोट न लगे। उसी तरह से स्वामी रामदेव जी महाराज योग साधकों को योग शिविरों में और टी.वी पर सरल ढंग से और सरल भाषा में योग सिखाते हैं।

कुदरत ने हमारे अन्दर रोगों से लड़ने का एक तन्त्र विकसित किया हुआ है। लेकिन आज के इस भाग-दौड़ के युग में मनुष्य तनाव से ग्रस्त है, जिसकी वजह से हमारा रोग रोधी तन्त्र गड़बड़ा जाता है। यदि हम योग को अपनाएँ तो कोई कारण नहीं कि बीमारी हमारे पास फटके।

यह गर्व की बात है कि भारतीय संस्कृति ही सारे संसार में एकमात्र ऐसी संस्कृति है, जो शान्तिप्रिय, संयमी और अनुशासित जीवन जीने का पाठ पढ़ाती है। नैतिकता के गुण पैदा करती है और एक मर्यादित समाज की स्थापना में अपना महत्वपूर्ण योगदान देती है। यह खुशी की बात है कि स्वामी रामदेव जी महाराज योग के साथ-साथ हमारी प्राचीन संस्कृति पर चलने की प्रेरणा देते हैं और नैतिक मूल्यों को अपनाने पर विशेष बल देते हैं। स्वामी जी युवाओं, विशेषकर स्कूली बच्चों में राष्ट्र प्रेम को मजबूत बनाने की भावना पैदा कर रहे हैं और सामाजिक बुराइयों और अंध-विश्वासों पर सहज भाव से चोट कर रहे हैं।

स्वामी रामदेव जी महाराज हमारी 'वसुधैव कुटुम्बकम्' और 'सर्वधर्म समभाव' की संस्कृति को सुदृढ़ बना रहे हैं। स्वामी जी द्वारा लगाये गये योग शिविरों में हर जाति, हर धर्म, हर क्षेत्र के लोग भाग लेते हैं। इनके शिविरों में हमें एक 'लघु भारत' का स्वरूप दिखायी देता है, जो कि हमारी राष्ट्रीय एकता और साम्प्रदायिक सद्भाव को और भी मजबूत बनाता है।

वीरवार, 6 अप्रैल 2006, हरिद्वार

हिन्दी के आदि कवि

महान शायर अमीर खुसरो पर राष्ट्रीय सेमिनार में

महान शायर अमीर खुसरो को हिन्दी का आदि कवि भी कहा जा सकता है। उनके दोहे, कविताएँ, शायरी और पहेलियाँ आज भी भारत और पाकिस्तान में बड़े चाव से पढ़े और गाए जाते हैं। उनकी लोकप्रियता का इससे बड़ा उदाहरण और क्या हो सकता है कि उन्होंने लगभग सात बादशाहों के साथ काम किया। चिश्ती सूफी सन्त हज़रत निज़ामुद्दीन के वे अच्छे मित्र रहे। उनकी भाषा बड़ी सरल और सादा होती थी। उनकी हर पहेली, गीत और शायरी बड़ी ही प्रेरक और शिक्षाप्रद हैं। उनके द्वारा रचित साहित्य आज भी प्रासंगिक और नवीन है।

इस समय मुझे अमीर खुसरो की एक बड़ी साधारण सी पहेली याद आ रही है—

''समोसा खाया क्यों ना
जूता पहना क्यों ना''।

इस पहेली का कितना साधारण सा जवाब है 'कि तला ना था' अर्थात् समोसा इसलिए नहीं खाया कि तला नहीं था और जूते इसलिए नहीं पहने कि उसमें तला नहीं था।

हरियाणा उर्दू अकादमी की स्थापना के बाद प्रदेश में उर्दू के लिए एक खुशगवार माहौल बना है, इसके लिए अकादमी द्वारा उर्दू ज़ुबान और अदब के लिए जो बुनियादी कदम उठाये गये हैं, वह प्रशंसनीय हैं। आज हमारी अकादमी हिन्दुस्तान की पहली अकादमी है, जहाँ उर्दू के साहित्यकारों को हरियाणा राज्य परिवहन की बसों में यात्रा की मुफ़्त सुविधा प्रदान की जाती है। साहित्य और साहित्यकार के इस सम्मान की मिसाल देश के अन्य किसी राज्य में देखने को नहीं मिलती।

हरियाणा उर्दू अकादमी साहित्यिक आयोजनों के साथ-साथ राज्य में उर्दू के प्रचार-प्रसार के प्रति भी समर्पित है। आज की जरूरतों को ध्यान में रखकर अकादमी ने अपनी योजनाओं का नवीनीकरण करके इसे सूचना प्रौद्योगिकी से भी जोड़ने का प्रयास किया है। आज अकादमी का अपना एक उर्दू कम्प्यूटर सेंटर है, जिसमें कम्प्यूटर तकनीक के साथ उर्दू भाषा और अदब का ज्ञान भी दिया जा रहा है। अकादमी की अपनी वेबसाइट है, जिस पर सम्पर्क करके अकादमी की योजनाओं और कार्यक्रमों में सहभागी बना जा सकता है।

उर्दू अकादमी साहित्यकारों का सम्मान करती है। हरियाणा से सम्बन्धित पुस्तकों का प्रकाशन करवाती है। राज्य के उर्दू लेखकों को उनकी पुस्तकों के प्रकाशन के लिए सहायतानुदान और प्रकाशित पुस्तकों पर पुरस्कार देती है। हरियाणा की साहित्यिक संस्थाओं को साहित्यिक आयोजनों के लिए सहायता राशि भी प्रदान करती है।

मैं समझता हूँ कि उर्दू एक ऐसी ज़बान है जो आपसी मेल-मिलाप और राष्ट्रीयता की भावना को बढ़ावा देती है। हिन्दुस्तान की आजादी में उर्दू ज़बान ने जो रोल अदा किया है, उससे पूरी दुनिया परिचित है।

मंगलवार, 6 जून 2006, चण्डीगढ

भारतीय सभ्यता के क्रमिक विकास का इतिहास

अखिल भारतीय खटीक समाज हरियाणा का महासम्मेलन

खटीक समाज प्राचीन समय से ही वीर बहादुरों और कमेरे वर्ग का समाज है। इस समाज का इतिहास रानी-राजाओं और महाराजाओं का इतिहास नहीं, बल्कि भारतीय सभ्यता और संस्कृति के क्रमिक विकास का इतिहास है। इस समाज के लोग साहसी, वीर, परिश्रमी, वचन के धनी और स्वाभिमानी होते हैं।

खटीक समाज के बहादुर लोगों ने हिन्दुस्तान से सिकन्दर को खदेड़ने में योगदान दिया, मोहम्मद गज़नवी से लोहा लिया, तैमूरलंग के दाँत खट्टे किये तथा आजादी के आन्दोलन में अपने प्राणों की आहूतियाँ दी। अपनी रचनात्मक समाज सेवाओं के बलबूते पर आज इस समाज का एक प्रतिष्ठित स्थान है। लेकिन इस समाज ने अन्य दबे-पिछड़े समाज की तुलना में कम तरक्की की है, आपको अभी बहुत आगे बढ़ना है।

मेरे मन में खटीक समाज के प्रति हमेशा उतना ही प्यार-मुहब्बत और आदर की भावना है, जितनी किसी दूसरी बिरादरी के प्रति है। हम चाहते हैं कि सभी बिरादरी के लोग, सभी जातियों के लोग आगे बढ़े, सभी का उत्थान हो, सभी को समाज में बराबर के हक मिलें। आपकी सरकार ने पिछले डेढ़ वर्ष में जो जन कल्याण के क्षेत्र में पहल की है और विकास के कार्यक्रम और योजनाएँ बनाई हैं, उनका आप लोगों ने भरपूर स्वागत और समर्थन किया है। आपका कांग्रेस पार्टी और उसकी सरकार की नीतियों में गहरा विश्वास है।

देश में कांग्रेस ही एक ऐसी पार्टी है, जो राष्ट्र का विकास कर सकती है और देश की एकता और अखण्डता को एकसूत्र में रख सकती हैं। कमजोर और ग़रीबों का उत्थान कर सकती है। महिलाओं को सम्मानजनक स्थान दे सकती है। इस पार्टी ने पहले आजादी के लिए कड़ा संघर्ष किया, असंख्य कुर्बानियाँ दी और आजादी के बाद देश के नव-निर्माण में सबसे ज्यादा योगदान दिया।

यह पार्टी पूरी तरह से लोकतान्त्रिक और धर्मनिरपेक्ष है। राष्ट्रपिता महात्मा गाँधी, पण्डित जवाहर लाल नेहरू जी, श्रीमती इन्दिरा गाँधी जी और श्री राजीव गाँधी जी के मानवीय आदर्शों से जुड़ी है। आज श्रीमती सोनिया गाँधी जी के दूरदर्शी मार्गदर्शन और प्रधानमन्त्री मनमोहन सिंह जी के कुशल नेतृत्व में कांग्रेस पार्टी की अगुवाई में ही केन्द्र की यू.पी.ए. सरकार देश को मजबूत बनाने और हर वर्ग, विशेषरूप से दबे-पिछड़े वर्गों की भलाई में समर्पित है।

हरियाणा में आपकी सरकार ने समाज के सभी वर्गों चाहे वह किसान है, मजदूर है, व्यापारी है या महिलाएँ हैं, सभी के कल्याण-उत्थान के लिए स्कीमें बनाई हैं। समाज के दबे-पिछड़े, कमजोर वर्गों तथा अनुसूचित जातियों और पिछड़े वर्गों के लोगों के सामाजिक, आर्थिक और शैक्षणिक उत्थान के लिए

नयी-नयी योजनाएँ शुरू की जा रही हैं।

'इन्दिरा गाँधी प्रियदर्शनी विवाह शगुन योजना' स्कीम के अन्तर्गत ग़रीबी रेखा से नीचे जीवनयापन करने वाले अनुसूचित जातियों के परिवारों की लड़कियों के विवाह पर 15 हजार रुपये दिये जाते हैं। सरकार ने यह भी निर्णय लिया है कि ग़रीबी रेखा से नीचे जीवनयापन करने वाले सभी वर्गों की विधवाओं और निराश्रित महिलाओं को उनकी लड़की की शादी पर 15 हजार रुपये का अनुदान दिया जायेगा। इस योजना के तहत अब तक 19,300 से अधिक परिवारों को लगभग 20 करोड़ रुपये से अधिक अनुदान के रूप में दिये जा चुके हैं। ग़रीबी रेखा से नीचे जीवनयापन कर रहे अनुसूचित जातियों तथा विमुक्त और टपरीवास जातियों के व्यक्तियों को मकान बनाने के लिए दी जाने वाली अनुदान की राशि 10 हजार रुपये से बढ़ाकर 50 हजार रुपये कर दी गई है तथा मकान मरम्मत के लिए 10 हजार रुपये देने का भी प्रावधान किया गया है। हरियाणा के स्थाई निवासी अनुसूचित जाति के लड़के या लड़की द्वारा गैर-अनुसूचित जाति की लड़की या लड़के से विवाह करने पर दी जाने वाली प्रोत्साहन राशि 25 हजार रुपये से बढ़ाकर 50 हजार रुपये कर दी गई है। सभी अनुसूचित जातियों तथा पिछड़े वर्गों के लिए बनी हुई चौपालों और अम्बेडकर भवनों की मरम्मत के लिए 20 करोड़ रुपये की धनराशि का विशेष रूप से प्रावधान किया गया है। हरियाणा सरकार द्वारा अनुसूचित जातियों के व्यक्तियों को दो एकड़ भूमि खरीदने हेतु एक नयी योजना आरम्भ करने का निर्णय लिया है, जिसके तहत 5 लाख रुपये की ऋण राशि ब्याज की रियायती दरों पर प्रदान की जायेगी, जिसमें से 50 हजार रुपये की राशि अनुदान के रूप में दी जायेगी।

सभी अनुसूचित जातियों तथा पिछड़े वर्ग के ब्लॉक 'ए' के मेधावी छात्रों को उच्च शिक्षा के लिए प्रोत्साहित करने हेतु 'डॉ. अम्बेदकर मेधावी छात्र योजना' के नाम से एक नयी योजना आरम्भ की गई है। इस योजना के तहत दसवीं कक्षा में 60 प्रतिशत या इससे अधिक अंक प्राप्त करने वाले छात्रों को 10+1 और 10+2 की कक्षाओं में पढ़ाई के दौरान एक हजार रुपये मासिक छात्रवृत्ति दी जाती है। अनुसूचित जातियों और कमजोर वर्गों के लोगों के बच्चों को दी जाने वाली मुफ़्त लेखन सामग्री की राशि, मुफ़्त वर्दी की राशि तथा उपस्थिति पुरस्कार की राशि में बढ़ोतरी की गई है। अनुसूचित जाति की मेधावी छात्रों को प्रोत्साहन प्रदान करने हेतु एक स्कीम चलाई जा रही है, जिसके तहत पोस्ट मैट्रिक और पोस्ट ग्रेजुएट की कक्षाओं में प्रथम श्रेणी प्राप्त करने वाले इन वर्गों की छात्रों को एक हजार रुपये से दो हजार रुपये तक की दर से प्रोत्साहन राशि प्रदान की जाती है। अनुसूचित जाति के मेधावी छात्रों का शैक्षणिक स्तर सुधारने के लिए मुफ़्त आवासीय सुविधा प्रदान करने हेतु एक स्कीम आरम्भ की गई है, इसके तहत 700 रुपये प्रतिमास छात्रवृत्ति, दो हजार रुपये प्रति छात्र प्रति वर्ष पुस्तकें खरीदने तथा 1500 रुपये प्रति वर्ष अन्य खर्च हेतु दिये जाते हैं। विभिन्न प्रतियोगी परीक्षाओं की तैयारी के लिए अनुसूचित जाति या पिछड़े वर्गों के बच्चों को चार हजार रुपये तक की वित्तीय सहायता दी जा रही है।

आरक्षण नीति को पूरी तरह से लागू करने के लिए अनुसूचित जातियों और पिछड़े वर्गों के लिए सरकारी नौकरियों के बैकलॉग को शीघ्र पूरा करने के लिए विशेष अभियान चलाया जा रहा है।

हरियाणा अनुसूचित जाति वित्त और विकास निगम तथा हरियाणा पिछड़े वर्ग और आर्थिक रूप से कमजोर वर्ग कल्याण निगम द्वारा इन वर्गों के लोगों को विभिन्न व्यवसायों के लिए दिये जाने वाले ऋणों पर वसूल की जाने वाली ब्याज दर में एक प्रतिशत की कमी कर दी गई है। हरियाणा अनुसूचित जाति वित्त और विकास निगम द्वारा अनुसूचित जाति के लोगों के आर्थिक उत्थान हेतु चलाई जा रही स्कीमों के अन्तर्गत स्वरोज़गार के लिए चालू वित्त वर्ष में 16,500 लोगों को कर्ज़ तथा अन्य सुविधाएँ दिलवाने का लक्ष्य रखा गया है। हरियाणा पिछड़े वर्ग और आर्थिक रूप से कमजोर वर्ग कल्याण निगम द्वारा इस वित्त वर्ष में 12 हजार लोगों को स्वरोज़गार के लिये कर्ज़ तथा अन्य सुविधाएँ दिलवाने का लक्ष्य

रखा गया है। इन दोनों निगमों ने इस वित्त वर्ष में स्वरोज़गार के लिए अब तक 7500 से अधिक लाभपात्रों को लगभग 38 करोड़ रुपये की धनराशि उपलब्ध करवाई है। इस वित्त वर्ष के दौरान अनुसूचित जातियों और पिछड़े वर्गों के कल्याण-उत्थान की विभिन्न स्कीमों पर 90 करोड़ 91 लाख रुपये की धनराशि खर्च की जा रही है।

इस अवसर पर, मैं खटीक समाज से अनुरोध करता हूँ कि वे अपने समाज में फैली अंधविश्वास, अशिक्षा, दहेज प्रथा, भ्रूण हत्या जैसी सामाजिक बुराइयों को समाप्त करने का संकल्प लें और अपने बच्चों को शिक्षित करें ताकि वे राष्ट्र के विकास में और अधिक योगदान दे सकें।

रविवार, 1 अक्तूबर 2006, पानीपत

बहुरंगी फूलों का गुलदस्ता

पिंजौर उत्सव के अवसर पर

सुश्री प्रतिभा प्रहलाद ने शास्त्रीय नृत्य को देश-विदेश में बड़ा नाम और मान दिलवाया है। शास्त्रीय नृत्य और संगीत को समृद्ध बनाने में एक कलाकार के रूप में, एक अध्यापक के रूप में, एक अनुसंधानकर्ता के रूप में और संस्कृति आराधक के रूप में आप सराहनीय योगदान दे रही हैं। आप आधुनिक युग की कला के राजदूत और प्रचारक हैं। आपकी उल्लेखनीय सेवाओं के लिए आपको कईं पुरस्कारों से सम्मानित किया जा चुका है।

नृत्य, गीत और संगीत जिंदा कौम की निशानी होती हैं। ये हमें नयी ऊर्जा और स्फूर्ति प्रदान करते हैं। नृत्य तो एक साधना है, एक तपस्या है और मन-मस्तिष्क की एकाग्रता है। शास्त्रीय गीत, संगीत और नृत्य तो हमारे राष्ट्र की गौरवशाली संस्कृति के दर्पण हैं। आधुनिकता की दौड़ में हमारे शास्त्रीय गीत, संगीत और नृत्य को वह महत्व नहीं मिल पा रहा, जितना कि पाश्चात्य संगीत को मिल रहा है।

आज हमारी युवा पीढ़ी उन महान आदर्शों और परम्पराओं से दूर हटती जा रही है, जो हमारी धरोहर हैं। आज की युवा पीढ़ी पाश्चात्य संगीत की ओर अधिक आकर्षित हो रही है, जो उन्हें भटकाव के मार्ग पर ले जाता है। हमारे शास्त्रीय और लोक नृत्य, गीत और संगीत केवल मनोरंजनवादी नहीं हैं, बल्कि अपनी प्राचीन गौरवशाली संस्कृति से अवगत करवाते हैं, नैतिकता की भावना को मजबूत बनाते हैं, मेलजोल का सन्देश देते हैं और राष्ट्रभक्ति की प्रेरणा देते हैं।

कश्मीर से लेकर कन्याकुमारी तक हमारा भारत बहुरंगी संस्कृति के फूलों का एक सुनहरा गुलदस्ता है। हरियाणा का धमाल और घूमर प्रसिद्ध है तो पंजाब का गिद्दा और भंगड़ा। जहाँ कश्मीर का लोक संगीत मन को एक असीम शान्ति देता है, वहीं हमारे कुचीपुड़ी तथा भरतनाट्यम् जैसे नृत्यों से शरीर का रोम-रोम रोमांचित हो जाता है। हमें अपने देश के वातावरण तथा प्रकृति में पनपे नृत्य और संगीत को विकसित करने के प्रयास करने चाहिए।

भारत की आज विश्वभर में सांस्कृतिक पर्यटन केन्द्र के रूप में छवि बनी हुई है। 'अतिथि देवो भवः' की हमारी गौरवशाली परम्परा को और समृद्ध बनाना है। पर्यटन उद्योग आज विश्व में बड़ी तेजी से बढ़ रहा है। यह एक ऐसा उद्योग है, जो पर्यावरण का संरक्षण भी करता है। पर्यटन राजस्व अर्जित करने का भी एक बड़ा साधन है। इस क्षेत्र में विकास की बड़ी सम्भावनाएँ हैं। इस दिशा में यू.पी.ए. सरकार द्वारा सराहनीय प्रयास किये जा रहे हैं। पिंजौर महोत्सव का यह पाँच दिवसीय आयोजन केन्द्रीय पर्यटन मन्त्रालय के सहयोग से आयोजित किया जा रहा है।

इस महोत्सव से लोगों को शिवालिक गिरिमालाओं के अंचल में बसे पिंजौर के इस ऐतिहासिक स्थल की नयी-नयी जानकारी मिलेगी। कश्मीर के शालीमार बाग की रूपरेखा पर 17वीं शताब्दी में बना यह उद्यान साक्षात नन्दनवन प्रतीत होता है। नौवीं शताब्दी में बना भीमा देवी मन्दिर है, जिसकी वास्तुकला शैली और निर्माण की तकनीक की तुलना खजुराओ और भुवनेश्वर के प्रसिद्ध मन्दिरों से की जाती है। ऐसा माना जाता है कि पाण्डव अपने वनवास के दौरान पिंजौर में एक वर्ष की अवधि के लिए ठहरे थे। पिंजौर उद्यान के संरक्षण और जीर्णोद्धार के लिए केन्द्रीय पर्यटन मन्त्रालय के सहयोग से एक परियोजना शुरू की गई है।

हरियाणा वैसे भी भारतीय सभ्यता और संस्कृति की जन्मस्थली माना जाता है। इस प्रदेश की महान परम्पराएँ हैं। यहीं पर वेदों-उपनिषदों की रचना हुई और गीता का उद्घोष हुआ। इस पवित्र भूमि पर ऐसे कईं ऐतिहासिक, सांस्कृतिक और पुरातात्विक (archaeology) महत्व के स्थान हैं, जिन्हें सँजोकर रखने और उन्हें पर्यटन केन्द्र के रूप में विकसित करने के प्रयास किये जा रहे हैं।

कुरुक्षेत्र को अन्तर्राष्ट्रीय स्तर के पर्यटन केन्द्र के रूप में विकसित करने, धार्मिक टूरिज़्म, सांस्कृतिक टूरिज़्म, एडवेंचर टूरिज़्म फार्म टूरिज़्म, माल टूरिज़्म, गोल्फ टूरिज़्म, को बढ़ावा देने के लिए सार्वजनिक और निजी क्षेत्र की अधिक से अधिक भागीदारी से हम हरियाणा को पर्यटन के क्षेत्र में 'नम्बर वन' राज्य बनाने के लिए कटिबद्ध हैं।

शुक्रवार, 6 अक्तूबर 2006, पिंजौर

दृढ़ संकल्प के धनी

प्रवासी पंजाबी दिवस के मौके पर

'पंजाबी' शब्द ज़ुबान पर आते ही मन पटल पर ऐसे कर्मवीरों की छवि अंकित होने लगती है, जिन्होंने अपने आत्मविश्वास, मेहनत और दृढ़ संकल्प के बलबूते पर न केवल देश में बल्कि दुनिया के कोने-कोने में सभी क्षेत्रों में अपनी पहचान स्थापित की है। पंजाबियों के 'इनीशियेटिव और रिसोर्सफुलनेस' का लोहा आज सारी दुनिया मानती है। आगे बढ़ने की भावना, साहस का मादा तथा बेगानों को भी अपना बनाने के मिलनसारी के लाजबाब गुणों के कारण ही पंजाबियों ने विश्वभर में भारत का गौरव बढ़ाया है। हमें आप लोगों द्वारा विदेशों में प्राप्त की गई उपलब्धियों पर गर्व है।

आप लोगों ने विदेशों में बौद्धिक, तकनीकी, वैज्ञानिक, व्यवसाय, आर्थिक, व्यापार और उद्यम के क्षेत्रों में ख्याति अर्जित की है। आप लोग भारत और अपनाए गये देशों के बीच व्यापार और उद्योग के लिए एक सेतु का काम कर रहे हैं।

जैसा कि आप सभी जानते हैं कि हमारे माननीय प्रधानमन्त्री डॉ. मनमोहन सिंह जी ने 1990 के दशक के प्रारम्भ में देश में आर्थिक सुधारों की पहल की थी, उसी के बलबूते पर एक मजबूत भारत ने 21वीं सदी में प्रवेश किया है। आप सभी 15 वर्ष पूर्व शुरू की गई आर्थिक उदारीकरण नीतियों के परिणामों का ही अनुसरण कर रहे हैं। तभी से भारतीय अर्थव्यवस्था विश्व अर्थव्यवस्था के साथ धीरे-धीरे तालमेल बैठा रही है तथा यह सात से आठ प्रतिशत की वार्षिक औसत दर से वृद्धि कर रही है। इस वर्ष का अनुमान लगभग नौ प्रतिशत है तथा घरेलू और विदेशी निवेश में बहुत अधिक बढ़ोतरी हो रही है। विदेशी सीधा पूँजी निवेश के अलावा विदेशी संस्थागत निवेशकों द्वारा 10 बिलियन यू.एस. डॉलर से अधिक का निवेश इस बात का पुख्ता प्रमाण है कि विदेशी निवेशकों का भारतीय अर्थव्यवस्था में विश्वास बढ़ रहा है।

हरियाणा यद्यपि, भौगोलिक दृष्टि से छोटा राज्य है लेकिन उसका सम्बन्ध महाभारत की उस प्राचीन धरा से है, जहाँ पर भगवान श्रीकृष्ण ने मानवता के लिए गीता का अमर सन्देश दिया था। यद्यपि हरियाणा मुख्य रूप से कृषि प्रधान राज्य है, फिर भी हरियाणा ने कृषि और उद्योग दोनों ही क्षेत्रों में बहुत उन्नति की है। हरियाणा का क्षेत्रफल भारत के कुल भौगोलिक क्षेत्रफल का केवल 1.37 प्रतिशत है तथा भारत की 1.97 प्रतिशत जनसंख्या यहाँ निवास करती है। हरियाणा ने अपने गठन के चार दशकों में विकास के नये मील पत्थर स्थापित किये हैं।

हरियाणा की प्रति व्यक्ति आय देशभर में सर्वाधिक है। देश में बनने वाली 50 प्रतिशत से अधिक यात्री कारें, 25 प्रतिशत ट्रैक्टर तथा 50 प्रतिशत मोटर साईकिलों का निर्माण हरियाणा में होता है। इसके अतिरिक्त, 30 प्रतिशत से अधिक रैफ्रिजरेटरों, 25 प्रतिशत से अधिक साईकिलों तथा सैनेटरीवेयर का सामान भी यहीं बनता है। देश से निर्यात होने वाले वैज्ञानिक उपकरणों में से 20 प्रतिशत का निर्यात हरियाणा की लघु स्तरीय औद्योगिक इकाइयों द्वारा किया जाता है। वर्ष 2005-06 के दौरान राज्य का निर्यात 25 हजार करोड़ रुपये से अधिक का रहा। निर्यात की जाने वाली मुख्य वस्तुएँ सॉफ्टवेयर, हैण्डलूम उत्पाद, वैज्ञानिक उपकरण, ऑटोमोबाइल और ऑटोमोटिव कम्पोनेंट्स, बिजली के उपकरण, चावल, गुआरगम तथा आचार हैं। सॉफ्टवेयर के निर्यात में भारतीय राज्यों में हरियाणा का तीसरा स्थान है, जिसकी विकास दर राष्ट्रीय औसत से अढ़ाई गुणा अधिक है।

हरियाणा विकास के सभी क्षेत्रों में तेजी से प्रगति कर रहा है। पिछले कुछ वर्षों में उद्योग तथा उद्योग से सम्बन्धित इन्फ्रास्ट्रक्चर के विकास में उल्लेखनीय प्रगति हुई है। नयी उद्योग नीति-2005 के उत्साहजनक परिणाम सामने आ रहे हैं। वर्ष 2005-06 में हमने नयी उद्योग नीति घोषित की थी, तब से लेकर हरियाणा में 10 हजार करोड़ रुपये का निवेश हो चुका है तथा 40 हजार करोड़ रुपये के निवेश की परियोजनाएँ, जिसमें 1380 करोड़ रुपये का सीधा विदेशी पूँजी निवेश शामिल है, क्रियान्वित हो रहा है। हाल ही में, मेरे नेतृत्व में एक शिष्टमण्डल यूरोप के दौरे पर गया था। इसके परिणामस्वरूप प्रसिद्ध यूरोपियन कम्पनियों ने 12 हजार करोड़ रुपये से अधिक का निवेश करने की वचनबद्धता की है।

हरियाणा आज बड़ी-बड़ी कम्पनियों विशेषकर बहुराष्ट्रीय कम्पनियों की पहली पसन्द बन चुका है। हरियाणा में सीमेंस, ए.बी.बी., सुजूकी, जी.ई., हौण्डा, नैसले, स्मिथ क्लाइन, बैकम, मित्सुबिसी, जे. सी.बी., कोका कोला, पेप्सी, आई.बी.एम., अल्काटेल, परफैटी, बारको, नारकूल, नैरोलेक, बैक्सटर इण्डिया, जॉनसनमैथी, डेन्सो आदि कम्पनियाँ स्थित हैं। हरियाणा की भौगोलिक स्थिति सुदृढ़ इन्फ्रास्ट्रक्चर, निवेश मैत्री नीतियाँ सौहार्दपूर्ण वातावरण के साथ-साथ लोगों की विकास परक सोच, स्थिर सरकार और कुशल राजनैतिक नेतृत्व तथा दक्ष प्रशासनिक तन्त्र ने हरियाणा को बहुराष्ट्रीय कम्पनियों के आकर्षण का केन्द्र बना दिया है।

राष्ट्रीय राजधानी नयी दिल्ली से तीन ओर से सटा होना और 'अन्तर्राष्ट्रीय गेटवे' इन्दिरा गाँधी हवाई अड्डे की समीपता हरियाणा के लिए अनूठे लाभ हैं। आधुनिक दूरसंचार सुविधा, विश्व स्तर की आवासीय तथा व्यापारिक सुविधाएँ और महानगरीय परिवेश के कारण ही राज्य में इतनी अधिक बहुराष्ट्रीय कम्पनियों की उपस्थिति दर्ज हुई है। हरियाणा आपके लिए निवेश का सबसे उत्तम स्थान है। गुड़गाँव भारत की नयी कारपोरेट कैपिटल के रूप में पहले ही स्थापित हो चुका है।

हरियाणा में निवेश की बड़ी सम्भावनाएँ हैं। कुण्डली-मानेसर-पलवल एक्सप्रेस-वे को ग्लोबल कॉरीडोर के रूप में विकसित किया जा रहा है। यह कॉरीडोर इन्फ्रास्ट्रक्चर परियोजनाओं के विकास और अर्थव्यवस्था के मुख्य क्षेत्र जैसेकि आई.टी., ऑटो और टेक्सटाइल में बड़े निवेश के अवसर प्रदान करेगा। पानीपत में भारतीय तेल निगम का पी.एक्स/पी.टी.ए. और नापथा क्रैकर प्लांट इन परियोजनाओं के लिए

डाउनस्ट्रीम उद्योगों के विकास के लिए अच्छे अवसर प्रदान करता है। कुण्डली में स्थापित की जा रही 'राजीव गाँधी एजुकेशन सिटी' विशिष्ट शैक्षणिक संस्थाओं के विकास के लिए भी बड़े अवसर उपलब्ध करवाएगी।

हरियाणा को 68 विशेष आर्थिक क्षेत्र स्थापित करने के प्रस्ताव मिले हैं। आज के भू-मण्डलीय प्रतिस्पर्धा के युग में ये विशेष आर्थिक क्षेत्र निर्यातोन्मुखी इकाइयाँ स्थापित करने के अच्छे अवसर उपलब्ध करवाते हैं। रायपुर रानी में नैनो सिटी स्थापित किया जा रहा है, जिसमें उच्च तकनीक संस्थान और आर एण्ड डी सैन्टर स्थापित करने के बड़े अवसर हैं। प्रदेश में सार्वजनिक-निजी भागीदारी के तहत विद्युत परियोजनाएँ, ट्रांसपोर्ट हब और दक्षता बढ़ाने और सीखने के केन्द्र स्थापित करने तथा तीव्र परिवहन पद्धति विकसित करने के लिए अच्छे अवसर हैं।

हरियाणा में पर्यटन से सम्बन्धित उद्यमों जैसे कि सितारा होटलों, मनोरंजन पार्क, गोल्फ के मैदान, मल्टीप्लेक्स तथा साहसिक और गन्तव्य पर्यटन की बहुत अधिक सम्भावनाएँ हैं। हरियाणा में पर्यटन को उद्योग का दर्जा दिया जा चुका है। फार्म पर्यटन को पिछले केन्द्रीय बजट में एक महत्वपूर्ण विकास का क्षेत्र चिन्हित किया। हरियाणा को उन राज्यों में से एक चुना गया है, जहाँ पर्यटक ग्रामीण फार्मों और किसानों के पास आकर रह सकते हैं और प्रकृति का आनन्द उठा सकते हैं।

वीरवार, 11 जनवरी 2007, चण्डीगढ़

अन्ध तमस के काटे बन्धन

महर्षि दयानन्द विश्वविद्यालय के 14वें दीक्षान्त समारोह में

यह विश्वविद्यालय महान क्रान्तिकारी समाज सुधारक और आर्य समाज के संस्थापक स्वामी दयानन्द जी के नाम को समर्पित है। उन्होंने समाज में प्रगतिशील विचारों को बढ़ावा दिया। अन्धविश्वास, आडम्बर और सामाजिक बुराइयों के खिलाफ जंग लड़ी। उन्होंने वैदिक संस्कृति के प्रचार-प्रसार के साथ-साथ समूचे समाज पर जो सबसे बड़ा उपकार किया-वह था शिक्षा के प्रसार का। वे जानते थे कि शिक्षा के बिना समाज और राष्ट्र के विकास की कल्पना नहीं की जा सकती।

मेरा स्वामी दयानन्द जी के आदर्शों और सिद्धान्तों में गहन विश्वास है। मैंने प्रदेश के मुख्य जनसेवक के तौर पर शासन की बागडोर भी 5 मार्च, 2005 को महर्षि दयानन्द सरस्वती जयन्ती के दिन ही सम्भाली थी और प्रदेश को विकास और जनकल्याण के मामले में देश को 'नम्बर वन' राज्य बनाने का संकल्प लिया था। मुझे खुशी है कि गत दो वर्षों में हमने प्रदेश के विकास को एक नयी गति दी है तथा जन-कल्याण को एक नयी दिशा दी है।

जैसा कि आप जानते हैं कि उपनिषदों में कहा गया है कि 'तमसो मा ज्योतिर्गमय।' हे प्रभु! मुझे अंधकार से प्रकाश की ओर ले चलो। इसी मूल मन्त्र को अपना आदर्श बनाकर हम प्रदेश में वैश्वीकरण के युग के अनुसार शिक्षा की आधुनिक सुविधाएँ जुटाने में लगे हुए हैं। शिक्षा क्षेत्र का विकास हमारी सर्वोच्च प्राथमिकताओं में है।

आपके विश्वविद्यालय में ही अनेक व्यावसायिक रोज़गारोन्मुखी पाठ्यक्रम प्रारम्भ किये गये हैं। कई नूतन शैक्षणिक पहल हुई हैं। इसके लिए मैं इस विश्वविद्यालय के कुलपति और प्रशासन को भी बधाई देता हूँ। राज्य सरकार इस विश्वविद्यालय को 'केन्द्रीय विश्वविद्यालय' का दर्जा दिलवाने के लिए हर-सम्भव प्रयास करेगी।

पिछले दो वर्षों में हमने प्राथमिक शिक्षा से लेकर उच्चत्तर शिक्षा और तकनीकी शिक्षा में गुणात्मक सुधार लाने के लिए कई कदम उठाये हैं। शिक्षा प्रसार और तकनीकी शिक्षा के लिए बजट में भारी वृद्धि की गई है।

हरियाणा देश का पहला राज्य है, जिसमें स्कूलों में सेमैस्टर प्रणाली लागू की गई है, जिसके बड़े उत्साहजनक परिणाम सामने आ रहे हैं। सरकारी कॉलेजों, बहुतकनीकी और तकनीकी संस्थाओं और विश्वविद्यालयों में नये-नये रोज़गारपरक कोर्सिज शुरू किये गये हैं। राजकीय विद्यालयों, महाविद्यालयों तथा तकनीकी शिक्षा संस्थाओं को 'एजुसैट नैटवर्क' से जोड़ा जा रहा है। यह एशिया का सबसे बड़ा नैटवर्क होगा। विश्व स्तर की उच्चकोटि की शिक्षा सुविधा के लिए कुण्डली में 'राजीव गाँधी एजुकेशन सिटी' स्थापित की जा रही है।

महिलाओं की शिक्षा को बढ़ावा देने के लिए खानपुर कलां में 'भगत फूल सिंह महिला विश्वविद्यालय' स्थापित किया गया है। मीरपुर (रिवाड़ी) तथा नूंह (मेवात) में इस विश्वविद्यालय के रीजनल सेंटरों की स्थापना की जा रही है। इसी प्रकार, गुरु जम्भेश्वर विश्वविद्यालय, हिसार में स्कूल ऑफ बिजनेस खोलने की स्वीकृति दी गई है। दीनबन्धु छोटू राम स्टेट कॉलेज ऑफ इंजीनियरिंग, मुरथल का दर्जा बढ़ाकर तकनीकी विश्वविद्यालय किया गया है। आई.एम.टी. मानेसर में भारत सरकार द्वारा एक 'नेशनल लॉ यूनिवर्सिटी' स्थापित की जा रही है।

हमारा प्रयास है कि राज्य के सभी शिक्षण संस्थाओं में अन्तर्राष्ट्रीय स्तर का शिक्षण इन्फ्रास्ट्रक्चर हो और प्रदेश में एक नयी शिक्षा क्रान्ति का सूत्रपात हो।

मंगलवार, 3 अप्रैल 2007, रोहतक

जात-पाँत पूछे नहिं कोय

कबीरपंथी धानक समाज सम्मेलन में

संत शिरोमणि कबीर जी की किसी एक जाति या सम्प्रदाय के नहीं थे। वे पूरी मानव जाति के पथ-प्रदर्शक थे। उनकी शिक्षाएँ पूरी मानवता के लिए थीं और आज भी उनकी शिक्षाएँ हमारा प्रकाश स्तम्भ की तरह मार्गदर्शन कर रही हैं। भक्ति, प्रेम, सभी मनुष्यों की आपस में बराबरी और भाईचारा-ये उनकी शिक्षा के आधार थे। उनकी वाणी और उनकी शिक्षाएँ इतनी अमर हैं कि वे आज भी नवीन प्रतीत होती हैं।

यह खुशी की बात है कि संत शिरोमणि कबीर जी के आदर्शों का पालन करने वाला कबीरपंथी धानक समाज प्राचीन समय से ही वीर बहादुरों और कमेरे वर्ग का समाज रहा है। इस समाज का इतिहास रानी-राजाओं और महाराजाओं का इतिहास नहीं, बल्कि भारतीय सभ्यता और संस्कृति के क्रमिक विकास का इतिहास है। इस समाज के लोग साहसी, वीर, परिश्रमी और स्वाभिमानी होते हैं। इस समाज ने अन्य दबे-पिछड़े समाज की तुलना में कम तरक्की की है, आपको अभी बहुत आगे बढ़ना है।

मेरे मन में धानक समाज के प्रति हमेशा उतना ही प्यार-महोब्बत और आदर की भावना है, जितनी किसी दूसरी बिरादरी के प्रति है। हम चाहते हैं कि सभी बिरादरी के लोग, सभी जातियों के लोग आगे बढ़े, सभी का उत्थान हो, सभी को समाज में बराबर के हक मिलें। आपकी सरकार ने पिछले लगभग सवा दो वर्षों में जो जन कल्याण के क्षेत्र में पहल की है और विकास के कार्यक्रम और योजनाएँ बनाई हैं, उनका आप लोगों ने भरपूर स्वागत और समर्थन किया है। आपका कांग्रेस पार्टी और उसकी सरकार की नीतियों में गहरा विश्वास है।

देश में कांग्रेस ही एक ऐसी पार्टी है, जो राष्ट्र का विकास कर सकती है और देश की एकता और अखण्डता को एकसूत्र में रख सकती हैं। कमजोर और गरीबों का उत्थान कर सकती है। महिलाओं को सम्मानजनक स्थान दे सकती है। इस पार्टी ने पहले आजादी के लिए कड़ा संघर्ष किया, असंख्य कुर्बानियाँ दी और आजादी के बाद देश के नव-निर्माण में सबसे ज्यादा योगदान दिया।

यह पार्टी पूरी तरह से लोकतान्त्रिक और धर्मनिरपेक्ष है। राष्ट्रपिता महात्मा गाँधी, पण्डित जवाहर लाल नेहरू जी, श्रीमती इन्दिरा गाँधी जी और श्री राजीव गाँधी जी के मानवीय आदर्शों से जुड़ी है। आज श्रीमती सोनिया गाँधी जी के दूरदर्शी मार्गदर्शन और प्रधानमन्त्री मनमोहन सिंह जी के कुशल नेतृत्व में कांग्रेस पार्टी की अगुवाई में ही केन्द्र की यू.पी.ए. सरकार देश को मजबूत बनाने और हर वर्ग, विशेषरूप से दबे-पिछड़े वर्गों की भलाई में समर्पित है।

हरियाणा में सरकार ने समाज के सभी वर्गों चाहे वह किसान है, मजदूर है, व्यापारी है या महिलाएँ हैं, सभी के कल्याण-उत्थान के लिए स्कीमें बनाई हैं। समाज के दबे-पिछड़े, कमजोर वर्गों तथा अनुसूचित जातियों और पिछड़े वर्गों के लोगों के सामाजिक, आर्थिक और शैक्षणिक उत्थान के लिए नयी-नयी योजनाएँ शुरू की जा रही हैं।

'इन्दिरा गाँधी प्रियदर्शनी विवाह शगुन योजना' स्कीम के अन्तर्गत गरीबी रेखा से नीचे जीवनयापन करने वाले अनुसूचित जातियों के परिवारों और सभी वर्गों की विधवाओं की लड़कियों के विवाह पर 15 हजार रुपये का शगुन दिया जाता है। गरीबी रेखा से नीचे जीवनयापन कर रहे अनुसूचित जातियों तथा विमुक्त और टपरीवास जातियों के व्यक्तियों को मकान बनाने के लिए दी जाने वाली अनुदान की राशि 10 हजार रुपये से बढ़ाकर 50 हजार रुपये कर दी गई है तथा मकान मरम्मत के लिए 10 हजार रुपये देने का भी प्रावधान किया गया है।

हरियाणा के स्थाई निवासी अनुसूचित जाति के लड़के या लड़की द्वारा गैर अनुसूचित जाति की लड़की या लड़के से विवाह करने पर दी जाने वाली प्रोत्साहन राशि 25 हजार रुपये से बढ़ाकर 50 हजार रुपये कर दी गई है। सभी अनुसूचित जातियों तथा पिछड़े वर्गों के लिए बनी हुई चौपालों और अम्बेदकर भवनों की मरम्मत के लिए 20 करोड़ रुपये की धनराशि का विशेष रूप से प्रावधान किया गया है।

सभी अनुसूचित जातियों तथा पिछड़े वर्ग के ब्लॉक 'ए' के मेधावी छात्रों को उच्च शिक्षा के लिए प्रोत्साहित करने हेतु 'डॉ. अम्बेदकर मेधावी छात्र योजना' के नाम से एक नयी योजना आरम्भ की गई है। इस योजना के तहत दसवीं कक्षा में 60 प्रतिशत या इससे अधिक अंक प्राप्त करने वाले छात्रों को 10+1 और 10+2 की कक्षाओं में पढ़ाई के दौरान एक हजार रुपये मासिक छात्रवृत्ति दी जाती है।

अनुसूचित जातियों और कमजोर वर्गों के लोगों के बच्चों को दी जाने वाली मुफ़्त लेखन सामग्री की राशि, मुफ़्त वर्दी की राशि तथा उपस्थिति पुरस्कार की राशि में बढ़ोतरी की गई है। अनुसूचित जाति के छात्रों को छठी से 12वीं तक दी जाने वाली छात्रवृत्ति में अढ़ाई गुणा की वृद्धि की गई है।

विभिन्न प्रतियोगी परीक्षाओं की तैयारी के लिए अनुसूचित जाति या पिछड़े वर्गों के बच्चों को दी जाने वाली आर्थिक सहायता राशि तीन हजार रुपये से बढ़ाकर आठ हजार रुपये तथा चार हजार रुपये से बढ़ाकर दस हजार रुपये की गई है। अनुसूचित जाति के कर्मचारियों को पदोन्नति में आरक्षण का लाभ प्रदान करने के लिए हरियाणा में 85वां संविधान संशोधन लागू कर दिया गया है। आरक्षण नीति को पूरी तरह से लागू करने के लिए अनुसूचित जातियों और पिछड़े वर्गों के लिए सरकारी नौकरियों के बैकलॉग को शीघ्र पूरा करने के लिए विशेष अभियान चलाया जा रहा है। हरियाणा अनुसूचित जाति वित्त और विकास निगम तथा हरियाणा पिछड़े वर्ग और आर्थिक रूप से कमजोर वर्ग कल्याण निगम द्वारा इन वर्गों के लोगों को विभिन्न व्यवसायों के लिए दिये जाने वाले ऋणों पर वसूल की जाने वाली ब्याज दर

में एक प्रतिशत की कमी कर दी गई है। वर्ष 2004-05 में हरियाणा में अनुसूचित जातियों और पिछड़े वर्गों के कल्याण-उत्थान के लिए प्लान बजट में केवल 16 करोड़ 75 लाख रुपये का प्रावधान था, जबकि इस वित्त वर्ष में प्लान बजट के तहत 100 करोड़ रुपये की धनराशि खर्च की जा रही है। इस प्रकार, गत दो वर्षों में बजट में छः गुणा वृद्धि हुई है।

रविवार, 1 जुलाई 2007, कालका

नयी उमंगों का पर्व

तीज उत्सव के शुभारम्भ पर

तीज का त्यौहार वैसे तो खासतौर पर महिलाओं, बहुओं, बेटियों और बहनों का त्यौहार है, लेकिन इस त्यौहार की अपनी एक ऐसी मस्ती है कि तीज के आते ही सभी बाल-बच्चे, बूढ़ों और जवानों के दिलों में भी नयी खुशियाँ और नयी उमंगें तथा नया उत्साह छाने लगता है।

गाँवों में जगह-जगह पेड़ों पर डाले गये झूले, गीत गाती, नाचती-कूदती और झूला झूलती बहू-बेटियों को देखकर मन ख़ुशी से भर उठता है। इसलिए यह त्यौहार आपसी मिलन, प्रेम और पूरे परिवार और समाज तथा गाँव का एक सांझा त्यौहार है। इसे सभी तरह के भेदभाव मिटाकर मनाया जाता है। इसे मनाने का मकसद महिलाओं के प्रति सम्मान और राज्य की समृद्ध सांस्कृतिक परम्पराओं को बढ़ावा देना है।

आप तो जानते ही हैं कि हरियाणा वैदिक काल से ही हरि और हरियाली का प्रदेश रहा है। सावन के महीने में जब बरसात की फुहारें पड़ती हैं तो पेड़-पौधे, फल-फूल सभी खिल उठते हैं। प्रगति के इस वरदान को पाकर मनुष्य के मन का खुश होना स्वाभाविक है।

मैं समझता हूँ कि पौराणिक कथाओं का, जो किसी भी त्यौहार के साथ जुड़ी होती हैं, उनका अपना महत्व होता है, लेकिन जो सामाजिक और सांस्कृतिक और आर्थिक कारण होते हैं, वे भी किसी तीज-त्यौहार को मनाने के लिए बड़ी अहमियत रखते हैं।

तीज का त्यौहार सीधे तौर पर प्रकृति से जुड़ा हुआ है और यह हमें पर्यावरण की रक्षा की प्रेरणा देता है। पेड़-पौधों को और वनों को लगाएँगे, तभी तो सावन में हरियाली आयेगी और तीज का त्यौहार खुशियाँ लाएगा। हमें प्रकृति के इस सन्देश का पालन करने का संकल्प लेना चाहिए

महिलाएँ, हमारी आबादी का लगभग आधा हिस्सा हैं। महिलाओं की रचनात्मक भूमिका के बगैर घर, समाज और राष्ट्र के विकास की कल्पना ही बेमानी है। आज हरियाणा में महिलाओं के सामाजिक और आर्थिक उत्थान के लिए जो कदम उठाये जा रहे हैं, वह हरियाणा के इतिहास में आज तक नहीं उठाये गये होंगे।

गिरते लिंगानुपात की समस्या के समाधान के लिए शुरू की गई 'लाडली' नामक स्कीम बड़ी लोकप्रिय हो रही है। इस योजना के तहत दूसरी लड़की पैदा होने पर लड़की और उसकी माँ को पाँच वर्ष की अवधि तक पाँच हजार रुपये प्रतिमाह दिये जाते हैं। कुल 38 हजार 853 बालिकाओं को इस योजना के तहत लाभ प्रदान किया गया है।

'लाडली सामाजिक सुरक्षा पेंशन' नामक एक नयी योजना शुरू की गई है। इस योजना के तहत जिन परिवारों की संतान केवल लड़कियाँ हैं, उन माता-पिता को 45 साल की आयु पूरी करने पर 500 रुपये प्रतिमास की पेंशन प्रदान की जाती है।

उच्च शिक्षा को बढ़ावा देने के लिए खानपुर कलां में भगत फूल सिंह के नाम से एक अलग महिला विश्वविद्यालय स्थापित किया गया है। सभी राजकीय कन्या वरिष्ठ माध्यमिक स्कूलों को 'एजुसैट' से जोड़ा जा रहा है।

गाँवों में लड़कियों को शिक्षा के प्रति प्रोत्साहित करने के लिए 'ग्रामीण किशोर बालिकाओं को पुरस्कार' नामक नयी योजना शुरू की गई है। लड़कियों को स्कूलों में शत-प्रतिशत प्रवेश दिलवाने पर पंचायतों को पुरस्कृत किया जायेगा।

सभी आई.टी.आई. तथा सभी तकनीकी शिक्षण संस्थाओं में प्रवेश के लिये लड़कियों के लिए 25 प्रतिशत आरक्षण किया गया है। औद्योगिक प्रशिक्षण संस्थानों, बहुतकनीकी संस्थानों, इंजीनियरिंग कॉलेजों में छात्राओं को मुफ़्त टूलकिट और पुस्तकें प्रदान की जायेंगी तथा छात्राओं को मैरिट के आधार पर सम्मानित भी किया जायेगा।

अध्यापकों की भर्ती तथा हरियाणा आवास बोर्ड द्वारा बनाये गये मकानों में महिलाओं के लिए 33 प्रतिशत का आरक्षण दिया गया है। 'इन्दिरा गाँधी प्रियदर्शनी विवाह शगुन योजना' के तहत गरीबी रेखा से नीचे जीवनयापन करने वाली सभी वर्गों की विधवाओं और अनुसूचित जातियों के परिवारों की लड़कियों के विवाह पर 15 हजार रुपये का शगुन दिया जाता है।

सुरक्षित प्रसव के लिए स्वच्छ और घर जैसा वातावरण प्रदान करने के लिए प्रसूति गृहों की स्थापना की जा रही है। 'जननी सुरक्षा योजना' के तहत आर्थिक मदद दी जाती है।

लड़कियों के भलीभांति पालन-पोषण के प्रति माताओं को प्रोत्साहित करने के लिए 'सर्वोत्तम माता पुरस्कार' की योजना शुरू की गई है। दहेज की बुराई को समाप्त करने के लिए दहेज प्रतिषेध अधिनियम कठोरता से लागू किया जा रहा है।

महिलाओं के नाम सम्पत्ति पंजीकरण में स्टॉम्प डयूटी पर दो प्रतिशत तथा महिलाओं को बिजली बिल में 10 पैसे प्रति यूनिट की छूट दी जाती है। महिला विकास निगम से स्वःरोज़गार के लिए जो महिला कर्ज़ लेगी, उसे ब्याज पर एक प्रतिशत की छूट दी जायेगी।

ग्राम स्तरीय महिला समितियों का गठन किया गया हैं। ये समितियाँ ग्राम पंचायतों की उप समितियाँ होंगी। अब तक लगभग छः हजार से अधिक ऐसी समितियों का गठन किया जा चुका है। इन समितियों को आंगनवाड़ी वर्करों, हैल्परों के मानदेय के वितरण, इनकी नियुक्ति के लिए सिफारिश और पूरक पोषाहार की जिम्मेदारी भी सौंपी गई है।

गाँवों में शिक्षित महिलाओं के 'साक्षर महिला समूह' बनाये गये हैं। ये समूह ग्रामीण क्षेत्रों में घटते लिंगानुपात, साक्षरता, स्वास्थ्य और पोषाहार और महिला सशक्तिकरण आदि विषयों पर जन चेतना जागृत करेंगी।

सोमवार, 13 अगस्त 2007, कालका

जीवन की वाणी

साहित्यकार अभिनन्दन समारोह में

साहित्य जीवन दर्शन है और समाज का दर्पण है। यह हमें अतीत और वर्तमान से तो परिचित कराता ही है, साथ में भविष्य की दिशा भी देता है। साहित्य उपजता है संवेदना से, भाव और भावनाओं से। साहित्य उपजता है दर्द से, स्नेह से, प्यार से, अनुभूतियों से। साहित्य जीवन की आह, कराह, हास्य वीरता

और उमंगों के भावों और महत्वाकांक्षाओं का स्वर देता है। साहित्य और पत्रकारिता की जनजागरण और स्वस्थ जीवन मूल्यों की स्थापना में महत्वपूर्ण भूमिका होती है।

हिन्दी आज विश्व भाषा बन चुकी है। दुनिया में सबसे अधिक बोली जाने वाली भाषा में इसका दूसरा स्थान है। विश्व के 150 से अधिक विश्वविद्यालयों में हिन्दी पढ़ाई जा रही है। हिन्दी में प्रवासी भारतीय लेखकों द्वारा भी खूब लिखा जा रहा है। विदेशों में हिन्दी की कई पत्रिकाएँ नियमित छप रही हैं तथा साहित्यक गोष्ठियों और कवि सम्मेलन विदेशों में भी खूब होते हैं। यह इंटरनेट की भाषा भी बन चुकी है। हरियाणा सरकार हिन्दी को बढ़ावा देने के लिए प्रतिबद्ध है।

साहित्य और पत्रकारिता की मूल भावना होती है कि हालात बदलें और बेहतर बनें। साहित्य और पत्रकारिता संघर्ष और बलिदान की ऊर्जा पैदा करते हैं। इसीलिए यह कहावत बड़ी प्रसिद्ध है जो कार्य हजारों तलवारें नहीं कर सकती, वह कलम की नोक से बखूबी हो जाता है। जीवंत साहित्य ही जीवंत समाज और जीवंत राष्ट्र का निर्माण करता है।

हरियाणा जहाँ वीर भूमि के नाम से प्रसिद्ध है, वहीं साहित्य के क्षेत्र में भी इसका योगदान कम नहीं है। हरियाणा तो वह पावन धरा है, जहाँ पर वेदों-उपनिषदों की रचना हुई, गीता के अमर सन्देश गूंजे। महर्षि वेद-व्यास ने महाभारत की रचना की। आदि कवि पुष्पदंत, बाण भट्ट, हर्षवर्धन, युद्ध इतिहासकर कवि चन्दवरदाई, कवि सूरदास जैसे भगवती शारदा के वरद् पुत्र भी इसी भूमि पर हुए। अजीम शायर हाली पानीपती, बाबू बाल मुकुन्द गुप्त और माधव प्रासद मिश्र जैसे साहित्यकार-पत्रकार और लोक कवि पण्डित लखमी चंद जी भी हरियाणा की ही देन हैं।

राज्य की यह गौरवमयी धरोहर और विरासत को समृद्ध करने और संवर्धन करने की चुनौती साहित्यकारों और पत्रकारों की नयी पीढ़ी के सामने है। मुझे उम्मीद है कि नयी पीढ़ी इस चुनौती को स्वीकार करेगी। मैं सरकार की ओर से आश्वस्त करना चाहूँगा कि हिन्दी भाषा और साहित्य के विकास में राज्य सरकार पूरा सहयोग देगी।

साहित्यकार और भी अच्छा साहित्य रचें ताकि व्यक्ति, समाज और देश को नयी ऊर्जा और दिशा मिले। रचनात्मक सोच, जनजागरण, प्रगति, विकास और वैज्ञानिक मानसिकता की गति तेज हो। साहित्य और पत्रकारिता की स्वतन्त्रता और निर्भीकता के साथ-साथ जवाबदेही भी महत्वपूर्ण है। हरियाणा जहाँ आर्थिक और सामाजिक क्षेत्रों में निरन्तर आगे बढ़ रहा है, वहीं साहित्य और पत्रकारिता के क्षेत्र में भी नयी ऊँचाइयों को छूने की दिशा में तेजी से आगे बढ़ रहा है।

यह खुशी की बात है कि हरियाणा साहित्य अकादमी साहित्य के विकास में सराहनीय भूमिका निभा रही है। अकादमी द्वारा राज्य के लेखकों की पुस्तकें प्रकाशित की जाती हैं। उदीयमान साहित्यकारों को प्रोत्साहित किया जाता है। आर्थिक तंगी से प्रभावित लेखकों को पुस्तकों के प्रकाशन के लिए आर्थिक मदद दी जाती है। साहित्यिक उत्सवों, लेखक गोष्ठियों और कवि सम्मेलनों के माध्यम से प्रदेश में एक साहित्यिक वातावरण सृजित करती है। सरकार भी इस कार्य में उसकी उदारतापूर्वक मदद कर रही है।

आपकी सरकार ने पुरस्कारों की राशि बढ़ाई है तथा पुरस्कारों की संख्या बढ़ाई है। सभी अकादमियों के बजट में कई गुणा बढ़ोतरी की है। हरियाणा के बाहर रहकर बड़ी संख्या में हरियाणवी साहित्यकारों ने अपने सृजन से हरियाणा के गौरव को बढ़ाया है। इसके लिए 'हरियाणा गौरव पुरस्कार' की नयी शुरुआत की गई है।

आज लुप्त हो रही लोक कलाओं को सहेजने और विकसित करने की जरूरत है। हरियाणवी कला और संस्कृति को बढ़ावा देने के लिए कुरुक्षेत्र में 5 करोड़ 40 लाख रुपये की अनुमानित लागत से एक बहुउद्देशीय सांस्कृतिक केन्द्र स्थापित किया जा रहा है। इसके प्रथम चरण का कार्य दिसम्बर, 2007 तक

पूरा कर लिया जायेगा। लोक गीत, लोक संगीत और लोक नृत्यों की प्रतियोगिताएँ आयोजित की जा रही हैं तथा पुरस्कार देकर प्रोत्साहित किया जा रहा है।

मैं चाहता हूँ कि आजीवन साहित्य साधना करने वाले तथा विशिष्ट उपलब्धि वाले साहित्यकार को 'लाइफ़ टाइम अचीवमेंट अवार्ड' (Life Time Achievement Award) जैसे सम्मान से नवाज़ा जाना चाहिए।

वीरवार, 23 अगस्त 2007, हरियाणा निवास (चण्डीगढ़)

अहिंसा दिवस

राज्य स्तरीय अन्तर्राष्ट्रीय अहिंसा दिवस के अवसर पर

सत्य और अहिंसा के पुजारी राष्ट्रपिता महात्मा गाँधी जी बीसवीं शताब्दी के ऐसे महान् पुरुष थे, जिन्होंने अपने व्यावहारिक जीवन से, अपने चिन्तन-मनन और विचारों से न केवल देशवासियों का ही मार्गदर्शन किया, बल्कि समूची मानवता को जीवन का कल्याणकारी रास्ता दिखाया। आज हमारे भूतपूर्व प्रधानमन्त्री श्री लाल बहादुर शास्त्री जी का जन्मदिन भी है। सर्वप्रथम मैं इन दोनों महान विभूतियों को अपने श्रद्धासुमन अर्पित करता हूँ।

यह समारोह घासेड़ा की उस ऐतिहासिक धरा पर हो रहा है, जिसे राष्ट्रपिता महात्मा गाँधी जी ने 19 दिसम्बर, 1947 को अपने चरणों से पवित्र किया था। आज यह गाँव 'गाँधी ग्राम' के नाम से लोकप्रिय है। मेवात का यह क्षेत्र अपने में एक इतिहास समेटे हुए है। सन् 1857 की प्रथम आजादी की लड़ाई से लेकर आजादी मिलने तक के संघर्ष में यहाँ के लोगों ने जो बहादुरी, देशभक्ति और बलिदान की भूमिका निभाई, वह इतिहास के पन्नों पर स्वर्ण अक्षरों में अंकित है। 8 नवम्बर, 1857 का दिन भी इस गाँव के इतिहास का एक कभी न भुलाया जाने वाला दिन है। इस दिन अंग्रेजी फ़ौजों का मुकाबला करते हुए इस गाँव के 150 मेव शहीद हो गये थे। इस प्रकार अन्य क्षेत्रों में भी लोगों ने कुर्बानियों का इतिहास अपने खून से लिखा।

आजादी के समय जब देश का विभाजन हुआ तो करोड़ों लोगों को नयी बनी सरहदों के इधर-उधर जाना पड़ा। उस समय पंजाब के तत्कालीन मुख्यमन्त्री श्री गोपीचंद भार्गव, इस इलाके के महान स्वतन्त्रता सेनानी चौ. यासीन खां तथा मेरे पूजनीय पिता चौ. रणबीर सिंह जी राष्ट्रपिता महात्मा गाँधी जी को इस गाँव में मेव समुदाय को पाकिस्तान जाने से रोकने के लिए प्रेरित करने हेतु 19 दिसम्बर, 1947 को यहाँ लाए थे।

आप लोगों का अपनी माटी से, अपने देश से इतना लगाव है कि राष्ट्रपिता के आह्वान पर यहाँ के लोगों ने यहीं पर रहना पसन्द किया। एक भी मेवात निवासी पाकिस्तान नहीं गया बल्कि मुल्क के दूसरे हिस्सों में रहने वाले यहाँ के लोगों के कुछ सगे-सम्बन्धियों ने भी यहाँ आकर रहना पसन्द किया था। उस समय यहाँ के लोगों ने शान्ति, सद्भावना और मेलजोल की एक बड़ी मिसाल पेश की थी, वह आज तक कायम है। इस इलाके के लोगों का गाँधी जी के आदर्शों और सिद्धान्तों में गहरा विश्वास है।

हरियाणा के साथ राष्ट्रपिता महात्मा गाँधी जी का एक अटूट रिश्ता रहा है। उन्होंने अनेक बार अपने चरणों से इस प्रदेश को पवित्र किया था। स्वतन्त्रता आन्दोलन के दौरान गाँधी जी को भारत में सबसे पहले 8 अप्रैल, 1919 को, जब वह पंजाब जा रहे थे तो अंग्रेजी सरकार ने उन्हें पलवल रेलवे स्टेशन पर गिरफ़्तार किया था। उनकी इस गिरफ़्तारी से भारतीय स्वतन्त्रता आन्दोलन को एक नयी दिशा मिली थी।

राष्ट्रपिता महात्मा गाँधी जी के आदर्शों और सिद्धान्तों के सच्चे प्रतीक श्री लाल बहादुर शास्त्री जी ने आजादी के आन्दोलन में महत्वपूर्ण भूमिका निभाई थी, वहीं आजादी के बाद देश की राजनीति में ईमानदारी और नैतिकता की बेमिसाल छाप छोड़ी थी। राष्ट्र की एकता और अखण्डता को मजबूत बनाने तथा देश को अनाज के मामले में आत्मनिर्भर बनाने के लिए 'जय जवान-जय किसान' का नारा देकर उन्होंने जन साधारण में एक नया जोश पैदा किया था।

हमारा राष्ट्र गाँधी जी का सदैव ऋणी रहेगा, जिनके मार्गदर्शन और नेतृत्व में आजादी की लड़ाई लड़ी गई और देश को विदेशी ताकतों के शिकंजे से मुक्त करवाया गया। उन्होंने सत्याग्रह, उपवास, सत्य और अहिंसा के सिद्धान्तों को जो नये अर्थ दिये, आजादी की लड़ाई के दौरान इन्हें नैतिक हथियार के तौर पर इस्तेमाल किया, उसकी मिसाल दुनिया की तारीख में नहीं मिलती। उन्होंने यह सिद्ध कर दिया कि अहिंसा, सत्याग्रह और उपवास किसी कमजोरी की निशानी नहीं, बल्कि आत्म-बल के सूचक हैं।

गाँधी जी के सत्य, अहिंसा और मानव मूल्यों की महत्ता आज और अधिक प्रासंगिक है। संयुक्त राष्ट्र महासभा ने भी उनके अहिंसा के सिद्धान्त को विश्व में बढ़ रही घृणा, द्वेष और आतंकवाद जैसी समस्याओं के लिए एक उपयुक्त हल माना है। गाँधी जयन्ती को 'अन्तर्राष्ट्रीय अहिंसा दिवस' के रूप में मनाने से विश्व में मेलजोल, भाईचारे और सद्भावना की कड़ियाँ मजबूत होंगी।

गाँधी जी के कुछ सपने थे, जो केवल कल्पना न होकर एक सच्चे समाजवादी समाज की स्थापना के लिये सच्चे आदर्श थे। गाँधी जी ने जो सपने देखे थे, उनमें से कितने और कहाँ तक साकार हो पाए हैं, उनका आज आत्म-मंथन करने की भी जरूरत है।

राष्ट्रपिता महात्मा गाँधी जी मानते थे कि भारत की आत्मा गाँवों में बसती है और गाँवों के उत्थान के बिना राष्ट्र के विकास की कल्पना नहीं की जा सकती। हम प्रदेश में उनके सपनों को साकार करने के प्रति समर्पित हैं। जहाँ हमने गाँवों में शहरों जैसी सुविधाएँ जुटाने के लिए हरियाणा ग्रामीण विकास प्राधिकरण गठित किया है, वहीं पंचायती राज संस्थाओं के सशक्तिकरण के लिए पंचायतीराज संस्थाओं को 10 प्रमुख विभागों के कार्य, अमला और फण्ड सौंपे हैं। बड़े-बड़े गाँवों को मॉडल गाँव के रूप में विकसित किया जा रहा है। चालू वित्त वर्ष में 72 गाँवों को मॉडल गाँव बनाने पर 100 करोड़ रुपये खर्च किये जा रहे हैं।

ग्रामीण क्षेत्रों में सड़कों तथा गलियों का सुधार किया जा रहा है। शौचालयों का निर्माण किया जा रहा है और सामान्य सफाई की ओर विशेष ध्यान दिया जा रहा है। स्कूल भवनों, चौपालों और पशु अस्पतालों की मरम्मत की जा रही है। बड़े-बड़े गाँवों में खेल स्टेडियम बनाये जा रहे हैं। इन सभी कार्यों पर अब तक 395 करोड़ रुपये से अधिक खर्च किये जा चुके हैं।

राष्ट्रपिता महात्मा गाँधी जी स्वच्छता को परमात्मा के बाद दूसरे स्थान मानते थे। वे गंदी बस्तियों में जाकर स्वयं अपने हाथ से झाड़ू लगाकर स्वच्छता के महत्व को समझाते थे। उन्हीं के आदर्शों पर चलते हुए हम आज से 'ग्राम पंचायतों को स्वच्छता के लिए वित्तीय सहायता और अनुसूचित जातियों के लोगों के लिए रोज़गार सृजन' नामक नयी स्कीम शुरू कर रहें हैं।

इस स्कीम का उद्देश्य ग्रामीण क्षेत्रों के स्थानीय लोगों, विशेषकर अनुसूचित जातियों के लोगों को रोज़गार के अतिरिक्त अवसर उपलब्ध करवाना है। इसके तहत आज से प्रदेश के गाँवों में आबादी के हिसाब से 10 हजार से अधिक सफाई कर्मचारी नियुक्त किये जा रहे हैं। आपके जिले में भी 700 से अधिक सफाई कर्मचारी नियुक्त किये जा रहे हैं।

राज्य में उन पंचायतों को खंड, जिला और राज्य स्तर पर पुरस्कार दिए जायेंगे, जहाँ लोगों द्वारा बिजली के बकाया बिलों का शत-प्रतिशत भुगतान किया गया है और जहाँ गाँव की सम्पूर्ण सफाई तथा प्रत्येक घर में व्यक्तिगत शौचालय होंगे। राज्य स्तर पर प्रथम, द्वितीय और तृतीय स्थान पर आने वाली पंचायत को

क्रमशः 20 लाख, 15 लाख तथा 10 लाख रुपये पुरस्कार के रुप में दिये जायेंगे। जिला स्तर पर एक पंचायत को पाँच लाख रुपये तथा खंड स्तर पर एक पंचायत को दो लाख रुपये का पुरस्कार दिया जायेगा।

गाँधी जी के आदर्शों का पालन करते हुए प्रदेश में वर्तमान सरकार ने गत अढ़ाई वर्षों में मेवात जिले के विकास को अपनी पहली प्राथमिकताओं में स्थान दिया ताकि यह सरजमीं सदियों के पिछड़ेपन का बोझ उतार कर विकसित जिलों की कतार में खड़ी हो सके। वर्तमान सरकार ने सबसे पहले मेवात को विधिवत जिला बनाया है। नूंह में लघु सचिवालय बनाने की कार्रवाई शुरू कर दी गई है।

मेवात के इस इलाके के पिछड़ेपन का सबसे बड़ा कारण गरीबी, तालीम की कमी और सुविधाओं का अभाव रहा है। इन्हें दूर करने के लिए भी राज्य सरकार ने विशेष अभियान चलाये हैं।

घासेड़ा गाँव को आदर्श गाँव के रूप में विकसित किया जा रहा है और इसके विकास के लिए एक करोड़ 85 लाख रुपये स्वीकृत किये हैं।

मेवात जिले में साक्षरता दर बहुत कम है। कई-कई गाँवों में तो महिलाओं की साक्षरता दर 10 प्रतिशत से भी कम है। इस बात की गम्भीरता को देखते हुए राज्य सरकार ने इस जिले के लिए सर्वशिक्षा अभियान के तहत एक नयी परियोजना शुरू की है। गत अढ़ाई वर्षों में 58 स्कूलों का दर्जा बढ़ाया गया है। बच्चों को बड़ी संख्या में वजीफे दिये जा रहे हैं।

मेवात में लड़कियों को शिक्षा के लिए प्रोत्साहित करने हेतु ब्लॉक स्तर पर स्थापित हर मॉडल स्कूल के साथ एक लड़कियों का छात्रावास बनाने का प्रस्ताव है। नूंह में यह छात्रावास स्थापित है और नगीना में बन रहा है। फिरोजपुर झिरका में बनने वाले होस्टल का नींव पत्थर भी आज रखा जायेगा। इस जिले में पाँच कस्तूरबा गाँधी बालिका विद्यालय स्थापित किये जा चुके हैं।

मेवात के युवाओं को उच्च शिक्षा और तकनीकी शिक्षा प्रदान करने के लिए नूंह में महर्षि दयानन्द विश्वविद्यालय का रीजनल सेंटर तथा नूंह में ही आई.टी.आई. की स्थापना की जानी प्रस्तावित है।

राजकीय बहुतकनीकी संस्थान उटावड़ में सीटों की संख्या पहले 435 की गई और अगले सत्र से इसमें 100 की और वृद्धि कर दी जायेगी तथा दोहरी पाली शुरू की जायेगी। इस संस्थान में 11 करोड़ रुपये से अधिक की लागत से एक और अध्यापन भवन बनाया जायेगा। इस जिले में 25 करोड़ रुपये की लागत से एक ऐसा संस्थान स्थापित करने का प्रस्ताव है, जिसमें आई.टी.आई कोर्स, इंजीनियरिंग में डिप्लोमा और डिग्री स्तर तक की शिक्षा सुविधाएँ उपलब्ध होंगी।

मेवात के लोगों में स्वास्थ्य के प्रति जागरूकता पैदा करने और इस क्षेत्र में उत्तम स्वास्थ्य सेवाएँ प्रदान करने के लिए स्वास्थ्य विभाग और मेवात विकास एजेंसी मिलकर विशेष 'स्वास्थ्य कैम्प' लगा रही हैं। इन स्वास्थ्य कैम्पों में विशेषज्ञ डाक्टरों द्वारा सभी लोगों के स्वास्थ्य की निशुल्क जांच की जाती है और बीमारियों का इलाज किया जाता है। सुरक्षित डिलीवरी के लिए 30 डिलीवरी हट्स स्थापित की गई हैं। जच्चा-बच्चा को लाने-ले जाने के लिए आज 10 वैन विभिन्न स्थानों पर भेजी जा रही हैं। आप अपने बच्चों का पोलियो से बचाव के लिए दवा अवश्य पिलवाएँ।

आज मेवात में 35 हजार से भी अधिक संख्या में महिलाएँ आत्म सहायता समूह से जुड़ी हुई हैं तथा छोटे-मोटे व्यवसायों के माध्यम से आय अर्जित कर रही हैं। इस स्कीम से महिलाओं की दशा में बड़ा सुधार हो रहा है।

मेवात के इस इलाके में पीने के पानी की बड़ी समस्या है। मेवात क्षेत्र के सभी 503 गाँवों को पर्याप्त मात्रा में पेयजल उपलब्ध करवाने के लिए 206 करोड़ रुपये की 'राजीव गाँधी पेयजल आपूर्ति बढ़ोतरी परियोजना' के पहले चरण का कार्य युद्ध स्तर पर चल रहा है। यह परियोजना मार्च, 2009 तक पूर्ण होने की सम्भावना है। मेवात जिले में एक अप्रैल, 2007 से राष्ट्रीय ग्रामीण रोज़गार गारण्टी स्कीम

भी लागू है, जिसके तहत हर ग्रामीण इच्छुक परिवार को एक साल में गारण्टीशुदा 100 दिहाड़ी का रोज़गार मिल रहा है। मेवात में सिंचाई और पेयजल सुविधाओं के विकास के लिए 326 करोड़ 40 लाख रुपये की लागत से मेवात कैनाल बनाई जायेगी। कोटला झील को भी विकसित किया जायेगा। औद्योगिक सम्पदाएँ रोजकामेव और हथीन को और विकसित किया जायेगा ताकि अधिक से अधिक औद्योगिक इकाइयाँ स्थापित की जा सकें। मेवात के सर्वांगीण विकास के लिए हम कटिबद्ध हैं।

वर्तमान सरकार ने गत अढ़ाई वर्षो के दौरान समाज के हर वर्ग, चाहे वे किसान हैं, मजदूर हैं, व्यापारी हैं, कर्मचारी हैं, अनुसूचित जातियों और पिछड़े वर्गों के लोग हैं, महिलाएँ हैं, सभी की समृद्धि, खुशहाली और संतुष्टि के लिए नयी-नयी स्कीमें शुरू की हैं और विकास को एक नयी दिशा दी है। हम हरियाणा को विकास के सभी क्षेत्रों में देश का नम्बर वन राज्य बनाकर राष्ट्रपिता के सपनों साकार करने के लिए प्रतिबद्ध हैं।

गोलमेज सम्मेलन में जाते हुए गाँधी जी ने राष्ट्र के लिए अपना जो दृष्टिकोण व्यक्त किया था, उसे पूरा करने के लिए आइए, गाँधी जयन्ती के इस शुभ अवसर पर हम यह शपथ लें–

'मैं ऐसे भारत के लिए कोशिश करूँगा, जिसमें गरीब लोग भी यह महसूस करेंगे कि वह उनका देश है, जिसके निर्माण में उनकी आवाज का महत्व है। मैं ऐसे भारत के लिए कोशिश करूँगा, जिसमें उच्च और निम्न वर्गो का भेद नहीं होगा और जिसमें विविध सम्प्रदायों में पूरा मेलजोल होगा। ऐसे भारत में अस्पृश्यता या शराब और दूसरी नशीली चीजों के अभिशाप के लिए कोई स्थान नहीं हो सकता। उसमें स्त्रियों को वही अधिकार होंगे, जो पुरूषों को होंगे। शेष सारी दुनिया के साथ हमारा सम्बन्ध शान्ति का होगा। यह है मेरे सपनों का भारत'।

मंगलवार, 2 अक्तूबर 2007, घासेड़ा (मेवात)

अहिंसा दिवस

अहिंसा दिवस में आयोजित 'सांस्कृतिक संध्या' के अवसर पर

नृत्य, गीत, संगीत और कव्वाली जिंदा कौम की निशानी होती हैं। अमीर खुसरो ने कव्वाली की समृद्धि में उल्लेखनीय योगदान दिया। सूफी सन्तों ने ईश्वर, अल्ला, पीर-पैगम्बर की शान में कव्वालियाँ गा-गा कर इसे अध्यात्मिक स्वरूप प्रदान किया। हमारे पीर-पैगम्बरों की दरगाह पर कव्वालियों का आयोजन करने की परम्परा आज भी कायम है।

निज़ामी बन्धु और चंचल भारती कव्वाली की दुनिया के जाने-माने नाम हैं और कव्वाली की समृद्ध विरासत को आगे बढ़ा रहे हैं। इसके लिए ये बधाई के पात्र हैं। मुझे आशा है कि कव्वाली मुकाबले का जो समां यहाँ बँधेगा, उसका आप भरपूर आनन्द लेंगे।

भारत की आज विश्वभर में सांस्कृतिक पर्यटन केन्द्र के रूप में छवि बनी हुई है। 'अतिथि देवो भवः' की हमारी गौरवशाली परम्परा को और समृद्ध बनाना है। पर्यटन उद्योग आज विश्व में बड़ी तेजी से बढ़ रहा है। यह एक ऐसा उद्योग है, जो पर्यावरण का संरक्षण भी करता है। पर्यटन राजस्व अर्जित करने का भी एक बड़ा साधन है। इस क्षेत्र में विकास की बड़ी सम्भावनाएँ हैं।

मुझे खुशी है कि हरियाणा पर्यटन विभाग और केन्द्रीय पर्यटन मन्त्रालय के सहयोग से यह द्वितीय पिंजौर महोत्सव आयोजित किया जा रहा है। ऐसे धरोहर उत्सव हमारी महान सांस्कृतिक विरासत को पीढ़ी दर पीढ़ी आगे ले जाने में सहायक होते हैं।

इस महोत्सव से लोगों को शिवालिक गिरिमालाओं के अंचल में बसे पिंजौर के इस ऐतिहासिक

स्थल की नयी-नयी जानकारी मिलेगी। कश्मीर के शालीमार बाग की रूपरेखा पर 17वीं शताब्दी में बना यह उद्यान साक्षात नन्दनवन प्रतीत होता है। नौवीं शताब्दी में बना भीमा देवी मन्दिर है, जिसकी वास्तुकला शैली और निर्माण की तकनीक की तुलना खजुराओ और भुवनेश्वर के प्रसिद्ध मन्दिरों से की जाती है। ऐसा माना जाता है कि पाण्डव अपने वनवास के दौरान पिंजौर में एक वर्ष की अवधि के लिए ठहरे थे। यह 'सर्वधर्म समभाव' की भूमि है।

पिंजौर को विरासत केन्द्र के रूप में विकसित किया जा रहा है, जिसके लिए 12वें वित्त आयोग ने ग्राण्ट स्वीकृत की है। यादवेन्द्र उद्यान के ऐतिहासिक भवन और इसके इन्फ्रास्ट्रक्चर के संरक्षण के लिए 403.69 लाख रुपये की केन्द्रीय सहायता स्वीकृत की गई है।

पानीपत-कुरुक्षेत्र-पिंजौर को सूत्रबद्ध पर्यटन श्रृंखला के रूप में विकसित करने का प्रस्ताव है। इसके लिए भी केन्द्र सरकार ने 16 करोड़ 30 लाख रुपये प्रदान करने की स्वीकृति दी है। इसमें से 5 करोड़ 59 लाख रुपये की राशि पिंजौर के लिए मंजूर की गई है। इन विकास कार्यों के पूरा होने से पिंजौर ऐतिहासिक, धार्मिक और सांस्कृतिक पर्यटन का मुख्य केन्द्र बन जायेगा।

कुरुक्षेत्र को अन्तर्राष्ट्रीय स्तर के पर्यटन केन्द्र के रूप में विकसित किया जा रहा है। पर्यटक उद्योग के बदलते स्वरूप और पर्यटकों की आवश्यकताओं के मद्देनजर पर्यटक स्थलों का नवीनीकरण और आधुनिकीकरण किया जा रहा है। रोहतक तथा फरीदाबाद में दो होटल प्रबन्धन संस्थान स्थापित करने का निर्णय लिया गया है। दिल्ली में वर्ष 2010 में होने वाले कॉमल वैल्थ खेलों के मद्देनजर 10 हजार अतिरिक्त कमरों की माँग को पूरा करने के लिए कार्यवाही की जा रही है।

कहने का भाव यह है कि हरियाणा पर्यटन के क्षेत्र में देश का नम्बर वन प्रदेश बनने के रास्ते पर तेजी से आगे बढ़ रहा है।

शनिवार, 8 दिसम्बर 2007, पिंजौर

देव-वाणी को बचाने की मुहिम

संस्कृत और संस्कृति रक्षा महासम्मेलन में

देव-वाणी संस्कृत विश्व की सबसे प्राचीन भाषा है और सभी भाषाओं की जननी है। विश्व के साहित्यकार एक मत से यह स्वीकार करते हैं कि संसार का सबसे प्राचीन ग्रन्थ ऋग्वेद है और यह वेद संस्कृत भाषा में है। संस्कृत हमारे देश की महान सांस्कृतिक विरासत को संजोए हुए है। वेद, पुराण, उपनिषद्, गीता, रामायण और महाभारत जैसे ग्रन्थ, इसी भाषा में लिखे गये हैं और इनमें हमारी उच्च संस्कृति और ज्ञान का अपार भण्डार है। कालिदास जैसे कवियों, बाणभट्ट जैसे गद्यकारों, शंकराचार्य जैसे आचार्यों, चाणक्य जैसे राजनेताओं तथा मनु जैसे विधिवेताओं का सारा ज्ञान संस्कृत में है।

आयुर्वेद का ज्ञान संस्कृत में है। योग शिक्षा संस्कृत की देन है। अंकों और दशमलव का आविष्कार सबसे पहले संस्कृत भाषा के द्वारा भारत में ही हुआ। महर्षि दयानन्द जी ने वेद के आधार पर वायुयान बनाने की विधि सन् 1876 में ही लिख दी थी। हमारे संस्कृत ग्रन्थ ज्ञान, विज्ञान और संस्कृति के अमूल्य खजाने हैं।

संस्कृत ग्रन्थों में वर्णित खगोलीय गणनाएँ विश्व के वैज्ञानिकों को दाँतो तले उंगली दबाने को मज़बूर कर रही हैं। इन्हीं के आधार पर आज विश्व के वैज्ञानिक ब्रह्माण्ड के अध्ययन में लगे हुए हैं। अतः संस्कृत हमारे गौरवशाली अतीत और उज्ज्वल भविष्य की प्रतीक है।

अक्षरों का उच्चारण कैसे किया जाता है, यह विज्ञान सबसे पहले संस्कृत भाषा के द्वारा ही विश्व में फैला है। इसकी सबसे बड़ी विशेषता यह है कि जैसा शब्द बोला जाता है, वैसा लिखा भी जा सकता है और जैसा लिखा गया है, उसे वैसे ही बोल सकते हैं। यह विशेषता संसार की किसी अन्य लिपी और भाषा में नहीं है।

संस्कृत का लोहा तो विदेशी विद्वान भी मानते हैं। प्रसिद्ध लेखक मैक्स मूलर ने लिखा है कि आकाश मण्डल और नक्षत्र मण्डल के मूल आविष्कारक भारतीय हैं। इसी प्रकार डॉ. राबर्सन मानते हैं कि ज्योतिष की 12 राशियों का ज्ञान सबसे पहले भारतीयों को हुआ और वह ग्रन्थ संस्कृत में ही लिखा गया था।

एक विदेशी भारत प्रेमी विद्वान श्री एच.एस. विल्सन के ये शब्द मुझे याद आ रहे है कि 'जब तक गंगा और गोदावरी नदियाँ रहेंगी, जब तक विन्ध्य और हिमालय रहेंगे तथा जब तक यह भारत देश बना रहेगा, तब तक संस्कृत भाषा अवश्य ही अपने स्वरूप में बनी रहेगी।'

संस्कृत आज भी प्रासंगिक है। संस्कृत को कम्प्यूटर के लिए सर्वाधिक उपयुक्त भाषा बताया गया है। क्योंकि संस्कृत का व्याकरण गठन बड़ा स्पष्ट है। एक पूरे अर्थ के लिए एक ही शब्द स्पष्ट बोध कराता है। इसलिए उसे कम्प्यूटर में फीड करके अन्य भाषाओं का हित भी किया जा सकता है।

देश में संस्कृत के महत्व को कम करने के लिए गुलामी के दिनों में अंग्रेजी सरकार ने लार्ड मैकाले की शिक्षा पद्धति प्रचलित की। उस पाश्चात्य शिक्षा प्रणाली का भारतीय संस्कृति और सभ्यता पर बुरा प्रभाव पड़ने लगा। इस पद्धति के बुरे प्रभाव को देखते हुए महर्षि दयानन्द जी ने गुरुकुलीय शिक्षा प्रणाली के प्रसार पर बल दिया। यह खुशी की बात है कि आज प्रदेश में गुरुकुल संस्थाएँ संस्कृत भाषा के प्रचार-प्रसार में समर्पित हैं। यह गुरुकुल भी सन् 1915 से संस्कृत भाषा के प्रचार-प्रसार में लगा हुआ है। गुरुकुल शिक्षा पद्धति का महत्व आज पहले से भी अधिक हो गया है क्योंकि समाज में नैतिक मूल्यों में गिरावट आ रही है। मेरे विचार में गुरुकुल शिक्षा पद्धति और आधुनिक शिक्षा पद्धति के समन्वय से हम एक अच्छी शिक्षा पद्धति का विकास कर सकते हैं।

भारतीय संस्कृति और नैतिक तथा आध्यात्मिक शिक्षाओं का मुख्य आधार संस्कृत ही है। पाश्चात्य संस्कृति की आँधी को रोकने के लिए भी संस्कृत के उत्थान और उसके पठन-पाठन पर बल दिया जाना चाहिए। हरियाणा सरकार ने सही और गुणवत्तापूर्ण शिक्षा के लिए नये-नये कदम उठाये हैं। विद्यालय स्तर पर समैस्टर प्रणाली शुरू करने वाला हरियाणा देश का पहला राज्य है। सभी स्कूलों, कॉलेजों और तकनीकी शिक्षण संस्थाओं को 'एजुसैट' से जोड़ा जा रहा है, जो दुनिया का सबसे बड़ा नैटवर्क है।

खानपुर कलां में भगत फूल सिंह महिला विश्वविद्यालय स्थापित किया गया है, जो उत्तरी भारत का पहला महिला विश्वविद्यालय है। दीनबन्धु छोटू राम इंजीनियरिंग कॉलेज मुरथल को दीनबंधु छोटू राम साईंस एण्ड टेक्नोलॉजी विश्वविद्यालय का दर्जा दिया गया है। कुण्डली में राजीव गाँधी एजुकेशन सिटी स्थापित की जा रही है।

हरियाणा संस्कृत अकादमी द्वारा संस्कृत भाषा के प्रचार और प्रसार के लिए किए जा रहे प्रयास प्रशंसनीय हैं। संस्कृत के विकास के लिए उल्लेखनीय सेवा देने वाले विद्वानों को राज्य सरकार द्वारा हर वर्ष सम्मानित किया जाता है तथा कई प्रकार के अनुदान दिये जाते हैं।

मंगलवार, 25 दिसम्बर 2007, झज्जर

विरासत

भारत नहीं स्थान का वाचक, गुण विशेष नर का है,
एक देश का नहीं, शील यह भूमण्डल भर का है।
जहाँ कहीं एकता अखण्डित, जहाँ प्रेम का स्वर है;
देश-देश में वहाँ खड़ा भारत जीवित भास्वर है।
निखिल विश्व को, जन्मभूमि-वन्दना को नमन करूँ।

उठे जहाँ भी घोष शान्ति का, भारत, स्वर तेरा है,
धर्म-दीप हो जिसके भी कर में वह नर तेरा है।
तेरा है वह वीर, सत्य पर जो अड़ने जाता है,
किसी न्याय के लिए प्राण अर्पित करने आता है।
मानवता के इस ललाट-चन्दन को नमन करूँ मैं।

—**दिनकर**

नयी आशा के जनक

लुईस ब्रेल जयन्ती के अवसर पर

लुईस ब्रेल का जन्म 198 साल पहले आज ही के दिन सन् 1809 में पेरिस के पास एक छोटे से गाँव में हुआ था। इसीलिए सारे संसार में आज का दिन 'विश्व ब्रेल दिवस' के रूप में मनाया जाता है। उन्होंने नेत्रहीनों के लिए पढ़ाई का 'ब्रेल सिस्टम' खोज कर मानव जाति पर एक बहुत बड़ा उपकार किया था और उन्होंने विश्व के नेत्रहीन व्यक्तियों के अंधकारपूर्ण जीवन में एक नयी आशा पैदा की। आज सारे संसार में नेत्रहीनों को विद्यालयों में ब्रेल सिस्टम के द्वारा ही पढ़ाया जाता है।

लुईस ब्रेल की बचपन में हुई एक दुर्घटना के कारण आँखों की ज्योति खो गई थी, इसीलिए वह नेत्रहीनों की पीड़ा और कठिनाइयों को समझते थे। वे बड़े कल्पनाशील और प्रतिभावान थे। उन्होंने अपनी कल्पना शक्ति और आत्मा की ज्योति से एक ऐसे सिस्टम का ईजाद किया, जिसके फलस्वरूप उनका नाम इतिहास में सुनहरी अक्षरों में अंकित हुआ। उन्हें ब्रेल सिस्टम का 'भीष्म पितामह' कह दिया जाए तो कोई अतिशयोक्ति नहीं होगी।

हालांकि 43 वर्ष की आयु में ही 6 जनवरी, 1852 को उनका निधन हो गया था। लेकिन इतनी छोटी-सी अवस्था में ही उन्होंने नेत्रहीनों के जीवन में ज्ञान ज्योति का संचार करने के लिए वह महान काम किया है, जिसका कर्ज़ न वर्तमान पीढ़ी उतार सकती है और न ही आने वाली पीढ़ियाँ।

आप हेलन केलर के बारे में जानते हैं कि किस प्रकार अंधी, गूंगी और बहरी होते हुए भी उसने पढ़ने और भाषण देने की महारत हासिल की। फरीदाबाद के ही सीही गाँव में पैदा हुए सूरदास जन्म से अंधे होने के बावजूद भी महाकवि बने। उन्होंने कृष्ण की बाल लीलाओं का इतने सुन्दर ढंग से चित्रण किया कि कोई आँखों वाला भी नहीं कर सकता।

यह खुशी की बात है कि नेत्रहीन और विकलांग व्यक्ति आज हमारे प्रदेश में भी कई ऊँचे पदों पर हैं और भारत के दूसरे प्रांतों में भी इन्होंने अपनी प्रतिभाओं के लिए बहुत नाम कमाया है।

विकलांगता एक कुदरती हादसा होता है। विकलांग व्यक्ति, चाहे वह शारीरिक रूप से है या मानसिक रूप से है, हमारे समाज का उसी प्रकार से महत्वपूर्ण अंग है जैसे कोई आम व्यक्ति। यह प्रकृति की देन है कि विकलांग लोगों में ऐसी चेतनाएँ विकसित हो जाती हैं, जिसके बल पर वे अनोखे कार्य कर जाते हैं।

दुनिया में कुल आबादी का दस प्रतिशत किसी न किसी रूप में विकलांग है। इसमें से 80 प्रतिशत विकलांग लोग विकासशील देशों में रहते हैं। इनके पुनर्वास के लिए अन्य सुविधाओं के अलावा सामाजिक जागरूकता की भी बड़ी जरूरत है।

विकलांगता के ज़्यादातर मामले पोलियो के कारण होते हैं। पोलियो एक भयंकर बीमारी है। इसलिए हमने हरियाणा में पोलियो को जड़ से खत्म करने का संकल्प लिया हुआ है।

हमने अपने प्रदेश में 'अंधता निवारण' कार्यक्रम के तहत कई स्कीमें शुरू की हुई हैं। इस समय राज्य में नेत्रहीनता की दर 1.13 प्रतिशत है, जबकि राष्ट्रीय दर 1.49 प्रतिशत है। नेत्रहीनता की दर

को वर्ष 2010 तक 0.5 प्रतिशत लाने का केन्द्र सरकार का लक्ष्य है। हालांकि नेत्रहीनता के कई कारण हैं, लेकिन सबसे मुख्य कारण है 'सफेद मोतिया', 'ग्लूकोमा', 'आँख में चोट लगना' और विटामिन 'ए' की कमी।

मोतियाबिन्द की समस्या पर काबू पाने के लिए राज्य भर में एक अभियान चलाया हुआ है। इस वित्त वर्ष के दौरान अब तक लगभग 25 हजार से अधिक मोतिया बिंद के आप्रेशन किये जा चुके हैं। राज्य में छः नेत्र बैंक हैं। राज्य में नेत्र रोगों के इलाज और रोकथाम के लिए हर अस्पताल में नेत्र विशेषज्ञ डाक्टरों की सुविधाएँ उपलब्ध हैं।

नेत्रदान-महादान है। हम नेत्रदान करके किसी को रोशनी प्रदान करके उसके जीवन में प्रकाश फैला सकते हैं। नेत्रदान के बारे में लोगों को जागरूक किया जाए। ताकि ज्यादा से ज्यादा लोग नेत्रदान के लिए प्रेरित हों।

वर्तमान हरियाणा सरकार ने समाज के हर वर्ग के कल्याण के लिए कदम उठाये हैं। विकलांगों के उत्थान और पुनर्वास के प्रति राज्य सरकार विशेष रूप से प्रयास कर रही है ताकि यह वर्ग सामाजिक, आर्थिक, शैक्षणिक व शारीरिक रूप से समर्थ होकर समाज की मुख्य धारा से जुड़ सके।

हमने नेत्रहीन, मूक और बधिर, शारीरिक और मानसिक रूप से विकलांग व्यक्तियों की पेंशन 300 रुपये से बढ़ाकर 600 रुपये मासिक कर दी है, जो कि सम्भवतः देशभर में सबसे अधिक है। सभी नेत्रहीन कुर्सी बुनकरों का रिटेनरशिप भत्ता 1500 रुपये से बढ़ाकर 2000 रुपये मासिक कर दिया गया है। 22 केनरज़ के अतिरिक्त पदों की स्वीकृति करते हुए नियुक्ति दी गई। राज्य सरकार द्वारा 70 प्रतिशत अथवा उससे अधिक विकलांगता वाले सरकारी कर्मचारियों की सेवानिवृत्ति आयु 58 वर्ष से बढ़ाकर 60 वर्ष कर दी है। इनका वाहन भत्ता भी 250 रुपये से बढ़ाकर 600 रुपये प्रतिमाह तक कर दिया गया है। वर्ष 2007-08 से विकलांग व्यक्तियों को प्रोत्साहित करने के लिए दिये जाने वाले पुरस्कारों की राशि दोगुणी कर दी गई है। अब उत्कृष्ट विकलांग कर्मचारी या स्वयं रोज़गारकर्ता को प्रथम पुरस्कार 10 हजार रुपये, द्वितीय पुरस्कार, 8 हजार रुपये, तृतीय पुरस्कार 6 हजार रुपये और चतुर्थ पुरस्कार चार हजार रुपये का दिया जाता है। विकलांगों के नियोक्ता को प्रथम पुरस्कार पाँच हजार और द्वितीय पुरस्कार तीन हजार रुपये का दिया जाता है। इसके अलावा प्लेसमेंट अधिकारी को भी आठ हजार रुपये का पुरस्कार दिया जाता है।

सभी विभागों में विकलांगों के लिए आरक्षित पदों का बैकलॉग पूरा करने के भरसक प्रयास किये जा रहे हैं। अब तक 232 नेत्रहीनों, 62 मूक और बधिर तथा 120 अन्य विकलांगों सहित कुल 414 विकलांगों को आरक्षित पदों पर नियुक्तियाँ दी जा चुकी हैं। शत-प्रतिशत विकलांगों का बेरोज़गारी भत्ता एक अप्रैल, 2006 से बढ़ाया गया है। अब मैट्रिक पास या मिडिल डिप्लोमा होल्डर को एक हजार रुपये, स्नातक या मैट्रिक डिप्लोमा होल्डर को 1500 रुपये तथा पोस्ट ग्रेजुएट या स्नात्तम डिप्लोमा होल्डर को दो हजार रुपये प्रतिमास की दर से दिया जा रहा है। मानसिक विकलांगों हेतु रोहतक में दो करोड़ 18 लाख रुपये की लागत से एक राज्य स्तरीय गृह स्थापित किया जा रहा है। राजकीय अन्ध विद्यालय पानीपत में 17.40 लाख रुपये की लागत से तृतीय और चतुर्थ श्रेणी कर्मचारियों के लिए स्टाफ क्वाटरों का निर्माण करवाया गया। इस विद्यालय में अन्य सुविधाएँ देने के लिए पाँच लाख रुपये से अधिक की धनराशि की स्वीकृत दी गई तथा अध्यापकों के वेतनमान में संशोधन किया गया। वर्तमान वित्त वर्ष में विकलांगों के कल्याण उत्थान पर लगभग 52 करोड़ 92 लाख रुपये खर्च करने का प्रावधान किया हुआ है।

शुक्रवार, 4 जनवरी 2008, चण्डीगढ़

चौथे स्तम्भ की परख

हरियाणा पत्रकार संघ तथा चण्डीगढ़ प्रेस क्लब द्वारा आयोजित अभिनन्दन समारोह में

हमारे देश के इतिहास में पत्राकारिता अपने प्रारम्भ से ही समाज से जुड़ी रही है। मीडिया ने देश की आजादी के आन्दोलन में एक बड़ी सराहनीय भूमिका निभाई थी। आजादी की लड़ाई के दौरान जितने भी बड़े राजनेता हुए, वे सभी पत्राकारिता से सीधे-सीधे जुड़े हुए थे।

बाल गंगाधर तिलक ने 'केसरी' के माध्यम से आजादी का बिगुल बजाया। उसके बाद महात्मा गाँधी जी ने 'हरिजन' नामक अखबार के माध्यम से अपने संघर्ष को मजबूत किया। पण्डित जवाहरलाल नेहरू, मौलाना आजाद, मदन मोहन मालवीय आदि ऐसे अनेक नाम हैं, जिन्होंने पत्रकारिता के माध्यम से वैचारिक लड़ाई लड़ी।

गुलामी के उस दौर में जब बोलने और लिखने की आजादी नहीं थी, जुर्माना और कैद हो जाना आम बात थी, फिर भी पत्रकारों ने अपनी कलम से आजादी के आन्दोलन में नया जोश भरा।

देश में लोकतन्त्र को मजबूत बनाने तथा इसके नव-निर्माण के लिए मीडिया आज भी एक अहम भूमिका निभा रहा है। यूपीए सरकार ने ऐतिहासिक सूचना अधिकार अधिनियम, 2005 लागू करके पत्रकारों को एक बड़ी सुविधा दी है।

आज पत्रकार की कलम में जो ताकत है, वे किसी तलवार या तोप में भी नहीं है। लेकिन इसका प्रयोग समाज और राष्ट्र के हित में अधिक होना चाहिए। पत्रकारिता 'मास' की रहनी चाहिए, 'खास' की नहीं। समाचार को समाचार की तरह ही दिया जाना चाहिए, उसे दृष्टिकोण नहीं बनाना चाहिए।

यह देखने में आया है कि कई बार आगे निकलने की होड़ में बिना तथ्यों की जांच-पड़ताल किये गलत समाचार देने से मीडिया की विश्वसनीयता पर तो प्रश्न चिन्ह लगता ही है, वहीं समाज का कितना नुकसान होता है, इसका अनुमान नहीं लगाया जा सकता।

आप लोग जानते हैं कि पत्रकारों के साथ-साथ हमने गत 33 महीनों में विकास और जनकल्याण के क्षेत्र में कई अनूठी पहल की हैं और साहसिक तथा ऐतिहासिक निर्णय लिये हैं। समाज के सभी वर्गों चाहे वह किसान हैं, मजदूर हैं, व्यापारी हैं, कर्मचारी हैं, अनुसूचित जातियों और पिछड़े वर्गों के लोग हैं या महिलाएँ हैं, सरकार ने सभी के कल्याण-उत्थान के लिए काम किया है। इन्फ्रास्ट्रक्चर को मजबूत बनाने के लिए नये-नये कदम उठाये हैं। उद्योग, बिजली, शिक्षा, स्वास्थ्य, समाज कल्याण और कृषि के विकास के लिए ठोस प्रयास किए जा रहे हैं। प्रदेश में उद्योगों का तेजी से प्रसार हो रहा है।

मीडिया के यहाँ उपस्थित सभी बंधुओं से मेरा अनुरोध है कि हरियाणा में विकास की इस साहसिक यात्रा में मिशन की भावना से अधिक से अधिक भागीदार बनें। ऐसा करके आप समाज के प्रति अपने दायित्व का सफलतापूर्वक निर्वहन भी करेंगे और आप अपने सामाजिक सरोकार के कर्त्तव्य का भी अच्छी तरह पालन करेंगे।

भूमण्डलीकरण के इस दौर में पत्रकारिता 'मिशन' के स्थान पर 'उद्योग' के रूप में बदल रही है। आज के इस युग में किसी भी व्यवसाय के आर्थिक पहलू को अवश्य मजबूत किया जाना चाहिए लेकिन इसे अपनातें हुए पत्रकारिता के मूल आदर्शों को भी नहीं भूलना चाहिए।

आज पत्रकारों के कन्धों पर एक बड़ा दायित्व है। आपकी भूमिका अस्वस्थ वातावरण में स्वस्थ वातावरण बनाये रखने की होनी चाहिए। राज्य सरकार ने अच्छे पत्रकारों को प्रोत्साहन देने के लिए 11 राज्य स्तरीय और जिला स्तर पर प्रत्येक जिले के लिए सात-सात पुरस्कार देने का निर्णय लिया है।

पत्रकारों को हर वर्ष 37 लाख रुपये की राशि के पुरस्कार दिये जायेंगे।

ये पुरस्कार सामाजिक चेतना पैदा करने, साम्प्रदायिक सद्भावना, विकास और ग्रामीण पत्रकारिता, खोजी पत्रकारिता तथा विश्लेषणात्मक पत्रकारिता आदि क्षेत्रों में अच्छा काम करने वाले पत्रकारों को प्रोत्साहनस्वरूप दिये जायेंगे। ये नये पुरस्कार कलैण्डर वर्ष 2008 के लिए अगले राष्ट्रीय प्रेस दिवस पर दिये जायेंगे।

हरियाणा देश का पहला राज्य है, जिसने पत्रकारों को अपना कर्त्तव्य एक उपयुक्त और उदार वातावरण में निभाने के लिए सबसे अधिक सुविधाएँ देने का प्रयास किया है।

रविवार, 13 जनवरी 2008, पानीपत

हाथ का कौशल

सूरजकुण्ड हस्तशिल्प मेले के उद्घाटन अवसर पर

यह बड़े गौरव की बात है कि राष्ट्रीय स्तर के इस मेले का आयोजन इस ऐतिहासिक स्थल पर गत 21-वर्षों से लगातार किया जा रहा है। इतिहास के अनुसार सूरजकुण्ड का निर्माण 10वीं शताब्दी में तोमरवंश के राजा सूरजपाल ने किया था और यहाँ पर सूर्य देवता की पूजा की जाती थी। यहाँ रोमन शैली में बना हुआ एक कुण्ड है, जिसकी आकृति उगते हुए सूरज जैसी है। आप जानते हैं कि उदीयमान सूर्य प्रगति का प्रतीक होता है। यह मेला भी उसी प्रकार प्रगति, कला में दक्षता और निखार लाने में अहम् भूमिका निभाता है।

इस बार मेले का 'थीम स्टेट' पश्चिमी बंगाल है। इस प्रदेश की प्राकृतिक छटा बड़ी मनमोहक है। एक तरफ हरे-भरे जंगल हैं और उनमें विचरते वन्य प्राणी, तो दूसरी तरफ पहाड़ हैं तथा इसके साथ लगता समुद्र इसके प्राकृतिक सौन्दर्य में चार चाँद लगाता है। नोबल पुरस्कार विजेता कवि रविन्द्र नाथ टैगोर, नेताजी सुभाष चन्द्र बोस, बंकिम चन्द्र चट्टोपाध्याय जैसी महान विभूतियाँ पश्चिमी बंगाल की ही देन हैं।

लोक कलाएँ, हस्तशिल्प तथा हथकरघा हमारी गौरवशाली प्राचीन सांस्कृतिक विरासत की एक अमूल्य धरोहर हैं। देश के प्रत्येक भाग में हस्तशिल्प की अपनी-अपनी विशेषताएँ हैं और ये हमारी राष्ट्रीय और भावनात्मक एकता की एक मुख्य कड़ी भी हैं। ऐसे मेले सांस्कृतिक तथा भावनात्मक एकता को और अधिक मजबूत बनाने की दिशा में बहुत ही सराहनीय योगदान देते हैं।

सूरजकुण्ड हस्तशिल्प मेले का उद्देश्य देश के हस्तशिल्प और कला-कौशल तथा संस्कृति को प्रोत्साहन देना है। इस मेले के आयोजन से देश के हस्तशिल्प और हथकरघे की अपनी एक अलग पहचान बनी है और ग्रामीण शिल्प को बढ़ावा मिला है। देशभर में ऐसे हस्तशिल्प मेले आयोजन की परम्परा विकसित हुई है।

इस मेले के माध्यम से पर्यटकों, विशेषकर, विदेशी पर्यटकों को भारतीय ग्रामीण परिवेश का आनन्द उठाने का अवसर मिलता है, वहीं लुप्त हो रही शिल्पकलाओं जैसेकि मिट्टी के बर्तन बनाना, मिट्टी के खिलौने बनाना, आदि को बढ़ावा मिलता है। यह मेला जहाँ आम जनता, खासतौर पर युवाओं को भारत के प्राचीन हस्तशिल्पों की जानकारी प्रदान करता है, वहीं दस्तकारों तथा बुनकरों को अपना सामान सीधे ग्राहकों को बेचने का अवसर भी प्रदान करता है।

आज उदारीकरण और भू मण्डलीकरण के दौर में भारतीय हस्तशिल्प के लिए अन्तर्राष्ट्रीय बाजार में खुले अवसर हैं तथा इनकी माँग भी बहुत है। लेकिन जरूरत इस बात की है कि हस्तशिल्प उत्पाद

बनाते समय अन्तर्राष्ट्रीय उपभोक्ता बाजार की जरूरतों को ध्यान में रखा जाए तथा उत्पादों की गुणवत्ता अन्तर्राष्ट्रीय स्तर की और डिजाइनिंग नवीनतम होनी चाहिए। इसके लिए यह जरूरी है कि परम्परागत शिल्पकारों को बाजार की माँग के अनुरूप नवीनतम डिजाइनिंग में प्रशिक्षण दिया जाना चाहिए।

भारत की आज विश्वभर में सांस्कृतिक पर्यटन केन्द्र के रूप में छवि बनी हुई है। 'अतिथि देवो भवः' की हमारी गौरवशाली परम्परा को और समृद्ध बनाना है। पर्यटन उद्योग आज विश्व में बड़ी तेजी से बढ़ रहा है। यह एक ऐसा उद्योग है, जो पर्यावरण का संरक्षण भी करता है। पर्यटन राजस्व अर्जित करने का भी एक बड़ा साधन है। इस क्षेत्र में विकास की बड़ी सम्भावनाएँ हैं।

हरियाणा में पर्यटन को आर्थिक विकास के एक मुख्य साधन के रूप में प्रोत्साहित करने के उद्देश्य से एक नयी पर्यटन नीति-2008 लागू की गई है। इस नीति के तहत एक पर्यटन विकास परिषद् और एक भूमि बैंक स्थापित किया जायेगा। पर्यटन विकास के लिए निजी क्षेत्र का महत्वपूर्ण योगदान लिया जायेगा।

पानीपत-कुरुक्षेत्र-पिंजौर को सूत्रबद्ध पर्यटन शृंखला के रूप में विकसित करने का प्रस्ताव है। इसके लिए भी केन्द्र सरकार ने 16 करोड़ 30 लाख रुपये प्रदान करने की स्वीकृति दी है।

कुरुक्षेत्र को अन्तर्राष्ट्रीय स्तर के पर्यटन केन्द्र के रूप में विकसित किया जा रहा है। पिंजौर को हैरीटेज टूरिज्म केन्द्र के रूप में विकसित किया जा रहा है। मोरनी, सुल्तानपुर और कलेसर को पर्यावरण पर्यटन केन्द्रों के रूप में विकसित किया जा रहा है। इसके साथ-साथ एडवेंचर, फार्म और मेडिकल टूरिज्म को भी विकसित करने के लिए विशेष जोर दिया जायेगा। गुड़गाँव को एक सम्मेलन शहर और प्रदर्शनी केन्द्र के रूप में विकसित करने का प्रस्ताव है। सोहना तथा दमदमा में साहसिक क्रीड़ा केन्द्र विकसित किये जायेंगे।

रोहतक तथा फरीदाबाद में दो होटल प्रबन्धन संस्थान स्थापित करने का निर्णय लिया गया है। मेरा कहने का भाव यह है कि हरियाणा पर्यटन के क्षेत्र में देश का नम्बर वन प्रदेश बनने के रास्ते पर तेजी से आगे बढ़ रहा है।

शुक्रवार, 1 फरवरी 2008, सूरजकुण्ड

जन्मजात सन्त

गुरु रविदास जयन्ती के अवसर पर

हमारे देश में समय-समय पर संत महात्माओं, ऋषि मुनियों और पीर-पैगंबरों और गुरुओं ने भूली भटकी मानवता को जीवन का सच्चा रास्ता दिखाया है। ऐसे महापुरुषों में संत शिरोमणि गुरु रविदास जी का नाम बड़े आदर से लिया जाता है।

संत रविदास जी किसी एक जाति या सम्प्रदाय के गुरु नहीं थे। वे पूरी मानव जाति के पथ-प्रदर्शक थे। उनकी शिक्षाएँ पूरी मानवता के लिए थीं और आज भी उनकी शिक्षाएँ हमारा प्रकाश स्तम्भ की तरह मार्गदर्शन कर रही हैं। भक्ति, प्रेम, सभी मनुष्यों की आपस में बराबरी और भाईचारा-ये उनकी शिक्षा के आधार थे। हालांकि रविदास जी का जन्म आज से कोई 630 वर्ष पहले हुआ लेकिन उनकी वाणी और उनकी शिक्षाएँ इतनी अमर हैं कि वे आज भी नवीन प्रतीत होती हैं।

गुरु रविदास जी जन्मजात संत थे। उन्होंने चौदहवीं सदी में भक्ति आन्दोलन से समाज सुधार करने का साहसिक और ऐतिहासिक काम किया। इससे समाज में समानता की भावना को मजबूत करने

के काम को एक नयी शक्ति और नयी प्रेरणा मिली थी। सन्त रविदास जी ने देशभर में फैले अलग-अलग धर्मों और सम्प्रदायों की शिक्षाओं को सामने रखकर समाज सुधार का जो काम किया, वह अपने आप में बेमिसाल है।

रविदास जी कहते हैं कि सभी लोग जातपात में उलझे हुए हैं और यह रोग मनुष्यता को खा रहा है। वे इस बात को मानते हैं कि मनुष्य जन्म से छोटा नहीं होता बल्कि अपने कर्मों से छोटा या बड़ा होता है। उनका बताया हुआ रास्ता अपनाकर ही हम सामाजिक समानता के सपने को साकार कर सकते हैं। देश की एकता के लिए भेदभाव रहित समाज का जो रास्ता उन्होंने दिखलाया, उसे अपना कर हम अपनी बहुत सारी समस्याओं को समाप्त कर सकते हैं।

वैर-विरोध और नफरत तथा साम्प्रदायिकता के तो वह प्रबल विरोधी थे। उन्होंने अपनी वाणी में साफ तौर पर यह कहा है कि राम-रहीम, काशी-काबा, मन्दिर-मस्जिद सब एक हैं। अगर कोई इन्सान ऊँचा उठना चाहे तो वह अपनी कड़ी मेहनत, ईमानदारी, समाज सेवा और प्रभु-भक्ति से ही ऊँचा उठ सकता है और वह महान् बन सकता है।

गुरु रविदास जी का सम्पूर्ण जीवन सदाचार, सादगी और कर्मयोग का सन्देश है। उन्होंने भक्ति मार्ग को अपनाते हुए मानव-मात्र की सेवा के साथ-साथ कर्म पर उसी तरह बल दिया जैसे भगवान् श्री कृष्ण ने गीता में कर्म का अमर सन्देश दिया है। परिश्रम का जो उदाहरण उन्होंने समाज के सामने रखा, वह बहुत महत्वपूर्ण है। वह खुद जूते बनाते थे। उन्होंने पुरुषार्थ को ही प्रभु-भक्ति बताया है। संत रविदास जी ने सामाजिक परिवर्तन और मानवता के विकास के लिए जो अलख जगाया, उसे कभी भुलाया नहीं जा सकता।

समाज के कमजोर वर्ग के लोगों को विकास की मुख्य धारा में लाकर ही हम समाज का और राष्ट्र का सही मायने में विकास कर सकते हैं।

वीरवार, 21 फरवरी 2008, फरीदाबाद

आधी ज़मीन

'कन्या भ्रूण हत्या उन्मूलन और महिला सशक्तिकरण' विषय पर आयोजित सेमिनार में

महिलाएँ, हमारी आबादी का लगभग आधा हिस्सा हैं। महिलाओं की रचनात्मक भूमिका के बगैर घर, समाज और राष्ट्र के विकास की कल्पना ही बेमानी है। प्राचीन समय से ही हमारी संस्कृति में महिलाओं का बड़ा उच्च स्थान रहा है। इतिहास इस बात का साक्षी है कि हमारे देश में गार्गी और मैत्रयी जैसी विदुषियाँ हुई, जिन्हें समाज में पुरुषों के बराबर सम्मान मिला। हमारे स्वतन्त्रता आन्दोलन में भी महिलाओं ने पुरुषों के कंधे से कंधा मिलाकर योगदान दिया था। जब-जब भारतीय महिलाओं को अनुकूल माहौल और सुविधाएँ मिली, उन्होंने हर क्षेत्र में अपनी योग्यता सिद्ध की है। आज महिलाएँ इंजीनियर हैं, डाक्टर हैं, प्रशासक हैं, उद्यमी हैं और यहाँ तक कि अन्तरिक्ष यात्री भी हैं।

हमारे भूतपूर्व लोकप्रिय प्रधानमन्त्री श्री राजीव गाँधी जी का कहना था, 'विकास के मायने केवल कारखाने, डैम और सड़कें ही नहीं हैं, बल्कि विकास का असली अर्थ मानवता का विकास है। विकास का केन्द्र बिन्दु मात्र 'लोग' ही होना चाहिए। जब हम 'लोगों' की बात करते हैं तो हमें इस बात को अपने दिमाग में रखना चाहिए कि हमारी जनसंख्या का लगभग 50 प्रतिशत भाग महिलाएँ ही हैं।'

सामाजिक बुराइयों को समाप्त करने के लिए हमने हमेशा साहस और बुद्धिमता दिखाई है। लेकिन

आज भी हमारे समाज में कन्या भ्रूण हत्या, दहेज प्रथा, नारी उत्पीड़न जैसी बुराइयाँ मौजूद हैं। हमारे देश में राजा राम मोहन राय, स्वामी दयानन्द सरस्वती जैसे महान समाज सुधारक हुए हैं। मेरा यह मानना है कि कानून के जरिये समाज में परिवर्तन के प्रयास तब तक अधूरे रहते हैं जब तक हर व्यक्ति को मन, वचन और कर्म से इसके लिए तैयार न किया जाए। इसके लिए जन-जन की सोच में समय के अनुरूप बदलाव आना चाहिए।

पिछले एक दशक के दौरान भारत, विशेष रूप से हरियाणा और पंजाब में लिंग अनुपात में तेजी से गिरावट आई है। गिरते लिंग अनुपात की स्थिति का सबसे बड़ा कारण कन्या भ्रूण हत्या है। कन्या को 'देवी' समझने वाले समाज में कन्या भ्रूण हत्या जैसी सामाजिक बुराई क्यों पनप रही है? यह एक विचारणीय बात है। कन्या भ्रूण हत्या न केवल कानूनी अपराध है, बल्कि मानवता के माथे पर कलंक भी है, जिसे हमें मिटाना है।

जहाँ तक हरियाणा की बात है, हमने प्रदेश के शासन की बागडोर सम्भालते ही गिरते स्त्री-पुरुष अनुपात की समस्या को गम्भीरता से लिया है। लड़का-लड़की के बीच भेदभाव को समाप्त करने तथा लड़कियों के शैक्षणिक, सामाजिक और आर्थिक उत्थान तथा महिला सशक्तिकरण के लिए कई प्रोत्साहक स्कीमें हमने शुरू की हैं। हमारे प्रयासों के फलस्वरूप 0 से 6 वर्ष के आयु वर्ग का लिंगानुपात राज्य के लगभग सभी जिलों में एक हजार के पीछे वर्ष 2001 के 819 की तुलना में वर्ष 2007 में 860 तक पहुँच गया है। ये बड़े उत्साहवर्धक परिणाम हैं।

लिंग अनुपात में सुधार करने में जिले में प्रथम आने वाले गाँव को एक लाख रुपये तथा राज्य स्तर पर प्रथम आने वाले गाँव को पाँच लाख रुपये दिये जा रहे हैं। इसी प्रकार, हमने लिंग अनुपात में सुधार करने वाले जिलों को भी पुरस्कृत करने का निर्णय लिया है। प्रथम स्थान पर आने वाले जिले को पाँच लाख रुपये, दूसरे को तीन लाख रुपये और तीसरे को दो लाख रुपये ईनाम के रूप में दिये जायेंगे। यह राशि सम्बन्धित जिले द्वारा महिला कल्याण कार्यक्रमों पर खर्च की जायेगी।

हरियाणा देश का पहला राज्य है, जहाँ पर पी.एन.डी.टी. एक्ट के तहत 12 अभियुक्तों को सजा दी जा चुकी है। इस एक्ट के प्रावधानों की अवहेलना करने वालों के विरुद्ध विभिन्न कचहरियों में 38 मामले चल रहे हैं। इस एक्ट के तहत 169 अल्ट्रासाउंड सेंटर के पंजीकरण को निलम्बित या निरस्त कर दिया गया है।

राज्य सरकार ने महिला सशक्तिकरण के लिए कई कदम उठायें हैं। 'लाडली' नामक स्कीम बड़ी लोकप्रिय हो रही है। इस स्कीम के तहत परिवार में दूसरी लड़की के जन्म पर पाँच वर्ष की अवधि तक प्रतिवर्ष पाँच हजार रुपये दिये जाते हैं। इस योजना के तहत अब तक 58 हजार बालिकाओं को लाभ प्रदान किया गया है।

जिन माता-पिता की केवल लड़कियाँ हैं, उनके लिए 'लाडली सामाजिक सुरक्षा पेंशन' नामक एक नयी योजना शुरू की गई है। ऐसे माता-पिता को 60 वर्ष की बजाय 45 वर्ष की आयु से ही 500 रुपये प्रतिमाह पेंशन देने का निर्णय लिया हुआ है।

'इन्दिरा गाँधी प्रियदर्शनी विवाह शगुन योजना' के तहत गरीबी रेखा से नीचे जीवनयापन करने वाली सभी वर्गों की विधवाओं और अनुसूचित जातियों के परिवारों की लड़कियों के विवाह पर 15 हजार रुपये का शगुन दिया जाता है। लड़कियों के भलीभांति पालन-पोषण के प्रति माताओं को प्रोत्साहित करने के लिए 'सर्वोत्तम माता पुरस्कार' की योजना शुरू की गई है। गरीब लड़कियों के विकास के लिए 'बालिका समृद्धि योजना' चलाई जा रही है।

सुरक्षित प्रसव के लिए गाँवों में 476 डिलीवरी हट स्थापित की गई हैं। शहरी स्लम क्षेत्रों में रहने वाली महिलाओं के लिए 'जननी सुविधा योजना' शुरू करने वाला हरियाणा देश का पहला राज्य है। गरीब परिवारों की गर्भवती महिलाओं को डिलीवरी के लिए आर्थिक सहायता दी जाती है। हर गाँव में 'साक्षर महिला समूह' गठित किये गये हैं और हर गाँव में 'महिला शक्ति सदन' बनाने का निर्णय लिया गया है।

हरियाणा आवास बोर्ड द्वारा बनाये गये मकानों में महिलाओं के लिए 33 प्रतिशत का आरक्षण दिया गया है। बिजली का घरेलू कनैक्शन महिला के नाम होने पर बिल में 10 पैसे प्रति यूनिट की छूट और उसके नाम सम्पत्ति के हस्तान्तरण पर स्टॉम्प शुल्क में ग्रामीण क्षेत्रों में 33 प्रतिशत और शहरी क्षेत्रों में 25 प्रतिशत की छूट दी गई है।

उच्च शिक्षा को बढ़ावा देने के लिए खानपुर कलां में भगत फूल सिंह के नाम से एक अलग महिला विश्वविद्यालय स्थापित किया गया है। सभी आई.टी.आई. तथा सभी तकनीकी शिक्षण संस्थाओं में प्रवेश के लिये लड़कियों के लिए 25 प्रतिशत आरक्षण किया गया है।

मेरा पूर्ण विश्वास है कि आज हरियाणा में महिलाओं के सामाजिक व आर्थिक उत्थान के लिए जो कदम उठाये जा रहे हैं, वे कन्या भ्रूण हत्या जैसी सामाजिक बुराई को समाप्त करने की दिशा में कारगर साबित होंगे।

सामाजिक बुराइयों को समाप्त करने के लिए केवल कानून और सुविधाएँ ही पर्याप्त नहीं होती, बल्कि इसके लिए ऐसे जन-आन्दोलन चलाने की जरूरत है, जो समाज की सोच में सकारात्मक परिवर्तन ला सकें।

शनिवार, 1 मार्च 2008, नारनौल

उज्ज्वल भविष्य के अलमबरदार

चौ. देवी लाल विश्वविद्यालय में इन्दिरा आवास सेंटर का उद्घाटन
तथा बहु-उद्देशीय हाल के शिलान्यास के अवसर पर

शिक्षा किसी भी स्वस्थ समाज की बुनियाद होती है। हमारी भूतपूर्व प्रधानमन्त्री श्रीमती इन्दिरा गाँधी जी का कथन था, 'शिक्षा मानव को बंधनों से मुक्त करती है और आज के युग में तो यह लोकतन्त्र की भावना का आधार भी है।' शिक्षा राष्ट्र के सबसे महत्वपूर्ण कार्यकलापों में से एक है।

आज के युग में शिक्षा संस्थाओं और विश्वविद्यालयों का यह कर्त्तव्य बन जाता है कि वे नौजवानों को समय की जरूरतों के मुताबिक शिक्षा देने का काम करें। आज हम 21वीं शताब्दी में हैं और यह प्रतियोगिता का जमाना है। हमारी युवा पीढ़ी को विश्व की तरक्की की होड़ में हिस्सा लेना है। भारत के उज्ज्वल भविष्य के लिए हमें ऐसे युवाओं की जरूरत है, जो शैक्षणिक दृष्टि से सुयोग्य हों और बौद्धिक रूप से मजबूत हों।

आज भारत मानव संसाधन के क्षेत्र में विश्व में दूसरे स्थान पर है। इस मानव संसाधन को वैश्वीकरण के युग की चुनौतियों के लिए तैयार करना आज समय की जरूरत है। इस समय हमारे देश का सौभाग्य है कि देश में युवा पीढ़ी की एक बड़ी संख्या है और देश के भावी कर्णधारों के उज्ज्वल भविष्य के लिए अच्छे-अच्छे शिक्षा संस्थान बड़े जरूरी हैं।

हरियाणा सरकार युवाओं को उच्चकोटि की शिक्षा प्रदान करने के लिए प्रतिबद्ध है ताकि वे

प्रतियोगिता के इस युग में आगे बढ़ सकें और भावी चुनौतियों का मुकाबला कर सकें। वर्ष 2008-09 में शिक्षा पर 3139.08 करोड़ रुपये खर्च करने का प्रावधान किया गया है। प्रदेश में उच्चतर शिक्षा को गुणात्मक सुधार करके इसे रोज़गारोन्मुखी बनाने के लिए हम प्रतिबद्ध हैं। आगामी शैक्षणिक सत्र से सरकारी और निजी कॉलेजों में बी.बी.ए., बी.सी.ए. और बी.कॉम जैसे रोज़गारोन्मुखी पाठ्यक्रमों में सीटों की संख्या में भारी वृद्धि की जायेगी। विज्ञान, अर्थशास्त्र तथा वाणिज्य सम्बन्धी पाठ्यक्रमों में भी सीटों की संख्या बढ़ाई जा रही है। कॉलेज के विद्यार्थियों के लिए भी कम्प्यूटर शिक्षा को जरूरी किया जा रहा है। चालू वित्त वर्ष में 25 बड़े कॉलेजों में इसे अनिवार्य किया जायेगा। हमारा कॉलेजों में भी सैमेस्टर प्रणाली लागू करने का प्रस्ताव है। छोटू राम स्टेट कॉलेज ऑफ इंजीनियरिंग, मुरथल का दर्जा बढ़ाकर दीनबंधु छोटू राम विज्ञान और प्रौद्योगिकी विश्वविद्यालय किया गया है। तकनीकी संस्थाओं में सीटों की संख्या बढ़ाकर 52,630 की गई है। विश्व स्तर की शिक्षा सुविधाओं के लिए कुण्डली में 'राजीव गाँधी एजुकेशन सिटी' स्थापित की जा रही है।

उच्च शिक्षा में निजी क्षेत्र की भागीदारी बढ़ाने के लिए निजी विश्वविद्यालय अधिनियम बनाया गया है। हम हरियाणा में सार्क विश्वविद्यालय स्थापित करवाने के लिए प्रयासरत हैं। हरियाणा के लिए एक केन्द्रीय विश्वविद्यालय तथा इण्डियन इंस्टीच्यूट ऑफ मैनेजमेंट्स स्वीकृत करवाने के लिए मैं यूपीए अध्यक्ष श्रीमती सोनिया गाँधी जी तथा प्रधानमन्त्री डॉ. मनमोहन सिंह जी का आभार व्यक्त करता हूँ।

आज का युग ज्ञान-विज्ञान का युग है। इसलिए विश्वविद्यालयों और तकनीकी संस्थानों को अपने अनुसंधान कार्यों के स्तर में सुधार लाना होगा। इसके लिए यह जरूरी है कि शिक्षकों तथा वैज्ञानिकों को अन्तर्राष्ट्रीय विचार गोष्ठियों और सम्मेलनों में भाग लेने तथा अपने शोध पत्र प्रस्तुत करने के लिए प्रोत्साहित किया जाए। ऐसे प्रोत्साहन के रूप में यात्रा खर्च का 50 प्रतिशत राज्य सरकार द्वारा वहन करने का प्रस्ताव है।

'वर्ष 2008-शिक्षा वर्ष' के रूप में मनाया जा रहा है। हमारा प्रयास है कि गरीब का बच्चा धन की कमी के कारण स्कूल जाने से वंचित न रहे और युवाओं को गुणवत्तापूर्ण शिक्षा मिले और प्रदेश में उत्तम स्तर का शिक्षण इन्फ्रास्ट्रक्चर हो। लड़कियों को शैक्षणिक, आर्थिक और सामाजिक उत्थान के लिए हमने कई ऐतिहासिक कदम उठाये हैं। खानपुर कलां में भगत फूल सिंह महिला विश्वविद्यालय स्थापित किया गया है। यह विश्वविद्यालय देश का ऐसा पहला विश्वविद्यालय है, जिसमें कैम्ब्रिज यूनिवर्सिटी का सब सेंटर खोला गया है। महिलाओं में उच्च शिक्षा को बढ़ावा देने के लिए लड़कियों के लिए शिक्षा ऋण पर पाँच प्रतिशत ब्याज सबसिडी देने का प्रावधान किया गया।

मैं नौजवान साथियों को भी कहना चाहूँगा कि नयी विश्व व्यवस्था में सभी क्षेत्रों में कम्पीटिशन फैला हुआ है। इसलिए आपको अध्ययन के प्रति पूरी ईमानदारी बरतनी चाहिए, क्योंकि प्रतियोगिता में केवल वही ठहर सकता है, जो बाहर-भीतर से ठोस और मजबूत हो। शिक्षा ही हमें यह मजबूती देती है। मेहनत करें, साहसी बनें, अनुशासन में रहें तो सफलता सदा आपके चरण चूमेगी।

आज शिक्षकों को बड़ी गहराई से यह विचार करने की आवश्यकता है कि उच्च शिक्षा को किस प्रकार और कारगर बनाया जाए ताकि हमारी नौजवान पीढ़ी में एक नया दृष्टिकोण पनपे, वे नैतिक रूप से मजबूत हो और स्वावलम्बी बनें।

शनिवार, 12 अप्रैल 2008, सिरसा

मानवता के पुजारी

संत कबीर जयन्ती के अवसर पर

आप लोग जानते हैं कि हमारे देश में अनादि काल से समय-समय पर सन्त-महात्माओं, ऋषि-मुनियों और त्यागी-तपस्वियों ने जन्म लेकर मानवता का कल्याण किया, नये आदर्श और सिद्धान्त प्रतिपादित करके समाज को एक नयी दिशा दी।

आचार्य श्री गरीबदास जी भी ऐसी ही महान विभूतियों में से एक थे। उन्होंने जन साधारण में सेवा, भक्ति, नैतिकता और आपसी भाईचारे की भावना को मजबूत बनाया। वे संत कबीर दास जी की प्रतिमूर्ति थे। उन्हीं के महान आदर्शों का पालन करते हुए छतरी धाम संस्था द्वारा स्थापित अन्तर्राष्ट्रीय चैरीटेबल गरीबदास मिशन ट्रस्ट आज समाज सेवा का सराहनीय कार्य कर रहा है।

संत कबीर जी का जन्म आज से 610 वर्ष पूर्व ऐसे समय में हुआ, जब हमारा समाज अंधविश्वास, जात-पात और रूढ़िवादी परम्पराओं से ग्रस्त था। ऐसी स्थिति में एक पथ प्रदर्शक की आवश्यकता थी जो जनता को सद्मार्ग दिखा सके। कबीर जी के जन्म के बारे में विद्वानों में मतभेद हैं। परन्तु अधिकांश का यह मानना है कि उनका पालन पोषण नीरू और नीमा नामक जुलाहा दम्पति द्वारा किया गया था।

कबीर एक ऐसे महापुरुष थे, जिन्होंने मानवता से अज्ञानता के अंधकार को दूर किया। वे सच्चे मानवतावादी थे। वे स्वभाव से फक्कड़, हृदय से कोमल तथा स्पष्ट वाणी के धनी थे।

भाषा पर उनका पूर्ण अधिकार था। उन्होंने भक्ति को सहज और सरल भाव से सर्वसाधारण तक पहुँचाया।

उन्होंने सभी धर्मों के बाह्य आडम्बरों का विरोध किया। वे मूर्ति पूजा, दिखावा और आडम्बर के कट्टर विरोधी थे। सत्य, अहिंसा और सत्संग उनके जीवन के मूल सिद्धान्त थे। उन्होंने आपसी एकता और विश्वबन्धुत्व का प्रचार किया। यदि उन्हें मैं अपने समय का 'जगद्गुरु' कहूँ तो कोई अतिशयोक्ति नहीं होगी।

वे जात-पात के घोर विरोधी थे। उन्होंने अपनी वाणी में कहा है—

''जाति-पाति पूछै नहिं कोई,
हरि को भजै सो हरि का होई।''

संत परम्परा में कबीर जी पहले सन्त थे, जिन्होंने लोगों को एक व्यवहारिक जीवन शैली दी। उनका सम्पूर्ण जीवन सदाचार, सादगी और कर्मयोग का सन्देश है। उन्होंने भक्ति मार्ग को अपनाते हुए मानव मात्र की सेवा के साथ-साथ कर्म पर उसी तरह बल दिया जैसे भगवान श्री कृष्ण ने गीता में कर्म का अमर सन्देश दिया था।

उन्होंने पुरुषार्थ को ही प्रभु भक्ति बताया। कबीर आजीवन जुलाहे का कार्य करते हुए अपना तथा अपने परिवार का पालन करते रहे। इस व्यवसाय में न तो बहुत कमाने की गुंजाइश थी और न ही कबीर को धन कमाने की इच्छा थी। अपनी मेहनत की कमाई से ही उन्होंने अपना गुजारा किया।

वे हिन्दू-मुस्लिम एकता के समर्थक थे। उन्होंने अपनी वाणी में साफ तौर पर यह कहा है कि राम, रहीम, काशी काबा, मन्दिर, मस्जिद सब एक हैं। हमारा देश में विभिन्न सम्प्रदायों, जातियों और विभिन्न धर्मों को मानने वाले लोग रहते हैं। इसलिए आज समय की जरूरत है कि संत कबीर की शिक्षाओं को अपनाएँ।

संत कबीर जी की किसी एक जाति या सम्प्रदाय के नहीं थे। वे पूरी मानव जाति के पथ-प्रदर्शक थे। उनकी शिक्षाएँ पूरी मानवता के लिए थीं और आज भी उनकी शिक्षाएँ प्रकाश स्तम्भ की तरह हमारा

मार्गदर्शन कर रही हैं। भक्ति, प्रेम, सभी मनुष्यों की आपस में बराबरी और भाईचारा-ये उनकी शिक्षा के आधार थे। उनकी वाणी और उनकी शिक्षाएँ इतनी अमर हैं कि वे आज भी नवीन प्रतीत होती हैं।

मंगलवार, 17 जून 2008, छुड़ानी धाम (झज्जर)

मानवीय ऊर्जा का अनूठा केन्द्र

सूरजमल स्मारक शिक्षा समिति अभिनन्दन समारोह

महाराजा सूरजमल संस्थान के प्रांगण में जब-जब भी मैं आता हूँ, तो मुझे सदा ही एक नयी प्रेरणा और एक नयी शक्ति मिलती है। यह संस्था मानवीय ऊर्जा का अनूठा केन्द्र है। यह संस्था उस महान विभूति के नाम पर है, जिन्होंने शूरवीरता, देशभक्ति, धर्मपरायणता और सामाजिक न्याय के गौरवशाली आदर्श स्थापित किये थे।

भारतीय संस्कृति के रक्षक महाराजा सूरजमल जी का प्रेरणादायक व्यक्तित्व प्रकाश स्तम्भ की तरह युगों-युगों तक मानवता का मार्गदर्शन करता रहेगा। मुगल काल के अत्याचारी शासकों से स्वदेश और धर्म की रक्षा करने वाले महापुरुषों महाराणा प्रताप, छत्रपति शिवाजी और गुरु गोबिन्द सिंह जी जैसे महान देशभक्तों की आदर्श शौर्य परम्परा की अगली अटूट कड़ी बनने का श्रेय महाराजा सूरजमल जी को ही जाता है। उनका जन्म ऐसे समय में हुआ था, जब कुछ बाहरी शक्तियाँ देश की एकता और अखण्डता तथा संस्कृति को नष्ट करने पर तुली हुई थी। देश में एक तरह अराजकता फैली हुई थी।
महाराजा सूरजमल ने इन शक्तियों से लोहा लिया तथा अपने साहस, वीरता, दूरदर्शिता और कुशलता की छाप छोड़ी। उन्हें 14 वर्ष की छोटी आयु में ही भरतपुर की एक छोटी-सी रियासत के राजकाज का काम सौंपा गया।

महाराजा सूरजमल ने अपनी सूझबूझ और पराक्रम के बल पर भरतपुर राज्य का विस्तार किया। युद्ध की अपेक्षा कूटनीति का सहारा लेकर उन्होंने अपनी प्रजा को शान्ति और सुरक्षा प्रदान की। अपनी ओर तनी अब्दाली की तोपों का उन्होंने अपनी कुशल रणनीति से रूख उल्टा मोड़ दिया था। पानीपत के युद्ध में पराजित मराठा सैनिकों को शरण देकर सुरक्षा प्रदान की। युद्ध में घायल मराठा सैनिकों को चिकित्सा सुविधा प्रदान करके और उनकी सेवा से उन्होंने समस्त मराठा समाज का दिल जीत लिया था।

हरियाणा से उनका गहरा नाता था। उनका विवाह होडल के समृद्ध जाट परिवार के चौधरी काशी की सुपुत्री किशोरी से हुआ था। महारानी किशोरी महाराजा सूरजमल की तरह ही साहसी और वीरांगना थी। वह महाराज को संकट के समय सही सलाह भी देती थीं।

वे एक वीर योद्धा, सफल राजनीतिज्ञ, दूरदर्शी और धर्मपरायण राजा ही नहीं थे, बल्कि एक कुशल प्रशासक भी थे। मानवता के गुण उनके रोम-रोम में बसे हुए थे। उन्हें हर पल अपनी प्रजा के सुख-दुख का ख्याल रहता था। उन्होंने आम आदमी को सम्मान दिया। साहित्य, कला और वास्तुकला को बढ़ावा दिया। अपने शासनकाल के दौरान अनेक कल्याणकारी और कृषि विकास कार्यक्रम आरम्भ किये। जन कल्याणकारी नीतियाँ लागू करने के लिए महाराजा बड़े उदार थे। वे एक राजा होते हुए भी एक किसान की वेशभूषा में रहते थे।

सूरजमल स्मारक शिक्षा संस्था उस महान विभूति के सपनों को साकार कर रही है। किसान समुदाय से जुड़ी दिल्ली जैसे महानगर में आज यह शिक्षा संस्था प्रतिष्ठित संस्थाओं में गिनी जाती है।

किसी भी देश की उन्नति और समाज के विकास का मूल मन्त्र शिक्षा का विकास है। यदि हम

अपने समाज को समुचित रूप से सुसंस्कृत, खुशहाल और समृद्ध देखना चाहते हैं तो हमें अपना सारा ध्यान शिक्षा के माध्यम से अपनी होनहार पीढ़ी के निर्माण पर केन्द्रित करना होगा और उसमें सद्गुणों का विकास करना होगा। अपने युवाओं में सद्गुणों का, अच्छे संस्कारों का संचार करना होगा और उन्हें सही रास्ता दिखाना होगा।

हमारी शिक्षा का ढाँचा ऐसा होना चाहिए, जो हमें धरती से जोड़े, शिक्षा के पाठ्यक्रम हमारी सामाजिक जरूरतों के अनुरूप होने चाहिए हमारी शिक्षा पद्धति ऐसी होनी चाहिए, जो परम्परामयी होते हुए भी प्रगतिशील हो, जिसमें हमारी संस्कृति के समावेश के साथ-साथ वैज्ञानिक दृष्टिकोण भी हो। इसके लिए हमें ग्रामीण क्षेत्रों में रोज़गारोन्मुखी शिक्षा का बड़े पैमाने पर प्रसार करना होगा। मुझे खुशी है कि इस दिशा में यह संस्था सराहनीय कार्य कर रही है और दिल्ली के चारों और बसे देहाती क्षेत्रों में शिक्षा प्रसार के लिए जो प्रयास किये जा रहे हैं, वे भी प्रशंसनीय हैं।

हमने हरियाणा में शिक्षा के स्तर को बढ़ाने के लिए रचनात्मक कदम उठाने शुरू कर दिये हैं। शिक्षा की गुणवत्ता में सुधार लाने के लिए मिडल स्तर तक हर कक्षा में 40 विद्यार्थियों के पीछे एक शिक्षक नियुक्त किया जायेगा। शैक्षणिक संस्थाओं में शिक्षा की आधुनिक सुविधाएँ उपलब्ध करवाई जायेंगी। सरकारी शैक्षणिक संस्थाओं के शिक्षा के स्तर में जो दिन प्रतिदिन गिरावट आ रही है, हम उस स्थिति को बदलेंगे। तकनीकी शिक्षा को बढ़ावा देंगे। युवाओं को उच्चकोटि की शिक्षा देने के लिए हरियाणा में आक्सफोर्ड यूनिवर्सिटी की पद्धति पर 'राजीव गाँधी एजुकेशन सिटी' स्थापित की जायेगी। इसमें हरियाणावासियों के लिए 25 प्रतिशत सीटें आरक्षित होंगी। मेरा कहने का भाव यह है कि हम प्रदेश में शिक्षा के स्तर को ऊँचा उठाने के लिए कटिबद्ध हैं।

राज्य सरकार महिलाओं के घटते लिंग अनुपात के प्रति चिन्तित है। इस समस्या के समाधान के लिए राज्य सरकार ने एक प्रोत्साहन योजना शुरू करने का निर्णय लिया है। इस स्कीम के अन्तर्गत दूसरी कन्या पैदा होने पर दम्पति को पाँच वर्ष की अवधि तक पाँच हजार रुपये प्रतिवर्ष प्रोत्साहन राशि दी जायेगी। यह राशि लड़की और उसके माता-पिता के संयुक्त खाते में जमा करवाई जायेगी। हमने समाज के कमजोर वर्ग के लोगों की लड़कियों की शादी पर 'इन्दिरा गाँधी विवाह शगुन स्कीम' के तहत 15 हजार रुपये की वित्तीय सहायता देने का भी निर्णय लिया है। इस समस्या के समाधान के लिए सरकार तो दृढ़ संकल्प पर यह एक सामाजिक समस्या है और मुझे आप सभी का सहयोग चाहिए

हरियाणा तो दिल्ली को तीन ओर से घेरे हुए है तथा इसका एक तिहाई भाग राष्ट्रीय राजधानी क्षेत्र में पड़ता है। इसीलिए, इस दिशा में आपके मार्गदर्शन और सहयोग की भी मैं अपेक्षा करता हूँ।

बुधवार, 18 मई 2005, नयी दिल्ली

गरिमा की विरासत

लॉ भवन परिसर में भवनों के उद्घाटन अवसर पर

चौधरी मातू राम भवन और दीवान आत्माराम ऑडिटोरियम के शुभारम्भ अवसर पर आज विधि वेत्ताओं के बीच आकर मुझे बड़ी खुशी का अनुभव हो रहा है।

मैं पंजाब और हरियाणा उच्च न्यायालय की बार काऊंसिल का आभारी हूँ कि इस परिसर में एक भवन मेरे दादा चौधरी मातू राम जी के नाम को समर्पित किया है। वे एक महान समाज सेवी थे और उन्होंने शिक्षा सुविधाओं के प्रचार-प्रसार में अहम भूमिका निभाई थी। मुझे गर्व है कि मेरे पिता चौधरी

रणबीर सिंह जी ने भी आजादी के आन्दोलन में सक्रिय भूमिका निभाई और उन्हें स्वतन्त्र भारत की संविधान सभा का सदस्य होने का गौरव प्राप्त है।

'सिटी ब्यूटीफुल' में स्थित इस लॉ भवन परिसर में तत्कालीन पैप्सू उच्च न्यायालय के प्रसिद्ध एडवोकेट दीवान आत्मा राम जी को समर्पित इस आडिटोरियम के बनने से इसकी गरिमा और बढ़ गयी है। दीवान आत्मा राम जी बाद में पंजाब और हरियाणा उच्च न्यायालय चण्डीगढ़ में भी एक अग्रणी एडवोकेट रहे।

एडवोकेट साहिबान ने देश के स्वतन्त्रता संग्राम में और आजादी के बाद देश के विकास में महत्वपूर्ण योगदान दिया है। राष्ट्रपिता महात्मा गाँधी, लाला लाजपतराय, बाबा साहिब भीमराव अम्बेडकर जो एडवोकेट थे, ने देश की आजादी के आन्दोलन में महत्वपूर्ण भूमिका निभाई। यही वह समय है जब संविधान की मर्यादा को बनाये रखने तथा देश के विकास में अपनी बराबर की भूमिका निभाने और लोगों को तीव्र और सस्ता न्याय दिलाने को सुनिश्चित करने के लिए युवा उन्हीं गुणों को अपने भीतर पैदा करें, जो आजादी के आन्दोलन के दौरान थे। हमारे राष्ट्र निर्माताओं ने भी जाति, वर्ग और रंग के भेदभाव के बिना सभी नागरिकों को न्यूनतम आधारभूत सुविधाएँ उपलब्ध करवाने का स्वप्न देखा था।

देश समग्र रूप से तभी विकास कर सकता है, जबकि सभी बुद्धिजीवी, विशेषकर एडवोकेट साहिबान उन चुनौतियों को स्वीकारें जो देश के सामने हैं। यद्यपि, हमारे देश का भविष्य हमारी संवेदनशीलता पर निर्भर करता है। अब जरूरी है कि अशिक्षा को खत्म किया जाये, आर्थिक विकास की दर में वृद्धि की जाये, ग़रीबी का उन्मूलन किया जाये तथा सभी स्तरों पर भ्रष्टाचार को समाप्त किया जाये।

वर्तमान हरियाणा सरकार ने सत्ता की बागडोर सम्भालते ही प्रदेश की समृद्धि और ख़ुशहाली के लिए प्रभावी कदम उठाये हैं ताकि सभी चेहरों पर मुस्कान आ सके। हम अगले पाँच वर्षों में विकास के मामले में हरियाणा को देश का सबसे अग्रणी राज्य बनाने के लिए कटिबद्ध हैं।

राज्य में न्यायिक ढाँचे को और अधिक मजबूत बनाने के लिए बहुत से कदम उठाये गये हैं। राज्य के 17 जिलों में न्यायिक परिसर पहले ही बनाये जा चुके हैं तथा बाकी दो जिलों के लिए इसकी मंजूरी दे दी गयी है। इसके अतिरिक्त राज्य सरकार ने सभी उप-मण्डल मुख्यालयों पर आधुनिक न्यायिक परिसर बनाने का निर्णय लिया है। न्यायिक परिसरों में कम्प्यूटर सहित सभी जरूरी सुविधाएँ उपलब्ध करवाई जायेंगे। हरियाणा सरकार ने अपने हिस्से के तौर पर 4 करोड़ 25 लाख रुपये पहले ही ई-कोर्ट के लिए सूचना प्रौद्योगिकी फ़ण्ड सोसाइटी (Society for information Technology fund for E-court) को दे दिए हैं ताकि कम्प्यूटरीकरण परियोजना को तेज किया जा सके। हमने जिला रेवाड़ी में 'नेशनल लॉ इन्स्टीच्यूट' भी स्थापित करने का निर्णय लिया है।

विवादों को आपसी सहमति से सुलझाने की प्रोत्साहित करने तथा शादी और पारिवारिक विवादों के त्वरित निपटान को सुनिश्चित करने के लिए परिवार कोर्ट की अवधारणा बहुत महत्वपूर्ण है। इसलिए फरीदाबाद में परिवार कोर्ट स्थापित करने की हरियाण सरकार का निवेदन पंजाब और हरियाणा उच्च न्यायालय के विचाराधीन है। विभिन्न कोर्टों में लम्बे समय से लम्बित मामलों के त्वरित निपटान के लिए 16 फास्ट ट्रैक स्थापित की गयी हैं।

हरियाणा में कानूनी सेवा प्राधिकरण बहुत दक्षता से कार्य कर रहा है। राज्य में अब तक 2144 लोक अदालतें आयोजित की गयी हैं तथा बहुत से लोगों को राहत पहुँचाते हुए पाँच लाख 13 हजार मामलों का निपटान किया गया है। राज्य में पाँच स्थाई लोक अदालतें हैं।

मेरा कहने का भाव यह है कि न्यायपालिका को मजबूत बनाने तथा विधि सेवा से जुड़े लोगों की भलाई के लिए हरियाणा सरकार कटिबद्ध है।

इस अवसर पर मैं इस बात का जिक्र करना भी अपना कर्त्तव्य समझता हूँ कि आज का दिन पूरे

देश में 'आतंकवाद विरोधी दिवस' के रूप में मनाया जाता है। आज के दिन वर्ष 1991 में भारत के पूर्व प्रधानमन्त्री भारत रत्न श्री राजीव गाँधी ने आतंकवाद के विरुद्ध लड़ते हुए और राष्ट्र की एकता, अखण्डता और सद्भावना को बनाये रखने के लिए अपना जीवन क़ुर्बान कर दिया। वे युवाओं की आशाओं के प्रतीक थे। भारत में कम्प्यूटर संस्कृति के माध्यम से एक नया प्रगति युग लाने की उनकी ओजस्वी परिकल्पना थी। उनका 21वीं सदी में एक समृद्ध, शक्तिशाली और मज़बूत भारत को ले जाने का संकल्प था। उनकी 14वीं पुण्य तिथि पर मैं राष्ट्र की इस महान विभूति को हरियाणावासियों तथा अपनी ओर से भाव-भीनी श्रद्धांजलि अर्पित करता हूँ।

शनिवार, 21 मई 2005, चण्डीगढ़

नये राही : नयी राहें

राजीव गाँधी पुल तथा सड़क इन्फ्रास्ट्रक्चर विकास कार्यक्रम के शुभारम्भ के अवसर पर

आज यूपीए अध्यक्ष श्रीमती सोनिया गाँधी ने यहाँ पर तीन हजार करोड़ रुपये के राजीव गाँधी पुल तथा सड़क इन्फ्रास्ट्रक्चर विकास कार्यक्रम का शुभारम्भ किया है। इस परियोजना के पूरा होने से प्रदेश के विकास को एक नयी दिशा मिलेगी। श्री राजीव गाँधी जी इन्फ्रास्ट्रक्चर के विकास और उच्च टेक्नोलॉजी के प्रयोग पर बल देते थे। उसी के परिणाम स्वरूप एक मजबूत भारत ने 21वीं सदी में प्रवेश किया था।

दादरी क्षेत्र के लोगों के लिए तो आज का दिन विशेष खुशी का दिन है। इस क्षेत्र के विकास के लिए आज दादरी-छुछकवास-झज्जर राजमार्ग को सुदृढ़ और चौड़ा बनाने और दादरी-झज्जर रोड पर ओवर ब्रिज का नींव पत्थर रखा गया है। दादरी-छुछकवास-झज्जर सड़क के सुधार पर 55 करोड़ रुपये से अधिक और पुल के निर्माण पर 20 करोड़ रुपये खर्च होंगे।

तीन हजार करोड़ रुपये के राजीव गाँधी पुल तथा सड़क इन्फ्रास्ट्रक्चर विकास कार्यक्रम के तहत प्रदेश में नयी सड़कें बनाई जायेंगी, वर्तमान सड़कों को चौड़ा किया जायेगा और उन्हें मजबूत बनाया जायेगा तथा नये पुल बनाये जायेंगे। यह कार्यक्रम तीन चरणों में वर्ष 2009-2010 तक पूरा कर लिया जायेगा। हर चरण में एक हजार करोड़ रुपये खर्च किये जायेंगे।

प्रथम चरण में 31 मार्च, 2008 तक 650 करोड़ रुपये की लागत से 3,496 किलोमीटर लम्बी सड़कों को चौड़ा करने, सुधार करने और मजबूत बनाने तथा 350 करोड़ रुपये की लागत से रेलवे लाइनों और नहरों पर पुल बनाने के कार्य शुरू हो जायेंगे। सड़कों के रखरखाव का जो आम कार्य है, वह इसमें शामिल नहीं है।

हमने सड़कों और पुलों के निर्माण पर विशेष ध्यान दिया है। पिछली सरकार ने अपने पूरे पाँच वर्ष के कार्यकाल में सड़कों और पुलों के ऊपर लगभग 1700 करोड़ रुपये खर्च किये थे, जबकि हम अढ़ाई साल के थोड़े से समय में ही सड़कों और पुलों के निर्माण पर 2100 करोड़ रुपये खर्च कर चुके हैं।

हरियाणा के गठन से लेकर मार्च, 2005 तक 39 वर्षों में प्रदेश में केवल 16 रेलवे ओवरब्रिज बने। वर्तमान सरकार के कार्यकाल में चार रेलवे ओवर ब्रिज का निर्माण कार्य पूरा किया जा चुका है तथा 17 पर निर्माण कार्य चल रहा है और 16 पुलों के निर्माण की स्वीकृति प्रदान कर दी है, जो डिजाईन बनाने और टैंडर माँगने के विभिन्न चरणों में हैं।

मैडम, मुझे यह बताते हुए बड़े गर्व का अनुभव हो रहा है कि आज हरियाणा में विकास की गहमा-गहमी है। कृषि के साथ-साथ विकास के अन्य क्षेत्रों में तेजी से प्रगति हो रही है। नये-नये उद्योग

लग रहे हैं। बिजली के नये-नये प्लांट लग रहे हैं। नयी-नयी शिक्षण संस्थाएँ खुल रही हैं। दूर-दराज के क्षेत्रों तक स्वास्थ्य सेवाएँ उपलब्ध करवाई जा रही हैं। गरीब से गरीब व्यक्ति तक विकास के लाभ पहुँचाए जा रहे हैं।

हरियाणा को विकास के मामले में देश का नम्बर वन राज्य बनाने का लक्ष्य प्राप्त करने की दिशा में हम आगे बढ़ रहे हैं। पानी का समान बटवारा करने के लिए भाखड़ा मेन लाइन-हांसी-बुटाना नहर का निर्माण युद्ध स्तर पर चल रहा है। प्रति व्यक्ति आय, प्रति व्यक्ति निवेश और वित्तीय प्रबन्धन में आज हरियाणा देशभर में अग्रणी है।

बुधवार, 28 नवम्बर 2007, दादरी

इतिहास रचने वाले

चौधरी छोटू राम जयन्ती समारोह में

किसी भी महान पुरुष की जयन्ती खुशी और प्रेरणा का अवसर होता है। आज उन्हीं आदर्शों और सिद्धान्तों को अपनाने का व्रत लेने का दिन है, जिसके लिए चौधरी छोटू राम जी ने युग की धारा को मोड़कर एक नया इतिहास रचा था। उनका पूरा जीवन जन-सेवा का एक अनुपम उदाहरण है।

बहुमुखी प्रतिभा के धनी चौधरी छोटू राम जी बड़े विचारशील, विवेकी और सिद्धान्तवादी थे। उन्होंने गरीबों और कमजोर वर्गों के लोगों के उत्थान व सम्मान के लिये जीवन-पर्यन्त लड़ाई लड़ी। गरीबों के सच्चे हमदर्द होने के कारण वह 'दीनबन्धु' कहलाए। वे सभी के हितैषी थे और उन्हें किसी जाति-विशेष या वर्ग से बाँधना उनके साथ अन्याय होगा। उन्होंने केवल किसानों और मजदूरों के लिये ही नहीं, बल्कि हर वर्ग की भलाई के लिए कार्य किया। चौधरी छोटू राम जी ग्रामीण लोगों की समस्याओं से भलीभांति परिचित थे और इनके निवारण के लिए उन्होंने बड़े व्यावहारिक कदम उठाये। डॉ. सी. राजगोपालाचारी ने उन्हें भावभीनी श्रद्धांजलि अर्पित करते हुए कहा था, 'सर छोटू राम जी के उद्देश्य महान ही नहीं थे, बल्कि वे उन्हें प्राप्त करना भी जानते थे।'

वह स्वामी दयानन्द सरस्वती के विचारों से बहुत प्रभावित थे। उन्होंने अन्धविश्वासों और सामाजिक बुराइयों का डटकर विरोध किया। उन्होंने वकालत का व्यवसाय धन कमाने के लिए नहीं बल्कि जनसेवा के लिये अपनाया था। वे राजनेता के साथ-साथ एक पत्रकार भी थे।

हमारे देश के इतिहास में दीनबंधु चौधरी छोटू राम जी का नाम हमेशा 'किसान जागृति' से जुड़ा रहेगा। उन्होंने जाति, वर्ग और धर्म के भेदभाव के बिना किसानों को संगठित किया और उन्हें आत्म-सम्मान के साथ जीने के लिये प्रेरित किया। उन्होंने किसान हित के कई विधेयक पास करवाकर कानून बनवाए। उन्होंने किसानों को कर्ज़ों से मुक्ति दिलवाई। गिरवी रखी हुई ज़मीनें किसानों को वापस दिलवाई।

चौधरी छोटू राम जी के आदर्शों और सिद्धान्तों पर चलते हुए महामहिम राज्यपाल महोदय के कुशल मार्गदर्शन में आपकी सरकार ने किसानों, गरीबों व समाज के कमजोर वर्गों के हितों के लिए ईमानदारी से अनूठे और साहसिक कदम उठाये हैं।

दीनबंधु सर छोटू राम जी ने किसानों को कर्जों से मुक्ति दिलाने के लिए वर्ष 1934 में कर्जा राहत अधिनियम बनवाया था। उनके इसी आदर्श पर चलते हुए हमने हरियाणा कर्जा अधिनियम को लागू किया है, जिसके तहत सहकारी बैंक किसानों से लघु और दीर्घ अवधि के कृषि ऋणों पर मूलधन से

अधिक ब्याज नहीं ले सकते। हमने किसानों को सहकारी संस्थाओं द्वारा दिये जाने वाले कर्जों पर ब्याज दरों में भी कमी की है। किसानों, छोटे दुकानदारों और दस्तकारों के लिए सहकारी कर्जों पर ब्याज माफी स्कीम लागू की गई। कर्ज़ न चुकाने वाले किसान को गिरफ़्तार न करने का फैसला लेकर हमने उसके सम्मान और स्वाभिमान की रक्षा की है। किसानों को कर्ज़ से मुक्ति दिलवाने के लिए जिला स्तर पर कर्जा राहत बोर्ड गठित किये हैं।

प्रदेश के किसानों और ग्रामीण बिजली उपभोक्ताओं को बिजली के बकाया बिलों की समस्या से निजात दिलवाई। उनके 1600 करोड़ रुपये के बिजली के बिलों की राशि माफ करने का ऐतिहासिक फैसला लिया। किसानों की प्राकृतिक आपदा से फसल नष्ट होने पर दिये जाने वाले मुआवजे में भी कई गुणा वृद्धि की है। किसानों को उनकी उपज के अच्छी कीमत दिलवाने के लिए हम लगातार प्रयास करते रहते हैं। गन्ने का 138 रुपये प्रति क्विंटल का भाव दिया जा रहा है, जो कि देशभर में सर्वाधिक है। हमारी पैरवी की वजह से यूपीए सरकार ने गेहूँ के न्यूनतम समर्थन मूल्य में 250 रुपये प्रति क्विंटल और धान के मूल्य में 125 रुपये प्रति क्विंटल की रिकार्ड वृद्धि की है तथा रबी की दूसरी फसलों के समर्थन मूल्यों में भी भारी वृद्धि की है। इससे प्रदेश के किसानों को बड़ा लाभ पहुँचा है।

हमने किसानों को सरकार द्वारा भूमि अधिग्रहण पर दिये जाने वाले मुआवजे में दो बार भारी बढ़ोतरी की है। हमने किसानों की नियमित आय सुनिश्चित करने के लिए 33 वर्ष तक 15 हजार रुपये प्रति वर्ष प्रति एकड़ रायल्टी और इसमें हर वर्ष 500 रुपये की वृद्धि करने का निर्णय लिया है। एस.ई.जैड. के तहत जो भूमि अधिग्रहण की जायेगी, उसके लिए भी 33 वर्ष तक 30 हजार रुपये प्रतिवर्ष, प्रति एकड़ रायल्टी और इसमें हर वर्ष एक हजार रुपये की वृद्धि करने का निर्णय लिया गया है।

चौधरी छोटू राम बड़े दूरदर्शी थे। वे समझते थे कि सिंचाई व बिजली सुविधाओं के प्रसार के बिना तथा कृषि के लिए आधुनिक तकनीक अपनाये बिना कृषि पैदावार बढ़ाना और किसानों में ख़ुशहाली लाना सम्भव नहीं। उन्होंने एक मन्त्री के रूप में सिंचाई सुविधाओं के प्रसार पर बल दिया।

आज जिस भाखड़ा बाँध परियोजना से हम बिजली प्राप्त कर रहे हैं और खेतों को सिंचित कर रहे हैं, यह उन्हीं के दिमाग की उपज थी और इसे मंजूर करवाने में उन्होंने महत्वपूर्ण योगदान दिया था।

मेरे लिए तो यह गौरव की बात है कि मेरे पिता चौधरी रणबीर सिंह जी जब संयुक्त पंजाब मन्त्रिमण्डल में बिजली, सिंचाई और लोक निर्माण महकमे के मन्त्री थे। उन्होंने इस ऐतिहासिक भाखड़ा बाँध के निर्माण में महत्वपूर्ण भूमिका निभाई थी।

हमने प्रदेश के किसान से नहरी पानी का समान बटवारा करने का वादा किया था। इस वादे को पूरा करने के लिए भाखड़ा मेन लाइन-हांसी बुटाना ब्रांच बहुउद्देशीय नहर का लगभग 90 प्रतिशत कार्य पूरा हो चुका है। इस नहर के बन जाने से प्रदेश के हर किसान को उसके न्यायोचित हिस्से का पानी मिलने लगेगा। दादूपुर नलवी नहर के निर्माण का कार्य युद्ध स्तर पर चल रहा है। 30 करोड़ रुपये की लागत से पश्चिमी यमुना कैनाल की क्षमता 14 हजार क्यूसिक्स से बढ़ाकर 20 हजार क्यूसिक्स की जा रही है।

1065 करोड़ रुपये की लागत की चार सिंचाई परियोजनाएँ केन्द्रीय जल संसाधन मन्त्रालय की स्वीकृति के लिए भेजी गई, जिनमें से पश्चिमी यमुना कैनाल कमाण्ड परियोजना फेस-6 तथा जवाहर लाल नेहरू कैनाल कमाण्ड फेस-2 की स्वीकृति प्राप्त हो चुकी है।

इन दोनों परियोजनाओं की कुल लागत 660 करोड़ रुपये है। इन परियोजनाओं से रोहतक, झज्जर, सोनीपत, जींद, भिवानी, हिसार, गुड़गाँव, पानीपत, करनाल, रेवाड़ी व महेन्द्रगढ़ जिलों के किसान लाभान्वित होंगे।

बिजली विकास की धुरी है। आज हर क्षेत्र में बिजली की माँग बढ़ रही है। हमने इस बढ़ती हुई माँग को पूरा करने के लिए राज्य में पाँच हजार मैगावाट अतिरिक्त बिजली पैदा करने का लक्ष्य निर्धारित किया था। इसे पाने के लिए हम नियोजित ढंग से आगे बढ़ रहे हैं।

यमुनानगर में दीनबंधु छोटू राम थर्मल प्लांट की 300 मैगावाट की पहली इकाई में बिजली उत्पादन हो रहा है। इसकी दूसरी इकाई मार्च, 2008 में शुरू हो जायेगी। जिला हिसार के खेदड़ गाँव में लग रही 1200 मैगावाट क्षमता की राजीव गाँधी ताप बिजली परियोजना की 600 मैगावाट की पहली इकाई से दिसम्बर, 2009 तक तथा 600 मैगावाट की दूसरी इकाई से मार्च, 2010 तक बिजली मिलने लगेगी। जिला झज्जर के झाड़ली गाँव में लग रहे 1500 मैगावाट क्षमता के इन्दिरा गाँधी सुपर थर्मल पावर प्लांट में वर्ष 2010 में बिजली उत्पादन शुरू हो जायेगा। दो हजार मैगावाट बिजली विभिन्न केन्द्रीय परियोजनाओं व अन्य स्रोतों से खरीदने का कार्यक्रम है।

हमने प्रदेश के गाँवों में शहरों जैसी सुविधाएँ जुटाने के लिए हरियाणा ग्रामीण विकास प्राधिकरण गठित किया है। गाँवों को मॉडल गाँव के रूप में विकसित किया जा रहा है। अब तक 91 गाँव मॉडल गाँव घोषित किये जा चुके हैं, जिनके विकास पर 400 करोड़ रुपये से अधिक की धनराशि खर्च होगी। ग्रामीण क्षेत्रों में चूल्हा टैक्स समाप्त कर दिया गया है।

ग्रामीण क्षेत्रों में विभिन्न विकास कार्यों के लिए गत तीन वर्षों में लगभग 453 करोड़ रुपये की राशि जारी की जा चुकी है। स्कूल भवनों, पशु अस्पतालों और अनुसूचित जातियों, पिछड़े वर्गों की चौपालों की युद्ध स्तर पर मरम्मत की जा रही है। हमने ग्रामीण स्तर पर खेल प्रतिभाओं को उभारने के लिए 76 करोड़ रुपये की लागत से 152 गाँवों में खेल स्टेडियम बनाने का एक अभियान चलाया हुआ है।

1866 गाँवों में पेयजल बढ़ोतरी की गई है। प्रदेश के सभी शहरी और ग्रामीण क्षेत्रों के परिवारों को पीने के पानी के निजी कनैक्शन देने की 'इंदिरा गाँधी पेयजल योजना' शुरू की गई है। इस योजना के तहत 8 लाख अनुसूचित परिवारों को मुफ़्त कनैक्शन दिए जायेंगे और दो लाख से अधिक लोगों को ये कनैक्शन दिये जा चुके हैं।

अनुसूचित जाति और गरीबी रेखा से नीचे जीवनयापन करने वाले हर बेघर को छत देने के लिए 100-100 वर्ग गज के रिहायशी प्लाट देने का निर्णय लिया है और इसके लिए आवेदन भी '31 मार्च, 2008 तक माँगे गये हैं। जिस जमीन पर 100-100 वर्ग गज के प्लाट दिए जायेंगे, उस पर मूलभूत सुविधाओं जैसे बिजली, पक्की नालियाँ, पक्की गलियाँ और पीने के पानी की व्यवस्था सरकार करेगी। इन सुविधाओं के विकास पर लगभग 400 करोड़ रुपये खर्च होंगे। इसी प्रकार, 300 करोड़ रुपये की महात्मा गाँधी अनुसूचित जाति ग्राम उत्थान व मलिन बस्ती विकास योजना शुरू की जा रही है।

महिलाओं और बालिकाओं के सामाजिक-आर्थिक और शैक्षणिक उत्थान के लिए कई नयी स्कीमें लागू की गई हैं। 'लाडली' और 'लाडली सामाजिक सुरक्षा भत्ता स्कीम', 'इन्दिरा गाँधी प्रियदर्शनी विवाह शगुन योजना' जैसी योजनाएँ शुरू की गई हैं।

चौधरी छोटू राम जी पिछड़ेपन का मुख्य कारण शिक्षा की कमी मानते थे। उन्होंने शिक्षा के प्रसार, विशेषतौर पर, ग्रामीण क्षेत्रों में महत्वपूर्ण भूमिका निभाई। उन्होंने कई गरीब विद्यार्थियों को शिक्षा ग्रहण करने के लिये आर्थिक सहायता भी दी।

हमारे बच्चे और युवा आने वाले कल की उम्मीद हैं। उनके विकास का आधार अच्छी शिक्षा है। इसलिए हमने 'वर्ष 2008-शिक्षा वर्ष' के रूप में मनाने का निर्णय लिया है। हमारा प्रयास है कि गरीब का बच्चा धन की कमी के कारण स्कूल जाने से वंचित न रहे और युवाओं को गुणवत्तापूर्ण शिक्षा मिले।

हरियाणा देश का पहला राज्य है, जिसने स्कूल स्तर पर समेस्टर प्रणाली लागू की है। सरकारी कॉलेजों, तकनीकी संस्थाओं और विश्वविद्यालयों में नये-नये रोज़गारपरक कोर्सिज शुरू किये गये हैं। राजकीय विद्यालयों, महाविद्यालयों तथा तकनीकी शिक्षा संस्थाओं को 'एजुसैट नैटवर्क' से जोड़ा जा रहा है। यह एशिया का सबसे बड़ा नेटवर्क होगा। मेधावी छात्र-छात्राओं के लिए नयी-नयी वज़ीफ़ा स्कीम शुरू की गई हैं। अनुसूचित जाति के विद्यार्थियों को शिक्षा के लिए प्रोत्साहित करने के लिए 280 करोड़ रुपये का एक पैकेज लागू किया जा रहा है। चालू शैक्षणिक सत्र से छः नये राजकीय महाविद्यालय शुरू किये गये हैं। पंचकूला और तोशाम में महिला महाविद्यालय स्थापित किये गये हैं। सिरसा के राजकीय महाविद्यालय में महिला विंग भी शुरू किया गया है। जिला जींद के जुलाना, जिला झज्जर के बिरोहड़, कैथल और मण्डी डबवाली में सह शिक्षा महाविद्यालय शुरू किये गये हैं।

शहीद उधम सिंह नेशनल कॉलेज, मटक माजरी, इन्द्री को सरकारी नियंत्रण में लिया गया है। जींद में श्रीमती इन्दिरा गाँधी जी के नाम से एक नया राजकीय महिला महाविद्यालय खोला गया है तथा साहा में राजीव गाँधी राजकीय महाविद्यालय प्रारम्भ किया गया है।

विश्व स्तर की उच्चकोटि की शिक्षा सुविधा के लिए कुण्डली में "राजीव गाँधी एजुकेशन सिटी' स्थापित की जा रही है। छोटू राम स्टेट कॉलेज ऑफ इंजीनियरिंग, मुरथल का दर्जा बढ़ाकर दीनबंधु छोटू राम विज्ञान और प्रौद्योगिकी विश्वविद्यालय किया गया है। तकनीकी संस्थाओं में सीटों की संख्या 28 हजार से बढ़ाकर 53 हजार की गई है।

पिछले तीन सालों में 24 नये प्राईवेट इंजीनियरिंग कॉलेज तथा 45 नये बहुतकनीकी संस्थान स्थापित हुए हैं। आगामी दो सालों में 26 नये आई.टी.आई खोले जायेंगे। हमारा प्रयास है कि राज्य के सभी शिक्षण संस्थाओं में अन्तर्राष्ट्रीय स्तर का इन्फ्रास्ट्रक्चर हो, इसके लिए हम हर सम्भव प्रयास कर रहे हैं।

प्रदेश के बुनियादी ढांचे को मजबूत बनाने के लिए सड़कों और पुलों के निर्माण पर विशेष बल दिया जा रहा है। इसके लिए हमने तीन हजार करोड़ रुपये के राजीव गाँधी पुल तथा सड़क इन्फ्रास्ट्रक्चर विकास कार्यक्रम की शुरुआत की है। यह कार्यक्रम तीन चरणों में वर्ष 2009-2010 तक पूरा कर लिया जायेगा। हर चरण में एक हजार करोड़ रुपये खर्च किये जायेंगे। गुड़गाँव तक मैट्रो रेल सेवा के विस्तार पर कार्य शुरू हो गया है। फरीदाबाद शहर तक भी मैट्रो रेल सेवा पहुँचाने की मंजूरी हो गई है। कुण्डली-मानेसर-पलवल-एक्सप्रेस-वे का निर्माण किया जा रहा है।

फरीदाबाद और पंचकूला में जवाहरलाल नेहरू राष्ट्रीय शहरी नवीनीकरण मिशन लागू किया गया है। प्रदेश के 75 कस्बों के लिए शहरी विकास योजनाएँ तैयार की गई हैं। इन योजनाओं के तहत इन कस्बों में सड़कें, जल निकासी, पेयजल आपूर्ति, सीवरेज आदि के ढांचे को मजबूत बनाया जायेगा। आगामी तीन वर्षों में हरियाणा आवास बोर्ड द्वारा 50 हजार मकान बनाये जायेंगे।

आप लोगों के सहयोग और समर्थन से राज्य सरकार के तीन वर्षों के प्रयासों का यह नतीजा है कि आज प्रदेश में अमन-चैन, खुशहाली और विकास का एक सुखद वातावरण है। आज प्रदेश में विकास रूपी बसन्त की छटा है। हम श्रीमती सोनिया गाँधी जी के कुशल मार्गदर्शन और प्रधानमन्त्री डॉ. मनमोहन सिंह जी के ओजस्वी नेतृत्व में हरियाणा को देश का 'नम्बर वन' राज्य बनाने के लिए कृत संकल्प हैं। इसके लिए जनता-जनार्दन का सहयोग और समर्थन ही हमें निरन्तर बल प्रदान करेगा और चौधरी छोटू राम जी जैसे महापुरुषों के सपनों को साकार करने में मदद करेगा।

सोमवार, 11 फरवरी 2008, रोहतक

नाकामी को कामयाबी में बदलने की हिकमत

राज्य स्तरीय विशेष खेलकूद प्रतियोगिता में

विकलांग व्यक्ति, चाहे वह शारीरिक रूप से है या मानसिक रूप से है, हमारे समाज का उसी प्रकार से महत्वपूर्ण अंग है जैसे कोई आम व्यक्ति। यह प्रकृति की देन है कि विकलांग लोगों में ऐसी चेतनाएँ विकसित हो जाती हैं, जिसके बल पर वे अनोखे कार्य कर जाते हैं। आप हेलन केलर के बारे में जानते हैं कि किस प्रकार अंधी, गूँगी और बहरी होते हुए भी उसने पढ़ने और भाषण देने की महारत हासिल की। लुईस ब्रेल ने नेत्रहीन होने के बावजूद नेत्रहीनों के लिए ब्रेल लिपि की खोज की। फरीदाबाद के ही सीही गाँव में पैदा हुए सूरदास जन्म से अंधे होने के बावजूद भी महाकवि बने। उन्होंने कृष्ण की बाल लीलाओं का इतने सुन्दर ढंग से चित्रण किया कि कोई आँखों वाला भी नहीं कर सकता।

किसी भी विकलांग व्यक्ति को हमारी दया की जरूरत नहीं, बल्कि उसे जरूरत है, हमारे स्नेह की, हमारे आदर की और प्रेम-भाव से दी जाने वाली सहायता की। समाज में यही चेतना जागृत करने के लिए लगभग गत डेढ़ दशक से आज का दिन अन्तर्राष्ट्रीय विकलांग दिवस के रूप में मनाया जाता है।

विश्व स्वास्थ्य संगठन के अनुसार दुनिया में कुल आबादी की दस प्रतिशत आबादी किसी न किसी रूप में विकलांग है। इसमें से 80 प्रतिशत विकलांग लोग विकासशील देशों में रहते हैं। इनके पुनर्वास के लिए अन्य सुविधाओं के अलावा सामाजिक जागरूकता की भी बड़ी जरूरत है। विकलांगों की सहायता करके उन्हें आत्म-निर्भर बनाना सब का परम दायित्व है। इनमें एक नयी आशा, आत्म-विश्वास और जीवन में कुछ करने की तमन्ना पैदा करना हम सब की जिम्मेदारी है। इस दिशा में हरियाणा प्राथमिक शिक्षा परियोजना परिषद् सराहनीय प्रयास कर रहा है। बच्चों के बौद्धिक और मानसिक विकास के लिए जहाँ शिक्षा के समुचित प्रबन्ध किये जा रहे हैं, वहीं उनके शारीरिक विकास की ओर भी पूरा ध्यान दिया जा रहा है।

विशेष खेल प्रतियोगिताएँ आयोजन उन्हीं कार्यक्रमों का एक अंग है। खेलों से जहाँ शरीर चुस्त और दुरूस्त बनता है, वहीं इनसे बौद्धिक और मानसिक विकास भी होता है। सबसे बड़ी बात यह है कि खेलों से टीम भावना और आत्म-विश्वास पैदा होता है। आत्म-विश्वास ऐसी शक्ति है, जिसके बल पर मनुष्य जीवन की हर कठिनाई को झेल सकता है, दुर्गम से दुर्गम पर्वतों को लाँघ सकता है। सहनशीलता का सबक भी इन्सान खेल के मैदान में ही सीखता है। यही गुण इन बच्चों को आत्म-निर्भर बनाने में काफी हद तक सहायक होते हैं। शिक्षा और खेलों के माध्यम से ही हम इन बच्चों को जीवन की मुख्य धारा से जोड़ सकते हैं।

सर्वशिक्षा अभियान के माध्यम से इन बच्चों के विकास के लिए कई कार्यक्रम चलाये जा रहे हैं तथा कई प्रोत्साहन दिये जा रहे हैं। इस अभियान के तहत इस वर्ष लगभग 250 करोड़ रुपये के बजट की व्यवस्था की गई है। इस अभियान का मूल उद्देश्य यह है कि 6 से 14 वर्ष की आयु वर्ग का कोई भी बालक या बालिका स्कूल शिक्षा से वंचित न रहे।

बच्चे की विकलांगता उसकी शिक्षा और विकास में रुकावट न बने। इसके लिए परिषद् कई कदम उठा रही है। परिषद् द्वारा 6 से 14 वर्ष की आयु वर्ग के लगभग 32 हजार विकलांग बच्चों की पहचान करके स्कूलों में दाखिल करवा कर सराहनीय उपलब्धि हासिल की है। इन बच्चों को शिक्षा सुविधाओं के अलावा चिकित्सा जाँच करवाकर विशेष सहायक उपकरण मुफ़्त उपलब्ध करवाये जा रहे हैं। इसके अलावा 119 शिक्षा खण्डों में इनके शारीरिक विकास के लिए विशेष सुविधाएँ उपलब्ध करवाई गई हैं।

सर्वशिक्षा अभियान के तहत प्रत्येक जिले में एक राजकीय समेकित माडल स्कूल स्थापित किया जा रहा है। इन स्कूलों में विकलांग बच्चों को लाने-ले जाने के लिए मुफ़्त बस सुविधा भी उपलब्ध करवाई

जा रही है। ये सभी कदम इन बच्चों के लिए बड़े लाभकारी सिद्ध होंगे। सर्वशिक्षा अभियान को सफल बनाने के लिए 'सब पढ़ें-सब बढ़ें', के नारे को हमें सार्थक करना है। मेरा यहाँ उपस्थित लोगों से भी अनुरोध है कि हर बच्चे को शिक्षा दिलाने के लिए अपनी सक्रिय भूमिका निभाएँ ताकि हम एक शिक्षित समाज और स्वस्थ राष्ट्र बनाने के सपने को साकार कर सकें।

यू.पी.ए. की अध्यक्ष श्रीमती सोनिया गाँधी जी के कुशल मार्गदर्शन और माननीय मुख्यमन्त्री श्री भूपेन्द्र सिंह हुड्डा जी के ओजस्वी नेतृत्व में हरियाणा सरकार ने शिक्षा और खेलों के क्षेत्र में सुधार लाने तथा विकलांगों के पुनर्वास के लिए गत आठ-नौ महीनों में कई रचनात्मक कदम उठाये हैं।

शिक्षा क्षेत्र में गुणात्मक सुधार के लिए वर्तमान वित्त वर्ष के बजट में भारी वृद्धि की गई है। प्रतिभावान छात्रों को छात्रवृत्तियाँ दी जा रही हैं। छात्र जीवन से ही खेलों को जीवन का एक अहम् हिस्सा बनाने के लिए विशेष प्रयास किये जा रहे हैं। सभी स्कूलों में अधिक से अधिक खेल सुविधाएँ उपलब्ध करवाने के लिए इस वित्त वर्ष की वार्षिक योजना में खेलों के लिए 7 करोड़ 66 लाख रुपये से भी अधिक की बड़ी धनराशि का प्रावधान किया गया है। प्रदेश में खेल संस्कृति विकसित करने के लिए एक नयी खेल नीति बनाई जा रही है। खिलाड़ियों का खुराक भत्ता 50 रुपये से बढ़ाकर 100 रुपये किया गया है।

राज्य सरकार द्वारा सभी विकलांग व्यक्तियों की पेंशन 300 रुपये से बढ़ाकर 600 रुपये मासिक की गई है। इसी प्रकार, राज्य रिटेनरशिप के आधार पर नियुक्त सभी नेत्रहीन कुर्सी बुनकरों का रिटेनरशिप भत्ता 1500 रुपये से बढ़ाकर 2000 रुपये मासिक किया गया है। राज्य सरकार ने नेत्रहीनों के बेरोज़गारी भत्ते में भी वृद्धि करने का निर्णय लिया है। मैट्रिक तथा डिप्लोमा होल्डर नेत्रहीन व्यक्ति का बेरोज़गारी भत्ता 400 रुपये से बढ़ाकर एक हजार रुपये प्रतिमास, स्नातक तथा मैट्रिक पास डिप्लोमा होल्डर का बेरोज़गारी भत्ता 500 रुपये से बढ़ाकर 1500 रुपये प्रतिमास और स्नातकोत्तर तथा स्नात्तक पास डिप्लोमा होल्डर का बेरोज़गारी भत्ता 600 रुपये से बढ़ाकर दो हजार रुपये प्रतिमास करने का निर्णय लिया है।

वर्तमान वित्त वर्ष में विकलांगों के कल्याण तथा उत्थान पर लगभग 33 करोड़ 35 लाख रुपये खर्च करने का प्रावधान है।

हार-जीत तो खेल का अभिन्न अंग है, लेकिन जीवन में आई प्रत्येक असफलता हमारे लिए आगे बढ़ने के नये रास्ते खोजती है। मेरा खिलाड़ियों से अनुरोध है कि बिना हार-जीत की परवाह किये टीम भावना का परिचय देते हुए अपनी खेल प्रतिभा का प्रदर्शन करें।

शनिवार, 3 दिसम्बर 2005, फरीदाबाद

प्रगति के पथ पर

कुरुक्षेत्र विश्वविद्यालय स्वर्ण जयन्ती वर्ष उद्घाटन समारोह में

कुछ ही दिनों में सारा देश मकर सक्रान्ति का त्योहार मनायेगा। मकर सक्रान्ति सौर गति के परिवर्तन का सूचक है। प्रकृति का शाश्वत नियम 'परिवर्तन' है। यह हमें इस बात की भी याद दिलाता है कि समय बीतने के साथ परिर्वतन अवश्य होता है। मानव को इस परिवर्तन का उपयोग मानवता की भलाई के लिए करना चाहिए इस उद्देश्य को प्राप्त करने के लिए शिक्षा की भूमिका के निर्धारण के साथ-साथ इसकी निरन्तर व्याख्या भी होनी चाहिए। इसी सन्दर्भ में आज के दिन सन् 1957 में देश के प्रथम राष्ट्रपति डॉ. राजेन्द्र प्रसाद जी ने इस विश्वविद्यालय का नींव पत्थर अपने कर-कमलों से रखा था।

संस्कृत विश्वविद्यालय के रूप में स्थापित इस विश्वविद्यालय में प्रकृति के नियम के अनुसार

परिवर्तन आते गये। हरियाणा के अलग राज्य के गठन के तत्काल बाद यह महसूस किया गया कि हरियाणा के विद्वानों को उनकी अपनी पहचान दिलाने में इस विश्वविद्यालय की महत्वपूर्ण भूमिका होगी। इस विश्वविद्यालय के विद्वानों ने दुनियाभर में ख्याति हासिल की है। मुझे यह कहते हुए गर्व हो रहा है कि यह विश्वविद्यालय आज भी दुर्लभ पाण्डुलिपियों का खजाना है। प्राचीन भारत की महानता की खोज में देशभर से विद्वान यहाँ पर आते हैं।

विश्वविद्यालय की प्रतिष्ठा इस बात पर निर्भर करती है कि वह पहचाने कि शिक्षा अर्थपूर्ण होनी चाहिए यदि हमारी शिक्षा अर्थपूर्ण नहीं होगी तो राज्य की युवा पीढ़ी भूमण्डलीकरण प्रक्रिया से उत्पन्न अवसरों का लाभ उठाने से वंचित रह जायेगी। कोई भी शिक्षा को बीते समय की आवश्यकताओं की संकीर्ण सीमाओं में नहीं बाँध सकता। समय के अनुसार जैसे जरूरतें बदलती हैं, ठीक उसी प्रकार उसके संसाधन बदलते हैं। जब हम इस विश्वविद्यालय की उपलब्धियों को आंकते हैं तो यह पाते हैं कि इसने युवा पीढ़ी को भावी चुनौतियों का सफलतापूर्वक सामना करने में समर्थ बनाने में अद्वितीय योगदान दिया है।

कुरुक्षेत्र केवल पावन धरा ही नहीं है, बल्कि यह धरा हमारे प्राचीन और गौरवशाली भारत का प्रतीक है। इस सन्दर्भ में मैं, हमारे प्राचीन ग्रन्थों का स्मरण करवाना चाहता हूँ, जिनमें मानव जीवन की विभिन्न अवस्थाओं में आवश्यकता अनुरूप अपने कर्त्तव्यों का पालन करने पर बल दिया गया है। इस प्रकार विभिन्न 'पुरुषार्थ' है, जिनमें से भौतिक प्रगति करना भी एक प्रमुख है। इस उद्देश्य की प्राप्ति के लिए शिक्षा की महत्वपूर्ण भूमिका है। वह शिक्षा जो समय अनुरूप नहीं है, वह एक निरर्थक प्रयास तक ही सीमित होकर रह जाती है। 'शिक्षा मानवता के पास एक का ऐसा साधन है, जो प्रगति करने, प्रकृति की मानव विरोधी ताकतों पर विजय प्राप्त करने तथा उन परिस्थितियों, जो 'जीवन अमृत' बन सकती हैं, का दोहन करने में सक्षम है।

मुझे यह कहते हुए गर्व हो रहा है कि इस विश्वविद्यालय ने अपने स्थापना के 50 वर्षों में इन सराहनीय उद्देश्यों को प्राप्त किया है। इस विश्वविद्यालय ने अपनी आवश्यकताओं और चुनौतियों का सफलतापूर्वक सामना किया है। इसने शिक्षा जगत में आ रहे बदलाव के अनुसार स्वयं को ढाला है, नये-नये कोर्स शुरू किये हैं तथा छात्रों को अपनी प्रतिभा निखारने का अवसर प्रदान किया है। सबसे बड़ी बात यह रही कि इसने सबसे अधिक ध्यान शिक्षा की गुणवत्ता पर दिया है।

यह विश्वविद्यालय जी.टी. रोड पर किसी उपयुक्त स्थान पर अपना पूर्वी परिषद् बनाने की योजना पर विचार कर रहा है। मुझे बताया गया है कि इस कैम्पस को आधुनिक और व्यावसायिक पाठ्यक्रमों का केन्द्र बिन्दु बनाने की व्यवस्था की जायेगी। नए युग की दिशा में बढ़ने की यह एक अच्छी और सकारात्मक सोच है। मैं विश्वास दिलाता हूँ कि हरियाणा सरकार विश्वविद्यालय को इस योजना हेतु हर सम्भव सहयोग देगी।

हम महसूस करते हैं कि आज जीवन तेज गति से चल रहा है और हमारे नौजवानों के सामने अच्छे अवसर हैं। राज्य सरकार इस बात के लिए कटिबद्ध है कि हमारे युवक इन अवसरों को न गवाएँ। इसलिए हम हरियाणा, विशेषरूप से, कुरुक्षेत्र विश्वविद्यालय को 'श्रेष्ठता का प्रतीक' बनाने के प्रति कटिबद्ध हैं। गुणवत्तापरक उच्च शिक्षा देने के लिए हम कोई कौर-कसर बाकी नहीं छोड़ेंगे। यह हमारा सौभाग्य है कि आज देश के जाने-माने शिक्षाविद् महामहिम राज्यपाल डॉ. ए.आर. किदवई जी इस विश्वविद्यालय के कुलाधिपति भी हैं। इनका शिक्षा क्षेत्र में सराहनीय योगदान है। इनके दूरदर्शी मार्गदर्शन में इस विश्वविद्यालय के विद्यार्थी नयी बुलंदियों को छुएँगे।

राज्य सरकार शिक्षा में गुणात्मक सुधार के लिए पहले ही अनेक कदम उठा चुकी है। कुण्डली के पास राजीव गाँधी एजुकेशन सिटी की स्थापना की प्रक्रिया ही शुरू की जा चुकी है। इसमें विभिन्न संकायों

में उच्च गुणवत्तापरक शिक्षा उपलब्ध करवाई जायेगी। हमें आशा है कि यह सिटी आक्सफोर्ड, कैम्ब्रिज, हार्वड तथा येल के मुकाबले की होगी।

हम यह भी भली-भाँति समझते हैं कि इस प्रकार की उच्च गुणवत्ता वाली शिक्षा का लाभ लेने के लिए स्कूल स्तर पर भी सुधार लाना जरूरी है। इस दिशा में प्रक्रिया जारी है। इन प्रयासों में धन की कमी आड़े नहीं आने दी जायेगी तथा हमने शिक्षा के बजट में भारी वृद्धि भी की है।

युवा साथियों से भी दो शब्द कहना चाहूँगा। आज आपको विश्व स्तरीय अवसर प्राप्त हैं। ऐसे अवसर मानवता को पहले कभी नहीं मिले थे। आज पूरा विश्व एक 'विश्व ग्राम' में तबदील हो रहा है। आप आज पहले से कहीं अधिक उन्मुक्त विश्व के नागरिक बन सकते हैं। ऐसा करते हुए आप अपने विश्वविद्यालय और इसकी भूमिका को स्मरण करेंगे, जिसने आपको ऐसा नागरिक बनाया, जिसने 'वसुधैव कुटुम्बकम्' की भावना को सही अर्थों में समझा है। जब आप विश्वविद्यालय से शिक्षा ग्रहण करने के बाद जीवन के दूसरे क्षेत्रों में प्रवेश करेंगे तो आप विश्वविद्यालय की सेवाओं के प्रति और अपने अध्यापकों के प्रति सदैव ऋणी रहेंगे।

शिक्षक समुदाय से मेरा केवल इतना ही कहना है कि हरियाणा के युवाओं को उनकी पहचान दिलाने में आपका योगदान बेजोड़ है। फिर भी मेरा आपसे आग्रह है कि प्रदेश की युवा पीढ़ी को भूमण्डलीकरण की नयी-नयी चुनातियों का सामना करने में सक्षम बनाने हेतु आपके और रचनात्मक योगदान की जरूरत है। मुझे विश्वास है कि विद्यार्थियों के उज्ज्वल भविष्य के लिए आप उनका मार्ग-दर्शन करते रहेंगे।

बुधवार, 11 जनवरी 2006, कुरुक्षेत्र

राष्ट्र का आधार-स्तम्भ

श्रम नीति के लॉचिंग के अवसर पर

पूँजी, उद्योग तथा श्रम ऐसे तीन 'आधार स्तम्भ' हैं, जिन पर प्रत्येक देश की प्रगतिशील अर्थव्यवस्था का निर्माण होता है। इनमें से तीसरा स्तम्भ 'श्रम' सबसे महत्वपूर्ण है। भूमण्डलीकरण के दौर में आर्थिक उदारीकरण के कारण तेजी से बदल रही परिस्थितियों में श्रमिक और उद्योगों में मधुर और मैत्रीपूर्ण सम्बन्ध बड़े आवश्यक हैं।

भारतीय संस्कृति में श्रमिकों के प्रति सदा से ही आदर का भाव रहा है। श्रमिकों को महान शिल्पी 'विश्वकर्मा' की संज्ञा दी गई है। श्रम के बिना जीवन की कल्पना नहीं की जा सकती। श्रमिकों की मेहनत पर ही राष्ट्र की प्रगति निर्भर करती है। यह भी आवश्यक है कि उद्योगों में अधिक से अधिक पूँजी निवेश हो, ताकि रोज़गार के अवसरों में निरन्तर वृद्धि होती रहे।

हरियाणा अपनी भौगोलिक स्थिति, मजबूत इन्फ्रास्ट्रक्चर और बड़ी संख्या में कुशल और युवा मानव शक्ति के फलस्वरूप देश-विदेश के उद्यमियों के लिए निवेश हेतु देश में सबसे अधिक आकर्षक स्थल है। राज्य सरकार बेहतर आर्थिक विकास तथा अतिरिक्त रोज़गार के अवसर उपलब्ध करवाने हेतु प्रदेश के औद्योगिक विकास के प्रति कटिबद्ध है। इस उद्देश्य के लिए श्रमिक कल्याण की जरूरतों और औद्योगिक विकास की आवश्यकताओं में सन्तुलन बनाया जाना आवश्यक है। सरकार इस नीति द्वारा विभाग की कार्य प्रणाली को आधुनिक बनाने, औद्योगिक विवादों को रोकने तथा आपसी विश्वास के वातावरण में श्रम कानूनों का कार्यन्वयन सुचारु बनाने का प्रयास करेगी।

श्रम विभाग यह सुनिश्चित करने के लिए कि राज्य में कोई औद्योगिक हड़ताल अर्थात् तालाबन्दी न हो, औद्योगिक सम्बन्धों के क्षेत्र में विश्वास तथा आस्था का वातावरण तैयार करने के लिए कार्य करेगा।

श्रमिकों के अधिकारों का संरक्षण तथा औद्योगिक सुरक्षा और स्वास्थ्य के उपायों का पूर्णतः कार्यन्वयन सुनिश्चित किया जायेगा। विवादों को रोकने तथा प्रारम्भिक स्तर पर समझौतों की उच्च प्रतिशतता प्राप्त करने के लिए समझौता अधिकारियों, समझौता और मध्यस्थता कुशलता को विकसित तथा सुदृढ़ किया जायेगा। इसे उनके कार्य के आकलन हेतु मापदण्ड का भाग बनाया जायेगा। कार्य स्थल पर विशेष आवश्यकताओं को ध्यान में रखते हुए नीतियाँ लागू करके महिला श्रमिकों की दशा में सुधार किया जायेगा। सभी प्रकार की बाल मजदूरी समाप्त की जायेगी तथा बंधुआ मजदूरी रोकने के लिए जिला सतर्कता समितियाँ सक्रिय की जायेंगी।

कर्मचारियों तथा अधिकारियों को प्रशिक्षित और पुनः प्रशिक्षित किया जायेगा ताकि वे अपने कर्त्तव्य के पालन हेतु बेहतर रूप से दक्ष हों। औद्योगिक विकास को बढ़ावा देने के लिए विभिन्न श्रम कानूनों के अन्तर्गत अपेक्षित स्वीकृतियों पर कार्यवाही करने के लिए पारदर्शी तथा समयबद्ध प्रणाली लागू की जायेगी। विभागीय नीतियों के सम्बन्ध में विचारों के स्वतन्त्र और स्पष्ट आदान-प्रदान के लिए विभाग द्वारा औद्योगिक संगठनों और श्रमिक संगठनों के साथ त्रि-पक्षीय विचार-विमर्श किया जायेगा।

श्रमिकों तथा उद्योगों को श्रम कानूनों और सुरक्षित कार्य अवस्थाओं की सूचना दी जायेगी। कारख़ाना अधिनियम 1948 और अनुबन्धित श्रम (नियमन तथा उन्मूलन) अधिनियम 1970 के तहत पंजीकरण तथा लाइसेंस देने की प्रणाली को प्रभावी बनाया जायेगा। इस बारे में पहली बार कुछ शक्तियाँ क्षेत्रीय अधिकारियों को दी जायेंगी। निरीक्षण प्रणाली को युक्तिसंगत, शिकायत मुक्त तथा नियमित बनाया जायेगा। जब कोई शिकायत प्राप्त न हो तो वर्ष में एक बार से अधिक कारख़ाना अधिनियम के तहत स्थापनाओं के वैधानिक निरीक्षण नहीं किये जायेंगे।

किसी भी उद्योग अथवा वाणिज्यिक स्थापना में विभिन्न श्रम कानूनों के अन्तर्गत कम्प्यूटरीकृत वैधानिक रिकार्ड स्वीकार्य तथा वैध होंगे।

उद्योगों में द्वि-पक्षीय समझौतों तथा औद्योगिक विवादों की रोकथाम को प्रोत्साहित किया जायेगा, जिसके लिए आवश्यक प्रक्रिया आरम्भ की जायेगी। देश में श्रमिकों को सबसे अधिक न्यूनतम मजदूरी देने में वाले राज्यों में हरियाणा एक है। सरकार त्रि-पक्षीय विचार विमर्श के आधार पर समय-समय पर मजदूरी दर की समीक्षा तथा उसमें वृद्धि करेगी। विभाग द्वारा श्रम कानूनों के कानूनी कल्याण प्रावधानों तथा औद्योगिक श्रमिकों हेतु वर्तमान कल्याण स्कीमों को लागू किया जाना सुनिश्चित करने के अतिरिक्त श्रमिकों के कल्याण के लिए नयी स्कीमें आरम्भ की जायेंगी।

सरकार ने सूचना प्रौद्योगिकी उद्योगों को इनके खुलने और बन्द होने के समय से सम्बन्धित कुछ कानूनी प्रावधानों से छूट प्रदान करने की उदार नीति अपनाई है। सरकार ने महिलाओं के अधिकारों का पर्याप्त संरक्षण सुनिश्चित करते हुए इस क्षेत्र में महिलाओं के रोज़गार को प्रोत्साहन देने के लिए महिला श्रमिकों को रात्रि शिफ्ट में कार्य करने की अनुमति प्रदान करने का नीतिगत निर्णय भी लिया है तथा अब एक समय में तीन वर्ष की अवधि के लिए अनुमति का नवीकरण किया जाता है।

राष्ट्रीय तथा सार्वभौमिक विकास के अनुरूप उनकी कार्यकुशलता बढ़ाने तथा उनके व्यवहार में परिवर्तन करने के लिए उद्योगों तथा हरियाणा राज्य सुरक्षा परिषद् के तत्त्वावधान में श्रम विभाग के अधिकारियों के लिए प्रशिक्षण कार्यक्रम तैयार तथा संचालित किये जायेंगे। उनकी कार्य कुशलता में वृद्धि करने के लिए कार्यालयों का कम्प्यूटरीकरण किया जा रहा है। नीति में विभिन्न अधिकारियों द्वारा कार्य के निपटान हेतु विस्तृत समय अनुसूची का वर्णन किया गया है। यह अधिकारियों के कार्य के आंकलन का मापदण्ड भी होगा।

बृहस्पतिवार, 12 जनवरी 2006, चण्डीगढ़

नयी बुलन्दियों को छूने की पहल

द असोसिएटेड चेम्बर्स ऑफ़ कॉमर्स एण्ड इण्डस्ट्री ऑफ़ इण्डिया (एसोचेम) द्वारा आयोजित हरियाणा निवेश शिखर सम्मेलन (The Haryana Invest Summit) में

यह बड़े सन्तोष का विषय है कि हरियाणा औद्योगिक विकास के मामले में नयी ऊँचाइयों को छू रहा है। राज्य की सुदृढ़ कानून व्यवस्था, सौहार्दपूर्ण श्रमिक सम्बन्ध तथा ऊँचे दर्जे की आधारभूत सुविधा उपलब्ध होने के फलस्वरूप हरियाणा निवेशकों की पहली पसन्द बन गया है। हरियाणा सरकार का लक्ष्य राज्य को देश का नम्बर-वन राज्य बनाना है। हमारी सरकार ने आम जनता के बीच विश्वास को बहाल किया है, जिसके परिणामस्वरूप उद्योगपति हरियाणा में निवेश करने के लिए राज्य सरकार से सम्पर्क कर रहे हैं। इस बात का अन्दाज़ा इस बात से लगाया जा सकता है कि लगभग सभी औद्योगिक सम्पदाओं में जहाँ कहीं भी राज्य में प्लाट उपलब्ध हैं, उनको लेने के लिए उद्योगपति अपने आवेदन कर रहे हैं।

मैं इस अवसर पर उपस्थित महानुभावों को याद दिलाना चाहूँगा कि हरियाणा देश में बनने वाली 50 प्रतिशत यात्री कारों, 50 प्रतिशत मोटर साईकिलों और 25 प्रतिशत ट्रैक्टरों का निर्माण कर रहा है। देश की हर चौथी मोटर साईकिल का निर्माण हरियाणा में हुआ है। भारत के कुल सेनिटरी वेयर उत्पादन का 25 प्रतिशत निर्माण हरियाणा में होता है। औद्योगिक निवेशक करारनामा (Industrial Entrepreneur Memoranda) और प्रस्ताव-पत्र (Letter of Intent) लागू करने के मामले में हमें देशभर में पहला स्थान प्राप्त हुआ है। कांग्रेस सरकार को सत्ता में आये अभी दस महीने ही हुए हैं। इस थोड़ी सी अवधि में ही अक्तूबर, 2005 के अन्त तक 1044 करोड़ रुपये के निवेश के 136 औद्योगिक निवेशक करारनामे भेजे गये हैं। इसका सीधा सा अर्थ यह है कि हरियाणा प्रगति की राह पर है।

राज्य में औद्योगिक विकास और निवेश गतिविधियों को एक नयी दिशा देने के लिए हमारी सरकार ने वर्ष 2005 में एक नयी औद्योगिक नीति लागू की है। इस नीति से यह बात स्पष्ट होती है कि भविष्य में विकास औद्योगिक और सेवा क्षेत्रों से ही होगा। इस नीति का उद्देश्य निवेशकों की समस्याओं का समाधान करना है। हमने निवेश आवेदनों का तीव्रता से निपटान करने के लिए प्रशासनिक ढाँचे में भी अनूठे उपाय किये हैं। इस नीति को कारगर ढंग से लागू करने के लिए हरियाणा औद्योगिक प्रोत्साहन अधिनियम-2005 लागू किया गया है। इससे अनुमोदन और स्वीकृत्तियाँ प्रदान करने की प्रक्रिया में तेजी आयेगी। अब राज्य में न केवल उद्योगों को अनापत्ति प्रमाण-पत्र देने की प्रक्रिया को सरल बनाया गया है, बल्कि प्लांट और मशीनरी पर एक करोड़ रुपये तक के निवेश वाले 'ग्रीन कैटेगरी उद्योगों' को सहमति प्रबन्धन से छूट भी दी गई है।

यह बड़ी प्रसन्नता की बात है कि हमारे प्रयासों के परिणामस्वरूप राज्य में मार्च, 2005 के बाद सात हजार करोड़ रुपये से भी अधिक का निवेश हुआ है। पानीपत के तेल शोधक कारखाने तथा इसकी दो सम्बद्ध बड़ी परियोजनाओं से उपलब्ध फीड स्टॉक पर आधारित डाउन स्ट्रीम उद्योगों के विकास के लिए पानीपत में एक पैट्रो-कैमिकल हब स्थापित किया जा रहा है।

राज्य में औद्योगिक विकास की गति तेज करने के लिए सामूहिक पहुँच अपनायी गयी है। इससे प्रतियोगी बढ़त वाले विशिष्ट क्षेत्रों में औद्योगिकीकरण को बढ़ावा मिलेगा। पानीपत में 55 करोड़ रुपये के निवेश से एक टेक्सटाइल समूह और फरीदाबाद में 80 करोड़ रुपये के निवेश से हल्का इंजीनियरिंग सामान बनाने का समूह विकसित किया जा रहा है। गुड़गाँव में 67 करोड़ रुपये के निवेश से एक ऑटो पार्ट समूह विकसित करने पर विचार किया जा रहा है।

ऑटो मोबाइल इण्डस्ट्री में हरियाणा का महत्वपूर्ण स्थान है। ऑटो मोबाइल उद्योग को बढ़ावा देने के लिए राज्य द्वारा उपलब्ध करवाई गई 40 एकड़ भूमि पर भारत सरकार 400 करोड़ रुपये की लागत से एक

नेशनल ऑटो मोटिव टैस्टिंग तथा अनुसंधान और विकास इन्फ्रास्ट्रक्चर प्रोजैक्ट स्थापित कर रही है। इसके साथ-साथ हम खाद्य प्रसंस्करण और पैकेजिंग उद्योग को बढ़ावा देने के प्रयास कर रहे हैं। इस लक्ष्य को प्राप्त करने के लिए भारत सरकार द्वारा 350 करोड़ रुपये के निवेश से राष्ट्रीय खाद्य प्रोद्योगिकी उद्यमकर्त्ता और प्रबन्धन संस्थान स्थापित किया जा रहा है। जिसके लिए हमने कुण्डली में 100 एकड़ भूमि प्रदान की है।

विकास के लक्ष्यों को प्राप्त करने के लिए हम बहुआयामी नीति लागू कर रहे हैं। निवेशकों के प्रति लचीला दृष्टिकोण अपनाते हुए प्रौद्योगिकी पार्कों की स्थापना की जा रही है। इनसे नैनो टेक्नोलॉजी, जैव प्रौद्योगिकी, मोबाइल कम्प्यूटिंग एण्ड रोबोटिक्स इत्यादि अग्रणी प्रौद्योगिकियों के साथ-साथ सूचना प्रौद्योगिकी को भी बढ़ावा मिलेगा।

हमने वर्ष 2005 में हरियाणा विशेष आर्थिक क्षेत्र अधिनियम लागू किया है। मुझे इस बात पर गर्व है कि इसने देश के कई प्रसिद्ध उद्योगपतियों और डैवेल्पर्ज़ का ध्यान आकर्षित किया है। इस अधिनियम की सफलता का अन्दाज़ा इस बात से लगाया जा सकता है कि भारत सरकार ने 10 विशेष आर्थिक क्षेत्रों की स्थापना को सैद्धान्तिक स्वीकृति प्रदान की है। 25 हजार करोड़ रुपये के निवेश के साथ एक अन्य विशेष आर्थिक क्षेत्र के विकास के लिए रिलायन्स इंस्ट्रीज़ लि0 के साथ एक समझौता हुआ है। 25 हजार एकड़ भूमि पर बनने वाले इस विशेष आर्थिक क्षेत्र में विश्व स्तर की सुविधाएँ होंगी।

इसके साथ-साथ हरियाणा सरकार राज्य में सभी श्रेणियों के उपभोक्ताओं को पर्याप्त और निर्बाध बिजली आपूर्ति करने के हर सम्भव प्रयास कर रही है। 600 मैगावाट की यमुनानगर ताप बिजली परियोजना पर निर्माण कार्य आरम्भ कर दिया है तथा इसे मार्च, 2008 तक पूरा करने का लक्ष्य है। हम निजी और सार्वजनिक भागीदारी से अगले 3-4 वर्षों में बिजली की प्रस्तावित क्षमता में लगभग पाँच हजार मैगावाट की वृद्धि कर रहे हैं। बिजली की बढ़ती हुई माँग को पूरा करने के लिए बिजली उत्पादन करने हेतु अधिक से अधिक निजी बिजली उत्पादकों को प्रोत्साहित किया जा रहा है।

बढ़िया कानून-व्यवस्था और शान्तिपूर्ण वातावरण के अभाव में हमारे इन इरादों के वांछित परिणाम नहीं आ सकते। इसलिए हमने राज्य में बेहतर कानून व्यवस्था सुनिश्चित की है। हमने हाल ही में एक नयी श्रमिक नीति घोषित की है ताकि श्रमिकों तथा मालिकों के मध्य सौहार्दपूर्ण सम्बन्ध सुनिश्चित हो। इसका उद्देश्य श्रमिक कल्याण और औद्योगिक विकास की आवश्यकताओं में सन्तुलन स्थापित करके अत्यधिक आर्थिक वृद्धि और रोज़गार के अतिरिक्त अवसर पैदा करना है।

मैं यह अच्छी तरह समझता हूँ कि बेहतर नागरिक और सामाजिक पर्यावरण के सृजन किये बिना इन सभी प्रयासों के फलदायी परिणाम नहीं आ सकते। गुड़गाँव की विश्व स्तर की ढाँचागत सुविधाओं से आप सभी भली-भाँति परिचित हैं। इसी कारण गुड़गाँव विश्व की महत्वपूर्ण इकाइयों को अपनी ओर आकर्षित करने में सफल रहा है। हम राज्य में गड़गाँव की तर्ज पर कई और नगरों का विकास करेंगे। कुण्डली-मानेसर-पलवल एक्सप्रेस मार्ग राज्य में विकास का केन्द्र बनेगा तथा इस मार्ग के साथ-साथ स्थित गाँवों और कस्बों में अभूतपूर्व बदलाव आयेगा। इस मार्ग के निर्माण से इस क्षेत्र में समेकित औद्योगिक, व्यावसायिक और आवासयी विकास को बढ़ावा देकर आर्थिक विकास की सम्भावनाओं पर ध्यान दिया जायेगा।

अन्त में, मैं कहना चाहूँगा कि हरियाणावासियों की गुणवत्तापरक शिक्षा की आवश्यकता की ओर भी हम समुचित ध्यान दे रहे हैं। कुण्डली में 2068 एकड़ भूमि पर राजीव गाँधी एजुकेशन सिटी स्थापित करने का प्रस्ताव है। यह एक ऐसा बहुआयामी केन्द्र होगा, जिसमें अन्तर्राष्ट्रीय स्तर की शैक्षणिक संस्थाएँ एक ही स्थान पर होंगी। यह परिसर शैक्षणिक उत्कृष्टता का एक केन्द्र बिन्दू होगा और तीव्रता से विकसित हो रही अर्थव्यवस्था की विशेषज्ञ मानव शक्ति की आवश्यकताओं की पूर्ति पर बल देगा।

बुधवार, 18 जनवरी 2006, नयी दिल्ली

नयी खेल नीति की ज़रूरत

22वीं डॉ. रामधन सिंह मैमोरियल खेल प्रतियोगिता के समापन समारोह में

हमारे देश में खेलों की परम्परा बहुत पुरानी है। कबड्डी-कुश्ती, बास्केट बॉल और तीरंदाजी खेल तो बहुत प्राचीन समय से चले आ रहे हैं। कबड्डी और कुश्ती तो हमारे ग्रामीण जीवन से गहरे जुड़े रहे हैं।

हमारा देश गाँवों का देश है। ग्रामीण विकास के बिना किसी भी विकास की कल्पना नहीं की जा सकती। चाहे वह शिक्षा का क्षेत्र है या खेलों का क्षेत्र है। खेलों के क्षेत्र में आगे आने के लिए हमें ग्रामीण क्षेत्रों में खेलों को बढ़ावा देना होगा। ग्रामीण खेल प्रतिभा को तराश कर विश्व स्तरीय प्रतियोगिताओं में पदक जीतने के लिए तैयार करना होगा।

गाँवों में खेल प्रतिभाओं की कोई कमी नहीं है। हमारा इतिहास इस बात का गवाह है कि हरियाणा के जिन खिलाड़ियों ने राष्ट्रीय और अन्तर्राष्ट्रीय स्तर पर देश और प्रदेश का नाम रोशन किया है, उनमें से अधिकतर ग्रामीण क्षेत्रों के रहने वाले हैं। मैं स्पोर्ट्स प्रमोशन क्लब के प्रयासों की सराहना करता हूँ कि यह क्लब पिछले 23 वर्षों से ज्यादा से ज्यादा युवाओं को खेलों से जोड़ रहा है तथा उनकी क्षमता को एक रचनात्मक दिशा दे रहा है।

आप जानते हैं कि खेल चाहे पुराना हो या नया हो, उनके खेलने के रंग-ढंग और स्वरूप बदल रहा है। इसलिए जब तक खेलों के विकास के लिए मजबूत इन्फ्रास्ट्रक्चर तैयार नहीं किया जायेगा, तब तक राष्ट्रीय और अन्तर्राष्ट्रीय स्तर पर वे परिणाम हासिल नहीं किये जा सकते, जिनकी हम उम्मीद करते हैं। हमें अपने देश में उस प्रकार की खेल संस्कृति पैदा करनी होगी, जैसे कि बाहर के देशों में है। बाहर के मुल्कों में बहुत ही छोटी उम्र में खिलाड़ियों को खेलों की तकनीकी आधार पर ट्रेनिंग दी जाती है और उनके पूरे विकास पर ध्यान दिया जाता है। इसलिए वे खिलाड़ी किशोर अवस्था में पहुँचते-पहुँचते अपनी खेलों में दक्षता हासिल कर लेते हैं।

खेलों का वैसे भी हमारे जीवन में महत्वपूर्ण स्थान है। इनसे जहाँ आपसी सद्भावना, प्यार, अनुशासन तथा नेतृत्व की भावना पैदा होती है, वहीं शरीर को चुस्त-दुरूस्त तथा तन्दुरूस्त रखने में भी सहायता मिलती है। इसके साथ ही खिलाड़ियों का बौद्धिक और मानसिक विकास भी होता है। टीम भावना और सहनशीलता का सबक भी खिलाड़ी खेल के मैदान में ही सीखता है। जापान जैसे विकसित देश की सफलता का राज उसकी 'टीम भावना' है।

अन्तर्राष्ट्रीय स्तर पर किसी भी राष्ट्र की प्रतिष्ठा और मान-सम्मान बढ़ाने में खेलों की अहम भूमिका होती है। इसलिए आज देश में अच्छे खिलाड़ियों को तैयार करने के लिए अधिक प्रोत्साहन देने, अन्तर्राष्ट्रीय स्तर की खेल सुविधाएँ विकसित करने और अन्तर्राष्ट्रीय खेलों में भेजे जाने वाले खिलाड़ियों को अधिक से अधिक सुविधाएँ देने की जरूरत है।

किसी भी मुल्क के लिए बाल और नौजवान पीढ़ी सबसे बड़ी दौलत होती है, क्योंकि इन्हीं के कंधों पर कल के मुल्क को सम्भालने, संवारने और बनाने की जिम्मेदारी होती है। भारत दुनिया का सबसे बड़ा युवा शक्ति वाला देश है क्योंकि हमारे देश में 15 साल से 35 साल के नौजवानों की जनसंख्या 35 करोड़ से भी अधिक है।

हरियाणा सरकार द्वारा युवाओं के चहुंमुखी विकास और उनकी शक्ति को रचनात्मक दिशा देने के लिए युवा गतिविधियों पर विशेष बल दिया जा रहा है।

प्रदेश में पहले खेल और खिलाड़ी के साथ राजनीति होती रही, उसे बन्द किया गया है। खेलों को राजनीति से दूर रखकर शीघ्र ही एक नयी खेल नीति बनाई जायेगी ताकि हर गाँव में अधिक से अधिक

खेल सुविधाएँ विकसित करवाई जा सकें और अच्छे खिलाड़ी तैयार किये जा सकें। हमने खिलाड़ियों के खुराक भत्ते को भी 50 रुपये से बढ़ाकर 100 रुपये कर दिया है। चालू वित्त वर्ष के दौरान खेलों के विकास पर लगभग 25 करोड़ रुपये खर्च किये जा रहे हैं। राज्य में 20 खेल नर्सरियों की संख्या बढ़ाकर 31 कर दी गई है। भारत सरकार की सहायता से रोहतक में एक आधुनिक खेल अकादमी स्थापित करने का प्रस्ताव है। रोहतक में ही 100 एकड़ भूमि पर एक आधुनिक खेल परिसर भी बनाये जाने का प्रस्ताव है। मोती लाल नेहरू खेल विद्यालय, राई में अच्छी खेल और शिक्षा सुविधाएँ उपलब्ध करवाने के हम प्रयासरत हैं। इसके लिए दो करोड़ 40 लाख से एक बहुउद्देश्यीय हाल बनाने की स्वीकृति प्रदान की है।

शनिवार, 28 जनवरी 2006, किलोई (रोहतक)

सितारों से आगे

हरियाणा राज्य स्कूल विज्ञान प्रदर्शनी के समापन समारोह में

आज विज्ञान और तकनीकी का युग है। विज्ञान ने आज देश और काल को जीत लिया है। सूचना क्रान्ति के माध्यम से आज सम्पूर्ण विश्व ही एक विश्व ग्राम में तबदील हो गया है। शायद ही ऐसा कोई क्षेत्र होगा, जो विज्ञान की उपलब्धियों से अछूता रह गया हो।

विज्ञान ने आज समुद्र की गहराई को माप लिया है, आकाश के रहस्य को जान लिया है और अन्तरिक्ष को पहचान लिया है। जिस समाज में मानव कल्याण के लिए विज्ञान जितना अधिक फले-फूलेगा, उतना ही वह समाज प्रगति करेगा। विज्ञान के अनुसंधानों का लक्ष्य 'सर्वे भवन्तु सुखिनः-सर्वे सन्तु निरामयः' होना चाहिए, अर्थात् सभी सुखी हों और सभी निरोगी हों।

भारतीय सभ्यता और संस्कृति प्राचीनकाल से समृद्ध और गौरवशाली रही है, जिसमें ज्ञान-विज्ञान का भण्डार भरा पड़ा है। जैसेकि आप सभी जानते हैं कि आर्य भट्ट, डॉ. सी.वी. रमन, श्री सतेन्द्र नाथ बोस, श्री बीरबल साहनी, श्री विक्रम सारा भाई, डॉ. जे.सी. बोस, डॉ. पी.सी. राय, डॉ. होमी भाभा तथा डॉ. हरगोबिन्द खुराना जैसे महान वैज्ञानिकों ने भारत का विश्व में गौरव बढ़ाया है। भारत की महान बेटी कल्पना चावला ने तो विज्ञान को अन्तरिक्ष की ऊँचाइयाँ प्रदान की हैं। राष्ट्र के लिए यह गर्व की बात है कि देश के राष्ट्रपति के सर्वोच्च पद को महान् वैज्ञानिक महामहिम डॉ. ए.पी.जे. अब्दुल कलाम जी सुशोभित कर रहे हैं।

हमारे देश में प्रतिभाओं की कोई कमी नहीं है। उन्हें तो केवल प्रोत्साहन और साधन उपलब्ध करवाने की जरूरत है। इस दिशा में इस प्रकार की विज्ञान प्रदर्शनियों के आयोजन से बच्चों में विज्ञान के प्रति रुचि बढ़ती हैं और उनकी प्रतिभा को विकसित करती हैं। कुछ नया सोचने और कुछ नया करने की प्रेरणा मिलती है। इससे उनमें विज्ञान के संस्कार पनपते हैं, जोकि समय की आवश्यकता है।

इस वर्ष ग्रामीण विकास के लिए 'विज्ञान और तकनीकी' शीर्षक के अन्तर्गत यह प्रदर्शनी आयोजन करना सराहनीय बात है। निःसंदेह भारत गाँवों का देश है। गाँवों की उन्नति और विकास किये बिना भारत की प्रगति सम्भव नहीं।

आज जिस प्रकार गाँव के लोग शहरों की ओर पलायन कर रहे हैं, उससे कई प्रकार की समस्याएँ बढ़ रही हैं। अतः गाँव में ही शहरों जैसी सुविधाएँ विकसित हों। इसके लिए वैज्ञानिक सोच विकसित की जानी चाहिए। विज्ञान और टेक्नोलॉजी विकास की वह सीढ़ी हैं, जिसके माध्यम से हम प्रगति के नये आयाम स्थापित कर सकते हैं।

मैं हरियाणा राज्य शैक्षणिक अनुसंधान और प्रशिक्षण परिषद् के प्रयासों की सराहना करता हूँ कि यह परिषद् बच्चों में विज्ञान के प्रति रुचि बढ़ाने के लिए कई प्रकार के कार्यक्रम आयोजित करती रहती है। मुझे बताया गया है कि इस विज्ञान मेले में विज्ञान प्रदर्शनी के साथ-साथ पत्र-वाचन तथा विज्ञान प्रश्नोत्तरी भी आयोजित की गई।

हरियाणा सरकार ने शिक्षा की गुणवत्ता में सुधार के लिए कई कदम उठाये हैं।

मिडल स्तर तक हर कक्षा में 40 विद्यार्थियों के पीछे एक शिक्षक होगा। पहले 60 विद्यार्थियों पर एक शिक्षक का प्रावधान था। प्रत्येक जिले में एक-एक मॉडल स्कूल खोलने का प्रस्ताव है। हरियाणा के छात्र-छात्राओं को कम्प्यूटर की शिक्षा देने पर बल दिया जा रहा है। विज्ञान विषय के विकास हेतु विद्यालयों में विज्ञान लैबोरेटरी की स्थापना और उपकरण खरीदने के लिए प्रत्येक विद्यालय को 10 हजार रुपये दिये जायेंगे। युवा प्रतिभाओं को प्रोत्साहित करने के लिए राजकीय स्कूलों के लगभग 50 हजार छात्र और छात्राओं को पुरस्कृत करने के लिए 'राजीव गाँधी छात्रवृत्ति योजना' शुरू की गई है। कुण्डली में 'राजीव गाँधी एजुकेशन सिटी' स्थापित करने के लिए कार्यवाही शुरू कर दी गई है। यह युवाओं को विश्व स्तर की उच्च शिक्षा सुविधाएँ उपलब्ध करवाने के लिए श्रेष्ठता का केन्द्र होगा। हरियाणा में शिक्षा और प्रशिक्षण कार्यक्रमों में तेजी लाने के लिए उपग्रह के माध्यम से 'एजुसैट' नामक महत्वपूर्ण कार्यक्रम लागू किया जायेगा।

यह वर्ष राज्य में बालिका वर्ष के रूप में मनाया जा रहा है। राज्य की सभी आई.टी.आई और सभी तकनीकी शिक्षण संस्थाओं में प्रवेश के लिए लड़कियों के लिए 25 प्रतिशत आरक्षण होगा। जो लड़कियाँ आई.टी.आई, डिप्लोमा, इंजीनियरिंग, एम.बी.ए, एम.सी.ए., आदि में प्रथम आयेंगी, उन्हें 5100 रुपये का पुरस्कार दिया जायेगा। छः वर्ष से 14 वर्ष तक की लड़कियों को स्कूल भेजने का शत-प्रतिशत लक्ष्य हासिल करने वाली पंचायतों को एक-एक लाख रुपये के ईनाम दिए जायेंगे। छात्राओं से केवल पाँच एक तरफा टिकटों के बराबर किराया लेकर मासिक पास बनाया जायेगा।

रविवार, 5 फरवरी 2006, गुड़गाँव

बढ़ते कदम

समर्पित जनसेवा की पहली वर्षगाँठ के अवसर पर हिसार में आयोजित नव-निर्माण रैली में

'नव निर्माण रैली' के माध्यम से जनता की अदालत में, आज आपकी सरकार का एक साल का लेखा-जोखा प्रस्तुत है।

प्रदेश के हर नागरिक को इस बात का सन्तोष है कि पिछले विधान सभा चुनावों में उन्होंने त्यागमूर्ति श्रीमती सोनिया गाँधी जी की नीतियों में विश्वास व्यक्त करके और प्रदेश के शासन की बागडोर कांग्रेस पार्टी को सौंप कर सही निर्णय लिया था।

देश के इतिहास में कांग्रेस ही एक ऐसी पार्टी है, जिसने भारत की आजादी के लिए एक लम्बा संघर्ष किया और आजादी प्राप्त की। आजादी के बाद देश में प्रजातान्त्रिक मूल्य स्थापित किये। राष्ट्र की एकता तथा अखण्डता की रक्षा की और उसे विकास के पथ पर निरन्तर अग्रसर किया। देश में हरित क्रान्ति, श्वेत क्रान्ति और नीली क्रान्तियों के बलबूते पर राष्ट्र केवल आत्मनिर्भर ही नहीं बना बल्कि जन-जन के जीवन में खुशहाली के एक नये दौर का सूत्रपात भी हुआ।

कांग्रेस ने ही देश में ग़रीबी उन्मूलन, ग्रामीण विकास और पंचायती राज संस्थाओं को मजबूत बनाने तथा समाज के दबे, पिछड़े और कमजोर वर्ग के लोगों में एक नयी चेतना जागृत की। इसके साथ-साथ

कांग्रेस ने जहाँ विज्ञान और प्रौद्योगिकी के क्षेत्र में दुनिया में भारत को एक अलग पहचान दी, वहीं इसे अन्तरिक्ष विज्ञान तथा परमाणु शक्ति सम्पन्न राष्ट्रों की अग्रिम पंक्ति में ला खड़ा किया। कांग्रेस की ही दूरदर्शी सोच से अर्थव्यवस्था में साहसिक मूलभूत परिवर्तन हुए, जिसके फलस्वरूप भारत ने एक मजबूत राष्ट्र के रूप में 21वीं सदी में प्रवेश किया।

यह गौरव की बात है कि यू.पी.ए. सरकार के नेतृत्व में आज भारत विकसित राष्ट्र बनने के पथ पर निरन्तर आगे बढ़ रहा है। त्यागमूर्ति श्रीमती सोनिया गाँधी जी के दूरदर्शी मार्गदर्शन और देश में आर्थिक सुधारों के जनक प्रधानमन्त्री डॉ. मनमोहन सिंह जी के कुशल नेतृत्व में यू.पी.ए. सरकार ने जन कल्याण और राष्ट्र के नव निर्माण की कई अनूठी पहल की हैं। राष्ट्रीय ग्रामीण रोज़गार गारण्टी कार्यक्रम, राष्ट्रीय ग्रामीण स्वास्थ्य मिशन, राजीव गाँधी ग्रामीण विद्युतीकरण योजना, राष्ट्रीय बागवानी मिशन जैसे महत्वपूर्ण कार्यक्रम शुरू करके ग्रामीण भारत के उत्थान में एक रचनात्मक भूमिका निभाई है।

यू.पी.ए. सरकार ने आगामी वित्त वर्ष का जो बजट संसद में पेश किया है, वह किसान, ग़रीब और आम आदमी की आशाओं के अनुरूप है। इसमें भारत निर्माण कार्यक्रम के लिए 18 हजार 696 करोड़ रुपये की विशाल धनराशि का प्रावधान करने से देश में आधारभूत संरचना को बढ़ावा मिलेगा।

केन्द्र सरकार ने वर्षों से लम्बित पड़ी रोहतक-झज्जर-रेवाड़ी रेल लाइन बिछाने की अपनी स्वीकृति प्रदान कर दी है। लगभग 215 करोड़ रुपये की लागत से बनने वाली यह लाइन मार्च, 2009 तक पूरी हो जायेगी। इसी प्रकार, हरियाणा राज्य में एक होटल प्रबन्धन संस्थान स्थापित करने के लिए चयन किया है। इसके लिए हम माननीय श्रीमती सोनिया गाँधी जी और भारत सरकार का आभार व्यक्त करते हैं।

हरियाणा का गठन

आप लोग जानते हैं कि हरियाणा का एक अलग राज्य के रूप में गठन भी स्वर्गीय प्रधानमन्त्री श्रीमती इन्दिरा गाँधी जी की कलम से हुआ था और हरियाणा में जो भी विकास हुआ, वह कांग्रेस सरकार की ही देन है।

वादे पूरा करने की दिशा में ठोस कदम

कांग्रेस पार्टी ने अपने घोषणा-पत्र में प्रदेश की जनता से हरियाणा को खुशहाल बनाने का जो वादा किया था, कांग्रेस सरकार उसे हकीकत में बदलने के लिए प्रयासरत है।

थोड़े से समय में ही हमने हरियाणा की जनता से किये वादों को पूरा किया है, कई अनूठी पहल की हैं और साहसिक तथा ऐतिहासिक निर्णय लिये हैं, उनसे हरियाणा की न केवल देश में बल्कि विदेशों में भी एक अलग साख बनी है।

समाज के सभी वर्गों चाहे वह किसान हैं, मजदूर हैं, व्यापारी हैं, कर्मचारी हैं, अनसूचित जातियों और पिछड़े वर्गों के लोग हैं या महिलाएँ हैं, सरकार ने सभी के कल्याण-उत्थान के लिए काम किया है। लोगों के दिलों में सुरक्षा की भावना पैदा हुई है। आज प्रदेश में अमन-चैन का माहौल है। अपराधियों पर शिकंजा कसा जा रहा है। अपराधी प्रदेश छोड़कर भाग रहे हैं, कुछ पकड़े गये हैं तथा कुछ पुलिस मुठभेड़ में मारे गये हैं। हमने संवैधानिक और लोकतान्त्रिक संस्थाओं की विश्वसनीयता बहाल की है। स्वच्छ, पारदर्शी और कुशल प्रशासन देने के लिए ठोस कदम उठाये हैं। उदारीकरण के इस दौर में हमने कल्याणकारी राज्य के आदर्श को पूरा करने के साथ-साथ प्रदेश के इंफ्रास्ट्रक्चर को मजबूत बनाने पर बल दिया है।

योजनागत खर्च में वृद्धि

विकास की गति को बढ़ावा देने के लिए वर्ष 2005-06 के वार्षिक योजना बजट में कृषि के लिए 62 प्रतिशत, ग्रामीण विकास के लिए 92 प्रतिशत और सामाजिक सेवाओं के लिए 46 प्रतिशत की बढ़ोतरी की गई। इसी तरह, स्वास्थ्य के बजट में 66 प्रतिशत और शिक्षा के बजट में 50 प्रतिशत की बढ़ोतरी की गई। अगले वित्त वर्ष की वार्षिक योजना के लिए योजना आयोग ने 300 करोड़ रुपये की वृद्धि करके 3300 करोड़ रुपये की स्वीकृति दी है। इससे विकास की गति में और तेजी आयेगी।

बिजली के बकाया बिलों की माफी का ऐतिहासिक फैसला

आप जानते हैं कि बिजली के बकाया बिलों की राशि इतनी अधिक हो गई थी कि जमीन-जायदाद बेचकर भी काफी उपभोक्ता बिलों का भुगतान नहीं कर सकते थे। हमने उपभोक्ताओं की इस समस्या को समझा। हमने किसी राजनैतिक लाभ के लिए नहीं बल्कि दिल की आवाज पर किसानों और ग्रामीण उपभोक्ताओं के 1600 करोड़ रुपये से अधिक के बिजली के बकाया बिल माफ़ करने का ऐतिहासिक फैसला लिया। जनहित के इस निर्णय का फल यह है कि बिजली उपभोक्ताओं से हर महीने 12.5 करोड़ रुपये का अतिरिक्त राजस्व प्राप्त हो रहा है।

हमने किसानों पर पिछली सरकार द्वारा बनाये गये फर्जी मुकदमे वापिस लेने का भी आश्वासन दिया था। अपने इस वादे को पूरा करते हुए किसानों पर बनाये झूठे मुकदमे वापिस लिये हैं। वर्ष 2002 में जिला जींद में किसान आन्दोलन के दौरान पुलिस फायरिंग में मारे गये किसानों के दस आश्रितों को परिवहन विभाग में नौकरी दी गई है। कादमा और मण्डियाली में किसान आन्दोलन के दौरान मारे गये किसानों के आश्रितों को भी उपयुक्त नौकरी दी जायेगी।

भूमि अधिग्रहण पर भारी मुआवजा

हमने अपना यह भी वादा पूरा किया है कि किसानों को भूमि अधिग्रहण पर उचित मुआवजा मिलेगा। आज प्रदेश में किसानों को स्थान विशेष के आधार पर प्रति एकड़ 15 लाख रुपये, 12 लाख 50 हजार रुपये और पाँच लाख रुपये मुआवजा मिलता है। इस मुआवजे की राशि में अधिग्रहण की अनिवार्य राशि और ब्याज की राशि मिलने से उसमें 60 प्रतिशत तक की और बढ़ोतरी हो जाती है।

यही नहीं, हमने प्राकृतिक प्रकोप से फसलें नष्ट होने पर मुआवजा राशि में भी भारी बढ़ोतरी की है। पहले फसलें नष्ट होने पर नुकसान के आधार पर सभी तरह की फसलों के लिये 1000 रुपये, 1500 रुपये और 2000 रुपये प्रति एकड़ का मुआवजा दिया जाता था। सरकार ने गेहूँ के लिये यह राशि बढ़ाकर 1500 रुपये, 2250 रुपये और 3000 रुपये की है और अन्य फसलों के लिये 1250 रुपये, 1875 रुपये और 2500 रुपये प्रति एकड़ निर्धारित की है। फसल बीमा स्कीम शुरू करके कपास, बाजरा, मक्की, अरहर, चना और सरसों जैसी फसलों के लिए विस्तृत जोखिम प्रबन्धन किया गया है। रासायनिक खाद और जिप्सम को कर-मुक्त किया गया है। ट्रैक्टरों की पंजीकरण फीस माफ़ की गई है। इस वर्ष के अन्त तक पूरे प्रदेश का राजस्व रिकार्ड का कम्प्यूटरीकरण हो जायेगा।

सहकारी ऋणों पर कम ब्याज दर

अपने वादे के अनुसार हमने सहकारी फसली ऋणों पर ब्याज की दर 11 प्रतिशत से घटा कर 10 प्रतिशत की है। इसके साथ ही समय पर ऋण अदा करने वाले ऋण धारकों को एक प्रतिशत की अतिरिक्त छूट दी गई है। सहकारी कृषि और ग्रामीण विकास बैंक द्वारा दिये जाने वाले 50 हजार रुपये के दीर्घावधि ऋणों में ब्याज

की दर घटाकर 8 प्रतिशत तक की है, जोकि देश में सबसे कम है। नाबार्ड को रियायती ब्याज दरों पर ओर अधिक Re-financing करने का आग्रह किया गया है, ताकि ब्याज की दरों में कमी की जा सके।

गन्ने का सबसे ऊँचा भाव

हमने बढ़ती कृषि लागत को देखते हुए किसानों के हित में गन्ने का भाव 135 रुपये प्रति क्विंटल निर्धारित किया है, जोकि देशभर में सबसे अधिक है। गन्ने के भाव में एक ही समय में 18 रुपये प्रति क्विंटल की रिकार्ड बढ़ोतरी पिछली किसी भी सरकार ने नहीं की। इस बढ़ोतरी से किसानों को 90 करोड़ रुपये की अतिरिक्त आमदनी होगी। पिछली सरकार ने पिराई सीजन 1999-2000 में गन्ने का भाव 110 रुपये प्रति क्विंटल निर्धारित किया था। फिर उसके बाद चार वर्ष तक गन्ने के भाव में कोई बढ़ोतरी नहीं की गई। वर्ष 2004-2005 में विधान सभा चुनाव के दृष्टिगत गन्ने के भाव में सात रुपये की मामूली बढ़ोतरी करके 117 रुपये प्रति क्विंटल निर्धारित किया था।

डेरी उद्योग को बढ़ावा

वादे के अनुसार डेरी उद्योग को बढ़ावा देने के लिए एक एक्शन प्लान तैयार की गई है। दुग्ध सहकारी समितियों के सदस्यों के लिए सामूहिक बीमा योजना लागू की गई है। सदस्य को प्रीमीयम के रूप में 10 रुपये देने होंगे। इस योजना के तहत सदस्य की दुर्घटना में मृत्यु होने पर 60 हजार रुपये मुआवजा दिया जाता है।

प्रधानमन्त्री जी से आग्रह

मैंने प्रधानमन्त्री डॉ. मनमोहन सिंह जी से भेंट करके आग्रह किया कि पाले के कारण फसलें नष्ट होने को प्राकृतिक आपदा की सूची में शामिल किया जाए। हरियाणा ने केन्द्र सरकार से 211 करोड़ 46 लाख रुपये की तत्काल राहत उपलब्ध करवाने का भी आग्रह किया ताकि पाले से नष्ट हुई सरसों की फसल की भरपाई के लिए किसानों को मुआवजा दिया जा सके।

हर खेत को पानी पहुँचाना हमारा लक्ष्य

हमने प्रदेश के हर क्षेत्र के लिए नहरी पानी का समान और न्यायोचित बटवारा करने का वादा किया था। इस वादे को अमलीजामा पहनाने के लिए 259 करोड़ रुपये की लागत से बनने वाली 109 किलोमीटर लम्बी भाखड़ा मेन लाइन-हांसी ब्रांच-बुटाना ब्रांच बहु-उद्देशीय नहर के निर्माण का शुभारम्भ हो चुका है। इस नहर के बन जाने से पूरे प्रदेश में ऐसी व्यवस्था हो जायेगी कि कोई भी नहरी पानी के मामले में किसी भी क्षेत्र से कोई भेदभाव नहीं कर सकेगा।

वर्षा के दौरान घग्घर और यमुना नदी के फालतू पानी को इस नहर के माध्यम से सिंचाई के लिए प्रयोग किया जायेगा। जिन ब्लॉकों में से यह नहर जायेगी, उनके भूमिगत जल स्तर में भी सुधार होगा। यह नहर गुहला, चीका, असन्ध, कैथल और राजौंद क्षेत्र को बाढ़ की समस्या से छुटकारा दिलाने में सहायक सिद्ध होगी। इस नहर में से धान की फसल के लिये अस्थाई मौगे दिये जायेंगे। इस नहर के बन जाने से प्रदेश के 16 जिलों को लाभ होगा तथा दक्षिणी हरियाणा में पानी और सिंचाई के लिये पानी की उपलब्धता में भी वृद्धि होगी।

कुर्सी के काटे हुए विपक्ष के नेता किसानों के हित में बनाई जाने वाली इस नहर के निर्माण पर भी अपनी राजनैतिक रोटियाँ सेंक रहे हैं और जनता को गुमराह करने का असफल प्रयास कर रहे हैं।

मैं प्रदेश के हर जिले के लोगों को विश्वास दिलाता हूँ कि इस नहर के बन जाने से किसी भी जिले के साथ भेदभाव नहीं होगा। हर जिले को पानी का उसका न्यायोचित हिस्सा मिलेगा। विपक्ष के कुछ नेता समाचारों पत्रों की सुर्खियों में बने रहने के लिए इस नहर के सम्बन्ध में अनाप-शनाप बयान दे रहे हैं। कोई कहता है कि नहर के बन जाने से गृह युद्ध छिड़ जायेगा तो कोई कहता है कि यह नहर हरियाणा के हितों से खिलवाड़ है। राज्य के हितों की रक्षा करने के नकली ठेकेदारों से पूछें कि यदि युद्ध छेड़ना था तो एस.वाई.एल. के लिए क्यों नहीं छेड़ा गया।

उपलब्ध जल संसाधनों का बेहतर प्रबन्धन करके तथा नहरों, रजवाहों और माइनरों की सफाई करके हर खेत को सिंचाई के लिये समुचित मात्रा में पानी उपलब्ध करवाना हमारा लक्ष्य है। खरीफ, 2005 के दौरान खरीफ 2004 की तुलना में 25 प्रतिशत अधिक नहरी पानी उपलब्ध करवाया गया। इसी तरह से नवम्बर, दिसम्बर और जनवरी में हमने पिछली इसी अवधि की तुलना में 59 प्रतिशत अधिक पानी की आपूर्ति की है। सरकार ने नहरों की क्षमता बढ़ाने, पक्का करने और लिफ्ट कैनाल सिस्टम में सुधार के लिये कई स्कीमें शुरू की हैं। नाबार्ड की सहायता से वर्तमान सरकार के कार्यकाल में 13 स्कीमें पूरी की गई हैं और 32 पर काम चल रहा है। नाबार्ड से सहायता प्राप्त करने के लिये एक परियोजना तैयार की जा रही है। इस परियोजना में सिंचाई और बाढ़ नियन्त्रण की 60 स्कीमें होंगी, जिन पर लगभग 220 करोड़ रुपये खर्च होने का अनुमान है।

यमुना के फालतू पानी को सिंचाई के लिए उपयोग में लाने और साथ लगते क्षेत्रों के भूमिगत जल को रिचार्ज करने के लिये 267.72 करोड़ रुपये की लागत से शाहबाद-दादूपुर-नलवी नहर का निर्माण किया जायेगा। इस नहर के पूरा हो जाने पर जिला कुरुक्षेत्र, अम्बाला और यमुनानगर की 92,532 हैक्टेयर उपजाऊ भूमि को सिंचाई सुविधाएँ उपलब्ध होंगी। यमुना नदी के ऊपरी भागों में किशाऊ, लखवार-व्यास और रेणुका बाँधों का निर्माण करने के लिए केन्द्र सरकार से आग्रह किया गया है। भारत निर्माण कार्यक्रम के तहत सिंचाई क्षमता को बढ़ाने के लिए 1217 करोड़ रुपये की छः परियोजनाएँ भारत सरकार को स्वीकृति के लिए भेजी जा चुकी हैं।

एस.वाई.एल.

सतलुज-यमुना लिंक नहर हरियाणा की जीवन रेखा है। पंजाब क्षेत्र में इस नहर के निर्माण कार्य का उद्घाटन श्रीमती इन्दिरा गाँधी जी ने 1982 में किया था और इस नहर का अधिकांश निर्माण कार्य कांग्रेस सरकारों के दौरान ही हुआ। 24 जुलाई, 1985 को राजीव-लौंगोवाल समझौता हुआ था। इस समझौते के तहत गठित रावी-ब्यास वाटर ट्रिब्यूनल ने हरियाणा का हिस्सा 3.83 एम.ए.एफ. पानी निर्धारित किया था। यह कांग्रेस की एक बड़ी उपलब्धि थी। यदि राजनीतिक स्वार्थों की पूर्ति के लिए लोकदल राजीव-लौंगोवाल समझौते का विरोध न करता तो पंजाब क्षेत्र में एस.वाई.एल. कब की बन चुकी होती और हरियाणा के खेतों में रावी-व्यास का पानी बह रहा होता।

बिजली

आज प्रदेश में बिजली की कमी है, परन्तु फिर भी सरकार हर स्रोत से महंगे से महंगे दामों पर बिजली खरीदकर उपभोक्ताओं को उपलब्ध करवाने का भरसक प्रयास कर रही है।

बिजली की कमी का सबसे बड़ा कारण पिछली सरकारों द्वारा बिजली के स्थाई उत्पादन का प्रबन्ध न करना है। उदाहरण के लिए हरियाणा को अलग राज्य बने 40 साल हो चुके हैं। इन चार दशकों में अपने संसाधनों सहित विभिन्न स्रोतों से 4033 मैगावाट बिजली की प्रस्थापित क्षमता ही उपलब्ध है। इसमें से प्रदेश के अपने संसाधनों की प्रस्थापित क्षमता केवल 1587 मैगावाट है। इस बात से आप

भली-भाँति अन्दाज़ा लगा सकते हैं कि प्रदेश में बिजली की कमी क्यों है?

हमने इस कमी को पूरा करने के लिए पक्का इरादा कर लिया है और इस दिशा में कदम उठाते हुए आगामी तीन-चार वर्षों में सार्वजनिक और निजी भागीदारी से राज्य की बिजली उत्पादन क्षमता में पाँच हजार मैगावाट की वृद्धि करने का निर्णय लिया है। यमुनानगर में 600 मैगावाट की ताप बिजली परियोजना पर निर्माण कार्य चल रहा है तथा जिला फरीदाबाद में 1065 मैगावाट क्षमता की गैस आधारित बिजली उत्पादन परियोजना की आधारशिला रखी जा चुकी है। झज्जर में एक हजार मैगावाट, हिसार में 1080 मैगावाट तथा पानीपत में 400 मैगावाट और 600 मैगावाट के दो गैस आधारित पावर प्लांट लगाए जायेंगे।

उद्योग

हमने सत्ता की बागडोर सम्भालते ही एक नयी उदार उद्योग नीति लागू की ताकि उद्योगों का प्रसार हो और लोगों को अधिक से अधिक रोज़गार के अवसर उपलब्ध हों। इस नीति के तहत अब तक एक लाख करोड़ रुपये से अधिक के निवेश प्रस्ताव मिल चुके हैं, जो कि एक कीर्तिमान है। प्रदेश में 20 बड़े और मध्यम दर्जे के तथा 662 लघु उद्योग स्थापित हुए हैं, जिनमें 10 हजार लोगों को रोज़गार मिला है। राज्य में 87 हजार करोड़ रुपये की लागत से 20 विशेष आर्थिक जोन स्थापित करने की योजना है, जिनमें से 10 विशेष आर्थिक जोनों को केन्द्र सरकार की सैद्धांतिक मंज़ूरी दे दी है। Reliance Industries 25 हजार करोड़ रुपये के निवेश के साथ एक विशेष आर्थिक क्षेत्र विकसित कर रही है, जिसमें विश्व स्तर की सुविधाएँ होंगी। श्रमिकों के हितों की रक्षा और कल्याण के लिए श्रम नीति लागू करने वाला हरियाणा देश का पहला राज्य है।

महिला सशक्तिकरण

महिला सशक्तिकरण, लड़कियों के विकास के लिए विशेष कार्यक्रम तथा लड़का-लड़की में कम होते अनुपात की समस्या का समाधान करने के अपने संकल्पों को पूरा करने के लिए रचनात्मक कदम उठाये गये हैं। यह वर्ष प्रदेशभर में 'बालिका वर्ष' के रूप में मनाया जा रहा है। महिलाओं के लिये एक अलग विश्वविद्यालय स्थापित किया जा रहा है। सभी आई.टी.आई. तथा सभी तकनीकी शिक्षण संस्थाओं में प्रवेश के लिये लड़कियों के लिए 25 प्रतिशत आरक्षण किया गया है। छात्राओं से केवल पाँच एकतरफा टिकटों के बराबर किराया लेकर मासिक पास बनाया जाता है।

'लाडली' स्कीम के तहत जिस परिवार में दूसरी लड़की का जन्म होता है, उस कन्या को पाँच वर्ष की अवधि तक प्रतिवर्ष पाँच हजार रुपये दिये जाते हैं। 'लाडली सामाजिक सुरक्षा पेंशन' स्कीम के तहत जिस परिवार में केवल लड़कियाँ हैं, उनके माता-पिता को वृद्धावस्था भत्ता 55 वर्ष की आयु पर देने का निर्णय लिया गया है। 'इन्दिरा गाँधी प्रियदर्शनी विवाह शगुन योजना' के तहत ग़रीबी रेखा से नीचे जीवनयापन करने वाले अनुसूचित जाति के परिवारों की लड़कियों के विवाह पर 15 हजार रुपये तथा अन्य सभी वर्गों के परिवारों की लड़कियों के विवाह पर 5100 रुपये का शगुन दिया जाता है। हरियाणा आवास बोर्ड द्वारा बनाये गये मकानों में भी महिलाओं के लिये 33 प्रतिशत का आरक्षण दिया गया है। बिजली का घरेलू कनैक्शन महिला के नाम होने पर बिल में 10 पैसे प्रति यूनिट की छूट और उसके नाम सम्पत्ति के हस्तान्तरण पर स्टॉम्प शुल्क में भी दो प्रतिशत की छूट दी गई है। ये सभी कदम महिला सशक्तिकरण के क्षेत्र में 'मील पत्थर' साबित होंगे।

अनुसूचित जातियों और पिछड़े वर्गों का कल्याण

आज अनुसूचित जातियों, पिछड़े वर्गों और कमजोर वर्ग के लोग प्रदेश में अपना सुखद और उज्ज्वल भविष्य देख रहे हैं। सभी अनुसूचित जातियों तथा पिछड़े वर्ग ब्लाक 'ए' के मेधावी छात्रों को उच्च शिक्षा के लिए प्रोत्साहित करने के लिये 'डॉ. अम्बेदकर मेधावी छात्र योजना' शुरू की गई है। इस स्कीम के तहत 10+1 और 10+2 कक्षा में पढ़ने वाले छात्रों को एक-एक हजार रुपये प्रतिमास की दर से वज़ीफ़ा मिलेगा।

अनुसूचित जाति के व्यक्तियों को दो एकड़ भूमि खरीदने के लिए 5 लाख रुपये तक का ऋण मामूली ब्याज दरों पर देने की नयी योजना शुरू की है। इन वर्गों के लोगों को मकान बनाने के लिये दी जाने वाली अनुदान राशि 10 हजार रुपये से बढ़ाकर 50 हजार रुपये कर दी है। अनुसूचित जाति के व्यक्तियों के लिये 'मकान और शैड' स्कीम के तहत 50 हजार रुपये की अनुदान राशि भी दी जायेगी ताकि ये अपना काम-धंधा भी शुरू कर सकें। हरियाणा शहरी विकास प्राधिकरण द्वारा आर्थिक रूप से कमजोर वर्ग के लोगों के लिये प्लाटों का आरक्षित कोटा 20 प्रतिशत से बढ़ाकर 35 प्रतिशत कर दिया गया है। विकलांगों को दी जाने वाली मासिक पेंशन दोगुना की है।

कर्मचारियों को सुविधाएँ

कर्मचारी सरकार का एक महत्वपूर्ण अंग होते हैं। हमने उनके हितों की रक्षा के लिए कई कदम उठाये हैं। कर्मचारियों को बेटा-बेटी और बहन की शादी पर दिये जाने वाले कर्ज़ की सीमा को बढ़ाया है। इलाज के लिए चिकित्सा प्रतिपूर्ति की नयी व्यवस्था की है। विकलांग कर्मचारियों की सेवानिवृत्ति आयु 58 वर्ष से बढ़ाकर 60 वर्ष कर दी है। सरकारी तथा सार्वजनिक क्षेत्र के संस्थानों में कार्यरत सफाई कर्मचारियों को 200 रुपये प्रतिमास का विशेष भत्ता दिया है।

व्यापारियों को रियायतें

उद्योगपतियों के साथ-साथ व्यापारी भाइयों को अपना कारोबार ईमानदारी से करने के लिए अनुकूल माहौल मिला है। कई वस्तुओं पर बिक्री कर कम किया गया है तो अनेक वस्तुओं पर कर खत्म किया गया है। कर प्रणाली का सरलीकरण किया है। हरियाणा में अपना उद्योग चला रहे उद्यमी अब बिना कोई निर्धारित फार्म दिये चार प्रतिशत कर देकर 169 वस्तुएँ खरीद सकते हैं। जो व्यापारी एक वर्ष में एक लाख रुपये से कम कर देते हैं, उन्हें वार्षिक वस्तुकर रिटर्न नहीं भरनी पड़ेगी।

रोज़गार

सरकार युवक-युवतियों को रोज़गार के नये-नये अवसर उपलब्ध करवाने के लिए वचनबद्ध है। सरकारी क्षेत्र में नौकरियाँ सीमित हैं इसलिए हम उद्योग और सेवा क्षेत्र में अधिक से अधिक रोज़गार के अवसर पैदा करने के प्रयास कर रहे हैं। नयी उद्योग नीति से अगले 10 वर्षों में 10 लाख लोगों को रोज़गार उपलब्ध करवाने का लक्ष्य रखा गया है। हम युवाओं को स्वःरोज़गार के लिए भी प्रोत्साहित कर रहे हैं। इसके लिए उन्हें आवश्यक प्रशिक्षण भी दिया जाता है तथा ब्याज की रियायती दरों पर ऋण उपलब्ध करवाया जाता है। विदेशों में रोज़गार दिलाने के लिए राज्य में एक हरियाणा नियोजन सहायता समिति (Haryana Overseas Placement Assistance Society) बनाई गई है। जिला महेन्द्रगढ़ और सिरसा की सभी ग्राम पंचायतों में 'राष्ट्रीय ग्रामीण रोज़गार गारण्टी योजना' लागू की गई है, जिसके तहत हर परिवार को एक वर्ष में कम से कम 100 दिन के रोज़गार की गारण्टी होगी। पढ़े-लिखे बेरोज़गारों को योग्यता आधार पर 300 रुपये और 500 रुपये मासिक बेरोज़गारी भत्ता दिया जाता है।

सड़कों और शहरों का सुधार

राज्य में गत एक वर्ष में 449 करोड़ रुपये से अधिक की लागत से 407 किलोमीटर लम्बी सड़कों का निर्माण किया गया और 3540 किलोमीटर लम्बी सड़कों का सुधार किया गया तथा 13 पुलों का निर्माण किया गया। राष्ट्रीय राजधानी क्षेत्र में यातायात को सुचारु बनाने के लिए 135 किलोमीटर लम्बा कुण्डली-मानेसर-पलवल 'पैरिफेरियल एक्सप्रेस-वे' बनाने की प्रक्रिया शुरू कर दी गई है। परिवहन सुविधाओं को बेहतर बनाया जा रहा है।

राज्य में तीन नये शहर : एक बादली-जहाँगीरपुर के बीच, दूसरा सांपला के पास और तीसरा समालखा-गन्नौर के बीच विकसित किये जायेंगे। पिछली सरकार द्वारा भंग की गई छः नगरपालिकाओं को पुनर्गठित करने का निर्णय लिया है। फरीदाबाद के शहरी आधारभूत ढाँचे में सुधार के लिए जवाहर लाल नेहरू राष्ट्रीय शहरी नवीनीकरण मिशन के तहत 2 हजार 64 करोड़ रुपये लागत की एक परियोजना शुरू की है।

स्वास्थ्य सेवाओं को आम आदमी तक पहुँचाने का प्रयास

सरकार स्वास्थ्य सेवाओं को आम आदमी तक पहुँचाने को सर्वोच्च प्राथमिकता दे रही है। गाँवों में माताओं को सुरक्षित प्रसव सेवाएँ उपलब्ध करवाने के लिए 'प्रसूति गृह' बनाये जा रहे हैं। शहरी मलिन बस्तियों में रहने वाली महिलाओं के लिए 'जननी सुविधा योजना' शुरू की गई है। ग़रीबी रेखा से नीचे जीवनयापन कर रहे लोगों को इलाज के लिए वित्तीय सहायता हेतु एक 'आरोग्य कोष' स्थापित किया गया है। सार्वजनिक-निजी भागीदारी से 'विकल्प' नामक स्कीम शुरू की गई है।

शिक्षा और तकनीकी शिक्षा में गुणात्मक सुधार

शिक्षा और तकनीकी शिक्षा में गुणात्मक सुधार के लिए कई कदम उठाये गये हैं। राजकीय स्कूलों के लगभग 50 हजार मेधावी छात्र और छात्राओं को पुरस्कृत करने के लिए 'राजीव गाँधी छात्रवृत्ति योजना' शुरू की गई है। कुण्डली में 'राजीव गाँधी एजुकेशन सिटी' स्थापित करने के लिए कार्यवाही शुरू कर दी गई है। यह युवाओं को विश्व स्तर की उच्च शिक्षा सुविधाएँ उपलब्ध करवाने के लिये श्रेष्ठता का केन्द्र होगा।

पंचायती राज संस्थाओं को और अधिक अधिकार

स्वर्गीय प्रधानमन्त्री श्री राजीव गाँधी जी के आम आदमी को विकास प्रक्रिया में भागीदार बनाने के सपने को साकार करने के लिये पंचायती राज संस्थाओं को बड़े पैमाने पर वित्तीय और प्रशासनिक अधिकार देने वाला हरियाणा देश का पहला राज्य है। इन संस्थाओं को खाद्य आपूर्ति, स्वास्थ्य, जन स्वास्थ्य, सिंचाई, पशुपालन, शिक्षा, कृषि, महिला और बाल कल्याण जैसे महत्वपूर्ण विभागों की मुख्य-मुख्य गतिविधियों की जिम्मेदारी सौंपी है। हमारे इन प्रयासों की भारत सरकार ने भूरि-भूरी प्रशंसा की है।

स्वतन्त्रता सेनानियों का सम्मान

स्वतन्त्रता सेनानियों, सेवारत सैनिकों और भूतपूर्व सैनिकों की सेवाओं और बलिदान का हम सम्मान करते हैं। हमने स्वतन्त्रता सेनानियों की पेंशन 1400 रुपये से बढ़ाकर 3500 रुपये प्रतिमास की है। सी.एस.डी. कैंटीनों से खरीदे जाने वाले सामान को कर-मुक्त करने तथा अर्द्ध सैनिक बलों के सभी रैंकों को भी सेना के बराबर ही अनुग्रह अनुदान देने के अपने वादे पूरे किये हैं। शौर्य पदकों से सम्मानित सैनिकों की सम्मान राशि में चार गुणा वृद्धि की है। रोहतक, रेवाड़ी, झज्जर और जींद में डिफैंस कॉलोनियाँ स्थापित करने की योजना है।

भ्रष्टाचार को खत्म करना

हमने प्रदेश में जहाँ विकास के एक नये युग का सूत्रपात किया है, वहीं हम भ्रष्टाचार को भी जड़मूल से समाप्त करने के लिए कटिबद्ध हैं। भ्रष्टाचार में संलिप्त चाहे कोई छोटा कर्मचारी है या बड़ा अधिकारी है या प्रभावशाली व्यक्ति है, सभी के विरुद्ध कानून के दायरे में रहते हुए कार्यवाही की जाती है। भ्रष्टाचार को समाप्त करने के लिए हमने लोकायुक्त की नियुक्ति भी की है।

आह्वान

प्रदेश के हर नागरिक के सहयोग, समर्थन और स्नेह से हम यू.पी.ए. की अध्यक्ष माननीय श्रीमती सोनिया गाँधी जी तथा आदरणीय प्रधानमन्त्री डॉ. मनमोहन सिंह जी के कुशल मार्गदर्शन में हरियाणा को विकास और जन कल्याण के मामले में देश का 'नम्बर वन' राज्य बनाने के लक्ष्य की ओर तेजी से आगे बढ़ रहे हैं। इसके लिए मैं प्रदेश के हर नागरिक का आभार व्यक्त करता हूँ और मुझे पूरा विश्वास है कि प्रदेश की जनता का सहयोग, समर्थन और स्नेह इसी प्रकार मिलता रहेगा।

रविवार, 5 मार्च 2006, हिसार

लोकतन्त्र की आत्मा

पंचायतीराज सम्मेलन में

ग्रामीण विकास में पंचायतीराज संस्थाओं का महत्वपूर्ण रोल होता है। इनकी भागीदारी के बिना ग्रामीण विकास की कल्पना नहीं की जा सकती। हमारे देश में पंचायती परम्परा का एक गौरवपूर्ण इतिहास है। प्राचीन समय से ही हम किसी न किसी रूप में इस परम्परा से जुड़े रहे हैं। इस परम्परा से न केवल हमारे भावनात्मक रिश्ते रहे हैं, बल्कि पंचायतों ने हमारे सामाजिक और आर्थिक विकास में महत्ती भूमिका निभाई है।

जब देश की आजादी की लड़ाई लड़ी जा रही थी, उस समय यह महसूस कर लिया गया था कि 'सच्चे स्वराज' के लिये ग्राम पंचायतों का विकास जरूरी है क्योंकि भारत गाँवों में बसता है। राष्ट्रपिता महात्मा गाँधी जी ने पंचायतों के माध्यम से लोकतन्त्र के विकेन्द्रीकरण पर सबसे ज्यादा जोर दिया था। उन्होंने कहा था 'असली स्वराज सिर्फ़ चन्द लोगों के हाथ में सत्ता आने से नहीं, बल्कि सभी द्वारा क्षमता हासिल करने से आयेगा।'

लोकतन्त्र की आत्मा–पंचायतीराज संस्थाएँ लोकतन्त्र की आत्मा हैं। पंचायतों की निष्पक्षता और न्यायप्रियता के फलस्वरूप ही हमारे देश में 'पंच परमेश्वर' की भावना पनपी। हमारे प्रथम प्रधानमन्त्री पण्डित जवाहर लाल नेहरू जी ने इन संस्थाओं को मजबूत बनाने के लिए कई कदम उठाये। उन्होंने राष्ट्रपिता महात्मा गाँधी जी के जन्मदिन 2 अक्तूबर, 1959 को राजस्थान के नागौर में त्रि-स्तरीय पंचायतीराज प्रणाली का शुभारम्भ किया था। उनकी पहल पर अधिकांश प्रांतों ने अपने-अपने पंचायतीराज कानून बनाये थे।

पूर्व प्रधानमन्त्री स्वर्गीय श्री राजीव गाँधी जी भी हमेशा यही कहते थे कि "जब तक गाँवों में लोकतन्त्र की जड़ें मजबूत नहीं होंगी, तब तक देश में लोकतन्त्र भी मजबूत नहीं होगा। जब तक गाँव में पंचायतों को ग्रामीण विकास की जिम्मेदारी नहीं सौंपी जाती और उन्हें विकास कार्यों में भागीदार नहीं बनाया जाता, तब तक देश में सही अर्थों में विकास नहीं हो सकता।

श्री राजीव गाँधी जी ने प्रधानमन्त्री बनते ही पंचायतीराज संस्थाओं को सुदृढ़ बनाकर विकास प्रक्रिया में आम आदमी की भागीदारी सुनिश्चित करने के लिये कारगर कदम उठाये थे। उन्होंने पंचायतीराज संस्थाओं को मजबूत बनाने के लिए वर्ष 1989 में उत्तरी भारत की तमाम पंचायतीराज संस्थाओं का सम्मेलन बुलाया। सभी राज्यों के मुख्यमन्त्री और पंचायतीराज मन्त्रियों से विचार विमर्श किया। यहाँ तक कि उपायुक्तों और राज्य के मुख्य सचिवों के साथ विचार-विमर्श किया गया। वे पंचायतीराज संस्थाओं को संवैधानिक दर्जा दिलाने के प्रबल समर्थक थे। इस सम्बन्ध में 73वाँ संविधान संशोधन श्री राजीव गाँधी जी के प्रयासों का ही परिणाम था।

हरियाणा में 73वें संविधान संशोधन के अनुरूप 'हरियाणा पंचायतीराज अधिनियम-1994' बनाया गया, जोकि 22 अप्रैल, 1994 से लागू हुआ। अधिनियम तो लागू कर दिया। लेकिन धरातल पर कुछ नहीं हुआ। सब कुछ कागजों में रहा। पंचायतों को न तो ठोस शक्तियाँ दी गई, न संसाधन दिये गये। पिछली सरकार ने पंचायतीराज व्यवस्था को पंगु बनाया।

आपको याद होगा कि पिछली सरकार ने पंचायतीराज व्यवस्था को किस प्रकार पंगु बना दिया था। पिछली सरकार ने पंचायतों के चुने हुए प्रतिनिधियों की शक्तियाँ कम करने के लिए असवैधानिक ढंग से ग्राम विकास समितियाँ गठित कर दी थी। हमने सत्ता की बागडोर सम्भालते ही इन समितियों को समाप्त करके चुने हुए प्रतिनिधियों के अधिकार बहाल किये। पंचायतीराज संस्थाओं के स्वतन्त्र, निष्पक्ष और शान्तिपूर्ण चुनाव करवाये।

श्री राजीव गाँधी जी के सपनों को पूरा करने तथा यू.पी.ए. सरकार के पंचायतीराज संस्थाओं को और अधिक मजबूत बनाने के आदर्श का पालन करते हुए हमनें एक गतिविधि तालिका तैयार की।

हरियाणा देश का पहला राज्य है, जिसने पंचायतीराज संस्थाओं को 10 प्रमुख विभागों के कार्य, अमले और फण्ड सहित सौंपने का निर्णय लिया है।

प्रत्येक गाँव में पंचायत द्वारा ग्राम स्वास्थ्य समिति का गठन किया जायेगा। राष्ट्रीय ग्रामीण स्वास्थ्य मिशन की समीक्षा की जायेगी तथा ग्राम स्वास्थ्य योजनाएँ बनाई जायेंगी। 'आशा' का चयन भी ग्राम स्वास्थ्य मिशन द्वारा किया जायेगा। ग्राम पंचायत को स्वास्थ्य विभाग के अमले की उपस्थिति पर निगरानी रखने तथा दवाइयों की उपलब्धता का निरीक्षण करने का अधिकार होगा। उप स्वास्थ्य केन्द्रों के सुधार के लिए पंचायत के पास 10 हजार रुपये का फण्ड उपलब्ध होगा।

पंचायत समिति स्वास्थ्य योजना तैयार करने के लिए हैल्थ कमेटी का गठन करेगी। उसके दायरे में आने वाले प्राथमिक और सैकेण्डरी स्वास्थ्य सेवाओं का रख-रखाव करेगी। जिला परिषद् स्वास्थ्य विभाग के अमले तथा पंचायती राज संस्थाओं के मध्य तालमेल करेगी। ग्राम पंचायतों को ग्राम स्वास्थ्य योजना तैयार करने के लिए जिला स्वास्थ्य मिशन के माध्यम से तकनीकी सहायता प्रदान करेगी। 2433 उप केन्द्रों के लिए 2.43 करोड़ रुपये की राशि पंचायती राज संस्थाओं को उपलब्ध करवाई गई है।

पंचायतें ग्राम सभा के सहयोग से स्कीमों और उनके स्थानों का चयन करेंगी तथा परियोजना की लागत का अनुमान लगायेंगी। एक ही नलकूप पर आधारित योजनाओं का संचालन पंचायतों द्वारा किया जायेगा। आप्रेटर का 1500 रुपये का वेतन जन स्वास्थ्य विभाग द्वारा दिया जायेगा। पंचायत समिति कनिष्ठ अभियंता (Junior Engineer) की गोपनीय रिपोर्ट लिखेगी तथा उसके आकस्मिक अवकाश स्वीकृत करेगी। जिला परिषद् मुख्य जल वितरण योजना बनायेगी तथा पंचायत समितियों और ग्राम पंचायतों की स्कीमों की स्वीकृति प्रदान करेगी।

राज्य में एक ही नलकूप पर आधारित 1600 स्कीमें हैं। इसके लिए जन स्वास्थ्य विभाग पम्प

आप्रेटर के वेतन के लिए हर वर्ष 2.88 करोड़ रुपये की राशि पंचायतों को देगी। इसी तरह से दो नलकूपों पर आधारित स्कीमों के लिए पंचायत समितियों को भी राशि उपलब्ध करवाएगा।

ग्राम पंचायतें वृद्धों, विकलांगों और विधवाओं का चयन करेंगी तथा उन्हें हर मास की सात तारीख तक पेंशन देंगी। पंचायत समितियाँ विकलांग व्यक्तियों की पहचान करेंगी तथा उनके पुनर्वास के लिए जिला परिषदों को सहयोग देंगी।

जिला परिषदें गलियों में घूमने वाले निराश्रित बच्चों और बेसहारा वृद्धों की पहचान करके उनके पुनर्वास में सहायता करेंगी। जिला समाज कल्याण अधिकारी जिला परिषद् के प्रति जवाबदेह होंगे।

सामाजिक न्याय और अधिकारिता विभाग के कुल बजट में से 300 करोड़ 58 लाख रुपये की राशि पंचायती राज संस्थाओं को दी जायेगी।

ग्राम पंचायतें पक्के जल मार्गों की मरम्मत और रख-रखाव का कार्य करने के साथ-साथ भागीदार सिंचाई प्रबन्धन तथा उपयोगकर्ता एसोसिएशन के प्रोत्साहन का कार्य करेंगी। सिंचाई विभाग के ग्राम स्तर के कर्मचारी पर पूर्ण नियन्त्रण पंचायत का होगा। प्रत्येक पंचायत को पाँच हजार रुपये की राशि उपलब्ध करवाई जायेगी, जो पक्के जल मार्गों की मरम्मत और रख-रखाव के लिए सामान खरीदने पर खर्च की जायेगी।

पंचायत समिति माइनरों पर बने गऊ-घाटों का रख-रखाव करेंगी और माइनरों की सफाई की भी जिम्मेदारी उसकी होगी। सिंचाई विभाग के बजट में से पंचायत समिति को 10 लाख रुपये उपलब्ध करवाए जायेंगे। जिला परिषदें वाटर शैड का विकास करेंगी तथा रजवाहों और माइनरों पर बने पुलों की मरम्मत करेंगी। इसके लिए जिला परिषदों को 50 लाख रुपये की राशि उपलब्ध करवाई जायेगी।

ग्राम पंचायतें लोगों को उच्चकोटि के पशु पालने के लिए प्रेरित करेंगी तथा सामुदायिक चरागाहों का नियन्त्रण भी उनके अधीन होगा। पंचायत समितियाँ सिविल पशु औषधालयों, स्टॉक-मैन केन्द्रों की कार्य प्रणाली पर निगरानी रखेंगी। जिला परिषदें पशुधन को उन्नत बनाने के सुझाव देंगी तथा पशु चिकित्सा संस्थान खोलने के लिए सरकार को सिफारिश करेंगी और पशु चिकित्सा संस्थानों की मरम्मत करेंगी। जिला परिषदों को पशु पालन विभाग के बजट में से 29 लाख रुपये की राशि दी जायेगी।

ग्राम पंचायतें स्कूलों में कमरों का निर्माण करेंगी, पीने के पानी के लिए टंकियाँ बनायेंगी, शौचालय बनायेंगी और चारदीवारी का निर्माण करेंगी। पंचायत समिति, ग्रामीण शिक्षा समिति और ग्रामीण निर्माण समिति को तकनीकी सहायता प्रदान करेगी और स्कूल भवन के निर्माण तथा मरम्मत के कार्य की प्रगति की समीक्षा करेगी। ग्रामीण शिक्षा समिति और ग्रामीण निर्माण समिति को तकनीकी सहायता उपलब्ध करवाएगी।

आंगनवाड़ी के भवन का निर्माण ग्राम पंचायत द्वारा किया जायेगा तथा आंगनवाड़ी कार्यकर्ता और सहायक की नियुक्ति भी ग्राम पंचायत करेगी। इनके मानदेय का भुगतान भी ग्राम पंचायत द्वारा किया जायेगा। ICDS और टीकाकरण से सम्बन्धित स्कीमों की जिम्मेदारी पंचायत समितियों और जिला परिषदों को सौंपी गई है।

महिला और बाल कल्याण से सम्बन्धित विभिन्न योजनाओं को प्रभावी ढंग से क्रियान्वित करने के लिए पंचायती राज संस्थाओं को 31 करोड़ 9 लाख रुपये की राशि महिला और बाल विकास विभाग के बजट में से उपलब्ध करवाई जायेगी।

कृषि के लिए कार्य योजना तैयार करना, अनुबंध खेती के लिए किसानों का चयन करना, बंजर भूमि का विकास, जल प्रबन्धन, बॉयोगैस लगाने, कृषि कार्यों की समीक्षा करने आदि का दायित्व पंचायत समितियों और जिला परिषदों को सौंपा गया है। प्रत्येक जिला परिषद् को 50 हजार रुपये प्रति पंचायत

समिति की दर से दिये जायेंगे।

ग्रामीण तथा सामाजिक वानिकी स्कीमों की निगरानी ग्राम पंचायत करेगी तथा पौधों के वितरण का काम भी पंचायतें करेंगी। वनों के अधीन क्षेत्र का रिकार्ड पंचायत समिति और जिला परिषदें रखेंगी।

राज्य में अनुसूचित जाति और पिछड़े वर्गों की 4000 चौपालों की मरम्मत पर एक वर्ष में 20 करोड़ रुपये की राशि खर्च की जायेगी। 500 गाँवों में मिनी स्टेडियम या खेल के मैदान बनाये जायेंगे, जिस पर 40 करोड़ रुपये की राशि खर्च की जायेगी तथा गाँवों में पंचायती खेल-कूद प्रतियोगिता का आयोजन पुनः आरम्भ किया जायेगा, जिसे पिछले कुछ समय से समाप्त कर दिया गया था। स्कूल भवनों की मरम्मत के लिए भी 40 करोड़ रुपये की राशि खर्च दी जायेगी। गाँवों में पशु अस्पताल और डिस्पैन्सिरीज की मरम्मत इत्यादि के लिए 9 करोड़ रुपये की राशि जारी की जायेगी। सरपंचों द्वारा रखे जाने वाले कैश-इन-हैण्ड की सीमा को 5,000 रुपये से बढ़ाकर 10,000 रुपये किया जायेगा। जिला परिषद् के अध्यक्ष का मानदेय 3000 रुपये से बढ़ाकर 4000 रुपये, उपाध्यक्ष का मानदेय 2500 रुपये से 3000 रुपये और पंचायत समिति के अध्यक्ष का मानदेय 2000 रुपये से बढ़ाकर 3000 रुपये किया जाता है। इस प्रकार भविष्य में सरपंचों को 1000 रुपये प्रतिमाह मानदेय दिया जायेगा।

ग्राम पंचायतों में समानान्तर गठित ग्राम विकास समितियों को भंग कर दिया गया है। ग्राम विकास सहायक के स्थान पर अतिरिक्त ग्राम सचिव लगाये जायेंगे। इस प्रकार 2700 ग्राम सचिवों के नये पद सृजित किये गये हैं, जिन्हें शीघ्र ही नियुक्त किया जायेगा। इसी प्रकार, पंचायती राज संस्थाओं की मदद के लिए कनिष्ठ अभियंताओं (J.E.) को आवश्यकता अनुसार उपलब्ध करवाया जायेगा ताकि पंचायतों के विकास कार्य सुचारु रूप से करवाए जा सकें। ग्राम पंचायतों द्वारा बुलाई जाने वाली एक वर्ष में ग्राम सभा की दो बैठकों की बजाय तीन बैठकें बुलाना अनिवार्य किया जायेगा तथा ग्राम सभा की बैठक में जिला परिषद् द्वारा और पंचायत समिति के सम्बन्धित वार्ड के सदस्यों को भी उपस्थित होने के लिए आमन्त्रित किया जायेगा ताकि वास्तव में ग्राम सभा की बैठक सम्पन्न हो सके। ग्राम पंचायत, पंचायत समिति और जिला परिषद् अपने प्लान बनाते समय मूलभूत आवश्यकताओं को ध्यान में रखते हुए District Plan तैयार किया जायेगा ताकि गाँवों का विकास हो सके।

राज्य में उन पंचायतों को खण्ड, जिला और राज्य स्तर पर पुरस्कार दिये जायेंगे, जहाँ लोगों द्वारा बिजली के बकाया बिलों का शत-प्रतिशत भुगतान, गाँव की सम्पूर्ण सफाई तथा प्रत्येक घर में व्यक्तिगत शौचालय होंगे। खण्ड स्तर पर दो पंचायतों को दो लाख रुपये प्रति पंचायत, जिला स्तर पर एक पंचायत को पाँच लाख रुपये तथा राज्य स्तर पर प्रथम आने वाली पंचायत को 20 लाख रुपये, दूसरे स्थान पर आने वाले पंचायत को 15 लाख रुपये तथा तीसरे स्थान पर आने वाली पंचायत को 10 लाख रुपये पुरस्कार के रूप में दिये जायेंगे। ग़रीबी रेखा से नीचे रहने वाले परिवारों की सर्वेक्षण सूची 10 अप्रैल से प्रत्येक गाँव में उपलब्ध करवायी जायेगी ताकि गाँववासियों को सही जानकारी उपलब्ध हो सके। उसके पश्चात प्रत्येक गाँववासी अगले 30 दिनों में अपने एतराज तहसीलदार और एस.डी.एम. के समक्ष फाईल कर सकेंगे। सक्षम अधिकारी प्रार्थी से प्राप्त अपील के 10 दिन के अन्दर-अन्दर अपनी जाँच पूरी करके निर्णय द्वारा प्रार्थी को सूचित करेंगे और यदि आवश्यकता हुई तो लिये गये निर्णय अनुसार सर्वेक्षण सूची में परिवर्तन किया जायेगा। यदि कोई व्यक्ति तहसीलदार अथवा एस.डी.एम. के निर्णय से सन्तुष्ट नहीं है तो वह पहली अपील के निर्णय के एक महीने के अन्दर इस निर्णय के विरुद्ध जिला कलैक्टर को अपील दायर कर सकता है, जिसकी जाँच सम्बन्धित कलैक्टर अपील प्राप्ति के 10 दिन के अन्दर-अन्दर करेंगे और लिये गये निर्णय से अपील करने वाले को अवगत करवाएँगे। इस निर्णय के अनुसार यदि आवश्यकता हुई तो सूची में एक बार फिर परिवर्तन किया जा सकता है। हमने ग्रामीण स्वच्छता कार्यक्रम के तहत ग्रामीण क्षेत्रों में

व्यक्तिगत शौचालयों, सामुदायिक महिला शौचालयों परिसरों और आंगनवाड़ी परिसरों के निर्माण के लिए 239 करोड़ 52 लाख रुपये की 'एक विशेष परियोजना' भी केन्द्र सरकार को स्वीकृति हेतु भेजी हुई है। हमें विश्वास है कि माननीय केन्द्रीय विकास मन्त्री जी इसकी शीघ्र स्वीकृति दिलवाएँगे ताकि गाँवों में स्वच्छता को सुनिश्चित किया जा सके।

ऐतिहासिक 'राष्ट्रीय ग्रामीण रोज़गार गारण्टी योजना' प्रदेश के सिरसा और महेन्द्रगढ़ जिलों में लागू की जा चुकी है। इसके तहत सभी ग्राम पंचायतों के समस्त परिवारों को एक वर्ष में कम से कम 100 दिन का रोज़गार उपलब्ध करवाया जायेगा।

केन्द्रीय ग्रामीण विकास मन्त्री से निवेदन किया गया है कि राज्य सरकार ने झज्जर, मेवात और रेवाड़ी जैसे पिछड़े हुए जिलों में भी यह योजना लागू करने का प्रस्ताव मन्त्रालय को भेजा हुआ है। विश्वास है कि इन जिलों में भी यह योजना लागू करने की घोषणा जल्द ही होगी।

पंचों, सरपंचों, पंचायत समितियों और जिला परिषदों के सभी सदस्यों से अनुरोध है कि वे अपना कर्त्तव्य निष्ठा से निभाएँ, क्योंकि सभी का एक ही लक्ष्य है कि हरियाणा विकास और जन कल्याण के मामले में देश का 'नम्बर वन' राज्य बने।

रविवार, 26 मार्च 2006, सोनीपत

बिन पानी जीवन कहाँ

ऊपरी यमुना समीक्षा समिति की तीसरी बैठक में

बेसिन राज्यों के मुख्य मन्त्रियों के बीच 12 मई, 1994 को एक लम्बे विचार-मंथन के उपरान्त् यमुना नदी के जल के बँटवारे के लिए एक समझौता हुआ था। यमुना नदी के समन्वित प्रबन्धन के लिए ऊपरी यमुना नदी बोर्ड का गठन किया गया था। जैसा कि आज की बैठक के एजेण्डे से भी प्रतीत होता है कि बोर्ड के कार्यालय के लिए पर्याप्त मानव संसाधन के अभाव में बोर्ड अपेक्षित दक्षता से कार्य नहीं कर सका। इसलिए मेरा मानना है कि सम्बद्ध राज्यों को पदों का आवंटन करने के एजेण्डा में दिये गये प्रस्ताव पर उपयुक्त विचार-विमर्श किया जाना चाहिए।

ऊपरी यमुना नदी बोर्ड के अध्यक्ष ने प्रचलन और परिपाटी को दरकिनार करके ताजेवाला से राजस्थान को यमुना नदी के पानी का आवंटन करने का अनुचित निर्णय लिया है। हरियाणा चाहता है कि इस पर पुनर्विचार हो। यह भी विचारणीय है कि 1994 के समझौते में किसी भी निकासी बिन्दु से किसी भी बेसिम राज्य को किसी तरह का आवंटन/वितरण करने का कोई उल्लेख नहीं है। ऊपरी यमुना नदी बोर्ड वर्तमान उपयोग और दस दिनों के जल प्रवाह के आधार पर विभिन्न राज्यों को पानी का वितरण करता है। नदी के ऊपरी भागों में भण्डारण बाँधों का निर्माण लम्बित होने से अन्तरिम वितरण किया था। ऊपरी यमुना बोर्ड की 21वीं बैठक तक ताजेवाला से राजस्थान को पानी का कोई आवंटन नहीं किया गया था। अब तक राजस्थान को वर्तमान उपयोग और उपलब्धता के आधार पर औखला से पानी का आवंटन होता था। राजस्थान ने 17 जुलाई, 2001 को बोर्ड की हुई 21वीं बैठक में मानसून के दौरान ताजेवाला से यमुना नदी के पानी का आवंटन करने का निवेदन किया था। बोर्ड ने 14 अगस्त, 2001 को विशेष बैठक बुलाई और ताजेवाला से पानी का आवंटन कर दिया और 21 दिसम्बर, 2001 को 22वीं बैठक में इसे और बढ़ाकर दो गुणा से भी अधिक कर दिया गया। ताजेवाला से राजस्थान को पानी के इस आवंटन का हरियाणा ने विरोध किया था। हम इसके लिए सहमत हैं कि मानसून के दौरान औखला पर

यमुना नदी के पानी की पर्याप्त उपलब्धता के दृष्टिगत औखला से ही राजस्थान का हिस्सा तर्कसंगत है। राजस्थान के मेरे साथियों को मैं विश्वास दिलाता हूँ कि हरियाणा राजस्थान की पानी की जरूरतों से सहमत है। फिर भी, अपर यमुना बोर्ड द्वारा ताजेवाला से आवंटन करना न ही तर्कसंगत है और न ही व्यवहार्य है और इससे ताजेवाला से वर्तमान प्रयोग पर कुप्रभाव पड़ेगा। इस वजह से हरियाणा मानसून के दौरान ताजेवाला से राजस्थान को पानी का आवंटन करने के ऊपरी यमुना नदी बोर्ड के निर्णय को मानने की स्थिति में नहीं है। मुझे बताया गया है कि औखला से यमुना के अतिरिक्त पानी का राजस्थान द्वारा प्रयोग करने के लिए लाभग्राही राज्य सहमत होंगे और हमें यही तरीका अपनाना चाहिए।

मैं इस समिति के ध्यान में यह भी लाना चाहूँगा कि राजस्थान से तीन नदियाँ नामतः कृष्णावती, दोहान और साहिबी बहकर आती थी और हरियाणा के क्षेत्र में यमुना नदी में आकर मिलती थी। गत वर्षों में राजस्थान ने धीरे-धीरे इन नदियों पर अनेक भण्डारण बाँध बना लिये। हरियाणा में इन नदियों का पानी बिल्कुल भी नहीं आ रहा है, जिसकी वजह से इन क्षेत्रों में भूमिगत जल का स्तर गम्भीर स्थिति तक नीचे चला गया है। इन क्षेत्रों में प्राकृतिक प्रवाह से पानी नहीं ले जाया जा सकता। हरियाणा ने यह मुद्दा ऊपरी यमुना नदी बोर्ड के समक्ष उठाया और यह भी आग्रह किया कि हरियाणा के अनुप्रवाह (डाउन स्ट्रीम) क्षेत्रों के लिए समुचित पानी छोड़ा जाये। मेरा समिति से यह भी आग्रह है कि वह ऊपरी यमुना नदी बोर्ड को इस मुद्दे पर तीव्रता से और समानता के आधार पर निर्णय लेने का निर्देश दे।

हमने दिल्ली से वापसी प्रवाह की स्थिति का मुद्दा भी उठाया है। मैं यह भी बताना चाहूँगा कि इस मुद्दे पर ऊपरी यमुना समीक्षा समिति की दूसरी बैठक में भी विचार-विमर्श हुआ था। हरियाणा ने अपना मत व्यक्त किया था कि वापसी जल प्रवाह से दिल्ली को कोई लाभ न दिया जाये, क्योंकि वापसी जल प्रवाह नदी प्रणाली का भाग है और इस सारे पानी का आवंटन ऊपरी यमुना नदी बोर्ड द्वारा ही किया जा सकता है। ऊपरी यमुना समीक्षा समिति ने यह माना है कि इस सारे पानी का आवंटन किया जा सकता है। लेकिन निर्णय इस बात की इजाजत नहीं देता है कि सम्बद्ध राज्यों, विशेषकर दिल्ली को वापसी प्रवाह का लाभ दिया जाये। मेरा दृष्टिकोण है कि जिस राज्य के लिए पानी की निकासी की गई है, पूरा पानी उसी राज्य को मिलना चाहिए और सम्बद्ध राज्य को वापसी प्रवाह का कोई लाभ न दिया जाये। मुझे बताया गया है कि न ही हरियाणा को और न ही उत्तर प्रदेश को इस तरह का लाभ दिया गया है। किसी भी मामले में, यदि किसी भी एफ्यूलिएण्ट का वापसी प्रवाह केन्द्रीय प्रदूषण नियन्त्रण बोर्ड के निर्धारित मानदण्डों पर खरा नहीं उतरता है तो लाभ देने का प्रश्न ही पैदा नहीं होता।

हाल ही के वर्षों में प्रबुद्ध जनता, न्यायिक निर्णय और सरकारी नीतियाँ पानी की गुणवत्ता को सर्वोच्च प्राथमिकता दे रही हैं। दिल्ली में यमुना का प्रदूषण निर्धारित मानदण्डों से बहुत ही अधिक है। दिल्ली से वापसी प्रवाह की गुणवत्ता के सम्बन्ध में समीक्षा समिति की दूसरी बैठक में यह निर्णय लिया गया था कि दिल्ली सरकार यह सुनिश्चित करे कि छोड़े गये पानी की गुणवत्ता केन्द्रीय प्रदूषण नियन्त्रण बोर्ड द्वारा स्वीकार्य मानदण्डों के अनुरूप हो। यह सुनिश्चित करना ऊपरी यमुना नदी बोर्ड का कार्य है कि पानी की गुणवत्ता केन्द्रीय प्रदूषण नियन्त्रण बोर्ड के मानदण्डों के अनुरूप हो। मुझे यह कहते हुए खेद हो रहा है कि दिल्ली अपने एफ्युलिएण्ट को वाँछित मानदण्डों के अनुरूप उपचारित करने में विफल रही है। दिल्ली से बिना उपचारित एफ्युलिएण्ट छोड़ने से फरीदाबाद और गुड़गाँव जिलों में भयंकर समस्या पैदा हो गई है। मेरे ध्यान में यह भी लाया गया है कि इस सम्बन्ध में हाल ही में सर्वोच्च न्यायालय ने दिशा-निर्देश जारी किये हैं। मेरा आग्रह है कि समयबद्धता का कड़ाई से पालन हो। हरियाणा विधानसभा में भी यह मुद्दा चुने हुए प्रतिनिधियों द्वारा बार-बार उठाया जाता रहा है। इससे मानव और पशुओं के स्वास्थ्य पर कुप्रभाव पड़ रहा है। दिल्ली को निर्देश दिया जाये कि वह यमुना में घटिया गुणवत्ता का

एफ्युलिएण्ट न डाले।

मैं आपको बताना चाहूँगा कि दिल्ली के लिए पक्का कैरियर सिस्टम बनाने के सम्बन्ध में, मैंने दिल्ली की मुख्यमन्त्री से हाल ही में विचार-मंथन किया था। पक्के कैरियर सिस्टम का कार्य डाइवर्सन ड्रेन नं. 8 तक जून, 2006 तक पूरा कर लिया जायेगा। एन.सी.टी. दिल्ली हैदरपुर ट्रीटमेंट प्लांट और वजीराबाद जलघर तक उचित क्षमता का पक्का चैनल बनाने का कार्य साथ-साथ पूरा करने पर सहमत है। दोनों सरकारें निर्माण कार्य में तेजी लायेंगी। हरियाणा ने यह भी स्पष्ट कर दिया है कि वर्ष 1994 के समझौते के अनुसार एन.सी.टी. दिल्ली को आवंटन के अनुसार पक्के कैरियर चैनल या दिल्ली ब्रांच द्वारा पानी दिया जायेगा।

प्रतिस्रोत पर भण्डारण बाँधों के निर्माण पर भी इस मंच द्वारा सर्वोच्च प्राथमिकता दी जानी चाहिए पानी के आवंटन होने के समझौते के ग्यारह वर्ष बीत जाने के बाद भी यमुना नदी के प्रतिस्रोत पर बाँधों के निर्माण में कोई प्रगति नहीं हुई है। इन महत्वपूर्ण बाँधों के न बनने से मानसून के दौरान नदी प्रणाली में आने वाला लगभग 50 प्रतिशत बहुमूल्य पानी व्यर्थ जा रहा है। हरियाणा का एक बहुत बड़ा हिस्सा यमुना कमाण्ड में आता है, क्योंकि मानसून को छोड़कर यमुना में पानी की उपलब्धता बहुत कम होती है, जिसकी वजह से हरियाणा के कई हिस्सों, विशेषकर दक्षिणी हरियाणा में पीने के पानी की बहुत किल्लत होती है। हरियाणा सरकार केन्द्र सरकार से बार-बार यह आग्रह करती आ रही है कि केन्द्र सरकार इन्हें अपने स्तर पर निर्धारित अवधि में पूरा करवाए। मैंने माननीय प्रधानमन्त्री जी को भी यमुना नदी पर भण्डार बाँधों के निर्माण का कार्य, विशेषकर किसी केन्द्रीय एजेंसी द्वारा शीघ्र पूरा करवाने और केन्द्र सरकार द्वारा समुचित धन की व्यवस्था करने के लिए एक पत्र लिखा था। मेरा पुरजोर निवेदन है कि केन्द्र सरकार इन परियोजनाओं का निर्माण केन्द्रीय वित्त पोषित योजनाओं के तहत करे।

हरियाणा किशाऊ और रेणुका परियोजनाओं के सम्बन्ध में राजस्थान के इस मत से सहमत है कि पन बिजली उत्पादन का हिस्सा उसी पद्धति पर निर्धारित हो, जिस तरह से सतलुज और व्यास नदियों के पानी से उत्पादित पन बिजली का किया गया है।

दिल्ली जल बोर्ड द्वारा भागीरथी और सोनिया विहार जलघरों के लिए यमुना जल का प्रयोग करने का मुद्दा है, इस सम्बन्ध में मैं स्पष्ट करना चाहूँगा कि हरियाणा इन दोनों ट्रीटमेंट प्लांटों के लिए यमुना जल देने की स्थिति में नहीं है। वास्तव में हरियाणा से दिल्ली पानी ले जाने वाली कैनाल सिस्टम को वार्षिक रख-रखाव के लिए सोलह दिनों तक बन्द रखना पड़ता है ताकि इसकी उचित रख-रखाव और आन्तरिक सफाई सुनिश्चित हो सके।

मेरा आग्रह है कि यह समिति किशाऊ, रेणुका और लखवार व्यासी बाँधों का निर्माण केन्द्र सरकार द्वारा वित्त पोषित स्कीम के रूप में तीव्रता से पूरा करवाने की एकमत अनुशंसा करे। यह समिति ऊपरी यमुना नदी बोर्ड को यह निर्देश दे कि वह यमुना नदी के पानी की गुणवत्ता का नियमित रूप से परिवीक्षण करे और यह सुनिश्चित करे कि पावन नदी का जल स्नान के पानी की गुणवत्ता का हो।

बुधवार, 12 अप्रैल 2006, नयी दिल्ली

यत्र नार्यस्तु पूजयन्ते तत्र रमन्ते....

महिला सशक्तिकरण सम्मेलन और 'चलो गाँव की ओर' कार्यक्रम के शुभारम्भ अवसर पर

महिलाएँ, हमारी आबादी का लगभग आधा हिस्सा हैं। महिलाओं की रचनात्मक भूमिका के बगैर घर,

समाज और राष्ट्र के विकास की कल्पना नहीं की जा सकती। वैसे भी हमारी संस्कृति में प्राचीन समय से ही महिलाओं का बड़ा उच्च स्थान रहा है। कन्या की देवी समान पूजा होती है।

इतिहास इस बात का साक्षी है कि जब-जब महिलाओं को मौका मिला, उन्होंने अपनी बुद्धिमता, बहादुरी और क्षमता को साबित किया है। किस-किसका नाम गिनाऊँ? रजिया सुल्तान, महारानी लक्ष्मीबाई, अहिल्याबाई, दुर्गावती आदि अनेक ऐसे नाम हैं, जो इतिहास के पन्नों में आज भी सम्मान के साथ पढ़े जाते हैं। स्वतन्त्रता आन्दोलन में अरूणा आसफ अली, कस्तूरबा गाँधी, सुचेता कृपलानी, कमला नेहरू, दुर्गा भाभी, सरोजनी नायडू, इन्दिरा गाँधी आदि महिलाओं ने बढ़-चढ़ कर भाग लिया था।

आजादी के बाद श्रीमती इन्दिरा गाँधी जी लम्बे समय तक देश की प्रधानमन्त्री रहीं। उन्होंने भारत को ऐसा मजबूत आर्थिक और राजनीतिक आधार प्रदान किया, जिससे देश को पूरे विश्व में नया गौरव मिला। आज यू.पी.ए. की अध्यक्ष त्यागमूर्ति श्रीमती सोनिया गाँधी जी के कुशल मार्गदर्शन में यू.पी.ए. सरकार महिला सशक्तिकरण की दिशा में विशेष कदम उठा रही है।

हमें अपने प्रदेश की महिलाओं पर बहुत गर्व है। राज्य की महिलाएँ मेहनतकश और बहादुर हैं। हरियाणा की ही सन्तोष यादव ने विश्व के सबसे ऊँचे पर्वत हिमालय पर तिरंगा फहराया था। इसी धरा की महान सुपुत्री हरियाणा की बेटी अन्तरिक्ष वैज्ञानिक डॉ. कल्पना चावला ने मानवता के कल्याण के लिए अन्तरिक्ष का रहस्य जानने के लिए अपनी कुर्बानी तक दे दी।

हाल ही में सम्पन्न कॉमनवैल्थ खेलों में हमारे देश की महिला हॉकी टीम ने रजत पदक जीत कर राष्ट्र का गौरव बढ़ाया है। हरियाणा के लिए तो और भी गर्व की बात है कि उस महिला हॉकी टीम में पाँच खिलाड़ी हरियाणा से थीं। इसी प्रकार सीमा आंतिल ने डिस्कस-थ्रो में रजत पदक जीत कर राष्ट्र और देश का नाम रौशन किया।

यह खुशी की बात है कि महिलाओं ने घर की चारदीवारी से निकलकर और ऊँची शिक्षा हासिल करके नौकरशाही से लेकर एडवोकेसी, व्यापार से लेकर विज्ञान, समाज सुधार से लेकर सियासत और मीडिया से लेकर न्यायपालिका, हर क्षेत्र में उसने अपनी पहचान और साख कायम की है। लेकिन महिला सशक्तिकरण की दिशा में अभी बहुत कुछ किया जाना बाकी है।

हमारा देश गाँवों में बसता है। ग्रामीण महिलाओं के उत्थान के बिना महिला सशक्तिकरण की बात बेमानी रह जाती है। गाँवों में महिलाओं की ज़िन्दगी सूरज की पहली किरण निकलने से पहले ही रसोई से शुरू हो जाती है। घर में चौका-चूल्हा, खेत-खलिहान में काम, पानी भरना, जितने भी थकान भरे और मुश्किल काम हैं, वे महिलाएँ ही करती हैं। लेकिन उनके विकास की ओर पर्याप्त ध्यान नहीं दिया जाता। इसका सबसे बड़ा कारण महिलाओं में जागरूकता की कमी है। रूढ़िवादिता, अशिक्षा और अज्ञानताएँ सबसे बड़ी बाधाएँ हैं। हालाँकि सरकारी स्तर पर महिलाओं और बालिकाओं के कल्याण के लिए अनेक योजनाएँ लागू की गई हैं लेकिन उनकी जानकारी ग्रामीण महिलाओं को सही रूप में न मिलने के कारण वे नतीजे नहीं मिल पाते, जिसकी हम आशा करते हैं।

राष्ट्रीय महिला आयोग की अध्यक्ष डॉ. गिरिजा व्यास ने 'चलो गाँव की ओर' कार्यक्रम का शुभारम्भ करके ग्रामीण महिलाओं में एक नयी चेतना जागृत करने का अभियान चलाया है। इस कार्यक्रम से महिलाओं को अपने अधिकारों के बारे में पता चलेगा। अपने स्वास्थ्य की सुरक्षा के प्रति उनमें चेतना आयेगी। सामाजिक बुराइयों, जैसे कि दहेज प्रथा, हिंसा, उत्पीड़न आदि का मुक़ाबला करने के लिए उनमें आत्मविश्वास पैदा होगा। अपने बच्चों को पढ़ाने के प्रति उनमें रुचि बढ़ेगी। इस कार्यक्रम को सफल बनाने में राज्य सरकार सक्रिय रूप से योगदान देगी।

हरियाणा में महिलाओं के सशक्तिकरण के लिए कई अनूठी पहलकदमियाँ की गई हैं। हमारा

विज़न है कि हरियाणा एक ऐसा प्रदेश बने, जहाँ महिलाओं को पूरा सम्मान मिले और उन्हें विकास के चहुंमुखी अनेक अवसर उपलब्ध हों। इसीलिए हम वर्ष 2006 को 'बालिका वर्ष' के रूप में मना रहे हैं। जैसा कि आप जानते हैं कि कई राज्यों में स्त्री-पुरुष अनुपात चिंताजनक स्थिति में पहुँच गया है, उनमें से हरियाणा भी एक है। यह चिंता का विषय ही नहीं बल्कि एक चुनौती भी है। इसका एक सबसे बड़ा कारण कन्या भ्रूण हत्या जैसी बुराई का पनपना है। हमने प्रदेश के शासन की बागडोर सम्भालते ही गिरते स्त्री-पुरुष अनुपात की समस्या को गम्भीरता से लिया है। पिछले एक वर्ष में इस स्थिति में कुछ सुधार हुआ है। प्रसव पूर्व लिंग निदान तकनीक अधिनियम (Pre Natal Diagnostic Techniques Act) को कठोरता से लागू किया जा रहा है। राज्य में एक 'टास्क फोर्स' का गठन किया गया है, जो प्रसव पूर्व लिंग निर्धारण और कन्या भ्रूण हत्या जैसी गैर-कानूनी गतिविधियाँ पर कड़ी नज़र रखती है। 114 अल्ट्रासाउण्ड क्लिनिक का पंजीकरण निलम्बित अथवा समाप्त किया जा चुका है। 23 शिकायतों के विरुद्ध मुकदमे दायर किये गये हैं। एक डॉक्टर तथा उसके साथी की इस एक्ट का उल्लंघन करने के जुर्म में सजा भी हो चुकी है।

लड़के-लड़कियों के बीच कम होते अनुपात के समाधान के लिए 'लाडली' नामक एक अनूठी स्कीम शुरू की गई है। इस स्कीम के तहत 20 अगस्त, 2005 को या इसके बाद परिवार में दूसरी लड़की के जन्म पर कन्या को पाँच वर्ष की अवधि तक प्रतिवर्ष पाँच हजार रुपये दिये जाते हैं। इस राशि को दूसरी बेटी के नाम माता-पिता या संरक्षक के माध्यम से किसान विकास पत्रों में निवेश किया जाता है। खाते में इकट्ठी हुई राशि को दूसरी लड़की की 18 वर्ष की आयु पूरी होने पर दी जायेगी। पहले वर्ष में ही लगभग छः हजार परिवार इस योजना का लाभ उठा चुके हैं। जिन माता-पिता की केवल लड़कियाँ हैं, उनके लिए 'लाडली सामाजिक सुरक्षा पेंशन' नामक एक नयी योजना शुरू करने का निर्णय लिया गया है। ऐसे माता-पिता को 60 वर्ष की बजाय 55 वर्ष की आयु से ही 300 रुपये प्रतिमाह पेंशन दी जायेगी।

वर्ष-2006 'बालिका वर्ष' के रूप में मनाया जा रहा है। लड़कियों के अच्छे पालन-पोषण तथा उन्हें अच्छी शिक्षा देने के लिए कई तरह की योजनाएँ शुरू की हैं। प्रत्येक बालिका के स्वास्थ्य की जाँच की जायेगी। 18 वर्ष तक की आयु की सभी लड़कियों को स्वास्थ्य कार्ड दिये जायेंगे, जिनमें उनके स्वास्थ्य का पूर्ण ब्यौरा होगा। उनका स्वास्थ्य निरीक्षण किया जायेगा, जिसमें टीकाकरण, खून की कमी, कीड़ों का उन्मूलन आँखों तथा दाँतों का निरीक्षण शामिल है। महिलाओं के लिए एक अलग विश्वविद्यालय स्थापित किया जायेगा। राज्य की सभी आई.टी.आई और सभी तकनीकी शिक्षण संस्थाओं में प्रवेश हेतु लड़कियों के लिए 25 प्रतिशत आरक्षण होगा। आई.टी.आई, डिप्लोमा, इंजीनियरिंग, एम.बी.ए, एम.सी.ए, आदि में जो लड़कियाँ प्रथम आयेंगी, उन्हें 5100 रुपये का पुरस्कार दिया जायेगा।

छः वर्ष से 14 वर्ष तक की लड़कियों को स्कूल भेजने का शत-प्रतिशत लक्ष्य हासिल करने वाली पंचायतों को प्रोत्साहन पुरस्कार दिए जायेंगे। छात्राओं से केवल पाँच एक तरफा टिकटों के बराबर किराया लेकर मासिक बस पास बनाया जा रहा है। लड़कियों को शिक्षा के प्रति प्रोत्साहित करने के लिए 'ग्रामीण किशोर बालिकाओं को पुरस्कार' नामक नयी योजना शुरू की गई है। इस स्कीम के तहत प्रत्येक ब्लॉक में मैट्रिक की परीक्षा में पहला स्थान प्राप्त करने वाली लड़की को दो हजार रुपये, दूसरा स्थान प्राप्त करने वाली लड़की को 1500 रुपये तथा तीसरा स्थान प्राप्त करने वाली लड़की को एक हजार रुपये पुरस्कार देने प्रारम्भ किये हैं।

लड़कियों के भली-भाँति पालन-पोषण के प्रति माताओं को प्रोत्साहित करने के लिए 'सर्वोत्तम माता पुरस्कार' की योजना शुरू की गई है। इस स्कीम के तहत हर वर्ष 2367 से अधिक माताओं को सर्कल स्तर पर और ब्लॉक स्तर पर सम्मानित किया जाता है। इस योजना की खास बात यह है कि केवल उन्हीं

माताओं को पुरस्कार दिये जायेंगे, जिनकी कम से कम एक लड़की हो और उन्हें पोषाहार और टीकाकरण आदि का ज्ञान हो। गाँवों में महिलाओं को सुरक्षित प्रसव सुविधाएँ उपलब्ध करवाने के लिए 230 प्रसूति गृह स्थापित किये जा चुके हैं। शहरी स्लम क्षेत्रों में रहने वाली महिलाओं के लिए 'जननी सुविधा योजना' शुरू की गई है। ग़रीब गर्भवती ग्रामीण महिलाओं के लिए 'जननी सुरक्षा योजना' के तहत 500 रुपये की आर्थिक सहायता दी जाती है। जिन महिलाओं के नाम बिजली के मीटर हैं, उन्हें बिजली शुल्क में प्रति यूनिट 10 पैसे की छूट है। महिलाओं द्वारा अचल सम्पत्ति की खरीद करने पर स्टॉम्प शुल्क में भी दो प्रतिशत की छूट दी गई है। महिलाओं के सामाजिक-आर्थिक उत्थान तथा उनकी आमदनी बढ़ाने के लिए राज्य भर में महिला मण्डलों के 1627 स्वयं सहायता समूह बनाये जा चुके हैं।

महिलाओं के लिए स्कूल शिक्षकों की भर्ती तथा हरियाणा आवास बोर्ड द्वारा बनाये गये मकानों में 33 प्रतिशत का आरक्षण दिया गया हैं। आंगनवाड़ी वर्करों का मानदेय 200 रुपये तथा हैल्परों का मानदेय 100 रुपये प्रतिमास की दर से बढ़ाया गया है। इनकी सेवानिवृत्ति आयु भी 58 वर्ष से बढ़ाकर 60 वर्ष कर दी गई है।

राज्य में 12 नयी समेकित बाल विकास सेवाएँ परियोजनाओं और 2813 नये और अतिरिक्त आंगनवाड़ी केन्द्र स्थापित किये जा रहे है ताकि अधिक से अधिक बच्चों को पोषाहार, टीकाकरण और अन्य सेवाएँ दी जा सकें। वर्ष 2006-07 में महिला और बाल विकास की विभिन्न योजनाओं पर लगभग 165 करोड़ रुपये खर्च किये जायेंगे।

महिला मण्डलों की सदस्याओं, आंगनवाड़ी कार्यकर्ताओं, पंच-सरपंचों, स्वैच्छिक संस्थाओं के प्रतिनिधियों से मैं अपील करता हूँ कि महिलाओं के कल्याण के लिए राज्य सरकार द्वारा चलाई जा रही योजनाओं के बारे जानकारी गाँव-गाँव में हर महिला तक पहुँचाएँ तथा कन्या भ्रूण हत्या जैसी बुराई को समाप्त करने और गाँवों में अधिक से अधिक बालिकाओं को शिक्षित करने के लिए अपना ज्यादा से ज्यादा योगदान दें।

मंगलवार, 18 अप्रैल 2006, करनाल

मील के पत्थर

एक पैर रखता हूँ
कि सौ राहें फूटतीं,
व मैं उन सब पर से गुज़रना चाहता हूँ;
बहुत अच्छे लगते हैं
उनके तजुर्बे और अपने सपने...
सब सच्चे लगते हैं;
अजीब-सी अकुलाहट दिल में उभरती है,
मैं कुछ गहरे में उतरना चाहता हूँ

—मुक्तिबोध

प्रेरणादायक संस्कृति

कुरुक्षेत्र विश्वविद्यालय में हरियाणा संग्रहालय और 'हरियाणा में समाज, संस्कृति और अर्थव्यवस्था : निरन्तरता तथा परिवर्तन' सेमिनार के उद्घाटन अवसर पर

हरियाणा चाहे 40 वर्ष पूर्व ही भारतीय मानचित्र पर एक अलग राजनैतिक इकाई के रूप में अंकित हुआ। लेकिन हरियाणा राज्य का सांस्कृतिक और ऐतिहासिक दृष्टि से पूरे राष्ट्र में अपना विशेष महत्व है। कृषि और संस्कृति युग का सूत्रपात हरियाणा की धरती पर ही हुआ। महाराजा कुरु ने कुरुक्षेत्र की पावन धरा पर सोने का हल चलाकर 'कृषि युग' का प्रारम्भ किया था।

यह भूमि भारतीय सभ्यता और संस्कृति की जन्म स्थली मानी जाती है। वेदों और उपनिषदों की रचना यहीं पर हुई। विश्व प्रसिद्ध ऐतिहासिक युद्ध 'महाभारत' इसी धरा पर लड़ा गया तथा भगवान श्रीकृष्ण ने मानवता के कल्याण के लिए 'गीता' का उद्घोष भी यहीं पर किया। यहीं पर वैदिक संस्कृति का उदय हुआ तथा सिंधु घाटी की सभ्यता भी यहीं पर विकसित हुई।

हरियाणा की उच्च सांस्कृतिक परम्पराएँ, समृद्ध लोक साहित्य और गौरवशाली लोक संस्कृति का प्रभाव भारतीय जनमानस पर आज भी मौजूद है। हरियाणा की लोक कथाओं, राग-रागनियों, लोक नृत्यों और सांगों में हरियाणा की गौरवशाली परम्पराओं का वर्णन मिलता है।

हरियाणा का 'कर्मठ किसान और बहादुर जवान' तो सदा देश की शान रहा है। बहादुर जवानों ने देश की आजादी के लिए तथा आजादी के बाद राष्ट्र की एकता और अखण्डता के लिए महान बलिदान दिए, तो कर्मठ किसानों ने अनाज के मामले में भारत को आत्मनिर्भर बनाने में महत्वपूर्ण योगदान दिया है।

हरियाणवी कला और लोक संस्कृति मनोरंजनवादी संस्कृति नहीं-प्रेरणादाय्यक संस्कृति है। इसमें सादगी, मेलजोल, सरलता, साहस, मेहनत और कर्मशीलता के वे गुण सम्माए हुए हैं, जो समाज को एकजुट रखने और प्रदेश की खुशहाली के लिए आवश्यक होते हैं। हरियाणवी संस्कृति हमें सामाजिक सम्बन्धों की गरिमा का पाठ पढ़ाती है, हमें नैतिक प्रेरणा देती है और बड़े बुजुर्गों का सम्मान करना सिखाती है। हमारी इस विरासत को सुरक्षित रखने और विकसित करने के लिए संग्रहालय की स्थापना करने का कुरुक्षेत्र विश्वविद्यालय ने एक अच्छा प्रयास्त किया है।

अपनी उच्च सामाजिक और सांस्कृतिक विशेषताओं से अलग पहचान होने के साथ-साथ विकास और जन-कल्याण के मामले में भी हरियाणा आज देश के अग्रणी राज्यों में से एक है। लेकिन यह बात भीं अपनी जगह सच है कि दुनिया भर में तेजी से बदलते समीकरणों की वजह से हमारे सामाजिक और आर्थिक ढाँचे को नित नयी चुनौतियों का सामना करना पड़ रहा है।

यदि इन विभिन्न चुनौतियों और समस्याओं का विश्लेषण करें तो हम पाएँगे कि इनमें से कई चुनौतियाँ न केवल बाहर से, बल्कि भीतर से भी उत्पन्न हो रही हैं, जो हमारे सामाजिक, सांस्कृतिक और आर्थिक ढाँचे को प्रभावित कर रही हैं। हमें ऐसे तरीकों और रास्तों को ढूँढना है, जो हमें सभी प्रकार की

चुनौतियों से निपटने के काबिल बनाये ताकि हमारा प्रदेश सामाजिक, सांस्कृतिक और आर्थिक मामले में देश का 'नम्बर-वन' राज्य बने।

हमें इस बात की ओर भी ध्यान देना होगा कि राजनैतिक सत्ता को प्राप्त करने के लिए हम जातिगत सामाजिक ढाँचे को एक जरिया न बनायें। इससे विकास की रफ़्तार में रुकावट आती है। उदाहरण के तौर पर, मैं यह महसूस करता हूँ कि 'खाप पंचायतों' को आत्म-अवलोकन करके एक उदारवादी और खुली सोच का निर्माण करना चाहिए 'खाप पंचायतों' को चाहिए। कि अपने कड़े रस्मो-रिवाज़ों से ऊपर उठें। बदलते हालात के मद्देनजर नए माहौल में खुद को ढालें। ये पंचायतें प्रदेश के विकास को गति दे सकती हैं क्योंकि आज भी ग्रामीण क्षेत्रों में इन खापों को बड़े सम्मान से देखा जाता है। ये पंचायतें रूढ़िवादी विचारधारा, जातपात, नशा प्रवृत्ति, दहेज प्रथा, कन्या भ्रूण हत्या जैसी सामाजिक बुराइयों को समाप्त करने में अपनी रचनात्मक भूमिका निभा सकती है। ग्रामीण विकास को गति देने के लिए अपना योगदान दे सकती है।

हरियाणा देश का पहला राज्य है, जिसने ग्रामीण विकास को एक नयी दिशा देने के लिए स्वर्गीय श्री राजीव गाँधी जी के सपनों को साकार करने के लिए पंचायतों को 10 प्रमुख विभागों के कई प्रशासनिक और वित्तीय अधिकार दिए हैं।

हम वर्ष 2006 को 'बालिका वर्ष' के रूप में मना रहे हैं ताकि लोगों की सोच में परिवर्तन आये और बालिकाओं को सम्मानजनक जीवन जीने का अवसर मिले। लड़कियों के अच्छे पालन-पोषण के लिए तथा उन्हें अच्छी शिक्षा देने के लिए कई तरह की योजनाएँ शुरू की गई हैं।

महिलाओं के लिए एक अलग विश्वविद्यालय स्थापित किया जायेगा। लड़के और लड़कियों के बीच कम होते अनुपात के समाधान के लिए 'लाडली' और 'लाडली सामाजिक सुरक्षा पेंशन' जैसी योजनाएँ शुरू की गई हैं। महिलाओं के सामाजिक-आर्थिक उत्थान के लिए कई तरह की छूट और सुविधाएँ दी गई हैं।

यहाँ उपस्थित बुद्धिजीवियों से मेरा अनुरोध है कि इस संगोष्ठी में इस बात पर अवश्य चिन्तन-मनन करें कि प्रदेश में किस प्रकार यह सोच विकसित हो कि महिलाओं की रचनात्मक भूमिका के बगैर घर, समाज और राष्ट्र के विकास की कल्पना नहीं की जा सकती। लड़के और लड़की के फर्क और उनके पालन-पोषण में किए जाने वाले भेदभाव की मानसिकता को कैसे बदला जाए? महिलाओं की शत-प्रतिशत साक्षरता के लक्ष्य को कैसे प्राप्त किया जाए?

मुझे यह बताते हुए गर्व हो रहा है कि वर्तमान राज्य सरकार ने अपने एक वर्ष के थोड़े से कार्यकाल में प्रदेश में शान्ति, सुरक्षा और विकास का एक नया माहौल कायम किया है। स्वच्छ, पारदर्शी और कुशल प्रशासन देने के लिए ठोस कदम उठाये हैं।

प्रदेश को आर्थिक धरातल पर मजबूत बनाने के लिए कई नयी साहसिक पहल की गई है। हमने प्रदेश के शासन की बागडोर संभालते ही सबसे पहले सामाजिक और आर्थिक आधारभूत संरचना के विकास पर विशेष बल दिया। महत्वपूर्ण विभागों के बजट में भारी बढ़ोतरी की। वर्ष 2005-06 के लिए योजनागत खर्च में लगभग 44 प्रतिशत की रिकॉर्ड वृद्धि की गई। बेहतर वित्तीय व्यवस्था और वित्तीय स्थिरता लाने के लिए 'हरियाणा वित्तीय उत्तरदायित्व एवं बजट प्रबन्धन अधिनियम, 2005 (The Haryana Fiscal Responsibility and Budget Management Act-2005) बनाया गया है।

प्रदेश में नयी उद्योग नीति तथा नयी श्रम नीति लागू की गई। हमारी नयी उद्योग नीति के फलस्वरूप एक वर्ष में ही एक लाख करोड़ रुपये से अधिक के पूँजीनिवेश के प्रस्ताव प्राप्त हुए, जो कि एक कीर्तिमान है। कुण्डली-मानेसर-पलवल एक्सप्रेस-वे राज्य में विकास का केन्द्र बनेगा। 'राजीव गाँधी

एजुकेशन सिटी' ऑक्सफोर्ड, कैम्ब्रिज, हार्वड और येल के मुकाबले की होगी।

उदारीकरण के इस दौर में हमने कल्याणकारी राज्य की अवधारणा को भी साकार रूप दिया है। हमने स्वतन्त्रता सेनानियों, भूतपूर्व और सेवारत सैनिकों के प्रति अपना कर्त्तव्य निभाने को प्राथमिकता दी। समाज के सभी वर्गों, चाहे वह किसान है, मजदूर है, व्यापारी है, कर्मचारी है, अनुसूचित जातियों और पिछड़े वर्गों के लोग या महिलाएँ हैं, सभी के कल्याण-उत्थान के लिए कदम उठाये गये हैं।

मेरा कहने का भाव यह है कि हम हरियाणा के उच्च सामाजिक और सांस्कृतिक मूल्यों की गरिमा को बनाये रखते हुए प्रदेश के आर्थिक विकास को नयी बुलन्दियों तक पहुँचाने के लिए समर्पित हैं। इस संकल्प को पूरा करने के लिए प्रदेश के हर नागरिक का भरपूर सहयोग भी बड़ा जरूरी है, विशेषकर नौजवान पीढ़ी का।

शिक्षण संस्थाओं का यह दायित्व है कि वे नवयुवकों का सही मार्गदर्शन करें, उन्हें अच्छी शिक्षा प्रदान करें ताकि वे अपनी संकीर्ण सोच को त्यागते हुए अपने व्यक्तित्व का पूर्ण विकास करें। इसी से ही आधुनिकीकरण के दौर में पैदा हुए नए रोज़गार के अवसरों का वे भरपूर लाभ उठा पाएँगे।

शुक्रवार, 28 अप्रैल 2006, कुरुक्षेत्र

हर हाथ को काम

राष्ट्रीय ग्रामीण रोज़गार गारण्टी योजना के सम्बन्ध में आयोजित सम्मेलन में

देश के इतिहास में कांग्रेस ही एक ऐसी पार्टी है, जिसने भारत की आजादी के लिए एक लम्बा संघर्ष किया और आजादी प्राप्त की। आजादी के बाद देश में प्रजातान्त्रिक मूल्य स्थापित किये। राष्ट्र की एकता तथा अखण्डता की रक्षा की और उसे विकास के पथ पर निरन्तर अग्रसर किया।

हमारे देश ने पिछले लगभग छः दशकों में जो अभूतपूर्व प्रगति की है, उसका श्रेय पण्डित नेहरू जी की आधुनिक भारत की परिकल्पना, श्री लाल बहादुर शास्त्री जी के जय जवान-जय किसान के उद्घोष, श्रीमती इन्दिरा गाँधी जी के मजबूत इरादे और श्री राजीव गाँधी जी की दूरदर्शी सोच को जाता है। इन महान नेताओं की कड़ी मेहनत के फलस्वरूप ही भारत ने एक मजबूत राष्ट्र के रूप में 21वीं सदी में प्रवेश किया।

भारत की आत्मा गाँवों में बसती है। ग्रामीण विकास के बिना राष्ट्र के विकास की कल्पना नहीं की जा सकती। ग्रामीण क्षेत्रों का विकास हमारे समक्ष एक प्रमुख चुनौती है। वर्तमान केन्द्रीय सरकार द्वारा गाँवों का विकास करने के लिए कई नयी पहल की हैं। ग्रामीण क्षेत्रों में सिंचाई, जलापूर्ति, सड़क, आवास, बिजली और टेलिफोन जैसी आधारभूत सुविधाओं के ढाँचे को मजबूत करने के लिए 'भारत निर्माण' जैसा अनूठा कार्यक्रम शुरू किया है। जन-जन को रोज़गार दिलाने के लिए ऐतिहासिक 'राष्ट्रीय ग्रामीण रोज़गार गारण्टी योजना' योजना शुरू की है।

भारत के ग़रीबी रेखा से नीचे जीवनयापन करने वाले 26 करोड़ लोगों में से लगभग 20 करोड़ लोग गाँवों में बसते हैं। इनमें से 25 प्रतिशत ग्रामीण आबादी भूमिहीन है तो 80 प्रतिशत लोग छोटी खेती करने वाले हैं या मजदूरी करने वाले हैं। गाँवों में जो रोज़गार मिलता है, वह भी मौसम पर निर्भर करता है।

देश के इतिहास में पहली बार यू.पी.ए. सरकार द्वारा राष्ट्रीय ग्रामीण रोज़गार गारण्टी कानून के तहत यह सुनिश्चित किया गया है कि हर ग्रामीण परिवार को अपने ही गाँव में साल भर रोज़गार मिले और कम से कम एक साल में 100 दिन के रोज़गार की गारण्टी हो। इस प्रकार के प्रावधान का संविधान

बनाते समय हमारे महान संविधान निर्माता भी कल्पना नहीं कर पाए थे। इस कार्यक्रम में नेहरू जी का ख़ुशहाल भारत का सपना, श्रीमती इन्दिरा गाँधी जी का ग़रीबी हटाओ का आहवान तथा श्री राजीव गाँधी जी के देश के विकास में आम आदमी की भागीदारी की भावना छुपी हुई है।

यह ऐतिहासिक कार्यक्रम ग्रामीण क्षेत्रों का नक्शा बदलने में 'मील का पत्थर' साबित होगा। एक तो इससे ग्रामीण क्षेत्रों में अकुशल श्रमिकों की बेरोज़गारी की समस्या काफी हद तक हल होगी और दूसरे इससे गाँवों में एक मजबूत इन्फ्रास्ट्रक्चर तैयार होगा। यह योजना सिद्ध करेगी कि कांग्रेस सच्चे मायनों में ग़रीब और कमजोर की पार्टी है तथा आम आदमी की हमदर्द है।

मान्यवर, अब मैं हरियाणा में राष्ट्रीय ग्रामीण रोज़गार गारण्टी योजना के सम्बन्ध में उठाये गये कदमों की संक्षिप्त जानकारी देना चाहूँगा। हरियाणा के महेन्द्रगढ़ और सिरसा जिलों की 674 पंचायतों में ही राष्ट्रीय ग्रामीण रोज़गार गारण्टी योजना लागू की गई है। इस योजना की सफलता के लिए हमने भारत सरकार के दिशा-निर्देशों के अनुसार आवश्यक कदम उठाये हैं। रोज़गार चाहने वाले परिवारों के पंजीकरण का कार्य लगातार जारी है। नियोजन कार्ड उपलब्ध करवा दिए गये हैं। प्रत्येक पंजीकृत परिवार को सत्यापन के बाद 15 दिन के अन्दर-अन्दर उसे नियोजन कार्ड दे दिया जाता है। कौन-कौन से कार्य किए जाने हैं, उनकी पहचान कर ली गई है। कर्मचारी पंजिकाएँ तैयार कर ली गई हैं। सभी विकास कार्य ग्राम पंचायतों द्वारा करवाए जा रहे हैं। इस कार्यक्रम को सफल बनाने के लिए आवश्यक प्रशासनिक तैयारियाँ भी पूरी कर ली गई हैं।

जिला महेन्द्रगढ़ और सिरसा में दो लाख 96 हजार 639 परिवार हैं। राष्ट्रीय ग्रामीण रोज़गार गारण्टी योजना के तहत 76,766 परिवारों का पंजीकरण किया गया है और इनमें से 9,533 परिवारों ने रोज़गार की माँग की है, जिनमें से 5,765 परिवारों को रोज़गार दिया गया है। 6,308 श्रमिक काम पर लगाए गये हैं, जिन्हें मजदूरी के रूप में 72 लाख 62 हजार रुपये दिए गये हैं। 201 कार्य प्रगति पर हैं। मजदूरी का समय पर भुगतान किया जाता है। इस समय, इस कार्यक्रम के लिए 23 करोड़ 45 लाख 78 हजार रुपये की राशि उपलब्ध है।

हरियाणा में 'राष्ट्रीय ग्रामीण रोज़गार गारण्टी योजना' के तहत पिछले महीने रोज़गार की माँग कम रही क्योंकि फसल कटाई का मौसम होने के कारण श्रमिकों को खेत-खलिहानों में काम मिला हुआ था। जब कृषि क्षेत्र में कटाई और बिजाई का काम पूरा हो जाता है तो उस समय इस कार्यक्रम के तहत रोज़गार चाहने वालों की संख्या में एकदम वृद्धि होगी।

सभी ग्राम पंचायतों, पंचायत समितियों और जिला परिषदों के लिए वर्ष 2006-07 की वार्षिक योजना पहले ही बना ली गई है और सम्बद्ध पंचायती राज संस्थाओं द्वारा अनुमोदित की जा चुकी है।

भारत सरकार द्वारा जारी दिशा-निर्देशों के अनुसार जिला महेन्द्रगढ़ के लिए 'ज़िला परिप्रेक्ष्य योजना' (District Perspective Plan) तैयार कर ली गई है तथा जिला सिरसा के लिए ऐसी ही योजना तैयार की जा रही है।

इस कार्यक्रम के सम्बन्ध में जानकारी के लिए मुख्यमन्त्री के रूप में मैं स्वयं और कांग्रेस पार्टी के मेरे दूसरे साथी राज्य का दौरा करते हैं और लोगों को इसकी जानकारी देते हैं। यदि किसी तरह की कोई कमी सामने आती है तो उसे दूर करने के तत्काल कदम उठाये जाते हैं। इस योजना का लोगों ने, विशेषकर समाज के कमजोर वर्ग के लोगों ने तहेदिल से स्वागत किया है।

मेरा सुझाव है कि शिक्षित बेरोज़गारों के लिए भी कोई इसी तरह की अनूठी स्कीम शुरू की जाए ताकि उनकी ऊर्जा का राष्ट्र निर्माण में सही उपयोग हो सके।

शुक्रवार, 26 मई 2006, नयी दिल्ली

महिलाओं को मान्यता

'' 'ग्यारहवीं पंचवर्षीय योजना पर अमल—एक नागरिक पहलक़दमी' पर उत्तरी क्षेत्र परामर्श'' के शुभारम्भ अवसर पर

महिलाएँ, हमारी आबादी का लगभग आधा हिस्सा हैं। महिलाओं की रचनात्मक भूमिका के बगैर घर, समाज और राष्ट्र के विकास की कल्पना ही बेमानी है। प्राचीन समय से ही हमारी संस्कृति में महिलाओं का बड़ा उच्च स्थान रहा है। आजादी से पहले और आजादी के बाद भारतीय महिलाओं ने विपरीत परिस्थितियों और कठिनाइयों के बावजूद अपने साहस, दृढ़ निश्चय और कठिन मेहनत के बलबूते पर इतिहास में अपना नाम अंकित किया है। यह खुशी की बात है कि महिलाओं ने घर की चारदीवारी से निकलकर और ऊँची शिक्षा हासिल करके नौकरशाही से लेकर एडवोकेसी, व्यापार से लेकर विज्ञान, समाज सुधार से लेकर सियासत और मीडिया से लेकर न्यायपालिका, हर क्षेत्र में उसने अपनी पहचान और साख कायम की है।

आजादी के बाद महिलाओं की सामाजिक, आर्थिक और शैक्षणिक उत्थान के लिए पंचवर्षीय योजनाओं, विशेषकर सातवीं पंचवर्षीय योजना से प्राथमिकता के आधार पर ध्यान दिया जा रहा है। हमारे भूतपूर्व प्रधानमन्त्री श्री राजीव गाँधी जी ने एक बार कहा था कि विकास के मायने केवल कारखाने, डैम और सड़कें ही नहीं हैं, बल्कि विकास का असली अर्थ मानवता का विकास है। विकास का केन्द्र बिन्दु मात्र 'लोग' ही होना चाहिए जब हम 'लोगों' की बात करते हैं तो हमें इस बात को अपने दिमाग में रखना चाहिए कि हमारी जनसंख्या का 50 प्रतिशत भाग महिलाएँ ही हैं।

लोकतन्त्र की पहली इकाई पंचायती राज संस्थाओं और शहरी स्थानीय निकायों में महिलाओं की भागीदारी बढ़ाने के लिए श्री राजीव गाँधी जी के प्रयासों से ही 73वां और 74वां संविधान संशोधन हुआ। इस संशोधन के फलस्वरूप ही इन संस्थाओं में महिलाओं के लिए कम से कम 33 प्रतिशत आरक्षण किया गया।

महिला और बालिकाओं के कल्याण के लिए अनेक योजनाएँ बनी हैं। लेकिन महिला उत्थान का वह सपना साकार नहीं हुआ है, जो हमारे महान संविधान निर्माताओं और स्वतन्त्रता सेनानियों ने सँजोया था। इसका एक बड़ा कारण यह है कि महिलाओं की एक बड़ी संख्या गाँवों में रहती है। हालाँकि सरकारी स्तर पर महिलाओं और बालिकाओं के कल्याण के लिए अनेक योजनाएँ लागू की गई हैं लेकिन उनकी जानकारी ग्रामीण महिलाओं को सही रूप में न मिलने के कारण वे नतीजे नहीं मिल पाते, जिसकी हम आशा करते हैं।

अभी तक महिला उत्थान के कार्यक्रम अर्थव्यवस्था के उन क्षेत्रों तक सीमित रहे हैं, जो परम्परागत रूप से महिलाओं से जुड़े हुए हैं। आज समय बदल गया है, परिस्थितियाँ बदल गई हैं, भू-मण्डलीकरण का दौर है। इन बदली हुई परिस्थितियों में हमें अर्थव्यवस्था के हर क्षेत्र में महिलाओं की भागीदारी सुनिश्चित करनी होगी। इसके लिए 11वीं पंचवर्षीय योजना में महिलाओं के लिए बढ़िया स्वास्थ्य सुविधाएँ उपलब्ध करवाने, गुणवत्तापरक शिक्षा की व्यवस्था करने, व्यावसायिक मार्गदर्शन, रोज़गार, समान वेतन तथा सामाजिक सुरक्षा प्रदान करने के लिए विशेष कार्यक्रम बनाये जाने चाहिए।

यह खुशी की बात है कि यू.पी.ए. सरकार ने महिलाओं के सशक्तिकरण के लिए एक राष्ट्रीय कार्य योजना तैयार की है और इस कार्य योजना के लक्ष्यों को वर्ष 2010 तक पूरा करने का संकल्प लिया हुआ है। महिलाओं के लिए चालू वित्त वर्ष के बजट में भारी वृद्धि की है। लगभग 28,700 करोड़ रुपये से अधिक की राशि विभिन्न विभागों तथा केन्द्रशासित प्रदेशों का मुहैया कराई गई है ताकि महिलाओं के विकास का कोई क्षेत्र अछूता न रह जाए। ग्रामीण महिलाओं में नयी चेतना जागृत करने के लिए 'चलो गाँव की ओर' जैसा महत्वपूर्ण कार्यक्रम शुरू किया गया है।

हरियाणा में महिलाओं के सशक्तिकरण के लिए कई अनूठी पहलकदमियाँ की गई हैं। हमारा विज़न है कि हरियाणा एक ऐसा प्रदेश बने, जहाँ महिलाओं को पूरा सम्मान मिले और उन्हें विकास के अनेक अवसर उपलब्ध हों। इसीलिए हम वर्ष 2006 को 'बालिका वर्ष' के रूप में मना रहे हैं।

बृहस्पतिवार, 1 जून 2006, चण्डीगढ

जवानों की ताकत

'राष्ट्रीय पंचायती राज युवा शक्ति अभियान' के शुभारम्भ अवसर पर

पंचायती राज संस्थाओं का सशक्तिकरण करने और युवा शक्ति को नयी दिशा देने में श्री राजीव गाँधी जी की महान भूमिका रही थी। उनका मानना था कि लोकतन्त्र की मजबूती के लिए पंचायती राज संस्थाओं का सशक्तिकरण जरूरी है और लोकतन्त्र की सफलता के लिए युवा शक्ति की अधिक से अधिक भागीदारी की जरूरत है।

किसी भी मुल्क के लिए नौजवान पीढ़ी सबसे बड़ी दौलत होती है, क्योंकि इन्हीं के कंधों पर मुल्क को सम्भालने, संवारने और बनाने की जिम्मेदारी होती है। भारत दुनिया का सबसे बड़ा युवा शक्ति वाला देश है क्योंकि हमारे देश में 15 साल से 35 साल के नौजवानों की संख्या 35 करोड़ से भी अधिक है। इतिहास इस बात का साक्षी है कि हमारे नौजवानों ने समय-समय पर अपनी शक्ति और क्षमता का परिचय दिया है। हमारे नौजवानों ने स्वतन्त्रता आन्दोलन को जन आन्दोलन बनाने में एक महत्वपूर्ण भूमिका निभाई थी और बड़ी कुर्बानियाँ दी थीं ताकि भारत को आजादी दिलवाकर एक खुशहाल और समृद्ध राष्ट्र बनाया जा सके।

हमारे प्रथम प्रधानमन्त्री पण्डित जवाहर लाल नेहरू जी का युवा शक्ति में गहरा विश्वास था और उनका कथन था, 'युवकों का दायित्व है कि समाज की बुराइयों के विरुद्ध आन्दोलन के ध्वजवाहक बनें तथा सामाजिक प्रगति को गति दें, राष्ट्र निर्माण में बुजुर्गों के अनुभव और युवकों की ऊर्जा के समन्वय की आवश्यकता है।' श्री लाल बहादुर शास्त्री जी ने 'जय जवान-जय किसान' का नारा देकर युवकों में देशभक्ति का नया जोश पैदा किया था। राष्ट्र की एकता और अखण्डता के लिए बलिदान देने वाली हमारी लोकप्रिय नेता श्रीमती इन्दिरा गाँधी जी ने जहाँ युवा वर्ग में अनुशासन और मेहनत की उमंग जगाई थी, वहीं श्री राजीव गाँधी जी ने अपने प्रधानमन्त्री काल में युवा शक्ति में नयी उमंग, उत्साह और ऊर्जा का संचार किया था। राष्ट्र निर्माण में युवाओं की भागीदारी बढ़ाने के लिए उन्होंने मताधिकार की आयु 21 वर्ष से घटाकर 18 वर्ष की थी ताकि राष्ट्र के विकास में उनकी अधिक से अधिक भागीदारी हो सके।

आज हम 21वीं शताब्दी में हैं और इस सदी की सबसे महत्वपूर्ण कड़ी युवा शक्ति है। भूमण्डलीकरण के दृष्टिगत समाज में परिवर्तन लाने के लिए राष्ट्र निर्माण की भारी जिम्मेदारी युवा कंधों पर है।

आप जानते हैं कि भारत की आत्मा गाँवों में बसती है और गाँव के विकास के बिना राष्ट्र के उत्थान की कल्पना नहीं की जा सकती। ग्रामीण विकास में पंचायती राज संस्थाओं का महत्वपूर्ण योगदान होता है। राष्ट्रपिता महात्मा गाँधी जी ने पंचायतों के माध्यम से लोकतन्त्र के विकेन्द्रीकरण पर सबसे ज्यादा जोर दिया था। नेहरू जी ने राष्ट्रपिता महात्मा गाँधी जी के जन्मदिन 2 अक्तूबर, 1959 को राजस्थान के नागौर में त्रि-स्तरीय पंचायतीराज प्रणाली का शुभारम्भ किया था।

श्री राजीव गाँधी जी ने प्रधानमन्त्री बनते ही पंचायती राज संस्थाओं को सुदृढ़ बनाकर विकास प्रक्रिया में आम आदमी की भागीदारी सुनिश्चित करने के लिये कारगर कदम उठाये थे। इस सम्बन्ध

में 73वां संविधान संशोधन श्री राजीव गाँधी जी के प्रयासों का ही परिणाम था। इस महान विभूति के सपनों को साकार करने की दिशा में माननीय पंचायती राज तथा खेल और युवा मामलों के मन्त्री श्री मणिशंकर अय्यर जी के कुशल मार्गदर्शन में 'राष्ट्रीय पंचायती राज युवा शक्ति अभियान' शुरू किया जा रहा है।

ग्राम पंचायतों और ग्राम स्तरीय युवा मण्डलों के सहयोग से इस अभियान के तहत ग्रामीण विकास को एक नयी दिशा मिलेगी। जमीनी स्तर पर विकास होगा और विकास में युवाओं की अधिक से अधिक भागीदारी सुनिश्चित होगी।

हरियाणा में पंचायती राज संस्थाओं के इतिहास में 22 अगस्त, 2005 का दिन स्वर्ण अक्षरों में लिखा रहेगा। इस दिन पंचायती राज मन्त्रालय, भारत सरकार और हरियाणा सरकार के बीच एक समझौते पर हस्ताक्षर हुए थे, जिसमें पंचायती राज संस्थाओं के सशक्तिकरण की दिशा में उठाये जाने वाले कदमों का विस्तृत विवरण दिया गया है। 17 फरवरी, 2006 का दिन भी प्रदेश में सदा याद किया जायेगा। जब माननीय केन्द्रीय पंचायती राज मन्त्री जी द्वारा एक गतिविधि तालिका पुस्तिका का विमोचन किया गया। उस दिन हरियाणा देश का पहला राज्य बना, जिसने पंचायती राज संस्थाओं को 10 प्रमुख विभागों के कार्य, अमले और फण्ड सहित सौंपने का निर्णय लिया है।

हरियाणा का 'कर्मठ किसान-बहादुर जवान' देश की सदा शान रहा है। हरियाणा के विकास में युवा वर्ग एक बहुत बड़ी भूमिका निभा रहा है। विकास की नयी बुलन्दियों को छूने के लिए युवा शक्ति के और अधिक योगदान की आवश्यकता है। कुछ ऐसी समस्याएँ हैं, जिन्हें युवा वर्ग के सहयोग से जल्दी हल किया जा सकता है।

लिंग अनुपात में गिरावट, बढ़ती आबादी पर अंकुश, शिक्षा प्रसार, महिला उत्थान, मातृ और शिशु कल्याण आदि जैसे क्षेत्रों में युवा शक्ति को और अधिक सक्रिय होने की जरूरत है। हमें विश्वास है कि युवा शक्ति अभियान इस दिशा में और अधिक कारगर होगा।

मंगलवार, 20 जून, 2006, फरीदाबाद

अनोखी पहलकदमियाँ

राज्य समाज कल्याण बोर्डों की अध्यक्षाओं और सचिवों के दो-दिवसीय सम्मेलन के शुभारम्भ अवसर पर

भारत एक विशाल देश है और हमारे देश की आबादी दुनियाभर में चीन के बाद सबसे अधिक है। सभी को आवश्यक सुविधाएँ जुटाने के लिए समाज कल्याण के प्रति हर नागरिक को उसका कर्त्तव्य समझाने की जरूरत है। राष्ट्रपिता महात्मा गाँधी जी ने सामाजिक सेवा के कार्य को आजादी के आन्दोलन का एक अटूट अंग बना दिया था और समाज सेवा राष्ट्र भक्ति का आधार बन गई थी। आज यही भावना पुनः पैदा करने की जरूरत है ताकि हम सामाजिक-आर्थिक विकास की प्रक्रिया को तेज कर सकें।

स्वयंसेवी संस्थाओं के माध्यम से आम व्यक्ति के लिए मूलभूत सुविधाएँ जुटाने की परम्परा तो हमारी संस्कृति में ही समाई हुई है। कुंए, बावड़ी, जोहड़, तालाब खुदवाने, धर्मशालाएँ, स्कूल और अस्पताल बनवाने की हमारी प्राचीन परम्परा रही है। आज उसी परम्परा को और अधिक बढ़ाने की जरूरत है। मेरा मानना है कि सरकार और स्वैच्छिक संस्थाओं द्वारा किए जा रहे विकास कार्यों का एकमात्र लक्ष्य हर व्यक्ति के जीवन को उन्नत करना है।

वर्ष 1953 में केन्द्रीय समाज कल्याण बोर्ड की स्थापना की गई ताकि समाज कल्याण की दिशा

में स्वयंसेवी संस्थाओं के सहयोग से देशभर में महिलाओं, बच्चों और विकलांगों के कल्याण की योजनाओं को अधिक प्रभावी ढंग से लागू किया जा सके। इसके लिए हर राज्य में समाज कल्याण बोर्ड गठित हुए। यह खुशी की बात है कि आज पूरे देश में 20 हजार से अधिक स्वयंसेवी संस्थाओं के माध्यम से लाखों जरूरतमंद लोगों को समाज कल्याण की विभिन्न योजनाओं का लाभ पहुँचाया जा रहा है।

महिलाएँ हमारी आबादी का लगभग आधा हिस्सा हैं। महिलाओं की रचनात्मक भूमिका के बगैर घर, समाज और राष्ट्र के विकास की कल्पना ही बेमानी है। इसी प्रकार, बच्चे राष्ट्र की अमूल्य निधि हैं और देश के भावी कर्णधार हैं। बच्चों के अच्छे विकास से ही देश का भविष्य खुशहाल होता है।

हमारे भूतपूर्व प्रधानमन्त्री श्री राजीव गाँधी जी ने एक बार कहा था कि विकास के मायने केवल कारखाने, डैम और सड़कें ही नहीं हैं, बल्कि विकास का असली अर्थ मानवता का विकास है। विकास का केन्द्र बिन्दु मात्र 'लोग' ही होना चाहिए जब हम 'लोगों' की बात करते हैं तो हमें इस बात को अपने दिमाग में रखना चाहिए कि हमारी जनसंख्या का 50 प्रतिशत भाग महिलाएँ ही हैं।

लोकतन्त्र की पहली इकाई पंचायती राज संस्थाओं और शहरी स्थानीय निकायों में महिलाओं की भागीदारी बढ़ाने के लिए श्री राजीव गाँधी जी के प्रयासों से ही 73वां और 74वां संविधान संशोधन हुआ। इस संशोधन के फलस्वरूप ही इन संस्थाओं में महिलाओं के लिए कम से कम 33 प्रतिशत आरक्षण किया गया।

यह खुशी की बात है कि यू.पी.ए. सरकार ने महिलाओं के सशक्तिकरण के लिए एक राष्ट्रीय कार्य योजना तैयार की है और इस कार्य योजना के लक्ष्यों को वर्ष 2010 तक पूरा करने का संकल्प लिया हुआ है। महिलाओं के उत्थान के लिए 28,700 करोड़ रुपये से अधिक की राशि विभिन्न विभागों तथा केन्द्रशासित प्रदेशों का मुहैया कराई गई है। ग्रामीण महिलाओं में नयी चेतना जागृत करने के लिए 'चलो गाँव की ओर' जैसा महत्वपूर्ण कार्यक्रम शुरू किया गया है।

हालाँकि सरकारी स्तर पर महिलाओं और बालिकाओं के कल्याण के लिए अनेक योजनाएँ लागू की गई हैं लेकिन उनकी जानकारी ग्रामीण महिलाओं को सही रूप में न मिलने के कारण वे नतीजे नहीं मिल पाते, जिसकी हम आशा करते हैं। इस दिशा में महिला और बाल समाज कल्याण से जुड़ी योजनाओं के लाभ हर महिला और बच्चे तक पहुँचाने के लिए समाज कल्याण बोर्डों और स्वयंसेवी संस्थाओं को और अधिक सक्रिय भूमिका निभानी चाहिए

आज समय बदल गया है, परिस्थितियाँ बदल गई हैं, भूमण्डलीकरण का दौर है। इन बदली हुई परिस्थितियों में हमें अर्थव्यवस्था के हर क्षेत्र में महिलाओं की भागीदारी सुनिश्चित करनी होगी। इसके लिए 11वीं पंचवर्षीय योजना में महिलाओं के लिए बढ़िया स्वास्थ्य सुविधाएँ उपलब्ध करवाने, गुणवत्तापरक शिक्षा की व्यवस्था करने, व्यावसायिक मार्गदर्शन, रोज़गार तथा सामाजिक सुरक्षा प्रदान करने के लिए विशेष कार्यक्रम बनाये जाने चाहिए।

हमारा विज़न है कि हरियाणा एक ऐसा प्रदेश बने, जहाँ महिलाओं, बच्चों और समाज के कमजोर वर्ग के लोगों का विकास एक उदाहरण बन सके। राज्य सरकार ने महिला सशक्तिकरण, बाल विकास और कमजोर वर्गों के उत्थान के लिए कई अनूठी पहल की हैं। इस दिशा में हरियाणा राज्य समाज कल्याण बोर्ड भी सराहनीय भूमिका निभा रहा है।

शुक्रवार, 11 अगस्त 2006, चण्डीगढ़

नयी मंज़िलों की ओर

दीनबंधु छोटू राम साईंस एण्ड टैक्नोलॉजी विश्वविद्यालय के शिलान्यास अवसर पर

बहुमुखी प्रतिभा के धनी चौधरी छोटू राम बड़े विचारशील, विवेकी और सिद्धान्तवादी थे। उन्होंने ग़रीबों, दलितों, शोषितों और उपेक्षित लोगों के उत्थान और सम्मान के लिये जीवनपर्यन्त लड़ाई लड़ी। ग़रीबों के सच्चे हमदर्द होने के कारण वे 'दीनबन्धु' कहलाए।

चौधरी छोटू राम जी पिछड़ेपन का मुख्य कारण शिक्षा की कमी मानते थे। वे चाहते थे कि शिक्षा का प्रकाश दूर-दराज़ के गाँवों तक फैले। वे यह भी मानते थे कि सामाजिक और आर्थिक उत्थान शिक्षा के बिना संभव नहीं हो सकता। उन्होंने शिक्षा के प्रसार में बहुत महत्वपूर्ण भूमिका निभाई थी। उन्होंने अनेक ग़रीब विद्यार्थियों को शिक्षा ग्रहण करने के लिए आर्थिक सहायता भी दी।

उन्हीं के पदचिह्नों पर चलते हुए सरकार का लक्ष्य शिक्षा के क्षेत्र में सुधार लाकर हरियाणा के विद्यार्थियों में प्रतिभा का विकास करके उन्हें विश्वस्तरीय प्रतियोगिताओं और चुनौतियों का मुक़ाबला करने योग्य बनाना है।

शिक्षा की गुणवत्ता में सुधार लाने के लिए हमने कई कदम उठाये हैं। दीनबंधु छोटू राम स्टेट कॉलेज ऑफ इंजीनियरिंग, मुरथल का दर्जा बढ़ाकर तकनीक विश्वविद्यालय किया गया है। आज इस विश्वविद्यालय के निर्माण कार्य का विधिवत् शुभारम्भ हो रहा है। इस विश्वविद्यालय में इन्फ्रास्ट्रक्चर के विकास पर अगले तीन वर्षों में 75 करोड़ रुपये खर्च किये जायेंगे ताकि विज्ञान और प्रौद्योगिकी की विभिन्न शाखाओं में शिक्षण के लिए आधुनिक सुविधाएँ उपलब्ध हों।

आज विज्ञान और तकनीकी का युग है। भारत जैसे विकासशील देश की प्रगति के लिए विज्ञान और तकनीकी शिक्षा का प्रसार बड़ा जरूरी है। इससे जहाँ रोज़गार के अवसर बढ़ते हैं, वहीं औद्योगिकीकरण और आर्थिक विकास में बड़ा योगदान मिलता है।

जापान और अमेरिका जैसे देशों की उन्नति का कारण उन देशों की उपयुक्त तकनीकी क्षमता रहा है। अमेरिका में कुल आबादी का 1.10 प्रतिशत, जापान में 0.55 प्रतिशत, इंग्लैंड में 0.37 प्रतिशत तथा चीन में 0.08 प्रतिशत युवा तकनीकी संस्थाओं में दाखिला लेते हैं।

भारत में यह प्रतिशत बहुत कम है। हमारे देश में केवल 0.11 प्रतिशत युवा तकनीकी संस्थाओं में प्रवेश लेते हैं। हरियाणा में यह 0.17 प्रतिशत है। हमारा प्रयास है कि हरियाणा तकनीकी क्षेत्र में अग्रणी बने।

पिछले कुछ वर्षों में निजी क्षेत्र में यद्यपि तकनीकी शिक्षा का बहुत तेजी से प्रसार हुआ है, लेकिन गुणवत्ता (Quality) की ओर कोई खास ध्यान नहीं दिया गया है। राज्य सरकार इस दिशा में गम्भीर कदम उठा रही है। हम तकनीकी संस्थाओं की संख्या बढ़ाने की बजाय शिक्षा की गुणवत्ता पर अधिक बल दे रहे हैं।

हम ऐसी तकनीकी शिक्षा पद्धति विकसित करने का प्रयास कर रहे हैं, जो छात्रों के लिए रुचिकर हो और बदलते सामाजिक, आर्थिक परिवेश के अनुकूल हो। उद्योगों को उनकी जरूरत के अनुसार कुशल और दक्ष मानव संसाधन उपलब्ध हो सके। तकनीकी शिक्षा प्राप्त करने के पश्चात हमारे छात्र एक दिन भी बेरोज़गार न रहें।

सरकार का यह संकल्प है कि सूचना तकनीक, संचार और विज्ञान के क्षेत्र में हरियाणा एक कीर्तिमान स्थापित करे। राज्य सरकार द्वारा तकनीकी शिक्षा के विकास के लिए कई कदम उठाये हैं। वर्ष 2004-05 में तकनीकी शिक्षा विभाग का प्लान बजट केवल 29 करोड़ रुपये था, जिसे बढ़ाकर हमने वर्ष 2006-07 में 60 करोड़ रुपये कर दिया है।

इंजीनियरिंग कॉलेजों तथा एम.बी.ए. में प्रवेश के लिए राज्य स्तरीय परीक्षा समाप्त की गई। सभी इंजीनियरिंग कोर्सों के लिए ए.आई.ई.ई.ई. (AIEEE) तथा अन्य कोर्सों के लिए मैट (MAT) के आधार पर परिसर पर ऑन लाइन परामर्श शुरू किया गया है। यह परामर्श तकनीकी शिक्षा विभाग की देखरेख में होता है, जिससे प्रवेश में बड़ी पारदर्शिता आई है और लोगों के समय और पैसे की बचत हुई है।

सभी राजकीय और राजकीय सहायता प्राप्त इंजीनियरिंग कॉलेजों में खाली पड़े पदों को लगभग 70 प्रतिशत तक भरा जा चुका है। सभी तकनीकी संस्थाओं को एजुसैट नैटवर्क से जोड़ा जा रहा है। 15 सरकारी बहुतकनीकी प्रयोगशालाओं के आधुनिकीकरण पर आठ करोड़ रुपये की राशि खर्च की गई है। हमारे प्रयासों का नतीजा यह है कि परीक्षा परिणामों में सुधार आया है तथा नियोजन के प्रतिशत में उल्लेखनीय वृद्धि हुई है।

सभी आई.टी.आई. तथा सभी तकनीकी शिक्षण संस्थाओं में प्रवेश के लिये लड़कियों के लिए 25 प्रतिशत आरक्षण किया गया है। सांघी, लिसाना तथा चीका में तीन नये बहुतकनीकी संस्थान खोले गये हैं और अगले वित्त वर्ष में मेवात, सांपला, उमरी में नयें बहुतकनीकी संस्थान स्थापित किये जायेंगे और आई.टी.आई. नरवाना का दर्जा बढ़ाकर बहुतकनीकी संस्थान किया जायेगा।

तकनीकी शिक्षा के तहत सूचना प्रौद्योगिकी पर विशेष बल दिया जा रहा है ताकि हमारे युवाओं को अधिक से अधिक बहुराष्ट्रीय कम्पनियाँ में रोज़गार प्राप्त हो सके। कुण्डली में 'राजीव गाँधी एजुकेशन सिटी' स्थापित करने के लिए कार्यवाही शुरू कर दी गई है। यह युवाओं को विश्व स्तर की उच्च शिक्षा सुविधाएँ उपलब्ध करवाने के लिए श्रेष्ठता का केन्द्र होगा। रोहतक में एन.आई.एफ़.टी. (NIFT) की सहायता से स्टेट इनस्टीट्यूट ऑफ़ डिज़ाइन (State Institute of Design) स्थापित किया जायेगा।

सरकारी क्षेत्र में नौकरियाँ सीमित हैं। इसलिए हम उद्योग और तृतीय क्षेत्र में अधिक से अधिक रोज़गार के अवसर पैदा करने के प्रयास कर रहे हैं। एक दशक में दो लाख करोड़ रुपये का निवेश आकर्षित करने तथा दस लाख लोगों के लिए रोज़गार के अवसर जुटाने का हमारा लक्ष्य है। विदेशों में युवाओं को रोज़गार दिलाने के लिए हरियाणा विदेशी प्रभार केन्द्र स्थापित किया गया है।

हमारी सरकार किसान की सरकार है, मजदूर की सरकार है और समाज की 36 बिरादरी की सरकार है। त्यागमूर्ति श्रीमती सोनिया गाँधी जी के कुशल नेतृत्व और प्रधानमन्त्री डॉ. मनमोहन सिंह जी के दूरदर्शी मार्गदर्शन में आपकी सरकार ने 21 महीनों के थोड़े से समय में कई अनूठी पहल करके सच्चे मायनों में रहबरे आज़म चौधरी छोटू राम जी के आदर्शों का पालन किया है।

शनिवार, 23 दिसम्बर 2006, मुरथल

आर्थिक विकास की दिशाएँ

भारतीय आर्थिक संघ के 89वें वार्षिक सम्मेलन में

हरियाणा के लिए यह गर्व की बात है कि इण्डियन इकोनोमिक एसोसिएशन अपना 89वां वार्षिक सम्मेलन कुरुक्षेत्र विश्वविद्यालय के परिसर में आयोजित कर रहा है। मेरे लिए यह और भी हर्ष की बात है कि एसोसिएशन ने अपना एक पूरा सत्र हरियाणा की अर्थव्यवस्था को समर्पित करने का निर्णय किया है।

हरियाणा ने पिछले वर्षो में विभिन्न क्षेत्रों में उल्लेखनीय प्रगति दर्ज की है। सर्वाधिक प्रति व्यक्ति आय की दृष्टि से हरियाणा देश में गोवा के बाद दूसरे नम्बर पर है। हरियाणा ने प्रति व्यक्ति मूल घरेलू उत्पाद में निरन्तर त्वरित विकास दर्ज किया है।

हमारे लिए यह सन्तोष की बात है कि सकल घरेलू उत्पाद में कृषि क्षेत्र का हिस्सा कम होकर लगभग 21 प्रतिशत हो गया है। लेकिन कृषि पर निर्भर लोगों की संख्या अभी भी लगभग 60 प्रतिशत है। मोटे तौर पर हरियाणा के लिए भी यही बात सच है। साधारण शब्दों में इसका अर्थ है कि किसानों को राष्ट्रीय की आय में बहुत कम हिस्सा मिल रहा है। आज जरूरत है कि इन किसानों को उत्पादन और सेवा क्षेत्रों में स्थानान्तरित किया जाए।

हमें इसे सभी महत्वपूर्ण संदर्भों में जाँचना और विश्लेषण करना है। इसके कारणों और दूर करने के उपायों की खोज लगातार जारी रहनी चाहिए यद्यपि कई लाभकारी अध्ययन पहले ही किये जा चुके हैं। नेशनल सैम्पल सर्वे द्वारा लगभग दो वर्ष पूर्व एक विस्तृत सैम्पल स्टडी की गई। मुझे बताया गया कि उसमें कई महत्वपूर्ण मुद्दों को उजागर किया है। यहाँ पर उपस्थित अर्थ-शास्त्रियों से अनुरोध है कि वे उस स्टडी का गहराई से निरीक्षण करें और इसके विभिन्न आयामों को पूरा करने के लिए इसके जाँच क्षेत्र का विस्तार करें। यह उपयुक्त होगा कि इस कॉन्फ्रेंस के अगले सत्र में ग्रामीण कर्ज़दारी जैसे गम्भीर मुद्दे को एक अलग विषय रखा जाए।

यह कहने की जरूरत नहीं कि कृषि पर अधिक निर्भरता के भार को कम करने के लिए औद्योगिक क्षेत्र का तीव्र विकास किया जाए। यद्यपि हम कृषि क्षेत्र को नजरअन्दाज़ भी नहीं कर सकते, जो कि हमारी अर्थव्यवस्था की रीढ़ है। किसानों के मनोबल को बढ़ाने और उनमें एक नये विश्वास की भावना पैदा करने के लिए कृषि क्षेत्र के विकास हेतु नये साधनों के सृजन पर ताजा नजर डालने की जरूरत है। कृषक समुदाय के सुखद भविष्य और पुनर्द्धार उपयुक्त नीतियाँ और कार्यक्रम बनाकर ही किया जा सकता है।

हमें कृषि में निजी और सार्वजनिक निवेश को प्रोत्साहित करने की जरूरत है। भारत साथ ही साथ हरियाणा में विश्व को कृषि निर्यात की बड़ी सम्भावनाएँ हैं। हमें इस बात को सुनिश्चित करना चाहिए कि कृषि के लिए विश्व व्यापार संगठन समझौता विकासशील देशों की शर्तों के अनुसार स्वीकृत हो। साथ ही साथ यह जरूरी है कि भण्डारण, पैकिंग, मानकीकरण, प्रमाणीकरण, इको-लैवलिंग तथा निर्यात सम्बन्धी दूसरे प्रावधानों का आधुनिकीकरण किया जाए।

आप मेरी इस बात से सहमत होंगे कि माननीय अर्थ-शास्त्रियों को विश्व व्यापार संगठन की उन विभिन्न वर्तमान धाराओं को चिन्हित करना है, जिनके तहत किसानों को सबसिडी दी जा सकती है। विश्व व्यापार संगठन को इस बात का भरोसा दिलाने की जरूरत है कि वह विकासशील देशों के किसानों की नब्ज़ को पहचानें।

हमारी अर्थव्यवस्था के साथ-साथ समाज के विकास के लिए महिलाओं के सशक्तिकरण की ओर भी अधिक ध्यान देने की जरूरत है। हमारे मानव संसाधनों में बराबर के अनुपात में महिलाएँ हैं। विश्वभर में अर्थव्यवस्थाओं के पुर्ननिर्माण में वे एक महत्वपूर्ण भूमिका निभा रही हैं। लिंग अनुपात विकास सूचकांक (The Gender Development Index) भारत के साथ-साथ हरियाणा में बड़ा कम है। हमें महिलाओं की विकास प्रक्रिया में सक्रिय भागीदारी सुनिश्चित करने के लिए हमें निरन्तर प्रयास करने हैं।

आज इस बात को अध्ययन करने की सख्त जरूरत है कि महिलाओ के लिए वर्तमान वातावरण को प्रणालीबद्ध कैसे किया जाए। हमें कार्य स्थलों पर महिलाओं के विरुद्ध होने वाले भेदभावों को समाप्त करने के लिए उपाय सोचने हैं और महिलाओं को समान कार्य के लिए समान वेतन सुनिश्चित करना है।

एक अन्य गम्भीर मुद्दा कन्या भ्रूण हत्या है। यह बड़ी गम्भीर समस्या है, जो समाज के लिए चुनौती है। आज समाज में महिला को अबला समझने की विचारधारा को बदलना है और लिंग के प्रति संवेदनशील परिवेश (Gender Senstive Environment) बनाना है। एक शिक्षित और निपुण महिला समूह एक मूल्यवान मानव संसाधन हैं। इसके अलावा आर्थिक और सामाजिक विकास प्रक्रिया में समान

रूप से भागीदार हैं। मैं यहाँ उपस्थित बुद्धिजीवियों का आह्वान करता हूँ कि इन मुद्दों की गहराई को ध्यान में रखते हुए महिला सशक्तिकरण के लिए रचनात्मक उपाय सुझाए।

पिछले कई वर्षों से जनगणना के अध्ययनों की ओर हमारे अर्थ-शास्त्रियों का ध्यान आकृष्ट नहीं हुआ है। असल में, अर्थ-शास्त्रियों को वर्तमान जनगणना रूख का पूर्ण रूप से अध्ययन करना चाहिए ताकि हम अपने महत्वपूर्ण मानव संसाधनों और उनकी जरूरतों के प्रति पूर्ण रूप से परिचित हों। ये प्रयास उच्च जनसंख्या विकास दर की जेनिसिस (Genesis) को अच्छी तरह से समझने और ठीक करने में मददगार होंगे, जो कि राष्ट्र को वांछनीय ढंग से मजबूत बनाने की कुंजी है।

हमारा वर्तमान जनांकिकीय रूख विश्व के अन्य देशों की तुलना में बड़ा दिलचस्प है। इस समय भारत एक 'नौजवान भारत' है। इसके पास असीम शक्ति है। लेकिन 'नौजवान भारत' को 'कुशल भारत' में बदलने की हमारे समक्ष चुनौती है। इस चुनौती का हम एक बड़ी आबादी को शिक्षित और प्रशिक्षित करके ही सामना सकते हैं, तभी हम वास्तव में एक आर्थिक महाशक्ति बन सकते हैं।

आज शिक्षा पद्धति को आधुनिक करने की जरूरत है। परम्परागत अध्ययन कोर्सों और उनके शिक्षण के ढंगों को राष्ट्रीय और विश्व परिपेक्ष्य में बदलने की जरूरत है। हमारे स्कूल, कॉलेजों और विश्वविद्यालय केवल डिग्री देने की अपेक्षा अधिक से अधिक तकनीकी प्रशिक्षित नागरिक तैयार करे और विश्व स्तरीय प्रतिस्पर्धात्मक प्रोफेशनल प्रदान करें।

मैं हाल ही में, चीन के दौरे पर गया था और वहाँ मैं इस बात से बड़ा प्रभावित हुआ कि तकनीकी शिक्षा पर खर्च किये जाने वाला बजट बड़ा ही उत्पादक निवेश है। चीन, हांगकांग, इण्डोनेशिया और थाईलैण्ड की उच्च स्तरीय अर्थव्यवस्थाओं ने यह सिद्ध किया है कि तकनीकी प्रशिक्षित मानव पूँजी से ही तीव्र आर्थिक विकास हो सकता है। इसके दृष्टिगत शिक्षा के वैश्वीकरण और उभरते निजीकरण के परिदृश्य में शिक्षा की अर्थव्यवस्था के क्षेत्र में ताजा अध्ययन की जरूरत है। अर्थव्यवस्था की उच्च विकास दर के लिए विदेशी निवेश एक बड़ी भूमिका है। भूमण्डलीकरण के लाभों का दोहन करने तथा निजी और सार्वजनिक भागीदारी के माध्यम से सामाजिक और आर्थिक इन्फ्रास्ट्रक्चर के विकास में विदेशी निवेश बड़ा महत्वपूर्ण हैं।

हमारा गुड़गाँव का अनुभव इस दिशा में एक अच्छा उदाहरण है। नयी औद्योगिक नीति-2005 के तहत विशेष आर्थिक क्षेत्र, एजुकेशन एण्ड टेक्नोलॉजी सिटीज़ और औद्योगिक पार्क विकसित करके इस रूझान को और तेज करने की हमारी योजना है। भारत सरकार द्वारा प्रदेश में 49 विशेष आर्थिक क्षेत्र स्थापित करने की स्वीकृति प्रदान कर दी है। ये विशेष आर्थिक क्षेत्र प्रदेश में औद्योगिक उत्पादन, निर्यात और सबसे महत्वपूर्ण रोज़गार के अवसर बढ़ाने में बड़े लाभकारी सिद्ध होंगे। इन अनूठे कदमों के प्रभाव पर अनुसंधान और मूल्यॉंकन करने से राज्य में आर्थिक समृद्धि आयेगी।

बुधवार, 27 दिसम्बर 2006, कुरुक्षेत्र

वैकल्पिक ऊजा की राहें

ओइम शान्ति रिट्रीट सेंटर में सोलर पॉवर प्लांट के उद्घाटन अवसर पर

आप लोग जानते ही हैं कि प्राचीन काल से ही हमारे देश में तीज-त्योहार और उत्सव मनाने की महान परम्परा रही है। साल के हर महीने में और हर मौसम में कोई न कोई त्योहार जरूर मनाया जाता है। त्योहार हमारी भौगोलिक और सांस्कृतिक परम्पराओं से जुड़े हुए हैं और आपसी भाईचारे और स्नेह की

कड़ियों को मजबूत बनाते हैं।

समाज में प्रेम, प्यार, सद्भाव और नैतिक मूल्यों को मजबूत बनाने की दिशा में तीस एकड़ भूमि में बना ओ३म शान्ति रिट्रीट सेंटर एक रचनात्मक योगदान दे रहा है। यहाँ आने वाले प्रत्येक व्यक्ति को एक नयी ऊर्जा मिलती और तन-मन की शुद्धि होती है।

जैसा कि आप जानते हैं हमारे देश में जहाँ एक तरफ पारम्परिक ऊर्जा साधनों की कमी है, वहीं गैर परम्परागत ऊर्जा साधनों का पूरा दोहन नहीं हो रहा। आज सौर ऊर्जा, पवन ऊर्जा और पन ऊर्जा साधनों के अधिक से अधिक उपयोग पर बल देना चाहिए, वरना वह समय दूर नहीं, जब हमारे पास ऊर्जा की कमी हो जायेगी।

हरियाणा देश में महाराष्ट्र के बाद ऐसा दूसरा राज्य है, जहाँ ऊर्जा बचत के लिए कई प्रोत्साहन स्कीमें बनाई गई हैं। 'ग्रामीण ऊर्जा कार्यक्रम' के क्षेत्र में हरियाणा देशभर में अग्रणी है।

राज्य में अक्षय ऊर्जा साधनों से बिजली उत्पादन को बढ़ावा देने के लिए एक 'अक्षय ऊर्जा नीति' बनाई गई है। ऐसे साधनों से बिजली उत्पादन करने वाले उद्यमियों को कई प्रकार के लाभ दिये गये हैं। अक्षय ऊर्जा के प्रतीक श्री राजीव गाँधी जी की स्मृति में गुड़गाँव में 1.6 एकड़ भूमि पर 'अक्षय ऊर्जा पार्क' स्थापित किया जा रहा है।

आज गुड़गाँव नगर ऐतिहासिक और आधुनिकता का भव्य दृश्य प्रस्तुत करता है, जहाँ यह नगर राष्ट्रीय और बहुराष्ट्रीय कम्पनियों के आकर्षण का केन्द्र है, वहीं ओ३म शान्ति रिट्रीट सेंटर जैसी संस्थान समाज के अध्यात्मिक उत्थान में समर्पित है। हरियाणा की धरा तो वह पावन भूमि है, जहाँ भगवान श्री कृष्ण के मुखारविंद से श्रीमद्भगवद् गीता के स्वर गूँजे थे, जो मानवता का आज भी मार्गदर्शन कर रहे हैं।

भौतिकतावाद के बढ़ने के साथ-साथ आज सम्पूर्ण विश्व में घृणा, आपसी बैर-विरोध, हिंसा, मानवता के लिए सबसे बड़ा खतरा बनती जा रही है। इसका सबसे बड़ा कारण नैतिक मूल्यों में गिरावट आना है। मानव, मानव का दुश्मन होता जा रहा है। समाज में जातिवाद और सम्प्रदायवाद की भावनाएँ पनप रही हैं, जिससे विश्व को आतंकवाद जैसी समस्याओं का सामना करना पड़ा रहा है। पाश्विक प्रवृत्तियाँ बढ़ रही हैं।

मनुष्य में पाशविक प्रवृत्तियाँ तब पनपती हैं, जब उसमें नैतिक मूल्यों की कमी होती है। इसीलिए यह जरूरी है कि समाज में शान्ति, सद्भावना, आपसी मेलजोल और सहयोग की भावना को मजबूत बनाया जाए तथा मन-मस्तिष्क को शुद्ध और सन्तुलित रखा जाए, जिससे नैतिक मूल्यों की मजबूती से स्थापना हो सके। इस कार्य में आध्यात्मिक संगठन, सन्तों और मुनिवृंदों की महत्ती भूमिका अपेक्षित है।

भूमण्डलीकरण के इस दौर में एक ऐसी विश्व संस्कृति की जरूरत है जो व्यक्ति, समाज तथा राष्ट्रों को आपस में जोड़े, जिसमें वैर विरोध, शोषण और उत्पीड़न का कोई स्थान न हो। ऐसी विश्व संस्कृति की बात आरम्भ से ही भारतीय चिन्तन में रही है। हमारा दर्शन हमेशा से उदार रहा है।

भारतीय संस्कृति का सदा से ही यह मूल सन्देश रहा है कि 'वसुधैव कुटुम्बकम्' यानि सारी पृथ्वी ही, सारा संसार ही हमारा परिवार है। कितनी ऊँची भावना है और जब यह भावना आ जाती है, तब आपसी तनाव, आपसी वैर-विरोध कहाँ रह जाता है? यही एक सन्देश है जो हजारों वर्षो से हमारे सन्त-महात्माओं और पीर-फकीरों ने दिया है। आज उसी सन्देश को पुनः प्रतिपादित करने की आवश्यकता है।

शनिवार, 13 जनवरी 2007, गुड़गाँव

परिवहन की शानदार उपलब्धियाँ

सहकारी परिवहन समितियों के राज्य स्तरीय सम्मेलन में

किसी भी प्रदेश की प्रगति बहुत सीमा तक वहाँ पर उपलब्ध यातायात और परिवहन सुविधाओं पर निर्भर करती है। यातायात और परिवहन की जितनी अच्छी सुविधाएँ होगी, उतनी ही तेजी से वहाँ पर व्यापार और उद्योग फले-फूलेगा, सामाजिक और आर्थिक तरक्की होगी। इसलिए यह जरूरी है कि सड़कों और यातायात तथा परिवहन सेवाओं का तेजी से प्रसार हो।

हरियाणा राज्य परिवहन अपनी कार्यकुशलता के कारण सारे देश में सबसे उत्तम माना जाता है। इस उपलब्धि में सहकारी परिवहन समितियों का भी उल्लेखनीय योगदान है। सहकारी परिवहन समितियों द्वारा इस समय राज्य में 850 बसों का संचालन किया जा रहा है। इसके अलावा, फरीदाबाद तथा गुड़गाँव में भी प्राइवेट सिटी बस सर्विस परमिट दिये जा चुके हैं। इसके साथ-साथ पंचकूला, गुड़गाँव और फरीदाबाद में मीटर टैक्सी स्कीम भी शुरू करने जा रहे हैं।

सहकारी परिवहन समितियों को जो मार्ग अलाट किये गये थे, वे मार्ग एक ही जिले में लिंक सड़कों पर गाँव से गाँव तक सीमित थे, जिसमें नेशनल या स्टेट हाईवे का भाग अधिकतम 10 किलोमीटर था, जिसे बाद में 15 किलोमीटर कर दिया गया। सहकारी परिवहन समितियों ने समय-समय पर अपनी इस कठिनाई से अवगत करवाया कि उनके मार्ग लाभदायक नहीं है। इसलिए सहकारी परिवहन समितियों के मार्गों में 29 किलोमीटर तक की बढ़ोतरी प्रदान करने का निर्णय लिया गया।

हरियाणा राज्य परिवहन ने जो शानदार उपलब्धियाँ हासिल की हैं, उसका श्रेय आप सभी को जाता है। लेकिन प्रगति का काम हमेशा आगे बढ़ने वाली प्रक्रिया है। आप सबमें योग्यता है, सूझबूझ है। आप सभी बड़े मेहनती और लगनशील हैं। हमें राज्य परिवहन के कर्मचारियों के साथ-साथ आप लोगों की सेवाओं पर भी बड़ा भरोसा है।

यह बात ध्यान में लाई गई है कि सहकारी परिवहन समितियाँ गाँव वाले मार्गों पर कभी-कभार संचालन करती हैं, जिससे गाँववासी बस सेवा से वंचित हो रहे हैं। विद्यार्थियों में बसों में लाने-ले जाने में भी आना-कानी की जाती है और टैक्स इत्यादि समय पर जमा नहीं करवाए जाते। अतः बस ड्राइवरों और कंडक्टरों को खासतौर पर इस बात का ध्यान रखना चाहिए कि अपने निर्धारित समय और रूट परमिट अनुसार सेवाएँ प्रदान करें। यात्रियों की ओवरलोडिंग न करें। यात्रियों से अच्छा व्यवहार करें। बसें निर्धारित 'बस स्टॉप' पर रोकी जानी चाहिएँ।

हमारा प्रयास है कि हरियाणा राज्य परिवहन की सेवाओं को और सुदृढ़ बनाया जाए और साधारण किराये पर ही आम लोगों को भी बेहतर बस सुविधाएँ उपलब्ध करवाई जायें। लेकिन यह लक्ष्य तभी पाया जा सकता है, जब रोडवेज़ का हर कर्मचारी और सहकारी परिवहन समितियों का हर सदस्य अपनी ड्यूटी को निष्ठा से पूरा करे।

आज हरियाणा राज्य परिवहन के पास 3366 बसें हैं। इन बसों में प्रतिदिन 11 लाख से अधिक यात्री यात्रा करते हैं और ये बसें प्रतिदिन 11 लाख किलोमीटर तक का सफर भी तय करती हैं। हरियाणा परिवहन बेड़े की सात वर्ष पुरानी सभी बसों को बदला जा रहा है तथा वर्ष 2005-2006 के दौरान 559 बसों को बदला गया और चालू वित्त वर्ष में 313 बसों को बदला जा रहा है।

हरियाणा सरकार डेढ़ सौ सी.एन.जी. बसें ले रही है। ये बसें राष्ट्रीय राजधानी क्षेत्र के हरियाणा के कस्बों जैसे कि गुड़गाँव, फरीदाबाद, सोनीपत, बहादुरगढ़, झज्जर, पानीपत और दिल्ली के अंदरुनी क्षेत्रों में चलाई जा रही हैं।

मुख्य और अन्तर्राज्यीय मार्गों पर वोल्वों बसें चलाई गई हैं। हरियाणा गौरव के नाम से अति आधुनिक बस सेवा शुरू की गई है, जिसे 'आम आदमी की खास बस' कहा जाता है। चालू वित्त वर्ष के दौरान महत्वपूर्ण मार्गों पर ऐसी लगभग 100 बसें चलाने का लक्ष्य है।

बस अड्डों की मरम्मत और उनके नवीनीकरण का एक अभियान चलाया गया है। पहली बार इन कार्यों पर नॉन प्लान के अन्तर्गत वर्ष 2005-06 में 10 करोड़ रुपये खर्च किए गये और इतनी ही राशि चालू वित्त वर्ष में खर्च की जा रही है। चालू वित्त वर्ष के दौरान परिवहन विभाग के लिए 78 करोड़ रुपये का योजनागत बजट प्रावधान किया गया है, जबकि वर्ष 2004-05 में 56 करोड़ रुपये का बजट प्रावधान किया गया था।

शनिवार, 17 फरवरी 2007, कैथल

तन्दुरुस्ती हज़ार नियामत है

अखिल भारतीय होम्योपैथी सेमिनार के उद्‌घाटन अवसर पर

जैसाकि आप जानते हैं कि बीमारियों के इलाज के लिए ऐलोपैथी, आयुर्वेदिक तथा होम्योपैथिक-ये तीन चिकित्सा पद्धतियाँ हैं। ऐलोपैथी सबसे अधिक विकसित पद्धति मानी जाती है और इस क्षेत्र में तरक्की भी काफी हुई है, लेकिन यह पद्धति दिन-प्रतिदिन महंगी होती जा रही है और इसके द्वारा इलाज करवाना एक साधारण व्यक्ति के लिए बड़ा कठिन होता जा रहा है। प्रदूषण तथा बदलती जीवनशैली के कारण दिन-प्रतिदिन रोग बढ़ रहे हैं। अतः आज ऐसी चिकित्सा पद्धतियों पर बल देने की जरूरत है, जो आम आदमी की पहुँच में हो, सस्ती हों और आसानी से उपलब्ध हों।

आयुर्वेदिक और होम्योपैथिक ऐसी इलाज की पद्धतियाँ हैं, जो सस्ती भी हैं और कारगर भी। आयुर्वेदिक चिकित्सा पद्धति की शुरुआत भारत की धरती पर ही हुई है और इस पद्धति से भारत ने विश्व को चिकित्सा का एक नया रास्ता दिखाया। इसी प्रकार होम्योपैथिक सिस्टम बाहर के मुल्क से भारत में आया।

होम्योपैथिक चिकित्सा पद्धति की खोज जर्मनी के डाक्टर सैमुअल हैनीमन द्वारा की गई है। वह स्वयं एक बहुत बड़े जर्मन फिजिशियन थे। होम्योपैथी के क्षेत्र मे जो प्रसिद्ध डॉक्टर भारत में या बाहर मुल्कों में हुए हैं, वे किसी ने किसी समय स्वयं भी ऐलोपैथी के डाक्टर रहे हैं। लेकिन जब उन्होंने होम्योपैथी सिस्टम के आश्चर्यजनक प्रभावों को देखा तो वह इस तरफ आकर्षित हुए बिना न रह सके।

होम्योपैथिक चिकित्सा प्रणाली चिकित्सा के हर क्षेत्र में दूसरी पद्धतियों की अपेक्षा अधिक सफल तथा लाभदायक सिद्ध हुई है। इस चिकित्सा पद्धति द्वारा जटिल से जटिल, पुराने से पुराना तथा जो रोग अन्य पद्धतियों द्वारा ठीक न हो सके वह इस चिकित्सा पद्धति द्वारा बहुत जल्द साधारण और सरल रूप से ठीक हो जाता है। इस पद्धति में जैसे संक्रामक रोग, हैजा, काली खांसी तथा भयंकर रोग जैसे पागलपन, फुलवहरी इत्यादि बीमारियों की चिकित्सा का पूर्ण सम्भव तथा सफलतम इलाज है।

आजकल के हालात और माँग को देखते हुए होम्योपैथिक पद्धति का विकास किया जाना बहुत जरूरी है। यह भी बहुत प्रसन्नता की बात है कि केन्द्र और राज्य सरकारों ने भी होम्योपैथिक चिकित्सकों को सरकारी सेवा में लेना शुरू कर दिया है तथा होम्योपैथिक के डिप्लोमा और डिग्री धारकों को मान्यता प्रदान कर दी है।

यूपीए सरकार ने भारतीय चिकित्सा पद्धति के विकास और प्रसार के लिए आयुर्वेद, योग और प्राकृतिक चिकित्सा, यूनानी, और होम्योपैथी विभागों का नाम 'आयुष' रखा है। आयुष केवल हमारी

चिकित्सा पद्धति ही नहीं अपितु यह हमारी संस्कृति है, जो हमारे पूर्वजों की देन है।

हरियाणा में इस समय तीन आयुर्वेदिक अस्पतालों, एक यूनानी अस्पताल, छः आयुर्वेदिक प्राथमिक स्वास्थ्य केन्द्रों, 472 आयुर्वेदिक औषधालयों, 19 यूनानी औषधालयों और 20 होम्योपैथिक औषधालयों के द्वारा चिकित्सा सुविधा उपलब्ध करवाई जा रही है। ये संस्थाएँ अधिकतर ग्रामीण और पिछड़े इलाकों में हैं। 'आयुष' को ऐलोपैथिक सिस्टम के साथ जोड़ने के लिए राष्ट्रीय ग्रामीण स्वास्थ्य मिशन के तहत आयुष स्कीमों के लिए 21 सामुदायिक स्वास्थ्य केन्द्रों को चुना गया है।

हमने हरियाणा में मार्च, 1970 में होम्योपैथिक कौंसिल का गठन किया था। इस समय इस कौंसिल के पास अनुभव और योग्यता के आधार पर 5700 से अधिक डाक्टर रजिस्टर्ड हैं।

इस मौके पर मैं होम्योपैथिक डाक्टरों से अपील करता हूँ कि गाँवों में अधिक से अधिक अपनी पद्धति का प्रचार करें। साथ ही परिवार कल्याण कार्यक्रमों, कन्या भ्रूण हत्या जैसी सामाजिक बुराई को समाप्त करने के लिए जनता में चेतना जागृत करें।

शनिवार, 7 अप्रैल 2007, चंडीगढ़

उद्यम की बुनियाद

हरियाणा राज्य सुरक्षा और कल्याण पुरस्कार-2006 वितरण समारोह में

पूँजी, उद्योग तथा श्रम प्रगतिशील अर्थव्यवस्था के आधार स्तम्भ हैं। भूमण्डलीकरण के इस दौर में उद्योगों के विकास और श्रमिकों की मेहनत पर ही राष्ट्र की प्रगति निर्भर करती है। उद्योग और श्रमिक एक-दूसरे के पूरक हैं और एक ही सिक्के के दो पहलू हैं। इसी बात को ध्यान में रखते हुए हमने प्रदेश में उद्योगों के विकास के लिए नयी उदार उद्योग नीति लागू की है। साथ ही हरियाणा देश का पहला राज्य है, जिसने उद्यमियों और श्रमिकों के बीच मधुर सम्बन्ध बनाये रखने तथा श्रमिक कल्याण के लिए एक श्रम नीति लागू की है।

आज हरियाणा अपने औद्योगिक विकास पर गर्व कर सकता है। इस बात का अन्दाज़ा आप इस बात से लगा सकते हैं कि राज्य के गठन से लेकर मार्च, 2005 तक प्रदेश में कुल 40 हजार करोड़ रुपये का निवेश हुआ था, जबकि वर्तमान सरकार के कार्यकाल में 22 हजार करोड़ रुपये का रिकार्ड निवेश हो चुका है और 53 हजार करोड़ का निवेश पाईप लाइन में है। उद्योगों की कठिनाइयों को दूर करने के लिए और उनके बीच सही तालमेल बनाये रखने के लिए प्रदेश के उद्योग जगत के प्रतिनिधियों और सरकार के बीच एक संयुक्त कार्य बल गठित किया हुआ है।

मैं प्रदेश के कारखाना प्रबन्धकों को इस बात की बधाई देता हूँ कि वे अपने श्रमिकों के लिए बेहतरीन सुरक्षा, स्वास्थ्य और कल्याण सम्बन्धी उपाय करने में कोई कसर नहीं छोड़ रहे हैं। यह इस बात से प्रमाणित होता है कि हमारे राज्य में औद्योगिक दुर्घटनाओं की दर 0.4 प्रति हजार श्रमिक प्रतिवर्ष है जो कि राष्ट्रीय दर 11.2 के मुकाबले न केवल देश में सभी राज्यों से कम है बल्कि विकसित देशों की दुर्घटना दर से मुकाबला करती है। ऐसा कारखाना मालिकों, प्रबन्धकों, श्रमिकों और श्रम विभाग के सुरक्षा अधिकारियों के अथक प्रयासों से ही सम्भव हो सका है। ये सभी सराहना के पात्र हैं।

कारखानों में काम करने का माहौल दफ़्तरों तथा अन्य स्थानों पर काम करने के मुकाबले ज्यादा जोखिम भरा होता है। कारखाने में मशीनरी, बिजली के उपकरणों और कैमीकल्ज इत्यादि से श्रमिकों को

दो-चार होना पड़ता है, जिससे अक्सर श्रमिक व्यवसायजनित बीमारियों से ग्रस्त हो जाते हैं। वैसे तो कारखाना अधिनियम और इसके अन्तर्गत बनाये गये नियमों में श्रमिकों के स्वास्थ्य और सुरक्षा से सम्बन्धी अनेक प्रावधान किये हुए हैं, परन्तु अक्सर हम इन्हें सहज ढंग से ही लेते हैं, जिस कारण अप्रत्याशित दुर्घटनाएँ घट जाती हैं। इसका खामियाजा एक श्रमिक को ही नहीं बल्कि समाज और राष्ट्र को भुगतना पड़ता है।

कारखानों में खासतौर पर मशीनों के रख-रखाव, बिजली, आग से सुरक्षा और ज्वलनशील सामग्री का सुरक्षित भंडारण कुछ ऐसे पहलू हैं, जिन पर ज्यादा ध्यान देने की आवश्यकता है।

श्रमिकों को नयी तकनीक की जानकारी दें

आज जरूरत इस बात की है कि उद्यमी अपने उद्यम में समय के अनुसार तकनीकी तबदीली लाएँ और प्रतिस्पर्धा की दौड़ में समय के अनुसार कदम से कदम मिलाकर आगे बढ़ें। साथ ही उद्योगों में कार्यरत श्रमिकों को नयी-नयी तकनीक से अवगत और प्रशिक्षित कर अपने साथ दौड़ में शामिल करें। आज कारखानों के प्रबन्धक वर्ग को श्रमिकों को विश्वास में लेकर एक टीम के रूप में कार्य करना चाहिए तभी वे गुण और परिमाण के इस युग में सफल होंगे।

औद्योगिक श्रमिकों को व्यवसायजनित बीमारियों का निवारण भी तत्परता और उचित ढंग से किया जाना चाहिए कुल मिलाकर काम करने का माहौल ऐसा होना चाहिए, जिसमें श्रमिक को नीरसता और थकान की अनुभूति न हो। ऐसा करने से न केवल दुर्घटनाओं और बीमारियों में कमी आयेगी बल्कि उत्पादकता तथा शान्तिपूर्ण माहौल में भी वृद्धि होगी।

अतः मेरी प्रबन्धकों से यह अपील है कि उद्योगों में श्रमिकों की सुरक्षा और उनके स्वास्थ्य के प्रति पूर्ण रूप से सजग रहें तथा कार्य स्थल पर सुरक्षा सम्बन्धी आकस्मिक योजनाएँ अलग से बनायें।

मुझे इस बात की खुशी है कि हरियाणा सुरक्षा परिषद् भी समय-समय पर राज्य के औद्योगिक नगरों में सुरक्षा सेमिनारों का आयोजन कर रही है, जो वास्तव में सराहनीय है।

भवन निर्माण श्रमिकों के लिए अलग कल्याण बोर्ड

राज्य सरकार भी श्रमिकों की सुरक्षा और स्वास्थ्य के प्रति पूर्ण रूप से सजग है। हमने श्रमिकों के कल्याण हेतु भी अनेक कल्याणकारी योजनाएँ चलाई है। श्रमिकों और प्रबन्धकों को समयबद्ध तरीके से विवादों और शिकायतों के निपटान हेतु राज्य श्रम नीति बनाई गई है। हमने भवन निर्माण में कार्यरत श्रमिकों को सामाजिक सुरक्षा प्रदान करने हेतु अलग से श्रम कल्याण बोर्ड का गठन किया है, जो श्रमिकों को पेंशनं, पारिवारिक पेंशन, विकलांगता पेंशन आदि की व्यवस्था करेगा तथा उचित चिकित्सा सुविधा, मकान और औजारों के लिए ऋण आदि प्रदान करने में सहायता करेगा।

हरियाणा श्रम कल्याण बोर्ड भी श्रमिकों के कल्याण हेतु अनेक कल्याणकारी योजनाएँ संचालित कर रहा है। श्रमिक कन्याओं को विवाह के अवसर पर कन्यादान स्वरूप 5100 रुपये की राशि दी जाती है। श्रमिकों के बच्चों को छात्रवृत्तियाँ और कम्प्यूटर शिक्षा, अपंगता सहायता दी जाती है, जो कि प्रशंसनीय बात है।

सर्वाधिक न्यूनतम मजदूरी

आज हरियाणा देश में सर्वाधिक न्यूनतम मजदूरी देने वाले राज्यों में अग्रणी बन गया है। अकुशल श्रमिक का न्यूनतम वेतन 2,484 रुपये से बढ़ाकर 3,510 रुपये, अर्ध-कुशल श्रमिक का 2,594 रुपये से बढ़ाकर 3,640 रुपये और कुशल श्रमिक का 2,744 रुपये से बढ़ाकर 3,900 रुपये तथा उच्च कुशल श्रमिक

का न्यूनतम मासिक वेतन 3,040 रुपये से बढ़ाकर 4,060 रुपये प्रति मास करने का निर्णय लिया गया है। इस फैसले से श्रमिकों को लगभग तीन हजार करोड़ रुपये का वार्षिक लाभ होगा।

यह समारोह पानीपत के ऐतिहासिक नगर में हो रहा है। यह नगर बुनकरों की नगरी माना जाता है। यहाँ के हथकरघा का सामान विश्वभर में प्रसिद्ध है। आज पानीपत 'पैट्रो सिटी' के रूप में भी उभर रहा है। भारतीय तेल निगम द्वारा राज्य सरकार के सहयोग से पानीपत में विश्व स्तरीय पैट्रो कैमिकल हब विकसित किया जा रहा है। लगभग 418 करोड़ रुपये की लागत से यहाँ पर फलाई ओवर का निर्माण तेजी से किया जा रहा है और मुझे विश्वास है कि यह निर्धारित समय से पहले बनकर तैयार हो जायेगा। हमारा लक्ष्य है कि पानीपत का गौरव और बढ़े।

वीरवार, 26 अप्रैल 2007, पानीपत

तमसो मा ज्योतिर्गमय

खेदड़ गाँव में 1200 मैगावाट के थर्मल पॉवर प्रोजेक्ट ***(Thermal Power Project)*** *का शिलान्यास तथा 'एजुसैट' कार्यक्रम के शुभारम्भ के पश्चात् आयोजित 'जगमग रैली' में*

स्वतन्त्र भारत के आर्थिक इतिहास को एक नयी दिशा देने में प्रधानमन्त्री डॉ. मनमोहन सिंह जी की रचनात्मक भूमिका के बारे में देश का बच्चा-बच्चा जानता है। सन् 1990 के दशक में आपने देश में जिन आर्थिक सुधारों की पहल की थी, उसी के बलबूते पर एक मजबूत भारत ने 21वीं सदी में प्रवेश किया। आज भारत की अर्थव्यवस्था 8 से 10 प्रतिशत की विकास दर से आगे बढ़ती हुई विश्व की महान आर्थिक शक्तियों में शामिल होने के पथ पर तेजी से आगे बढ़ रही है। इस बात का श्रेय यूपीए की अध्यक्ष श्रीमती सोनिया गाँधी जी के कुशल मार्गदर्शन और आपके दूरदर्शी नेतृत्व को जाता है।

आज से ठीक तीन दिन बाद यानी की 22 मई को यूपीए सरकार जनसेवा के अपने तीन वर्ष सफलतापूर्वक पूर्ण करने जा रही है। इसके लिए मैं हरियाणावासियों की ओर से आपको हार्दिक बधाई भी देता हूँ। गत तीन वर्षों में यूपीए सरकार ने जन कल्याण और राष्ट्र के नवनिर्माण की कई अनूठी पहल की हैं। यूपीए सरकार किसान-मजदूर की हितैषी सरकार है, गरीब और कमजोर वर्गों की सच्ची हमदर्द है तथा उदारीकरण के इस दौर में देश को विकास के रास्ते पर तेजी से आगे ले जा रही है।

भारत निर्माण, राष्ट्रीय ग्रामीण रोज़गार गारण्टी योजना, राष्ट्रीय ग्रामीण स्वास्थ्य मिशन और राजीव गाँधी ग्रामीण विद्युतीकरण जैसे महत्वपूर्ण कार्यक्रमों से ग्रामीण भारत का नक्शा बदल रहा है। जवाहरलाल नेहरू राष्ट्रीय शहरी नवीकरण मिशन से शहरी बुनियादी ढांचा मजबूत हो रहा है। देशभर में विश्व स्तर का इन्फ्रास्ट्रक्चर विकसित हो रहा है।

विद्युत ऊर्जा की खपत से किसी देश और राज्य की आर्थिक स्थिति का जायजा लिया जा सकता है। जहाँ हमारे देश में प्रति व्यक्ति बिजली की सालाना औसत खपत 500 यूनिट से भी कम है, वहीं विकसित देशों में यह खपत 10 हजार यूनिट से भी अधिक है।

आज इस बात की जरूरत है कि आर्थिक विकास दर को और तेज करने के लिए बिजली की माँग और आपूर्ति में संतुलन बनाये रखा जाए। यह भी सुनिश्चित किया जाना चाहिए कि वर्ष 2012 तक सभी को बिजली देने का लक्ष्य कैसे प्राप्त किया जाए?

उत्तर भारत का पहला मैगा पावर प्रोजैक्ट

मान्यवर! प्रदेशवासियों के लिए यह गर्व की बात है कि आज आपने उत्तर भारत के पहले 'मैगा' पावर प्रोजैक्ट की स्थापना के कार्य का शुभारम्भ हरियाणा के ऐतिहासिक और आधुनिक जिला हिसार से किया है।

प्रधानमन्त्री जी! हिसार महान देशभक्त लाला लाजपतराय की कर्मभूमि रहा है। हिसार स्थित हरियाणा कृषि विश्वविद्यालय ने देश में 'हरित क्रान्ति' और राष्ट्र को अनाज के मामले में आत्मनिर्भर बनाने में उल्लेखनीय योगदान दिया है। आज आपने हरियाणा के विकास के इतिहास में दो नये और अध्याय जोड़े हैं। ये हैं- विद्या और विद्युत, जो किसी भी प्रदेश की उन्नति में अहम् भूमिका निभाते हैं। आगामी 21 मई को स्वर्गीय श्री राजीव गाँधी जी की पुण्य तिथि है, इसलिए इस बिजली परियोजना का नाम 'राजीव गाँधी पावर प्लांट खेदड़' होना चाहिए

इस मैगा बिजली परियोजना पर 4297 करोड़ रुपये की लागत आयेगी और इसकी 600 मैगावाट की पहली यूनिट दिसम्बर, 2009 में चालू हो जायेगी तथा दूसरी यूनिट मार्च, 2010 में प्रारम्भ हो जायेगी। इस परियोजना से 288 लाख यूनिट प्रतिदिन अतिरिक्त बिजली मिलेगी।

इस प्रोजैक्ट की परिकल्पना बहुत साल पहले की गई थी। लेकिन इच्छा शक्ति और दूरदर्शिता के अभाव में यह अधर में लटकी हुई थी।

वर्ष 1966 में पूर्व प्रधानमन्त्री श्रीमती इन्दिरा गाँधी जी की कलम से हरियाणा का गठन हुआ था और उनके कार्यकाल में ही वर्ष 1970 में हरियाणा ने सभी गाँवों में बिजली पहुँचाने का देश में सबसे पहले कीर्तिमान स्थापित किया था।

हरियाणा ने अपने गठन के चार दशकों में विभिन्न क्षेत्रों में प्रगति की है, जिसके फलस्वरूप बिजली की हर क्षेत्र में माँग बढ़ती गई। उपभोक्ताओं की संख्या में 14 गुणा वृद्धि हो चुकी है और प्रति व्यक्ति बिजली की खपत में 12 गुणा की वृद्धि हुई है।

प्रदेश में 11वीं पंचवर्षीय योजना के अन्त तक बिजली की माँग लगभग 11,000 मैगावाट हो जायेगी। इसकी तुलना में इस समय प्रदेश की प्रस्थापित और प्रदेश से बाहर की उपलब्ध बिजली क्षमता केवल 4,072 मैगावाट है।

हमने दो वर्ष पहले सत्ता की बागडोर सम्भालते ही प्रदेश की बिजली की प्रस्थापित क्षमता में पाँच हजार मैगावाट की वृद्धि करने का संकल्प लिया था। आप द्वारा आज यहाँ पर इस परियोजना का शिलान्यास करना हमारे प्रयासों को फलीभूत करने की दिशा में एक ऐतिहासिक पहल है।

बिजली की इस बढ़ती हुई माँग को पूरा करने के लिए हमने कारगर कदम उठाये हैं। यमुनानगर में 600 मैगावाट के दीनबंधु छोटू राम थर्मल पावर प्रोजैक्ट का कार्य बड़ी तेजी से चल रहा है। इसकी 300 मैगावाट की पहली इकाई इस वर्ष नवम्बर में चालू हो जायेगी और 300 मैगावाट की ही दूसरी इकाई फरवरी, 2008 में चालू हो जायेगी।

झज्जर में 1,500 मैगावाट का एक कोयले पर आधारित थर्मल पावर प्रोजैक्ट स्थापित किया जा रहा है, जिसमें से 750 मैगावाट बिजली हरियाणा को मिलेगी और यह प्रोजैक्ट वर्ष 2010 में राष्ट्रमण्डल खेलों से पहले चालू हो जायेगा। जिला झज्जर में निजी क्षेत्र में 1200 मैगावाट का एक अन्य पावर प्लांट लगाने की प्रक्रिया शुरू की गई है।

स्वतन्त्र बिजली उत्पादकों से भी 770 मैगावाट बिजली खरीदने के समझौते किये गये हैं। हम राज्य से बाहर स्थापित परियोजनाओं से 2,000 मैगावाट बिजली प्राप्त करने के प्रयास कर रहे हैं।

बिजली की उपलब्धता में वृद्धि के साथ-साथ हम माँग के प्रबन्धन की ओर विशेष ध्यान दे रहे

हैं। कृषि और घरेलू फीडर्ज को अलग-अलग करने की 635 करोड़ रुपये का एक कार्यक्रम चलाया गया है। यह कार्य इस वर्ष दिसम्बर के अन्त तक पूरा हो जायेगा। लाइन लोसिज़ को कम करने के लिए लम्बे और ओवर लोडिड फीडर्ज़ को अलग-अलग किया जा रहा है। डिस्ट्रीब्यूशन प्रणाली के सुधार की ए.पी.डी.आर.पी स्कीम के तहत 529 करोड़ रुपये की एक स्कीम क्रियान्वित की जा रही है।

हमने इस समस्या का स्थाई समाधान करने के लिए बिजली के 1600 करोड़ रुपये के बिजली बिल माफ करने की स्कीम लागू की है। इस स्कीम के लागू होने के बाद से बिजली के बिल न भरने वाले 9 लाख 21 हजार उपभोक्ताओं ने अपने बिजली के बिल नियमित रूप से भरने शुरू कर दिये हैं, जिससे बिजली निगमों की वित्तीय स्थिति में सुधार हुआ है।

आप जानते हैं कि लगभग दो वर्ष पहले हरियाणा की जनता ने कांग्रेस पार्टी की नीतियों में तथा श्रीमती सोनिया गाँधी जी और आपके नेतृत्व में आस्था प्रकट करते हुए जनसेवा की जिम्मेवारी हमें सौंपी थी। इस अवधि में हमने कई ऐतिहासिक, साहसिक और अनूठे कदम उठाये हैं।

आज हरियाणा बड़ी तीव्र गति से प्रगति कर रहा है। हर क्षेत्र में विकास की नयी परियोजनाएँ लागू हो रही हैं। किसान, मजदूर, गरीब और कमजोर वर्गों के लोगों को भरपूर सुविधाएँ दी गई हैं। महिला सशक्तिकरण के लिये नये-नये पग उठाये गये हैं। लोगों के घर-द्वार पर स्वास्थ्य सेवाएँ उपलब्ध करवाने के प्रयास किये जा रहे हैं। लड़का-लड़की के बीच कम होते अनुपात की समस्या के समाधान के लिए 'लाडली', 'इन्दिरा गाँधी प्रियदर्शनी', 'विवाह शगुन योजना' जैसी लोकप्रिय स्कीमें चलाई जा रही हैं।

शहरी सुविधाओं का ग्रामीण क्षेत्रों में पलायन करने के लिए ग्रामीण विकास प्राधिकरण का गठन करने का निर्णय लिया गया है। प्रदेश में रोज़गार के नये-नये अवसर पैदा करने के लिए नयी उद्योग नीति लागू की गई। दो वर्ष की थोड़ी सी अवधि में औद्योगिक क्षेत्र में 22,000 करोड़ रुपये का रिकार्ड निवेश हो चुका है और 53,000 करोड़ रुपये का निवेश पाईप लाइन में है।

आज के दौर की चुनौतियों का सामना करने योग्य बनाने के लिए देश के भावी कर्णधारों को गुणवत्तापूर्ण शिक्षा उपलब्ध करवाने के लिए कई क्रान्तिकारी कदम उठाये गये हैं। हरियाणा देश का पहला राज्य है, जिसने स्कूल स्तर पर समैस्टर प्रणाली शुरू की है। एजुसैट नैटवर्क, जिसका आपने अपने कर-कमलों से हरियाणा के बच्चों के लिए समर्पित किया है, सम्भवतः न केवल पूरे देश में बल्कि विश्व में सबसे बड़ा एजुसैट के माध्यम से शिक्षा देने का नैटवर्क है।

हर जिले में मॉडल स्कूल खोले जा रहे हैं। बच्चों में विज्ञान के प्रति रुचि पैदा करने के लिए हमने 103 सीनियर सैकेण्डरी स्कूलों में विज्ञान विषय पढ़ाने शुरू किये हैं, जबकि हरियाणा बनने से लेकर अब तक 217 राजकीय सीनियर सेकण्डरी स्कूलों में विज्ञान विषय पढ़ाने की सुविधा थी।

युवाओं को उच्च शिक्षा प्राप्त करवाने के लिए प्रदेश में 'राजीव गाँधी एजुकेशन सिटी' स्थापित की जा रही है। हमारे इन प्रयासों का नतीजा यह है कि आज सरकारी स्कूलों में 20 प्रतिशत से अधिक एनरोलमेंट प्रतिवर्ष बढ़ रहा है।

हमने प्रदेश में विकास का एक अभियान चलाया हुआ है। चाहे वह बिजली का क्षेत्र है, चाहे वह सिंचाई क्षेत्र है, सड़कों के निर्माण और सुधार, शिक्षा और स्वास्थ्य सेवाओं के विस्तार की बात है, हम हर क्षेत्र में हरियाणा को देश का 'नम्बर वन' राज्य बनाने के लिए कटिबद्ध हैं।

शनिवार, 19 मई 2007 बरवाला (हिसार)

सितारों के आगे जहाँ और भी है

कुरुक्षेत्र में 'कल्पना चावला तारामण्डल' के उद्घाटन अवसर पर

तारों को छूने के सपने सभी लेते हैं लेकिन बिरले ही होते हैं, जो उन्हें छू पाते हैं। उन साहसी लोगों के साथ कल्पना चावला का नाम हमेशा लिया जाता रहेगा। केन्द्रीय पर्यटन और संस्कृति मन्त्रालय तथा राष्ट्रीय विज्ञान संग्रहालय परिषद् और हरियाणा विज्ञान और प्रौद्योगिकी विभाग के सहयोग से बना यह 'कल्पना चावला तारामण्डल' बच्चों और युवा वर्ग में वैज्ञानिक सोच को मजबूत बनाने की दिशा में सराहनीय भूमिका निभाएगा।

कल्पना चावला न केवल हरियाणा बल्कि पूरे भारत और विश्व की महिला समाज का गौरव थी। उनका जन्म यहाँ से लगभग 40 किलोमीटर दूर ऐतिहासिक नगर करनाल में हुआ था। करनाल से ही अपनी स्कूली शिक्षा प्राप्त करने के बाद उन्होंने चंडीगढ़ के इंजीनियरिंग कॉलेज से एरोनॉटिकल इंजीनियरिंग की डिग्री प्राप्त की। आगे की पढ़ाई के लिए वे अमेरिका चली गईं। उन्होंने टैक्सॉस विश्वविद्यालय से मास्टर डिग्री और कोलेरैडो विश्वविद्यालय से डाक्टरेट की उपाधि हासिल की। इसके बाद नासा के शोध केन्द्र में अपना कैरियर आरम्भ किया।

वर्ष 1997 में अन्तरिक्ष अभियान पर जाकर हरियाणा की महान बेटी ने पहली भारतीय महिला अन्तरिक्ष यात्री बनकर महिला समाज के गौरव में एक नया अध्याय जोड़ा। पुनः 16 जनवरी, 2003 को मानवता को समर्पित एक जोखिम भरे मिशन के लिए छः और अन्तरिक्ष यात्रियों के साथ उन्होंने कोलम्बिया अन्तरिक्ष यान से उड़ान भरी थी, तो भारत ही नहीं, बल्कि पूरी दुनिया उनसे एक नयी आशा लगाए बैठी थी। कोलम्बिया अन्तरिक्ष यान अपना अभियान पूरा कर एक फरवरी, 2003 को पृथ्वी पर उतरने ही वाला था कि वह दुर्घटनाग्रस्त हो गया तथा सभी सातों अन्तरिक्ष यात्री मौत के मुंह में समा गये।

कल्पना चावला मानवता के कल्याण के लिए अन्तरिक्ष शोध अमेरिका में कर रही थी लेकिन वे सदा अपनी जन्म भूमि से जुड़ी रहीं। भारतीय बच्चों के लिए कोलम्बिया से उनका अन्तिम सन्देश भी यही था—'स्वप्न से वास्तविकता की राह सचमुच मौजूद है। आशा है आपके पास उसे प्राप्त करने की दृष्टि हो। उस पर सवार होने का साहस हो और उसका अनुसरण करने की लगन हो।'

कल्पना चावला की स्मृति में बना यह तारामण्डल हमारे बच्चों को कल्पना चावला के समान ही अन्तरिक्ष की असीम ऊँचाइयों को छूने की प्रेरणा देता रहेगा। यह तारामण्डल वैसे तो हर उम्र के लोगों के लिए आकर्षण का केन्द्र होगा लेकिन बच्चों को अन्तरिक्ष के तमाम सवालों का जवाब सजीव रूप से पर्दे पर देगा।

इस तारा मण्डल की स्थापना उस पुण्य भूमि पर हुई है, जो प्राचीन भारतीय सभ्यता और संस्कृति की प्रतीक है। हमारी सभ्यता और संस्कृति में ज्ञान-विज्ञान का भण्डार भरा पड़ा है। देश में उपलब्ध पाण्डुलिपियों से यह सिद्ध होता है कि भारतीय गणितज्ञों और खगोलविदों की विद्या काफी गहरी थी। यह वही देश है, जिसने विश्व को 'शून्य' का ज्ञान करवाया, 'दशमलव के स्थानीय मान' की जानकारी दी तथा 'पाइथागोरस' जैसे सिद्धान्त से परिचित करवाया।

मंगलवार, 24 जुलाई 2007, कुरुक्षेत्र

सुलभ सहज न्याय

पहले सचल न्यायालय के उद्घाटन अवसर पर

मेवात का यह क्षेत्र अपने आप में एक इतिहास समेटे हुए है। सन् 1857 की प्रथम आजादी की लड़ाई से लेकर आजादी मिलने तक के सभी आन्दोलनों में यहाँ के लोगों ने बहादुरी, देशभक्ति और बलिदान की मिसाल कायम की।

आजादी के समय जब देश का विभाजन हुआ तो करोड़ों लोगों को नयी बनी सरहदों के इधर-उधर जाना पड़ा। यहाँ के लोगों ने राष्ट्रपिता महात्मा गाँधी जी के आह्वान पर यहीं पर रहना पसन्द किया। यहाँ के लोगों का 'सर्वधर्म समभाव' की परम्पराओं में गहरा विश्वास है। दुख की बात है कि मेवात क्षेत्र के विकास की ओर विशेष ध्यान नहीं दिया गया, जिसके कारण यह क्षेत्र विकास के मामले में पिछड़ता गया।

हमने प्रदेश के शासन की बागडोर सम्भालते ही मेवात के लोगों के सामाजिक, आर्थिक और शैक्षणिक उत्थान के लिए विशेष प्रयास शुरू किये हैं। इसको विधिवत जिला बनाया है। नूंह में लघु सचिवालय के निर्माण का कार्य बड़ी तेजी से चल रहा है। शिक्षा, स्वास्थ्य, महिलाओं के सशक्तिकरण, रोज़गार और पेयजल की विशेष योजनाएँ शुरू की गई हैं।

हमारी न्याय व्यवस्था का लक्ष्य अमीर-गरीब, छोटे-बड़े और दूर-दराज के क्षेत्रों तक कम खर्च और सरलता से न्याय सुलभ कराना है। हमारी न्यायपालिका ने निष्पक्षता, विश्वसनीयता और न्याय प्रदान करने के प्रति समर्पण जैसे गुणों के कारण विश्वभर में अपनी साख स्थापित की है। हमारी न्याय व्यवस्था हर कसौटी पर खरी उतरी है। हमें अपनी न्यायपालिका पर गर्व है।

लोगों में जागरूकता आने के साथ-साथ न्याय के लिए बड़ी संख्या में लोग अदालतों की शरण में जाते हैं, जिसकी वजह से हमारी अदालतों पर काम का बोझ बढ़ रहा है और कोर्ट केसों के निपटारे में अनावश्यक देर हो रही है, जिसके कारण न्याय प्रदान करने में विलम्ब हो रहा है। यद्यपि, इस दिशा में लोक अदालतों फ़ास्ट ट्रैक कोर्ट (Fast Track Court) जैसे कदम उठाये गये हैं। लेकिन लोगों को तेजी से और कम खर्च पर न्याय दिलवाने और नयी-नयी चुनौतियों का सामना करने के लिए और अधिक नये तरीके इजाद करने पर बल देना चाहिए 'रिचिंग दा अनरीच्ड' की अवधारणा के साथ शुरू की जा रही यह कोर्ट न्याय प्रदान करने के क्षेत्र में क्रान्तिकारी कदम साबित होगा।

मोबाइल कोर्ट से आप लोगों को अपने घर-द्वार पर ही कम खर्च पर न्याय सुलभ होगा। अब आपको दूर-दराज की अदालतों में आने-जाने का खर्च वहन नहीं करना पड़ेगा। अदालत ही आपके घर-द्वार पर आयेगी।

प्रथम चरण में मोबाइल कोर्ट पुन्हाना ब्लॉक के लिए आरम्भ की जा रही है। मोबाइल कोर्ट के लिए पुन्हाना ब्लॉक के गाँवों को चार जोनों में बाँटा गयीं है। ये जोन हैं-पुन्हाना, शिकरावा, इन्डाना और लोहिंगा कलां। प्रत्येक जोन में लगभग 25-30 गाँव रखे गये हैं। प्रत्येक जोन के लिए गाँवों का चुनाव इस प्रकार किया गया है कि लोगों को न्याय के लिए कम से कम दूरी तय करनी पड़े।

मोबाइल कोर्ट सप्ताह में चार दिन नामतः सोमवार, मंगलवार, वीरवार और शुक्रवार को एक जोन के गाँवों को कवर करेगी और शेष बाकी के दो दिन बुधवार और शनिवार को फिरोजपुर-झिरका में ही नियमित अदालत के तौर पर कार्य करेगी।

मोबाइल कोर्ट नियमित कोर्ट है, इसमें फ़ौजदारी और दिवानी मामले अर्थात् सभी प्रकार के मामले लिये जायेंगे, जोकि कोई भी नियमित कोर्ट करती है। मोबाइल कोर्ट में नियमित कोर्ट की तरह ही अमले

की व्यवस्था होगी। यह मुकदमे की सुनवाई नियमित कोर्ट की तरह ही करेगी।

राज्य में इस समय सात फास्ट ट्रैक कोर्ट कार्य कर रही हैं। हरियाणा में हर जिला स्तर और उपमण्डल स्तर पर प्रत्येक दो महीनों के बाद लोक अदालतें आयोजित की जाती हैं। लोक अदालतों के अलावा विशेष लोक अदालतें आयोजित की जाती हैं। ग्रामीण लोक अदालतें आयोजित की जाती हैं। जन-उपयोगी सेवाओं से सम्बन्धित मुकदमों के लिए हिसार, गुड़गाँव और अम्बाला में स्थायी लोक अदालत स्थापित की जा चुकी हैं। राज्य सरकार ने लोगों को मुफ़्त कानूनी सहायता उपलब्ध करवाने के लिए वार्षिक आय की सीमा 30 हजार रुपये से बढ़ाकर 50 हजार रुपये कर दी है। अनुसूचित जातियों, पिछड़ी जातियों, महिलाओं और बच्चों को कानूनी-सहायता देने के लिए वार्षिक आमदनी की सीमा लागू नहीं होती। प्रदेश सरकार राज्य में न्यायिक ढांचे को मजबूत बनाने, न्यायालयों के आधुनिकीकरण और कम्प्यूटरीकरण के लिए हर संभव कदम उठा रही है। राज्य के 20 जिलों में से 17 जिलों में न्यायिक परिसरों का निर्माण कार्य पूरा हो चुका है। शेष तीन जिलों में न्यायिक परिसर बनाने की कार्यवाही की जा रही है। इसके अतिरिक्त राज्य के सभी उपमण्डल मुख्यालयों पर आधुनिक न्यायिक परिसर बनाने का भी निर्णय लिया गया है। न्यायिक परिसरों के लिए आगामी 10 वर्षों की जरूरतों को ध्यान में रखते हुए भारत सरकार की वित्तीय सहायता से 162 करोड़ 24 लाख रुपये की एक परियोजना तैयार की गई है।

हरियाणा सामाजिक, आर्थिक और शैक्षणिक क्षेत्रों में अनूठी पहल करने के लिए देशभर में जाना जाता है। हरियाणा ने सदैव नयी-नयी पहलों का स्वागत किया है और इनके क्रियान्वयन में कभी धन की कमी आड़े नहीं आने दी गई है और आगे भी नहीं आने दी जायेगी।

शनिवार, 4 अगस्त 2007, पुन्हाना (मेवात)

हरियाणा में नया सूर्योदय

कर्मचारी कल्याण दिवस के अवसर पर

आज का दिन प्रदेश के कर्मचारियों, विशेषकर पिछली सरकार द्वारा छंटनी किये गये कर्मचारियों और उनके परिवारों के लिए विशेष ख़ुशी का दिन है। आज के दिन ही गत 27 अगस्त, 2006 को छंटनीग्रस्त कर्मचारियों को पुनः सेवा में लेने का निर्णय लेकर कर्मचारी हित में आपकी सरकार ने एक महत्वपूर्ण कार्य किया था। पिछली सरकार द्वारा छंटनी किए गये कर्मचारियों में से 3,943 योग्य कर्मचारियों को पुनः सेवा में लिया गया है।

मुझे याद हैं आपके संघर्ष के वे दिन, जब आप अपनी बहाली के लिए प्रदेशभर में प्रदर्शन करते थे। लेकिन उस समय की सरकार ने आपकी एक न सुनी और आपके परिवार को भूखे मरने पर मजबूर कर दिया। आपके बच्चों की पढ़ाई छूट गई थी। आपके सामने एक अंधकारमय भविष्य था।

पिछले लोकसभा चुनावों और हरियाणा विधानसभा चुनावों के लिए प्रचार के दौरान आप लोगों ने अपनी समस्याएँ मेरे सामने रखी थी और उसी समय मैंने संकल्प लिया था कि यदि मुझे प्रदेश की सेवा करने का मौका मिला तो छंटनीग्रस्त कर्मचारियों को पुनः सेवा में लिया जायेगा।

हरियाणा सरकार ने गत अढ़ाई वर्षों में जहाँ प्रदेश को विकास की बुलंदियों पर ले जाने के लिए कई अनूठी पहल की हैं, वहीं समाज के हर व्यक्ति की दुख-तकलीफ को दूर करने के लिए ऐतिहासिक निर्णय लिए हैं।

बिजली के बिल माफ किये हैं। उस काले कानून को खत्म किया है, जिसके तहत कर्ज़ की

अदायगी न करने पर किसान को गिरफ़्तार किया जाता था। किसानों, छोटे दुकानदारों और दस्तकारों को क़र्ज़भार से मुक्ति दिलाने के लिए ब्याज माफ करने की स्कीम शुरू की गई है। राजीव गाँधी परिवार बीमा योजना लागू की है। लाडली सामाजिक सुरक्षा पेंशन योजना शुरू की है। इन्दिरा गाँधी प्रियदर्शनी विवाह शगुन योजना शुरू की है। विधवाओं की पेंशन बढ़ाई है। निराश्रित बच्चों को दी जाने वाली वित्तीय सहायता में इजाफा किया है। ये सभी स्कीमें सरकार का मानवीय चेहरा उजागर करती हैं।

सरकार ने कर्मचारियों के कल्याण-उत्थान के लिए कई महत्वपूर्ण निर्णय लिए हैं। नयी एक्स-ग्रेशिया स्कीम लागू की गई है। इस स्कीम के तहत सरकारी कर्मचारी की मृत्यु होने पर उसकी शेष सेवा अवधि के अनुसार आश्रितों को मृत कर्मचारी के अन्तिम वेतन और भत्तों के बराबर की राशि वित्तीय सहायता के रूप में मिलती रहेगी।

पुराने मामलों में एक्सग्रेशिया योजना के अन्तर्गत रोज़गार के बदले वित्तीय सहायता लेने वाले मृत सरकारी कर्मचारियों के आश्रितों को दी जाने वाली अनुग्रह अनुदान राशि अढ़ाई लाख रुपये से बढ़ाकर पाँच लाख रुपये की गई।

कर्मचारियों को बेटी और बहन की शादी के लिए दिये जाने वाले ऋण की राशि 30 हजार रुपये से बढ़ाकर एक लाख रुपये तथा बेटे की शादी के लिए यह राशि 20 हजार रुपये से बढ़ाकर 60 हजार रुपये की गई। प्रदेश के कर्मचारियों को दूसरा मकान बनाने के लिए भी ऋण दिया जाता है। एल.टी.सी. की सुविधा पुनः बहाल की है। दौरे के दौरान दिये जाने वाले दैनिक भत्तों की दरें भी बढ़ाई गई हैं।

सफाई कर्मचारियों के वेतन में 200 रुपये मासिक की वृद्धि की है। आंगनवाड़ी कार्यकर्ताओं का मानदेय 200 रुपये प्रतिमास तथा आंगनवाड़ी हैल्परों का मानदेय 100 रुपये प्रतिमास बढ़ाया है। आंगनवाड़ी कार्यकर्ताओं और हैल्परों के मानदेय में 1.5.2006 से अगले पाँच वर्षों तक हर साल 100 रुपये की बढ़ोतरी होती रहेगी।

अनुसूचित जातियों के कर्मचारियों को पदोन्नति में आरक्षण का लाभ देने के लिए 85वां संविधान संशोधन हरियाणा में लागू किया गया है।

विकलांग कर्मचारियों की सेवानिवृत्ति आयु 58 साल से बढ़ाकर 60 साल की गई है। नेत्रहीन कर्मचारियों का वाहन भत्ता 250 से बढ़ाकर 600 रुपये तक किया गया है। प्रदेश सरकार ने पी.जी.आई. और अन्य अस्पतालों में काम करने वाली नर्सों के वाशिंग और यूनिफार्म के लिए मिलने वाले 100 रुपये मासिक अतिरिक्त भत्ते को बढ़ाकर 350 रुपये कर दिया है। जोखिम वाले वार्ड में ड्यूटी देने वाली नर्सों के लिए 100 रुपये अतिरिक्त भत्ता दिया जाता है। नर्सिंग कोर्स करने वाली छात्राओं के लिए वजीफे की राशि 500 रुपये, 700 रुपये और 1000 रुपये होगी।

पुलिस मुठभेड़ में अपनी जान कुर्बान करने वाले जवानों को अब पाँच लाख की बजाय साढ़े सात लाख रुपये दिए जायेंगे। पुलिस कल्याण कोष की राशि 50 लाख से बढ़ाकर एक करोड़ रुपये होगी।

सरकारी नीतियों के क्रियान्वयन में बड़े से बड़े कर्मचारी से लेकर छोटे से छोटे कर्मचारी का महत्वपूर्ण योगदान होता है। मुझे इस बात की ख़ुशी है कि हमने हरियाणा को विकास के मामले में देश का नम्बर वन राज्य बनाने का जो सपना सँजोया हुआ है, उसे साकार करने में प्रदेश के कर्मचारी अपना भरपूर सहयोग दे रहे हैं और देते रहेंगे।

सोमवार, 27 अगस्त 2007, झज्जर

गुरुओं को नमन

शिक्षक दिवस समारोह के अवसर पर

आज स्वर्गीय सर्वपल्ली डॉ. राधाकृष्णन जी का जन्म दिन है, जो कि एक महान दार्शनिक और शिक्षा शास्त्री थे। उन्होंने राष्ट्रपति के सर्वोच्च पद को सुशोभित किया। उनका जन्म दिन 'शिक्षक दिवस' के रूप में मनाया जाता है। इस मौके पर मैं उस महान राष्ट्र नायक और शिक्षा शास्त्री को अपने श्रद्धासुमन अर्पित करता हूँ।

बच्चे अगर इस विश्व रूपी बगिया के फूल हैं, तो शिक्षक उस बगिया का माली है। स्कूल शिक्षा के मन्दिर हैं। शिक्षा मन्दिरों में हमारी उस होनहार पीढ़ी के भविष्य का निर्माण होता है, जिसने आगे चलकर देश की बागडोर सम्भालनी है। इस पीढ़ी के भविष्य को संवारने और बनाने का एक बड़ा दायित्व शिक्षक समाज पर है। वे बच्चों में उदारता, आपसी प्रेम, सेवाभाव और त्याग जैसे मानवीय मूल्यों का संचार करते हैं। इसीलिए शिक्षक सही मायने में 'राष्ट्र निर्माता' हैं।

जैसा कि आप जानते हैं कि हमारे देश में 'गुरु-शिष्य' परम्परा आदि काल से ही चली आ रही है। आज उस परम्परा को फिर से कायम करने की आवश्यकता है। शिक्षक दिवस हमें शिक्षक के प्रति अपने कर्त्तव्य की याद दिलाता है। यह अध्यापक वर्ग को भी समाज, राष्ट्र तथा विद्यार्थियों के प्रति उनके दायित्व का बोध करवाता है। मेरे हृदय में शिक्षकों के प्रति बड़ा मान-सम्मान है। अनुशासन, मेहनत और जनसेवा का पाठ मैंने अपने गुरुओं की छत्र-छाया में ही सीखा है।

शिक्षण व्यवसाय नहीं-एक मिशन है। यद्यपि, आज धन की हर किसी को जरूरत पड़ती है तथा शिक्षक भी वर्तमान युग में इससे अछूते नहीं रह सकते, पर जो शिक्षक शिक्षण को अपना फर्ज मानकर कार्य करता है, उसे समाज निश्चित तौर पर सम्मान प्रदान करता है।

प्रदेश सरकार जहाँ शिक्षा की गुणवत्ता बढ़ाने के लिए अनूठे प्रयास कर रही हैं, वहीं शिक्षकों के हितों के लिए हमने कई कदम उठाये हैं।

शिक्षक कल्याण कोष की स्थापना की गई है। इस कल्याण कोष में अनुदान देने के लिए वर्ष 2005-06 में 25 लाख रुपये का प्रावधान किया गया और वित्तीय वर्ष 2006-07 के लिए यह राशि बढ़ाकर 50 लाख रुपये कर दी गई है। चालू वित्त वर्ष के लिए भी 50 लाख रुपये का प्रावधान किया गया है और यह राशि शिक्षक कल्याण कोष में जमा करवा दी गई है। पंचकूला में 50 लाख रुपये की लागत से शिक्षक सदन की स्थापना की गई है। शिक्षक पुरस्कारों की संख्या 32 से बढ़ाकर 90 कर दी गई है और नकद पुरस्कार राशि भी पाँच हजार रुपये से बढ़ाकर 11 हजार रुपये की गई है। राज्य और राष्ट्रीय स्तर पर पुरस्कार प्राप्त करने वाले अध्यापकों की नियुक्ति इनके मनपसन्द स्कूल में की जाती है और पाँच वर्ष तक उनका तबादला नहीं किया जाता। बड़ी संख्या में शिक्षिकों के पदों को विवेकसम्मत बनाया गया है। अध्यापकों की एक पारदर्शी और स्वच्छ तबादला नीति बनाई गई है। हमारी कोशिश है कि हम अध्यापकों को ऐसी सुविधाएँ दें कि वे अपने कर्त्तव्यों को पूरी लगन और निष्ठा से निभा सकें।

इस 21वीं शताब्दी में हमारी सबसे बड़ी ताकत अपनी बौद्धिक सम्पदा है। भारत की बौद्धिक सम्पदा का लोहा पहले भी माना जाता था। आज भी सूचना प्रौद्योगिकी के युग में भारतीय बौद्धिक सम्पदा यानि की 'भारतीय प्रतिभा' की विश्वभर में माँग है। हमें ऐसे अवसरों का लाभ उठाने के लिए सदा तत्पर रहना चाहिए।

सौभाग्य से इस समय भारत एक नौजवान भारत है। हमारे पास असीम शक्ति है, लेकिन नौजवान भारत को कुशल भारत में बदलने की हमारे सामने चुनौती है। यह दायित्व देश के विश्वविद्यालयों,

स्कूल-कॉलेजों और शिक्षक वर्ग पर अधिक है।

हमारी युवा पीढ़ी में अपार क्षमता छिपी हुई है। आज के दौर की चुनौतियों का सामना करने के लिए हमें अपनी युवा पीढ़ी को और अधिक मेहनती और साहसी बनाना होगा और उनमें नया-नया ज्ञान पाने की इच्छा शक्ति को प्रबल बनाना होगा। हम युवाओं की ऊर्जा को जितना अधिक रचनात्मक दिशा में लगाएँगे, उतना ही अन्य कार्यों में हमारी सफलता सुनिश्चित होगी।

बुधवार, 5 सितम्बर 2007, चण्डीगढ़

आलोक पर्व

'बिजली रैली' में

पिछले तीन वर्षों में भारत सरकार ने जो उपलब्धियाँ हासिल की हैं, उससे किसानों, मजदूरों, अल्पसंख्यकों, महिलाओं, बच्चों और युवा वर्ग में एक नये आत्मविश्वास का संचार हुआ है। आपने युवा ऊर्जा को रचनात्मक दिशा देने के लिए हाल ही में संगठन में जो दायित्व सौंपा है, उससे राष्ट्र के विकास को नयी दिशा मिलेगी तथा साथ ही खुशहाल भविष्य सुनिश्चित होगा।

आज देशभर में किसानों को कई प्रकार की सुविधाएँ मिल रही हैं। कृषि विकास के लिए 25 हजार करोड़ रुपये का एक विशेष कार्यक्रम शुरू किया जा रहा है। कृषि, ग्रामीण विकास, शिक्षा और स्वास्थ्य जैसे बुनियादी क्षेत्रों के बजट में लगभग तीन गुणा की वृद्धि की है।

आम आदमी बीमा योजना, वृद्धों के लिए राष्ट्रीय पेंशन योजना और श्रमिकों को बोनस के लिए आय सीमा बढ़ाना जैसे हाल ही में घोषित कार्यक्रमों से आम आदमी में सुरक्षा की भावना मजबूत होगी।

यूपीए सरकार ने ग्रामीण भारत का नक्शा बदलने के लिए भारत निर्माण कार्यक्रमों के माध्यम से एक नया इतिहास रचा है। राष्ट्रीय ग्रामीण रोज़गार गारण्टी योजना, राष्ट्रीय ग्रामीण स्वास्थ्य मिशन, सर्व शिक्षा अभियान, महिला सशक्तिकरण और राजीव गाँधी ग्रामीण विद्युतीकरण जैसे महत्वपूर्ण कार्यक्रमों से देश में एक नया बदलाव आ रहा है। जवाहरलाल नेहरू राष्ट्रीय शहरी नवीकरण मिशन से शहरी बुनियादी ढांचा मजबूत हो रहा है। देशभर में विश्व स्तर का इन्फ्रास्ट्रक्चर विकसित हो रहा है।

हरियाणा में कांग्रेस सरकार द्वारा सत्ता की बागडोर सम्भालने पर यूपीए अध्यक्ष श्रीमती सोनिया गाँधी ने कहा था–'जिन किसानों ने अपने खून-पसीने से देश और दुनिया में हरियाणा का नाम ऊँचा किया है, जिन किसानों की मेहनत से इन्दिरा जी के नेतृत्व में हरित और श्वेत क्रान्ति आई, उनके प्रति हमारी खास जिम्मेदारी है। हमें एक-एक नागरिक का ध्यान रखना है, लेकिन गरीबों, दलितों, कमजोर, पिछड़ों और महिलाओं का सबसे ज्यादा ध्यान रखना है।' हम इस जिम्मेदारी को पूरी मेहनत, ईमानदारी और निष्ठा से निभाने का प्रयास कर रहे हैं।

प्रति व्यक्ति आय के मामले में आज हरियाणा का गोवा के बाद पहला स्थान है। प्रति व्यक्ति निवेश के मामले में 10 वर्ष पहले हरियाणा 14वें स्थान पर था और पाँच वर्ष पहले 13वें स्थान पर था तथा आज हरियाणा का देशभर में पहला स्थान है।

हम किसानों को भूमि अधिग्रहण पर उचित मुआवजा दे रहे हैं तथा इसके लिए हमने फ्लोर रेट दो बार संशोधित किये हैं। अब स्थान-विशेष के आधार पर ये दरें 20 लाख रुपये, 16 लाख रुपये और आठ लाख रुपये प्रति एकड़ निर्धारित की गई हैं। इसके साथ-साथ 33 वर्ष तक 10 हजार रुपये प्रति वर्ष प्रति एकड़ रायल्टी देने के निर्णय से किसानों में खुशहाली का नया दौर आया है।

किसानों के 1600 करोड़ रुपये की बिजली के बकाया बिल तथा शहरी उपभोक्ताओं के बिजली के बकाया बिलों पर सरचार्ज माफ किया गया है। सहकारी बैंकों से लिये कर्ज़ का ब्याज माफ करके किसानों, छोटे दुकानदारों और दस्तकारों को 830 करोड़ रुपये का लाभ पहुँचाया है। कर्ज़ न चुकाने वाले किसानों को गिरफ़्तार न करने का फैसला लेकर उनके स्वाभिमान को बनाये रखा है।

पानी का समान बटवारा करने और हर खेत तक पानी पहुँचाने के लिए हांसी-बुटाना और दादूपुर-नलवी नहरों का निर्माण युद्ध स्तर पर चल रहा है और दो नयी नहरों पर निर्माण कार्य शुरू होने वाला है। हम रावी-व्यास का अपने हिस्से का पानी एस.वाई.एल. के माध्यम से लाकर रहेंगे।

गाँवों के विकास के लिए हमने हरियाणा ग्रामीण विकास प्राधिकरण का गठन किया है। श्री राजीव गाँधी जी के पंचायती राज संस्थाओं के सशक्तिकरण के सपने को साकार करने के लिए प्रदेश में 10 प्रमुख विभागों के कार्य, अमले तथा फण्ड ग्राम पंचायतों को सौंपे गये हैं। गाँधी जयन्ती के दिन गाँवों में लगभग 10,000 सफाई कर्मचारियों को नौकरी देने के निर्णय से पर्यावरण और स्वच्छता अभियान को सफलता मिलेगी।

हरियाणा देश का पहला राज्य है, जिसने श्रमिकों के कल्याण के लिए श्रम नीति बनाई है। आज हरियाणा देश में सर्वाधिक न्यूनतम मजदूरी देने वाले राज्यों में अग्रणी बन गया है। इस फैसले से श्रमिकों को लगभग तीन हजार करोड़ रुपये का वार्षिक लाभ मिला है।

प्रदेश में इन्फ्रास्ट्रक्चर को मजबूत बनाने पर विशेष ध्यान दे रहे हैं। फरीदाबाद में जवाहर लाल नेहरू राष्ट्रीय नवीनीकरण मिशन लागू किया गया है और इस मिशन के तहत पंचकूला को भी शामिल करने के लिए मैं भारत सरकार का आभार व्यक्त करता हूँ। पिछड़े क्षेत्र मेवात के सभी गाँवों को पेयजल उपलब्ध करवाने के लिए 'राजीव गाँधी पेयजल आपूर्ति बढ़ोतरी परियोजना' के पहले चरण का कार्य युद्ध स्तर पर चल रहा है। यह परियोजना मार्च, 2009 तक पूर्ण होने की सम्भावना है।

समाज के सभी वर्गों के लोगों के कल्याण उत्थान की स्कीमें शुरू की गई हैं। पेंशन के लिए पात्र बुजुर्गों का हर वर्ष सर्वेक्षण करवाने का निर्णय लिया गया है। आम आदमी की सुरक्षा के लिए राजीव गाँधी सुरक्षा बीमा योजना लागू की गई है। अनुसूचित जातियों और पिछड़े वर्गों के उत्थान के लिए बजट में छः गुणा वृद्धि होने से इन वर्गों के लिए नयी-नयी स्कीमें लागू हुई हैं। आठ लाख दलितों को मुफ़्त पेयजल कनैक्शन और टंकी दी जा रही है।

महिला सशक्तिकरण के लिए महिलाओं को अनेक रियायतें, शिक्षा संस्थाओं में आरक्षण तथा वजीफे आदि दिये जा रहे हैं। लड़कियों द्वारा उच्च शिक्षा के लिए लिये गये ऋण पर पाँच प्रतिशत ब्याज सबसिडी देने की स्कीम शुरू की गई है। 'इन्दिरा गाँधी प्रियदर्शनी विवाह शगुन योजना' लागू की है। लड़का-लड़की एक समान की भावना को मजबूत बनाने के लिए 'लाडली' और 'लाडली सामाजिक सुरक्षा भत्ता स्कीमें' बड़ी लोकप्रिय हो रही हैं। हर गाँव में 'साक्षर महिला समूह' गठित किये गये हैं तथा हर गाँव में 'महिला शक्ति सदन' बनाने का निर्णय लिया गया है।

हरियाणा देश का पहला राज्य है, जहाँ विद्यालय स्तर पर समैस्टर प्रणाली शुरू की गई है। सभी स्कूलों, कॉलेजों और तकनीकी शिक्षण संस्थाओं को 'एजुसैट' से जोड़ा जा रहा है। सोनीपत जिले के गाँव खानपुर कलां में उत्तरी भारत का पहला भगत फूल सिंह महिला विश्वविद्यालय स्थापित किया गया है। कुण्डली में राजीव गाँधी एजुकेशन सिटी स्थापित किया जा रहा है। युवाओं को विदेशों में रोज़गार प्राप्त करने में सहायता करने के लिए 'हरियाणा ओवरसीज़ प्लेसमैंट असिसटैंस सोसायटी' गठित की गई है।

स्वतन्त्रता सेनानियों और सैनिकों की तपस्या, त्याग और कुर्बानियों का हम कर्ज़ तो नहीं चुका सकते, लेकिन हरियाणा उनके सम्मान में सुविधाएँ प्रदान करने में देशभर में अग्रणी है।

कर्मभूमि हरियाणा के गौरवशाली इतिहास में आपने आज विकास के कई नये अध्याय जोड़े हैं। 8600 करोड़ रुपये से अधिक की लागत की ये परियोजनाएँ प्रदेश के विकास में मील पत्थर साबित होंगी। ये परियोजनाएँ कृषि, बिजली और रेल क्षेत्रों से जुड़ी हैं।

इस रैली में आने से पहले माननीय श्रीमती सोनिया गाँधी जी ने कुण्डली में 245 करोड़ रुपये लागत की नेशनल इनस्टीट्यूट ऑफ़ फ़ूड टेक्नोलॉजी, एन्टरप्रेन्योरशिप एण्ड मैनेजमेंट (National Institute of Food Technology, Entrepreneurship and Management) का अपने कर-कमलों से नींव पत्थर रखा है। कृषि क्षेत्र में हरियाणा के योगदान को देखते हुए यूपीए सरकार द्वारा यह संस्थान हरियाणा में स्थापित करने के निर्णय से प्रदेश में कृषि के विविधिकरण को बढ़ावा मिलेगा और फूड प्रोसेसिंग उद्योग फले-फूलेगा।

आपने यहाँ पर 1500 मैगावाट क्षमता के इन्दिरा गाँधी सुपर थर्मल पावर प्लांट का नींव पत्थर रखकर झाड़ली गाँव को भारत के ऊर्जा मानचित्र पर भी अंकित किया है। वर्ष 1966 में श्रीमती इन्दिरा गाँधी जी की कलम से ही हरियाणा का गठन हुआ था। उन्हीं के आशीर्वाद से हरियाणा ने वर्ष 1970 में सभी गाँवों में देशभर में सबसे पहले बिजली पहुँचाने का रिकार्ड कायम किया था। अब आपके आशीर्वाद से हम हरियाणा को बिजली के क्षेत्र में आत्मनिर्भर बनाने के लक्ष्य को अवश्य हासिल करेंगे।

राष्ट्रीय ताप बिजली निगम द्वारा लगभग 7900 करोड़ रुपये की लागत से स्थापित किये जाने वाला यह थर्मल पावर प्लांट राष्ट्रीय राजधानी दिल्ली सरकार तथा हरियाणा सरकार के आपसी सहयोग का एक बेजोड़ उदाहरण है।

विद्युत ऊर्जा की खपत से ही किसी देश और राज्य की आर्थिक स्थिति का अनुमान लगाया जा सकता है। यूपीए सरकार का वर्ष 2012 तक सभी को सुचारु और अच्छी क्वालिटी की बिजली देने का संकल्प है। 'राजीव गाँधी ग्रामीण विद्युतिकरण योजना' के तहत देश के सभी बिजली रहित गाँवों में सन् 2009 तक बिजली पहुँचा दी जायेगी, जो अपने आप में एक बड़ी उपलब्धि होगी।

हरियाणा बनने से लेकर अब तक प्रदेश में बिजली की प्रस्थापित उत्पादन क्षमता 1587 मैगावाट ही है। आज हरियाणा में लगभग 42 लाख उपभोक्ता हैं। हरियाणा के गठन से लेकर अब तक बिजली उपभोक्ताओं की संख्या में 14 गुणा की वृद्धि हुई है। राज्य में आज कनेक्टेड लोड (Connected load) 12 हजार मैगावाट से भी अधिक है, जबकि सभी साधनों से उपलब्ध प्रस्थापित उत्पादन क्षमता 4051 मैगावाट है। एक अनुमान के अनुसार 14 प्रतिशत वृद्धि दर के आधार पर 11वीं पंचवर्षीय योजना के अन्त तक बिजली की अधिकतम माँग 10,867 मैगावाट हो जायेगी।

हमने इस बढ़ती हुई माँग को पूरा करने के लिए शासन की बागडोर सम्भालते ही प्रदेश की बिजली की प्रस्थापित क्षमता में पाँच हजार मैगावाट की वृद्धि करने का लक्ष्य निर्धारित किया और इसे पाने के लिए एकलव्य जैसी निष्ठा से जुटे हुए हैं।

यहाँ पर 1500 मैगावाट के 'इन्दिरा गाँधी सुपर थर्मल पावर प्लांट' का शिलान्यास हमारे लक्ष्य की ओर बढ़ते कदमों का सूचक है। इस थर्मल प्लांट में 2010 में उत्पादन शुरू हो जायेगा। इससे पहले गत 19 मई को प्रधानमन्त्री जी जिला हिसार के खेदड़ गाँव में 1200 मैगावाट क्षमता की राजीव गाँधी ताप बिजली परियोजना का नींव पत्थर रख चुके हैं। इस थर्मल पावर प्लांट की 600 मैगावाट की पहली इकाई दिसम्बर, 2009 तक तथा इतनी ही क्षमता की दूसरी इकाई मार्च, 2010 तक चालू हो जायेगी।

यमुनानगर की दीनबन्धु छोटू राम ताप बिजली परियोजना की 300 मैगावाट की पहली इकाई अगले महीने हरियाणा दिवस से शुरू हो जायेगी। इतनी ही क्षमता की दूसरी इकाई में फरवरी, 2008 तक बिजली का उत्पादन शुरू हो जायेगा।

रविवार, 7 अक्तूबर 2007, झाड़ली (झज्जर)

नयी पटरी : नयी रेल

रेलवे परियोजनाओं के शिलान्यास तथा श्री राजीव गाँधी जी की प्रतिमा के अनावरण अवसर पर

रेवाड़ी-रोहतक रेल लाइन बिछाने की माँग इस क्षेत्र के लोग बड़े लम्बे समय से करते आ रहे थे। इस रेल लिंक के बन जाने से रोहतक, पानीपत, जींद, कुरुक्षेत्र, अम्बाला और पंचकूला के लोगों को जहाँ आवागमन की सुविधा मिलेगी, वहीं राष्ट्रीय राजधानी क्षेत्र में उद्योगों के विकास को भी बढ़ावा मिलेगा। इस रेलवे लाइन से झाड़ली में स्थापित हो रहे पावर प्लांट के लिए कोयले की ढुलाई की भी सुविधा उपलब्ध होगी।

दिल्ली-सराय रोहिल्ला-रेवाड़ी के बीच नयी बड़ी रेल लाइन के बनने से राजस्थान, गुजरात और महाराष्ट्र राज्यों के बीच कनैक्टिविटी में सुधार होगा। काण्डला बन्दरगाह से रेल सम्पर्क बढ़ेगा, जिससे इस क्षेत्र में उद्योगों को बढ़ावा मिलेगा और अर्थव्यवस्था सुदृढ़ होगी।

शकूरबस्ती-रोहतक रेलवे लाइन का विद्युतीकरण होने तथा दिल्ली-रोहतक एक्सप्रेस रेल गाड़ी और दिल्ली-रेवाड़ी पैसेन्जर रेल गाड़ी के चलने से रेवाड़ी और रोहतक से दिल्ली आने-जाने वाले यात्रियों को बहुत सुविधा हो जायेगी।

राष्ट्र के विकास में हरियाणा अपना अधिक से अधिक योगदान देने के लिए प्रतिबद्ध है। राष्ट्र के अनाज भण्डार में सबसे अधिक योगदान देने वाले राज्यों में हरियाणा का दूसरा स्थान है। आज हरियाणा कृषि के साथ-साथ विकास के अन्य क्षेत्रों में भी प्रगति पथ पर तेजी से आगे बढ़ रहा है। गुड़गाँव देश की नयी कारपोरेट कैपीटल के रूप में उभर रहा है। उद्योगों का तेजी से प्रसार हो रहा है। शिक्षा की आधुनिक सुविधाएँ विकसित हो रही हैं। गाँवों में शहरों जैसी सुविधाएँ पनप रही हैं। प्रदेश में रेल और परिवहन सुविधाएँ बढ़ने से विकास को और गति मिलेगी।

यहाँ के वीरों ने देश की आजादी और आजादी के बाद सीमाओं की रक्षा के लिए महान बलिदान दिये हैं। 1857 की क्रान्ति में राव तुला राम ने अंग्रेजों से डटकर लोहा लिया था।

इस वीर भूमि पर भारत माँ के वीर सपूत श्री राजीव गाँधी जी की प्रतिमा से वर्तमान और भावी पीढ़ी सदा प्रेरणा लेती रहेगी। हरियाणा का जन्म जहाँ श्रीमती इन्दिरा गाँधी जी की कलम से हुआ था, वहीं श्री राजीव गाँधी जी ने हरियाणा में रिफाईनरी जैसे बड़े प्रोजैक्ट की शुरुआत करके कृषि प्रधान राज्य में उद्योगों के विकास के एक नये युग का सूत्रपात किया था।

स्वतन्त्रता सेनानियों और सैनिकों की तपस्या, त्याग और कुर्बानियों का हम कर्ज़ तो नहीं चुका सकते, लेकिन हरियाणा उनके सम्मान में सुविधाएँ प्रदान करने में देशभर में अग्रणी है।

रविवार, 7 अक्तूबर 2007, रेवाड़ी

सुहाने सफ़र की दास्तान

हरियाणा दिवस की पूर्व संध्या पर राज्यवासियों के नाम
आकाशवाणी के रोहतक, कुरुक्षेत्र और हिसार से प्रसारित

हरियाणावासी मान के योग्य बुजुर्गो, भाइयो, बहनो, नौजवान साथियो तथा प्यारे बच्चो!

कल, हम अपने प्रदेश का 42-वाँ स्थापना दिवस मना रहे हैं। स्थापना दिवस की पूर्व संध्या पर मैं प्रदेशवासियों को हार्दिक बधाई और शुभकामनाएँ देता हूँ।

इस अवसर पर मैं सर्वप्रथम हमारी महान नेता श्रीमती इंदिरा गाँधी जी को नमन करता हूँ, जिनकी

आज पुण्यतिथि है। उनका जीवन हमें महान त्याग और बलिदान की प्रेरणा देता है। उनकी कलम से ही 41 वर्ष पूर्व हरियाणा प्रदेश अस्तित्व में आया था। नेहरू-गाँधी परिवार का हरियाणा से विशेष स्नेह और लगाव रहा है। उन्हीं के सहयोग और मार्गदर्शन में हरियाणा ने विकास के क्षेत्र में गौरवशाली स्थान हासिल किया है।

मुझे यह बताते हुए गर्व हो रहा है कि विकास और जन कल्याण के पथ पर हरियाणा का गत 32 महीनों का सफर बड़ा सुखद रहा है। कानून व्यवस्था सुदृढ़ हुई है। भ्रष्टाचार पर अंकुश लगा है। वित्तीय प्रबन्धन व्यवस्था को देशभर में सबसे बढ़िया बनाया गया है। जनता के खून-पसीने की कमाई का एक-एक पैसा विकास कार्यों पर खर्च हो रहा है। प्रदेश की आर्थिक, सामाजिक और राजनैतिक संस्कृति में बड़ा परिवर्तन आया है, जिससे प्रदेश की फिज़ा बदल रही है।

आज हरियाणा की आर्थिक विकास दर राष्ट्रीय औसत विकास दर से कहीं अधिक है। प्रति-व्यक्ति आय के मामले में आज हरियाणा का गोवा के बाद देशभर में पहला स्थान है। प्रति व्यक्ति निवेश के मामले में 10 वर्ष पहले हरियाणा 14-वें स्थान पर था और पाँच वर्ष पहले 13वें स्थान पर था। आज इसमें भी हरियाणा का देशभर में पहला स्थान है।

दीपों का त्यौहार दीपावली आने वाला है। लेकिन दीपावली उत्सव प्रदेश में कल से ही शुरू हो जायेगा। कल मुझे यमुनानगर में दीनबन्धु चौधरी छोटू राम थर्मल पावर प्लांट की 300 मैगावाट की पहली इकाई रूपी दीप को प्रज्ज्वलित करने का सौभाग्य प्राप्त होगा। उसके आलोक से हरियाणा जगमग होगा। इस प्लांट की दूसरी इकाई भी तीन महीने बाद फरवरी में शुरू हो जायेगी।

बिजली विकास की धुरी है। बिजली उत्पादन क्षमता में बढ़ोतरी किये बिना विकास को गति नहीं दी जा सकती। यह दुख की बात है कि पिछली सरकारों ने बिजली की समस्या को गम्भीरता से नहीं लिया। प्रदेश की स्थापना के चार दशकों में बिजली की उत्पादन क्षमता केवल 1587 मैगावाट तक ही पहुँच पाई। इस समय प्रदेश में सभी साधनों से उपलब्ध उत्पादन क्षमता केवल 4051 मैगावाट है। हरियाणा के गठन से लेकर अब तक बिजली उपभोक्ताओं की संख्या में 14 गुणा की वृद्धि हुई है। वर्ष 2009-10 तक बिजली की माँग बढ़कर लगभग 8400 मैगावाट होने का अनुमान है।

हमने इस बढ़ती हुई माँग को पूरा करने के लिए प्रदेश की बिजली की उत्पादन क्षमता में पाँच हजार मैगावाट की वृद्धि करने का लक्ष्य रखा है और इस दिशा में पूरी संकल्प शक्ति के साथ जुटे हुए हैं। हम बिजली के इन्फ्रास्ट्रक्चर को मजबूत बना रहे हैं तथा नये-नये पावर प्लांट लगाने के कदम उठा रहे हैं।

इसी महीने यूपीए अध्यक्ष श्रीमती सोनिया गाँधी जी ने जिला झज्जर के झाड़ली गाँव में 1500 मैगावाट क्षमता के इन्दिरा गाँधी सुपर थर्मल पावर प्लांट का नींव पत्थर रखा है। इस थर्मल प्लांट में वर्ष 2010 में उत्पादन शुरू हो जायेगा। जिला झज्जर में ही 1300 मैगावाट का एक और थर्मल प्लांट लगाया जायेगा। आपको याद होगा कि पिछली मई में हमारे प्रधानमन्त्री डॉ. मनमोहन सिंह जी ने जिला हिसार के खेदड़ गाँव में 1200 मैगावाट क्षमता की राजीव गाँधी ताप बिजली परियोजना की आधारशिला रखी थी। इस थर्मल पावर प्लांट की 600 मैगावाट की पहली इकाई दिसम्बर, 2009 तक तथा इतनी ही क्षमता की दूसरी इकाई मार्च, 2010 तक चालू हो जायेगी। इसके अलावा, दो हजार मैगावाट बिजली विभिन्न केन्द्रीय बिजली परियोजनाओं तथा अन्य साधनों से लेने का कार्यक्रम है।

बिजली उत्पादन, सम्प्रेषण तथा वितरण प्रणाली पर 11-वीं पंचवर्षीय योजना के दौरान 24 हजार करोड़ रुपये से अधिक खर्च किये जा रहे हैं। मैं विश्वास के साथ कह सकता हूँ कि हमारे इन प्रयासों से अगले दो-अढ़ाई वर्षों में हम बिजली क्षेत्र में आत्मनिर्भर हो जायेंगे।

हमारी अर्थव्यवस्था कृषि आधारित है। कृषि क्षेत्र की प्रगति और किसानों की समृद्धि में ही प्रदेश

की खुशहाली निहित है। हमने किसानों और ग्रामीण उपभोक्ताओं के लगभग 1600 करोड़ रुपये के विजली के बिलों की राशि माफ करने का ऐतिहासिक फैसला लिया। इसी की वजह से 67 प्रतिशत ऐसे उपभोक्ता, जो बिजली बिल अदा नहीं कर रहे थे, अब अपना बिल समय पर भरने लगे हैं।

किसानों को सहकारी संस्थाओं द्वारा दिये जाने वाले कर्जों पर ब्याज दरों में कमी की है। किसानों, छोटे दुकानदारों और दस्तकारों के लिए सहकारी कर्जों पर ब्याज माफी स्कीम से 830 करोड़ रुपये का लाभ पहुँचेगा। इस स्कीम से अब तक साढ़े तीन लाख कर्ज़दारों को लगभग 400 करोड़ रुपये का लाभ पहुँचाया जा चुका है। कर्ज़ न चुकाने वाले किसान को गिरफ़्तार न करने का फैसला लेकर हमने उसके सम्मान और स्वाभिमान की रक्षा की है।

प्राकृतिक आपदा से फसलें नष्ट होने पर दिये जाने वाले मुआवजे में भी भारी वृद्धि की है। भूमि अधिग्रहण के लिए हमने दो बार फ्लोर रेट बढ़ाए हैं। अब स्थान विशेष के आधार पर 20 लाख रुपये, 16 लाख रुपये और 8 लाख रुपये प्रति एकड़ मिलते हैं। इस मुआवजे के अतिरिक्त 33 वर्ष तक 15 हजार रुपये प्रतिवर्ष प्रति एकड़ रायल्टी देने और इसमें भी हर वर्ष 500 रुपये की वृद्धि के निर्णय से किसानों के जीवन में खुशहाली का एक नया दौर आया है।

हम यूपीए अध्यक्ष श्रीमती सोनिया गाँधी जी और प्रधानमन्त्री डॉ. मनमोहन सिंह जी का आभार व्यक्त करते हैं कि उन्होंने हमारे अनुरोध को मानते हुए गेहूँ के न्यूनतम समर्थन मूल्य में 250 रुपये और धान के मूल्य में 75 रुपये की रिकार्ड वृद्धि की है। इस ऐतिहासिक निर्णय से प्रदेश के किसानों को 800 करोड़ रुपये से अधिक का अतिरिक्त फायदा होगा। हमने गन्ने का भी सबसे अधिक 138 रुपये प्रति क्विंटल का भाव दिया है।

प्रदेश में नहरी पानी का समान बंटवारा करने और आखिरी मोघे तक पानी पहुँचाने के लिए 1240 करोड़ रुपये की लागत की चार सिंचाई परियोजनाएँ बनाई जा रही हैं। भाखड़ा मेन लाइन-हांसी-बुटाना तथा दादूपुर शाहबाद नलवी नहरों का निर्माण कार्य युद्ध स्तर पर हो रहा है। अम्बाला सिंचाई परियोजना तथा मेवात नहर परियोजना पर भी जल्द ही कार्य शुरू होगा। नाबार्ड की सहायता से 57 परियोजनाओं का कार्य पूरा किया गया है तथा 55 पर कार्य चल रहा है। हम सतलुज-यमुना लिंक नहर के माध्यम से रावी-ब्यास के अपने हिस्से का पानी प्राप्त करने के लिए भी प्रयासरत हैं और हर कीमत पर हासिल करने के लिए कटिबद्ध हैं।

हरियाणा देश का पहला राज्य है, जिसने श्रमिकों के कल्याण के लिए श्रम नीति लागू की और देशभर में सबसे अधिक न्यूनतम मजदूरी दी जा रही है। इस फैसले से श्रमिकों को लगभग तीन हजार करोड़ रुपये का वार्षिक लाभ होगा। प्रदेश के बुनियादी ढांचे को मजबूत बनाने के लिए सड़कों और पुलों के निर्माण पर विशेष बल दिया जा रहा है। परिवहन सुविधाओं का विस्तार किया जा रहा है। गुड़गाँव तक मैट्रो रेल सेवा के विस्तार पर कार्य शुरू हो गया है। फरीदाबाद शहर तक भी मैट्रो रेल सेवा पहुँचाने की मंजूरी हो गई है। रेवाड़ी-रोहतक रेलवे लाइन के निर्माण और रोहतक-शकूरबस्ती के बीच रेलवे लाइन विद्युतिकरण परियोजनाओं पर कार्य का शुभारम्भ हो चुका है। फरीदाबाद के साथ-साथ पंचकूला में भी जवाहर लाल नेहरू राष्ट्रीय नवीनीकरण मिशन लागू किया जा रहा है।

हाल ही में विदेशी निवेश आकर्षित करने के लिए एक शिष्टमण्डल के साथ मैं अमेरिका और कनाडा के दौरे पर गया था। वहाँ के उद्यमी हरियाणा में निवेश करने के लिए बड़े उत्सुक थे। यह दौरा बड़ा ही सफल रहा। इस दौरे से हम लगभग 3,750 करोड़ रुपये का सीधा विदेशी पूँजी निवेश आकर्षित करने में सफल रहे हैं। प्रदेश में ढांचागत विकास और औद्योगिक क्षेत्र में पूँजी निवेश 1.86 लाख करोड़ रुपये तक पहुँच गया है। इसके अलावा दो लाख करोड़ रुपये का निवेश विशेष आर्थिक जोनों में हो रहा

है। इस निवेश से 20 लाख लोगों को रोज़गार मिलेगा। बेरोज़गारी की समस्या के समाधान के लिए यह मील पत्थर साबित होगा।

उद्योगपतियों के साथ-साथ व्यापारी भाइयों को अपना कारोबार करने के लिए अनुकूल माहौल प्रदान किया है। कई वस्तुओं पर बिक्री कर कम किया गया है तो अनेक वस्तुओं पर कर खत्म किया गया है। कर प्रणाली को सरल बनाया है।

हमने गाँवों में शहरों जैसी सुविधाएँ जुटाने के लिए हरियाणा ग्रामीण विकास प्राधिकरण गठित किया है और पंचायती राज संस्थाओं का सशक्तिकरण किया है। बड़े-बड़े गाँवों को मॉडल गाँव के रूप में विकसित किया जा रहा है।

ग्रामीण क्षेत्रों में सड़कों तथा गलियों का सुधार किया जा रहा है। शौचालयों का निर्माण किया जा रहा है और सामान्य सफाई की ओर विशेष ध्यान दिया जा रहा है। स्कूल भवनों, चौपालों और पशु अस्पतालों की मरम्मत की जा रही है। बड़े-बड़े गाँवों में खेल स्टेडियम बनाये जा रहे हैं। इन सभी कार्यों पर अब तक 414 करोड़ रुपये से अधिक खर्च किये जा चुके हैं।

जिला महेन्द्रगढ़, सिरसा, अम्बाला और मेवात में राष्ट्रीय ग्रामीण रोज़गार गारण्टी कार्यक्रम चल रहा है। हमारी केन्द्रीय सरकार ने भारतीय राष्ट्रीय कांग्रेस के महासचिव श्री राहुल गाँधी के विशेष आग्रह पर राष्ट्रीय ग्रामीण रोज़गार गारण्टी योजना सारे देश में लागू करने का क्रान्तिकारी फैसला किया है, जिससे आगामी अप्रैल से राज्य के सभी जिलों में यह कार्यक्रम लागू हो जायेगा।

गाँधी जयन्ती से प्रदेश में 'ग्राम पंचायतों को स्वच्छता के लिए वित्तीय सहायता और अनुसूचित जातियों के लोगों के लिए रोज़गार सृजन नामक' नयी स्कीम शुरू की गई है। इसके तहत प्रदेश के गाँवों में आवादी के हिसाब से लगभग 11 हजार सफाई कर्मचारी नियुक्त किये जा रहे हैं।

शहरी और ग्रामीण क्षेत्रों में 30 लाख परिवारों को व्यक्तिगत पेयजल कनैक्शन देने की 'इन्दिरा गाँधी पेयजल स्कीम' शुरू की है। इसमें से अनुसूचित जाति के आठ लाख परिवारों को यह कनैक्शन और टंकी मुफ़्त दिये जा रहे हैं।

प्रतियोगिता के इस युग में आगे बढ़ने के लिए जरूरी है कि युवाओं को सही और गुणवत्तापूर्ण शिक्षा मिले। इसके लिए नये-नये पाठ्यक्रम शुरू किये गये हैं। विद्यालय स्तर पर सेमैस्टर प्रणाली शुरू करने वाला हरियाणा देश का पहला राज्य है। सभी स्कूलों, कॉलेजों और तकनीकी शिक्षपा संस्थाओं को 'एजुसैट' से जोड़ा जा रहा है, जो दुनिया का सबसे बड़ा नैटवर्क है।

खानपुर कलां में भगत फूल सिंह महिला विश्वविद्यालय स्थापित किया गया है, जो उत्तरी भारत का पहला विश्वविद्यालय है। यह विश्वविद्यालय देश का ऐसा पहला विश्वविद्यालय है, जिसमें कैम्ब्रिज यूनिवर्सिटी का सब सेंटर खोला गया है।

दीनबन्धु छोटू राम इंजीनियरिंग कॉलेज मुरथल को दीनबंधु छोटू राम साइंस एण्ड टेक्नोलॉजी विश्वविद्यालय का दर्जा दिया गया है। कुण्डली में राजीव गाँधी एजुकेशन सिटी स्थापित की जा रही है। तकनीकी संस्थाओं में सीटों की संख्या में भी दो गुणा की वृद्धि की गई है।

हमने 'राजीव गाँधी छात्रवृत्ति योजना' और डॉ. अम्बेडकर मेधावी छात्र योजना जैसी प्रोत्साहक स्कीमें शुरू की हैं। अनुसूचित जातियों के विद्यार्थियों को पुस्तकें और लेखन सामग्री के लिए दी जाने वाली राशि में बढ़ोतरी की है। सरकारी नौकरियाँ देने के साथ-साथ युवाओं को उद्योगों में रोज़गार के नये-नये अवसर उपलब्ध करवाये जा रहे हैं। हरियाणा के युवाओं को विदेशों में रोज़गार दिलवाने में सहायता करने के लिए 'हरियाणा ओवरसीज़ प्लेसमेंट असिसटेंस सोसायटी' गठित की हुई है। स्वास्थ्य सेवाओं को आम आदमी तक पहुँचाना हमारा लक्ष्य है। इसके लिए स्वास्थ्य बजट में भारी बढ़ोतरी की गई है। गरीबी रेखा से नीचे

जीवनयापन करने वालों के लिए 'विकल्प' स्कीम शुरू की गई है और 'आरोग्य कोष' स्थापित किया गया है। 'जननी सुरक्षा योजना' के तहत गरीबी रेखा से नीचे जीवनयापन करने वाली महिलाओं को सांस्थानिक प्रजनन (Institutional Delivery) के लिए 700 रुपये की वित्तीय सहायता प्रदान की जाती है।

हरियाणा देश का पहला राज्य है, जिसने शहरी मलिन बस्तियों में रहने वाली माताओं और बच्चों के लिए बेहतर मातृ और बाल स्वास्थ्य सुविधाएँ उपलब्ध करवाने के लिए 'जननी सुविधा योजना' लागू की है। गाँवों में 465 'प्रसूति गृह' बनाये जा चुके हैं। इसके परिणामस्वरूप माता और बाल मृत्यु दर में काफी कमी आई है।

महिलाओं और बालिकाओं के सामाजिक, आर्थिक और शैक्षणिक विकास के लिए कई कदम उठाये गये हैं। तकनीकी संस्थाओं में प्रवेश हेतु लड़कियों के लिए आरक्षण किया गया है। लड़कियों द्वारा उच्च शिक्षा के लिए लिये गये ऋण पर पाँच प्रतिशत ब्याज संबसिडी देने की स्कीम शुरू की गई है।

प्रदेश में लड़का और लड़की के बीच कम होते अनुपात का समाधान करने के लिए शुरू की गई 'लाडली' और 'लाडली सामाजिक सुरक्षा भत्ता स्कीम' जैसी अनूठी स्कीमें बड़ी लोकप्रिय हो रही हैं। लाडली स्कीम के तहत अब तक 46 हजार से अधिक परिवार लाभान्वित हो चुके हैं।

'इन्दिरा गाँधी प्रियदर्शनी विवाह शगुन योजना' से गरीबी रेखा से नीचे रहने वाले अनुसूचित जाति के परिवारों और सभी वर्गों की विधवाओं की लड़की के विवाह पर 15 हजार रुपये का शगुन दिया जाता है। इस स्कीम से भी 41,605 परिवार लाभान्वित हो चुके हैं। हर गाँव में साक्षर महिला समूह गठित किये गये हैं और हर गाँव में महिला शक्ति सदन बनाने का निर्णय लिया गया है।

समाज कल्याण हमारी सर्वोच्च प्राथमिकता है। इस वित्त वर्ष के 5,300 करोड़ रुपये के बजट में से 1,963 करोड़ रुपये केवल समाज कल्याण पर खर्च किये जा रहे हैं। पेंशन के लिए पात्र बुजुर्गों का हर वर्ष सर्वेक्षण करवाने का निर्णय लिया गया है। विधवाओं और विकलांगों को दी जाने वाली पेंशन में बढ़ोतरी की है।

अनुसूचित जातियों और पिछड़े वर्गों के सामाजिक, आर्थिक और शैक्षणिक उत्थान के लिए बजट में छः गुणा बढ़ोतरी की गई है तथा कई नयी स्कीमें शुरू की गई हैं। अनुसूचित जातियों, पिछड़े वर्गों और गरीबी रेखा से नीचे जीवन बिताने वाले कमजोर वर्ग के लोगों को, जिनके पास रहने को छत नहीं है, उन्हें 100-100 वर्ग गज के प्लाट दिये जायेंगे।

स्वतन्त्रता सेनानियों, सेवारत सैनिकों और भूतपूर्व सैनिकों और उनके आश्रितों को सुविधाएँ देने में हरियाणा आज देशभर में अग्रणी है। प्रथम स्वतन्त्रता संग्राम के शहीदों की स्मृति को चिरस्थाई बनाने के लिए अम्बाला में एक स्मारक बनाया जायेगा और कुरुक्षेत्र विश्वविद्यालय में एक संग्रहालय स्थापित किया जायेगा।

हम श्रीमती सोनिया गाँधी जी के कुशल मार्गदर्शन और प्रधानमन्त्री डॉ. मनमोहन सिंह जी के ओजस्वी नेतृत्व में हरियाणा को देश का 'नम्बर वन' राज्य बनाने के लिए कृत संकल्प हैं। इसमें आपकी सक्रिय भागीदारी अपेक्षित है। आपको निहित स्वार्थों के लिए किये जा रहे किसी भी प्रकार के भ्रामक प्रचार से बचना है।

आइये, हरियाणा दिवस पर हम सभी प्रकार के भेदभावों से ऊपर उठकर हरियाणा को नम्बर वन बनाने में अपना अधिक से अधिक योगदान देने का प्रण लें।

स्थान : मुख्यमन्त्री निवास, चण्डीगढ़ रिकार्डिंग तिथि

26 अक्तूबर, 2007

प्रकाश का उत्सव

दीनबंधु छोटू राम यमुनानगर ताप बिजली परियोजना की 300 मैगावाट की पहली इकाई के लोकार्पण के अवसर पर

लगभग 30 वर्षो के लम्बे इंतजार के बाद यमुनानगर में थर्मल पावर परियोजना लगने का सपना साकार हुआ है। इस परियोजना की रूपरेखा 1977 में बनाई गई है और 1984-85 में इसके लिए 1107 एकड़ भूमि का अधिग्रहण किया गया था, लेकिन दूरदृष्टि और इच्छा शक्ति के अभाव में इस परियोजना पर कोई काम नहीं हुआ।

इस परियोजना का 28 मार्च, 1993 को तत्कालीन प्रधानमन्त्री नें फरीदाबाद से रिमोट से शिलान्यास किया। उसके बाद चुनाव नजदीक आते देख वर्ष 2004 में हरियाणा के तत्कालीन मुख्यमन्त्री ने इसका शिलान्यास किया। शिलान्यासों में उलझी इस परियोजना की लागत बढ़कर 2400 करोड़ रुपये हो गई, जबकि शुरू में इस परियोजना पर 400 करोड़ रुपये से भी कम की राशि खर्च होनी थी।

आपकी सरकार ने इस परियोजना के कार्य का शुभारम्भ दृढ़ संकल्प के साथ अगस्त, 2005 में शुरू करवाया था और केवल 27 महीनों के रिकार्ड समय में यह पहली इकाई तैयार हुई है। इसके लिए मैं एच.पी.जी.सी.एल (HPGCL) के अधिकारियों और रिलायंस एनर्जी कम्पनी के महानुभावों, इंजीनियरों और अन्य कामगारों की मेहनत और लगन की सराहना करता हूँ और बधाई देता हूँ। आज इस यूनिट का तेल से समन्वय हो गया है। वह कोयले से व्यावसायिक उत्पादन कुछ सप्ताह में शुरू हो जायेगा।

इस अवसर पर मुझे चौधरी छोटू राम जी का भी स्मरण हो रहा है। वे बड़े विचारशील, विवेकी और सिद्धान्तवादी थे। उन्होंने किसानों, गरीबों, दलितों, शोषितों और उपेक्षित लोगों के उत्थान और सम्मान के लिये जीवनभर लड़ाई लड़ी। गरीबों के सच्चे हमदर्द होने के कारण वे 'दीनबन्धु' कहलाए। वे बड़े दूरदर्शी थे। वे समझते थे कि सिंचाई और बिजली सुविधाओं के बिना कृषि पैदावार बढ़ाना और किसानों में खुशहाली लाना सम्भव नहीं है। जिस भाखड़ा बाँध परियोजना से हम बिजली और सिंचाई के लिए पानी प्राप्त कर रहे हैं, वह परियोजना भी चौधरी छोटू राम जी की परिकल्पना थी, जिसे मंजूर करवाने में भी उन्होंने योगदान दिया था। हम भी उनके सपनों को साकार करने में जुटे हैं।

बिजली विकास की धुरी है। हमारी आर्थिक समृद्धि और प्रगति का आधार है। आधुनिक युग में बिजली की माँग हर क्षेत्र में बढ़ी है चाहे वह कृषि है, उद्योग-धन्धे हैं या घरेलू खपत। बिजली की माँग और पूर्ति में अन्तर निरन्तर बढ़ रहा है।

पिछली सरकार ने बिजली सुधार की लम्बी-चौड़ी बातें की, 31 दिसम्बर, 2004 के बाद एक दिन भी बिजली न जाने के कोरे सपने दिखाए। पिछली सरकारों ने बिजली की समस्या को गम्भीरता से नहीं लिया। प्रदेश की स्थापना के 40 वर्षों में अपने साधनों से बिजली उत्पादन क्षमता केवल 1587 मैगावाट तक ही पहुँच पाई। इस समय प्रदेश में सभी साधनों से उपलब्ध उत्पादन क्षमता केवल 4051 मैगावाट है।

हरियाणा के गठन से लेकर अब तक बिजली उपभोक्ताओं में 14 गुणा की वृद्धि हुई है। वर्ष 2009-10 तक बिजली की माँग बढ़कर लगभग 8400 मैगावाट होने का अनुमान है और 11वीं पंचवर्षीय योजना के अन्त तक यह लगभग 10,900 मैगावाट तक पहुँच जायेगी।

हमने प्रदेश के शासन की बागडोर सम्भालते ही राज्य में पाँच हजार मैगावाट अतिरिक्त बिजली पैदा करने का लक्ष्य निर्धारित किया था। यमुनानगर के लिए यह गौरव की बात है कि उस लक्ष्य को प्राप्त करने की शुरुआत आज यहाँ से हो रही है। यमुनानगर प्रदेश का एक ऐसा जिला बन गया है,

जिसमें ताप-बिजली घर भी है और पन-बिजली स्टेशन भी है।

आज मैंने यहाँ पर 40 करोड़ रुपये लागत की छः मैगावाट की दादूपुर पन-बिजली परियोजना की भी आधारशिला रखी है। यह परियोजना वर्ष 2009 के अन्त तक पूरी हो जायेगी।

मैं आपको बताना चाहता हूँ कि आगामी तीन वर्षों में हर साल एक नया विजली संयन्त्र उत्पादन शुरू करेगा, जो अपने आप में एक इतिहास होगा। यमुनानगर की दूसरी इकाई फरवरी, 2008 में शुरू हो जायेगी। जिला हिसार के खेदड़ गाँव में लग रहे 1200 मैगावाट क्षमता के राजीव गाँधी ताप बिजली परियोजना की 600 मैगावाट की पहली इकाई से दिसम्बर, 2009 तक तथा 600 मैगावाट की दूसरी इकाई से मार्च 2010 तक बिजली मिलने लगेगी। जिला झज्जर के झाड़ली गाँव में लग रहे 1500 मैगावाट क्षमता के इन्दिरा गाँधी सुपर थर्मल पावर प्लांट में वर्ष 2010 में बिजली उत्पादन शुरू हो जायेगा। आपको याद होगा कि झाड़ली थर्मल प्लांट का नींव पत्थर यूपीए अध्यक्ष श्रीमती सोनिया गाँधी जी और खेदड़ के थर्मल प्लांट की आधारशिला प्रधानमन्त्री डॉ. मनमोहन सिंह जी द्वारा रखी जा चुकी है।

झज्जर में 1300 मैगावाट का एक और थर्मल प्लांट लगाया जायेगा। जिला फतेहाबाद के कुम्हारिया में 2800 मैगावाट का परमाणु बिजली संयन्त्र लगाने के लिए भी हम प्रयासरत हैं। इसके अलावा दो हजार मैगावाट बिजली विभिन्न केन्द्रीय परियोजनाओं और अन्य स्रोतों से खरीदने का कार्यक्रम है। मेरा कहने का भाव यह है कि प्रदेश को बिजली के मामले में आत्मनिर्भर बनाने के लिए जो योजनाएँ बनाई गई हैं, उनके फल मिलने लगे हैं।

आप जानते हैं कि श्रीमती इन्दिरा गाँधी जी की कलम से 41साल पहले हरियाणा एक अलग प्रदेश बना था। उनका सपना था कि यह प्रदेश हर क्षेत्र में विकसित हो। उनके प्रधानमन्त्री काल में हरियाणा ने अपने सभी गाँवों में बिजली पहुँचाने का कीर्तिमान स्थापित किया था तथा अन्य क्षेत्रों में भी बड़ी तेजी से विकास किया।

मुझे भी यह बताते हुए गर्व हो रहा है कि गाँधी-नेहरू तथा कांग्रेस के आदर्शों और सिद्धान्तों पर चलने वाली हरियाणा में आपकी सरकार ने पिछले 32 महीनों में विकास और जन-कल्याण के लिए ऐतिहासिक फैसले लिए, साहसिक कदम उठाये और अनूठी उपलब्धियाँ हासिल की। आज प्रदेश देश का 'नम्बर वन' राज्य बनने की दिशा में तेजी से आगे बढ़ रहा है। प्रति व्यक्ति आय, प्रति व्यक्ति निवेश और कुशल वित्तीय प्रबन्धन में आज हरियाणा देशभर में आगे है।

किसान हमारे विकास की रीढ़ हैं। किसानों के सामाजिक और आर्थिक उत्थान के लिए हमने जो कदम उठाये हैं, वह प्रदेश के इतिहास में आज तक नहीं उठाये गये। हमने किसानों और ग्रामीण उपभोक्ताओं के लगभग 1600 करोड़ रुपये के बिजली के बिलों की राशि माफ करने का ऐतिहासिक फैसला लिया। इसी की वजह से 67 प्रतिशत ऐसे उपभोक्ता, जो बिजली बिल अदा नहीं कर रहे थे, अब अपना बिल समय पर भरने लगे हैं।

किसानों को सहकारी संस्थाओं द्वारा दिये जाने वाले कर्जों पर ब्याज दरों में कमी की है। किसानों, छोटे दुकानदारों और दस्तकारों के लिए सहकारी कर्जों पर ब्याज माफी स्कीम से साढ़े तीन लाख कर्ज़दारों को लगभग 400 करोड़ रुपये का लाभ पहुँचाया जा चुका है। अब इस स्कीम का लाभ कर्ज़दार 31 दिसम्बर, 2007 तक उठा सकते हैं। कर्ज़ न चुकाने वाले किसान को गिरफ़्तार न करने का फैसला लेकर हमने उसके सम्मान और स्वाभिमान की रक्षा की है।

प्राकृतिक आपदा से फसलें नष्ट होने पर दिये जाने वाले मुआवजे में भी भारी वृद्धि की है। भूमि अधिग्रहण के लिए हमने दो बार फ्लोर रेट बढ़ाए हैं। अब स्थान विशेष के आधार पर 20 लाख रुपये, 16 लाख रुपये और 8 लाख रुपये प्रति एकड़ मिलते हैं। इस मुआवजे के अतिरिक्त 33 वर्ष तक 15

हजार रुपये प्रतिवर्ष प्रति एकड़ रायल्टी देने और इसमें भी हर वर्ष 500 रुपये की वृद्धि के निर्णय से किसानों के जीवन में खुशहाली का एक नया दौर आया है।

हम यूपीए अध्यक्ष श्रीमती सोनिया गाँधी जी और प्रधानमन्त्री डॉ. मनमोहन सिंह जी का आभार व्यक्त करते हैं कि उन्होंने हमारे अनुरोध को मानते हुए गेहूँ के न्यूनतम समर्थन मूल्य में 250 रुपये और धान के मूल्य में 75 रुपये की रिकार्ड वृद्धि की है। इस ऐतिहासिक निर्णय से प्रदेश के किसानों को 800 करोड़ रुपये से अधिक का अतिरिक्त फायदा होगा। हमने गन्ने का भी सबसे अधिक 138 रुपये प्रति क्विंटल का भाव दिया है।

प्रदेश में नहरी पानी का समान बंटवारा करने और आखिरी मोघे तक पानी पहुँचाने के लिए 1240 करोड़ रुपये की लागत की चार सिंचाई परियोजनाएँ बनाई जा रही हैं। भाखड़ा मेन लाइन-हांसी-बुटाना तथा दादूपुर शाहबाद नलवी नहरों का निर्माण कार्य युद्ध स्तर पर हो रहा है। अम्बाला सिंचाई परियोजना तथा मेवात नहर परियोजना पर भी जल्द ही कार्य शुरू होगा।

पश्चिमी यमुना नहर मेन लाइन लोअर की क्षमता बढ़ाने के कार्य का आज मैंने यहाँ शुभारम्भ किया है। इस परियोजना पर 30 करोड़ रुपये की लागत आयेगी। इस नहर की क्षमता कम होने से वर्षाकाल में यमुना नदी से व्यर्थ बह जाने वाले हरियाणा प्रदेश के हिस्से के 3,60,000 एकड़ फुट पानी को सिंचाई के लिए उपयोग में लाया जा सकेगा, जिससे लगभग 2,40,000 एकड़ अतिरिक्त भूमि की सिंचाई होगी।

प्रदेश के बुनियादी ढांचे को मजबूत बनाने के लिए सड़कों और पुलों के निर्माण पर विशेष बल दिया जा रहा है। गुड़गाँव तक मैट्रो रेल सेवा के विस्तार पर कार्य शुरू हो गया है। फरीदाबाद शहर तक भी मैट्रो रेल सेवा पहुँचाने की मंजूरी हो गई है। रेवाड़ी-रोहतक रेलवे लाइन के निर्माण और रोहतक-शकूरबस्ती के बीच रेलवे लाइन विद्युतिकरण परियोजनाओं पर कार्य का शुभारम्भ हो चुका है। फरीदाबाद के साथ-साथ पंचकूला में भी जवाहर लाल नेहरू राष्ट्रीय नवीनीकरण मिशन लागू किया जा रहा है।

महत्वपूर्ण क्षेत्र शिक्षा को समय के अनुरूप बनाने के लिए नयी-नयी स्कीमें बनाई गई हैं। गरीब से गरीब व्यक्ति को स्वास्थ्य सुविधाएँ पहुँचाने के प्रयास किये जा रहे हैं। परिवहन सुविधाओं का विस्तार किया जा रहा है तथा पर्यटन क्षेत्र को एक नयी दिशा दी जा रही है।

हाल ही में विदेशी निवेश आकर्षित करने के लिए एक शिष्टमण्डल के साथ मैं अमेरिका और कनाडा के दौरे पर गया था। वहाँ के उद्यमी हरियाणा में निवेश करने के लिए बड़े उत्सुक थे। यह दौरा बड़ा ही सफल रहा। इस दौरे से हम लगभग 3,750 करोड़ रुपये का सीधा विदेशी पूँजी निवेश आकर्षित करने में सफल रहे हैं। प्रदेश में ढांचागत विकास और औद्योगिक क्षेत्र में पूँजी निवेश 1.86 लाख करोड़ रुपये तक पहुँच गया है। इसके अलावा दो लाख करोड़ रुपये का निवेश विशेष आर्थिक जोनों में हो रहा है। इस निवेश से 20 लाख लोगों को रोज़गार मिलेगा।

हमने गाँवों में शहरों जैसी सुविधाएँ जुटाने के लिए हरियाणा ग्रामीण विकास प्राधिकरण गठित किया है और पंचायती राज संस्थाओं का सशक्तिकरण किया है। बड़े-बड़े गाँवों को मॉडल गाँव के रूप में विकसित किया जा रहा है। हर गाँव में विकास की गहमा-गहमी है। ग्रामीण विकास पर अब तक 414 करोड़ रुपये से अधिक खर्च किये जा चुके हैं।

जिला महेन्द्रगढ़, सिरसा, अम्बाला और मेवात में राष्ट्रीय ग्रामीण रोज़गार गारण्टी कार्यक्रम चल रहा है। हमारी केन्द्रीय सरकार ने भारतीय राष्ट्रीय कांग्रेस के महासचिव श्री राहुल गाँधी के विशेष आग्रह पर राष्ट्रीय ग्रामीण रोज़गार गारण्टी योजना सारे देश में लागू करने का क्रान्तिकारी फैसला किया है, जिससे आगामी अप्रैल से राज्य के सभी जिलों में यह कार्यक्रम लागू हो जायेगा।

शहरी और ग्रामीण क्षेत्रों में 30 लाख परिवारों को व्यक्तिगत पेयजल कनैक्शन देने की 'इन्दिरा

गाँधी पेयजल स्कीम' शुरू की है। इसमें से अनुसूचित जाति के आठ लाख परिवारों को यह कनैक्शन और टंकी मुफ़्त दिये जा रहे हैं।

महिलाओं और बालिकाओं के सामाजिक, आर्थिक और शैक्षणिक विकास के लिए कई कदम उठाये गये हैं। तकनीकी संस्थाओं में प्रवेश हेतु लड़कियों के लिए आरक्षण किया गया है। लड़कियों द्वारा उच्च शिक्षा के लिए लिये गये ऋण पर पाँच प्रतिशत ब्याज सबसिडी देने की स्कीम शुरू की गई है। 'लाडली' और 'लाडली सामाजिक सुरक्षा भत्ता स्कीम' जैसी अनूठी स्कीमें बड़ी लोकप्रिय हो रही हैं। लाडली स्कीम के तहत अब तक 46 हजार से अधिक परिवार लाभ उठा चुके हैं।

'इन्दिरा गाँधी प्रियदर्शनी विवाह शगुन योजना' से गरीबी रेखा से नीचे रहने वाले अनुसूचित जाति के परिवारों और सभी वर्गों की विधवाओं की लड़की के विवाह पर 15 हजार रुपये का शगुन दिया जाता है। इस स्कीम से भी 41,605 परिवार लाभ उठा चुके हैं।

सरकार ने प्रदेश में समाज के हर वर्ग, चाहे वे किसान हैं, मजदूर हैं, व्यापारी हैं, कर्मचारी हैं, अनुसूचित जातियों और पिछड़े वर्गों के लोग हैं, महिलाएँ हैं, सभी की खुशहाली और समृद्धि के लिए हमने जो ऐतिहासिक, साहसिक और अनूठे कदम उठाये हैं, वे देशभर में आज एक उदाहरण बन गये हैं।

स्वतन्त्रता सेनानियों, सेवारत सैनिकों और भूतपूर्व सैनिकों और उनके आश्रितों को सुविधाएँ देने में हरियाणा आज देशभर में अग्रणी है। आज प्रदेश में मजदूर को देशभर में सबसे ज्यादा मजदूरी मिलती है। वृद्धावस्था भत्ते के लिए पात्र बुजुर्गों का हर वर्ष सर्वेक्षण करवाने का निर्णय लिया गया है। विधवाओं और विकलांगों को दी जाने वाली पेंशन में भी बढ़ोतरी की है। अनुसूचित जातियों, पिछड़े वर्गों और गरीबी रेखा से नीचे जीवन बिताने वाले कमजोर वर्ग के लोगों को, जिनके पास रहने को छत नहीं है, उन्हें 100-100 वर्ग गज के प्लाट दिये जायेंगे। इन वर्गों के लिए कई अन्य स्कीमें भी लागू की गई हैं।

हम श्रीमती सोनिया गाँधी जी के कुशल मार्गदर्शन और प्रधानमन्त्री डॉ. मनमोहन सिंह जी के ओजस्वी नेतृत्व में हरियाणा को देश का 'नम्बर वन' राज्य बनाने के लिए कृत संकल्प हैं। इसमें जनता-जनार्दन का सहयोग और समर्थन ही हमारी ताकत है।

बृहस्पतिवार, 1 नवम्बर 2007, यमुनानगर

सब मिल हाथ बँटाना

राज्य स्तरीय सहकारिता दिवस समारोह में

आप जानते हैं कि सहकारिता का इतिहास उतना ही पुराना है, जितना पुराना मानव समाज के विकास का इतिहास है। जब समाज के विभिन्न वर्गों ने आपस में मिलजुल कर रहना शुरू किया, आपस में सामाजिक व्यवहार शुरू किया, आपस में मिलकर बस्तियों का विकास किया, तब से ही सहकारिता का उदय हुआ। सहकारिता का मूल उद्देश्य है-सामाजिक और आर्थिक न्याय पर आधारित व्यवस्था का निर्माण करना। आपसी सहयोग, आपसी एकता और आपसी विश्वास सहकारिता आन्दोलन के लिए नींव का पत्थर हैं। सहकारी आन्दोलन ने देश में समाज के कमजोर और गरीब वर्गों तथा छोटे किसानों के आर्थिक स्तर को ऊँचा उठाने में महत्वपूर्ण योगदान दिया है।

भारत के प्रथम प्रधानमन्त्री पण्डित जवाहर लाल नेहरू जी सहकारिता आन्दोलन के प्रबल समर्थक थे। उनका मानना था कि सहकारी आन्दोलन ग्रामीण भारत के उत्थान में कारगर भूमिका निभा सकता है। इसीलिए उनके जन्म दिवस 14 नवम्बर से 20 नवम्बर तक सहकारी सप्ताह का आयोजन किया

जाता है। इस सप्ताह को मनाने का उद्देश्य सहकारी आन्दोलन की उपलब्धियों का मूल्याँकन करके भावी कार्यों की रूपरेखा तैयार करना है।

आप जानते हैं कि हरियाणा एक कृषि प्रधान प्रदेश है। प्रदेश में हरित क्रान्ति लाने में सबसे बड़ा योगदान सहकारिता का है। अपने गठन के समय जो हरियाणा अपने खाने भर का अनाज पैदा नहीं कर सकता था। आज उसका केन्द्रीय अनाज भण्डार में योगदान देने में दूसरा स्थान है।

आज कृषि का स्वरूप बदल चुका है और सहकारी संस्थाओं की भूमिका और भी अहम बन गई है। उदारीकरण और वैश्वीकरण के कारण कृषि और कृषि उत्पादों में जबरदस्त प्रतिस्पर्धा आई है। बड़ी-बड़ी बहु-राष्ट्रीय कम्पनियाँ आज कृषि क्षेत्र में प्रवेश कर रही हैं। हरियाणा जैसे प्रांत में छोटे-छोटे किसानों के सामने अनेक चुनौतियाँ आ गई हैं। खेती-बाड़ी को अब एक गुज़ारे का जरिया न समझ कर एक व्यवसाय या व्यापार की तरह लेने की आवश्यकता है। आम किसान और मजदूर व्यक्तिगत तौर पर आज की प्रतिस्पर्धा का मुकाबला नहीं कर सकता है और इसके लिए लोगों को इक्ट्ठा मिलकर काम करने की आवश्यकता है जो सहकारी आन्दोलन के जरिए ही सम्भव है।

हमारी सरकार ने राज्य प्रशासन की बागडोर सम्भालते ही सहकारी समितियाँ अधिनियम 1984 में संशोधन करके उस प्रावधान को खत्म कर दिया है, जिसके अन्तर्गत सहकारी ऋण की वसूली के लिए किसान को गिरफ़्तार किया जाता था। आप लोगों को मैं यह भी बताना चाहूँगा कि सहकारी बैंक आपकी संस्थाएँ हैं तथा ऋण की अदायगी समय पर करना आप की जिम्मेदारी है।

हमारे लिए यह गौरव की बात है कि हरियाणा में सहकारिता आन्दोलन ने बड़े लम्बे डग भरे हैं। राज्य के सहकारी बैंकों द्वारा किसानों को वर्ष 2006-07 के दौरान लगभग छः हजार करोड़ रुपये के ऋण दिये गये। चालू वित्त वर्ष में 7 हजार 850 करोड़ रुपये के ऋण दिये जायेंगे।

हमारी सरकार ने लघु अवधि के कृषि ऋणों पर ब्याज दर 11 प्रतिशत से घटाकर सात प्रतिशत की है। इतना ही नहीं किसानों और कमजोर वर्गों के लोगों पर ऋण के बोझ को देखते हुए सरकार ने एक मुश्त वसूली योजना के अन्तर्गत ब्याज माफ करने का निर्णय लिया है। इस योजना का लाभ उठाने की अन्तिम तिथि बढ़ाकर 31 दिसम्बर, 2007 कर दी गई है। इस योजना के अन्तर्गत अब तक 422 करोड़ रुपये की राहत पहुँचाई जा चुकी है।

हमारी सरकार ने अनुसूचित जाति के उन भाइयों को जो सहकारी बैकों से छोटी और लम्बी अवधि के ऋण लेते हैं, उनको 7 प्रतिशत तक ब्याज में छूट देने का निर्णय किया है।

हरियाणा प्रदेश में गृह निर्माण के लिए भी सहकारी संस्थाओं द्वारा ऋण दिये जा रहे हैं, लेकिन कुछ समय से किन्हीं कारणों से सदस्यों द्वारा समय पर किस्त जमा नहीं करवाई जा रही है। सरकार ने ऐसे लोगों के लिए एक मुश्त वसूली योजना बनाई है, जिसके अन्तर्गत सदस्य ने जितना मूलधन लिया हो, उसके बराबर ब्याज जमा करवाने पर उसका पीनल ब्याज माफ कर दिया जायेगा तथा ये सदस्य पूरी तरह से अपने घर के स्वामी बन जायेंगे। मुझे उम्मीद है कि इस योजना से लोगों को भारी राहत मिलेगी।

प्राथमिक कृषि सहकारी ऋण ढांचे को मजबूत बनाने के लिए हरियाणा सरकार ने केन्द्र सरकार के साथ एक समझौता किया है। इस समझौते के अनुसार केन्द्र सरकार प्राथमिक कृषि ऋण समितियों को मजबूत बनाने के लिए हरियाणा को 704 करोड़ रुपये देगी। हरियाणा देश का पहला प्रदेश है, जिसने इस तरह का समझौता करके केन्द्र सरकार से अभी तक 251 करोड़ रुपये प्राप्त कर लिये हैं।

आज भूमि जोत छोटी होती जा रही है। इसलिए सरकार ने डेरी उद्योग को बढ़ावा देने के लिए एक एक्शन प्लान तैयार किया है। डेरी सहकारिता की श्वेत कार्ड योजना के तहत छोटे और सीमांत दुग्ध उत्पादकों को बिना कोलेटरल सिक्योरिटी के चयनित बैंकों से एक लाख रुपये तक का कर्ज़ दिया

जाता है। दुग्ध सहकारी समितियों के सदस्यों के लिए दुर्घटना बीमा योजना शुरू की गई है। इस योजना के तहत दुग्ध सहकारी समिति के सदस्य का एक लाख रुपये का बीमा किया जाता है, जिसके लिए उसे एक बार मात्र 10 रुपये देने पड़ते हैं।

किसान की मेहनत का हम पूरा-पूरा सम्मान करते हैं और उन्हें सुविधाएँ देने में आज हरियाणा देशभर में सबसे आगे है। किसानों की उपज को न्यूनतम समर्थन मूल्य पर खरीदा जाता है। हम यूपीए अध्यक्ष श्रीमती सोनिया गाँधी जी और प्रधानमन्त्री डॉ. मनमोहन सिंह जी का गेहूँ के न्यूनतम समर्थन मूल्य में 250 रुपये और धान के मूल्य में 75 रुपये की रिकार्ड वृद्धि करने के लिए आभार व्यक्त करते हैं। इस ऐतिहासिक निर्णय से प्रदेश के किसानों को 800 करोड़ रुपये का अतिरिक्त फायदा होगा। हम गन्ने का भाव भी 138 रुपये प्रति क्विंटल दे रहे हैं, जो कि देशभर में सबसे ज्यादा है।

राज्य में कार्यरत सहकारी चीनी मिलों ने गन्ना उत्पादकों के लाभ के लिए विशेष प्रयास किये है। प्रदेश मे गन्ने की बढ़िया किस्म की काश्त हो, इसके लिए गन्ना विकास योजना के अन्तर्गत 26.56 करोड़ रुपये के लगभग खर्च करने का प्रावधान किया है। हमारे पूरे प्रयास हैं कि गन्ना क्षेत्र को बढ़ाकर 2.22 लाख एकड़ तक किया जाए ताकि गन्ना मिलों को पर्याप्त मात्रा में गन्ना प्राप्त हो सके। सहकारी गन्ना मिलों के प्रबन्धन को भी सुदृढ़ बनाया जा रहा है। मुझे यह बताते हुए प्रसन्नता हो रही है कि सहकारी चीनी मिलों ने पिछले पिराई सीजन के दौरान खरीदे गये गन्ने की कुल कीमत जो कि 445. 76 करोड़ रुपये थी, अदा कर दी है। इस राशि में से 105 करोड़ रुपये राज्य सरकार द्वारा दिये गये हैं।

मैं चाहता हूँ कि ज्यादा से ज्यादा लोग सहकारी आन्दोलन की स्वयं रोज़गार योजनाओं का लाभ उठायें। राज्य के सहकारी बैंक तथा भूमि विकास बैंक गाँवों में छोटे-छोटे उद्योग धन्धे स्थापित करने के लिए ऋण देते हैं। इसके साथ-साथ छोटे वाहन खरीदने के लिए भी सहकारी बैंकों द्वारा ऋण उपलब्ध करवाए जा रहे हैं, जिनका लोगों को फायदा उठाना चाहिए।

सहकारी समितियों के गठन का उद्देश्य लोगों द्वारा लोकतान्त्रिक प्रणाली के आधार पर इन का प्रबन्धन करके अपना सामाजिक और आर्थिक उत्थान करना है। लेकिन ऐसा देखने में आ रहा है कि ज्यादातर समितियों का प्रबन्धन सरकार द्वारा ही किया जा रहा है क्योंकि उनके अधिकतर सदस्य समितियों के कार्य में रुचि नहीं लेते। वे केवल इसलिए सहकारी समिति के सदस्य बनते हैं कि उनसे ऋण लिया जा सके।

मेरा यह मानना है कि ये संस्थाएँ लोगों द्वारा ही चलाई जानी चाहिए। लोगों को अधिक अधिकार तथा दायित्व देने के लिए अभी हाल ही में सहकारी समितियाँ अधिनियम में संशोधन किए गये हैं ताकि लोग इन समितियों को अपनी संस्थाएँ समझें तथा इनके प्रति अपनी जिम्मेदारी अनुभव करें।

मैं इस शुभ अवसर पर सहकारी विभाग और संस्थाओं के अधिकारियों और कर्मचारियों से अनुरोध करता हूँ कि वे सहकारी संस्थाओं के काम-काज को पूरी निष्ठा और ईमानदारी से करते रहें ताकि जन-साधारण उनकी सेवाओं का भरपूर लाभ उठा सके।

शुक्रवार, 16 नवम्बर 2007, जींद

नयी सड़कें : नये पुल

राजीव गाँधी पुल एवं सड़कें इन्फ्रास्ट्रक्चर विकास कार्यक्रम के शुभारम्भ अवसर पर

आज यूपीए अध्यक्ष श्रीमती सोनिया गाँधी ने यहाँ पर तीन हजार करोड़ रुपये के राजीव गाँधी पुल एवं सड़कें इन्फ्रास्ट्रक्चर विकास कार्यक्रम का शुभारम्भ किया है। इस परियोजना के पूरा होने से प्रदेश के विकास को एक नयी दिशा मिलेगी। श्री राजीव गाँधी जी इन्फ्रास्ट्रक्चर के विकास और उच्च टेक्नोलॉजी के प्रयोग पर बल देते थे। उसी के परिणाम स्वरूप एक मजबूत भारत ने 21वीं सदी में प्रवेश किया था।

दादरी क्षेत्र के लोगों के लिए तो आज का दिन विशेष खुशी का दिन है। इस क्षेत्र के विकास के लिए आज दादरी-छुछकवास-झज्जर राजमार्ग को सुदृढ़ और चौड़ा बनाने और दादरी-झज्जर रोड पर ओवर ब्रिज का नींव पत्थर रखा गया है। दादरी-छुछकवास-झज्जर सड़क के सुधार पर 55 करोड़ रुपये से अधिक और पुल के निर्माण पर 20 करोड़ रुपये खर्च होंगे।

तीन हजार करोड़ रुपये के राजीव गाँधी पुल एवं सड़कें इन्फ्रास्ट्रक्चर विकास कार्यक्रम के तहत प्रदेश में नयी सड़कें बनाई जायेंगी, वर्तमान सड़कों को चौड़ा किया जायेगा और उन्हें मजबूत बनाया जायेगा तथा नये पुल बनाये जायेंगे। यह कार्यक्रम तीन चरणों में वर्ष 2009-2010 तक पूरा कर लिया जायेगा। हर चरण में एक हजार करोड़ रुपये खर्च किये जायेंगे।

प्रथम चरण में 31 मार्च, 2008 तक 650 करोड़ रुपये की लागत से 3,496 किलोमीटर लम्बी सड़कों को चौड़ा करने, सुधार करने और मजबूत बनाने तथा 350 करोड़ रुपये की लागत से रेलवे लाइनों और नहरों पर पुल बनाने के कार्य शुरू हो जायेंगे। सड़कों के रखरखाव का जो आम कार्य है, वह इसमें शामिल नहीं है।

हमने सड़कों और पुलों के निर्माण पर विशेष ध्यान दिया है। पिछली सरकार ने अपने पूरे पाँच वर्ष के कार्यकाल में सड़कों और पुलों के ऊपर लगभग 1700 करोड़ रुपये खर्च किये थे, जबकि हम अढ़ाई साल के थोड़े से समय में ही सड़कों और पुलों के निर्माण पर 2100 करोड़ रुपये खर्च कर चुके हैं।

हरियाणा के गठन से लेकर मार्च, 2005 तक 39 वर्षों में प्रदेश में केवल 16 रेलवे ओवरब्रिज बने। वर्तमान सरकार के कार्यकाल में चार रेलवे ओवर ब्रिज का निर्माण कार्य पूरा किया जा चुका है तथा 17 पर निर्माण कार्य चल रहा है और 16 पुलों के निर्माण की स्वीकृति प्रदान कर दी है, जो डिज़ाईन बनाने और टैंडर माँगने के विभिन्न चरणों में हैं।

मैडम, मुझे यह बताते हुए बड़े गर्व का अनुभव हो रहा है कि आज हरियाणा में विकास की गहमा-गहमी है। कृषि के साथ-साथ विकास के अन्य क्षेत्रों में तेजी से प्रगति हो रही है। नये-नये उद्योग लग रहे हैं। बिजली के नये-नये प्लांट लग रहे हैं। नयी-नयी शिक्षण संस्थाएँ खुल रही हैं। दूर-दराज के क्षेत्रों तक स्वास्थ्य सेवाएँ उपलब्ध करवाई जा रही हैं। गरीब से गरीब व्यक्ति तक विकास के लाभ पहुँचाए जा रहे हैं।

हरियाणा को विकास के मामले में देश का नम्बर वन राज्य बनाने का लक्ष्य प्राप्त करने की दिशा में हम आगे बढ़ रहे हैं। पानी का समान बटवारा करने के लिए भाखड़ा मेन लाइन-हांसी-बुटाना नहर का निर्माण युद्ध स्तर पर चल रहा है। प्रति व्यक्ति आय, प्रति व्यक्ति निवेश और वित्तीय प्रबन्धन में आज हरियाणा देशभर में अग्रणी है।

बुधवार, 28 नवम्बर 2007, दादरी

मजदूरों के हित में

'बंधुआ मजदूरी और बाल मजदूरी उन्मूलन' विषय पर आयोजित कार्यशाला के उद्घाटन अवसर पर

वर्तमान हरियाणा सरकार ने तीन वर्ष पहले प्रदेश के शासन की बागडोर सम्भाली थी। हमारा लक्ष्य सभी को सामाजिक न्याय सुनिश्चित करना है। यूपीए अध्यक्ष श्रीमती सोनिया गाँधी जी और प्रधानमन्त्री डॉ. मनमोहन सिंह जी के कुशल मार्गदर्शन में हमने जो प्रगतिशील नीतियाँ लागू की हैं, उनसे प्रदेश में एक नयी सामाजिक-आर्थिक क्रान्ति का सूत्रपात हुआ है और सभी वर्गों में एक नयी खुशहाली और विश्वास का संचार हुआ है। इस दिशा में हरियाणा देश का पहला राज्य है, जिसने वर्ष 2006 में एक श्रम नीति लागू की है और यह श्रम नीति बदलते घरेलू और भूमण्डलीय परिवेश के अनुरूप है।

आज हरियाणा में न्यूनतम मजदूरी 3510 रुपये प्रति महीना है, जोकि देशभर में सर्वाधिक है। लेकिन हमारे सामने यह चुनौती है कि ये न्यूनतम मजदूरी की दरें निचले स्तर तक, विशेषकर प्रवासी मजदूरों, जोकि प्रायः ईंट-भट्ठों और खानों में काम करते हैं, पर लागू हों। हम असंगठित क्षेत्र के प्रवासी मजदूरों, विशेषकर भट्ठा और खान मजदूरों के हितों की रक्षा के प्रति प्रतिबद्ध हैं।

आज बंधुआ मजदूरी और बाल मजदूरी जैसी समस्याएँ समाज के सबसे गम्भीर मुद्दे हैं। बंधुआ मजदूरी और बाल श्रम ऐसी बुराइयाँ हैं, जिनका आज हमारा समाज सामना कर रहा है। हाल ही में सरकार ने बंधुआ मजदूरी और बाल श्रम के विरुद्ध एक जोरदार अभियान चलाया, जिसके तहत विशेष दस्तों ने ढाबों, रेस्टोरैंटों, होटलों तथा ईंट-भट्ठों जैसे स्थानों पर छापे मारे। सभी महत्वपूर्ण सार्वजनिक स्थानों पर बंधुआ मजदूरी और बाल श्रम के विरोध में बनाये गये होडिंग्स लगाये गये हैं ताकि लोगों में जागरूकता फैलाई जा सके।

मैंने अपनी ओर से भी मेरे सभी साथी विधायकों, प्रदेश के अफसरों को, 14 वर्ष से कम आयु के बच्चों को घरेलू कार्यों के लिए काम पर न रखने के लिए व्यक्तिगत रूप से पत्र लिखे हैं। मुझे आशा है कि हमारे प्रयास बंधुआ मजदूरी और बाल श्रम की बुराई को दूर करने में कारगर सिद्ध होंगे। इसके साथ ही मैं यह भी कहना चाहता हूँ कि हमारे ये प्रयास पर्याप्त नहीं हैं। हमें भविष्य में भी ऐसे अभियान जारी रखने होंगे ताकि लोगों में जागरूकता पैदा हो और इस समस्या के लिए जिम्मेदार लोगों को संवेदनशील बनाया जा सके।

हरियाणा में मजदूरों की कमी है। इसीलिए हमारे उद्योगों, विशेषकर ईंट-भट्ठों और खानों में काम करने के लिए बहुत से प्रवासी श्रमिक हरियाणा की ओर आकर्षित हो जाते हैं। प्रवासी मजदूरों का मुद्दा समय के साथ-साथ परिवर्तित होता जा रहा है। पहले प्रवासी मजदूर केवल एजेण्टों और बिचौलियों के माध्यम से यहाँ आते थे लेकिन संचार माध्यमों और यातायात-परिवहन में हुई प्रगति के कारण मजदूर स्वयं ही काम देने वाले के पास सीधे पहुँच जाते हैं। यह बात सही है कि हमारे यहाँ रोज़गार के अवसरों में वृद्धि हुई है। लेकिन हमें इन प्रवासी मजदूरों की सुरक्षा और हितों का पूरा ध्यान रखना है ताकि इनका किसी भी ढंग से शोषण न किया जा सके।

हम मजदूरों द्वारा ईंट-भट्ठों तथा खानों के मालिकों से अग्रिम मजदूरी लेने के खिलाफ हैं क्योंकि यह उनके शोषण का मुख्य कारण है। राज्य में मजदूरों द्वारा अग्रिम मजदूरी लेने से वे ऋणी बने रहते हैं, जोकि उनके आर्थिक पिछड़ेपन का एक मुख्य कारण है। हम सभी श्रमिकों और मजदूरों को राज्य में बेहतर कार्य की अवस्थाएँ और माहौल प्रदान करने के लिए कटिबद्ध हैं।

बंधुओ, आज पूरे विश्व में बदलाव की बयार बह रही है। हमें हमारी गतिविधियों और कार्यों

का समय के बदलाव के साथ-साथ सामयिक मूल्याँकन करना होगा। विश्व में हो रहे बदलाव और घरेलू बदलावों के मद्देनजर हरियाणा सरकार ने जो श्रम नीति तैयार की है, उसके तहत श्रम विभाग की कार्य प्रणाली के सभी क्षेत्रों में समयबद्ध कार्यवाही सुनिश्चित की गई है।

आज हरियाणा के सामने जो भी सामाजिक, आर्थिक चुनौतियाँ हैं, उनका सामना करने के लिए दृढ़ संकल्प और प्रतिबद्धता की जरूरत है। मुझे विश्वास है कि इस कार्यशाला में किये गये विचार-विमर्श से हमारी चुनौतियों का सामना करने के लिए हल सामने आयेंगे। इससे हमारा दृष्टिकोण और अधिक व्यापक होगा और हमारे प्रयासों में और अधिक तेजी आयेगी।

हम बंधुआ मजदूरी और बाल मजदूरी जैसी सामाजिक बुराइयों को समाप्त करने की दिशा में राष्ट्रीय मानवाधिकार आयोग का बहुमूल्य मार्गदर्शन के लिए आभार भी व्यक्त करते हैं। मुझे विश्वास है कि इस कार्यशाला में आपसी विचार-विमर्श से जो निष्कर्ष निकलेंगे, उनके दूरगामी परिणाम होंगे।

सोमवार, 21 अप्रैल 2008, चण्डीगढ़

लोकतन्त्र का आधार

'पंचायती राज संस्थाओं के राष्ट्रीय सम्मेलन' में

श्री राजीव गाँधी जी हमेशा यही कहते थे कि 'जब तक गाँवों में लोकतन्त्र की जड़ें मजबूत नहीं होंगी, तब तक देश में लोकतन्त्र भी मजबूत नहीं होगा। जब तक गाँवों में पंचायतों को ग्रामीण विकास की जिम्मेदारी नहीं सौंपी जाती और उन्हें विकास कार्यों में भागीदार नहीं बनाया जाता, तब तक देश में सही अर्थों में विकास नहीं हो सकता।'

श्री राजीव गाँधी जी ने प्रधानमन्त्री बनते ही पंचायती राज संस्थाओं को सुदृढ़ बनाकर विकास प्रक्रिया में आम आदमी की भागीदारी सुनिश्चित करने के लिये कारगर कदम उठाये थे। उन्होंने पंचायती राज संस्थाओं को मजबूत बनाने के लिए वर्ष 1989 में उत्तरी भारत की तमाम पंचायती राज संस्थाओं का सम्मेलन बुलाया। सभी राज्यों के मुख्यमन्त्री और पंचायती राज मन्त्रियों से विचार-विमर्श किया। यहाँ तक कि उपायुक्तों और राज्य के मुख्य सचिवों के साथ विचार-विमर्श किया

पंचायती राज संस्थाएँ लोकतन्त्र की आत्मा हैं। पंचायतों की निष्पक्षता और न्यायप्रियता के फलस्वरूप ही हमारे देश में 'पंच परमेश्वर' की भावना पनपी। हमारे प्रथम प्रधानमन्त्री पण्डित जवाहर लाल नेहरू जी ने इन संस्थाओं को मज़बूत बनाने के लिए कई कदम उठाये। उन्होंने राष्ट्रपिता महात्मा गाँधी जी की जयन्ती के अवसर पर 2 अक्तूबर, 1959 को राजस्थान के नागौर में त्रि-स्तरीय पंचायती राज प्रणाली का शुभारम्भ किया था। उनकी पहल पर अधिकाां प्रांतों ने अपने-अपने पंचायती राज कानून बनाये थे।

ग्रामीण विकास में पंचायती राज संस्थाओं की महत्वपूर्ण भूमिका होती है। इनकी भागीदारी के बिना ग्रामीण विकास की कल्पना नहीं की जा सकती। हमारे देश में पंचायती परम्परा का एक गौरवपूर्ण इतिहास है। प्राचीन समय से ही हम किसी न किसी रूप में इस परम्परा से जुड़े रहे हैं। इस परम्परा से न केवल हमारे भावनात्मक रिश्ते रहे हैं, बल्कि पंचायतों ने हमारे सामाजिक व आर्थिक विकास में महत्वपूर्ण भूमिका निभाई है।

हरियाणा में 73वें संविधान संशोधन के अनुरूप 'हरियाणा पंचायती राज अधिनियम-1994

बनाया गया, जोकि 22 अप्रैल, 1994 से लागू हुआ।

पंचायती राज संस्थाओं को वित्तीय और प्रशासनिक अधिकार

श्री राजीव गाँधी जी के सपनों को पूरा करने तथा यू.पी.ए. सरकार के पंचायती राज संस्थाओं को और अधिक मजबूत बनाने के आदर्श का पालन करते हुए हमने एक गतिविधि तालिका तैयार की। इस गतिविधि तालिका में ग्राम पंचायतों, पंचायत समितियों तथा जिला परिषद्वों को कार्य, धनराशि और अमला देने के लिए विस्तार से दिशा-निर्देश दिये गये हैं।

हरियाणा प्रदेश ने पंचायती राज संस्थाओं को 10 प्रमुख विभागों का अमला, फण्ड और कार्य सौंपने के लिए 17.2.2006 को गतिविधि मानचित्रण जारी किया। पंचायती राज संस्थाओं को खाद्य और आपूर्ति, स्वास्थ्य, जन स्वास्थ्य, सामाजिक न्याय और अधिकारिता, महिला और बाल कल्याण, कृषि और वन विभाग जैसे महत्वपूर्ण विभागों के वित्तीय और प्राासनिक अधिकार दिये गये।

हरियाणा में ग्राम पंचायतों को 3.00 लाख रुपये वाले सभी विकास कार्य करवाने के अधिकार भी दिए गये है। इस राशि से ग्राम पंचायतें अपने स्तर पर स्थानीय आवश्यकतानुसार इन विकास कार्यों को पूर्ण करवाती है।

जहाँ हमने पंचायती राज संस्थाओं को कई जिम्मेदारियाँ सौंपी हैं, वहीं सुविधाएँ भी दी हैं। सरपंच को अतिथियों के सत्कार के लिए 1000 रुपये मासिक दिये जा रहे हैं। सरपंच द्वारा रखे जाने वाले कैश-इन-हैण्ड की सीमा को 5,000 रुपये से बढ़ाकर 10,000 रुपये कर दिया गया है। जिला परिषद् के अध्यक्ष का मानदेय 3,000 रुपये से बढ़ाकर 4,000 रुपये, उपाध्यक्ष का मानदेय 2,500 रुपये से बढ़ाकर 3,000 रुपये तथा पंचायत समिति के अध्यक्ष का मानदेय 2,000 रुपये से बढ़ाकर 3,000 रुपये किया गया है। जिला परिषद् के अध्यक्ष की सरकारी वाहन से मासिक यात्रा सीमा 1500 किलोमीटर से बढ़ाकर 3,000 किलोमीटर की गई है। जिला परिषद् के सदस्यों को एक हजार रुपये प्रतिमास मानदेय दिया जा रहा है। ब्लॉक समिति सदस्यों को 500 रुपये प्रतिमास और पंचायत के सदस्यों को 200 रुपये प्रतिमास मानदेय दिया जा रहा है। राज्य में उन पंचायतों को खंड, जिला और राज्य स्तर पर पुरस्कार दिए जायेंगे, जहाँ लोगों द्वारा बिजली के बकाया बिलों का शत-प्रतिात भुगतान किया गया है और जहाँ गाँव की सम्पूर्ण सफाई तथा प्रत्येक घर में व्यक्तिगत शौचालय होंगे। राज्य स्तर पर प्रथम, द्वितीय और तृतीय स्थान पर आने वाली पंचायत को क्रमशः 20 लाख, 15 लाख तथा 10 लाख रुपये पुरस्कार के रूप में दिये जायेंगे। खंड स्तर पर दो पंचायतों को दो-दो लाख रुपये तथा जिला स्तर पर एक पंचायत को पाँच लाख रुपये का पुरस्कार दिए जाने की व्यवस्था की गई है।

हरियाणा सरकार ने अनुसूचित जाति व गरीबी रेखा से नीचे रहने वाले ग्राम वासियों के लिए एक 'फ़्लैगशिप प्रोग्राम' जारी करने का निर्णय लिया है, जिसके तहत उन्हें रहने के लिए प्लाट उपलब्ध करवाये जायेंगे। सरकार की यह एक महत्वपूर्ण योजना है जिसके तहत ग्रामीण क्षेत्रों में अनुसूचित जाति तथा गरीबी रेखा से नीचे जीवन यापन करने वाले परिवारों को हरियाणा सरकार 100-100 वर्ग गज के प्लाट मुफ़्त देने जा रही है। इस योजना के तहत सरकार द्वारा प्लाटों की कीमत के अतिरिक्त मूलभूत सुविधाएँ उपलब्ध करवाने पर लगभग 2000 करोड़ रुपये का व्यय होने का अनुमान है। हरियाणा के प्रत्येक गाँव में जनसंख्या के आधार पर पंचायतों को सफाई कर्मी नियुक्त करने का अधिकार दिया गया है, जिसका समस्त खर्च राज्य सरकार वहन करेगी। पूरे राज्य

में लगभग 11,000 सफाई कर्मी नियुक्त किए जा रहे हैं। राष्ट्रीय ग्रामीण रोज़गार गारन्टी योजना के तहत करवाए जाने वाले कार्यों की पहचान करने के लिए तथा प्रोजैक्ट तैयार करने के लिए ग्राम पंचायतों के लगभग 9000 व्यक्तियों को प्रशिक्षण भी दिया गया है। यह प्रोजैक्ट पंचायतों द्वारा तैयार किए गये है। राष्ट्रीय ग्रामीण रोज़गार गारन्टी योजना पंचायतों की भागीदारी से चलाई जा रही है। पंचायती राज संस्थाओं के सदस्यों की क्षमता बढ़ाने के लिए राज्य सरकार द्वारा प्रशिक्षण पर विशेष बल दिया जा रहा है। राज्य के नीलोखेड़ी स्थित दो प्रशिक्षण संस्थान पंचायती राज संस्थाओं के प्रतिनिधियों को प्रशिक्षण देने का कार्य कर रहे हैं। हमने प्रदेश के गाँवों में शहरों जैसी सुविधाएँ जुटाने के लिए हरियाणा ग्रामीण विकास प्राधिकरण गठित किया है। ग्रामीण क्षेत्रों में चूल्हा टैक्स और शहरी क्षेत्रों में गृहकर माफ करने का निर्णय लिया है। गाँवों को 'मॉडल गाँव' के रूप में विकसित किया जा रहा है। अब तक 95 गाँव मॉडल गाँव घोषित किये जा चुके हैं, जिनके विकास पर 400 करोड़ रुपये से अधिक की धनराशि खर्च होगी। अब तक 175 करोड़ रुपये जारी किये जा चुके हैं। ग्रामीण क्षेत्रों में विभिन्न विकास कार्यों के लिए गत तीन वर्षों में लगभग 2000 करोड़ रुपये की राशि जारी की जा चुकी है। हमने ग्रामीण स्तर पर खेल प्रतिभाओं को उभारने के लिए 76 करोड़ रुपये की लागत से 156 गाँवों में खेल स्टेडियम बनाने का एक अभियान चलाया हुआ है।

सभी सरपंचों, पंचायत समितियों और जिला परिषदों के अध्यक्षों से अनुरोध है कि आप अपना कर्त्तव्य निष्ठा से निभाएँ और देश में पंचायती राज संस्थाओं को मजबूत बनाने के लिए अपनी रचनात्मक भूमिका अदा करें ताकि हमारे युगपुरुष श्री राजीव गाँधी जी का पंचायती राज संस्थाओं के सशक्तिकरण का सपना साकार हो सके।

बृहस्पतिवार, 24 अप्रैल 2008, नयी दिल्ली

विकास की धुरी

HVPN Power Training Institute के शिलान्यास अवसर पर

बिजली विकास की धुरी है और हमारी बुनियादी जरूरत है। आधुनिक युग में बिजली की माँग हर क्षेत्र में बढ़ी है चाहे वह कृषि है, उद्योग-धन्धे हैं या घरेलू खपत। आज हरियाणा विकास के हर क्षेत्र में देश का 'नम्बर वन' राज्य बनने की दिशा में बड़ी तेजी से प्रगति पथ पर बढ़ रहा है। विकास की गति को और तेज करने के लिए बड़ी मात्रा में बिजली उपलब्ध होना आवश्यक है। इसके लिए हमें अपनी पिछली कमियों को दूर करना है, आज के लिए सही व्यवस्था करनी है और भविष्य के लिए दूरदर्शी योजनाएँ बनाकर दृढ़ संकल्प से आगे बढ़ना है। बिजली उत्पादन में बढ़ोतरी हमारी सर्वोच्च प्राथमिकता है।

यह खुशी की बात है कि पिछले तीन वर्षों में बिजली के उत्पादन, वितरण और ट्रांसमिशन के क्षेत्र में काफी सुधार हुआ है और यह क्रम निरन्तर जारी है। इसके लिए मैं सभी बिजली निगमों के अधिकारियों और कर्मचारियों की सराहना करता हूँ।

हमें प्रदेश को बिजली के मामले में आत्मनिर्भर बनाने की मंजिल को पाने के लिए और अधिक कड़ी मेहनत करनी है। माँग और आपूर्ति के अन्तर को मिटाना है। इसके लिए जरूरी है कि बिजली क्षेत्र के इंजीनियर तथा अन्य अमला अपने काम में कुशल हो और समय-समय पर इज़ाद की जा रही नयी-नयी तकनीकों से परिचित रहे। विद्युत क्षेत्र के लिए राष्ट्रीय प्रशिक्षण नीति का उद्देश्य भी यही है कि हर कर्मचारी को नियमित अन्तराल पर ट्रेनिंग मिले और वह अपनी बेहतरीन सेवाएँ दे सके।

हरियाणा में बिजली क्षेत्र की महत्ता को ध्यान में रखते हुए बिजली निगमों ने एच.वी.पी.एन. पॉवर ट्रेनिंग इन्स्टीट्यूट (HVPN Power Training Institute) स्थापित करने की दिशा में सराहनीय कार्य किया है और इसमें एक समय में 200 नये और सेवाकालीन अधिकारियों को प्रशिक्षण देने की क्षमता होगी। हर काडर के अधिकारियों और कर्मचारियों को प्रशिक्षित किया जायेगा।

आज बिजली निगमों के सराहनीय कार्य करने वाले कर्मचारियों को उनकी उत्कृष्ट सेवाओं के लिए सम्मानित किया गया है। ये सभी कर्मचारी बधाई के पात्र हैं। आशा है कि आपकी श्रेष्ठ सेवाओं से अन्य कर्मचारियों को भी प्रेरणा मिलेगी। हरियाणा सरकार अच्छा काम करने वाले कर्मचारियों को सदा प्रोत्साहित करती रहेगी।

हरियाणा की स्थापना के 40 वर्षों में अपने साधनों से बिजली उत्पादन क्षमता केवल 1587 मैगावाट तक ही पहुँच पाई। इस समय प्रदेश में सभी साधनों से उपलब्ध उत्पादन क्षमता केवल 4068 मैगावाट है। लगभग एक-तिहाई से अधिक बिजली का उत्पादन राज्य में होता है, जबकि शेष बिजली विभिन्न संयुक्त बिजली परियोजनाओं, केन्द्रीय उत्पादन केन्द्रों तथा स्वतन्त्र विद्युत उत्पादकों से प्राप्त होती है।

बिजली की वर्तमान और भावी माँग को पूरा करने के लिए सभी सम्भव प्रयास किये जा रहे हैं। सभी स्रोतों से बिजली खरीदी जा रही है यहाँ तक कि 9-10 रुपये प्रति यूनिट तक बिजली खरीद कर उपभोक्ताओं को दी जा रही है।

हरियाणा के गठन से लेकर अब तक बिजली उपभोक्ताओं में 14 गुणा की वृद्धि हुई है। वर्ष 2009-10 तक बिजली की माँग बढ़कर लगभग 8400 मैगावाट होने का अनुमान है और 11-वीं पंचवर्षीय योजना के अन्त तक यह लगभग 10,900 मैगावाट तक पहुँच जायेगी।

राज्य में पाँच हजार मैगावाट अतिरिक्त बिजली पैदा करने का लक्ष्य निर्धारित किया है। यमुनानगर में दीनबंधु छोटू राम थर्मल प्लांट की 300-300 मैगावाट की दोनों इकाइयों में बिजली उत्पादन शुरू हो गया है। इससे राज्य को शीघ्र ही प्रतिदिन 144 लाख यूनिट अतिरिक्त बिजली उपलब्ध होगी, जिसका सीधा लाभ धान के मौसम में किसान भाइयों को होगा।

जिला हिसार के खेदड़ गाँव में लग रहे 1200 मैगावाट क्षमता के राजीव गाँधी ताप बिजली परियोजना की 600 मैगावाट की पहली इकाई से दिसम्बर, 2009 तक तथा 600 मैगावाट की दूसरी इकाई से मार्च, 2010 तक बिजली मिलने लगेगी। जिला झज्जर के झाड़ली गाँव में लग रहे 1500 मैगावाट क्षमता के इन्दिरा गाँधी सुपर थर्मल पावर प्लांट में वर्ष 2010 में बिजली उत्पादन शुरू हो जायेगा। झज्जर में निजी क्षेत्र में भारत सरकार की नीति के अनुसार 1320 मैगावाट का एक और थर्मल प्लांट लगाया जायेगा।

जिला फतेहाबाद के कुम्हारिया में 2800 मैगावाट का परमाणु बिजली संयन्त्र लगाने के लिए भी हम प्रयासरत हैं। वर्तमान सरकार ने मार्च, 2005 से अप्रैल, 2008 तक 93 सब-स्टेशनों का निर्माण किया है और 204 वर्तमान सब-स्टेशनों की क्षमता बढ़ाई है। प्रसारण व्यवस्था को सुदृढ़ करने के लिए 647 करोड़ 63 लाख रुपये की राशि खर्च की गई है।

अगले दो वर्षों में 164 नये सब-स्टेशन बनाने की योजना है, जिस पर 1146 करोड़ 57 लाख रुपये खर्च किये जायेंगे। 94 वर्तमान सब-स्टेशनों की क्षमता बढ़ाने पर 233 करोड़ रुपये खर्च करने और प्रसारण लाइनों के निर्माण पर 772 करोड़ 62 लाख रुपये खर्च करने का प्रावधान किया गया है।

11वीं पंचवर्षीय योजना में राज्य में बिजली के उत्पादन, प्रसारण और वितरण को मजबूत बनाने के लिए 25,520 करोड़ रुपये की राशि का प्रावधान किया गया है। इसमें से 11,367 करोड़ रुपये उत्पादन, 7,643 करोड़ रुपये प्रसारण तथा 6,510 करोड़ रुपये वितरण व्यवस्था को सुदृढ़ करने पर खर्च

किये जायेंगे।

मैं यहाँ उपस्थित बिजली निगमों के अधिकारियों और कर्मचारियों से अनुरोध करता हूँ कि वे प्रदेश की जनता में इस बात की जागरूकता पैदा करें कि बिजली का किफायत से कैसे प्रयोग किया जा सकता है। इसके लिए सी.एफ.एल तथा बिजली के प्रमाणित उपकरणों का उपयोग जरूरी है क्योंकि बिजली की बचाई गई प्रत्येक यूनिट बिजली की पैदा की गई सवा यूनिट के बराबर होती है। ऊर्जा कुशलता विभाग द्वारा प्रमाणित बिजली उपकरणों के उपयोग से बिजली की भारी बचत की जा सकती है।

बृहस्पतिवार, 29 मई 2008, मदनपुर (पंचकूला)

व्यापार प्रबन्धन नयी दिशाएँ

हरियाणा स्कूल बिज़नेस एण्ड नॉलेज पार्क के शिलान्यास अवसर पर

आज के युग में शिक्षित समाज विशेषकर तकनीकी रूप से कुशल मानव संसाधनों की बड़ी जरूरत है और उन्हीं के बलबूते पर विकास की गति को तेज किया जा सकता है। आज हरियाणा में विकास की गहमागहमी है। नये-नये उद्योग लग रहे हैं। बहुराष्ट्रीय कम्पनियों ने अपने उद्यम यहाँ स्थापित किये हैं। इन कम्पनियों में आई.टी., बिजनेस, बैंकिंग, वित्त प्रबन्धन जैसे पेशेवरों और इंजीनियरों की बहुत माँग है। आज दूसरे प्रदेशों के बहुत से युवा हरियाणा में, विशेषकर गुड़गाँव में इन कम्पनियों में काम करने के लिए आते हैं। हम चाहते हैं कि यह रूझान बदलना चाहिए, यह तभी सम्भव है, जब हम अपने युवाओं को आज की जरूरत के अनुरूप शिक्षा दें।

हम विश्वविद्यालयों और कॉलेजों में ऐसे नये-नये पाठ्यक्रम शुरू कर रहे हैं, जिनसे हमारे युवाओं को रोज़गार के अधिक से अधिक अवसर उपलब्ध होंगे। इसके अलावा शिक्षा पर और अधिक ध्यान देने के लिए हम वर्ष 2008 को 'शिक्षा वर्ष' के रूप में मना रहे हैं। मैंने शिक्षा वर्ष के अनुपम उपहार के रूप में आज यहाँ पर विश्व स्तरीय व्यापारिक विद्यालय और ज्ञान-उद्यान का नींव पत्थर रखा है।

यह बिजनेस स्कूल सम्भवतः देश में अपनी तरह का पहला शैक्षणिक प्रयोग होगा, जोकि विश्वविद्यालय में ही एक स्वायत्त व्यापारिक विद्यालय होगा। इस स्कूल को आई.आई.एम. और हावर्ड बिजनेस स्कूल की तर्ज पर विकसित किया जायेगा। मुझे पूरा यकीन है कि इस विश्वविद्यालय के कुलपति श्री वाजपेयी जी और उनकी टीम के दूसरे सदस्य इस स्कूल को सफल बनाने में कोई कोर कसर बाकी नहीं छोड़ेंगे।

मुझे यह जानकर और भी खुशी हुई है कि इस स्कूल के 'बोर्ड ऑफ गवरनर्ज' में प्रोफेशनलज को शामिल किया गया है ताकि गुणवत्तापरक शिक्षा मिल सके। यह और भी उत्साहवर्धक बात है कि इस स्कूल में बिजनेस मैनेजमेन्ट के ऐसे पेशेवर तैयार होंगे, जो अन्तर्राष्ट्रीय प्रतिस्पर्धा का मुकाबला करने में सक्षम होंगे।

21वीं शताब्दी ज्ञान आधारित शताब्दी है। इस शताब्दी में वहीं राष्ट्र आगे बढ़ पाएगा, जिसमें ज्ञान का भण्डार है। यह खुशी की बात है कि आज देश में यूपीए सरकार द्वारा भी ज्ञान-विज्ञान की बढ़ोतरी के लिए नये-नये कदम उठाये जा रहे हैं। हरियाणा के लिए एक केन्द्रीय विश्वविद्यालय तथा इण्डियन इंस्टीच्यूट ऑफ मैनेजमेंट्स स्वीकृत करवाने के लिए मैं यूपीए अध्यक्ष श्रीमती सोनिया गाँधी जी तथा प्रधानमन्त्री डॉ. मनमोहन सिंह जी का आभार व्यक्त करता हूँ।

यह तकनीकी विश्वविद्यालय हरियाणा का गौरव है। इसने केवल एक दशक के थोड़े से समय

में उच्च शिक्षा के क्षेत्र में न केवल प्रदेश में, बल्कि पूरे राष्ट्र में अपनी एक विशिष्ट पहचान बना ली है। इसका प्रत्यक्ष उदाहरण है एन.ए.ए.सी. द्वारा इस विश्वविद्यालय को प्रदान किया गया 'ए' ग्रेड का खिताब। इसके लिए मैं कुलपति, प्राध्यापकों, अधिकारियों और कर्मचारियों को बधाई देता हूँ।

आज इस विश्वविद्यालय के इतिहास में दो नये अध्याय जुड़ रहे हैं। बिजनेस स्कूल का मैंने पहले जिक्र किया है। दूसरा यहाँ पर 171 एकड़ भूमि पर ज्ञान-उद्यान भी स्थापित होने जा रहा है। विकसित देशों में विश्वविद्यालयों के साथ एक ज्ञान-उद्यान स्थापित करने का आम प्रचलन है।

हमारे लिये यह गर्व की बात है कि गुरु जम्भेश्वर विश्वविद्यालय सम्भवत देश का ऐसा पहला विश्वविद्यालय है, जिसने इस ज्ञान-उद्यान को स्थापित करने का बीड़ा उठाया है। इस ज्ञान-उद्यान में टेक्नोलॉजी बिजनेस इनक्यूबेशन सेंटर, एयरो-स्पेस कम्पोनेंट डिज़ाइन सेंटर, जीव-विज्ञान उद्यान, हरियाली और सफ़ायी प्रौद्योगिकी उद्यान, सूचना प्रौद्योगिकी उद्यान और शोध सम्बन्धी श्रेष्ठता केन्द्र होगा।

मुझे इस बात की खुशी है कि यह पार्क राज्य में आर्थिक विकास का एक वैकल्पिक केन्द्र होगा। यहाँ पर बिजनेस स्कूल और ज्ञान-उद्यान की स्थापना से गुरु जम्भेश्वर विश्वविद्यालय एक विश्व स्तरीय विश्वविद्यालय बन जायेगा।

प्रदेश में उच्चतर शिक्षा में गुणात्मक सुधार करके इसे रोज़गारोन्मुखी बनाने के लिए हम प्रतिबद्ध हैं। छोटू राम स्टेट कॉलेज ऑफ इंजीनियरिंग, मुरथल का दर्जा बढ़ाकर दीनबंधु छोटू राम विज्ञान और प्रौद्योगिकी विश्वविद्यालय किया गया है। तकनीकी संस्थाओं में सीटों की संख्या बढ़ाकर 52,630 की गई है। विश्व स्तर की शिक्षा सुविधाओं के लिए कुण्डली में 'राजीव गाँधी एजुकेशन सिटी' स्थापित की जा रही है।

आज का युग ज्ञान-विज्ञान का युग है। इसलिए विश्वविद्यालयों और तकनीकी संस्थानों को अपने अनुसंधान कार्यों के स्तर में सुधार लाना होगा। विश्वविद्यालयों के तकनीकी ज्ञान तथा विज्ञान की नये-नये अनुसंधानों की धारा को गाँवों की तरफ मोड़ने से ही हम सही विकास कर सकेंगे।

शनिवार 31 मई 2008, हिसार

असतो मा सद्गमय

नयी दिल्ली में आयोजित शिक्षा सम्बन्धी प्रेस कान्फ्रेंस में

21वीं शताब्दी ज्ञान आधारित शताब्दी है। भूमण्डलीकरण के इस दौर में वही देश आगे बढ़ सकेगा, जिसके बच्चों को अति आधुनिक शिक्षा की सुविधाएँ उपलब्ध होंगी। हमारा लक्ष्य है कि विकास के दूसरे क्षेत्रों की तरह हरियाणा शिक्षा के क्षेत्र में भी देश की 'शो विण्डो' बने। हमारा मानना है कि शिक्षित समाज ही किसी भी राष्ट्र या प्रदेश की प्रगति की कुंजी होता है। जब से खुली अर्थव्यवस्था का दौर शुरू हुआ है, तबसे तकनीकी रूप से प्रशिक्षित मानव संसाधन की माँग बढ़ी है। पिछले तीन वर्षों में हमने हरियाणा में स्कूली शिक्षा, कॉलेज शिक्षा और विश्वविद्यालय शिक्षा, मेडिकल शिक्षा, तकनीकी शिक्षा तथा आई.टी.आई. प्रशिक्षण में परम्परागत दृष्टिकोण से हटकर आज और भविष्य की जरूरत के अनुसार क्रान्तिकारी पहल की हैं और ऐतिहासिक कदम उठाये हैं। 5 जनवरी, 2008 को मैंने नववर्ष के अवसर पर हरियाणा में वर्ष 2008 को 'शिक्षा वर्ष' के रूप में मनाने की घोषणा की थी। इस वर्ष के दौरान हम 'सबके लिए शिक्षा' हेतु कई नयी-नयी स्कीमें लागू कर रहे हैं।

सबसे पहले, मैं हरियाणा में पड़ने वाले एन.सी.आर. क्षेत्र में शिक्षा सुविधाओं के विस्तार की चर्चा

करना चाहूँगा। हरियाणा में पड़ने वाला एन.सी.आर. क्षेत्र बड़ी तेजी से विकसित हो रहा है। बड़ी संख्या में राष्ट्रीय और बहुराष्ट्रीय कम्पनियाँ अपने उद्योग लगा रही हैं। इसलिए हम इस क्षेत्र में अन्य सुविधाओं के विकास के साथ-साथ शिक्षा सुविधाओं के विस्तार पर भी विशेष बल दे रहे हैं।

हरियाणावासी यूपीए अध्यक्ष श्रीमती सोनिया गाँधी जी तथा प्रधानमन्त्री डॉ. मनमोहन सिंह जी के आभारी हैं, जिन्होंने जिला रोहतक के गाँव गरणावठी में आई.आई.एम स्थापित करने की अनुमति प्रदान की। यह देश का छठा आई.आई.एम. 165 एकड़ भूमि पर 250 करोड़ रुपये की लागत से स्थापित होगा।

जिला सोनीपत के मुरथल में दीनबन्धु छोटू राम इंजीनियरिंग कॉलेज को दीनबंधु छोटू राम साईंस एण्ड टेक्नोलॉजी विश्वविद्यालय का दर्जा दिया गया है। गुरु जम्भेश्वर विश्वविद्यालय का दर्जा भी बढ़ाकर साईंस एण्ड टेक्नोलॉजी विश्वविद्यालय कर दिया गया है। गुरु जम्भेश्वर विश्वविद्यालय में बिजनेस स्कूल और ज्ञान-उद्यान की भी स्थापना की जा रही है। खानपुर कलां में भगत फूल सिंह महिला विश्वविद्यालय स्थापित किया गया है। यह विश्वविद्यालय देश का ऐसा पहला विश्वविद्यालय है, जिसमें कैम्ब्रिज यूनिवर्सिटी का सब सेंटर खोला गया है।

पण्डित भगवतदयाल शर्मा पी.जी.आई.एम.एस. को स्वास्थ्य विज्ञान विश्वविद्यालय बनाया गया है। यहाँ पर यूनिवर्सिटी बन जाने से चिकित्सा सम्बन्धी शोध को बढ़ावा मिलेगा और हरियाणा के लोगों के साथ-साथ पड़ोसी राज्यों को भी बेहतर चिकित्सा सुविधाएँ मिलेंगी।

कुण्डली में राजीव गाँधी एजुकेशन सिटी स्थापित करने का निर्णय लिया गया है। यह एजुकेशन सिटी 1500 एकड़ में स्थापित की जायेगी। इस सिटी में ऑक्सफोर्ड और कैम्ब्रिज विश्वविद्यालय की तर्ज पर उच्चकोटि की शिक्षण संस्थाएँ स्थापित होंगी ताकि हरियाणा और एन.सी.आर. के नौजवानों को अच्छी उच्च शिक्षा के लिए विदेश न जाना पड़े। इसमें 25 प्रतिशत सीटें हरियाणा के विद्यार्थियों के लिए आरक्षित होंगी।

शिक्षा के क्षेत्र में निजी क्षेत्र की भागीदारी बढ़ाने के लिए हरियाणा निजी विश्वविद्यालय अधिनियम 2007 बनाया गया है। भारत सरकार के सहयोग से हरियाणा में केन्द्रीय विश्वविद्यालय खोला जाना है। इसके लिए हमने तीन स्थानों के नाम केन्द्र सरकार को भेज दिये हैं।

सेना में हरियाणा के योगदान को देखते हुए एन.सी.आर. क्षेत्र में ही प्रतिरक्षा विश्वविद्यालय स्थापित करने की भारत सरकार ने स्वीकृति प्रदान की है। हमने प्रदेश के कॉलेजों और विश्वविद्यालयों में विज्ञान, कॉमर्स, कम्प्यूटर जैसे महत्वपूर्ण विषयों के रोज़गार उन्मुख पाठ्यक्रमों में 15 हजार सीटों की बढ़ोतरी की है, जो कि देशभर में एक बड़ी उपलब्धि है। तकनीकी संस्थाओं में सीटों की संख्या 23 हजार से बढ़ाकर 52 हजार से अधिक कर दी गई है और वर्ष 2008-09 में बढ़कर 80 हजार हो जायेगी। वर्ष 2010 तक यह संख्या एक लाख तक करने का लक्ष्य है। प्रदेश में पिछले तीन सालों में 186 तकनीकी संस्थाएँ खोली गईं। इनमें 56 इंजीनियरिंग कॉलेज, 39 एम.बी.ए. कॉलेज, 11 एम.सी.ए. कॉलेज, 14 बी.फार्मा कॉलेज, दो बी.एच.एम.सी.टी. कॉलेज तथा 64 नये बहुतकनीकी संस्थान शामिल हैं। इन सभी संस्थाओं में सीटों की संख्या 32 हजार 490 है। प्रदेश में पिछली सरकार के पाँच वर्ष के कार्यकाल में 57 तकनीकी संस्थाएँ स्थापित हुईं, जिनमें सीटों की संख्या 9 हजार 370 थी। प्रवेश के लिए ऑन लाइन पद्धति शुरू की गई है। राज्य में 22 औद्योगिक प्रशिक्षण संस्थानों का विस्तार करने का प्रस्ताव है। इस कार्य पर कुल 120 करोड़ रुपये खर्च होंगे तथा 50 करोड़ रुपये आधुनिक मशीनरी उपलब्ध करवाने पर खर्च किये जायेंगे। 18 आई.टी.आई. संस्थानों का विस्तार कार्य प्रगति पर है और यह कार्य मार्च, 2009 तक पूरा हो जायेगा।

19 औद्योगिक प्रशिक्षण संस्थानों को श्रेष्ठता केन्द्रों के रूप में विकसित किया गया है। आगामी दो-तीन सालों में 33 नये औद्योगिक प्रशिक्षण संस्थान खोले जायेंगे। इन पर लगभग 180 करोड़

रुपये की लागत आयेगी। 16 आई.टी.आई भवनों का निर्माण कार्य चल रहा है, जो कि जून, 2009 तक पूरा हो जायेगा। प्रदेश में शिक्षा की गुणवत्ता को बढ़ाने के लिए 25 राजकीय महाविद्यालयों को प्रथम चरण में श्रेष्ठता महाविद्यालय का दर्जा दिया गया है। हरियाणा देश का ऐसा पहला राज्य है, जिसने स्कूल अध्यापकों व स्कूल प्राध्यापकों तथा हैड मास्टरों की भर्ती के लिए राज्य शिक्षक अर्हता परीक्षा लेना शुरू किया है। इससे उच्चकोटि के शिक्षकों का चयन करने में सुविधा होगी। यह विश्वविद्यालय अनुदान आयोग द्वारा आयोजित नैट परीक्षा की तर्ज पर शुरू किया गया है। प्रदेश के सभी स्कूलों और कॉलेजों में दो चरणों में कम्प्यूटर शिक्षा शुरू की जा रही है। प्रथम चरण में प्रदेश के 200 वरिष्ठ माध्यमिक स्कूलों तथा 25 सरकारी तथा 40 प्राईवेट कॉलेजों और विश्वविद्यालयों में कम्प्यूटर शिक्षा व्यवस्थित ढंग से प्रारम्भ की जा रही है। ग्यारहवी और बारहवीं तथा कॉलेज के विद्यार्थियों के लिए कोर्स इस स्तर के होंगे कि पढ़ाई पूरी करने के बाद उन्हें रोज़गार मिल सके। विद्यालय स्तर पर समैस्टर प्रणाली शुरू करने वाला हरियाणा देश का पहला राज्य है। हम इसे कॉलेज स्तर पर भी शुरू करने पर विचार कर रहे हैं। हरियाणा देश का पहला प्रदेश है, जहाँ सभी स्कूलों, कॉलेजों और तकनीकी शिक्षण संस्थाओं को 'एजुसैट' से जोड़ा जा रहा है, जोकि एशिया का सबसे बड़ा नैटवर्क है।

लगभग 10 हजार स्कूल और कॉलेजों को एजुसैट से जोड़ा जा चुका है। बच्चों के लिए शिक्षा और अधिक रुचिकर, सरल और बच्चों के अनुकूल बनाने के लिए हम पहली से आठवीं तक की कक्षाओं के लिए विशेष कार्य पुस्तिकाएँ तैयार करवाकर बाँट रहे हैं। ये कार्य पुस्तिकाएँ कुछ जानी-मानी स्वयंसेवी संस्थाओं और शिक्षा विशेषज्ञों द्वारा तैयार की गई हैं। ये कार्य पुस्तिकाएँ समाज के सभी वर्गों के बच्चों को मुफ़्त दी जा रही हैं। इससे 20 लाख बच्चों को लाभ होगा। हमने आठवीं कक्षा तक समाज के सभी वर्गों के बच्चों को मुफ़्त पाठ्य पुस्तकें देनी शुरू की हैं। किताबें तथा कार्य पुस्तिकाएँ मुफ़्त देने पर लगभग 43 करोड़ रुपये खर्च होंगे। हमने अनुसूचित जातियों और गरीबी रेखा से नीचे जीवनयापन करने वाले स्कूल और कॉलेज स्तर के विद्यार्थियों के लिए अनूठी मासिक वज़ीफ़ा योजना शुरू की हैं। ये नयी सुविधाएँ प्रदान करने पर 485 करोड़ रुपये खर्च होंगे। इन स्कीमों से आठ लाख से ज्यादा अनुसूचित जाति के परिवारों के बच्चों तथा पाँच लाख से ज्यादा गरीबी रेखा से नीचे रहने वाले परिवारों के बच्चों को लाभ होगा। वज़ीफ़ा स्कीम में पूर्ण पारदर्शिता लाने के लिए आठ लाख बच्चों के बैंक अकाऊंट खोले गये हैं और यह अकाऊंट ज्यादातर बच्चों की माताओं के नाम तथा कुछ में पिता के नाम स्कूल के सबसे नजदीकी बैंक की शाखा में खोले गये हैं। खाते में वज़ीफ़ा राशि हर तिमाही जमा होगी। अनुसूचित जाति के पहली से पाँचवी तक की कक्षाओं में पढ़ने वाले लड़कों को 100 रुपये और लड़कियों को 150 रुपये दिए जायेंगे। छठी से आठवीं तक की कक्षाओं में पढ़ने वाले लड़कों को 150 रुपये और लड़कियों को 200 रुपये दिए जायेंगे। नौंवी से 12वीं तक की कक्षाओं में पढ़ने वाले लड़कों को 200 रुपये और लड़कियों को 300 रुपये दिए जायेंगे। ग्याहरवीं और 12वीं कक्षाओं में विज्ञान विषय पढ़ने वाले लड़कों को 300 रुपये और लड़कियों को 400 रुपये दिए जायेंगे। अनुसूचित जाति के विद्यार्थियों को स्कूल खर्च के लिए कक्षा अनुसार 740 रुपये से लेकर 1450 रुपये तक का वार्षिक एक मुश्त वज़ीफ़ा भी दिया जायेगा।

बी.पी.एल. परिवारों के छात्र और छात्राओं के लिए भी एक मासिक वज़ीफ़ा योजना शुरू की गई है। इन परिवारों की लड़कियों को अनुसूचित जाति के विद्यार्थियों को दिये गये वजीफे के अनुसार ही छात्रवृत्ति दी जायेगी। इस योजना के तहत बी.पी.एल. परिवारों के पहली से पाँचवी तक की कक्षाओं में पढ़ने वाले लड़कों को 75 रुपये मासिक वज़ीफ़ा दिया जायेगा। छठी से आठवीं तक की कक्षाओं में पढ़ने वाले लड़कों को 100 रुपये और नौंवी से बारहवीं कक्षा में पढ़ने वाले लड़कों को 150 रुपये मासिक वज़ीफ़ा

दिया जायेगा। कॉलेजों में पढ़ने वाले अनुसूचित जाति के छात्रों के लिए एक हजार रुपये तथा बी.पी.एल छात्रों के लिए 750 रुपये मासिक वज़ीफ़ा देने की स्कीम इस शैक्षणिक सत्र से शुरू की जा रही है।

इन छात्रों को किताबें तथा अन्य सामान खरीदने के लिए प्रतिवर्ष दो हजार रुपये की एक मुश्त राशि भी दी जायेगी। सरकारी बहुतकनीकी संस्थानों और इंजीनियरिंग कॉलेजों तथा सैल्फ फाईनेंस तकनीकी संस्थानों में अनुसूचित जातियों के बच्चों की ट्यूशन फीस का खर्च सरकार वहन कर रही है। खानपुर कलां में भगत फूल सिंह महिला विश्वविद्यालय स्थापित किया गया है। महिलाओं में उच्च शिक्षा को बढ़ावा देने के लिए लड़कियों के लिए शिक्षा ऋण पर पाँच प्रतिशत ब्याज सबसिडी देने का प्रावधान किया गया। सभी आई.टी.आई. तथा सभी तकनीकी शिक्षण संस्थाओं में लड़कियों के प्रवेश के लिए 25 प्रतिशत आरक्षण किया गया है। औद्योगिक प्रशिक्षण संस्थानों, बहुतकनीकी संस्थानों, इंजीनियरिंग कॉलेजों में छात्राओं को मुफ़्त टूलकिट औग पुस्तकें प्रदान की जाती हैं तथा छात्राओं को मैरिट के आधार पर सम्मानित भी किया जाता है। शत-प्रतिशत लड़कियों को स्कूलों में प्रवेश दिलवाने पर पंचायतों को पुरस्कृत किया जाता है।

हमारा प्रयास है कि धन की कमी के कारण शिक्षा सुविधाओं का प्रसार करने में कोई अड़चन न आये, इसलिए हमने हर स्तर के शिक्षा बजट में बढ़ोतरी की है। प्राइमरी, सकैण्डरी और हायर एजुकेशन के बजट को बढ़ाकर 3,140 करोड़ रुपये कर दिया है, जबकि वर्ष 2004-05 में यह 1,785 करोड़ रुपये था। इस प्रकार लगभग दो गुणा वृद्धि की गई है। हमने तकनीकी शिक्षा के बजट में अलग से पाँच गुणा बढ़ोतरी की है। तकनीकी शिक्षा के विस्तार पर योजनागत बजट के तहत वर्ष 2008-09 में 150 करोड़ रुपये खर्च किये जा रहे हैं, जबकि वर्ष 2004-05 में केवल 29 करोड़ रुपये का प्रावधान था।

औद्योगिक प्रशिक्षण विभाग के योजनागत बजट में सात गुणा वृद्धि की गई है। यह वर्ष 2004-05 में 13.98 करोड़ रुपये था, जिसे वर्ष 2008-09 में बढ़ाकर 97.65 करोड़ रुपये कर दिया गया है।

शुक्रवार, 4 जुलाई 2008, नई दिल्ली

जीवन का आधार

59वें राज्य स्तरीय वन-महोत्सव समारोह में

आप जानते हैं कि पेड़-पौधे और वन हमारे जीवन का आधार हैं। हमारे प्राचीन ग्रन्थों और ऋषि-मुनियों ने वृक्षों के महत्व का बड़ा गुणगान किया है। मत्स्य पुराण में एक वृक्ष को दस पुत्रों के बराबर माना गया है। हमारे सभी वेदों, पुराणों, शास्त्रों की रचना संत-महात्माओं ने जंगल में रहकर ही की। भगवान कृष्ण ने स्वयं गीता में कहा है, 'वृक्षों में मैं पीपल हूँ।'

आज पूरी दुनिया में पर्यावरण प्रदूषण चिंता का विषय है। जल, थल और आसमान पर प्रदूषण का शिकंजा कसता जा रहा है। धरती पर तापमान निरन्तर बढ़ रहा है। पर्वतों पर बर्फ व ग्लेशियर पिघल रहे हैं। ऋतुएँ लगातार अपना रूख बदल रही हैं। आज वनों की कमी के कारण भूमि कटाव, सूखा, बाढ़, भूमिगत जलस्तर में गिरावट, वर्षा की कमी इत्यादि अनेक समस्याएँ उत्पन्न हो गई हैं। इसका मूल कारण वनों की कमी है। आबादी बढ़ने के कारण वनों से प्राप्त होने वाली लकड़ी, चारे और अन्य वन उपज की माँग दिन प्रतिदिन बढ़ रही है। इसके लिए वनों का अंधाधुंध कटाव हो रहा है।

वन ही एक ऐसा संसाधन हैं, जिसका पर्यावरण संरक्षण और संतुलन बनाये रखने में महत्वपूर्ण योगदान है। पहले मनुष्य इमारती लकड़ी, ईंधन व चारे इत्यादि के लिए पेड़ लगाते थे परन्तु अब मनुष्य

के लिए अपना अस्तित्व बनाये रखने के लिए पेड़ लगाना जरूरी है।

एक बढ़ता हुआ पेड़ प्रगतिशील राष्ट्र का प्रतीक होता है। हमारी अर्थव्यवस्था कृषि-प्रधान है। कृषि के लिए जमीन को उपजाऊ रखने में पेड़-पौधों और वनों का बड़ा योगदान होता है। वृक्ष हमारे लिए प्राण-वायु आक्सीजन बनाने के प्राकृतिक कारखाने हैं। अब हमें यह समझना होगा कि यदि हम स्वस्थ रूप से जीना चाहते हैं और स्वच्छ वातावरण में साँस लेना चाहते हैं तो हमें अधिक से अधिक पेड़ लगाकर वनों का विकास करना होगा और पेड़-पौधों की रक्षा करनी होगी। जितने ज्यादा पेड़-पौधे होंगे, उतना ही हमारा पर्यावरण स्वच्छ होगा। पेड़-पौधे लगाकर पर्यावरण को स्वच्छ बनाना सबसे सस्ता और लाभकारी तरीका है।

मंगलवार, 15 जुलाई 2008, अटेली मण्डी

सड़कों पर उड़ान

पानीपत एलिवेटिड हाईवे के उद्घाटन अवसर पर

आप जानते हैं कि पानीपत ऐतिहासिक और औद्योगिक नगर के साथ-साथ आज ऊर्जा नगर के रूप में प्रसिद्ध है। इस नगर को यह गौरव दिलाने का श्रेय हमारे दूरदर्शी सोच के हमारे पूर्व प्रधानमन्त्री श्री राजीव गाँधी जी को जाता है। यहाँ पर स्थापित रिफाईनरी उन्हीं की देन है। यहाँ पर इस एलिवेटिड हाईवे के बनने से यातायात सुगम होगा और बार-बार लगने वाले जाम से छुटकारा मिलेगा। मुझे याद आ रहे हैं वे क्षण जब प्रधानमन्त्री डॉ. मनमोहन सिंह जी ने 5 अप्रैल, 2006 को इस एलिवेटिड हाईवे का नींव पत्थर रखा था। निर्धारित अवधि से पहले इस विशाल परियोजना को साकार रूप देने के लिए मैं भारत सरकार और भारतीय राष्ट्रीय राजमार्ग प्राधिकरण का आभार व्यक्त करता हूँ। साथ ही, इस परियोजना से जुड़े हर एलिवेटिड हाईवे मजदूर, हर इंजीनियर और हर अधिकारी के अथक प्रयासों की मैं सराहना करता हूँ।

भूमण्डलीकरण के इस दौर में यू.पी.ए. सरकार देश में विश्व स्तर का इन्फ्रास्ट्रक्चर विकसित करने पर विशेष बल दे रही है। यूपीए सरकार ने ग्रामीण भारत का नक्शा बदलने के लिए भारत निर्माण कार्यक्रमों के माध्यम से एक नया इतिहास रचा है। राष्ट्रीय ग्रामीण रोज़गार गारण्टी योजना, राष्ट्रीय ग्रामीण स्वास्थ्य मिशन, सर्व शिक्षा अभियान और राजीव गाँधी ग्रामीण विद्युतीकरण जैसे महत्वपूर्ण कार्यक्रमों से देश में एक नया बदलाव आ रहा है। राष्ट्रीय राजमार्गों के विकास और रख-रखाव को सर्वोच्च प्राथमिकता दी जा रही है।

हरियाणा में सड़क और पुल तन्त्र को मजबूत बनाने के लिए यूपीए अध्यक्ष श्रीमती सोनिया गाँधी जी ने 28 नवंम्बर, 2007 को राजीव गाँधी पुल और सड़क इन्फ्रास्ट्रक्चर विकास कार्यक्रम शुरू किया था। इस कार्यक्रम के तहत सड़कों और पुलों के सुधार की लगभग दो हजार करोड़ रुपये की परियोजनाओं पर कार्य चल रहा है। हमने 25 रेलवे ओवरब्रिज बनाने का कार्य हाथ में लिया है। जिन नहरों पर पुलों के पुनर्निर्माण या रि-मॉडलिंग की जरूरत है, उनका कार्य भी हाथ में लिया जा रहा है।

मैं आपका धन्यवादी हूँ कि राष्ट्रीय राजमार्ग प्राधिकरण ने बहादुरगढ़ से रोहतक मार्ग को 6 लेन का बनाने और मुरथल से पानीपत तक सड़क का सुधार करने तथा गन्नौर, मुरथल और समालखा में फ्लाईओवर बनाने तथा राष्ट्रीय राजमार्ग नं0-22 का सुधार करने के कार्य प्रगति पर

हैं। इन सभी परियोजनाओं पर एक हजार करोड़ रुपये से ज्यादा की लागत आयेगी।

राष्ट्रीय राजमार्ग प्राधिकरण ने 730 करोड़ रुपये की लागत की पानीषत से अम्बाला मार्ग को 6 लेन का बनाने की परियोजना का कार्य अलाट कर दिया है। इसके अलावा राष्ट्रीय राजमार्ग नं0-2 पर बदरपुर में 350 करोड़ रुपये की लागत से 6 लेन का एलिवेटिड हाईवे बनाने का कार्य भी अलाट कर दिया है।

राष्ट्रीय राजमार्ग प्राधिकरण कई अन्य प्रोजैक्ट भी, जिनमें रोहतक-हिसार मार्ग को 4/6 लेन का बनाने, पानीपत-रोहतक, रोहतक-झज्जर, रिवाड़ी-बावल, अम्बाला-कैथल आदि मार्गों को 4 लेन का बनाने का कार्य शामिल है, भी हाथ में लेने जा रही है। इन सभी परियोजनाओं पर अनुमानतः 7000 करोड़ रुपये खर्च होंगे। इसके लिए मैं राष्ट्रीय राजमार्ग प्राधिकरण का आभार व्यक्त करता हूँ।

अन्य राष्ट्रीय राजमार्गों के उन्नतिकरण के लिए आपके मन्त्रालय ने हरियाणा को जो सहायता दी है, उसके लिए भी हम आपके आभारी हैं। पानीपत से रोहतक, कैथल से राजगढ़ सीमा, रिवाड़ी से पलवल और अम्बाला से कालाअम्ब तक जाने वाले राष्ट्रीय राजमार्गों को 10 मीटर चौड़ा किया गया है। अम्बाला से कैथल और बरवाला से साहा तक के राष्ट्रीय राजमार्गों को सात मीटर चौड़ा किया जा रहा है।

अब तक पानीपत आने तक दो ही रुकावटें हैं। बहालगढ़ में फ्लाईओवर बनाना व रसोई में पुल को चौड़ा करना। इनकी स्वीकृति आपने प्रदान कर दी है। कृपया इन दोनों परियोजनाओं पर कार्य शीघ्र शुरू करवाएँ।

पानीपत में एलिवेटिड हाईवे के बन जाने से शहरवासियों को बहुत लाभ हुआ है, लेकिन इस एलिवेटिड हाईवे ने शहर को दो भागों में बाँट दिया है। इस शहर के दोनों भागों में आवागमन को सुगम बनाने के लिए राष्ट्रीय राजमार्ग प्राधिकरण ने पहले ही तीन भूमिगत रास्ते बनाये हुए हैं। इनके अलावा नांगलखेड़ी, खादी आश्रम, एन.एफ.एल. चौक, बरसत रोड, सत्संग भवन के समीप भी पदयात्रियों के लिए पुलों व अन्य कुछ भूमिगत रास्तों की जरूरत है। राष्ट्रीय राजमार्ग प्राधिकरण से कहें कि जनता की माँग को यथोचित् शीघ्र पूरा करें।

यह आमतौर पर देखा गया है एलिवेटिड हिस्से के नीचे की जमीन का अतिक्रमण कर लिया जाता है। इससे बचने के लिए एलिवेटिड हाईवे के नीचे की खाली जमीन का स्थानीय प्रशासन से मिलकर विकास किया जाए और इसे बाद में स्थानीय नगरपालिका को सौंप दिया जाए।

प्रदेश सरकार ऐतिहासिक जिले पानीपत के विकास को सर्वोच्च प्राथमिकता दे रही है। भारतीय तेल निगम द्वारा हरियाणा सरकार के सहयोग से पानीपत में विश्व स्तरीय पैट्रो कैमिकल हब विकसित किया जा रहा है। इस पैट्रो कैमिकल हब में 30 हजार करोड़ रुपये का निवेश होगा।

इस जिले में यातायात को सुगम बनाने के लिए हम कई और भी कदम उठा रहे हैं। पिछले तीन वर्षों में पानीपत जिले में सड़कों के रख-रखाव, मरम्मत और सुधार पर 65.50 करोड़ रुपये खर्च किये गये हैं। इनमें से अकेले वर्ष 2007-2008 में 36 करोड़ रुपये खर्च किये गये।

पानीपत में मिनी सचिवालय, ज्यूडिशियल कॉम्पलैक्स तथा आई.टी.आई. में एस.सी. व एस.टी. विंग का निर्माण कार्य हाथ में लिया गया है। इन कार्यों पर 38.25 करोड़ रुपये खर्च होंगे।

समालखा में 30 करोड़ रुपये की लागत से रेलवे ओवरब्रिज बनाया जायेगा, जिसका काम एक महीने के अन्दर-अन्दर चालू हो जायेगा। मैंने ढिण्डार-समालखां- जौरासी-जीतगढ़-आटा से रमाल वाया खोजकीपुर- सड़क, गांजबड़ रोड से सनौलीखुर्द रोड, जीटी रोड से सिकन्दरपुर रोड, पानीपत जीटी रोड से

भालसी रोड को चौड़ा करने के आदेश दिये हैं। इन 80 किलोमीटर लम्बी सड़कों पर लगभग 45 करोड़ रुपये खर्च होगा।

प्रधानमन्त्री ग्रामीण सड़क योजना के तहत पानीपत जिले में 60 किलोमीटर लम्बी सड़कों को सुदृढ़ बनाया गया है, जिन पर 13 करोड़ रुपये खर्च हुए हैं। 35 किलोमीटर लम्बी सड़कों पर कार्य प्रगति पर है और इन पर 12 करोड़ रुपये खर्च होंगे।

मेरा कहने का भाव यह है कि हमने प्रदेश में विकास का एक अभियान चलाया हुआ है। चाहे वह बिजली का क्षेत्र है, चाहे वह सिंचाई क्षेत्र है, सड़कों के निर्माण और सुधार, शिक्षा व स्वास्थ्य सेवाओं के विस्तार की बात है, हम हर क्षेत्र में हरियाणा को देश का 'नम्बर वन राज्य' बनाने के लिए कटिबद्ध हैं।

बुधवार, 16 जुलाई 2008, पानीपत

डेरी फ़ार्मिंग के नये क्षितिज

'डेरी उत्पादन में गुणवत्ता वृद्धि' पर राष्ट्रीय सेमिनार के समापन अवसर पर

वैज्ञानिक समाज की अमूल्य धरोहर होते हैं। आपके ज्ञान के बलबूते पर ही प्रगति की नयी राहें खुलती हैं और समाज को नया परिवेश मिलता है। विज्ञान ने आज देश और काल को जीत लिया है। सम्पूर्ण विश्व को ही एक विश्व ग्राम में तबदील कर दिया है। शायद ही ऐसा कोई क्षेत्र होगा, जो विज्ञान की उपलब्धियों से अछूता रह गया हो।

जैसा कि आप सभी जानते हैं कि हमारे देश में कृषि के साथ-साथ दुधारू पशु पालने की प्राचीन परम्परा रही है। पहले दुधारू पशु दूध की घरेलू माँग को पूरा करने के लिए ही पाले जाते थे। लेकिन अब समय बदल गया है। किसान की जरूरतें बदल गई हैं। इसलिए दुनिया भर में डेरी फार्मिंग एक बड़े उद्योग के रूप में विकसित हो रहा है। मुझे यह जानकर बड़ी खुशी हुई है कि इस राष्ट्रीय सेमिनार का मुख्य उद्देश्य 'डेरी उत्पादन में गुणवत्ता वृद्धि' हैं। देश के सकल घरेलू उत्पादन में किसी एक वस्तु के योगदान की तुलना में दूध का योगदान सबसे अधिक है। यदि हमारे दूध उत्पादक गुणवत्ता वृद्धि के महत्व को समझें और अपने दूध उत्पादों में गुणवत्ता वृद्धि करने लगें तो वह दिन दूर नहीं जब हम देश से डेरी उत्पादों के निर्यात की पूर्ण क्षमता का दोहन करने लगेंगे।

खुली अर्थव्यवस्था का लाभ उठाने के लिए आज समय की माँग है कि डेरी उत्पादों में गुणवत्ता होनी चाहिए तभी हम विश्व बाजार की प्रतिस्पर्धा में टिक सकेंगे। आज के उपभोक्ता, डेरी और संरक्षित खाद्य सामग्री की शुद्धता और गुणवत्ता के प्रति विशेषरूप से जागरूक हैं। इसलिए यह जरूरी है कि पेशेवर और आम डेरी किसान उत्पादों की शुद्धता और गुणवत्ता पर विशेष ध्यान दें तथा इनकी पैकिंग भी आकर्षक हो।

डेरी किसानों, पशु पालकों और दूध उत्पादकों के बीच डेरी उत्पादों में गुणवत्ता वृद्धि के बारे समुचित जानकारी उपलब्ध करवाई जानी चाहिए साथ ही उन्हें यह भी बताया जाए कि इससे उनकी नियमित आय भी सुनिश्चित होगी। दुग्ध उत्पादकों को दूध का उत्पादन बढ़ाने तथा गुणवत्ता वृद्धि के लिए शिक्षित करने का दायित्व विस्तार कार्यकर्ताओं तथा क्षेत्रीय अमले का है। हमारे डेरी किसानों को दो बात समझाने की जरूरत है। एक तो वे दूध उत्पादन बढ़ाने के लिए अति आधुनिक वैज्ञानिक डेरी पद्धतियाँ अपनाएँ, दूसरी ओर अपने डेरी उत्पादों में किसी न किसी तरह का गुणवत्ता वृद्धि करें।

यद्यपि राज्य सरकारें डेरी फार्मिंग को बढ़ावा दे रही हैं और सार्वजनिक क्षेत्र में मिल्क प्लांट स्थापित

किये गये हैं। निजी क्षेत्र भी डेरी फार्मिंग को बड़े पैमाने पर बढ़ावा दे रहा है। लेकिन हमारे देश में डेरी फार्मिंग के विकास के लिए आधारभूत ढाँचे की कमी है। दूध की खरीद से लेकर इसकी प्रोसेसिंग के लिए एक मजबूत तन्त्र विकसित होना चाहिए दुग्ध सहकारी समितियों को सुदृढ़ बनाया जाए, कोल्ड चैन स्थापित की जाए और दुग्ध की प्रोसेसिंग के लिए ज्यादा से ज्यादा मिल्क प्लांट स्थापित हों।

हमारे देश, विशेषकर, उत्तरी भारत में कृषि उत्पादन अब अपनी चरम सीमा पर पहुँच गया है। इस क्षेत्र में अब विकास की कम सम्भावनाएँ हैं। इसलिए किसानों को आय के अतिरिक्त साधन उपलब्ध करवाने के लिए वैकल्पिक साधन तलाशने की जरूरत है। डेरी फार्मिंग हमारे पास एक सशक्त विकल्प है, जिससे किसान की कृषि पर निर्भरता कम की जा सकती है। ग्रामीण क्षेत्रों के युवक-युवतियों को गाँवों में ही रोज़गार के अवसर उपलब्ध करवाये जा सकते हैं। जरूरत है इस व्यवसाय को वैज्ञानिक आधार पर अपनाने की। इस दिशा में डेरी वैज्ञानिकों और अनुसंधानकर्त्ताओं के कंधों पर एक बड़ा दायित्व है।

विकसित देशों की तुलना में हमारे यहाँ के डेरी पशुओं की दूध देने की क्षमता कम है। इसलिए जैनेटिक अपग्रेडेशन (Genetic Upgradation) जैसी पद्धतियों से पशुओं की नस्ल का सुधार किया जाये ताकि उदारीकरण के इस दौर में हम विश्व प्रतिस्पर्धा में टिक सकें। इस दिशा में राष्ट्रीय डेरी अनुसंधान संस्थान के प्रयासों की मैं सराहना करता हूँ।

हरियाणा तो वह धरती है, जहाँ पर पशु पालने की परम्परा सदियों पुरानी है। राष्ट्र की अर्थव्यवस्था में पशुधन का महत्वपूर्ण योगदान है। दूध के कुल उत्पादन में भारत का दुनिया में पहला स्थान है। हरियाणा का भी दूध की प्रति व्यक्ति प्रतिदिन उपलब्धता में देश-भर में दूसरा स्थान है और इसे 'दूध-दही के प्रदेश' के रूप में जाना जाता है। डेरी विकास के मजबूत आधार स्तम्भ हैं- उत्तम नस्ल के दुधारू पशु, पौष्टिक चारे की उपलब्धता, पशु चिकित्सा सुविधाएँ, उत्पादों की बिक्री के लिए पर्याप्त बाजार सुविधा तथा उन्नत तकनीकी सुविधाएँ। ऐसा उपयुक्त वातावरण हरियाणा में है।

हरियाणा राज्य पशुधन सम्पदा में धनी है। यहाँ की मुर्राह नस्ल की भैंसों की दूध देने में विश्वभर में ख्याति है और हरियाणा नस्ल की गायों, साहीवाल नस्ल की गायों, होलस्टियन फ्रिजीयन नस्ल का भी दूध उत्पादन में बड़ा योगदान है। प्रदेश में डेरी विकास के लिए अनेक कदम उठाये गये हैं। मैंने प्रदेश के शासन की बागडोर सम्भालते ही डेरी फेडरेशन के अधिकारियों की एक बैठक ली, जिसमें हरियाणा में डेरी सहकारिता को बढ़ावा देने के निर्देश दिये ताकि गाँवों में रहने वाले लोगों की आमदनी बढ़े और उन्हें रोज़गार के अवसर मिलें।

प्रदेश में डेरी उद्योग को बढ़ाने के लिए एक 'एक्शन प्लान' तैयार किया गया है, जिसके अन्तर्गत विभिन्न कार्यक्रम लागू किये गये हैं। अगले तीन वर्षों में सहकारी संस्थाओं द्वारा दूध की खरीद करने और बेचने के कारोबार में 100 प्रतिशत वृद्धि करने का लक्ष्य निर्धारित किया गया है। हम प्रदेश में डेरी उद्योग और फूड प्रीसेसिंग उद्योगों को भी बढ़ावा देने पर विशेष बल दे रहे हैं।

वृहस्पतिवार, 22 दिसम्बर 2005, करनाल

नया उल्लास : नया संकल्प

राष्ट्रीय डेरी अनुसंधान संस्थान के छठे दीक्षान्त समारोह में

दीक्षान्त समारोह न सिर्फ़ किसी विद्यार्थी के जीवन के लिए बल्कि किसी भी शिक्षण संस्थान के लिए बहुत महत्व रखता है। मैं डिग्रियाँ प्राप्त करने वाले छात्रों को हार्दिक बधाई और शुभकामनाएँ देता हूँ। यह समारोह एक नये उल्लास और संकल्प का अवसर होता है। संस्थान के प्राध्यापक वर्ग के लिए उसी

प्रकार यह ख़ुशी का मौका होता है, जैसे किसान अपनी पकी फसल को देखकर ख़ुशी अनुभव करता है। छात्रों में डिग्री मिलने की उमंग है तथा जीवन का नया सफर शुरू करने का चाव भी है।

दानवीर कर्ण की नगरी करनाल का जहाँ ऐतिहासिक महत्व है, वहीं महान बेटी अन्तरिक्ष वैज्ञानिक स्वर्गीय कल्पना चावला तथा राष्ट्रीय डेरी अनुसंधान संस्थान के फलस्वरूप करनाल का अन्तराष्ट्रीय स्तर पर नाम है। इस संस्थान पर हरियाणा को ही नहीं बल्कि पूरे देश को मान है।

जैसा कि आप सभी जानते हैं कि हमारे देश में कृषि के साथ-साथ दुधारू पशु पालने की प्राचीन परम्परा रही है। पहले दुधारू पशु दूध की घरेलू माँग को पूरा करने के लिए ही पाले जाते थे। लेकिन अब समय बदल गया है। दुनियाभर में डेरी फार्मिंग एक बड़े उद्योग के रूप में विकसित हो रहा है।

खुली अर्थव्यवस्था का लाभ उठाने के लिए आज समय की माँग है कि डेरी उत्पादों में गुणवत्ता होनी चाहिए। आज के उपभोक्ता, डेरी और संरक्षित खाद्य सामग्री की शुद्धता और गुणवत्ता के प्रति विशेष रूप से जागरूक हैं। डेरी विकास के मजबूत आधार स्तम्भ हैं—उत्तम नस्ल के दुधारू पशु, पौष्टिक चारे की उपलब्धता, पशु चिकित्सा सुविधाएँ, उत्पादों की बिक्री के लिए पर्याप्त बाजार सुविधा तथा उन्नत तकनीकी सुविधाएँ।

यद्यपि, राज्य सरकारें डेरी फार्मिंग को बढ़ावा दे रही हैं और सार्वजनिक क्षेत्र में मिल्क प्लांट स्थापित किये गये हैं। निजी क्षेत्र भी डेरी फार्मिंग को बड़े पैमाने पर बढ़ावा दे रहा है। लेकिन हमारे देश में डेरी फार्मिंग के विकास के लिए आधारभूत ढाँचे को और मजबूत बनाये जाने की जरूरत है। दूध की खरीद से लेकर इसकी प्रोसेसिंग के लिए एक सुदृढ़ तन्त्र विकसित होना चाहिए दुग्ध सहकारी समितियों को सुदृढ़ बनाया जाए, कोल्ड चैन स्थापित की जाए और दुग्ध की प्रोसेसिंग के लिए ज्यादा से ज्यादा मिल्क प्लांट स्थापित हों।

हमारे देश, विशेषकर, उत्तरी भारत में कृषि उत्पादन अब अपनी चरम सीमा पर पहुँच गया है। इस क्षेत्र में अब विकास की कम सम्भावनाएँ हैं। इसलिए किसानों को आय के अतिरिक्त साधन उपलब्ध करवाने के लिए वैकल्पिक साधन तलाशने की जरूरत है।

डेरी फार्मिंग हमारे पास एक सशक्त विकल्प है, जिससे किसान की कृषि पर निर्भरता कम की जा सकती है। ग्रामीण क्षेत्रों के युवक-युवतियों को गाँवों में ही रोज़गार के अवसर उपलब्ध करवाये जा सकते हैं। जरूरत है इस व्यवसाय को वैज्ञानिक आधार पर अपनाने की। इस दिशा में डेरी वैज्ञानिकों, अनुसंधानकर्त्ताओं तथा इससे जुड़े लोगों के कंधों पर एक बड़ा दायित्व है। आज जो छात्र डेरी क्षेत्र में उच्च शिक्षा प्राप्त कर सेवा क्षेत्र में प्रवेश करने जा रहे हैं, मुझे विश्वास है कि वे निष्ठा, मेहनत और लगन से डेरी उद्योग के विकास में समर्पित भाव से अपनी भूमिका निभाएँगे।

विकसित देशों की तुलना में हमारे यहाँ के डेरी पशुओं की दूध देने की क्षमता कम है। इसलिए जैनेटिक अपग्रेडेशन (Genetic Upgradation) जैसी पद्धतियों से पशुओं की नस्ल का सुधार किया जाये ताकि उदारीकरण के इस दौर में हम विश्व प्रतिस्पर्धा में टिक सकें। इस दिशा में राष्ट्रीय डेरी अनुसंधान सस्थान के प्रयासों की मैं सराहना करता हूँ।

राष्ट्र की अर्थव्यवस्था में पशुधन का महत्वपूर्ण योगदान है। दूध के कुल उत्पादन में भारत का दुनिया में पहला स्थान है। हरियाणा का भी दूध की प्रति व्यक्ति प्रतिदिन उपलब्धता में देश-भर में दूसरा स्थान है और इसे 'दूध-दही के प्रदेश' के रूप में जाना जाता है।

डेरी उद्योग को बढ़ावा देने के लिए हरियाणा में हमने एक 'एक्शन प्लान' तैयार किया है, जिसके अन्तर्गत विभिन्न कार्यक्रम लागू किये गये हैं। किसानों और ग्रामीण क्षेत्र के युवाओं को स्वः रोज़गार के अवसर उपलब्ध करवाने के लिए मिनी डेरी खोलने की स्कीम के तहत बजट प्रावधान दोगुना कर दिया

है और 10 हजार रुपये तक का अनुदान देने का प्रावधान भी किया गया है।

अगले तीन वर्षों में सहकारी संस्थाओं द्वारा दूध की खरीद करने और बेंचने के कारोबार में 100 प्रतिशत की वृद्धि करने का लक्ष्य निर्धारित किया गया है।

किसान हमारे देश की अर्थव्यवस्था की रीढ़ है तथा राष्ट्र का अन्नदाता है। तपती गर्मी, कड़कती सर्दी और बरसात की परवाह न करते हुए कठोर परिश्रम करके देश के करोड़ों-करोड़ों लोगों का पेट भरता है। खुद मुसीबतें झेलता है परन्तु कभी आह तक नहीं करता। ऐसे धरती पुत्रों के हितों की रक्षा के लिए यू.पी.ए. सरकार ने गत दो वर्षों में बड़े सराहनीय कदम उठाये हैं। फसल विविधिकरण और कृषि उत्पादों के लिए बाजार विकसित करने पर बल दिया जा रहा है। किसानों को ज्यादा से ज्यादा कृषि ऋण उपलब्ध करवाया जा रहा है।

केन्द्र सरकार द्वारा फसली ऋणों पर किसानों को वर्ष 2005-06 के लिए ब्याज में दो प्रतिशत की राहत देने तथा इस वित्त वर्ष से किसानों को छोटी अवधि वाले कृषि ऋणों पर सात प्रतिशत ब्याज दर वसूलने का निर्णय लिया गया है। ये कदम किसानों की खुशहाली के लिए 'मील पत्थर' साबित होंगे।

यू.पी.ए. सरकार का अनुसरण करते हुए हरियाणा में हमने भी किसानों की भलाई के लिए अनेक कदम उठाये हैं। प्राकृतिक आपदा से नष्ट होने वाली फसलों तथा भूमि अधिग्रहण पर मुआवजे की राशि में भारी बढ़ोतरी की है। गन्ने का सर्वाधिक भाव दिया है।

फसलों का विविधिकरण आज समय की जरूरत है। भूमण्डलीकरण के इस युग में धान-गेहूँ की परम्परागत फसलें एक तो लाभदायक नहीं रह गई हैं, दूसरे इन फसलों से भूमिगत जल स्तर में निरन्तर गिरावट आ रही है और भूमि के उपजाऊपन में भी कमी आ रही है। इसलिये, धान-गेहूँ के फसल चक्र को तोड़ना जरूरी हो गया है। सरकार अब दलहन और तिलहन की फसलों के साथ-साथ सब्जियों और औषधीय पौधों की खेती को अपनाने के लिये किसानों को प्रोत्साहित कर रही है।

पिछले कुछ वर्षों से धान की फाईन और सुपर फाईन की किस्मों का ग्रुप-ए बनाकर एक ही समर्थन मूल्य तय किया जाने लगा है। यह किसानों के हित में नहीं है। मेरा निवेदन है कि फाईन और सुपर फाईन किस्मों का अलग-अलग समर्थन मूल्य निर्धारित किया जाए।

शुक्रवार, 21 अप्रैल 2006, करनाल

गौरवपूर्ण परम्परा

अखिल भारतीय कांग्रेस कमेटी अधिवेशन में

यह बड़े सौभाग्य की बात है कि अखिल भारतीय कांग्रेस कमेटी का यह महत्वपूर्ण अधिवेशन 'सर्वधर्म समभाव' की पावन भूमि हैदराबाद में हो रहा है। आंध्रप्रदेश की राजधानी हैदराबाद हमारी प्राचीन समृद्ध संस्कृति और 'अतिथि देवो भवः' की हमारी महान परम्परा की प्रतीक है। आज यह महानगर भारत के गौरवशाली वैभव और आधुनिक विकास का अद्‌भुत दृश्य प्रस्तुत करता है।

मैं माननीय अध्यक्ष श्रीमती सोनिया गाँधी जी को बधाई देता हूँ कि आपकी अध्यक्षता में इस महान पार्टी का यहाँ अधिवेशन हो रहा है, जिसे श्री डब्ल्यू.सी. बैनर्जी, श्री गोपाल कृष्ण गोखले, राष्ट्रपिता महात्मा गाँधी, पण्डित जवाहर लाल नेहरू, श्री लाल बहादुर शास्त्री, श्रीमती इन्दिरा गाँधी और श्री राजीव गाँधी ने अपने खून-पसीने से सींचा है। निःसंदेह, इस अधिवेशन में देश के कोने से आये कांग्रेस कार्यकर्त्ताओं के आपसी विचार-मंथन से जो निष्कर्ष निकलेंगे, वे राष्ट्र निर्माण के लिए 'मील पत्थर' साबित होंगे।

भारतीय राष्ट्रीय कांग्रेस का सारे विश्व में एक लम्बा और अमिट इतिहास है और एक गौरवपूर्ण परम्परा है। इस पार्टी के आदर्श और मूल मन्त्र भारतीय संस्कृति से गहरे तौर पर जुड़े हुए हैं। चाहे वह धार्मिक सहिष्णुता हो, या सारे सम्प्रदायों और धर्मों को एक सूत्र में पिरोकर आगे ले चलने की क्षमता हो, चाहे वह 'वसुधैव कुटुम्बकम्' द्वारा सारे संसार को एक परिवार मानने की भावना हो या साहस, आत्मविश्वास और आत्म सम्मान के साथ निरन्तर आगे बढ़ने का जोश हो। यही कारण है कि कांग्रेस पार्टी का कारवां पिछले 120 साल से निरन्तर आगे बढ़ रहा है।

देश के इतिहास में कांग्रेस ही एक ऐसी पार्टी है, जिसने भारत की आजादी के लिए एक लम्बा संघर्ष किया और आजादी प्राप्त की। आजादी के बाद देश में प्रजातान्त्रिक मूल्य स्थापित किये। राष्ट्र की एकता तथा अखण्डता की रक्षा की और उसे विकास के पथ पर निरन्तर अग्रसर किया। देश में हरित क्रान्ति, श्वेत क्रान्ति और नीली क्रान्तियों के बलबूते पर राष्ट्र केवल आत्मनिर्भर ही नहीं बना बल्कि जन-जन के जीवन में ख़ुशहाली के एक नये दौर का सूत्रपात भी हुआ।

कांग्रेस ने ही देश में ग़रीबी उन्मूलन, ग्रामीण विकास और पंचायती राज संस्थाओं को मजबूत बनाने तथा समाज के दबे, पिछड़े और कमजोर वर्ग के लोगों में एक नयी चेतना जागृत की। इसके साथ-साथ कांग्रेस ने जहाँ विज्ञान और प्रौद्योगिकी के क्षेत्र में दुनिया में भारत को एक अलग पहचान दी, वहीं इसे अन्तरिक्ष विज्ञान तथा परमाणु शक्ति सम्पन्न राष्ट्रों की अग्रिम पंक्ति में ला खड़ा किया। कांग्रेस की ही दूरदर्शी सोच से अर्थव्यवस्था में साहसिक मूलभूत परिवर्तन हुए, जिसके फलस्वरूप भारत ने एक मजबूत राष्ट्र के रूप में 21वीं सदी में प्रवेश किया।

भारत ने पिछले लगभग छः दशकों में जो अभूतपूर्व प्रगति की है, उसका श्रेय पण्डित नेहरू जी की आधुनिक भारत की परिकल्पना, श्री लाल बहादुर शास्त्री जी के जय जवान-जय किसान के उद्घोष, श्रीमती इन्दिरा गाँधी जी के मजबूत इरादे और श्री राजीव गाँधी जी की दूरदर्शी सोच को जाता है।

यह गौरव की बात है कि यू.पी.ए. सरकार के नेतृत्व में आज भारत विकसित राष्ट्र बनने के पथ पर निरन्तर आगे बढ़ रहा है। त्यागमूर्ति श्रीमती सोनिया गाँधी जी के दूरदर्शी मार्गदर्शन और देश में आर्थिक सुधारों के जनक प्रधानमन्त्री डॉ. मनमोहन सिंह जी के कुशल नेतृत्व में यू.पी.ए. सरकार ने जन कल्याण और राष्ट्र के नव निर्माण की कई अनूठी पहल की हैं। अन्तर्राष्ट्रीय क्षितिज पर भारत की गरिमा बढ़ी है। पड़ोसी देशों के साथ सम्बन्धों में बदलाव का माहौल बना है। राष्ट्रीय ग्रामीण रोज़गार गारण्टी कार्यक्रम, राष्ट्रीय ग्रामीण स्वास्थ्य मिशन, राजीव गाँधी ग्रामीण विद्युतीकरण योजना, राष्ट्रीय बागवानी मिशन जैसे महत्वपूर्ण कार्यक्रम शुरू करके ग्रामीण भारत के उत्थान में एक रचनात्मक भूमिका निभाई है। भारतीय शिक्षा प्रणाली को आधुनिक बनाने के लिए 'राष्ट्रीय ज्ञान आयोग' गठित किया गया है। 'टेक्नोलॉजी विज़न-2020 मिशन' स्वीकृत किया गया है।

कांग्रेस नीति यू.पी.ए. सरकार ने देश के आर्थिक विकास में तेजी लाने और अर्थव्यवस्था के आधुनिकीकरण के लिए जो पग उठाये हैं, उससे राष्ट्र के विकास को एक नयी ऊर्जा मिली है। इस सरकार ने 'न्यूनतम सांझा कार्यक्रम' के तहत जहाँ गठबन्धन की राजनीति को नयी परिभाषा दी है, वहीं राष्ट्रपिता महात्मा गाँधी जी के आम सहमति के सिद्धान्त का सही अर्थों में पालन किया है।

राष्ट्रपिता महात्मा गाँधी जी ने आम सहमति के बल पर ही देशवासियों को एकसूत्र में पिरोकर ब्रिटिश सरकार की चूलें हिला दीं और देश को आजादी का तोहफा दिया। देश को ग्लोबलाईजेशन की चुनौतियों का सामना करने और राष्ट्र की एकता और अखण्डता की रक्षा करने के लिए राष्ट्रपिता का आम सहमति का आदर्श हमारे लिए आज और भी अधिक प्रासंगिक है।

तेजी से बदलते हुए अन्तर्राष्ट्रीय परिवेश में जबकि विश्व की आर्थिक व्यवस्था एक नयी करवट

ले रही है, नये राजनैतिक और आर्थिक समीकरण बन रहे हैं। इस घड़ी में विश्व की सबसे बड़ी अर्थव्यवस्था की ओर विश्व बड़ी उत्सुकता से देख रहा है।

कांग्रेस पार्टी की एक सदी से अधिक पुरानी गौरवशाली परम्परा के अनुसार इसकी देश के प्रति एक जिम्मेदारी है। हमारा कर्त्तव्य बनता है कि हम सभी प्रकार के मतभेद भुलाकर एकजुट होकर अपनी पार्टी को मजबूत करें। अन्दर और बाहर एकता और दृढ़ता का सन्देश दें और आदरणीय अध्यक्ष महोदय के दूरदर्शी नेतृत्व में निरन्तर संघर्ष की राह पर आगे बढ़ें और सही मायनें में इनकी कथनी को करनी में बदलें। आपका मानना है कि भारतीय राष्ट्रीय कांग्रेस की परम्परा संघर्ष की परम्परा है, राष्ट्र के निर्माण की परम्परा है, सबको साथ लेकर चलने की परम्परा है।

आप जानते हैं कि हरियाणा की भूमि प्राचीन भारतीय सभ्यता और संस्कृति की जन्म स्थली मानी जाती है। वेदों की भूमि हरियाणा में ही भगवान श्रीकृष्ण ने गीता द्वारा कर्मयोग का अमर सन्देश सारे संसार को दिया था। हरियाणा का एक अलग प्रदेश के रूप में गठन भी हमारी लोकप्रिय भूतपूर्व प्रधानमन्त्री स्वर्गीय श्रीमती इन्दिरा गाँधी जी कलम से हुआ था और श्रीमती इन्दिरा गाँधी जी और श्री राजीव गाँधी जी के मार्गदर्शन में हरियाणा ने सभी गाँवों में बिजली, सड़कें और पानी देने के कीर्तिमान स्थापित किये थे।

हरियाणा में कांग्रेस सरकार विकास और जन कल्याण के मामले में नित नये कदम बढ़ा रही है। हरियाणा में शान्ति और विकास का एक सुंदर माहौल बना है। संवैधानिक संस्थाओं की गरिमा बहाल हुई है। स्वतन्त्रता सेनानियों के प्रति कृतज्ञता प्रकट करते हुए हरियाणा में हमने उनकी पेंशन 1400 रुपये प्रतिमास से बढ़ाकर 3500 रुपये की है।

किसानों की भलाई के लिए कई अहम फैसलें लिये हैं। फसल बीमा योजना शुरू की है। सहकारी ऋणों पर ब्याज दरों में कमी की है। भूमि अधिग्रहण पर मुआवजा राशि में बढ़ोतरी की है। किसानों को गन्ने का 135 रुपये प्रति क्विंटल का सर्वाधिक भाव दिया जा रहा है। किसानों तथा ग्रामीण क्षेत्रों के बिजली उपभोक्ताओं के बिजली के 1600 करोड़ रुपये के बकाया बिलों को माफ़ किया है। बिजली उत्पादन बढ़ाने के लिए नयी-नयी परियोजनाएँ स्थापित की जा रही हैं। प्रदेश में रोज़गार के नये-नये अवसर पैदा करने के लिए नयी उद्योग नीति और श्रमिकों के हितों की रक्षा के लिए एक श्रम नीति लागू की गई है।

वर्ष 2006 को हम 'बालिका वर्ष' के रूप में मना रहे हैं। महिलाओं के सशक्तिकरण के लिए 'लाडली', 'इन्दिरा गाँधी प्रियदर्शनी विवाह शगुन योजना', 'सर्वोत्तम माता पुरस्कार' नामक कई अनूठी स्कीमें शुरू की गई हैं। शिक्षित बेरोज़गारों को एक सम्मानजनक भत्ता दिया जा रहा है। युवाओं को उच्च शिक्षा सुविधाएँ उपलब्ध करवाने के लिए प्रदेश में 'राजीव गाँधी एजुकेशन सिटी' स्थापित की जा रही है। ग़रीब वर्ग को प्रभावित करने वाली लाटरी की कुप्रथा को समाप्त किया है। विकलांगों को दिया जाने वाला भत्ता दोगुना किया है। मैं विश्वास दिलाता हूँ कि आपके कुशल मार्गदर्शन में हम हरियाणा को विकास और जन कल्याण के मामले में देश का नम्बर वन राज्य बनाकर रहेंगे।

इस अवसर पर हमें देश को समृद्ध बनाने और कांग्रेस पार्टी को मजबूत बनाने के लिए अपने दृढ़ संकल्प को दोहराना है। देश के सम्मुख वर्तमान कठिनाइयों और समस्याओं पर गहराई से और रचनात्मक तरीके से विचार करके एकमत से उनके ठोस हल ढूँढने हैं। हमें देश के कोने-कोने में जनता को आर्थिक और सामाजिक न्याय दिलाना है। हमें हर खेत को पानी और हर हाथ को काम दिलाना है। ग़रीबी को हटाना है और हर झोपड़ी में रोशनी का चिराग जलाना है तथा भारत को विश्व की एक महान आर्थिक शक्ति बनाना है।

21 से 23 जनवरी 2006, हैदराबाद (आन्ध्रप्रदेश)

नये जीवन की नयी मंज़िलें

'नवयुग रैली' में

प्रदेश में कांग्रेस सरकार की जनसेवा के दो वर्ष पूरे होने के उपलक्ष्य में सिरसा में आयोजित 'नवयुग रैली' में आज जो उत्सव और खुशी का माहौल है, वह इस बात का सबूत हैं कि हरियाणा में कांग्रेस सरकार ने दो वर्ष के थोड़े से अरसे में विकास और जनकल्याण के नवयुग का सूत्रपात किया है। आज यह प्रदेश मंजिल दर मंजिल प्रगति पथ पर बढ़ता हुआ देश का 'नम्बर वन' राज्य बनने के लक्ष्य को पाने के लिए निरन्तर अग्रसर है।

श्रीमती इन्दिरा गाँधी जी के आशीर्वाद और श्री राजीव गाँधी जी के कुशल और प्रगतिशील मार्गदर्शन में हरियाणा ने कांग्रेस शासन के दौरान अभूतपूर्व प्रगति की। हमने सत्ता की बागडोर सम्भालते ही सबसे पहला काम कानून-व्यवस्था को दुरूस्त करने तथा अपराधियों पर अंकुश लगाने का किया। हरियाणा को विकास के मामले में देश का 'नम्बर वन' राज्य बनाने के लिए एकलव्य की भाँति जुट गये।

मुझे इस समय 14 मई, 2005 को जींद में आयोजित धन्यवाद रैली का भी स्मरण हो रहा है, जिसमें कांग्रेस अध्यक्ष माननीय श्रीमती सोनिया गाँधी ने कहा था 'प्रदेश की जनता का भारी समर्थन कांग्रेस पार्टी के लिए गर्व की बात भी है और एक चुनौती भी है। जनता की आशाओं के मुताबिक काम करना है। जो ईमानदारी और सच्चाई के साथ, निष्ठा और समर्पण के साथ, सेवा भावना के साथ अपने कदम आगे बढ़ाते हैं, उन्हें मंजिल जरूर मिलती है।'

मुझे आज यह बताते हुए बड़ा गर्व हो रहा है कि इस कथन को हमने एक संकल्प के रूप में लिया और वह संकल्प विकास का मूल मन्त्र सिद्ध हुआ। हमने गत दो वर्षों में हरियाणा की जनता से किये वादों को न केवल पूरा किया है, बल्कि वादों से बढ़कर विकास और जनकल्याण की कई अनूठी पहल की हैं, साहसिक तथा ऐतिहासिक कदम उठाये गये हैं। स्वच्छ, पारदर्शी और जवाबदेह प्रशासन स्थापित किया है। अमन-चैन का माहौल कायम किया है। भ्रष्टाचार पर अंकुश लगाने के लिए लोकायुक्त की नियुक्ति की गई है।

किसान राष्ट्र का अन्नदाता है और आर्थिक विकास की धुरी है। हम किसान की मेहनत का पूरा-पूरा सम्मान करते हैं। उन्हें सुविधाएँ देने में आज हरियाणा देशभर में सबसे आगे है। इस पिराई सत्र के लिए गन्ने का भाव 138 रुपये प्रति क्विंटल निर्धारित किया है, जो कि देशभर में सबसे अधिक है। पिछली सरकार के दौरान वर्ष 2004-05 में गन्ने का भाव 117 रुपये प्रति क्विंटल था। किसान की उपज का दाना-दाना न्यूनतम समर्थन मूल्य पर खरीदा जाता है।

यहाँ बैठे किसानों को एन.डी.ए. सरकार का वह शासन भी याद है, जब कृषि पैदावार का न्यूनतन समर्थन मूल्य औपचारिकता पूरी करने के लिए ही 10-15 रुपये बढ़ाया जाता था। यू.पी.ए. सरकार ने गेहूँ के न्यूनतम समर्थन मूल्य में 100 रुपये की बढ़ोतरी की है इसके लिए मैं प्रधानमन्त्री जी का और श्रीमती सोनिया गाँधी जी का अपनी ओर से तथा प्रदेश के किसानों की ओर से आभार व्यक्त करता हूँ।

पिछले वर्ष सरकार ने 1715 रुपये प्रति क्विंटल के न्यूनतम समर्थन मूल्य पर 4.62 लाख मीट्रिक टन सरसों की रिकार्ड खरीद की, जबकि पिछली सरकार के दौरान सरसों की सर्वाधिक खरीद वर्ष 2002-03 के रबी खरीद सीजन के दौरान मात्र 75 हजार मीट्रिक टन खरीद की गई थी।

भाइयों और बहनों! मैं इस बात के लिए भी यूपीए अध्यक्ष श्रीमती सोनिया गाँधी जी का इस बात के लिए भी आभार व्यक्त करता हूँ कि आज किसान को फसली ऋण सात प्रतिशत ब्याज की दर पर मिल रहा है। ब्याज दर घटाने के पीछे एक ही मंशा है कि किसान समय पर खाद, बीज और कीटनाशक

खरीद सके और उसे कर्ज़ लौटाने की चिंता भी न रहे।

हमने हरियाणा राज्य सहकारी कृषि और ग्रामीण विकास बैंक द्वारा किसानों को दिये जाने वाले दीर्घकालीन ऋणों की ब्याज दर में एक प्रतिशत की कटौती की है। 50 हजार रुपये तक के ऋण पर 8 प्रतिशत की दर से ब्याज लिया जाता है। सहकारी ऋणों की वसूली के लिए किसानों की गिरफ़्तारी पर रोक लगा दी गई है। किसान को कर्ज़ से राहत दिलाने के लिए जिला स्तर पर 'कोन्सीलिएटरी बोर्ड' गठित करने का निर्णय लिया गया है।

पिछले दिनों प्रदेश में कई स्थानों पर ओलावृष्टि हुई है। हमने समस्त राज्य में तुरन्त गिरदावरी के आदेश दे दिये हैं, जिसकी रिपोर्ट एक-दो दिन में मिल जायेगी। प्राकृतिक प्रकोप से फसलें नष्ट होने पर मुआवजा राशि में हमने अभूतपूर्व बढ़ोतरी की है। पिछली सरकारों के समय में पहले फसलें नष्ट होने पर नुकसान के आधार पर सभी तरह की फसलों के लिए 1000 रुपये, 1500 रुपये और 2000 रुपये प्रति एकड़ का मुआवजा दिया जाता था।

सरकार ने गेहूँ के लिए यह मुआवजा राशि नुकसान के आधार पर बढ़ाकर पहले 1500 रुपये, 2250 रुपये और 3000 रुपये की थी और अन्य फसलों के लिए 1250 रुपये, 1875 रुपये और 2500 रुपये प्रति एकड़ निर्धारित की थी। अब पुनः इसमें संशोधन करके गेहूँ के लिए 3000 रुपये, 4000 रुपये और 5000 रुपये तथा अन्य फसलों के लिए 2000 रुपये, 3000 रुपये और 4000 रुपये प्रति एकड़ निर्धारित किया गया है। फसल बीमा स्कीम शुरू करके कपास, बाजरा, मक्की, अरहर, चना और सरसों जैसी फसलों के लिए विस्तृत जोखिम प्रबन्धन किया गया है।

आप सभी जानते हैं कि बिजली के बकाया बिलों के भुगतान की प्रदेश में एक जटिल समस्या थी। झूठे वायदे करके सत्ता सुख भोगने वालों के झांसे में आकर गाँवों के लोगों ने बिजली के बिल देना बंद कर दिये थे। एक लम्बे समय तक इस समस्या का समाधान न होने से बिलों की राशि इतनी बढ़ गई थी कि कोई किसान यदि देना भी चाहे तो अपनी जमीन-जायदाद बेचकर भी नहीं दे सकता था। इस समस्या का सदा-सदा के लिए समाधान करने के उद्देश्य से सरकार ने प्रदेश के किसानों और ग्रामीण उपभोक्ताओं के 1600 करोड़ रुपये के बिजली के बकाया बिल माफ करके एक इतिहास रचा है।

प्रदेश के हर क्षेत्र के लिए नहरी पानी का समान और न्यायोचित बटवारा करने के लिए 259 करोड़ रुपये की लागत से बनने वाली 109 किलोमीटर लम्बी भाखड़ा मेन लाइन-हांसी ब्रांच-बुटाना ब्रांच बहु-उद्देशीय नहर का निर्माण कार्य युद्ध स्तर पर हो रहा है। नहर की खुदाई का 70 प्रतिशत कार्य पूरा हो चुका है। यह नहर अक्तूबर-2007 तक बनकर तैयार हो जायेगी।

उत्तरी हरियाणा में सिंचाई सुविधाओं के विस्तार के लिए 267.27 करोड़ रुपये की लागत से दादूपुर नलवी नहर की खुदाई का कार्य युद्ध स्तर पर चल रहा है। इस नहर के बन जाने से उस क्षेत्र के किसानों की 40 वर्षों से चली आ रही माँग पूरी हो जायेगी।

आगामी चार वर्षों में 2 लाख 38 हजार हैक्टेयर अतिरिक्त क्षेत्र में सिंचाई सुविधाएँ प्रदान करने के लिए भारत निर्माण कार्यक्रम के तहत 1217 करोड़ रुपये की एक मास्टर प्लान तैयार की गई है।

सतलुज-यमुना लिंक नहर हरियाणा की जीवन रेखा है। पंजाब क्षेत्र में इस नहर के निर्माण कार्य का उद्घाटन श्रीमती इन्दिरा गाँधी जी ने 1982 में किया था और इस नहर का अधिकांश निर्माण कार्य कांग्रेस सरकारों के दौरान ही हुआ। हरियाणा में आई गैर-कांग्रेसी सरकारों ने इस मुद्दे की ओर कोई विशेष ध्यान नहीं दिया। श्रीमती इन्दिरा गाँधी जी का सपना था कि हरियाणा की धरती की प्यास एस.वाई.एल. के पानी से बुझे। हरियाणा की जनता को आप पर पूरा विश्वास है कि आप उनके सपने को अवश्य साकार करेंगी।

हम किसानों को भूमि अधिग्रहण पर उचित मुआवजा दे रहे हैं तथा इसके लिए हमने फ्लोर रेट निर्धारित किये हैं। आज प्रदेश के किसान को भूमि अधिग्रहण पर लगभग 24 लाख रुपये प्रति एकड़ का मुआवजा दिया जा रहा है, जबकि पिछली सरकार के दौरान प्रति एकड़ 2.60 लाख रुपये का मुआवजा दिया जाता था। पिछली सरकार ने कुण्डली-मानसेर-पलवल-एक्सप्रेस-वे के लिए भूमि अधिग्रहण की मुआवजा राशि का अनुमान 160 करोड़ रुपये लगाया था। कांग्रेस सरकार द्वारा फ्लोर रेट निर्धारित करने से यह राशि 650 करोड़ रुपये हो गई है। इस तरह से किसानों को लगभग 500 करोड़ रुपये का अतिरिक्त मुआवजा मिला।

कुछ राजनैतिक पार्टियाँ तथा कथित किसान हितैषी नेता, किसानों के हितों की अनदेखी की बात कह कर झूठी वाह वाही बटोरने के असफल प्रयास कर रहे हैं। किसानों को यह कहकर बहकाया जा रहा है कि भूमि अधिग्रहण का मुआवजा कम दिया जा रहा है। ऐसे नेताओं को अपने गिरेबान में झाँक कर देखना चाहिए।

प्रदेश के विकास का मार्ग खेत-खलिहानों और गाँवों की गलियों से होकर गुजरता है। इसलिए हमारी कांग्रेस सरकार ग्रामीण विकास को सर्वोच्च प्राथमिकता दे रही है। ग्रामीण क्षेत्रों में सड़कों के सुधार किया जा रहा है, शौचालयों के निर्माण किया जा रहा है, सफाई की ओर विशेष ध्यान दिया जा रहा है। स्कूल भवनों और पशु अस्पतालों के भवनों की मरम्मत की जा रही है तथा बड़े-बड़े गाँवो में खेल स्टेडियम बनाये जा रहे हैं। इन सभी स्कीमों पर गत दो वर्षों में 222 करोड़ रुपये खर्च किये गये हैं।

राज्य सरकार ने शहरी और ग्रामीण क्षेत्रों में 30 लाख परिवारों को व्यक्तिगत पेयजल कनैक्शन देने की 'इन्दिरा गाँधी पेयजल स्कीम' शुरू की है ताकि माताओं और बहनों को पानी लेने के लिए दूर न जाना पड़े। इस स्कीम के तहत आठ लाख अनुसूचित जातियों के परिवारों को निजी कनैक्शन मुफ़्त दिये जा रहे हैं। इसके साथ ही सप्लाई लाइन से घर तक कनैक्शन के साथ 200 लिटर क्षमता की पानी की टंकी, जिसमें टूटी लगी होती है, मुफ़्त दी जा रही है।

गाँवों में रोज़गार के अवसर उपलब्ध करवाने के लिए यूपीए सरकार की अनूठी पहल 'राष्ट्रीय ग्रामीण रोज़गार गारण्टी कार्यक्रम' जिला महेन्द्रगढ़ और सिरसा की सभी पंचायतों में चल रहा है।

हमने गाँवों में शहरों जैसी सुविधाएँ देने के लिए हरियाणा ग्रामीण विकास प्राधिकरण गठित करने का निर्णय लिया है। राज्य द्वितीय वित्त आयोग की सिफारिशों के आधार पर प्रदेश के चुनिन्दा गाँवों का मॉडल गाँवों के रूप में विकास किया जा रहा है। इस स्कीम के तहत 16 गाँवों में विकास कार्य शुरू करवाये जा चुके हैं। 1300 से अधिक गाँवों में पेयजल में बढ़ोतरी की जा चुकी है।

श्री राजीव गाँधी जी के पंचायती राज संस्थाओं के सशक्तिकरण के सपने को साकार करने के लिए प्रदेश में 10 प्रमुख विभागों के कार्य, अमले तथा फण्ड ग्राम पंचायतों को सौंपे गये हैं। पंचायती राज संस्थाओं की वित्तीय स्थिति सुधारने के लिए तृतीय राज्य वित्त आयोग का गठन किया गया है। किसी भी स्कीम के तहत पंचायतें अब 3 लाख रुपये तक के कार्य स्वयं करवा सकेंगी।

सरपंच को अतिथियों के सत्कार के लिए 1000 रुपये मासिक मिलेंगे। सरपंच द्वारा रखे जाने वाले कैश इन हैण्ड की सीमा को 5,000 रुपये से बढ़ाकर 10,000 रुपये कर दिया गया है। जिला परिषद् के अध्यक्ष का मानदेय 3,000 रुपये से बढ़ाकर 4,000 रुपये, उपाध्यक्ष का मानदेय 2,500 रुपये से बढ़ाकर 3,000 रुपये तथा पंचायत समिति के अध्यक्ष का मानदेय 2,000 रुपये से बढ़ाकर 3,000 रुपये किया गया है। जिला परिषद् के सदस्यों और नगर निगम के पार्षदों को एक हजार रुपये प्रतिमास मानदेय दिया जायेगा।

ब्लॉक समिति और नगरपालिका सदस्यों को 500 रुपये प्रतिमास और पंचायत के सदस्यों को 200 रुपये प्रतिमास मानदेय दिया जायेगा। नम्बरदारों को 500 रुपये प्रतिमास मानदेय देना शुरू किया है तथा उनका पचौतरा तीन प्रतिशत से बढ़ाकर 10 प्रतिशत कर दिया गया है।

प्रदेश के तीव्र आर्थिक विकास और रोज़गार के नये-नये अवसर उपलब्ध करवाने के लिए हमने राज्य में उद्योगों के विकास के अनुकूल वातावरण बनाया है। नयी उद्योग नीति से बड़े उत्साहजनक परिणाम निकल रहे हैं।

आज प्रदेश सरकार अपने औद्योगिक विकास पर गर्व कर सकती है। राज्य के गठन के समय से लेकर मार्च 2005 तक प्रदेश में कुल 40,000 करोड़ रुपये का निवेश हुआ, जबकि वर्तमान सरकार के कार्यकाल में 10,000 करोड़ रुपये का रिकार्ड निवेश हो चुका है और 35,000 करोड़ रुपये का निवेश पाईप लाइन में है। हरियाणा श्रम नीति लागू करने वाला देश का पहला राज्य बन गया है, जिससे मजदूरों में सुरक्षा और सम्मान की भावना मजबूत हुई है।

फरीदाबाद, रोहतक, जगाधरी और खरखौदा में चार नये औद्योगिक मॉडल टाऊनशिप विकसित किये जायेंगे।

हमने एस.ई.जैड. की अवधारणा को इसलिए अपनाया कि इसमें अर्थव्यवस्था के तीव्र सुधार और रोज़गार के प्रचुर अवसर उपलब्ध करवाने की क्षमता है।

हरियाणा में एस.ई.जैड. की स्थापना के लिए 72 प्रस्ताव मिले हैं, जिनमें एक लाख 75 हजार करोड़ रुपये से अधिक के निवेश की और लगभग 20 लाख लोगों को रोज़गार मिलने की सम्भावना है। इनमें से 49 प्रस्तावों को भारत सरकार ने सैद्धांतिक रूप से स्वीकृति प्रदान कर दी है।

प्रदेश सरकार ने एस.ई.जैड. की स्थापना के लिए एक इंच भूमि का भी अधिग्रहण नहीं किया है। एस.ई.जैड. स्थापित करने वाले उद्यमी अपने स्तर पर ही जमीन ले रहे हैं।

भारतीय तेल निगम द्वारा पानीपत में पाँच हजार एकड़ भूमि पर डाउनस्ट्रीम उद्योगों की स्थापना के लिए एक पैट्रोकैमीकल हब विकसित किया जा रहा है। इसमें 35000 करोड़ रुपये का पूँजीनिवेश होगा।

राज्य में सड़कों, पुलों और भवनों की मरम्मत और रखरखाव के लिए बजट में दो गुणा की वृद्धि की गई। गत दो वर्षों में प्रदेश में 700 किलोमीटर से अधिक लम्बी सड़कों का निर्माण किया गया और आठ हजार से अधिक किलोमीटर लम्बी सड़कों का सुधार किया गया।

राष्ट्रीय राजमार्ग संख्या 1, 2, 8 और 10 को जोड़ने के लिए 135 किलोमीटर लम्बा कुण्डली-मानेसर-पलवल (वेस्टर्न पैरीफेरी) एक्सप्रैस-वे बनाने की प्रक्रिया शुरू की गई है। पानीपत में राष्ट्रीय राजमार्ग नं. 1 के 10 कि.मी. लम्बे खण्ड, जिसमें 3.4 कि.मी. लम्बा ऐलिवेटिड हाईवे भी शामिल है, को 6 मार्गी बनाने की 418 करोड़ रुपये की परियोजना का कार्य शुरू किया गया है।

राष्ट्रीय राजमार्ग-2 पर बदरपुर बार्डर पर 267.5 करोड़ रुपये की लागत से लगभग 4.4 किलोमीटर लम्बे फ्लाईओवर का निर्माण कार्य शुरू। राष्ट्रीय राजमार्ग-10 (दिल्ली-रोहतक-हिसार-सिरसा) के 140 किलोमीटर लम्बे मार्ग को चार मार्गी बनाने का कार्य शुरू किया गया है। गुड़गाँव-फरीदाबाद सड़क के बीच को चौड़ा करने और चार मार्गी बनाने का कार्य शुरू किया गया है।

रोहतक-झज्जर-रेवाड़ी रेलवे लाइन स्वीकृत हो गई। इस पर शीघ्र ही कार्य शुरू किया जायेगा। दिल्ली-रोहतक रेल मार्ग के विद्युतीकरण की परियोजना पर कार्य शीघ्र शुरू किया जायेगा।

गुड़गाँव तक मैट्रो रेल सेवा का विस्तार करने का समझौता हो चुका है। इसके अलावा फरीदाबाद और बहादुरगढ़ को मैट्रो से जोड़ने के लिए सरकार प्रयासरत है।

राज्य में तीन नये शहर विकसित करने की योजना बनाई गई है। एक शहर सांपला के समीप, दूसरा बादली-जहाँगीरपुर के बीच और तीसरा समालखां-गन्नौर के बीच विकसित किये जायेंगे।

बिजली की कमी हमें विरासत में मिली। राजनैतिक इच्छा शक्ति और दूरदृष्टि के अभाव में बिजली की निरन्तर बढ़ती हुई माँग को पूरा करने के लिए उत्पादन क्षमता नहीं बढ़ाई गई। हमने इस दिशा में गम्भीर प्रयास शुरू किये हैं। अगले तीन वर्षों में राज्य की बिजली उत्पादन क्षमता में पाँच हजार मैगावाट से भी अधिक अतिरिक्त वृद्धि की जायेगी।

यमुनानगर में बन रहे थर्मल प्लांट की 300 मैगावाट की पहली इकाई में नवम्बर, 2007 तथा इतनी ही मैगावाट की दूसरी इकाई में फरवरी, 2008 में बिजली का उत्पादन शुरू हो जायेगा। इसी प्रकार, हिसार में बनने वाले थर्मल पावर प्लांट से अगले 34 महीनों में 1200 मैगावाट बिजली मिलनी शुरू हो जायेगी। झज्जर में 1500 मैगावाट और 1200 मैगावाट के नये पावर प्लांट लगाने की प्रक्रिया शुरू कर दी गई है। इनमें भी वर्ष 2009-10 में बिजली उत्पादन शुरू हो जायेगा। जिला फतेहाबाद के कुम्हारिया गाँव में प्रदेश का पहला परमाणु बिजली उत्पादन प्लांट लगाया जायेगा। इसके अलावा 3986 मैगावाट बिजली बाहर से खरीदने के समझौते भी किये गये हैं।

शिक्षा और तकनीकी शिक्षा में गुणात्मक सुधार के लिए कई कदम उठाये गये हैं। खानपुर कलां में उत्तरी भारत का पहला भगत फूल सिंह महिला विश्वविद्यालय स्थापित किया गया। दीनबन्धु छोटू राम इंजीनियरिंग कॉलेज मुरथल को दीनबंधु छोटू राम साईंस एण्ड टेक्नोलॉजी विश्वविद्यालय का दर्जा दिया गया। कुण्डली में 'राजीव गाँधी एजुकेशन सिटी' स्थापित की जा रही है। यह युवाओं को विश्व स्तर की उच्च शिक्षा सुविधाएँ उपलब्ध करवाने के लिये श्रेष्ठता केन्द्र होगा।

विद्यालय स्तर पर समैस्टर प्रणाली शुरू करने वाला हरियाणा देश का पहला राज्य बन गया है। सभी स्कूलों, कॉलेजों और तकनीकी शिक्षण संस्थाओं को 'एजुसैट' से जोड़ा जा रहा है। यह एशिया का सबसे बड़ा नैटवर्क होगा। 'राजीव गाँधी छात्रवृत्ति योजना' और डॉ. अम्बेडकर मेधावी छात्र योजना जैसी प्रोत्साहक स्कीमें शुरू की गई हैं।

हम युवाओं के कल्याण-उत्थान को सर्वोच्च प्राथमिकता दे रहे हैं। उनके शारीरिक और मानसिक विकास के लिए कई नयी स्कीमें शुरू की हैं। खेलों को बढ़ावा दिया जा रहा है। हम बड़े-बड़े गाँवों में भी खेल स्टेडियम बना रहे हैं ताकि ग्रामीण खेल प्रतिभाओं को निखारा जा सके। आज प्रतियोगिता का जमाना है। प्रतियोगिता में आगे बढ़ने के लिए यह जरूरी है कि युवाओं को समय की माँग के अनुरूप और गुणवत्तापरक शिक्षा मिले। इसके लिए हमने स्कूल कॉलेजों और विश्वविद्यालयों में नये-नये पाठ्यक्रम शुरू किये हैं।

हम युवाओं को रोज़गार दिलाने के लिए भी प्रयासरत हैं। सरकारी नौकरियाँ देने के साथ-साथ युवाओं को रोज़गार के नये-नये अवसर उपलब्ध करवा रही है। पिछली सरकार के कार्यकाल के दौरान छंटनी किये गये लगभग चार हजार कर्मचारियों को भी पुनः रोज़गार दिया है। लगभग एक लाख लोगों को सरकारी नौकरियाँ दी जायेंगी और 10 लाख बेरोज़गारों को रोज़गार देने के लिए एस.ई.जैड. की स्थापना की जा रही है। हरियाणा के युवाओं को विदेशों में रोज़गार प्राप्त करने में सहायता करने के लिए 'हरियाणा ओवरसीज़ प्लेसमैंट असिसटैंस सोसायटी' गठित की गई है।

स्वास्थ्य सेवाओं को आम आदमी तक पहुँचाने पर बल दिया जा रहा है। हर जिले में दो सामुदायिक स्वास्थ्य केन्द्रों को भारतीय सार्वजनिक स्वास्थ्य मानकों के अनुसार अपग्रेड किया जायेगा। 'टेली मैडिशन' की अवधारणा अपनाई गई है। ग्रामीण स्वास्थ्य मिशन के तहत सात हजार सामाजिक स्वास्थ्य कार्यकर्ताओं (आशा) की पहचान की गई है।

हरियाणा देश का पहला राज्य है, जिसने शहरी मलिन बस्तियों में रहने वाली माताओं और बच्चों के लिए बेहतर मातृ और बाल स्वास्थ्य सुविधाएँ उपलब्ध करवाने के लिए 'जननी सुविधा योजना' लागू करने की पहल की है। गाँवों में माताओं को सुरक्षित और 24 घण्टे प्रसव सेवाएँ उपलब्ध करवाने के लिए लगभग 400 'प्रसूति गृह' बनाये जा चुके हैं। राज्य में प्राथमिक स्कूलों के बच्चों के स्वास्थ्य की जांच के लिए एक विशेष अभियान चलाया जा रहा है। इसके तहत प्रत्येक बच्चे के स्वास्थ्य की जांच की जाती है और उसका स्वास्थ्य कार्ड भी बनाया जाता है। 18 वर्ष तक की आयु की स्कूल जाने वाली लड़कियों के स्वास्थ्य की जांच की जाती है। मेवात क्षेत्र के लोगों के स्वास्थ्य स्तर में सुधार लाने के लिए मेवात जिले के हर खण्ड में स्वास्थ्य देखभाल शिविर आयोजित किये गये हैं।

बच्चों की बीमारियों को जल्दी पहचाने और सही इलाज के लिए आई.एम.एन.सी.आई. नामक एक अनूठा कार्यक्रम शुरू किया गया है। बच्चों और महिलाओं को पूरक पोषाहार प्रदान करने की दरों में संशोधन किया गया है और तैयार शुदा भोजन के स्थान पर नयी व्यवस्था शुरू की गई है।

मुझे यह बताते हुए बड़ी ख़ुशी हो रही है कि विश्व स्वास्थ्य संगठन तथा यूनीसैफ द्वारा हरियाणा का वर्ष, 2006 के दौरान 'निओ-नैटल टैटनस फ्री' राज्य घोषित किया जाना निर्धारित किया गया है। राष्ट्रीय परिवार स्वास्थ्य सर्वेक्षण-3 के अनुसार राज्य के स्वास्थ्य संकेतकों में उल्लेखनीय सुधार हुआ है।

वर्ष 2006 'बालिका वर्ष' के रूप में मनाया गया। महिलाओं और बालिकाओं के सामाजिक-आर्थिक और शैक्षणिक उत्थान के लिए कई नयी स्कीमें लागू की गई हैं। लड़का-लड़की के बीच कम होते अनुपात की समस्या का समाधान करने के लिए शुरू की गई 'लाडली' और 'लाडली सामाजिक सुरक्षा पेंशन स्कीम' जैसी अनूठी स्कीमें बड़ी लोकप्रिय हो रही हैं। लाडली स्कीम का 21 हजार से ज्यादा परिवार लाभ उठा रहे हैं।

'इन्दिरा गाँधी प्रियदर्शनी विवाह शगुन योजना' से गरीबी रेखा से नीचे रहने वाले अनुसूचित जाति के परिवारों और सभी वर्गों की विधवाओं को उसकी लड़की के विवाह पर 15 हजार रुपये का शगुन दिया जाता है। इस स्कीम का भी लगभग 22 हजार ऐसे परिवार लाभ उठा चुके हैं।

भाई-बहन के पावन स्नेह के प्रतीक रक्षा बंधन और भैया-दूज के दिन महिलाओं को राज्य परिवहन की बसों में मुफ़्त यात्रा की सुविधा देने वाला हरियाणा देश का पहला राज्य है। छात्राओं से केवल पाँच एक तरफा टिकटों के बराबर किराया लेकर मासिक पास बनाया जाता है। तकनीकी संस्थाओं में प्रवेश हेतु लड़कियों के लिए आरक्षण दिया गया है। शिक्षकों की भर्ती तथा हरियाणा आवास बोर्ड द्वारा बनाये जाने वाले मकानों में भी महिलाओं के लिए 33 प्रतिशत का आरक्षण दिया गया है।

समाज कल्याण कांग्रेस सरकार की विकास नीतियों का केन्द्र बिन्दु है। अनुसूचित जातियों, पिछड़े वर्गों और कमजोर वर्गों के कल्याण-उत्थान के जितने निर्णय वर्तमान सरकार ने लिए हैं, उतने पहले कभी नहीं लिए गये।

आर्थिक रूप से कमजोर वर्ग के लोगों के लिए प्लॉटों का आरक्षित कोटा 20 प्रतिशत से बढ़ाकर 35 प्रतिशत कर दिया है।

अनुसूचित जातियों और विमुक्त और टपरीवास जातियों के लोगों को मकान बनाने के लिए दिया जाने वाला अनुदान 10 हजार रुपये से बढ़ाकर 50 हजार रुपये कर दिया है।

विकलांगों को दी जाने वाली मासिक पैंशन दो गुणा की है। प्रदेश में विधवाओं की पेंशन 300 रुपये से बढ़ाकर 350 रुपये प्रतिमाह कर दी गई है। बोनों और किन्नरों की भी सूध ली गई है। उन्हें भी 300 रुपये प्रतिमास की दर से पेंशन दी जायेगी। नेत्रहीनों तथा शत-प्रतिशत विकलांग बेरोज़गारों

के भत्ते में तीन गुणा वृद्धि की गई है।

राजीव गाँधी सुरक्षा बीमा योजना लागू की गई है। परिवार के किसी कमाऊ सदस्य की मृत्यु होने या पूर्ण रूप से विकलांग होने की स्थिति में उसके आश्रितों को एक लाख रुपये की राशि प्रदान की जाती है।

स्वतन्त्रता सेनानियों की देशभक्ति, त्याग और कुर्बानियों का कर्ज़ तो नहीं चुका सकते, फिर भी अपना दायित्व समझते हुए हमने स्वतन्त्रता सेनानियों, सेवारत सैनिकों और भूतपूर्व सैनिकों को अधिक से अधिक सुविधाएँ देने का प्रयास किया है।

स्वतन्त्रता सेनानियों की न केवल पेंशन बढ़ाई, बल्कि उन्हें महंगाई भत्ते की किस्त भी देनी शुरू की है। सेवारत सैनिकों, भूतपूर्व सैनिकों और उनके आश्रितों को दी जाने वाली पेंशन, वजीफे और अनुदान में बढ़ोतरी की है। रोहतक, रिवाड़ी, पंचकूला, झज्जर और जींद में डिफेंस कालोनियों का निर्माण करने की योजना है।

रविवार, 25 फरवरी 2007, सिरसा

सदा सजग रहना होगा

आन्तरिक सुरक्षा के सम्बन्ध में मुख्यमन्त्रियों के सम्मेलन में

हरियाणा एक शान्तिप्रिय राज्य है। यहाँ पर सामाजिक सौहार्द, सह-अस्तित्व और सहनशीलता की पुरानी परम्परा है। हरियाणा ने आन्तरिक सुरक्षा के बढ़ते खतरों की चुनौती का सामना करने के लिए एक बड़ी ही प्रभावी योजना बनाई है। हम इस बात से भली-भाँति परिचित हैं कि केन्द्रीय चौकसी एजैंसियों से निरन्तर सम्पर्क, नवीनतम तकनीकियों के प्रयोग और मजबूत गुप्तचर नेटवर्क के साथ तालमेल स्थापित करके आतंकवादियों के मनसूबों की सही और समय पर पहचान समय की जरूरत है। हमने स्थिति का आंकलन करते हुए आतंकवादी घटनाओं पर काबू पाने के लिए अपने गुप्तचर तन्त्र को मजबूत बनाया है। प्रदेश में पुलिस मशीनरी जन-कष्ट निवारण के लिए बड़े ही संवेदनशील, पारदर्शी और उत्तरदायीपूर्ण ढंग से कार्य करती है।

राज्य में कानून का शासन स्थापित करना प्रदेश सरकार की सर्वोच्च प्राथमिकता है। हरियाणा में राज्य सरकार की सबसे मुख्य उपलब्धियों में से एक उपलब्धि यह है कि पुलिस का असंगत उद्देश्यों और राजनीतिक स्वार्थों के लिए प्रयोग नहीं किया जाता। पुलिस को इस बात के सख्त निर्देश दिये गये हैं कि आम नागरिकों के, विशेष रूप से, कमजोर वर्गों के अधिकारों की रक्षा तथा उनकी सुरक्षा को सर्वोच्च प्राथमिकता दी जाए। प्रदेश के जिलों में 'विशेष महिला सैल' भी स्थापित किये हुए हैं। निगरानी पद्धति को और अधिक प्रभावी बनाने के लिए प्रयास किये जा रहे हैं तथा पुलिस को पूर्ण रूप से संवेदनशील बनाया जा रहा है।

हरियाणा वर्ष 1985 से 1989 के बीच उग्रवाद सम्बन्धी घटनाओं से प्रभावित रहा। यद्यपि, वर्ष 2000 के वाद से हरियाणा उग्रवादी गतिविधियों और हिंसा से मुक्त है। लेकिन फिर भी हम प्रदेश में किसी भी तरह के उग्रवाद को पुनः पनपने से रोकने के लिए बड़ी कड़ी निगरानी रखे हुए हैं।

आन्तरिक सुरक्षा चुनौतियों से सामना करने के लिए सूक्ष्म स्तर पर कार्य योजनाएँ बनाई जा रही हैं। राज्य के संवेदनशील सार्वजनिक स्थानों, भवनों और महत्वपूर्ण संस्थानों की पहचान की जा चुकी है। प्रदेश के मॉल और मल्टीप्लेक्सों के लिए उचित नियन्त्रण कक्ष के साथ सी.सी.टी.वी. कैमरे लगाना अनिवार्य किया हुआ है। फरीदाबाद और गुड़गाँव जिलों में मानव शक्ति और उपकरण उपलब्ध करवाकर पुलिस व्यवस्था को सुदृढ़ बनाया गया है ताकि दिल्ली से अपराधी न आ सकें। नियमित अन्तराल पर

नौकरों और किरायेदारों की जाँच पड़ताल की जाती है।

हम राज्य पुलिस की विशेष शाखाओं को मजबूत करने में लगे हुए हैं। अपराध जाँच-पड़ताल और कानून और व्यवस्था बनाने वाली मशीनरी को अलग-अलग किया गया है ताकि समस्याओं के समाधान के लिए उनमें पेशेवर दृष्टिकोण विकसित हो। राष्ट्रीय राजमार्ग-8 पर हाईटैक टोल प्लाजा स्थापित किया जा रहा है, जो वाहनों की जाँच और दूर-दराज़ के क्षेत्रों में हथियारों की तस्करी को रोकने में समेकित जाँच चौकी का काम करेगा।

राज्य सरकार ने सतर्कता विंग को सुदृढ़ बनाने और इसकी पेशेवर दक्षता बढ़ाने का निर्णय लिया है। गृह मन्त्रालय इस बात पर बल दे रहा है कि जिला स्तर के सुरक्षा प्रकोष्ठों को मजबूत बनाया जाए। प्रत्येक रेंज और मुख्यालय के लिए पाँच अन्तर्राज्यीय गुप्तचर समन्वय दल (ISISTs) स्थापित किये जा रहे हैं ताकि पड़ोसी राज्यों की अन्तर्राज्यीय गुप्तचर समन्वय दलों के साथ अच्छे समन्वय से उग्रवाद या अन्य आन्दोलनों से निपटा जा सके। मेरे स्तर पर तथा राज्य के मुख्य सचिव के स्तर पर आयोजित बैठकों में नियमित तौर पर स्थिति का जायजा लिया जाता है। फिर भी दक्षता बढ़ाने और पेशेवर विशेषज्ञता लाने के लिए भारत सरकार आधुनिकीकरण स्कीम के तहत निधि आवंटित करे।

हरियाणा की आन्तरिक सुरक्षा का मुद्दा अधिक संवेदनशील है क्योंकि हरियाणा राष्ट्रीय राजधानी दिल्ली को तीनों ओर से घेरे हुए है। दिल्ली से भीड़-भाड़ को कम करने के लिए राष्ट्रीय राजधानी क्षेत्र की योजना बनी थी। यह सभी मानते हैं कि एन.सी.आर. में दिल्ली के स्तर का इन्फ्रास्ट्रक्चर, मानव संसाधन और उपकरण होने चाहिए दिल्ली के पुलिस के स्तर में और एन.सी.आर. के हरियाणा के क्षेत्र में अन्तर स्पष्ट दिखाई देता है, जिसे पाटने की जरूरत है। वाहनों, उपकरणों और दूसरे इन्फ्रास्ट्रक्चर के अन्तर के अलावा दिल्ली में 300 व्यक्तियों पर एक पुलिस कर्मी है, जबकि हरियाणा के एन.सी.आर. में 450 की जनसंख्या पर एक पुलिस कर्मी है। राष्ट्रीय राजधानी क्षेत्र में पुलिस को मजबूत बनाने के लिए आधुनिकीकरण स्कीम के तहत 177 करोड़ रुपये की एक मुश्त अतिरिक्त सहायता देने के लिए हम भारत सरकार से पहले ही अनुरोध कर चुके हैं। मैं पुनः अनुरोध करता हूँ कि हमारी विशिष्ट अवस्थिति की परिस्थितियों के दृष्टिगत हरियाणा को दूरसंचार, आवागमन, कानून और व्यवस्था उपकरणों, हथियारों तथा भवनों के लिए निधियाँ आबंटित की जायें।

हरियाणा सरकार ने केन्द्रीय पुलिस सुधार आयोग की सभी सिफारिशों को मान लिया है। राज्य सरकार के आधुनिकीकरण के प्रयासों में सहायता के लिए भारत सरकार मानव संसाधन, प्रशिक्षण, आवास, फौरेंसिक लैब और इन्फ्रास्ट्रक्चर के लिए सुधार स्कीम के तहत धन उपलब्ध करवाये।

एन.सी.आर. के हरियाणा के क्षेत्र में पुलिस व्यवस्था की समस्या बड़ी सुस्पष्ट है क्योंकि जब बंगलादेशियों को दिल्ली पुलिस खदेड़ रही है तो वे दिल्ली से पलायन करके फरीदाबाद और गुड़गाँव जिलों में पनाह लेते हैं और वहीं पर रहने लगते हैं। सुरक्षा की दृष्टि से इस समस्या का एक समाधान यह भी है कि प्रत्येक भारतीय को पहचान पत्र जारी किये जायें। इस बात का भी प्रस्ताव है कि बंगलादेश में पलायन करने वालों को कार्य के परमिट भी दिये जा सकते हैं।

राज्य में नक्सलवाद से सम्बन्धित कोई समस्या नहीं है और न ही नक्सलवादी हिंसा की कोई घटना घटी है। फिर भी राज्य के कुछ भागों में माओवादियों ने लोगों की भावनाएँ भड़काकर कैथल, जींद, कुरुक्षेत्र और यमुनानगर में अपना प्रभाव फैलाने के प्रयास किये हैं। हम उनकी गतिविधियों पर कड़ी निगरानी रख रहे हैं। सार्वजनिक जागरूकता पैदा करने और जनता के सामाजिक-आर्थिक उत्थान को सुनिश्चित करने के प्रयास कर रहे हैं। हरियाणा में कोई साम्प्रदायिक समस्या नहीं है। हम नेपालियों, माओवादियों, पाकिस्तानियों और प्रतिबन्धित संगठनों के सदस्यों की गतिविधियों के सम्बन्ध में केन्द्रीय सूचना

एजेंसियों से निरन्तर सम्पर्क बनाये हुए हैं।

मैं फ़ौजदारी न्यायिक पद्धति को और अधिक मजबूत बनाने की तत्काल जरूरत की ओर आपका ध्यान आकर्षित करना चाहूँगा। भारत सरकार ने हाल ही में अपराध दण्ड संहिता में संशोधन करके पहले ही महत्वपूर्ण कदम उठाये हैं। फिर भी मेरा सुझाव है कि अपराध दण्ड संहिता में आगे यह भी संशोधन किया जाना चाहिए कि गवाहों द्वारा हस्ताक्षरित ब्यान उन द्वारा ही लिखे जायें ताकि जाँच अधिकारी के समक्ष गवाहों द्वारा अपने ब्यान से मुकरने की समस्या से ठीक ढंग से निपटा जा सके और फ़ौजदारी मुकदमों में सजा दर के गिरते स्तर को रोका जा सके। इसके साथ-साथ गवाहों को सुरक्षा देने और उन्हें अपने बयान से मुकरने से रोकने के लिए प्रयास करने की भी जरूरत है। मुकद्दमा अवधि को कम करने के उपाय खोजना समय की जरूरत है। प्रचलित कानूनों को अधिक कठोर बनाने की बजाय सजा दर में सुधार लाने के लिए वर्तमान पद्धति की कमियों को दूर करने पर बल दिया जाना चाहिए विभिन्न अपराधों के लिए सजा नियमावली में वर्णित सजा राशि को और बढ़ाया जाना चाहिए

अलग से आयोजन विभाग स्थापित करने के लिए हाल ही में अपराध दण्ड संहिता में संसोधन किया गया है। मैं आपके ध्यान में लाना चाहता हूँ कि अभियोजन को पुलिस से अलग करने के कोई फलदायी परिणाम सामने नहीं आये हैं। यह इस बात से स्पष्ट होता है कि दो दशक पहले सजा दर 50 प्रतिशत से अधिक थी, वह अब कम हो गई है। भारत सरकार उसी पुरानी व्यवस्था को पुनः लागू करने पर विचार कर सकती है। फ़ौजदारी न्याय व्यवस्था को सुदृढ़ बनाने के लिए न्यायाधीश मालीमथ समिति ने बहुत सी सिफारिशें की हैं, जिन्हें लागू करने की आवश्यकता है।

हरियाणा के लोगों को शीघ्र न्याय दिलाने के लिए हरियाणा राज्य के लिए अलग हाईकोर्ट के मुद्दे को भी मैं इस अवसर पर दोहराना चाहता हूँ। भारत के संविधान के अनुच्छेद 214 के अन्तर्गत प्रत्येक राज्य के लिए अलग से उच्च न्यायालय का प्रावधान है। पंजाब और हरियाणा उच्च न्यायालय को अलग करने तथा हरियाणा राज्य के लिए अलग से उच्च न्यायालय स्थापित करने के लिए हरियाणा विधानसभा में पहले ही प्रस्ताव पास किया हुआ है। वर्तमान की जिस पद्धति द्वारा सिविल सचिवालय और विधान सभा को पंजाब और हरियाणा द्वारा 60:40 के अनुपात में प्रयोग किया जा रहा है, उसी पद्धति को वर्तमान इन्फ्रास्ट्रक्चर को बाँटने में प्रयोग किया जा सकता है।

मंगलवार, 5 सितम्बर 2006, नयी दिल्ली

सेवा के झण्डाबरदार

लायंस क्लब के शपथ ग्रहण समारोह में

लायंस क्लब और रोटरी क्लब जैसी संस्थाएँ पश्चिमी देशों की देन हैं। यदि हम इनके कार्यकलापों पर नज़र डालें तो ये हमारे प्राचीन सेवाभाव और परोपकार की संस्कृति का ही अनुसरण हैं। पीड़ित की सेवा, मुसीबत में सहायता और समाज की भलाई के लिए मिलजुल कर काम करना हमारी गौरवशाली परम्पराएँ हैं। प्राचीन काल से ही हमारे देश के दानवीर और सामाजिक संस्थाएँ धर्मार्थ अस्पताल, स्कूल, धर्मशालाएँ, कुंए और बावड़ियाँ बनवाते आ रहे हैं।

आज भूमण्डलीकरण के युग में पूरी दुनिया एक परिवार का रूप ले रही है। इस बात की कल्पना हमारे ऋषि-मुनियों और महान विचारकों ने वर्षो पहले कर ली थी। हमारे ग्रन्थों में लिखा है कि 'वसुधैव कुटुम्बकम्' यानि कि सारा विश्व एक परिवार है।

भूमण्डलीकरण के इस युग में व्यवसायीकरण को अधिक महत्व दिया जा रहा है और सामाजिक

मूल्यों का ह्रास हो रहा है। इसलिए आवश्यक है कि मानवता की सेवा की भावना को भी इस युग में और अधिक मजबूत बना कर भूमण्डलीकरण को सही अर्थ प्रदान किया जाए।

सरकारी प्रयासों के साथ-साथ स्वैच्छिक संस्थाओं की सेवाओं का भी बड़ा महत्व है। मेरा मानना है कि स्वैच्छिक संस्थाओं या सरकार द्वारा किये गये विकास कार्यों का अन्तिम लक्ष्य मानव को स्वस्थ, शिक्षित और सभ्य नागरिक बनाना है। हमारे लिए यह बड़ी खुशी की बात है लायंस क्लब इस दिशा में सराहनीय कार्य कर रहे हैं।

लायंस क्लब विश्व का एकमात्र सेवा संगठन है, जिसे संयुक्त राष्ट्र संघ का मानद सदस्य होने का गौरव प्राप्त है। आज दुनिया के 200 देशों में इसकी शाखाएँ हैं और 13 लाख से अधिक इसके सदस्य हैं। इसके सभी सदस्य मानवता के समक्ष आने वाली हर चुनौती का मिलकर हल ढूंढते हैं। इस संगठन का उद्देश्य है—'सामुदायिक सम्बद्धता और अन्तर्राष्ट्रीय सहयोग के माध्यम से स्वैच्छिक सेवाएँ प्रदान करके सभी लोगों के बीच मानवीय आवश्कताओं के लिए समझदारी की भावना को पैदा करना और बढ़ावा देना।'

भारत में लायंस क्लब 1956 में आया और पिछले 50 वर्षों से इनमें निरन्तर बढ़ोतरी हो रही है। आज देश में इसके एक लाख 60 हजार से अधिक सदस्य हैं।

हरियाणा के मुख्य जनसेवक का दायित्व निभाते हुए मुझे इस लायंस आन्दोलन के आदर्श बड़ी प्रेरणा देते हैं। इसी वजह से हरियाणा के विकास को एक नयी गति देते हुए हम समाज के हर वर्ग के कल्याण के मानवीय पहलू को सर्वोच्च प्राथमिकता दे रहे हैं। सामाजिक कल्याण के बजट में भारी वृद्धि की गई है। महिला सशक्तिकरण, विकलांगों के उत्थान, अनुसूचित जातियों, पिछड़े वर्गों और कमजोर वर्गों के कल्याण-उत्थान के जितने निर्णय वर्तमान हरियाणा सरकार ने लिए हैं, उतने पहले कभी नहीं लिए गये।

यह खुशी की बात है कि इस क्लब द्वारा हरियाणा और दिल्ली में जिला रैडक्रॉस सोसायटियों के साथ मिलकर कई कार्यक्रम चलाए जा रहे हैं। आँखों के आप्रेशन के लिए मुफ़्त कैंप लगाये जाते हैं। रक्तदान शिविर आयोजित किये जाते हैं। गरीब बच्चों को शिक्षित करने के लिए उन्हें आर्थिक मदद दी जाती है।

आप जानते हैं कि आज हमारे देश की दो प्रमुख समस्याएँ हैं एक तो तेजी से बढ़ती हुई जनसंख्या और दूसरी निरक्षरता। जनसंख्या वृद्धि के कारण जितनी भी जनोपयोगी सुविधाएँ जुटाई जाती हैं, वह कम पड़ जाती हैं। इसलिए लोगों में विशेषकर शहरी मलिन बस्तियों में रहने वाले लोगों और दूरदराज के इलाकों में छोटे परिवार के प्रति चेतना पैदा की जाए। हरियाणा देश का पहला राज्य है, जहाँ शहरी स्लम क्षेत्रों में रहने वाली महिलाओं के लिए 'जननी सुविधा योजना' शुरू की गई है।

निरक्षरता को समाप्त करने के लिए सर्वशिक्षा अभियान जैसे कार्यक्रम को सफल बनाने में अधिक से अधिक योगदान दें। यदि लायंस क्लब का हर सदस्य एक गरीब बच्चे को पढ़ाने की जिम्मेवारी ले तो इस दिशा में अच्छे नतीजे प्राप्त किये जा सकते हैं।

आज पर्यावरण प्रदूषण भी हमारे लिए बहुत बड़ा खतरा बन गया है। यदि समय रहते इस ओर ध्यान न दिया गया तो हमारा साँस लेना भी दूभर हो जायेगा इसीलिए लोगों को पर्यावरण प्रदूषणों के गम्भीर परिणामों से अवगत करवाया जाए। पर्यावरण को सुरक्षित रखने के तौर-तरीकों को बढ़ावा दिया जाए। सरकार अपने स्तर पर तो वृक्षारोपण कर रही है। यदि दूसरी स्वयंसेवी संस्थाएँ भी इस पुनीत कार्य में बढ़-चढ़ कर भाग लें तो इस दिशा में वांछित परिणाम शीघ्र ही प्राप्त किये जा सकते हैं।

हमारे देश में जितने भी लायंस क्लब हैं, उनके सदस्य साधन-सम्पन्न लोग हैं। इसी कारण यह आन्दोलन आम आदमी से उतना नहीं जुड़ पाया, जितना जुड़ना चाहिए अतः मेरा अनुरोध है कि आप अपनी सेवाओं का विस्तार ग्रामीण क्षेत्रों और दूरदराज के इलाकों तक करें।

शनिवार, 15 सितम्बर 2007, मंसूरी

स्वप्नशील युगचिन्तक की स्मृति

नेहरू सिद्धान्त केन्द ट्रस्ट के वार्षिक समारोह में

महान समाजसेवी और ओजस्वी साँसद स्वर्गीय श्री सतपाल मित्तल जी ने स्वर्गीय श्री जोगिन्द्र पाल पाण्डे के साथ मिलकर वर्ष 1983 में नेहरू सिद्धान्त केन्द्र ट्रस्ट की स्थापना की थी। यह खुशी की बात है कि पिछले 24-25 वर्षों से यह ट्रस्ट पण्डित जवाहरलाल नेहरू जी के आदर्शों और सिद्धान्तों पर चलते हुए बिना किसी जाति, धर्म और सम्प्रदाय के भेद के समाज के गरीबों और कमजोर वर्गो की सहायता करने का महान कार्य कर रहा है।

राष्ट्र के विकास और जन-जन के कल्याण के लिए सरकार के प्रयासों के साथ-साथ समाजसेवी संस्थाओं की सेवाओं का भी बड़ा महत्व है। मेरा मानना है कि समाजसेवी संस्थाओं या सरकार द्वारा किये गये विकास कार्यो का अन्तिम लक्ष्य मानव जीवन को उन्नत बनाना है। इसके लिए समाज के गरीब और कमजोर वर्ग के लोगों के जीवन स्तर को ऊँचा उठाना हमारा प्राथमिक लक्ष्य है। तभी हम भारत को एक विकसित और खुशहाल राष्ट्र बनाने के पण्डित नेहरू जी के सपने को साकार कर सकते हैं।

युग पुरूष पण्डित जवाहरलाल नेहरू जी त्याग, सेवा और परोपकार की प्रतिमूर्ति थे। उन का जन्म सम्पन्न परिवार में हुआ था। यदि वे चाहते तो ठाठ-बाठ की ज़िन्दगी जी सकते थे। लेकिन उनके मन में देश को आजाद करवाने की ललक थी। वे महान देशभक्त थे। उन्होंने राष्ट्रपिता महात्मा गाँधी जी के नेतृत्व में देश को आज़ाद करवाने का संकल्प लिया था। आजादी के आन्दोलन के दौरान वे 14 वर्षों तक जेल में रहे।

15 अगस्त, 1947 को हमारा देश आजाद हुआ और पण्डित जवाहर लाल नेहरू भारत के प्रथम प्रधानमन्त्री बने। उस समय आजाद भारत के क्या हालात थे। देश का विभाजन हुआ था। गरीबी और भूखमरी थी। देश छोटी-छोटी रियासतों में बंटा हुआ था। औद्योगिक विकास नाम की कोई चीज नहीं थी। यहाँ तक कि सूई जैसी छोटी-छोटी चीजें भी बाहर से मंगवानी पड़ती थी। ऐसी विषम परिस्थितियों में देश को एकजुट करना और विकास की पटरी पर लाना पण्डित जी के सामने एक चुनौती थी। वे अपनी दूरदृष्टि, इच्छा शक्ति, वैज्ञानिक दृष्टिकोण और जनसहयोग के बलबूते पर इन चुनौतियों से सफलतापूर्वक निपटे।

आज का भारत पण्डित जवाहर लाल नेहरू जी की ही देन है। वे आधुनिक भारत के निर्माता कहे जाते हैं। उन्होंने भारत के नव-निर्माण के लिए पंचवर्षीय योजनाएँ बनाई। जगह-जगह बिजली घर और बड़े-बड़े डैम बनवाए। नये-नये उद्योगों की स्थापना करवाई। कृषि क्षेत्र में क्रान्ति की नींव उन्हीं के शासनकाल में रखी गई।

उन्होंने विश्व में शान्ति स्थापित करने के लिए दुनिया को 'पंचशील' के सिद्धान्त दिये। निशस्त्रीकरण, आतंकवाद और कट्टरवाद जैसी समस्याओं के समाधान के लिए उनके सिद्धान्त आज भी एक महत्वपूर्ण भूमिका निभा सकते हैं। नेहरू जी बच्चों से बहुत प्यार करते थे। वे उन्हें देश का भविष्य मानते थे। इसीलिए उन्होंने अपना जन्म दिवस बच्चों को समर्पित किया हुआ था और बच्चे भी उन्हें प्यार से 'चाचा नेहरू' पुकारते थे।

नेहरू-गाँधी के परिवार का देश की आजादी के बाद राष्ट्र के विकास के लिए जो योगदान है, वह देशवासियों के लिए एक प्रेरणा है। नेहरू जी के आदर्शों और सिद्धान्तों पर चलते हुए श्रीमती इन्दिरा गाँधी जी ने राष्ट्र को एक नयी दिशा दी। उन्होंने भारत को ऐसा मजबूत आर्थिक और राजनीतिक आधार प्रदान किया, जिससे भारत की पूरे विश्व में प्रतिष्ठा बढ़ी।

आज देश में जो कम्प्यूटर क्रान्ति है और उच्च टेक्नोलॉजी का इस्तेमाल हो रहा है, वह श्री राजीव गाँधी जी की देन है। आज राष्ट्र श्रीमती सोनिया गाँधी जी के मार्गदर्शन और प्रधानमन्त्री डॉ. मनमोहन सिंह जी के नेतृत्व में विकास की नयी बुलंदियों को छू रहा है।

शिक्षा राष्ट्र, समाज और मानव की प्रगति का आधार है। देश की आजादी के बाद लगभग छः दशकों में शिक्षा का बहुत प्रसार हुआ है और हमारे नौजवानों की प्रतिभा की धाक पूरी दुनिया में है। भारत में इस समय लगभग 40 प्रतिशत जनसंख्या युवा पीढ़ी की होना एक खुशहाल भविष्य का प्रतीक है।

हमारी युवा पीढ़ी में काम करने की अपार क्षमता छिपी हुई है। आज के दौर की चुनौतियों का सामना करने के लिए हमें अपनी युवा पीढ़ी को और अधिक ज्ञानवान, साहसी और आत्मविश्वासी बनाना है। यह मुकाम बच्चों को शिक्षा की आधुनिक सुविधाएँ उपलब्ध करवाकर पाया जा सकता है।

हरियाणा की जनता ने प्रदेश के विकास और जनकल्याण का दायित्व मुझे सौंपा हुआ है। शिक्षा के महत्व को देखते हुए हमने हरियाणा में प्राथमिक शिक्षा से लेकर उच्चत्तर शिक्षा और तकनीकी शिक्षा में गुणात्मक सुधार लाने के लिए कई कदम उठाये हैं।

हरियाणा देश का पहला राज्य है, जिसने स्कूलों में सेमैस्टर प्रणाली लागू की है। शिक्षा संस्थाओं को 'एजुसेट नेटवर्क' से जोड़ा जा रहा है। यह एशिया का सबसे बड़ा नैटवर्क होगा। विश्व स्तर की उच्चकोटि की शिक्षा सुविधा के लिए कुण्डली में 'राजीव गाँधी एजुकेशन सिटी' स्थापित की जा रही है। खानपुर कलां में उत्तरी-भारत का 'महिला विश्वविद्यालय' स्थापित किया गया है। मेधावी बच्चों के लिए 'राजीव गाँधी छात्रवृत्ति योजना' तथा 'डॉ. अम्बेडकर मेधावी छात्र योजना' जैसी प्रोत्साहन स्कीमें शुरू की गई हैं।

यह और भी खुशी की बात है कि यह ट्रस्ट मेधावी छात्रों को छात्रवृत्ति देकर उन्हें अपनी शिक्षा पूरी करने में सहायता कर रहा है। इस ट्रस्ट ने सतपाल मित्तल स्कूल की स्थापना करके इस शहर में उच्चकोटि की शिक्षा प्रदान करने का एक सराहनीय कार्य किया है।

मंगलवार, 13 नवम्बर 2007, लुधियाना

समृद्धि के नये द्वार

धन्यवाद रैली में

हमारा भारत एक कृषि प्रधान देश है। कृषि और किसान के विकास के बिना राष्ट्र के विकास की कल्पना नहीं की जा सकती। कांग्रेस नीत यूपीए सरकार का कर्ज़ माफी का फैसला किसान की मेहनत का सम्मान है। भारतीय लोकतन्त्र के इतिहास में किसान हितैषी ऐसा साहसिक निर्णय पहली बार लिया गया है। इसके लिए मैं देश के किसानों, विशेषकर, हरियाणा के किसानों की ओर से माननीय श्रीमती सोनिया गाँधी जी और प्रधानमन्त्री डॉ. मनमोहन सिंह जी का धन्यवाद करता हूँ कि इन्होंने ऐसा दूरदर्शी निर्णय लेकर देशभर में चार करोड़ से अधिक किसानों के लिए खुशहाली और समृद्धि के नये द्वार खोले हैं।

मैं स्वयं भी किसान परिवार में पैदा हुआ हूँ। किसान की पीड़ा और कठिनाइयों को मैं भली-भांति जानता हूँ। किसान कर्ज़ लेकर खेती के लिए सामान जुटाता है। पसीना बहाकर खेत में हल जोतता है और इस आशा में बीज बोता है कि उसके खेतों में खुशहाली के फूल खिलेंगे। लेकिन प्रकृति की मार और कभी फसल की बीमारियों की मार से किसान कर्ज़ के बोझ से दब जाता है। पिछले कई सालों में देश के विभिन्न भागों में बड़ी संख्या में हताश कर्ज़दार किसानों ने आत्महत्या कर ली।

कांग्रेस और किसान सदा ही एक दूसरे के पूरक रहे हैं। किसान की पीड़ा कांग्रेस की पीड़ा है।

किसान की खुशहाली में ही न केवल कांग्रेस की, बल्कि पूरे राष्ट्र की खुशहाली है। कांग्रेस शासन में ही हरित क्रान्ति आई और राष्ट्र अनाज के मामले में आत्मनिर्भर बना।

कांग्रेस के महान नेता और हमारे प्रथम प्रधानमन्त्री पण्डित जवाहर लाल नेहरू जी का तो यह कथन था कि राहत के लिए बाकी क्षेत्र इंतजार कर सकते हैं, कृषि क्षेत्र नहीं। इसलिए उन्होंने कृषि विकास के लिए बड़े-बड़े बाँध बनाने की योजनाएँ बनाई ताकि हर किसान के खेत तक पानी पहुँचाया जा सके। वे सिंचाई बाँधों को किसानों के मन्दिर मानते थे। उन्होंने छोटे और सीमान्त किसानों के जीवन में बदलाव लाने के लिए सहकारिता आन्दोलन पर बल दिया।

लाल बहादुर शास्त्री जी ने 'जय जवान-जय किसान' का नारा देकर भारत माँ के सच्चे सपूतों में एक नया जोश पैदा किया था। श्रीमती इन्दिरा गाँधी जी ने बैंकों तक किसान की पहुँच बनाने के लिए उनका राष्ट्रीयकरण किया।

श्री राजीव गाँधी जी तो अर्थव्यवस्था को पूरी तरह बदल कर आधुनिक बनाने में नवीनतम टेक्नोलॉजी के इस्तेमाल पर बल देते थे। उनकी दूरगामी सोच की वजह से ही एक मजबूत भारत ने 21वीं सदी में प्रवेश किया।

गैर-कांग्रेसी सरकारों ने किसानों के हितों की दुहाई तो बहुत दी, लेकिन किया कुछ नहीं। किसानों को एन.डी.ए. सरकार के वे दिन याद हैं, जब उन्हें अपनी फसलों को भी औने-पोने दामों में बेचना पड़ता था। वर्ष 2001-02 में गेहूँ के न्यूनतम समर्थन मूल्य में केवल 10 रुपये क्विंटल की बढ़ोतरी की, उससे अगले वर्ष यानि कि वर्ष 2002-03 में कोई वृद्धि नहीं की। केवल 10 रुपये प्रति क्विंटल विशेष सूखा राहत के रूप में दिये। एन.डी.ए. सरकार गेहूँ का समर्थन मूल्य बढ़ाने के नाम पर केवल 10 रुपये का नोट ही दिखाती थी। किसान के नाम पर सियासत की रोटियाँ सेकने वाले ऐसे दलों का आज पर्दाफाश हो चुका है।

कांग्रेस नीत यूपीए सरकार ने अपने पिछले चार वर्षों के शासनकाल में किसानों को उनकी पैदावार के जितने लाभकारी मूल्य दिये हैं, वे आज मिसाल हैं। किसानों को कई प्रकार की सुविधाएँ दी हैं। कृषि विकास बजट में तीन गुणा बढ़ोतरी की है।

गेहूँ के समर्थन मूल्य में 50 रुपये से लेकर 250 रुपये प्रति क्विंटल तक की वृद्धि की गई है। इसी प्रकार, धान के मूल्य में 40 रुपये से लेकर 125 रुपये प्रति क्विंटल की रिकार्ड वृद्धि की गई। रबी की दूसरी फसलों के समर्थन मूल्यों में भी भारी बढ़ोतरी की गई।

गत 29 फरवरी को केन्द्रीय वित्त मन्त्री जी ने बजट प्रस्तुत करते हुए जब संसद में 60 हजार करोड़ रुपये के कृषि ऋण माफ करने का जब ऐलान किया, तो विपक्ष के नेतागण एक दम स्तब्ध रह गये। इसे 'बैलेट बजट' या 'चुनावी स्टंट' कहकर अपनी झेंप मिटाने लगे। मैं उन नेतागणों से पूछना चाहता हूँ कि जन-साधारण को सूचना का अधिकार देने वाली यूपीए सरकार ने निर्णय कब लिया था? इसी प्रकार, ग्रामीण भारत का नक्शा बदलने के लिए भारत निर्माण कार्यक्रम की शुरुआत कब हुई थी? क्रान्तिकारी राष्ट्रीय ग्रामीण रोज़गार गारण्टी योजना, राष्ट्रीय ग्रामीण स्वास्थ्य मिशन, सर्व शिक्षा अभियान और राजीव गाँधी ग्रामीण विद्युतीकरण जैसे महत्वपूर्ण कार्यक्रम कब शुरू हुए? क्या ये सभी कार्यक्रम चुनाव के मद्देनजर रखकर शुरू किये गये थे? मेरा विपक्षी दलों के भाइयों से अनुरोध है कि वे आलोचना के लिए आलोचना न करें, बल्कि आजादी के बाद हुए इस ऐतिहासिक निर्णय का तो उन्हें स्वागत करने में कोई संकोच नहीं करना चाहिए।

कांग्रेस वोट की राजनीति नहीं करती। कांग्रेस की सोच 'आम आदमी का कल्याण, किसान-मजदूर

का सम्मान और मेरा भारत बने महानं' की है। यह वही कांग्रेस है जिसने भारत को आजादी दिलवाई। यह वही कांग्रेस है, जिसने देश को महान ऊँचाइयों तक पहुँचाया। भारत को विश्व की सबसे बड़ी आर्थिक शक्ति कांग्रेस ही बनाकर रहेगी।

हरियाणा की जनता ने तीन साल पहले माननीय श्रीमती सोनिया गाँधी जी और कांग्रेस पार्टी की नीतियों में गहरी आस्था प्रकट करते हुए हमें जनसेवा का दायित्व सौंपा था। हरियाणा की जनता का आभार व्यक्त करने के लिए श्रीमती सोनिया गाँधी जी 14 मई, 2005 को जींद में आई थीं और उस अवसर पर उपस्थित जन समूह को सम्बोधित करते हुए इन्होंने कहा था, 'अपने किसान भाइयों को ज्यादा सुविधाएँ और रियायतें देनी हैं। जिन किसानों की मेहनत से इन्दिरा जी के नेतृत्व में 'हरित' और 'श्वेत क्रान्ति' आई, उनके प्रति हमारी खास जिम्मेदारी है।'

हमने आपके इन निर्देशों का पालन करते हुए हरियाणा में किसानों की भलाई के लिए जो कदम उठाये हैं, उनकी देशभर में मिसाल दी जाती है। हमने किसानों के 1600 करोड़ रुपये के बिजली के बकाया बिल माफ किये। हमने हरियाणा कर्जा अधिनियम को लागू किया है, जिसके तहत सहकारी बैंक किसानों से लघु और दीर्घ अवधि के कृषि ऋणों पर मूलधन से अधिक ब्याज नहीं ले सकते। सहकारी बैंकों से लिये कर्ज़ का ब्याज माफ करके किसानों, छोटे दुकानदारों और कामगारों को 830 करोड़ रुपये का लाभ पहुँचाने की एक स्कीम चलाई। इस स्कीम के तहत 3 लाख 58 हजार कर्ज़दारों को लगभग 434 करोड़ रुपये से अधिक का लाभ पहुँचाया जा चुका है। किसान को कर्ज़ मुक्त बनाने के लिए केन्द्रीय सरकार के इस ऐतिहासिक निर्णय से हरियाणा के लगभग 11 लाख किसानों के करीब पाँच हजार करोड़ रुपये के कर्जे माफ होंगे।

सहकारी ऋणों पर ब्याज दर कम की। सहकारी अधिनियम में संशोधन करके उस कानून को समाप्त कर दिया, जिसके अन्तर्गत कर्ज़ की अदायगी में चूक करने वाले कर्ज़दार किसानों को गिरफ़्तार करके जेल में बंद कर दिया जाता था। प्राकृतिक प्रकोप से फसलें नष्ट होने पर मुआवजा राशि में दो से तीन गुणा वृद्धि की है।

हम किसानों को भूमि अधिग्रहण पर उचित मुआवजा दे रहे हैं तथा इसके लिए हमने फ्लोर रेट दो बार संशोधित किये हैं। अब स्थान-विशेष के आधार पर ये दरें 20 लाख रुपये, 16 लाख रुपये और आठ लाख रुपये प्रति एकड़ निर्धारित की गई हैं और मुआवजा राशि में दूसरे लाभ मिलाने से यह राशि बढ़कर लगभग 26 लाख रुपये, लगभग 20.80 लाख रुपये और लगभग 10.40 लाख रुपये प्रति एकड़ हो जाती है।

हमने किसानों की नियमित आय सुनिश्चित करने के लिए 33 वर्ष तक 15 हजार रुपये प्रति वर्ष प्रति एकड़ रॉयल्टी और इसमें हर वर्ष 500 रुपये की वृद्धि करने का निर्णय लिया है। एस.ई.जैड. के तहत जो भूमि अधिग्रहण की जायेगी, उसके लिए भी 33 वर्ष तक 30 हजार रुपये प्रतिवर्ष, प्रति एकड़ रायल्टी और इसमें हर वर्ष एक हजार रुपये की वृद्धि करने का निर्णय लिया गया है।

आज देश में दूसरी हरित क्रान्ति लाने की जरूरत है। यह क्रान्ति किसानों की कठोर मेहनत और सरकार की कृषि विकास नीतियों के फलस्वरूप ही सम्भव है। मुझे यह कहते हुए बड़ी ख़ुशी हो रही है कि 25 हजार करोड़ रुपये की राष्ट्रीय किसान विकास योजना, पाँच हजार करोड़ रुपये के राष्ट्रीय खाद्य सुरक्षा मिशन और 1100 करोड़ रुपये के राष्ट्रीय बागवानी मिशन जैसे कार्यक्रमों से कृषि क्षेत्र का कायाकल्प होगा और किसानों में ख़ुशहाली आयेगी।

रविवार, 9 मार्च 2008, नयी दिल्ली

जागरूकता की ज़रूरत

आप्रवासी भारतियों से विवाह सम्बन्धी समस्याओं की वर्कशॉप में

प्रवासी भारतीयों से विवाह के सम्बन्ध में हमारी बहन-बेटियों की करूण गाथाएँ आये दिन अखबारों में पढ़ने को मिलती हैं। अभी लड़की के हाथ की मेहंदी भी नहीं सूख पाती कि उसके सुखी और ख़ुशहाल जीवन के सपने बिखर जाते हैं। माता-पिता उस छल से इतने मायूस हो जाते हैं कि उनके कष्टों को बताया नहीं जा सकता, केवल महसूस किया जा सकता है। यह समस्या दिन-प्रतिदिन बड़ा ही गम्भीर रूप लेती जा रही है।

आज भूमण्डलीकरण का युग है। पूरी दुनिया एक 'विश्व ग्राम' में बदल गई है। प्रवासी भारतीयों ने विदेशी धरती पर रहकर अपनी प्रतिभा, योग्यता और बुद्धिमता की छाप अंकित की है तथा भारत की प्रतिष्ठा को बढ़ाया है। विदेशों में प्रवासी भारतीयों को भारत की अमूल्य सम्पदा की संज्ञा दी जाती है। लेकिन विवाह के मामले में प्रवासी भारतीयों की धोखाधड़ी, दहेज-उत्पीड़न तथा तलाक की जो घटनाएँ बढ़ रही हैं, उससे प्रवासी भारतीयों की छवि प्रभावित हो रही है। इसका एक बड़ा कारण, ऐसे प्रवासी भारतीयों का पश्चिमी अन्दाज़ में इस कदर रंग जाना हैं कि वे भारत के आदर्श और संस्कार, जो उन्हें 'घुट्टी' में मिलते थे, उन्हें भूल जाते हैं।

विदेश में रहने का मोह तथा विदेशी वस्तुओं के प्रति लालसा हमारे देश के लोगों में कुछ अधिक है। प्रवासी भारतीयों से अपनी बेटियों की शादी करने की हमारी प्रबल इच्छा रहती है। विदेश जाने की चाह कोई बुरी नहीं, लेकिन बिना जाने-बूझे किसी अनजान व्यक्ति पर इसलिए भरोसा करना कि वह विदेश में रहता है, उचित नहीं है। इसी कारण प्रवासी भारतीयों से असफल कपटपूर्ण विवाह और महिलाओं के दहेज-उत्पीड़न की घटनाओं में निरन्तर हो रही वृद्धि चिंता का विषय है।

यह कानूनी समस्या के साथ-साथ सामाजिक समस्या भी है। राष्ट्रीय महिला आयोग द्वारा 'चलो गाँव की ओर' के माध्यम से इस बुराई पर अंकुश लगाने के लिए जो प्रयास किए जा रहे हैं, उन्हें सफल बनाने के लिए मीडिया, स्वैच्छिक संगठनों और ग्रास रूट स्तर की संस्थाओं के सहयोग की जरूरत है।

आज एक ऐसी बेहतरीन व्यवस्था विकसित करने की आवश्यकता है, जिससे इस समस्या पर अंकुश लगे, पीड़ित लोगों को न्याय मिले और भविष्य में भारतीय महिलाओं के हितों की रक्षा हो। राष्ट्रीय महिला आयोग ने प्रवासी भारतीय दूल्हे के अतीत से सम्बन्धित जानकारी सत्यापित करवाने, शादी का पंजीकरण अनिवार्य करवाने तथा विवाह में धोखा करने वाले प्रवासी भारतीय की दोहरी नागरिकता समाप्त करने जैसे अनेक सुझाव दिये हैं, जिन्हें अमल में लाया जाना चाहिए ऐसे विवादों के शीघ्र निपटान के लिए सरल से सरल कानून बनाये जाने चाहिए ताकि पीड़ित को शीघ्र अतिशीघ्र न्याय मिल सके।

मेरा मानना है कि प्रस्तावित कानूनों के प्रचार-प्रसार के अलावा आम नागरिक, विशेषरूप से ग्रामीण लोगों को जागरूक करने के लिए जन-जागरण अभियान चलाने की भी जरूरत है। अभिभावकों में इस बात की जागरूकता पैदा की जाए कि प्रवासी भारतीय से विवाह सम्बन्ध स्थापित करने से पहले उसकी पूरी तरह जाँच पड़ताल की जा सके। इस जन-चेतना अभियान में हमारे सामाजिक नेताओं और धार्मिक नेताओं का भरपूर सहयोग लिया जाए।

यह भी ध्यान देने वाली बात है कि प्रवासी भारतीयों से शादी करने वाली महिलाएँ केवल एक ही तरह की समस्याओं का सामना नहीं करती। दूल्हे की वैवाहिक स्थिति के अलावा लड़की को नये देश में नये परिवेश और नयी संस्कृति में रहना होता है, इसके लिए अन्य किसी सहायता के केवल अपने पति और उसके परिवार पर ही निर्भर रहना होता है। धोखाधड़ी, गलत बयानबाजी और कानूनों के उल्लंघन

के कारण विवाद होता है और महिला को तलाक, दहेज-उत्पीड़न जैसी समस्याओं से दो-चार होना पड़ता है। ऐसी समस्या वर्तमान कानूनों और प्रस्तावित कानूनों की मदद से हल की जा सकती हैं

नवविवाहित जोड़े के लिए आपसी समझ की समस्या कोई नयी समस्या नहीं है। हमारे देश में इसके लिए मजबूत पारिवारिक सम्बन्धों का सहारा होता है, जिसके चलते समस्या कम ही उत्पन्न होती है और यदि कोई समस्या उत्पन्न भी होती है तो परिवार का सदस्य मध्यस्थ बनकर एक-दूसरे के बीच पैदा हुई गलतफहमियों को एक सलाहकार, एक निर्णायक और बड़े बुजुर्ग के रूप में हल कर देता है। यदि किसी वैवाहिक सम्बन्धों में ऐसी सामाजिक व्यवस्था का सहारा नहीं होता है तो लड़कियाँ तनाव में आ जाती हैं।

मेरा सुझाव है कि विदेश में सभी भारतीय मिशनों में ऐसे सेल (Cell) का गठन करने की जरूरत है जो ऐसी समस्याओं के समाधान के लिए निष्पक्ष रूप से विचार-विमर्श करने के लिए सदैव उपलब्ध हों। ऐसे 'सेल' को केवल वैवाहिक सलाहकारों की ही तरह काम नहीं करना चाहिए बल्कि कानूनी विवाद होने की स्थिति में उनकी मदद भी करनी चाहिए। भारतीय अर्थव्यवस्था में प्रवासी भारतीयों का योगदान बहुत बड़ा है। अतः यह उनके हित में ही होगी।

हरियाणा में पिछले तीन वर्षों में ऐसे केवल 10 मामले ही प्रकाश में आये हैं, लेकिन हमारे लिए एक भी ऐसा मामला होना चिंता का विषय है और इसका समाधान होना चाहिए प्रदेश में सभी उपायुक्तों और पुलिस अधीक्षकों को निर्देश दिये हुए हैं कि इस समस्या से सम्बन्धित शिकायतों का शीघ्रता से निवारण करने में पूरी-पूरी मदद करें। हम राष्ट्रीय महिला आयोगों के सुझावों को प्रदेश में पूरा अमल करेंगे।

हरियाणा सरकार महिला सशक्तिकरण के प्रति पूरी तरह से समर्पित है। प्रदेश में यह वर्ष 'बालिका वर्ष' के रूप में मनाया जा रहा है। महिला सशक्तिकरण और लड़कियों के कल्याण के लिए हमने कई कार्यक्रम शुरू किये हैं। महिलाओं के संवैधानिक और कानूनी अधिकारों की रक्षा के लिए राज्य में 'राज्य महिला आयोग' है। मेरा कहने का भाव यह है कि हमें अपनी देश की संस्कृति के अनुरूप महिलाओं के उत्थान के साथ-साथ उनके हितों की रक्षा करनी है।

बुधवार, 21 जून 2006 चण्डीगढ़

हमारे परमवीर

केन्द्रीय सैनिक बोर्ड की 26वीं बैठक में

हरियाणा में सैन्य-सेवा की प्राचीन परम्परा रही है। बदलते परिवेश में भी हरियाणा के युवाओं का सेना में सेवा करने और फ़ौजी वर्दी में सजने का उत्साह कम नहीं हुआ है। इसी लिये छोटे से राज्य हरियाणा में इस समय सेवारत सैनिकों, भूतपूर्व सैनिकों और उनको आश्रितों की संख्या 19.17 लाख है।

हरियाणा सरकार सेवारत सैनिकों, भूतपूर्व सैनिकों और उनके आश्रितों का बहुत मान-सम्मान करती है तथा उन्हें समाज का महत्वपूर्ण अंग मानती है। हमें इस बात का भी गर्व है कि हरियाणा के वीर जवानों ने कठिन से कठिन परिस्थितियों में भी सदैव साहस और वीरता का परिचय दिया है। यह और भी गौरव की बात है कि हरियाणा के वीर जवानों ने विभिन्न रणक्षेत्रों में विक्टोरिया क्रॉस, परमवीर चक्र, महावीर चक्र, वीर चक्र जैसे अनेक शौर्य पुरस्कार प्राप्त किये हैं। इनकी सेवाओं का सम्मान करते हुए हरियाणा सरकार सेवारत सैनिकों, भूतपूर्व सैनिकों और उनके आश्रितों के कल्याण-उत्थान के लिए वचनबद्ध है।

वित्त वर्ष 2005-2006 के दौरान हरियाणा सरकार ने सरकारी बजट में से 16 करोड़ रुपये, हरियाणा संयुक्त कोष से एक करोड़ रुपये, हरियाणा प्रतिरक्षा सुरक्षा राहत कोष से लगभग 50 लाख रुपये तथा हरियाणा मुख्यमन्त्री युद्ध शूरवीर राहत कोष से 102 लाख रुपये उनके कल्याण-उत्थान की स्कीमों पर खर्च

किए। वास्तव में हरियाणा सरकार द्वारा गत एक वर्ष के दौरान सेवारत सैनिकों, भूतपूर्व सैनिकों और उनके आश्रितों के कल्याण के लिए कई महत्वपूर्ण निर्णय लिए गये हैं।

द्वितीय विश्वयुद्ध के वयोवृद्ध सेनानियों, युद्ध विधवाओं, शत-प्रतिशत विकलांग भूतपूर्व सैनिकों और उनकी अनाथ लड़कियों के लिए वित्तीय सहायता में बढ़ोतरी की गई है। आजादी से पूर्व के विक्टोरिया क्रॉस, मिलिट्री क्रॉस, मिलिट्री मेडल, इण्डियन ऑर्डर ऑफ़ मैरिट, 'इण्डियन डिस्टिंगविश्ड सर्विस मेडल' विजेताओं तथा सूचनाओं में उल्लेख सेनानियों व आश्रितों का मासिक भत्ता या पेंशन बढ़ाई गई है। इसी तरह से आजादी के बाद वीर सैनिकों और उनके परिवारों के प्रति अपनी कृतज्ञता व्यक्त करते हुए सरकार ने उनकी वार्षिकी में चार गुणा की बढ़ोतरी की है। विशिष्ठ सेवा मेडल श्रृंखला के शौर्य पदक प्राप्त करने वालों को नकद पुरस्कार, वार्षिकी और भूमि के बदले नकद राशि दी गई है। उनके बच्चों का स्टाईपैंड भी दोगुना कर दिया गया है।

हरियाणा सरकार मानती है कि भूतपूर्व सैनिकों के बच्चों को गुणवत्तापरक शिक्षा प्रदान करके ही उनके परिवारों का सही मायने में कल्याण किया जा सकता है। इसलिए सरकार भूतपूर्व सैनिकों के बच्चों को स्टाइपेंड देने के साथ-साथ उनकी शिक्षा की ओर भी विशेष ध्यान दे रही है। उन्हें एन.डी.ए., सी.ई.टी, पी.एम.टी. और बी.डी.एस. की प्रवेश परीक्षा की तैयारी के लिए पूर्व परीक्षा कोचिंग दी जाती है। जो बच्चे सशस्त्र सेनाओं में भर्ती होना चाहते हैं, उन्हें चार सप्ताह का पूर्व भर्ती प्रशिक्षण दिया जाता है। स्टैनोग्राफी, सिलाई-कढ़ाई, फैशन डिज़ाइनिंग जैसे रोजगारोन्मुखी (Job Oriented) पाठ्यक्रम उनके लाभ के लिए चलाए जाते हैं।

भूतपूर्व सैनिकों की दक्षता बढ़ाने के लिए उन्हें समेकित कृषि पद्धति, कम्प्यूटर एप्लीकेशन आदि में प्रशिक्षण दिया जाता है। हरियाणा सरकार ने भूतपूर्व सैनिकों के लिए प्रथम और द्वितीय श्रेणियों के पदों में पाँच प्रतिशत तथा तीसरे और चौथे दर्जे के पदों में 14 प्रतिशत का आरक्षण प्रदान किया है। सम्बद्ध नियमों में इस बात का भी प्रावधान किया गया है कि हरियाणा सरकार में सेवा में प्रथम नियुक्ति पर वरिष्ठता और वेतनवृद्धि के लिए मिलिट्री सेवा को भी जोड़ा जायेगा।

यह बड़े सन्तोष की बात है कि हरियाणा सरकार एक कम्पनी की संख्या के आकार की भूतपूर्व सैनिकों की 'पर्यावरणीय टास्क फ़ोर्स' गठित करने जा रही है।

सैनिकों की विधवाओं और युद्ध विधवाओं के कल्याण को हम उच्च प्राथमिकता दे रहे हैं। जिला सैनिक बोर्ड, 120 कल्याण संगठकों के माध्यम से उनके कल्याण की ओर ध्यान दे रहा है। इसके अलावा अम्बाला, सिरसा, हिसार और दिल्ली छावनी (गुड़गाँव) स्थित सेनाएँ, भूतपूर्व सैनिकों, विधवाओं और युद्ध विधवाओं की वार्षिक और अर्द्ध-वार्षिक बैठकें आयोजित करती हैं, ताकि उन्हें आवश्यक सहायता प्रदान की जा सके। हरियाणा सरकार ने युद्ध विधवाओं को हरियाणा परिवहन की बसों में प्रदेश में तथा चण्डीगढ़ और दिल्ली में यात्रा करने के लिए निःशुल्क बस पास जारी किये हुए हैं।

युद्ध विधवाओं की लड़कियों तथा शत-प्रतिशत विकलांग भूतपूर्व सैनिकों की लड़कियों और भूतपूर्व सैनिकों की अनाथ लड़कियों की शादी के लिए 11 हजार रुपये की वित्तीय सहायता प्रदान की जाती है। भूतपूर्व सैनिकों की विधवाओं की लड़कियों की शादी के लिए 5100 रुपये की सहायता प्रदान की जाती है। भूतपूर्व सैनिकों को दिये गये ऋणों पर 6 प्रतिशत से लेकर 9 प्रतिशत की ब्याज सबसिडी दी जाती है।

सेवारत सैनिकों, भूतपूर्व सैनिकों और उनके आश्रितों के कल्याण के लिए राज्य के जिला मुख्यालयों और दूसरे जरूरत आधारित स्थानों पर 27 सैनिक विश्राम गृह बनाये गये हैं।

रोहतक में एक राज्य स्तरीय युद्ध स्मारक और प्रतिष्ठा सभागार बनाया गया है। वहाँ पर एक सैनिक कल्याण परिसर भी निर्माणाधीन है। इसके सोनीपत और पंचकूला में युद्ध स्मारक निर्माणाधीन

हैं। शैक्षणिक संस्थानों, पार्कों और सड़कों का नामकरण भी वीर सैनिकों की स्मृति में उनके नाम पर किये जा रहे हैं।

हरियाणा सरकार सेवारत सैनिकों, भूतपूर्व सैनिकों और उनके आश्रितों के कल्याण-उत्थान में अग्रणी रहने के लिए तत्पर है। हम उनकी आवश्यकताओं के प्रति अति संवेदनशील हैं। हम इस दिशा में प्रयासरत हैं, लेकिन कुछ ऐसे लक्ष्य हैं जो भारत सरकार की वित्तीय सहायता के बिना पूरे नहीं हो सकते।

वर्ष 2003 में जिला झज्जर के मातनहेल में मिलिट्री स्कूल के निर्माण का 'नींव पत्थर' रखा गया था। लेकिन निर्माण कार्य अभी तक प्रारम्भ नहीं हुआ है। इस मिलिट्री स्कूल का निर्माण कार्य शीघ्र प्रारम्भ किया जाए। यह भी जरूरी है कि दक्षिण हरियाणा, विशेषकर जिला रेवाड़ी में एक दूसरा सैनिक स्कूल भी खोला जाए। उम्मीद है रक्षा मन्त्री जिला रेवाड़ी में बिग्रेड साईज मिलिट्री स्टेशन और हरियाणा में राष्ट्रीय रक्षा अकादमी स्थापित करने की दिशा में कदम उठायेंगे ताकि हरियाणा के युवाओं को अच्छे सैन्य प्रशिक्षण के अवसर सुलभ हो सकें।

बुधवार, 28 जून 2006, नयी दिल्ली

रोज़गार के ग़म

विदेश रोज़गार ब्यूरो के शुभारम्भ अवसर पर

बेरोज़गारी की समस्या सिर्फ हमारे प्रदेश की समस्या नहीं, बल्कि पूरे देश की गंभीर समस्या है। इस समस्या को फूंक मारकर या किसी जादू की छड़ी से हल नहीं किया जा सकता, इसके लिए हम सबको मिलकर कड़ी मेहनत करनी होगी।

हम चाहते हैं कि जो सरकारी नौकरियाँ हैं, वे ज्यादा से ज्यादा तादाद में हम युवक-युवतियों को उपलब्ध करवाएँ। पिछली सरकार के दौरान आपने देखा ही होगा कि किस प्रकार अपने कार्यकाल के अन्तिम चरण में आनन-फानन में सरकारी सेवाओं में योग्यता को ताक पर रखकर भर्ती की गई। हमने प्रदेश के शासन की बागडोर सम्भालते ही विभिन्न विभागों में खाली पड़े पदों को भरने के लिए एक अभियान शुरू किया है। हरियाणा कर्मचारी चयन आयोग की पारदर्शिता, निष्पक्षता और दक्षता से आम लोगों में यह विश्वास हो गया है कि नौकरियाँ मैरिट के आधार पर दी जा रही हैं।

सरकारी नौकरियाँ बहुत सीमित हैं। हर साल स्कूलों, कॉलेजों और विश्वविद्यालयों तथा दूसरी संस्थाओं से हजारों की तादाद में पढ़-लिख कर या प्रशिक्षण प्राप्त करके जो छात्र निकलते हैं, वे सभी चाहते हैं कि उन्हें सरकारी नौकरियाँ मिलें। आज प्रदेश के रोज़गार कार्यालयों में लगभग दस लाख 75 हजार बेरोज़गारों के नाम दर्ज हैं, जिनमें लगभग 8 लाख 83 हजार शिक्षित बेरोज़गार हैं, और लगभग एक लाख 92 हजार अशिक्षित बेरोज़गार हैं। लेकिन आप बताएँ क्या इन सभी को सरकारी नौकरी देना मुमकिन है?

लेकिन यह जरूरी है कि ऐसी स्कीमें बनाई जायें, जो नौजवानों को रोज़गार के विभिन्न अवसर उपलब्ध करवा सकें। नौजवानों को स्वःरोज़गार शुरू करने के लिए मदद मिले। यहाँ तक कि विदेशों में रोज़गार के अवसरों की उन्हें सही-सही जानकारी मिल सके।

गत विधान सभा चुनाव के दौरान कांग्रेस पार्टी ने प्रदेश में युवाओं को अधिक से अधिक रोज़गार के अवसर दिलवाने तथा युवाओं के लिए विदेशी रोज़गार के अवसर उपलब्ध करवाने के लिए विदेश

रोज़गार ब्यूरो की स्थापना का वादा किया था।

हमने सत्ता की बागडोर सम्भालते ही चुनावी वादों को पूरा करने के लिए कदम उठाये। माननीय श्रीमती सोनिया गाँधी जी और आदरणीय प्रधानमन्त्री डॉ. मनमोहन सिंह जी के कुशल मार्गदर्शन में हमने न केवल चुनावी वादों को पूरा किया है बल्कि प्रदेश में समाज के सभी वर्गों के कल्याण-उत्थान के लिए अनूठी पहल की हैं। चाहे वह किसान हैं, मजदूर हैं, व्यापारी हैं, कर्मचारी हैं, अनुसूचित जातियों और पिछड़े वर्गों के लोग हैं या महिलाएँ हैं, सभी के हित के लिए काम किये हैं।

रोज़गार की समस्या राष्ट्रव्यापी है। देश के इतिहास में पहली बार यू.पी.ए. सरकार द्वारा राष्ट्रीय ग्रामीण रोज़गार गारण्टी कानून बनाया गया। इस कानून के तहत यह सुनिश्चित किया गया है कि हर ग्रामीण परिवार को अपने ही गाँव में साल भर रोज़गार मिले और कम से कम एक साल में 100 दिन के रोज़गार की गारण्टी हो। इस प्रकार के प्रावधान की संविधान बनाते समय हमारे महान संविधान निर्माता भी कल्पना नहीं कर पाए थे। हरियाणा में शुरू में महेन्द्रगढ़ और सिरसा जिलों की सभी पंचायतों में यह योजना लागू की गई है।

इस दूरदर्शी कार्यक्रम को शुरू करने के पीछे यही सोच है कि हम अधिक से अधिक, विशेषकर, ग्रामीण क्षेत्रों में रोज़गार के ज्यादा से ज्यादा अवसर उपलब्ध करवाएँ। यू.पी.ए. सरकार के आदर्शों का पालन करते हुए हमने जहाँ प्रदेश के शिक्षित बेरोज़गारों के लिए एक सम्मानजनक भत्ता दिया है, वहीं उन्हें रोज़गार के अधिक से अधिक अवसर उपलब्ध करवाने के लिए औद्योगिक विकास के लिए एक नयी उद्योग नीति लागू की है।

नयी उद्योग नीति का मुख्य उद्देश्य अगले 9 वर्षों में प्रदेश में दो लाख करोड़ रुपये का निवेश आकर्षित करना तथा 10 लाख लोगों के लिए रोज़गार के अवसर जुटाना है। नयी उद्योग नीति के बड़े उत्साहजनक परिणाम सामने आ रहे हैं। नयी नीति लागू होने के बाद एक हजार औद्योगिक इकाइयाँ स्थापित हुई हैं, जिनमें 1500 करोड़ रुपये का निवेश हुआ है और 20 हजार लोगों को रोज़गार मिला है।

हाल ही में रिलायंस इंडस्ट्रीज से विशेष आर्थिक क्षेत्र स्थापित करने के लिए जो समझौता हुआ है, वह हरियाणा के विकास में एक 'मील पत्थर' साबित होगा। इस विशेष आर्थिक क्षेत्र के स्थापित होने से एक लाख करोड़ रुपये से अधिक का निवेश होगा और पाँच लाख से अधिक व्यक्तियों को प्रत्यक्ष और अप्रत्यक्ष रूप से रोज़गार मिलेगा।

पिछली सरकार के दौरान पढ़े-लिखे बेरोज़गारों को योग्यता आधार पर 100 रुपये और 200 रुपये का मामूली भत्ता दिया जाता था जिसे हमने बढ़ाकर 300 रुपये और 500 रुपये मासिक किया है।

बेरोज़गार लोगों को काम-धंधे के बारे में जानकारी देने के लिए राज्य में 22 व्यावसायिक मार्गदर्शन इकाइयाँ स्थापित हैं, जो बेरोज़गारों को उनकी योग्यता के अनुरूप व्यवसाय चुनने के लिए उचित मार्गदर्शन करती हैं। स्वः रोज़गार को बढ़ावा देने के विशेष प्रयास किये जा रहे हैं, जो नौजवान स्वरोज़गार अपनाने के लिए इच्छुक होते हैं, उनका अलग से रजिस्ट्रेशन करके उनके केस ऋण की स्वीकृति हेतु विभिन्न वित्तीय एजेंसियों को भेजे जाते हैं। इस कार्य को और अधिक प्रभावी बनाने के लिए स्वरोज़गार जागृति कैंपों का भी आयोजन किया जाता है।

औद्योगिक क्षेत्र में रोज़गार के अवसरों की जानकारी देने के लिए प्रदेश के चार प्रमुख औद्योगिक शहरों गुड़गाँव, फरीदाबाद, सोनीपत और यमुनानगर में निजी रोज़गार सेवा उपलब्ध करवाने के लिए निजी नियोजन एजेंसी स्थापित करने का प्रस्ताव है और इस प्रकार की पहली एजेंसी गुड़गाँव में स्थापित की जा चुकी है।

आप जानते हैं कि आज भूमण्डलीकरण का जमाना है और उदारीकरण का दौर है। इस दौर में

रोज़गार प्राप्त करने के लिए सीमाएँ कोई मायने नहीं रखतीं। हम चाहते हैं कि उदारीकरण से रोज़गार के जो नये-नये अवसर पैदा हुए हैं, उनका लाभ हमारे युवाओं को मिले। वैसे भी विदेशों में हमारे व्यावसायिक कुशल कारीगरों और तकनीशियनों की भारी माँग है। इस बात को ध्यान में रखते हुए हमने 'हरियाणा विदेश रोज़गार सहायता समिति' की स्थापना की है।

'हरियाणा विदेश रोज़गार सहायता समिति' का मुख्य उद्देश्य प्रदेश के युवाओं के लिए विदेशों में रोज़गार उपलब्ध करवाने के साथ-साथ विदेशों में उच्च शिक्षा के लिए मार्गदर्शन प्रदान करना भी है। राज्य के सभी 61 रोज़गार कार्यालय इस समिति के सुविधा केन्द्रों के रूप में कार्य कर रहे हैं। यह समिति विदेशों में पढ़ाई और रोज़गार के अलावा पासपोर्ट तथा वीजा आदि बनवाने में भी सहायता प्रदान करती है।

विदेशों में रोज़गार दिलाने के नाम पर युवाओं से धोखाधड़ी होने की ख़बरें आये दिन आती रहती हैं। विदेशों में भेजने की विश्वसनीय एजेंसी न होने की वजह से हमारे युवाओं को उचित मार्गदर्शन नहीं मिलता।

इसी बात को ध्यान में रखते हुए राज्य के युवाओं को रोज़गार दिलवाने के लिए 'विदेश रोज़गार ब्यूरो' का आज से शुभारम्भ हो रहा है। इस ब्यूरो को विदेशी भारतीय मामलों के मन्त्रालय से भर्ती का कारोबार प्रारम्भ करने के लिए आवश्यक स्वीकृति भी मिल चुकी है। राज्य के युवाओं के लिए यह एक बहुत बड़ी शुरुआत है।

विदेशों में रोज़गार के मामलों में हरियाणा अभी तक बहुत पीछे रहा है। यह प्रयास इस कमी को पूरा करने की दिशा में एक महत्वपूर्ण कदम साबित होगा। विदेशों में रोज़गार उपलब्ध होने से अच्छी आमदनी होगी, जिससे प्रदेश और परिवार की ख़ुशहाली बढ़ेगी। एक बार किसी को रोज़गार मिलने के बाद उसके परिवार के सदस्य और सगे सम्बन्धियों को भी विदेश में रोज़गार प्राप्त करने में आसानी होगी।

शनिवार 1 जुलाई 2006, सोनीपत

जागरूकता के वाहक

चण्डीगढ़ प्रेस क्लब में आयोजित समारोह में

चण्डीगढ़ प्रेस क्लब से मेरा विशेष लगाव और नाता है। यही बात है कि मैं क्लब के हर महत्वपूर्ण कार्यक्रम में अपने पत्रकार और छायाकार दोस्तों के बीच आने के लिए उत्सुक रहता हूँ। यह क्लब उत्तरी भारत का सबसे बेहतर प्रेस क्लब माना जाता है। इस क्लब द्वारा अपनी स्थापना के 25 वर्ष सफलतापूर्वक पूरा करना अपने आप में एक गौरव की बात है। बीते वर्षों में इस क्लब के सदस्य पत्रकार दोस्तों ने पत्रकारिता जगत में इस क्षेत्र की जनता को न सिर्फ़ ख़बरें पहुँचाने के क्षेत्र में बल्कि विचारों से भी समृद्ध करने की दिशा में बेमिसाल योगदान दिया है।

दो प्रदेशों की राजधानी तथा केन्द्र शासित प्रदेश 'सिटी ब्यूटीफुल' की लगभग 55 वर्ष पूर्व भारत के प्रथम प्रधानमन्त्री पण्डित जवाहर लाल नेहरू जी ने इस आशा से आधारशिला रखी थी कि यह आधुनिक शहर विश्व में भावी भारत की प्रगति का प्रतीक होगा। गर्व की बात है कि इस शहर ने पण्डित जी के सपनों को साकार किया है।

पण्डित नेहरू जी और इस शहर के वास्तुकार 'ली कॉरबूज़िए' दोनों ही चाहते थे कि यह शहर बौद्धिक गतिविधियों का केन्द्र बने और बुद्धिजीवियों के मार्गदर्शन का लाभ देश के कोने-कोने तक पहुँचे। यह गौरव की बात है कि देश में विकास के प्रति लोगों में चेतना जागृत करने और संकीर्ण मनोवृत्ति को बदलने में यहाँ के बुद्धिजीवियों, विशेषकर, मीडिया की एक महत्वपूर्ण भूमिका रही है।

आज चण्डीगढ़ में प्रायः सभी प्रमुख समाचार-पत्रों, पत्रिकाओं तथा चैनलों के प्रतिनिधि हैं और इस शहर से बड़ी संख्या में प्रमुख दैनिक समाचार-पत्रों का प्रकाशन हो रहा है। यहाँ के मीडिया के लोग पूर्ण रूप से जागरूक हैं, जो पीड़ित व्यक्ति को न्याय दिलाने में मदद ही नहीं करते, बल्कि आम नागरिक को यह आभास भी करवाते हैं कि न्याय हुआ है।

वैसे भी पत्रकारिता के संस्कार हमारे महान आदर्शों और परम्पराओं से जुड़े हैं। आजादी की लड़ाई में भारतीय प्रेस ने अहम भूमिका निभाई थी। उस दौरान जितने भी बड़े राजनेता हुए, वे सभी पत्रकारिता से सीधे-सीधे जुड़े थे। उन्होंने अपनी लेखनी से देशवासियों में आजादी के लिए चेतना जगाई तथा देशभक्तों में आजादी के लिए मर मिटने का जज़्बा पैदा किया। उनके कार्यों को याद करके आज भी हम श्रद्धा से भाव-विभोर हो जाते हैं।

आजादी के बाद देश में लोकतन्त्र को मजबूत बनाने तथा राष्ट्र के नव-निर्माण के लिए कार्यपालिका, विधायिका और न्यायपालिका के साथ-साथ मीडिया भी अहम योगदान दे रहा है। महान राष्ट्रीय नेताओं के कुशल नेतृत्व और लोकतन्त्र के 'चार स्तम्भों' के आपसी तालमेल से राष्ट्र ने उल्लेखनीय प्रगति की है।

कुछ विघटनकारी शक्तियाँ नहीं चाहतीं कि भारत मज़बूत हो और आगे बढ़े। कुछ राष्ट्र विरोधी ताकतें आतंक फैलाने के प्रयास में रहती हैं। गत 11 जुलाई को मुम्बई में आतंकवादियों ने सीरियल बम विस्फोट करके मासूम और निर्दोष लोगों की जानें लेकर आतंक फैलाने की कोशिश की लेकिन हमारे देशभक्त नागरिकों ने उनके मनसूबों पर पानी फेर दिया। ये ताकतें कभी भी हमारे देश को कमजोर नहीं कर सकतीं। भारत की एकता, अखण्डता और धर्मनिरपेक्षता हमारी धरोहर है। इसे हमें हर हालात में सुरक्षित रखना है, चाहे इसके लिए हमें कोई भी कुर्बानी क्यों न देनी पड़े। आतंकवाद जैसी समस्या से निपटने के लिए मीडिया को जन-जागृति की दिशा में और अधिक सहयोग देना चाहिए। महत्वपूर्ण सामाजिक विषयों, जैसे कि शिक्षा, स्वास्थ्य, लिंगभेद, पर्यावरण आदि पर अधिक से अधिक प्रकाश डाला जाना चाहिए।

आज मीडिया जगत में क्रान्ति आई हुई है। भूमण्डलीकरण के इस दौर में मीडिया के कन्धों पर एक बड़ा दायित्व है। एक पत्रकार जब अपनी कलम का प्रयोग सत्य, न्याय और राष्ट्रहितों के लिए करता है तो वह सिर्फ़ एक पत्रकार न रहकर एक सच्चा देशभक्त भी कहलाता है।

मीडिया सरकार और जनता के बीच एक कड़ी का काम करता है। मुझे गर्व है कि चण्डीगढ़ प्रेस क्लब तथा इसके सदस्य पत्रकार बंधुओं द्वारा राज्य सरकार की विकास नीतियों और जन-कल्याण कार्यक्रमों के बारे में अधिक से अधिक समाचार देने की दिशा में हमें अच्छा सहयोग मिल रहा है।

शनिवार, 15 जुलाई 2006, चण्डीगढ़

उपलब्धियों का सफ़र

इण्डिया टुडे द्वारा आयोजित सम्मेलन में

1966 में जब हरियाणा अस्तित्व में आया तो यह खाद्यान्नों के मामले में भी आत्मनिर्भर नहीं था, जबकि 130 लाख टन की रिकॉर्ड उपज दर्ज करते हुए इसने अपने 26 लाख टन खाद्यान्न उत्पादन में पाँच गुणा की वृद्धि की है। आज केन्द्रीय खाद्यान्न भण्डार में योगदान देने में हरियाणा का दूसरा स्थान है।

जब हरियाणा अस्तित्व में आया तब शायद ही ऐसा कोई उद्योग था, जिसका जिक्र किया जा सके। पिछले कुछ दशकों में परिदृश्य बिल्कुल बदल गया है तथा हरियाणा की नयी उद्योग नीति, 2005 से ही हरियाणा भारतीय और विदेशी निवेशकों के लिए आकर्षण का केन्द्र बन गया है। आज हरियाणा का

देशभर में बनने वाली यात्री कारों, मोटर साइकिलों तथा स्कूटर के निर्माण में पाँच प्रतिशत से अधिक का हिस्सा है। देशभर में बनने वाले ट्रैक्टरों, साइकिलों, सैनेटरीवेयर के सामान का 25 प्रतिशत उत्पादन हरियाणा में होता है।

आज हमारा बेहतरीन औद्योगिक आधार है तथा हरियाणा में विश्व स्तर की ढाँचागत सुविधाएँ उपलब्ध हैं, जिससे हमें यह पूरा भरोसा है कि अब हम राज्य के सभी वर्गों को कल्याणकारी राज्य के सुहाने सफर पर ले जा सकते हैं। यही आत्मविश्वास मुझे राज्य की 'क्षमता-प्रदर्शन' में अन्तर विषय पर विचार-विमर्श करने का साहस दे रहा है और इस अन्तर को पाटने तथा इसे समाप्त करने के लिए क्या किया जा सकता है।

हमारा यह विश्वास नहीं है कि क्षमता स्थिर होती है। हमारा मानना है कि इसमें परिवेश की परिस्थितियों के अनुसार बदलाव आता रहता है। हमारा मानना है कि इन परिस्थितियों को हमारी आवश्यकता के अनुरूप बदलने तथा उनसे अधिकाधिक लाभ प्राप्त करने की हमारे अन्दर ताकत है। इस सन्दर्भ में हरियाणा पर्यटन द्वारा किये गये विशिष्ट कार्य का मैं उल्लेख करना चाहूँगा। हरियाणवियों के अलावा मरुस्थल जैसी परिस्थितियों को मरुउद्यान में बदलने जैसी बात कौन सोच सकता है। लेकिन हमने यह कर दिखाया और इसी सफलता की आशा की रोशनी में हम उपलब्धियों में 'मील का पत्थर' स्थापित करने के लिए अपनी वर्तमान क्षमता का दोहन कर रहे हैं। हरियाणा अपनी स्थापना की थोड़ी सी अवधि में ही देश और अधिक के बाद सबसे अधिक प्रतिव्यक्ति आय वाला राज्य बन गया है। हम इस दिशा में प्रदर्शन को बेहतर बनाने के लिए कठिन मेहनत कर रहे हैं। भौगोलिक क्षेत्रफल की दृष्टि से हरियाणा केवल देश के 1.4 प्रतिशत भाग में फैला है, लेकिन इसके बावजूद केन्द्रीय खाद्यान्न भण्डार में योगदान देने में हमारा दूसरा स्थान है।

हम यह जानते हैं कि पारम्परिक खेती आज अपनी चरम सीमा पर है। राज्य की जोतने योग्य भूमि का एक-एक इंच हम पहले से ही बो रहे हैं। हम फसल सघनता बढ़ाकर फसल विविधिकरण करके, एस.वाई.एल. नहर के द्वारा अपने हिस्से का नदियों का पानी लेकर सिंचाई सुविधाओं में वृद्धि करके, अधिक उत्पादन देने वाले बीजों का प्रयोग करके, पोस्ट हारवेस्टिंग तकनीकी तथा कृषि की आधुनिकतम तकनीकों को अपनाकर कृषि उत्पादन में वृद्धि करना चाहते हैं।

अतीत में न झांकते हुए आज हमारी औद्योगिक क्षेत्र में बहुत अच्छी स्थिति है। नयी उद्योग नीति-2005 उदार है तथा इसका मुख्य उद्देश्य एक अच्छे वातावरण को सृजित करके प्रत्यक्ष विदेशी निवेश को आकर्षित करना है ताकि औद्योगिकीकरण को गति मिल सके तथा रोज़गार के नये अवसर सृजित हों। हमारे प्रयासों के फलस्वरूप वर्तमान सरकार के कार्यकाल के दौरान राज्य में 10 हजार करोड़ रुपये का निवेश हुआ है, जबकि 1966 से लेकर मार्च, 2005 तक का कुल निवेश 40 हजार करोड़ रुपये ही था। राज्य में 35 हजार करोड़ रुपये के निवेश की कई परियोजनाओं पर कार्य चल रहा है।

प्रदेश के औद्योगिक परिदृश्य में तेजी लाने के लिए राज्य सरकार ने बहुत से प्रोत्साहन दिये हैं। औद्योगिक प्रोत्साहन अधिनियम का बनाना, आउट सोर्सिंग ऑफ़ अथॉरिटी और स्व-प्रमाणन योजना शुरू की है। हमारा आई.टी. और आई.टी.ई.एस. का कुल निर्यात 10,070 करोड़ रुपये हो गया, जबकि देश का कुल निर्यात एक लाख 10 हजार करोड़ रुपये है। हालाँकि हरियाणा की कुल जनसंख्या भारत की कुल जनसंख्या का केवल दो प्रतिशत है, जबकि आई.टी. क्षेत्र में इसके निर्यात का हिस्सा लगभग 10 प्रतिशत है और हरियाणा का वार्षिक निर्यात लगभग 25 हजार करोड़ रुपये है।

हमारा लक्ष्य निर्माण क्षेत्र में 10 प्रतिशत से अधिक वृद्धि प्राप्त करना, आगामी 10 वर्षों में दो लाख करोड़ का निवेश आकर्षित करना और 10 लाख लोगों को रोज़गार उपलब्ध करवाना तथा उभरती प्रौद्योगिकियों

में नेतृत्व प्रदान करना है। हरियाणा अपनी अवस्थिति के लाभों, विश्व स्तर की बेहतरीन ढाँचागत सुविधाओं तथा निवेश मैत्री माहौल के कारण दूसरे राज्यों से लाभ की स्थिति में है। हरियाणा औद्योगिक उद्यमकर्ता ज्ञापनों को क्रियान्वित करने में देशभर में प्रथम है। हरियाणा ने 54 प्रतिशत औद्योगिक उद्यमकर्ता ज्ञापनों को क्रियान्वित किया है, जबकि अखिल भारतीय औसत केवल 37 प्रतिशत है। इससे स्पष्ट होता है कि राज्य में प्रोजैक्ट की सफलता देशभर में सबसे अधिक है। हरियाणा राज्य औद्योगिक और ढाँचा विकास निगम नयी औद्योगिक सम्पदाओं के विकास के लिए 20 हजार एकड़ भूमि अधिग्रहित कर रहा है तथा राज्य में पाँच औद्योगिक मॉडल टाऊनशिप रोहतक, खरखौदा, फरीदाबाद, यमुनानगर तथा मानेसर में स्थापित किये जा रहे हैं। आने वाले वर्षों में विशेष आर्थिक क्षेत्रों की स्थापना से तथा कुण्डली-मानेसर-पलवल-एक्सप्रेस-वे बनने तथा इनके फलस्वरूप होने वाले विकास से हरियाणा का स्वरूप बदल जायेगा।

यह गर्व की बात है कि हरियाणा केवल देश के 1.4 प्रतिशत भौगोलिक क्षेत्र में ही फैला है, फिर भी विशेष आर्थिक क्षेत्रों के एक लाख 75 हजार करोड़ रुपये से भी अधिक के निवेश वाले 60 प्रस्ताव हरियाणा को प्राप्त हुए हैं। इनमें से एक लाख 50 हजार करोड़ रुपये के 35 प्रस्तावों की सैद्धांतिक रूप से मंज़ूरी भारत सरकार ने दे दी है। उनमें से एक एच.एस.आई.आई.डी.सी. तथा रिलायंस इंडस्ट्री लिमिटेड द्वारा संयुक्त रूप से विकसित किया जायेगा। यह 25 हजार एकड़ क्षेत्र में होगा जिसे गुड़गाँव तथा झज्जर जिलों में विकसित किया जायेगा, जोकि देशभर में सबसे बड़ा होगा। इन विशेष आर्थिक क्षेत्रों में 10 लाख लोगों को रोज़गार मिलेगा।

कृषि और उद्योग के तीव्र और सामयिक विकास के साथ-साथ पॉवर सेक्टर भी राज्य के आर्थिक और सामाजिक विकास में महत्वपूर्ण भूमिका निभाता है। इसलिए बिजली क्षेत्र के लिए भी लम्बी अवधि की योजनाओं की जरूरत है ताकि बिजली की बढ़ती हुई माँग को पूरा करने के लिए बिजली उपलब्ध करवाई जा सके। इस समय हम प्रतिदिन 700 लाख यूनिट बिजली की आपूर्ति कर रहे हैं। यह आपूर्ति वर्ष 2005-06 के मुकाबले 8.5 प्रतिशत अधिक है, लेकिन फिर भी बिजली में कटौती करने के बावजूद भी 500 से 600 मैगावाट बिजली की कमी रहती है। वर्ष 2011 में बिजली की हमारी माँग बढ़कर 7,611 मैगावाट हो जायेगी। बिजली की हमारी बढ़ती हुई माँग को पूरा करने के लिए हमने 370 मैगावाट बिजली का प्रबन्ध औद्योगिक बिजली उत्पादकों तथा 1856 मैगावाट बिजली का प्रबन्ध केन्द्रीय सार्वजनिक क्षेत्र के उपक्रमों से किया है। हमने हाल ही में 1500 मैगावाट का थर्मल पॉवर प्लांट स्थापित करने के लिए एन.टी.पी.सी. तथा दिल्ली के साथ एक समझौते-पत्र पर हस्ताक्षर किये हैं। यमुनानगर में 600 मैगावाट का एक संयन्त्र स्थापित किया जा रहा है तथा हिसार में 1000 मैगावाट का संयन्त्र स्थापित करने की प्रक्रिया शुरू कर दी है। बिजली उत्पादन की क्षमता में वृद्धि के लिए राज्य सरकार अगले छः वर्षों के दौरान 6,266 करोड़ रुपये का निवेश करेगी। 11वीं पंचवर्षीय योजना के दौरान सम्प्रेषण और वितरण प्रणाली के लिए 10,306 करोड़ रुपये का निवेश करने का प्रस्ताव है।

जैसा कि मैं पहले ही बता चुका हूँ कि हरियाणा का लक्ष्य है कि वह नयी-नयी उभरती तकनीकों को उपलब्ध करवाने में नेतृत्व करे। इस लक्ष्य को पूरा करने के लिए हम शिक्षा में आमूलचूल परिवर्तन ला रहे हैं। यह परिवर्तन प्राथमिक शिक्षा से ही प्रारम्भ किया गया है और इसके स्तर के बढ़ने के साथ-साथ हम इस विस्तृत क्षेत्र में गुणात्मक विकास की ओर विशेष ध्यान दे रहे हैं। उच्च शिक्षा के विभिन्न संकायों में बेहतरीन प्रदर्शन के लिए सोनीपत जिले में 'राजीव गाँधी एजुकेशन सिटी' स्थापित की जा रही है।

हरियाणा में तकनीकी संस्थाओं में सीटों की संख्या बढ़ाकर 40 हजार कर दी है ताकि यह सुनिश्चित किया जा सके कि हरियाणा के युवा भविष्य में पैदा होने वाले रोज़गार के अवसरों का लाभ उठा सकें। हमारा लक्ष्य है कि 11वीं पंचवर्षीय योजना के अन्त तक हम 1.5 लाख प्रशिक्षित श्रमिक

तैयार कर सकें।

सड़कों और पुलों का ढाँचागत सुविधाओं में महत्वपूर्ण स्थान होता है तथा इनका अर्थव्यवस्था के विकास पर गहरा प्रभाव पड़ता है। इसीलिए सड़कों और पुलों के लिए बजट की राशि को वर्ष 2005 के 526 करोड़ रुपये से बढ़ाकर वर्ष 2006-07 में 872 करोड़ रुपये कर दी है। पानीपत में राष्ट्रीय राजमार्ग नं.-1 पर ऐलिवेटिड हाई-वे बनाने का कार्य शुरू कर दिया गया है तथा बदरपुर में राष्ट्रीय राजमार्ग नं. -2 पर भी ऐसे ही 'वे' बनाने के प्रयास किये जा रहे हैं। इसके अतिरिक्त, राज्य में सड़कों को मजबूत बनाने और नवीनीकरण का कार्य प्रगति पर है।

हमारी क्षमता का पूरा प्रयोग करने के लिए हमें समाज के सभी वर्गों को साथ लेकर चलना है। इसलिए हम महिलाओं को सशक्त बनाने तथा उनके स्तर को ऊँचा उठाने के लिए हरसंभव प्रयास कर रहे हैं। इस लक्ष्य को प्राप्त करने के लिए 'लाडली' जैसी कई प्रोत्साहन स्कीमें शुरू की गई हैं। शिक्षा में महिलाओं के लिए सीटों का आरक्षण किया है। महिलाओं के लिए एक अलग विश्वविद्यालय बनाया है तथा स्कूल शिक्षकों की भर्ती में उन्हें आरक्षण दिया जा रहा है। इसके अलावा, महिलाओं के नाम सम्पत्ति हस्तांतरण में उन्हें स्टाम्प ड्यूटी में भी छूट दी जा रही है। इसके अलावा, 'प्रसव पूर्व लिंग निदान अधिनियम' को कड़ाई से लागू किया जा रहा है ताकि राज्य में लिंग अनुपात में सुधार किया जा सके।

हमारे सपनों के हरियाणा के निर्माण के लिए बहुत कुछ करना बाकी है। शहरी नागरिक ढाँचे के क्षेत्र में भी बहुत सुधार की आवश्यकता है। ग्रामीण क्षेत्र का प्रभुत्व निरन्तर बना हुआ है, लेकिन हम इस बात को नजर-अदांज नहीं कर सकते कि राज्य की जनसंख्या की संरचना तेजी से बदल रही है। शहरीकरण तेजी से बढ़ रहा है। इसलिए हमने इसके समक्ष आने वाली चुनौतियों का सामना करने के लिए कार्यक्रम बनाये हैं। आज नगर और ग्राम्य आयोजना विभाग इस क्षेत्र में बहुत सी सुविधाएँ उपलब्ध करवा रहा है। वर्तमान सरकार शहरी क्षेत्रों में नागरिक सुविधाएँ और ढाँचागत सुविधाओं के सुधार के प्रति गम्भीर है। वर्ष 2005-06 में 209 करोड़ रुपये की अब तक की रिकॉर्ड राशि नगरपालिकाओं को दी गई है, जबकि 2004-05 में यह राशि 70 करोड़ रुपये थी। राज्य सरकार ने वर्तमान वित्त वर्ष के लिए 277 करोड़ रुपये का प्रावधान रखा है।

फरीदाबाद को जवाहरलाल नेहरू राष्ट्रीय नगरीय पुनर्नवीकरण मिशन के अन्तर्गत आने वाले 63 शहरों में शामिल किया गया है। इस योजना के प्रभावी क्रियान्वयन और दूसरे छोटे और मध्यम कस्बों में यू.आई.डी.एस.एस.एम.टी. के लिए 55 करोड़ रुपये निर्धारित किये हैं।

राज्य के जो कस्बे जवाहरलाल नेहरू राष्ट्रीय नगरीय पुनर्नवीकरण मिशन के अन्तर्गत नहीं आते, उनके लिए हमारे पास लघु और मध्यम कस्बों के विकास के लिए शहरी ढाँचा विकास योजना भी है। 10 कस्बों के लिए नगर विकास योजना तैयार की है तथा इसके साथ ही 22 दूसरे कस्बों के लिए ऐसी ही योजनाएँ व्यावसायिक एजेंसियों द्वारा तैयार की जा रही हैं। इसके अतिरिक्त, जिनके पास रहने के लिए छत नहीं है तथा जो शहरों में कठिन परिस्थितियों में रह रहे हैं, उनकी ओर भी पर्याप्त ध्यान रखा जा रहा है। समेकित आवास और मलिन बस्ती विकास कार्यक्रम के तहत ऐसे लोगों के भाग्य को संवारा जायेगा।

हम प्रयास कर रहे हैं कि 2010 में होने वाले राष्ट्रमण्डल खेलों से पहले ही गुड़गाँव मैट्रो सम्पर्क पूरा हो जाए। प्रस्तावित 135 किलोमीटर लम्बे कुण्डली-मानेसर-एक्सप्रेस-वे के साथ-साथ एक ग्लोबल कॉरिडोर विकसित किया जायेगा, जिसमें हाईटैक आधुनिक शहर विकसित किये जायेंगे। अनियोजित विकास पर अंकुश लगाने के लिए 62 हजार एकड़ भूमि को नियंत्रित क्षेत्र घोषित किया गया है। शहर के और राष्ट्रीय राजमार्गों के यातायात को अलग-अलग रखने के लिए राष्ट्रीय राजमार्गों के साथ-साथ

स्वतन्त्र सेवा लेन बनाने की योजना है।

मुझे यह स्वीकार करने में कोई संकोच नहीं है कि हरियाणा साधन सम्पन्न होने पर भी एक ग़रीब राज्य था, लेकिन आज ऐसी स्थिति नहीं है। हमने न केवल कृषि और उद्योग के क्षेत्र में तीव्र विकास किया है, बल्कि हमने वित्तीय प्रबन्धन कुशलता से किया है, जिसकी अनुपस्थिति में एक समृद्ध राज्य भी कुछ ही समय में ग़रीब हो सकता है।

यह बहुत पुरानी बात नहीं है, जब हरियाणा की वित्तीय स्थिति बहुत खराब थी। लेकिन हमने कई उपाय अपनाये, जिनका परिणाम आज आप सभी के सामने है। हरियाणा के सकल घरेलू उत्पाद की वृद्धि दर राष्ट्रीय औसत से अधिक है। आज राजस्व घाटा वर्ष 1998-99 के सकल घरेलू राज्य उत्पाद के 3.5 प्रतिशत से घटकर 0.3 प्रतिशत रह गया है।

वर्ष 1998-99 में वित्तीय घाटा सकल राज्य घरेलू उत्पाद का 5.1 प्रतिशत था। वर्तमान में यह घटकर 1.8 प्रतिशत के स्तर तक आ गया है। ब्याज देयताएँ जो कि वर्ष 1999-2000 की कुल राजस्व प्राप्तियों का 23.53 प्रतिशत थीं, वे घटकर 17.46 प्रतिशत रह गई हैं। बिक्री कर से सकल राज्य घरेलू उत्पाद का अनुपात वर्ष 2003-04 के 8.47 प्रतिशत से बढ़कर इस समय 9.20 प्रतिशत तक हो गया है।

राज्य गारण्टी सहित कुल ऋण देयताएँ वर्ष 2001-02 के दौरान सकल राज्य घरेलू उत्पाद का 42. 05 प्रतिशत थी, जो कि कम होकर 30.59 प्रतिशत रह गई। हमारे कुशल वित्तीय प्रबन्धन का अन्दाज़ा इस बात से लगाया जा सकता है कि हमने over draft नहीं लिया तथा साधन एवं संसाधन सम्बन्धी पहलकदमियों के लिए किसी संसाधन का प्रयोग नहीं किया।

जहाँ तक निजीकरण का सवाल है, सरकार का दृष्टिकोण सुशासन के लिए सरकारीकरण को कम करने का है। हमारा निजी-सार्वजनिक भागीदारिता के सिद्धान्त में दृढ़ विश्वास है। निजीकरण का उद्देश्य विकास और वृद्धि के लक्ष्य को बिना बाधाओं के प्राप्त करना, नये इन्फ्रास्ट्रक्चर के विकास के लिए सार्वजनिक धन का सदुपयोग करना, पुराने इन्फ्रास्ट्रक्चर को सुदृढ़ बनाना तथा इस प्रकार अधिक निवेश को सुनिश्चित करके रोज़गार के अधिक अवसर सृजित करना है।

हमने विभिन्न क्षेत्रों में सार्वजनिक-निजी भागीदारी को अपनाया है। हम मानते हैं कि आर्थिक विकास के लिए ढाँचागत सुविधाएँ मूल मन्त्र हैं। इसीलिए हमने उद्योग नीति-2005 के लक्ष्यों को प्राप्त करने के लिए निजी-सार्वजनिक भागीदारी को एक महत्वपूर्ण टूल बनाया है। पानीपत में पैट्रो कैमीकल पार्क, कुण्डली-मानेसर-पलवल-एक्सप्रेस-वे तथा गुड़गाँव-झज्जर में 25 हजार एकड़ क्षेत्र में 25 हजार करोड़ रुपये के निवेश से एच.एस.आई.आई.डी.सी. तथा रिलायंस इंडस्ट्रीज लिमिटेड के आपसी सहयोग वाला सबसे बड़ा विशेष आर्थिक क्षेत्र ऐसी भागीदारी के कुछ उदाहरण हैं। उद्यमियों को और अधिक राहत देने के लिए सरकार का निजी-सार्वजनिक भागीदारी अधिनियम बनाने का प्रस्ताव है।

हरियाणा में तकनीकी आधारित उभरते रोज़गार के अवसरों के दृष्टिगत हमने औद्योगिक प्रशिक्षण तथा होटल प्रबन्धन संस्थानों को नया रूप देने के लिए सार्वजनिक निजी भागीदारिता में पदार्पण किया है। इस प्रकार, भविष्य में औद्योगिक प्रशिक्षण संस्थानों के प्रमाण-पत्र लगाई जा रही औद्योगिक इकाइयों में रोज़गार को सुनिश्चित करेंगे।

आतिथ्य सत्कार के क्षेत्र में अधिक से अधिक होटल स्थापित करने का माहौल पैदा करने के साथ-साथ पर्यटन के क्षेत्र में अधिकाधिक लाभ के लिए हम निजी-सार्वजनिक भागीदारी तलाश रहे हैं। हम ऐसी पार्टियों की तलाश कर रहे हैं, जो तिलियर तथा फरीदाबाद की बड़खल झील पर होटल तथा आतिथ्य सत्कार प्रशिक्षण और प्रबन्धन संस्थान स्थापित करने की इच्छा रखती हैं।

स्वास्थ्य क्षेत्र में हमने सुनिश्चित किया है कि निजी क्षेत्र की एक अहम भूमिका है ताकि राज्य

के लोग निजी क्षेत्र में उपलब्ध सुविधाओं का उपयोग कर सकें। सार्वजनिक निजी भागीदारिता से हमने 'विकल्प' नामक स्कीम शुरू की है ताकि समाज में लाभ से वंचित लोग निजी स्वास्थ्य विशेषज्ञों की सेवाएँ प्राप्त कर सकें। इसके अतिरिक्त, हमने 'आरोग्य कोष' भी स्थापित किया है। इसके साथ ही, गैर सरकारी समूह भी शिशु स्वास्थ्य देखभाल तथा संस्थागत प्रसव में अपनी भागीदारी बढ़ा रहे हैं।

हरियाणा जल की कमी वाला राज्य है। यहाँ नहरी सिंचाई जल की माँग 36 मिलियन एकड़ फुट है, जबकि इसकी उपलब्धता केवल 14 मिलियन एकड़ फुट ही है। राज्य का आधे से अधिक भूमिगत जल खारा है, जिसे न तो सिंचाई के लिए और न ही पीने के लिए काम में लाया जा सकता है। कुशल जल प्रबन्धन की आवश्यकता को हरियाणा से बेहतर और कौन समझ सकता है। यह विभिन्न स्तरों पर किया जा रहा है। यह सभी को पता है कि सिंचाई के क्षेत्र में हमें हमारा नदियों के जल का हिस्सा सतलुज-यमुना सम्पर्क नहर के पूरा न होने के कारण नहीं मिल रहा है। इसलिए हम उपलब्ध जल का अधिक से अधिक सदुपयोग करने के लिए हमेशा प्रयासरत रहते हैं। नहरी पानी का समान बटवारा करके, नहरों के उचित रखरखाव तथा खालों को पक्का करके टेलों तक पानी पहुँचा रहे हैं। 92,532 हैक्टेयर क्षेत्र को सिंचाई सुविधाएँ उपलब्ध करवाने के लिए 267 करोड़ रुपये की लागत से दादूपुर-नलवी नहर बनाई जा रही है। पानी के समान बँटवारे के लिए 259 करोड़ रुपये की लागत से बी.एम.एल. हाँसी ब्रांच-बुटाना-ब्रांच बहुउद्देशीय सम्पर्क नहर बनाई जा रही है। सिंचित क्षेत्र को बढ़ाने तथा उपलब्ध पानी का न्यायसंगत बटवारे के हमारे प्रयासों के ये कुछ उदाहरण हैं।

हमने जल संग्रहण तकनीकों को अपनाया है तथा सभी सरकारी भवनों तथा हुडा सम्पदा के निजी आवासों के साथ-साथ सभी नगरपालिका क्षेत्रों, जिनकी छत का क्षेत्रफल 100 वर्ग मीटर या इससे अधिक है, के लिए वर्षा जल संग्रहण ढाँचा बनाना अनिवार्य कर दिया है। वर्ष 2005-06 में हमने एक करोड़ रुपये की लागत से वर्षा के अभाव वाले क्षेत्रों में भरण कुओं के निर्माण के लिए एक Accelerated Ground Water Recharge Scheme नामक राज्य योजना शुरू की है। पिछले डेढ़ वर्षों में वन विभाग ने नौ नये जल संग्रहण बाँध निर्मित किये हैं तथा 26 पुराने बाँधों की 3.71 करोड़ रुपये की लागत से मरम्मत की है। इसके अलावा, हम सदैव ऐसे नये विचारों और तकनीकों को अपनाते हैं, जो बेहतर पेयजल आपूर्ति, खेतों की प्रभावी सिंचाई तथा वर्षा जल के प्रभावी संग्रहण में मदद कर सकें।

हम राज्य के सभी गाँवों तथा कस्बों में स्वच्छ पेयजल उपलब्ध करवाने के लिए कटिबद्ध हैं। राज्य के 80 प्रतिशत गाँवों में 40 लीटर प्रति व्यक्ति प्रतिदिन से भी अधिक तथा 90 प्रतिशत कस्बों में 70 लीटर प्रति व्यक्ति प्रतिदिन से अधिक पेयजल उपलब्ध करवाया जा रहा है। पेयजल आपूर्ति में सुधार तथा सीवरेज व्यवस्था के लिए 2,859 करोड़ रुपये की एक योजना विश्व बैंक की सहायतार्थ भेजी गई है।

आज हरियाणा एक आदर्श राज्य बनने की स्थिति में है। इसके लिए हमें एक लम्बी यात्रा तय करनी पड़ी है, जिसके फलस्वरूप 1966 का मरुस्थली हरियाणा आज का हरित हरियाणा बन गया है। हरियाणा के मेहनतकश किसानों ने प्रत्येक अवसर का उपयोग किया और इस भूमि की काया पलट दी।

आज हम पुनः बदलाव की दहलीज पर खड़े हैं। आज हम उतने ही दृढ़-संकल्पी हैं, जितने कि हम कई दशकों पहले थे। हमारे लोग इस बात को भली-भाँति समझते हैं कि प्रौद्योगिकी न केवल औद्योगिक जगत में, बल्कि कृषि में भी नयी सुबह लाने का मूल मन्त्र है।

शुक्रवार, 1 सितम्बर 2006, नयी दिल्ली

पायनियर की परम्परा

'द पायनियर' के चण्डीगढ़ संस्करण के शुभारम्भ अवसर पर

वास्तव में आज जो प्रश्न पूछा जाना चाहिए, वह यह है कि 'द पायनियर' को चण्डीगढ़ में अपना संस्करण शुरू करने में इतना समय कैसे लगा। चण्डीगढ़, दो राज्यों की राजधानी और केन्द्रशासित क्षेत्र है, हिमाचल प्रदेश का राज द्वार है तथा जम्मू-कश्मीर से भी इसकी ज्यादा दूरी नहीं है। सारी बातें यह तय करती हैं कि इसे मीडिया का एक मुख्य केन्द्र तो बनना ही था। यह शहर भारत के प्रथम प्रधानमन्त्री पण्डित जवाहर लाल नेहरू जी के विज़न के अनुसार एक अति आधुनिक शहर के रूप में बसाया गया। हम आपका इस शहर में आने पर स्वागत करते हैं। मुझे विश्वास है कि इससे न केवल शहर के लोगों के जीवन की गुणवत्ता में वृद्धि होगी, बल्कि पड़ोसी राज्यों में भी इसका प्रभाव पड़ेगा।

मुझे 'द पायनियर' के गौरवशाली इतिहास को बताने की आवश्यकता नहीं है। यह अपने डेढ़ शताब्दी के अस्तित्व काल में अनेक उतार-चढ़ावों का साक्षी रहा है। ऐसा भी समय रहा है, जब यह उपनिवेशवाद के दौरान विदेशी शासकों द्वारा नियंत्रित था, उस दौरान भी इस समाचार-पत्र ने अपने पाठकों को निरन्तर राष्ट्रवादी विचारों से ओत-प्रोत किया। इस समाचार-पत्र का प्रकाशन पवित्र नगरी इलाहाबाद में शुरू हुआ तथा यात्रा करते-करते यह लखनऊ की गोमती नदी के किनारों तक पहुँचा तथा आज यह सारे देश में पहुँच रहा है। हमारे लिए यह बड़ी खुशी की बात है कि यह समाचार-पत्र आज भी उन्हीं उच्च मूल्यों के अनुसार ही अपना कर्त्तव्य निभा रहा है। आपके समाचार-पत्र में प्रकाशित होने वाले लेख सूचनापरक तथा शिक्षाप्रद हैं। इसकी भाषा भी सरल और सहज है। आज शायद ही ऐसा कोई विषय है, जिस पर इस समाचार-पत्र में न लिखा जाता हो। यह कहना कोई अतिशयोक्ति नहीं होगी कि बहुत से पाठक इसे एक सम्पूर्ण समाचार-पत्र मानते हैं, जो उन्हें उनके पैसों की पूरी वसूली करता है।

कई बार जनता से जुड़े विभिन्न मुद्दों पर मीडिया और सरकार एक मत नहीं होते। लेकिन मुझे विश्वास है कि आपकी आलोचना और समाचारों का प्रकाशन न केवल हमारे द्वारा उठाये जा रहे कदमों का सही मूल्याँकन करने में सहायता करेंगे, बल्कि आपके स्तम्भों में स्वतन्त्र और निष्पक्ष विचारों से सुदृढ़ लोकमत बनाने में भी सहायता मिलेगी।

मैं आपको विश्वास दिलाता हूँ कि हम आपकी स्वस्थ आलोचना को सकारात्मक ढंग से लेंगे। मुझे विश्वास है कि इस क्षेत्र के लोग अपनी सुबह की चाय के साथ एक नये विकल्प को लेकर बहुत खुश होंगे।

सोमवार, 25 सितम्बर 2006, चण्डीगढ़

महिलाओं का सम्मान

अन्तर्राष्ट्रीय महिला दिवस के अवसर पर महिला सम्मान समारोह में

'अन्तर्राष्ट्रीय महिला दिवस' को मनाने का उद्देश्य महिलाओं को अपने अधिकारों के प्रति जागरूक करना तथा उनके प्रति सम्मान, सुरक्षित और उपयुक्त वातावरण बनाये रखने का अपना संकल्प दोहराना है।

महिलाएँ हमारी आबादी का लगभग आधा हिस्सा हैं। महिलाओं की रचनात्मक भूमिका के बगैर घर, समाज और राष्ट्र के विकास की कल्पना ही बेमानी है। प्राचीन समय से ही हमारी संस्कृति में महिलाओं का बड़ा उच्च स्थान रहा है।

हमारे भूतपूर्व लोकप्रिय प्रधानमन्त्री श्री राजीव गाँधी जी का कहना था कि विकास के मायने केवल

कारखाने, डैम और सड़कें ही नहीं हैं, बल्कि विकास का असली अर्थ मानवता का विकास है। विकास का केन्द्र बिन्दु मात्र 'लोग' ही होना चाहिए जब हम 'लोगों' की बात करते हैं तो हमें इस बात को अपने दिमाग में रखना चाहिए कि हमारी जनसंख्या का लगभग 50 प्रतिशत भाग महिलाएँ ही हैं।

हमारा देश गाँवों में बसता है। ग्रामीण महिलाओं के उत्थान के बिना महिला सशक्तिकरण की बात बेमानी रह जाती है। मैं जानता हूँ कि गाँवों में महिलाओं की ज़िन्दगी सूरज की पहली किरण निकलने से पहले ही शुरू हो जाती है। घर में चौका-चूल्हा, खेत-खलिहान में काम, पानी भरना, जितने भी थकान भरे और मुश्किल काम हैं, वे महिलाएँ ही करती हैं। यह ठीक है कि महिलाओं को अपना कर्त्तव्य तो निभाना चाहिए, लेकिन इनको स्वास्थ्य शिक्षा की दृष्टि से और आर्थिक दृष्टि से स्वयं को इतना मजबूत बनाना चाहिए कि वे परिवार के पालन-पोषण और खुशहाली में और अधिक योगदान दे सकें।

इतिहास इस बात का साक्षी है कि जब-जब महिलाओं को मौका मिला, उन्होंने अपनी बुद्धिमता, बहादुरी और क्षमता को साबित किया है। आजादी के बाद श्रीमती इन्दिरा गाँधी जी लम्बे समय तक देश की प्रधानमन्त्री रहीं। उन्होंने भारत को ऐसा मजबूत आर्थिक और राजनीतिक आधार प्रदान किया, जिससे देश को पूरे विश्व में नया गौरव मिला। आज यू.पी.ए. की अध्यक्ष श्रीमती सोनिया गाँधी जी के कुशल मार्गदर्शन में यू.पी.ए. सरकार महिला सशक्तिकरण की दिशा में विशेष कदम उठा रही है।

हमें अपने प्रदेश की महिलाओं पर बहुत गर्व है। राज्य की महिलाएँ प्रतिभावान, मेहनतकश और बहादुर हैं। हमारे प्रदेश की महिलाओं ने जहाँ उच्च राजनैतिक पदों को सुशोभित किया है, वहीं प्रशासन में भी अपनी कुशलता सिद्ध की है। शिक्षा, खेल और समाज कल्याण में भी हमारे प्रदेश की महिलाओं ने अपनी प्रतिभा की छाप अंकित की है।

हरियाणा की ही संतोष यादव ने विश्व के सबसे ऊँचे पर्वत हिमालय पर तिरंगा फहराया था। हरियाणा की बेटी अन्तरिक्ष वैज्ञानिक डॉ. कल्पना चावला ने मानवता के कल्याण के लिए अन्तरिक्ष का रहस्य जानने के लिए अपनी कुर्बानी तक दे दी।

दोहा में हुए एशियन खेलों में हिसार की कुमारी गीतिका जाखड़ ने वेट लिफ्टिंग तथा कुमारी कृष्णा पुनिया ने एथेलेटिक्स में और फरीदाबाद की कुमारी सविता चौधरी ने राईफल शूटिंग में पदक जीतकर हरियाणा का नाम रौशन किया। पिछले कॉमनवैल्थ खेलों में हमारे देश की महिला हॉकी टीम ने रजत पदक जीत कर राष्ट्र का गौरव बढ़ाया है। उस महिला हॉकी टीम में पाँच खिलाड़ी हरियाणा से थीं।

आज हरियाणा में महिलाओं के सामाजिक और आर्थिक उत्थान के लिए जो कदम उठाये जा रहे हैं, वह हरियाणा के इतिहास में आज तक नहीं उठाये गये होंगे। चाहे राजनैतिक क्षेत्र है, प्रशासनिक क्षेत्र की बात है, सभी में महिलाओं को अधिक से अधिक भागीदारी दी गई है। हमने उन समस्याओं और कठिनाइयों की पहचान की है, जिनको दूर करके बालिका और महिलाओं की सच्चे मायनों में सामाजिक आर्थिक प्रगति सम्भव हो सकती है। इनमें कन्या-भ्रूण हत्या रोकना, कुपोषण की रोकथाम तथा महिला सशक्तिकरण के लिए हमारी प्राथमिकताएँ हैं।

अभी हाल में हमने गाँव स्तर पर महिलाओं को सशक्त बनाने और उनको विकास कार्यों में निर्णय लेने की प्रक्रिया में शामिल करने के लिए अहम कदम उठाये हैं। ग्राम स्तरीय महिला समितियों का गठन किया गया हैं। ये समितियाँ ग्राम पंचायतों की उप-समितियाँ होंगी। अब तक लगभग छः हजार से अधिक ऐसी समितियों का गठन किया जा चुका है। इन समितियों को आंगनवाड़ी वर्करों, हैल्परों के मानदेय के वितरण, इनकी नियुक्ति के लिए सिफारिश और पूरक पोषाहार की जिम्मेदारी भी सौंपी गई है।

गाँव में महिलाओं को सशक्त बनाने और उनके लिए रोज़गार के अवसर पैदा करने के लिए एक

मुख्य पहल के रूप में हरियाणा सरकार द्वारा आई.सी.डी.एस के तहत खाने के लिए तैयार पोषाहार की केन्द्रीय खरीद प्रणाली को बंद करके, महिलाओं के 'स्वयं सहायता समूहों' और 'माताओं के समूहों' को पोषाहार तैयार करने की (पहली जनवरी, 2007 से) जिम्मेवारी सौंपी गई है। इस योजना से लगभग 75 हजार महिलाओं के लिए रोज़गार के अवसर पैदा हुए हैं।

गाँवों में शिक्षित महिलाओं के 'साक्षर महिला समूह' बनाये गये हैं। ये समूह ग्रामीण क्षेत्रों में घटते लिंगानुपात, साक्षरता, स्वास्थ्य और पोषाहार और महिला सशक्तिकरण आदि विषयों पर जन चेतना जागृत करेंगी। यूनिसैफ ने भी साक्षर महिला समूह बनाने के कदम की सराहना की है और इन समूहों को मजबूत तथा कारगर बनाने के लिए अपनी गहरी रुचि दिखाई है तथा दो दिन पहले ही 'समझौता ज्ञापन' पर हस्ताक्षर हुए हैं। राष्ट्रीय महिला कोष ने राज्य में लघु ऋणों को बढ़ावा देने हेतु साक्षर महिला समूहों के सदस्यों को प्रशिक्षण देने और साक्षर महिला समूहों को एक योग्य गैर सरकारी संगठन के रूप में मान्यता देने पर अपनी सहमति प्रकट की है। इसी प्रकार, 'नाबार्ड' ने भी लघु ऋण के लिए इन समूहों की सहायता लेने में रुचि दिखाई है।

इस अवसर पर मैं, ग्रामीण महिला समितियों और साक्षर महिला समूहों की सदस्याओं से अपील करूँगा कि वे अपने कार्य को समझें और अधिक से अधिक महिलाओं को लाभान्वित करवाने में अपनी रचनात्मक भूमिका निभाएँ।

हमने वर्ष 2006 को **'बालिका वर्ष'** के रूप में मनाया है। इस वर्ष के दौरान बालिकाओं और महिलाओं के कल्याण-उत्थान की कई अनूठी स्कीमें शुरू की हैं ताकि समाज में लड़का-लड़की के बीच भेदभाव की रूढ़िवादी मानसिकता को बदला जा सके। पिछले एक वर्ष में इस स्थिति में कुछ सुधार हुआ है। गिरते लिंग-अनुपात को रोकने के लिए हरियाणा में जहाँ पी.एन.डी.टी. कानून का कठोरता से पालन किया जा रहा है, वहीं कई प्रोत्साहक स्कीमें भी शुरू की गई हैं। 'लाडली' नामक स्कीम बड़ी लोकप्रिय हो रही है। इस स्कीम के तहत परिवार में दूसरी लड़की के जन्म पर पाँच वर्ष की अवधि तक प्रतिवर्ष पाँच हजार रुपये दिये जाते हैं। कुल 23 हजार 671 बालिकाओं को इस योजना के तहत लाभ प्रदान किया गया है।

जिन माता-पिता की केवल लड़कियाँ हैं, उनके लिए 'लाडली सामाजिक सुरक्षा पेंशन' नामक एक नयी योजना शुरू की गई है। ऐसे माता-पिता को 60 वर्ष की बजाय 55 वर्ष की आयु से ही 300 रुपये प्रतिमाह पेंशन देने का निर्णय लिया हुआ है। राज्य में घटते लिंगानुपात में सुधार लाने के लिए प्रथम, द्वितीय और तृतीय स्थान पर आने वाले जिलों को अवार्ड दिया जायेगा।

लड़कियों में उच्च शिक्षा को बढ़ावा देने के लिए खानपुर कलां में भगत फूल सिंह के नाम से एक अलग महिला विश्वविद्यालय स्थापित किया गया है। सभी राजकीय कन्या वरिष्ठ माध्यमिक स्कूलों को 'एजुसैट' से जोड़ा जा रहा है। सभी प्राईमरी कन्या विद्यालयों में बिजली का प्रबन्ध किया जा रहा है। गाँवों में लड़कियों को शिक्षा के प्रति प्रोत्साहित करने के लिए 'ग्रामीण किशोर बालिकाओं को पुरस्कार' नामक नयी योजना शुरू की गई है। शत-प्रतिशत लड़कियों को स्कूलों में प्रवेश दिलवाने पर पंचायतों को पुरस्कृत किया जायेगा।

सभी आई.टी.आई. तथा तकनीकी शिक्षण संस्थाओं में प्रवेश के लिये लड़कियों के लिए 25 प्रतिशत आरक्षण किया गया है। औद्योगिक प्रशिक्षण संस्थानों, बहुतकनीकी संस्थानों, इंजीनियरिंग कॉलेजों में छात्राओं को मुफ़्त टूलकिट और पुस्तकें प्रदान की जायेंगी तथा छात्राओं को मैरिट के आधार पर सम्मानित भी किया जायेगा। हरियाणा रोडवेज द्वारा छात्राओं से केवल पाँच एकतरफा टिकटों के बराबर किराया

लेकर मासिक पास बनाया जाता है।

'इन्दिरा गाँधी प्रियदर्शनी विवाह शगुन योजना' के तहत गरीबी रेखा से नीचे जीवनयापन करने वाली सभी वर्गों की विधवाओं और अनुसूचित जातियों के परिवारों की लड़कियों के विवाह पर 15 हजार रुपये का शगुन दिया जाता है।

लड़कियों के भलीभांति पालन-पोषण के प्रति माताओं को प्रोत्साहित करने के लिए 'सर्वोत्तम माता पुरस्कार' की योजना शुरू की गई है। गाँवों में महिलाओं को सुरक्षित प्रसव सुविधाएँ उपलब्ध करवाने के लिए प्रसूति गृह स्थापित किये जा रहे हैं। महिलाओं को प्रसूति के समय अस्पताल ले जाने के लिए प्रत्येक ग्राम पंचायत द्वारा वाहन उपलब्ध करवाया जायेगा। शहरी स्लम क्षेत्रों में रहने वाली महिलाओं के लिए 'जननी सुविधा योजना' शुरू की गई है।

अध्यापकों की भर्ती तथा हरियाणा आवास बोर्ड द्वारा बनाये गये मकानों में महिलाओं के लिए 33 प्रतिशत का आरक्षण दिया गया है। बिजली का घरेलू कनैक्शन महिला के नाम होने पर बिल में 10 पैसे प्रति यूनिट की छूट और उसके नाम सम्पत्ति के हस्तान्तरण पर स्टॉम्प शुल्क में भी दो प्रतिशत की छूट दी गई है।

रक्षा बंधन के दिन महिलाएँ हरियाणा राज्य परिवहन की बसों में मुफ़्त यात्रा करेंगी। दहेज की बुराई को समाप्त करने के लिए 'दहेज प्रतिषेध अधिनियम' कठोरता से लागू किया जा रहा है। हर सरकारी कर्मचारी को नियुक्ति के समय यह शपथ-पत्र देना होता है कि वे न दहेज लेगा और न देगा और न ही इसके लिए किसी अन्य को प्रेरित करेगा। महिलाओं के विरुद्ध घरेलू हिंसा से सम्बन्धित अधिनियम-2005 के प्रावधानों के अनुसार घरेलू हिंसा को रोकने के भरसक प्रयास किये जा रहे हैं।

पारिवारिक झगड़ों के शीघ्र निपटान के लिए फरीदाबाद, गुड़गाँव, हिसार और भिवानी में चरणबद्ध तरीके से पारिवारिक न्यायालय स्थापित करने की स्वीकृति प्रदान की है।

हरियाणा महिला विकास निगम की अधिकृत हिस्सा पूँजी 10 करोड़ रुपये से बढ़ाकर 15 करोड़ रुपये कर दी है। हर वर्ष 10 हजार महिलाओं को स्वः रोज़गार के लिए ऋण तथा अन्य सुविधा उपलब्ध करवाने का लक्ष्य रखा गया है। महिला विकास निगम से स्वःरोज़गार के लिए जो महिला कर्ज़ लेगी, उसे ब्याज पर एक प्रतिशत की छूट दी जायेगी। प्रत्येक महिला मण्डल को 5000 रुपये की वित्तीय सहायता दी जायेगी ताकि वे दूसरे जिलों में जाकर विकास गतिविधियों की जानकारी प्राप्त कर सकें।

सामाजिक बुराइयों को समाप्त करने के लिए केवल कानून और सुविधाएँ हीं पर्याप्त नहीं होती, बल्कि इसके लिए ऐसे जन-आन्दोलन चलाने की जरूरत है, जो समाज की सोच में सकारात्मक परिवर्तन ला सकें। राज्य सरकार ने बालिकाओं और महिलाओं के कल्याण-उत्थान के बहुत से कार्यक्रम चलाए हैं और जहाँ किसी भी क्षेत्र में कमी पाई जायेगी, उसे पूरा करने के लिए कदम उठाये जायेंगे। हमारा प्रयास है कि हर बहन-बेटी राज्य सरकार के महिला सशक्तिकरण के कार्यक्रमों का पूरा-पूरा लाभ उठाये।

वीरवार, 8 मार्च 2007, पंचकूला

बेसहारों का आसरा

सेंट जोसफ सेवा समिति के वार्षिक समारोह में

सेंट जोसफ सेवा समिति पिछले 13-14 वर्षों से जिला फरीदाबाद के ग्रामीण क्षेत्रों और दिल्ली के आस-पास के क्षेत्रों में समाज सेवा के विभिन्न कार्यों में समर्पित है। इस संस्था द्वारा महिलाओं के

सशक्तिकरण, विकलांगों को प्रशिक्षण देकर अपने पैरों पर खड़ा करने तथा गरीब और बेसहारा लोगों के उत्थान के लिए सराहनीय प्रयास किये जा रहे हैं।

राष्ट्र के विकास और जन-जन के कल्याण के लिए सरकार के प्रयासों के साथ-साथ स्वैच्छिक संस्थाओं की सेवाओं का भी बड़ा महत्व है। मेरा मानना है कि स्वैच्छिक संस्थाओं या सरकार द्वारा किये गये विकास कार्यों का अन्तिम लक्ष्य मानव जीवन को उन्नत करना है। मुझे खुशी है कि सेंट जोसफ सेवा समिति जैसी कुछ अच्छी स्वैच्छिक संस्थाएँ हरियाणा में हैं, जो सराहनीय काम कर रही हैं। आज स्वैच्छिक संस्थाएँ समाज सेवा के विभिन्न क्षेत्रों में जो रचनात्मक भूमिका निभा रही हैं, उससे समाज में आपसी सद्भाव, सहयोग और सहायता की भावना को बल मिलता है।

समाज कल्याण हमारी सरकार की सर्वोच्च प्राथमिकता है। सामाजिक न्याय और सशक्तिकरण विभाग के बजट में भारी वृद्धि की गई है ताकि समाज कल्याण के मामले में धन की कमी आड़े न आये।

महिला सशक्तिकरण, विकलांगों के उत्थान, अनुसूचित जातियों, पिछड़े एवं कमजोर वर्गों के कल्याण-उत्थान के जितने निर्णय वर्तमान सरकार ने लिए हैं, उतने पहले कभी नहीं लिए गये।

लड़का-लड़की के बीच कम होते अनुपात की समस्या का समाधान करने के लिए शुरू की गई 'लाडली' और 'लाडली सामाजिक सुरक्षा पेंशन स्कीम' जैसी अनूठी स्कीमें बड़ी लोकप्रिय हो रही हैं। लाडली स्कीम का 23 हजार से ज्यादा परिवार लाभ उठा रहे हैं।

लड़कियों के अच्छे पालन-पोषण को प्रोत्साहित करने हेतु सर्वोत्तम माता पुरस्कार योजना शुरू की गई है। ग्रामीण क्षेत्रों में लड़कियों को शिक्षा के लिए प्रोत्साहित करने हेतु ग्रामीण किशोरी बालिकाओं को पुरस्कार देने की योजना शुरू की गई है। महिलाओं और बच्चों के पूरक पोषाहार की दरों में वृद्धि की गई है। कुपोषित बच्चों की संख्या घटाने के लिए जिला स्तर पर न्यूट्रीशन अवार्ड दिया जायेगा।

आई.सी.डी.एस के तहत खाने के लिए तैयार पोषाहार की केन्द्रीय खरीद प्रणाली को बंद करके, महिलाओं के 'स्वयं सहायता समूहों' और 'माताओं के समूहों' को पोषाहार तैयार करने की पहली जनवरी, 2007 से जिम्मेवारी सौंपी गई है। इस योजना से लगभग 75 हजार महिलाओं के लिए रोज़गार के अवसर पैदा हुए हैं।

महिलाओं को स्वावलम्बी बनाने के लिए 1675 स्वयं सहायता समूहों का गठन किया जा चुका है। गाँवों में शिक्षित महिलाओं के 'साक्षर महिला समूह' बनाये गये हैं। ये समूह ग्रामीण क्षेत्रों में घटते लिंगानुपात, साक्षरता, स्वास्थ्य और पोषाहार और महिला सशक्तिकरण आदि विषयों पर जन चेतना जागृत करेंगी।

विकलांगों को दी जाने वाली मासिक पैंशन दो गुणा की है। नेत्रहीनों तथा शत-प्रतिशत विकलांग बेरोज़गारों के भत्ते में तीन गुणा वृद्धि की गई है। प्रदेश में विधवाओं की पेंशन 300 रुपये से बढ़ाकर 350 रुपये प्रतिमाह कर दी गई है।

आर्थिक रूप से कमजोर वर्गों के लिए प्लॉटों का आरक्षित कोटा 20 प्रतिशत से बढ़ाकर 35 प्रतिशत कर दिया है। अनुसूचित जातियों, विमुक्त और टपरीवास जातियों के लोगों को मकान बनाने के लिए दिया जाने वाला अनुदान 10 हजार रुपये से बढ़ाकर 50 हजार रुपये कर दिया है।

आठ लाख से अधिक अनुसूचित जाति के परिवारों को 3500 रुपये प्रति परिवार की लागत से मुफ़्त टूँटी और टंकी की व्यवस्था और घर पर नल कनैक्शन दिया जा रहा है।

अनुसूचित जातियों के छात्रों को छठी से बारहवीं तक दी जाने वाली छात्रवृत्ति में अढ़ाई गुणा की वृद्धि की गई तथा पुस्तकें और लेखन सामग्री खरीदने हेतु दिये जाने वाले अनुदान में भी बढ़ोतरी की गई। अनुसूचित जातियों तथा पिछड़े वर्गों की चौपालों की मरम्मत हेतु एक नयी स्कीम आरम्भ की गई

है, जिसके तहत 50,000 रुपये प्रति चौपाल देने का निर्णय लिया गया है।

मेरा कहने की भाव यह है कि राज्य सरकार अपने स्तर पर समाज कल्याण की दिशा में बहुत कुछ कर रही है। लोगों को भी चाहिए कि राज्य सरकार की इन जन कल्याण नीतियों से जन-जन को परिचित करवायें।

शनिवार, 24 मार्च 2007, चांदपुर (फरीदाबाद)

आदर्शों की परम्परा

भगत फूल सिंह महिला विश्वविद्यालय में विभिन्न परियोजनाओं के शिलान्यास समारोह के अवसर पर

यह विश्वविद्यालय उस महान विभूति भगत फूल सिंह जी के नाम को समर्पित है, जिन्होंने इस क्षेत्र में शिक्षा के प्रचार-प्रसार के लिए महान कार्य किये। कर्मठ समाजसेवी भगत फूल सिंह जी का स्वामी दयानन्द जी के प्रेरणादायक आदर्शों और सिद्धान्तों में गहरा विश्वास था। स्वामी दयानन्द सरस्वती जी नारी शिक्षा पर विशेष रूप से बल देते थे।

भगत फूल सिंह जी ने स्वामी जी के सपनों को पूरा करने के लिए वर्ष 1936 में खानपुर कलां में लड़कियों की पढ़ाई के लिए एक गुरुकुल की स्थापना की। उनका यह एक क्रान्तिकारी कदम था क्योंकि उस समय लड़कियो की पढ़ाई की ओर कोई ध्यान नहीं दिया जाता था।

शुरू में इस गुरुकुल में तीन छात्राएँ ही शिक्षा ग्रहण करने के लिए आई थीं। लेकिन उनके प्रयासों से इस क्षेत्र में लड़कियों की शिक्षा को बढ़ावा मिला। भगत फूल सिंह के स्वर्गवास होने के बाद उनकी बेटी पद्मश्री सुभाषिनी देवी जी ने उनके कार्य को आगे बढ़ाया। यह गुरुकुल रूपी पौधा आज एक वट वृक्ष बन गया है और इसने एक महिला विश्वविद्यालय का आकार ले लिया है।

भगत फूल सिंह जैसे सन्तों के प्रयासों का फल है कि आज महिलाएँ उच्च शिक्षा हासिल करके नौकरशाही से लेकर वकालत, व्यापार से लेकर विज्ञान, समाज सुधार से लेकर सियासत और मीडिया से लेकर न्यायपालिका जैसे हर क्षेत्र में अपनी पहचान और साख कायम कर रही हैं।

यह विश्वविद्यालय विकास के हर क्षेत्र में महिलाओं की अधिक से अधिक भागीदारी बढ़ाने का प्रतीक है। इस विश्वविद्यालय की स्थापना का उद्देश्य सूचना प्रौद्योगिकी, कम्प्यूटर शिक्षा, चिकित्सा विज्ञान, इंजीनियरिंग तथा प्रौद्योगिकी, वास्तुशिल्प तथा डिज़ाइन, बॉयोटेक्नोलॉजी, जीव-विज्ञान, प्रबन्धन, पर्यटन तथा आतिथ्य, नागरिक उड्डयन, पत्रकारिता, चिकित्सा तथा चिकित्सेतर, विज्ञान जैसे आधुनिक विषयों में महिलाओं को कुशल बनाना है। मैं आपको विश्वास दिलाता हूँ कि यह विश्वविद्यालय देश के अनूठे विश्वविद्यालयों में से एक होगा।

इस विश्वविद्यालय में इस तरह की शिक्षा प्रदान की जायेगी, जिससे महिलाएँ आत्मनिर्भर हों, उनमें एक स्वाभिमान जागे और वे अपने अधिकारों और उत्तरदायित्व के प्रति जागरूक हों। हम चाहते हैं कि इस विश्वविद्यालय से पढ़ाई करने वाली लड़कियाँ कल्पना चावला और सुनीता विलियम्स की तरह अन्तरिक्ष को छुएँ और देश का नाम रौशन करें।

यह देश का पहला विश्वविद्यालय है, जिसमें प्रयोगशाला आधारित भाषा प्रशिक्षण का एक विभाग स्थापित किया गया है। इसमें अंग्रेजी बोलने की मुफ़्त ट्रेनिंग दी जायेगी। लड़कियों को बोली गयी अंग्रेजी में अन्तर्राष्ट्रीय स्तर का प्रमाण-पत्र प्रदान करने के लिए केम्ब्रिज विश्वविद्यालय के साथ एक समझौता किया जा रहा है। हमारे लिए गर्व की बात है कि देश में यह केम्ब्रिज विश्वविद्यालय का पहला उपकेन्द्र होगा।

भूमण्डलीकरण के इस दौर में रोज़गार के नये-नये अवसर पैदा हो रहे हैं। इसलिए हमारा प्रयास है कि हमारी लड़कियाँ भी इन अवसरों का लाभ उठायें। हमारे प्रदेश की लड़कियों में असीम प्रतिभा और क्षमता है लेकिन सम्प्रेषण कौशल में, विशेषकर, बोली गयी अंग्रेजी में कुछ कमजोर होना उनके कैरियर में अड़चन बनता है। इस विश्वविद्यालय में बोली गयी अंग्रेजी का प्रशिक्षण मिलने से उनकी यह कमी भी दूर हो जायेगी।

तेजी से बदल रही आज की इस दुनिया में उन बच्चों के लिए अनेक अवसर हैं, जो परिवर्तन की चुनौतियों का सामना करने के योग्य हैं। असल में, वही बच्चे सफल होंगे, जो भावी परिवर्तन को महसूस करने और उसका मुकाबला करने के काबिल होंगे। शिक्षण संस्थाओं और विश्वविद्यालयों का यह कर्त्तव्य बन जाता है कि वे नौजवानों को समय की जरूरतों के मुताबिक शिक्षा देने का काम करें।

स्वामी दयानन्द सरस्वती और महान समाज सुधारक भगत फूल सिंह जी के आदर्शों पर चलते हुए आपकी सरकार राज्य में महिला सशक्तिकरण और उनकी शिक्षा की ओर विशेष ध्यान दे रही है। एक लड़की को पढ़ाना दो परिवारों का भला करना होता है। परिवार के उत्थान के साथ-साथ समूचे समाज और राष्ट्र का भी उत्थान होता है।

वीरवार, 2 अगस्त 2007, खानपुर कलां (सोनीपत)

ट्रिब्यून : गौरवशाली इतिहास

'दी ट्रिब्यून' समाचार-पत्र के हरियाणा संस्करण के शुभारम्भ अवसर पर

उत्तरी भारत के लोगों का 'दी ट्रिब्यून' से एक भावनात्मक लगाव है। इस समाचार-पत्र का लगभग 127 वर्षों का एक गौरवशाली इतिहास है। सन् 1881 में महान विभूति सरदार दयाल सिंह मजीठिया जी ने एक ट्रस्ट बनाकर लाहौर से 'दी ट्रिब्यून' का प्रकाशन प्रारम्भ किया था। उस समय देश दासता के दौर से गुजर रहा था। समाचार-पत्र निकालना और उसके माध्यम से जनता की आवाज को उठाना एक साहसिक कार्य था। इस महान कार्य को सरदार दयाल सिंह मजीठिया जी ने साकार रूप दिया। इस अवसर पर मैं उस महान विभूति को नमन करता हूँ।

यह गर्व की बात है कि पिछले 127 वर्षों में इस समाचार-पत्र ने मंजिल-दर-मंजिल जो सफर तय किया है, वह चाहे कितना भी कांटों भरा रहा हो, लेकिन इस पूरे सफर में इस समाचार-पत्र ने अपनी छवि, गरिमा और ऊँचे मानदण्डों को बनाये रखा।

'दी ट्रिब्यून' समाचार-पत्र एक साप्ताहिक पत्र के रूप में शुरू हुआ था। इसने अपने उद्देश्यों और लक्ष्यों को प्राप्त करने के लिए कोई कसर बाकी नहीं छोड़ी। यही वजह है कि उस दौर में यह समाचार-पत्र जनता की आवाज बनता चला गया। अपने प्रकाशन के प्रथम वर्ष में ही इसने लॉर्ड लिटन की घातक शिक्षा नीति की आलोचना की थी। राजकीय महाविद्यालय, लाहौर के तत्कालीन प्रधानाचार्य डॉ. जी.डब्ल्यू. लीनर, जो कई कारणों से भारतीयों को उदार पश्चिमी शिक्षा का लाभ नहीं लेने देना चाहते थे, का भी पर्दाफाश किया।

यह एक संयोग की बात थी कि 'दी ट्रिब्यून' भी उसी वर्ष शुरू हुआ, जिस वर्ष बाल गंगाधर तिलक ने 'केसरी' और 'मराठा' का प्रकाशन शुरू किया था। इन सभी पत्रों का एक ही लक्ष्य था। हालाँकि इनके बीच दूरी बहुत थी। इस प्रकार लाहौर और पूना ने सामाजिक, आर्थिक तथा राजनैतिक न्याय के लिए

एक साथ आवाज उठाई। 'केसरी' ने जहाँ आजादी के आन्दोलनों के दौरान जनता की आवाज बुलन्द की थी, वहीं 'दी ट्रिब्यून' ने तर्क-वितर्क से जनचेतना जागृत की।

यह समाचार-पत्र अन्याय के प्रति सदैव ही संवेदनशील रहा है। एक सजग प्रहरी की भूमिका निभाने के साथ-साथ बौद्धिक गतिविधियों की दिशा में इसकी सराहनीय भूमिका रही है। आज 'दी ट्रिब्यून' बहुभाषी तथा बहुसंस्करण वाला समाचार-पत्र है। राष्ट्रीय और अन्तर्राष्ट्रीय स्तर पर इसकी बड़ी गरिमा है। मुझे विश्वास है कि यह निरन्तर प्रगति पथ पर अग्रसर रहेगा।

आज हालात बड़ी तेजी से बदल रहे हैं। आज के समय में उच्च तकनीक ने मीडिया का स्वरूप ही बदल दिया है, आज कई परम्पराओं पर प्रश्नचिह्न लग रहे हैं और अब दिन-प्रतिदिन मीडिया के उद्देश्यों और लक्ष्यों में भी परिवर्तन हो रहा है। मेरा मानना है कि यह समय आत्म-निरीक्षण करने का है और अपनी आचार संहिता स्वयं बनाने का है।

आज भूमण्डलीकरण और उदारीकरण का दौर है। मीडिया आम जनता से जुड़ तो रहा है लेकिन साथ ही यह प्रवृत्ति भी देखने में आई है कि कुछ पहलुओं को इतना ज्यादा महत्व दिया जा रहा है, जितना नहीं दिया जाना चाहिए हर बात को आर्थिक पहलू के तराजू पर ही नहीं तोला जाना चाहिए

हरियाणा सरकार विकास और कल्याणकारी कार्यक्रमों की हर जानकारी मीडिया को देने का प्रयास करती है। राज्य सरकार पत्रकारों को अधिक से अधिक सुविधाएँ देने की पक्षधर है। हरियाणा देश का पहला राज्य है, जिसने मीडिया पॉलिसी लागू की है तथा पत्रकारों को अनेक प्रकार की सुविधाएँ दी हैं अच्छे पत्रकारों को प्रोत्साहन देने के लिए कई राज्य एवं स्मृति पुरस्कार शुरू किये हैं।

राज्य सरकार ने पत्रकारों को प्रोत्साहन देने के लिए श्री सतपाल सैनी स्मृति श्रेष्ठ पत्रकारिता पुरस्कार और श्री राजेन्द्र हुड्डा स्मृति नवोदित श्रेष्ठ पत्रकारिता पुरस्कार की स्थापना की है। वर्ष 2005-06 के पुरस्कार विजेताओं की घोषणा पहले ही की जा चुकी है। प्रत्येक पुरस्कार के अन्तर्गत एक लाख रुपये की राशि, एक शाल और एक प्रशस्ति पत्र दिया जाता है। प्रदेश में पत्रकार कल्याण कोष की स्थापना की जा रही है, जिसके लिए 50 लाख रुपये का अंशदान राज्य सरकार का होगा। बीमा राशि को एक लाख रुपये से बढ़ाकर अढ़ाई लाख रुपये की गई है। मीडिया के बदलते हुए परिदृश्य को ध्यान में रखते हुए अनुबन्ध आधार पर काम कर रहे पत्रकारों को भी मान्यता दी जा रही है। इसके अतिरिक्त, हरियाणा से प्रकाशित हो रहे सांध्यकालीन और साप्ताहिक समाचार-पत्रों के प्रतिनिधियों को भी पहली बार मान्यता दी जा रही है। नये नियमों के अनुसार राज्य मुख्यालय पर एक समाचार-पत्र के तीन पत्रकार और दो छायाकारों को मान्यता दी जाती है। इसी प्रकार, जिला मुख्यालय पर दो पत्रकारों और एक छायाकार को मान्यता प्रदान की जाती है, जबकि पहले एक पत्रकार को जिला स्तर पर मान्यता प्रदान की जाती थी। दिल्ली के मामले में अब एक समाचार-पत्र या एजेंसी के दो प्रतिनिधियों को मान्यता दी जायेगी, जिनमें से एक छायाकार भी हो सकता है। राष्ट्रीय राजधानी में इस प्रकार मान्यता प्रदान करने की पहले कोई सुविधा नहीं थी। इलैक्ट्रॉनिक मीडिया के प्रतिनिधियों को प्रेस मान्यता दिल्ली के अलावा प्रदान की जाती है। राज्य स्तर पर प्रत्येक चैनल के लिए दो टीमों को मान्यता प्रदान की जाती है, जबकि जिला स्तर और दिल्ली में एक टीम को प्रेस मान्यता दी जाती है। पत्रकारों के लिए हरियाणा राज्य परिवहन की बसों में प्रदान की जा रही मुफ़्त यात्रा सुविधा की सीमा 2500 किलोमीटर से बढ़ाकर 4000 किलोमीटर प्रतिवर्ष कर दी गई है। इसी प्रकार, डैस्क जर्नलिस्ट के लिए भी यह सीमा 1500 किलोमीटर से बढ़ाकर 2500 किलोमीटर प्रतिवर्ष की गई है।

शुक्रवार, 14 सितम्बर 2007, करनाल

निरोग जीवन की ओर

भगवान धन्वन्तरी जयन्ती पर आयोजित समारोह में

आयुर्वेद हमारे देश की बहुमूल्य धरोहर है। आयुर्वेद चिकित्सा पद्धति भारत की विश्व को एक महान देन है। भगवान धन्वन्तरी को आयुर्वेद का 'जनक' माना जाता है। भगवान विष्णु को जहाँ संसार के पालनहार के रूप में पूजा जाता है, वहीं भगवान धन्वन्तरी को 'आरोग्य का देवता' माना जाता है।

भगवान धन्वन्तरी एक शल्य, शास्त्री यानीकि एक सर्जन थे। आयुर्वेद को उन्होंने आठ भागों में विभक्त किया था तथा अपने शिष्यों को इन भागों की शिक्षा दी थी। सुश्रुत, जिन्हें सारा विश्व महान शल्य चिकित्सक के रूप में जानता है, वे भी भगवान धन्वन्तरी के प्रिय शिष्य थे।

भगवान धन्वन्तरी की जयन्ती मनाने से न केवल हम उस महान चिकित्सक को श्रद्धा सुमन अर्पित करते हैं, अपितु यह अवसर शरीर को निरोगी रखने के लिए आयुर्वेद के नियमों की पालना करने की प्रेरणा भी देता है।

इस संसार में जितने भी प्राणी हैं, उनमें वात, पित्त और कफ नामक तीन दोष हैं, जिन पर जीवन टिका हुआ है। इन तीन दोषों में असन्तुलन होने से ही हमारा शरीर रोगग्रस्त हो जाता है। आयुर्वेद चिकित्सा पद्धति इन तीनों दोषों को सन्तुलित रखने में बड़ी कारगर है।

आयुर्वेद-आयु का वेद या पाँचवे वेद के नाम से जाना जाता है। यह भारत की परम्परागत प्राचीन चिकित्सा पद्धति है। आयुर्वेद चिकित्सा पद्धति प्रकृति के नजदीक है, सस्ती और सुलभ है तथा इसका शरीर पर बुरा प्रभाव भी नहीं पड़ता है। इसमें साधारण जड़ी-बूटियों से बनने वाली औषधियों से रोगों का इलाज किया जाता है। यह पद्धति रोगों का इलाज करने का साधन ही नहीं है, बल्कि इसमें आहार-विहार और चिन्तन-मनन के सुधार पर भी बल दिया जाता है।

आज रोगों का पता लगाने के लिए अति आधुनिक मशीनों का प्रयोग किया जाता है, लेकिन यह काम आयुर्वेद के ज्ञाता हमारे प्राचीन वैद्य केवल नाड़ी देखकर ही कर लेते थे। आज आयुर्वेद की शिक्षा प्राप्त करने वाले विद्यार्थियों को नाड़ी ज्ञान की शिक्षा देने पर विशेष बल देने की आवश्यकता है।

प्राचीन काल से चली आ रही यह चिकित्सा पद्धति आज भी रोगों का इलाज करने में पूरी तरह से कारगर है। लेकिन हम अपने देश में ऋषियों-मुनियों की धरोहर का पूरी तरह फायदा नहीं उठा रहे हैं, जबकि आज विकसित देशों में भी आयुर्वेद के प्रति लगाव दिन प्रतिदिन बढ़ रहा है। यह हमारे लिये बड़े गर्व की बात है कि हमारे आयुर्वेद के प्राचीन ग्रन्थों में से आधुनिक चिकित्सा के विद्वान भी नयी-नयी विधियाँ खोज रहे हैं।

मैं, चिकित्सा सेवा को मानवता की सेवा का व्यवसाय ही नहीं, बल्कि मिशन मानता हूँ। यह मात्र आजीविका कमाने का साधन नहीं है, बल्कि दुःखी और पीड़ित मानवता की सेवा करने का एक महान कार्य है। इस व्यवसाय में दयालु, विनम्र, और सेवा भाव से काम करने वाले व्यक्तियों की जरूरत है।

आप जानते हैं कि ग्रामीण क्षेत्रों में अभी भी चिकित्सा सुविधाओं की कमी है। यह कितनी दुर्भाग्यपूर्ण बात है कि मेडिकल कॉलेजों से शिक्षा प्राप्त करके आज युवा डॉक्टर ग्रामीण क्षेत्रों में सेवा करने से कतराते हैं और शहरों की ओर भागते हैं। मेरा डॉक्टरों से अनुरोध है कि वे ग्रामीण क्षेत्रों में सेवा करने को प्राथमिकता दें क्योंकि हमारी अधिकांश आबादी गाँवों में रहती है।

आयुर्वेद की शिक्षा प्राप्त जो डॉक्टर अपनी प्राइवेट प्रैक्टिस करते हैं, वे आयुर्वेद की दवाई देने की बजाए एलोपैथिक दवाइयाँ देते हैं। मेरा उनसे अनुरोध है कि वे आयुर्वेद की दवाइयाँ ही दें ताकि इस पद्धति का प्रचार हो सके।

हम प्रदेश में भारतीय चिकित्सा पद्धतियों के समुचित विकास के लिए दृढ़-संकल्प हैं। इसके प्रसार के लिए हमने कई कदम उठाये हैं। इस समय हम राज्य में भारतीय चिकित्सा पद्धति और होम्योपैथी के माध्यम से तीन आयुर्वेदिक अस्पताल, एक यूनानी अस्पताल, 6 आयुर्वेदिक प्राथमिक स्वास्थ्य केन्द्र, 477 आयुर्वेदिक औषधालय, 19 यूनानी औषधालय और 21 हौम्योपैथिक औषधालयों के माध्यम से चिकित्सा सुविधा उपलब्ध करवा रहे हैं। इसके अलावा, राजकीय भारतीय चिकित्सा पद्धति और अनुसंधान संस्थान, पंचकूला में भी चिकित्सा सुविधा प्रदान की जा रही है।

श्रीकृष्ण राजकीय आयुर्वेदिक कॉलेज, कुरुक्षेत्र के माध्यम से हरियाणा प्रदेश में आयुर्वेद की शिक्षा प्रदान की जा रही है। भारत सरकार ने इस कॉलेज को मॉडल इंस्टीच्यूट बनाने के लिए दो करोड़ रुपये का अनुदान दिया है। लड़कों के होस्टल भवन निर्माण और इन्फ्रास्ट्रक्चर के लिए 60 लाख रुपये से भी अधिक की राशि जारी की गई है तथा 20 लाख रुपये इस कॉलेज के शिक्षण अस्पताल सुधार के लिए दिए गये हैं। बी.ए.एम.एस. छात्रों का इंटर्नशिप भत्ता 1200 रुपये प्रतिमास से बढ़ाकर 2000 रुपये प्रतिमास किया गया है। कुरुक्षेत्र में ही 'आयुष' की ड्रग टैस्टिंग लेबोरेट्री तथा फार्मेसी की स्थापना की जायेगी। इसके भवन का निर्माण हो रहा है। प्रदेश में पाँच आयुर्वेदिक कॉलेज, एक होम्योपैथिक कॉलेज भी प्राईवेट क्षेत्र में कार्य कर रहे हैं।

इस वित्त वर्ष में भारतीय चिकित्सा पद्धति के प्रसार पर 34 करोड़ रुपये से भी अधिक की राशि खर्च की जा रही है। वर्ष 2005-06 में 12 नये आयुर्वेदिक औषद्यालय खोले गये तथा इस वर्ष में 15 राजकीय आयुर्वेदिक और होम्योपैथिक औषद्यालय खोलने का प्रस्ताव है। अब तक पाँच राजकीय आयुर्वेदिक औषद्यालय खोले जा चुके हैं। पी.जी.आई, रोहतक में 'आयुष स्पेशलाईजड थैरेपी सेंटर' भी स्थापित किया जायेगा।

हरियाणा हर्बल पार्क विकसित करने में देश में सबसे आगे है। वन विभाग द्वारा प्रदेश के हर जिले में हर्बल पार्क विकसित किये जायेंगे। अब तक 20 हर्बल पार्क विकसित किये जा चुके हैं। इस वित्त वर्ष में आठ और हर्बल पार्क विकसित करने का प्रस्ताव है।

भगवान धन्वन्तरी के समारोह को मनाने का ध्येय एक परिपाटी पर चलने से पूरा नहीं होता, बल्कि आज के दिन आपको पूर्ण उत्साह से अपनी पद्धति के प्रचार-प्रसार में संकल्प लेना चाहिए यही उनके प्रति सच्चे श्रद्धासुमन अर्पित करना है।

बृहस्पतिवार, 8 नवम्बर 2007, कुरुक्षेत्र

सामाजिक न्याय के दावेदार

दलित सम्मान रैली में

हमारे संविधान में समाज के कमजोर वर्गों, पिछड़े लोगों, अनुसूचित जाति के उत्थान के लिए जो व्यवस्था की गई है, वह भी राष्ट्रपिता महात्मा गाँधी जी, पण्डित जवाहर लाल नेहरू जी तथा बाबा साहब डॉ. भीमराव अम्बेदकर जी की ही देन है। भारत के संविधान का मसौदा तैयार करते हुए उन्होंने एक ऐसे भारत की कल्पना की थी, जहाँ सभी लोग खुश होंगे, सभी को इन्साफ मिलेगा, सभी को बराबर के हक मिलेंगे।

आजादी के बाद पण्डित जवाहर लाल नेहरू जी, श्रीमती इन्दिरा गाँधी जी और श्री राजीव गाँधी जी के कुशल नेतृत्व में कांग्रेस ने समाज के दबे, पिछड़े और कमजोर वर्ग के लोगों में नया आत्म विश्वास पैदा करने के लिए नये-नये कदम उठाये। कांग्रेस और दलित एक-दूसरे के पूरक हैं।

मैं यह मानता हूँ कि जब-जब दलित समाज का कांग्रेस को सहयोग और समर्थन नहीं मिला, तब-तब हमें तो नुकसान हुआ ही है। लेकिन जब विपक्षी पार्टियों ने बहला-फुसलाकर आपके वोट के माध्यम से सत्ता हासिल की है, तब आपको भी नुकसान हुआ है। अब भी आप को हरे, नीले और पीले झण्डे उठाये व जात-पात की राजनीति करने वाले नेताओं से सावधान रहना है, उनके दुष्प्रचार से बचना है। मैं आपको बताना चाहता हूँ कि आपका भला कांग्रेस ही करती आई और कांग्रेस ही करती रहेगी। कांग्रेस आम आदमी की पार्टी है और आम आदमी के साथ है।

आज हरियाणा में अमन-चैन का माहौल है। समाज के हर वर्ग के लोगों को विकास के लाभ मिल रहे हैं, चाहे वे अनुसूचित जाति के भाई हैं, चाहे पिछड़े वर्ग के भाई हैं या आर्थिक रूप से कमजोर वर्गों के लोग हैं, सभी को विकास और न्याय के समान अवसर मिल रहे हैं।

हमारा मानना है कि समाज के कमजोर वर्ग की रोटी, कपड़ा और मकान जैसी बुनियादी जरूरतें पूरी होने के साथ-साथ उसका सामाजिक, आर्थिक और शैक्षणिक रूप से उत्थान हो। इसके लिए आपकी सरकार ने ऐतिहासिक निर्णय लिये हैं और अनूठी स्कीमें शुरू की हैं।

कोई भी दलित भाई बिना छत के न रहे। इसके लिए हमने अक्तूबर में झाड़ली में आयोजित बिजली रैली में श्रीमती सोनिया गाँधी जी की उपस्थिति में अनुसूचित जातियों और गरीबी रेखा से नीचे रहने वाले लोगों को 100-100 वर्ग गज के प्लाट देने की घोषणा की थी। आपकी सरकार ने इस घोषणा पर अमल करने के लिए कार्यवाही शुरू कर दी है।

बी.पी.एल. परिवारों का सर्वे करने के लिए निर्देश दे दिये गये हैं। प्लाट देने में पारदर्शिता लाने के लिए पात्र परिवारों की पहचान के लिए ग्राम स्तर पर समितियाँ गठित की जा रही हैं। इन समितियों में गाँव के सरपंच, पटवारी, ग्राम सचिव, गाँवों के विद्यालय के मुखिया तथा अनुसूचित जाति और पिछड़े वर्ग के नम्बरदारों को शामिल किया जायेगा।

जहाँ शामलातदेह जमीन उपलब्ध है, वहाँ शामलातदेह जमीन में से प्लाट दिये जायेंगे और जहाँ शामलातदेह भूमि नहीं हैं, उसमें भूमि के बदले भूमि लेकर प्लाट दिये जायेंगे, जहाँ आवश्यक होगा, वहाँ भूमि का अधिग्रहण भी किया जायेगा।

अनुसूचित जातियों और विमुक्त जातियों के व्यक्तियों को मकान बनाने हेतु दी जाने वाली अनुदान राशि भी हमने 10,000 रुपये से बढ़ाकर 50,000 रुपये की है तथा मकान मरम्मत के लिए भी 10,000 रुपये का अनुदान देना शुरू किया है।

अनुसूचित जातियों और पिछड़े वर्गों के कल्याण-उत्थान के कार्यों में धन की कमी आड़े न आये, इसके लिए हमने वर्ष 2007-08 के बजट में 100 करोड़ रुपये की व्यवस्था की है, जबकि वर्ष 2004-05 में 16.75 करोड़ रुपये की व्यवस्था की गई थी।

गरीबी के कारण दलित का कोई भी बच्चा शिक्षा से वंचित न रहे। इसके लिए आपकी सरकार ने नये-नये वजीफे शुरू किये हैं। पहले से चल रही वज़ीफ़ों की राशि में अढ़ाई गुणा तक की बढ़ोतरी की है और मेधावी बच्चों के लिए डॉ. भीमराव अम्बेदकर मेधावी छात्रवृत्ति योजना शुरू की है। इस स्कीम के तहत 1,000 रुपये मासिक छात्रवृत्ति दी जाती है।

छठी से आठवीं कक्षाओं में जो छात्रवृति 30 रुपये प्रतिमास थी, उसे हमने बढ़ाकर 75 रुपये प्रतिमास किया है। इसी तरह से नौंवी से बारहवीं कक्षाओं के विद्यार्थियों को मिलने वाली 40 रुपये प्रतिमास की छात्रवृति को बढ़ाकर 100 रुपये प्रतिमास किया है। प्रतियोगी परीक्षाओं की तैयारी के लिए दी जा रही आर्थिक सहायता राशि 3000 हजार रुपये से बढ़ाकर 8000 हजार रुपये तथा 4000 हजार रुपये से बढ़ाकर 10 हजार रुपये की है।

आज प्रौद्योगिकी का युग है। इसलिए हमारा प्रयास है कि दलितों के बच्चे भी तकनीकी शिक्षा प्राप्त करके ज़माने की रफ्तार के साथ आगे बढ़ सकें। हमने निर्णय लिया है कि सरकारी बहुतकनीकी संस्थानों और इंजीनियरिंग कॉलेजों तथा सैल्फ फाईनेंस तकनीकी संस्थानों में अनुसूचित जातियों के बच्चों की ट्यूशन फीस का खर्च सरकार वहन करेगी। इसके लिए चालू वित्त वर्ष में 14 करोड़ 50 लाख रुपये का प्रावधान किया गया है।

गरीब आदमी को अपनी लड़की के हाथ पीले करने की चिंता न सताये। उसकी इस चिंता को दूर करने के लिए 'इन्दिरा गाँधी प्रियदर्शनी विवाह शगुन योजना' शुरू की गई। इस स्कीम के तहत गरीबी रेखा से नीचे जीवनयापन करने वाले अनुसूचित जाति के परिवारों और सभी वर्गों की विधवाओं को उनकी लड़की की शादी के समय 15,000 रुपये तथा समाज के शेष वर्गों के परिवारों को 5100 रुपये शगुन के रूप में सरकार की ओर से दिये जाते हैं। इस योजना का अब तक लगभग 42 हजार परिवार लाभ उठा चुके हैं।

दलित मां-बहनों को पीने का पानी लाने के लिए मटका सिर पर न उठाना पड़े। इसके लिए 'इन्दिरा गाँधी पेयजल योजना' शुरू की गई है। इस स्कीम के तहत आठ लाख अनुसूचित जातियों के परिवारों को निजी कनैक्शन मुफ़्त दिये जा रहे हैं। इस स्कीम के तहत 200 लिटर की एक टंकी भी मुफ़्त दी जा रही है।

प्रदेश सरकार दलित भाइयों को रोज़गार के अधिक से अधिक अवसर उपलब्ध करवाने के लिए वचनबद्ध है। जहाँ सरकारी सेवाओं में उनका बैकलॉग पूरा किया जा रहा है, वहीं अनुसूचित जाति के कर्मचारियों को पदोन्नति में आरक्षण का लाभ प्रदान करने हेतु 85वाँ संविधान संशोधन हरियाणा राज्य में लागू किया गया।

राष्ट्रीय ग्रामीण रोज़गार गारण्टी योजना और दूसरी योजनाओं के तहत रोज़गार के अवसर भी उपलब्ध करवाये जा रहे हैं। राष्ट्रीय ग्रामीण रोज़गार गारण्टी योजना के तहत अनुसूचित जातियों के 80 हजार 291 परिवारों को जॉब कार्ड जारी किये गये हैं। अनुसूचित जाति के लोगों को रोज़गार के अधिक अवसर प्रदान करने के लिए 6,764 गाँवों में 11 हजार सफाई कर्मचारियों की नियुक्ति की जा रही है। अनुसूचित जाति वित्त और विकास निगम तथा पिछड़े वर्ग कल्याण निगम से ऋण प्राप्त करने वाले ऋणियों की ब्याज दर में एक प्रतिशत की कमी की गई है।

हरियाणा अनुसूचित जाति वित्त और विकास निगम, अनुसूचित जातियों के लोगों को अपना काम धन्धा शुरू करने के लिए वित्तीय सहायता प्रदान करती है। चालू वित्त वर्ष में 17 हजार लाभार्थियों को 87 करोड़ 65 लाख रुपये की वित्तीय सहायता प्रदान की जायेगी।

ब्याज माफी स्कीम के तहत अनुसूचित जाति वित्त और विकास निगम के 4,940 ऋण धारकों का 131 लाख रुपये का ब्याज माफ किया जा चुका है।

अनुसूचित जातियों के कल्याण हेतु सराहनीय कार्य करने वाली पंचायतों को दी जाने वाली प्रोत्साहन राशि 5,000 रुपये से बढ़ाकर 50,000 रुपये की गई है। मेरा कहने का भाव यह है कि हम दलित भाइयों के सामाजिक, आर्थिक और शैक्षणिक उत्थान के लिए कोई कसर बाकी नहीं छोड़ रहे हैं।

आज केन्द्र में कांग्रेसनीत यू.पी.ए. सरकार किसान, मजदूर और आम आदमी हितैषी सरकार के रूप में जानी जाती है। केन्द्र सरकार ने अनुसूचित जातियों, अनुसूचित जन-जातियों तथा पिछड़े वर्गों के सशक्तिकरण के लिए बजट में बढ़ोतरी की है। अच्छे शिक्षा संस्थानों में प्रवेश के लिए अनुसूचित जाति के छात्रों के लिए विशेष छात्रवृत्ति योजना शुरू की गई है। पिछड़े वर्गों के अधिक से अधिक उत्थान के उपाय करने के लिए एक आयोग का गठन किया गया है।

भारत की आजादी के बाद राष्ट्रीय स्तर और राज्य स्तर पर कांग्रेस पार्टी ने समाज के दलित, कमजोर और पिछड़े वर्गों के कल्याण-उत्थान के लिए सबसे ज्यादा काम किये हैं और करती रहेगी।

रविवार, 9 दिसम्बर 2007, करनाल

न्याय के मन्दिर का निर्माण

न्यायिक परिसर के शिलान्यास अवसर पर

प्रदेश में न्यायिक परिसरों के निर्माण का एक अभियान चलाया हुआ है ताकि न्यायाधीशों और न्यायिक अमले को अपना कर्त्तव्य कुशलतापूर्वक निर्वहन करने के लिए अच्छी सुविधाएँ मिल सकें। राज्य के 20 जिलों में से 17 जिलों में न्यायिक परिसरों का निर्माण कार्य पूरा हो चुका है। जिला पानीपत में न्यायिक परिसर का निर्माण कार्य चल रहा है और झज्जर में इसका निर्माण कार्य पूरा हो चुका है। मेवात जिले के लिए नूँह में न्यायिक परिसर के निर्माण के लिए 46 एकड़ 4 कनाल भूमि अधिगृहित की जा चुकी है, वहाँ भी निर्माण कार्य को शीघ्र शुरू करवाया जा रहा है।

हमने राज्य के सभी उप-मण्डल मुख्यालयों पर आधुनिक न्यायिक परिसर बनाने का भी निर्णय लिया है। लोहारू, सफीदों, चरखी-दादरी और पेहवा उपमंडलों में न्यायिक परिसर बन चुके हैं। इस समय लगभग 33 करोड़ रुपये लागत के 10 न्यायिक परिसरों के निर्माण के कार्य प्रगति पर हैं। नरवाना, होडल, फिरोजपुर-झिरका, नारायणगढ़, महम, असन्ध, महेन्द्रगढ़ और ऐलनाबाद उपमंडलों में न्यायिक परिसरों का निर्माण कार्य चल रहा है। रतिया उपमंडल में न्यायिक परिसर व भिवानी में आठ नये न्यायालय कक्षों के निर्माण के लिए प्रशासनिक स्वीकृति दी जा चुकी है व इनका निर्माण भी शीघ्र शुरू होने वाला है। राज्य सरकार प्रदेश के सभी न्यायिक परिसर में वादियों के सभागार, वकीलों के कक्ष, पुस्तकालय तथा जल-पान गृह व न्यायिक अधिकारियों के लिए आवासीय व्यवस्था की दिशा में महत्वपूर्ण प्रयास कर रही है। वित्त वर्ष 2007-08 में न्यायिक परिसरों के निर्माण के लिए 29 करोड़ 20 लाख रुपये का आवंटन किया गया था। हाल ही में हमने न्यायिक परिसरों के लिए भूमि अधिग्रहण की अदायगी हेतु 17 करोड़ रुपये का अतिरिक्त बजट भी प्रदान किया है।

आगामी 10 वर्षों की जरूरतों को ध्यान में रखते हुए भारत सरकार की वित्तीय सहायता से न्यायिक परिसरों के लिए 162 करोड़ 24 लाख रुपये की एक परियोजना तैयार करके भारत सरकार को भेजी गई थी। इसके लिए हमें 155 लाख रुपये का अनुदान मिल चुका है। न्याय प्रशासन विभाग आगामी वर्षो में भरसक प्रयास करेगा कि हमें भारत सरकार से अधिकाधिक राशि मिले ताकि अधिक न्यायिक सुविधाएँ लोगों को उनके द्वार पर उपलब्ध करवाई जा सकें।

हमारे नेता जब आजादी की लड़ाई लड़ रहे थे तो उनके सामने तीन लक्ष्य थे-आजादी, न्याय तथा विकास। इसलिए सच्ची आजादी का सभी लोग तभी सुख भोग सकते हैं, जब समाज के सभी वर्गों को सामाजिक और आर्थिक न्याय मिले और विकास के लाभ मिलें।

हमारी न्यायपालिका ने आम आदमी को न्याय प्रदान करके अपनी अच्छी साख बनाई है। हमारी न्यायपालिका को निष्पक्षता, विश्वसनीयता तथा न्याय के प्रति समर्पण भाव जैसे गुणों के कारण विश्वभर में ख्याति मिली है। भारत के न्यायालयों ने छोटे-बड़े तथा कमजोर और शक्तिशाली में भेदभाव किए बिना सभी को संरक्षण दिया है।

लोगों में जागरूकता आने से वे न्याय के लिए बड़ी संख्या में अदालतों की शरण में जाते हैं, जिसकी

वजह से हमारी अदालतों पर काम का बोझ बढ़ रहा है और कोर्ट केसों के निपटारे में अनावश्यक देर हो रही है, जिसके कारण न्याय प्रदान करने में विलम्ब हो रहा है। यद्यपि, इस दिशा में लोक अदालतों, फ़ास्ट-ट्रैक कोर्ट तथा सचल अदालतों जैसे कदम उठाये गये हैं। लेकिन लोगों को तेजी से व कम खर्च पर न्याय दिलवाने के लिए और अधिक नये तरीके इज़ाद करने पर बल देना चाहिए।

हरियाणा देश का पहला राज्य है, जिसमें मेवात जिले के पुन्हाना से 'मोबाइल कोर्ट' की शुरुआत हुई है। लोक अदालतों के आयोजन तथा मुफ़्त कानूनी सहायता से न्याय व्यवस्था को एक क्रान्तिकारी मोड़ देने में सहायता मिली है। राज्य में अब तक 3,442 लोक अदालतें लगाई जा चुकी हैं और इनमें 7 लाख 960 केसों का निपटारा किया जा चुका है।

इस अवसर पर मेरा वकील साहिबान से अनुरोध है कि वे गरीब लोगों से कम फ़ीस लेने की कोशिश करें।

शनिवार, 1 मार्च 2008, कोसली

खिलाड़ियों को प्रोत्साहन

'भीम पुरस्कार समारोह' में

आज अन्तर्राष्ट्रीय स्तर पर किसी भी राष्ट्र की प्रतिष्ठा और मान-सम्मान बढ़ाने में खेलों की भी अहम भूमिका है। इसलिए आज देश में अच्छे खिलाड़ियों को तैयार करने के लिए अधिक प्रोत्साहन देने एवं अन्तर्राष्ट्रीय स्तर की खेल सुविधाएँ विकसित करने जरूरत है। जब तक खेलों के विकास के लिए मजबूत ढाँचा तैयार नहीं किया जायेगा, तब तक राष्ट्रीय और अन्तर्राष्ट्रीय स्तर पर वे परिणाम हासिल नहीं किये जा सकते, जिनकी हम उम्मीद करते हैं।

हमारी भावी पीढ़ी को विश्व की तरक्की की होड़ में हिस्सा लेना है। शिक्षा से जहाँ बच्चों का बौद्धिक विकास होता है, वहीं खेलों से आपसी सद्भावना, प्यार, अनुशासन तथा नेतृत्व की भावना पैदा होती है।

बाहर के मुल्कों में बहुत ही छोटी उम्र में बच्चों को खेलों की ट्रेनिंग दी जाती है और उनके पूरे विकास पर ध्यान दिया जाता है। इसलिए वे खिलाड़ी किशोर अवस्था में पहुँचते-पहुँचते अपने-अपने खेलों में दक्षता हासिल कर लेते हैं। ठीक उसी प्रकार अपने देश में खेल संस्कृति विकसित करने की बेहद जरूरत है।

राज्य सरकार खेलों के विकास और खिलाड़ियों के प्रोत्साहन के प्रति बेहद संवेदनशील है। राज्य में एक खेल संस्कृति का वातावरण पैदा करने के उद्देश्य से नयी-नयी योजनाएँ बनाई गई हैं।

क्रिकेट में अन्तर्राष्ट्रीय स्तर पर हरियाणा का जो खिलाड़ी शतक बनायेगा, उसे एक लाख रुपये और विकेट लेने पर 25 हजार रुपये दिये जायेंगे। इसी प्रकार, हॉकी में जो खिलाड़ी गोल करेगा, उसे प्रति गोल 10 हजार रुपये दिये जायेंगे। होनहार खिलाड़ियों के लिए पुलिस भर्ती में तीन प्रतिशत आरक्षण का प्रावधान किया जा रहा है। प्रदेश के चार उत्कृष्ट खिलाड़ियों को पुलिस विभाग में डी.एस.पी. के पद पर नियुक्त किया गया है। इसके अलावा राज्य के अन्य श्रेष्ठ खिलाड़ियों को उनकी उपलब्धियों के आधार पर इंस्पैक्टर व सब-इंस्पैक्टर के पद पर सीधे तौर पर भर्ती किया जायेगा। खिलाड़ियों का खुराक भत्ता 50 रुपये से बढ़ाकर 100 रुपये किया गया है।

ग्रामीण स्तर पर खेल प्रतिभाओं को उभारने के लिए 50 करोड़ रुपये की लागत से 154 गाँवों में खेल स्टेडियम बनाये जा रहे हैं। ये स्टेडियम इस वर्ष के अन्त तक बन कर तैयार हो जायेंगे। इस योजना के तहत राज्य के प्रत्येक ब्लॉक के एक गाँव में स्टेडियम बनेगा। रोहतक में 83 एकड़ भूमि पर एक

आधुनिक खेल सुविधाओं से युक्त खेल परिसर स्थापित किया जा रहा है। शाहबाद में 35 लाख रुपये की लागत से Hockey Astroturf बिछाया जा चुका है। हॉकी एस्ट्रोटर्फ गुड़गाँव में भी बनाया गया है। पंचकूला के खेल परिसर में एथलैटिक्स खेल के लिए सिन्थैटिक ट्रैक लगाने का प्रस्ताव है। मोतीलाल नेहरू खेल स्कूल राई में खेल सुविधाओं को अपग्रेड किया जा रहा है। इस स्कूल में एक Hockey Astroturf बिछाया जा रहा है। 2 करोड़ 40 लाख रुपये की लागत से एक बहुउद्देशीय हॉल का निर्माण किया जा रहा है।

युवाओं के विकास पर विशेष बल दिया जाता है। राष्ट्रीय युवा पुरस्कार विजेता युवाओं को आजीवन हरियाणा राज्य परिवहन की बसों में निःशुल्क यात्रा करने की सुविधा प्रदान की गई है। खेलों के विकास के लिए वर्ष 2008-09 में लगभग 44 करोड़ रुपये की धनराशि का प्रावधान किया गया है।

बुधवार, 4 जून 2008, चंडीगढ़

मीडिया का महत्व

हरियाणा यूनियन ऑफ जर्नलिस्ट्स के 28वें वार्षिक अधिवेशन में

आप जानते हैं कि आज बदलाव का दौर है। विश्व में बड़ी तेजी से परिवर्तन हो रहे हैं। यह स्वाभाविक बात है कि अगर समाज बदलेगा तो उसका आईना यानि कि मीडिया भी बदलेगा। सूचना क्रान्ति के इस युग में प्रिण्ट और इलैक्ट्रॉनिक्स मीडिया में निरन्तर बदलाव आ रहा है, समाचार-पत्रों, उनके संस्करणों और चैनलों की संख्या लगातार बढ़ रही है।

पत्रकारिता व्यक्ति और समाज के बीच संवाद का एक सशक्त माध्यम है। सच्ची पत्रकारिता लोक मंगल और जनहित के लिए काम करती है। भारत में पत्रकारिता अपने प्रारम्भ से ही जनहित की कसौटी पर खरी उतरी है। पत्रकारिता के संस्कार हमारे महान आदर्शों और परम्पराओं से जुड़े हैं।

आजादी की लड़ाई के दौरान राजनीतिक नेतृत्व और पत्रकार एक दूसरे के पूरक थे। इसीलिए उस दौरान जितने भी बड़े राजनेता हुए, वे सभी पत्रकारिता से सीधे-सीधे जुड़े हुए थे। एक पवित्र भाव से किए गये उनके कार्यों को याद करके आज भी हम श्रद्धा से भाव-विभोर हो जाते हैं।

गुलामी के उस दौर में जब बोलने और लिखने की आजादी नहीं थी, जुर्माना और कैद की सजा हो जाना आम बात थी, ऐसे में पत्रकारों ने अपनी कलम के आदर्श को बनाये रखा।

आज पत्रकार की कलम में जो ताकत है, वह किसी तलवार या तोप में भी नहीं है। लेकिन इसका प्रयोग समाज और राष्ट्र के हित में अधिक होना चाहिए, सेवा का साधन बननी चाहिए और इसका सदुपयोग होना चाहिए। पत्रकारिता 'मास' की रहनी चाहिए, 'खास' की नहीं।

भूमण्डलीकरण के इस दौर में पत्रकारिता 'मिशन' के स्थान पर 'उद्योग' के रूप में बदल रही है। आज के इस युग में किसी भी व्यवसाय के आर्थिक पहलू को अवश्य मजबूत किया जाना चाहिए लेकिन इसे अपनाते हुए पत्रकारिता के मूल आदर्शों को भी नहीं भूलना चाहिए।

आज पत्रकारों के समक्ष चुनौतियाँ भी हैं और इन चुनौतियों का सफलतापूर्वक सामना करके यह दायित्व बड़े विवेकपूर्ण ढंग से निभाना है। यूपीए सरकार ने ऐतिहासिक सूचना अधिकार अधिनयम 2005 लागू करके पत्रकारों को एक बड़ी सुविधा दी है। लेकिन इसका प्रयोग भी जनहित में होना चाहिए।

आप लोग जानते हैं कि हमने गत सवा तीन वर्षों में विकास और जनकल्याण के क्षेत्र में कई अनूठी पहल की हैं और साहसिक तथा ऐतिहासिक निर्णय लिये हैं। समाज के सभी वर्गों चाहे वह किसान हैं,

मजदूर हैं, व्यापारी हैं, कर्मचारी हैं, अनुसूचित जातियों और पिछड़े वर्गों के लोग हैं या महिलाएँ हैं, सरकार ने सभी के कल्याण-उत्थान के लिए काम किया है। इन्फ्रास्ट्रक्चर को मजबूत बनाने के लिए नये-नये कदम उठाये हैं। उद्योग, बिजली, शिक्षा, स्वास्थ्य, समाज कल्याण और कृषि के विकास के लिए ठोस प्रयास किए जा रहे हैं। प्रदेश में उद्योगों का तेजी से प्रसार हो रहा है।

मीडिया के यहाँ उपस्थित सभी बंधुओं से मेरा अनुरोध है कि हरियाणा में विकास की इस साहसिक यात्रा में मिशन की भावना से अधिक से अधिक भागीदार बनें। ऐसा करके आप समाज के प्रति अपने दायित्व का सफलतापूर्वक निर्वहन भी करेंगे और आप अपने सामाजिक सरोकार के कर्त्तव्य का भी अच्छी तरह पालन करेंगे।

रविवार, 22 जून 2008, रोहतक

बहादुरी की मिसाल

नागरिक-सैन्य सम्पर्क सम्मेलन में

पश्चिमी कमान भारतीय सेना का गौरव है और हमारे सैन्य बल की रीढ़ है। इस कमान ने अपने गठन के 61 वर्षों में अनुकरणीय उपलब्धियाँ हासिल की हैं। इसके रणबांकुरों ने देश की एकता और अखण्डता की रक्षा के लिए बहादुरी, बलिदान और शौर्य की एक मिसाल कायम की है।

भारतीय सेना विश्व की श्रेष्ठ सेनाओं में से एक है। हमें अपने सैनिकों पर गर्व है। भारतीय सैनिकों ने जहाँ रण क्षेत्र में अपने शौर्य का परिचय दिया है, वहीं प्राकृतिक आपदाओं के समय राहत कार्यों में भी उल्लेखनीय योगदान दिया है। जहाँ भी प्राकृतिक आपदा के समय सेना पहुँच जाती है वहाँ प्रशासन और आम जनता का मनोबल दोगुना हो जाता है।

आज आतंकवाद किसी देश विशेष की समस्या नहीं है, बल्कि एक विश्वव्यापी समस्या बन गई है। आज हमें जितना बाहरी सुरक्षा के लिये चौकन्ना रहना है, उससे भी अधिक आन्तरिक सुरक्षा मजबूत बनाने की जरूरत है। आतंकवाद के दानव से मुक्ति पाने के लिए हमें अपनी लड़ाई खुद लड़नी होगी। इसमें किसी भी प्रकार की ढील नहीं दी जा सकती। इसके लिए सेना और नागरिक प्रशासन के बीच सही तालमेल होना जरूरी है।

जैसा कि आप जानते हैं कि हरियाणा एक छोटा-सा प्रान्त है। इसका क्षेत्रफल देश के कुल क्षेत्रफल का केवल 1.37 प्रतिशत है और इसकी जनसंख्या देश की कुल जनसंख्या का लगभग दो प्रतिशत है। लेकिन गौरव की बात है कि आज देश की सेनाओं में हर दसवाँ जवान हरियाणा का है। राज्य में भूतपूर्व सैनिकों की संख्या लगभग दो लाख 80 हजार है, जिनमें हर साल दो से तीन हजार की बढ़ोतरी हो जाती है।

हम देश की एकता और अखण्डता की रक्षा के लिए शहीद होने वाले बहादुर सैनिकों के क़र्ज़ से कभी मुक्त नहीं हो सकते। लेकिन शहीदों के आश्रितों का हम सहारा तो बन सकते हैं।

मुझे यह बताते हुए बड़ी ख़ुशी हो रही है कि गत जुलाई को हुई पिछली कान्फ्रैंस के अधिकांश मुद्दों और मामलों का समाधान किया जा चुका है। हरियाणा सरकार सेवारत सैनिकों और भूतपूर्व सैनिकों के कल्याण-उत्थान के लिए वचनबद्ध है।

वीरवार, 26 जून 2008, चण्डी मन्दिर

हमारे प्रहरी

पासिंग आउट परेड के निरीक्षण के अवसर पर

पासिंग आउट परेड में शामिल होने वाले सभी जवानों के लिए आज बड़े गौरव का दिन है, क्योंकि आप कठिन प्रशिक्षण प्राप्त करके जनसेवा का एक चुनौती भरा दायित्व निभाने जा रहे हैं। आज का यह दीक्षान्त समारोह आपके जीवन का वह यादगार क्षण है, जो सेवाकाल के दौरान आपको निष्ठा, साहस और ईमानदारी से अपना कर्त्तव्य पालन करने के लिए प्रेरित करता रहेगा।

यह खुशी की बात है कि हमारा यह पुलिस प्रशिक्षण और अनुसंधान केन्द्र बहुत तेजी से विकसित हो रहा है। आने वाले समय में यहाँ और भी बहुत प्रगति होगी तथा यह ट्रेनिंग सेंटर अपने आप में देश के लिए एक मिसाल बनेगा।

हरियाणा आज विकास और जन कल्याण के मामले मे देश का 'नम्बर वन' राज्य बनने की दिशा में बड़ी तेजी से आगे बढ़ रहा है। आज न केवल भारतीय बल्कि बहुराष्ट्रीय कम्पनियाँ भी हरियाणा में उद्योग लगा रही हैं। विकास की इस गति को निरन्तर बनाये रखने के लिए जरूरी है कि हरियाणा पूरी तरह से अपराध मुक्त हो। शान्ति और कानून व्यवस्था हर स्तर पर उच्चकोटि की बनी रहे। इसका राज्य की पुलिस के कंधों पर सबसे बड़ा दायित्व है। पुलिस तन्त्र को और भी मजबूत करना हमारी सरकार की प्राथमिकताओं में शामिल है।

हरियाणा सरकार ने राज्य के सभी थानों में एस.एच.ओ. के रैंक को उप-निरीक्षक से बढ़ाकर निरीक्षक कर दिया है। इससे थानों की कार्यप्रणाली में और भी सुधार होगा।

अंग्रेजी शासन के जमाने से चली आ रही पुलिस की कार्य प्रणाली में सुधार के लिए हमने राज्य में नया पुलिस एक्ट 2007 लागू किया है। इस एक्ट के लागू हो जाने से पुलिस तन्त्र को और अधिक समर्पित, पारदर्शी, लोकप्रिय तथा मानवाधिकारों के प्रति संवेदनशील बनाने में सहायता मिलेगी।

हरियाणा राज्य में कानून और व्यवस्था को चुस्त-दुरूस्त रखने तथा अपराधों पर अंकुश लगाने के उद्देश्य से गत तीन वर्षों में 5535 नए सिपाहियों की भर्ती की गई है। हमने प्रदेश पुलिस की सभी भर्तियों में महिलाओं के लिए 10 प्रतिशत पद आरक्षित करके महिला सशक्तिकरण की दिशा में देशभर में एक मिसाल कायम की है। इस नीति के तहत अब तक 888 महिलाएँ पुलिस में भर्ती हो चुकी हैं।

भारत सरकार द्वारा स्वीकृत योजना के तहत हरियाणा पुलिस की तीसरी आई.आर.बी. का गठन किया जा रहा है, जिनका प्रशिक्षण, जैसाकि पुलिस महानिदेशक श्री रंजीव दलाल ने बताया है शीघ्र शुरू होने जा रहा है। इसके अलावा, हमारी सरकार ने राज्य पुलिस में सीधी भर्ती द्वारा 80 नये उप-निरीक्षकों को शामिल किया है और 50 निरीक्षकों को नियुक्त करने की प्रक्रिया भी जल्दी ही पूरी होने वाली है।

हमने राज्य के होनहार खिलाड़ियों के लिए सभी पुलिस भर्तियों में तीन प्रतिशत पद आरक्षित किये हैं। इस नीति के तहत हरियाणा पुलिस द्वारा की गई सभी भर्तियों में 208 पुरुष खिलाड़ी तथा 29 महिला खिलाड़ियों को सिपाही के पद पर भर्ती किया जा चुका है। इसके साथ-साथ हरियाणा का अन्तर्राष्ट्रीय स्तर पर खेलों में नाम रोशन करने वाले 6 खिलाड़ियों को हरियाणा पुलिस में सीधे इंस्पैक्टर के पद पर नियुक्ति दी गई है। इसी तरह से 20 खिलाड़ियों को हम उप-निरीक्षक के पदों पर नियुक्त करने जा रहे हैं।

क्रिकेट स्टार जोगिन्द्र शर्मा तथा भारतीय महिला हॉकी टीम की कप्तान कुमारी ममता खरब को हरियाणा पुलिस में सीधे ही डी.एस.पी. नियुक्त किया है गया। आज अन्तर्राष्ट्रीय ख्याति प्राप्त महिला पहलवान गीतिका जाखड़ तथा अजलानशाह कप में भारतीय हॉकी टीम को विजयश्री दिलाने वाले नायक

सरदार सिंह को भी सीधे डी.एस.पी. के पद पर आज नियुक्ति-पत्र दिये गये हैं।

हरियाणा का एक बड़ा हिस्सा राष्ट्रीय राजधानी क्षेत्र में पड़ता है। इसी के दृष्टिगत हमारी सरकार ने राष्ट्रीय राजधानी क्षेत्र में सुरक्षा व्यवस्था को मजबूत बनाने के लिए गुड़गाँव में 14 थाने और फरीदाबाद में 6 नये थानें स्थापित किये हैं। इस क्षेत्र में तेजी से बढ़ रहे आर्थिक विकास के दृष्टिगत पुलिस फोर्स बढ़ाने का निर्णय भी लिया है।

हम शीघ्र ही राष्ट्रीय राजधानी क्षेत्र के लिए अलग से 25 डी.एस.पी., 116 इंस्पैक्टर, 356 उप-निरीक्षक, 625 सहायक उप-निरीक्षक, 1250 मुख्य सिपाही तथा 5000 सिपाहियों को इस क्षेत्र में तैनात कर देंगे।

हरियाणा राज्य से होकर गुजरने वाले सभी राष्ट्रीय राजमार्गों पर 22 नये ट्रैफिक पुलिस थानों की स्थापना की गई है। इन सभी ट्रैफिक पुलिस थानों को आधुनिक उपकरण, एम्बुलैंस तथा गाड़ियाँ उपलब्ध करवाई गई हैं। हरियाणा पुलिस की मेहनत व प्रयत्नों के फलस्वरूप सड़क दुर्घटनाओं में पहली बार इस वर्ष की प्रथम छः माही में घायल होने वालों की संख्या में उल्लेखनीय कमी आई है।

पुलिस की ड्यूटी बहुत ही लम्बी, कठिन और चुनौतियों से भरी होती है। हमारा प्रयास है कि पुलिस विभाग के कर्मचारियों व अधिकारियों को अधिक से अधिक सुविधाएँ दी जाएँ ताकि इनका मनोबल हमेशा ऊँचा बना रहे। हरियाणा पुलिस के अधिकारियों व कर्मचारियों को अधिक से अधिक आवास सुविधा के लिए हमने पूर्वनिर्धारित योजनाओं के अलावा 60 करोड़ रुपये की और राशि उपलब्ध करवाई है।

पुलिस बल में होने वाले विस्तार को देखते हुए एक नया पुलिस प्रशिक्षण केन्द्र जिला रोहतक के सुनारिया गाँव में 400 एकड़ भूमि पर स्थापित किया जा रहा है। हरियाणा पुलिस के आधुनिकीकरण तथा इसकी कार्यप्रणाली में कम्प्यूटर टेक्नोलॉजी का प्रयोग तेजी से बढ़ाने के लिए पुलिस विभाग द्वारा भेजे गये लगभग सभी प्रस्तावों को मंजूरी दे दी है।

तेजी से बढ़ती आबादी, शहरीकरण, औद्योगिकीकरण, संचार क्रान्ति और तकनीकी विकास ने देश की पुलिस के सामने नयी-नयी चुनौतियाँ पेश की हैं। साथ ही पुरुषों के मुकाबले स्त्रियों का घटता लिंग अनुपात और साईबर अपराध आदि भी राष्ट्रीय चिंता का विषय है। इन समस्याओं से हरियाणा भी अछूता नहीं है और इस का सामना करने के लिए हमारी पुलिस को और अधिक सुविधाओं की आवश्यकता है। राज्य सरकार इस विषय में सजग है। राज्य पुलिस को सभी अत्याधुनिक सुविधाएँ मुहैया करवाने के हम पूरे प्रयास कर रहे हैं।

जहाँ हमारी पुलिस को कड़ी चुनौतियों का सामना करना है, वहीं उसे यह भी सुनिश्चित करना है कि वे सभी नागरिकों को, विशेषकर, महिलाओं, बच्चों, बूढ़ों, विकलांगों तथा अनुसूचित जाति और पिछड़े वर्ग के लोगों को सुरक्षा, सहायता और संरक्षण प्रदान करें। हमारी पुलिस की जन-मैत्री छवि स्थापित होगी। मैं इस अवसर पर आई.आर.बी., भौण्डसी की दोनों बटालियनों के उन सभी बहादुर नौजवानों को भी मुबारकबाद देना चाहूँगा जिन्होंने दूसरे राज्यों में हुए विधानसभा चुनावों में शानदार डयूटी दी।

मैं आज यहाँ उपस्थित उन सभी रंगरूटों को भी मुबारकबाद देता हूँ जिन्होंने अपनी ट्रेनिंग के साथ-साथ पल्स पोलियो अभियान में स्वास्थ्य विभाग हरियाणा के साथ मिलकर बच्चों को पोलियों की दवाई पिलाने में अपना अभूतपूर्व योगदान दिया है। इसके लिए मैं इस प्रशिक्षण केन्द्र के पुलिस महानिरीक्षक तथा जवानों के प्रयासों की सराहना करता हूँ।

मंगलवार, 15 जुलाई 2008, भौण्डसी (गुड़गाँव)

सैनिक स्कूल : अपनी मिसाल आप

सैनिक स्कूल, कुंजपुरा के 48वें स्थापना दिवस के अवसर पर

लगभग 40 वर्ष पूर्व मैं इस स्कूल का विद्यार्थी था। आज मुझे इस महान संस्था का सदस्य होने का गर्व है। सैनिक स्कूल, कुंजपुरा देश के सबसे बेहतरीन संस्थानों में से एक है तथा इसे प्रदेश में अपनी तरह की एक ही संस्था होने का गौरव भी प्राप्त है। प्रिंसिपल कर्नल अरूण दत्ता ने अभी इस बात का उल्लेख किया है कि इस स्कूल का मुख्य उद्देश्य आम आदमी को पब्लिक स्कूल शिक्षा प्रदान करना तथा राष्ट्रीय रक्षा अकादमी को बेहतरीन कैडिट उपलब्ध करवाना है। मुझे यह कहते हुए बड़ी ख़ुशी हो रही है कि हमारे राष्ट्र निर्माताओं के ये दोनों लक्ष्य सही ढंग से पूरे किये जा रहे हैं।

यह गर्व की बात है कि हमारे रक्षा बलों को एक हजार से अधिक अधिकारी सैनिक स्कूल कुंजपुरा ने दिये हैं। इससे यह स्पष्ट होता है कि इस तरह के बेहतरीन परिणाम प्राप्त करने के लिए इस स्कूल में अनुशासन और सघन प्रशिक्षण पर विशेष बल दिया जाता है।

आपने देश की रक्षा, देश की सीमाओं की रक्षा तथा प्राकृतिक आपदाओं में लोगों को राहत पहुँचाने का जो मार्ग चुना है, वह सराहनीय और साहसिक है। यह एक अति पावन पेशा है, जो आप ने चुना है। आप अपने समय, शक्ति और उपलब्ध सुविधाओं का सदुपयोग करें। यह स्कूल आपके भविष्य का निर्माता है।

आप लोगों ने स्वयं ही देखा है कि इस स्कूल के विद्यार्थियों ने अपने चुने गये कार्य क्षेत्र और व्यवसाय में गौरवपूर्ण उपलब्धियाँ हासिल की हैं। इसका श्रेय इस स्कूल को जाता है। कुंजपुरा के ये पूर्व विद्यार्थी उन सभी के लिए प्रेरणा के स्रोत हैं, जिन्होंने अपना नया जीवन शुरू करना है।

मुझे यह जानकर बहुत ख़ुशी हुई है कि यह स्कूल शिक्षा, एन.डी.ए. परिणामों, सांस्कृतिक और अन्य गतिविधियों तथा पर्वतारोहण में बेहतरीन प्रदर्शन करने के साथ-साथ कार्यरत अध्यापकों के लिए लगातार प्रशिक्षण कोर्सिज़ आयोजित करने में भी बेहतरीन प्रदर्शन कर रहा है।

अच्छे परिणाम प्राप्त करने के लिए बेहतरीन माहौल की जरूरत होती है। आप भाग्यशाली हैं कि आपको वास्तव में ऐसा माहौल मिल रहा है। भारत के महामहिम राष्ट्रपति जी ने आपकी अध्यापिका श्रीमती यू.के. बख़्शी को 5 सितम्बर, 2007 को राष्ट्रीय अध्यापक पुरस्कार से सम्मानित किया। यह आपके अध्यापकों की गुणवत्ता को दर्शाता है। इसके अलावा, आज नये एन.डी.ए. ब्लॉक का उद्घाटन आपको बेहतरीन सुविधाएँ उपलब्ध करवाने के लिए किया गया है।

प्रिंसिपल महोदय ने मुझे अवगत करवाया है कि इस स्कूल में 600 कैडिट के लिए आधुनिक सुविधाओं से युक्त डबल स्टोरी डोरमैटरी बनाने की जरूरत है। इस पर लगभग आठ करोड़ रुपये का खर्चा आयेगा। मैं न केवल एक मुख्यमन्त्री के रूप में बल्कि इस संस्था के पुराने विद्यार्थी के नाते इस स्कूल की हर सम्भव सहायता करने का आश्वासन देता हूँ।

यह बड़ी ख़ुशी की बात है कि यूपीए सरकार ने हरियाणा में एक रक्षा विश्वविद्यालय स्थापित करने की मंजूरी दी है। केन्द्र सरकार ने राज्य में एक भारतीय प्रबन्धन संस्थान तथा एक केन्द्रीय विश्वविद्यालय स्थापित करने की भी मंजूरी दी है। भारतीय प्रबन्धन संस्थान रोहतक जिले में स्थापित किया जायेगा। केन्द्रीय विश्वविद्यालय राज्य के महेन्द्रगढ़ जिले में स्थापित करने की योजना है। हिसार में एक व्यावसायिक विद्यालय तथा ज्ञान-उद्यान पहले से ही स्थापित हो रहे हैं।

राज्य में विश्व स्तरीय शैक्षणिक और अनुसंधान संस्थाओं को स्थापित करवाने के लिए हम इस वर्ष सितम्बर में दिल्ली के नजदीक कुण्डली में 'राजीव गाँधी एजुकेशन सिटी' नामक एक महत्वाकांक्षी

परियोजना शुरू कर रहे हैं। इस एजुकेशन सिटी में अपनी संस्था स्थापित करने वालों के लिए यह जरूरी होगा कि वे अपनी संस्थाओं में 25 प्रतिशत सीटें हरियाणा के विद्यार्थियों के लिए आरक्षित रखें। हमने जिला सोनीपत के खानपुर कलां में भगत फूल सिंह महिला विश्वविद्यालय स्थापित किया है। यह उत्तरी भारत का पहला महिला विश्वविद्यालय है तथा यह देश का ऐसा पहला विश्वविद्यालय है, जिसमें कैम्ब्रिज विश्वविद्यालय का सब-सेंटर है। पण्डित भगवत् दयाल शर्मा, पी.जी.आई.एम.एस., रोहतक को स्वास्थ्य विज्ञान विश्वविद्यालय बनाया गया है।

सरकार शिक्षा के तीनों स्तरों प्राथमिक, सेकण्डरी तथा उच्चतर शिक्षा में सुधार ला रही है। इसके साथ ही, तकनीकी शिक्षा में भी बदलाव किया है ताकि हमारे विद्यार्थी विश्व स्तर की प्रतियोगिता में आगे बढ़ सकें। इसके लिए हम उद्योगों की जरूरतों के अनुसार पाठ्यक्रम शुरू कर रहे हैं, जो उन्हें इस बदलते परिदृश्य में रोज़गार दिलाने में सहायक होंगे।

जैसा कि आप सभी जानते हैं कि हरियाणा एक छोटा-सा प्रदेश है, लेकिन हमारे लिए यह गर्व की बात है कि हमारे देश की रक्षा सेनाओं में हर दसवाँ जवान हरियाणा से है। हरियाणा सरकार सैनिकों, भूतपूर्व सैनिकों और उनके आश्रितों के कल्याण-उत्थान के लिए कटिबद्ध है।

मैं इस स्कूल के शहीदों को नमन करता हूँ, जिनकी भारत माता के प्रति अतुलनीय सेवाओं से विद्यार्थी सदैव प्रेरणा लेते रहेंगे।

मुझे विश्वास है कि प्रिंसिपल महोदय और इस स्कूल के स्टाफ के मार्गदर्शन में यह स्कूल न केवल अपने उच्च मानदण्डों को बनाये रखेगा, बल्कि नये कीर्तिमान भी स्थापित करेगा।

वीरवार, 24 जुलाई 2008, कुंजपुरा

❑❑❑